DIE ZEIT
HISTORISCHE KRIMINALROMANE

David Liss

Die Papierverschwörung

Deutsch von Gerald Jung

Mit einer Krimi-Analyse
der ZEIT-Redaktion

Zeitverlag Gerd Bucerius GmbH & Co. KG

Lizenzausgabe des Zeitverlag Gerd Bucerius GmbH & Co. KG, Hamburg,
für die ZEIT Edition »Historische Kriminalromane«, 2010

Die Originalausgabe erschien 2000 bei Random House, New York.

Projektleitung: Sabine M. Müller
Layout und Umschlaggestaltung: Buchholz Graphiker
Satz und Repro: Buch-Werkstatt GmbH, Bad Aibling
Druck und Bindung: GGP Media GmbH, Pößneck

Printed in Germany

ISBN: 978-3-8419-0006-7
Vertrieb Handel: Edel Germany GmbH

Bildnachweis Einband [M]: dpa/picture-alliance,
Arnold Metzinger/dieKLEINERT.de/picture-alliance

Inhalt

1

Seit Jahr und Tag schon drängen mich die Herren aus dem Buchhandelsgewerbe aufs Nachdrücklichste, ich solle doch nun endlich meine Memoiren zu Papier bringen. Denn, so die Argumente der Herren, es gäbe schließlich so manchen, der freudig ein paar Shilling zahlen würde, um mehr über die bemerkenswerten und dabei wahren Abenteuer meines Lebens zu erfahren. Obwohl ich derlei Vorschläge üblicherweise mit einer abwehrenden Handbewegung pariere, kann ich doch nicht behaupten, nicht schon hin und wieder einen ernsthaften Gedanken daran verschwendet zu haben. Denn ich selbst bin oft der Erste gewesen, der mich dazu beglückwünschte, so viel gesehen und erlebt zu haben, und viele Male habe ich meine Geschichten im Kreise fröhlicher Gesellschaft um eine abgeräumte Tafel zum Besten gegeben.

Trotz alledem besteht ein erheblicher Unterschied zwischen lustigen Schwänken, die man ausgelassen zu später Stunde bei einem guten Fläschchen Rotwein erzählt, und einem Buch, das jedermann an jedem Ort in die Hand nehmen und genauestens überprüfen kann. Zweifelsohne bereitet mir die Vorstellung, meine Geschichte noch einmal zu erzählen, großes Vergnügen, doch ebenso bin ich mir bewusst, dass eine Veröffentlichung ein recht heikles Unterfangen darstellt: Namen und Einzelheiten meiner Erlebnisse würden so viele noch lebende Menschen direkt berühren, dass man sich, vorsichtig ausgedrückt, mit einem derartigen Buch leicht strafbar machen könnte. Dennoch verfolgt, ja quält mich diese Idee seit einiger Zeit, fraglos aufgrund der Eitelkeit, die in der Brust eines jeden wohnt, und vielleicht in der meinen mehr als bei anderen.

Aus diesem Grunde habe ich mich dazu entschlossen, dieses Buch nach bestem Wissen und Gewissen niederzuschreiben. Sollten die Gentlemen der Schwarzen Zunft in der Grub Street einige Namen aus fragwürdigen Zusammenhängen herauszustreichen wünschen, so steht es ihnen frei. Ich für mein Teil werde das Manuskript so gestalten, dass sich ein wahrer Bericht über jene Ereignisse daraus ablesen lässt – wenn nicht für unsere jetzige Zeit, so doch wenigstens für die Nachwelt.

So manches Kopfzerbrechen bereitet mir gleich der Anfang, habe ich doch einiges am eigenen Leibe erfahren, das für die allgemeine Öffentlichkeit von Interesse wäre. Soll ich wie die Romanschreiber mit meiner Geburt anfangen oder wie ein Dichter mittendrin im Geschehen? Vielleicht weder noch. Ich glaube, ich lasse meine Geschichte an jenem Tag beginnen – er liegt inzwischen mehr als fünfunddreißig Jahre zurück –, an dem ich die Bekanntschaft William Balfours machte. Schließlich waren es die Ereignisse um den Tod seines Vaters, die mir zu einem bescheidenen Maß an Erfolg und Anerkennung im öffentlichen Leben unserer Stadt verholfen haben. Und doch kennen bis zum heutigen Tage nur wenige Menschen die ganze Wahrheit hinter jener Affäre.

Mr. Balfour suchte mich zum ersten Mal an einem Spätvormittag im Oktober 1719 auf, einem Jahr großen Aufruhrs auf der Insel, denn unser Land lebte damals in ständiger Angst vor den Franzosen und ihrer Unterstützung für den Erben des entthronten Königs Jakob, dessen Anhänger immer wieder damit drohten, sich die britische Krone zurückzuholen. Unser deutscher König saß erst seit vier Jahren auf dem Thron, und die Machtkämpfe innerhalb seines Kabinetts riefen überall in der Hauptstadt eine Atmosphäre der Verwirrung und des Durcheinanders hervor. Sämtliche Zeitungen zogen über die drückende Bürde der Staatsverschuldung her, die, wie sie meinten, niemals wieder zurückgezahlt werden könne, wobei nichts darauf hindeutete, dass diese Verschuldung sich in irgendeiner Form verringerte. Es war zugleich ein Zeitalter des Überschwangs, großer Schicksalsschläge wie auch ungeahnter Möglichkeiten. Es war eine herrliche Zeit für einen Mann, dessen Lebensunterhalt von Verbrechen und Unordnung abhing.

Die Belange der heimischen Politik interessierten mich jedoch herzlich wenig, und die einzigen Schulden, um die ich mich scherte, waren meine eigenen. An dem Tag, an dem ich mit meiner Geschichte einsetze, drückten mich sogar noch dringlichere Sorgen als meine prekären Finanzen. Ich war zwar schon lange wach, aber noch nicht sehr lange aufgestanden und angekleidet, als Mrs. Garrison, meine Vermieterin, mich davon in Kenntnis setzte, dass unten ein Christenmensch warte und mich zu sehen wünsche. Meine gute Vermieterin verspürte stets die Notwendigkeit, eigens hervorzuheben, dass mich ein Christ aufsuchte, obwohl in all den Monaten, die ich nun schon bei ihr logierte, bis auf meine Wenigkeit kein einziger Jude ihre Räume betreten hatte.

An jenem Morgen war ich noch ein wenig indisponiert und keineswegs in der Verfassung, Besucher zu empfangen, von Fremden ganz zu schweigen. Also bat ich Mrs. Garrison darum, ihn wieder wegzuschicken. Doch in ihrer unerschrockenen Art – Mrs. Garrison war eine sehr resolute Person – stand sie bald wieder vor meiner Tür und tat mir kund, das Anliegen des Gentleman sei unaufschiebbar.

»Er sagt, es hat mit einem Mord zu tun«, teilte sie mir im gleichen düsteren Ton mit, den sie sonst immer anschlug, um eine Mieterhöhung zu verkünden. »So hat er's mir gegenüber jedenfalls ausgedrückt: *Mord.* Ich kann nicht behaupten, Mr. Weaver, dass ich davon begeistert bin, wenn irgendwelche Männer in mein Haus kommen und das Wort *Mord* im Munde führen.«

Ich verstand nicht recht, weshalb sie das Wort, wenn es ihren Ohren so zuwider war, derart laut im Flur aussprechen musste, aber ich erkannte, dass es nun meinerseits dringend erforderlich war, sie zu beruhigen.

»Ich glaube, ich weiß, worum es geht, Madam. Der Gentleman sagte bestimmt ›Lord‹ und nicht ›Mord‹«, log ich mir zurecht, »denn ich ermittle momentan in höheren Kreisen. Schicken Sie ihn doch bitte zu mir herauf.«

Das Wort Mord hatte meine Aufmerksamkeit ebenso erregt wie die von Mrs. Garrison. Da ich kaum zwölf Stunden zuvor ebenfalls mit so etwas Ähnlichem wie einem Mord zu tun gehabt hatte, vermutete ich, die Angelegenheit könnte mich tatsächlich betreffen. Dieser Mann war sicherlich einer dieser Aasgeier, dieser verzweifelten Außenseiter, von denen es in London nur so wimmelt, eine der Kreaturen, die in den feuchten und schmutzigen Straßen am Fluss umherstreifen, ständig auf der Jagd nach allem, was sich zu Geld machen lässt, einschließlich Informationen. Zweifellos war ihm etwas über das unglückselige Abenteuer, das mir zugestoßen war, zu Ohren gekommen, und jetzt tauchte er hier auf, um sich sein Schweigen bezahlen zu lassen. Ich wusste nur zu gut, wie man mit Männern seines Schlages umging. Jedenfalls nicht, indem man ihnen Geld gab, denn jede Münze, die man einem solchen Schurken überließ, war für ihn eine Ermutigung, bald wieder vorzusprechen und noch mehr zu verlangen. Nein, ich hatte die Erfahrung gemacht, dass in solchen Fällen Gewalt die beste Lösung war. Ich würde mir etwas ohne Blutvergießen einfallen lassen, etwas, das Mrs. Garrisons Aufmerksamkeit nicht unnötig auf sich lenkte, wenn ich den Lumpen hinauskomplimentierte. Eine Frau, die es nicht guthieß, wenn unter ihrem Dach von Mord gesprochen wurde, fand wohl kaum Gefallen daran, wenn man auf der Treppe vor ihrer Haustür in aller Öffentlichkeit einen übel zugerichteten Zeitgenossen zur Schau stellte.

Es dauerte einen Moment, bis ich mein Empfangszimmer, wie ich es nannte, hergerichtet hatte. In jenen Tagen hatte ich bei Mrs. Garrison zwei Zimmer angemietet, eines für private Zwecke, und in dem anderen führte ich meine Geschäfte. Wie viele Geschäftsleute – denn als einen solchen betrachtete ich mich schon damals – war ich es zwar gewohnt, meine beruflichen Angelegenheiten in einem der örtlichen Kaffeehäuser zu tätigen, doch die besondere Sensibilität meiner Arbeit ließ den Kunden, die meine Dienste in Anspruch nahmen, solche öffentlichen Tagungsorte als unratsam erscheinen. Also hatte ich ein Zimmer mit mehreren bequemen Sesseln, einem Tisch, um den herum man sitzen konnte, und mehreren Regalen eingerichtet, auf denen ich jedoch weniger Bücher, für die sie eigentlich gemacht waren, als vielmehr Wein und Käse aufbewahrte. Mrs. Garrison hatte die dekorativen Aufgaben übernommen, und nachdem sie dem Zimmer mit einer zartrosa Wandfarbe und hellblauen Vorhängen einen unpassend heiteren Ton verliehen hatte, sorgten meiner Meinung nach die Schwerter und militärischen Stiche an den Wänden hinlänglich für ein männliches Korrektiv.

Ich darf mir einiges auf die Schicklichkeit dieser Räume einbilden, denn der vornehme Stil wirkte sich auf die Gentlemen, die kamen, um meine Dienste in Anspruch zu nehmen, sofort besänftigend aus. Obwohl mein Beruf nicht selten mit unangenehmen Belangen des Lebens zu tun hatte, pflegte ein echter Gentleman, so viel hatte ich gelernt, gerne die Illusion, nichts anderes als ganz gewöhnliche geschäftliche Vereinbarungen zu treffen.

Auch wenn ich damit riskiere, der Eitelkeit bezichtigt zu werden, sollte ich an dieser Stelle hinzufügen, dass ich auch auf mein eigenes Äußeres keinen unbeträchtlichen Wert legte. Ich war meinen Jahren als Faustkämpfer mit nur wenigen der üblichen Kennzeichen entronnen, die meinen ehemaligen Kollegen aus dem Boxring das Aussehen von Schlägern und Raufbolden verliehen: ausgeschlagene Augen, zerquetschte Nasen und dergleichen Entstellungen mehr. Ich hatte von meinen Prügeleien zum Glück nur wenige kleine Narben im Gesicht davongetragen, und meine Nase wies lediglich die sanften Höcker und den leicht verschobenen Rücken auf, wie es mehrere Brüche nun einmal mit sich bringen.

Ich hielt mich in der Tat für einen gut aussehenden Mann und achtete darauf, wenn auch in bescheidenem Rahmen, stets ordentlich gekleidet zu gehen. Ich trug nur saubere Hemden auf dem Leib, und meine Jacken und Mäntel waren nie älter als ein Jahr. Obwohl ich sorgsam auf meine Kleidung achtete, gehörte ich keineswegs zu jenen gespreizten Laffen, die sich stets nach dem allerletzten Schrei herausputzen; ein Mann meines Gewerbes bevorzugt den einfachen Stil, der keine unnötige Aufmerksamkeit erregt.

Ich ließ mich hinter meinem ausladenden Eichenschreibtisch gegenüber der Tür nieder. Eigentlich benutzte ich ihn als Ablage und um Ordnung in meine geschäftlichen Angelegenheiten zu bringen, hatte jedoch herausgefunden, dass er sich auch hervorragend dazu eignete, meine Autorität zu unterstreichen. Also nahm ich einen Federkiel in die Hand und verzog die Muskeln in meinem Gesicht solcherart, dass ich in etwa das Bild eines sowohl beschäftigten als auch gereizten Mannes abgab.

Als Mrs. Garrison den Besucher hereinführte, musste ich mir jedoch alle Mühe geben, meine Überraschung zu verbergen. William Balfour war keineswegs ein Langfinger, wie wir in jenen Tagen die Diebe nannten, sondern ein vornehmer Herr in eleganter Kleidung und mit entsprechendem Auftreten. Er mochte ungefähr fünf Jahre jünger als ich sein – das heißt, ich schätzte ihn auf zwei- oder dreiundzwanzig –, ein großer, hagerer, leicht gebeugter Mann mit einem eigenartig eingefallenen Ausdruck in seinem breiten, ansonsten recht ansehnlichen Gesicht, das kaum erkennbar von einigen kleinen Pockennarben beeinträchtigt war. Er trug eine Perücke allerfeinster Machart, deren Alter und Abnutzung man jedoch an diversen Flecken und der nur schlecht unter dem Puder verborgenen fahlen Schmuddeligkeit ablesen konnte. Auf ähnliche Weise trug seine Kleidung die Zeichen teurer Maßanfertigung und sah zugleich ein wenig überbeansprucht aus; vom Staub der Straßen sowie den Spuren der Angst und billiger Quartiere in Mitleidenschaft gezogen. Insbesondere seine einst mit feinem Silberzwirn durchwirkte Weste wirkte recht ramponiert und fadenscheinig. Auch seinen Augen haftete etwas an, das ich weder als Misstrauen noch als Müdigkeit oder Resignation einordnen konnte, aber er musterte mich mit einem Skeptizismus, der mir nur allzu vertraut war.

Verstehen Sie bitte, liebe Leser, dass die meisten Männer, die durch meine Tür kommen, eigens für mich einen bestimmten Blick aufsetzen: Verachtung, Argwohn, Überheblichkeit. Einige wenige lassen sogar Bewunderung erkennen. Die Vertreter der letzten Kategorie haben mich in meiner Glanzzeit als Faustkämpfer gesehen, und ihre Begeisterung für den Sport obsiegt über ihre Verlegenheit, die Dienste eines Juden in Anspruch zu nehmen, der sich mit den Unannehmlichkeiten anderer Leute befasst. Dieser Balfour betrachtete mich weder als Juden noch als Faustkämpfer, sondern als etwas ganz anderes ... wie etwas ohne jede Bedeutung, als wäre ich der Diener, der ihn erst zu demjenigen führen sollte, den er eigentlich suchte.

»Sir«, sagte ich und stand auf, nachdem Mrs. Garrison die Tür hinter sich geschlossen hatte. Ich verneigte mich kurz vor Balfour, was er mit unbewegter Gleichgültigkeit quittierte. Nachdem ich ihm einen Platz vor meinem Schreibtisch angeboten hatte, kehrte ich zu meinem Stuhl zurück und informierte ihn darüber, dass ich zu seiner Verfügung stünde.

Er zögerte, bevor er mit seinem Anliegen herausrückte, und ließ sich einen Augenblick Zeit, um mein Gesicht genauer zu betrachten. Überhaupt schien er mich eher als Schaustück denn als Menschen anzusehen. Sein Blick wanderte mit deutlichem Missfallen über mein Gesicht und meine Kleidung (obwohl beide sauberer und gepflegter als bei ihm waren) und kehrte mit argwöhnischem Ausdruck zu meinem Haar zurück, denn im Gegensatz zu einem vollendeten Gentleman trug ich keine Perücke, sondern kämmte meine Locken auf die Weise der Zopfperücken nach hinten, wo sie von einem Band zusammengehalten wurden.

»Sie sind, wie ich annehme, Benjamin Weaver«, fing er schließlich mit einer vor Unsicherheit brüchigen Stimme zu reden an. Mein zustimmendes Nicken nahm er kaum wahr. »Ich komme in einer ernsten Angelegenheit. Ich bin nicht angetan davon, Ihre speziellen Dienste in Anspruch nehmen zu müssen, aber ich bin auf Hilfe angewiesen, wie sie nur ein Mann wie Sie zu leisten vermag.«

Er rutschte beklommen auf seinem Sessel hin und her, und ich fragte mich, ob Mr. Balfour vielleicht nicht das, was er zu sein vorgab, sondern ein Mann von ungleich niedrigerem Rang war, der sich lediglich als Gentleman verkleidet hatte. Immerhin gab es da noch den Mord, den er Mrs. Garrison gegenüber erwähnt hatte, obgleich ich inzwischen doch sehr bezweifelte, dass der Mord, von dem er gesprochen hatte, der gleiche war, der in meinen Gedanken herumspukte.

»Ich hoffe sehr, Ihnen mit meinen Diensten behilflich sein zu können«, sagte ich mit wohl einstudierter Höflichkeit, legte den Federkiel nieder und neigte den Kopf ein wenig zur Seite, um ihm zu signalisieren, dass meine ganze Aufmerksamkeit ihm allein galt.

Seine Hände zitterten vor Aufregung, als er mit nicht sehr überzeugender Gleichgültigkeit seine Fingernägel betrachtete. »Ja, es ist eine durchaus unangenehme Angelegenheit, weshalb ich nicht daran zweifle, in Ihnen den passenden Mann gefunden zu haben.«

Ich entbot ihm eine kurze Verneigung von meinem Stuhl aus und sagte ihm, er sei zu freundlich, oder eine ähnliche Platitude, aber er nahm von dem, was ich sagte, kaum Notiz. Trotz seiner Versuche, so etwas wie eine vornehme Lässigkeit an den Tag zu legen, machte er in jeder Hinsicht den Eindruck eines Mannes kurz vor dem Ersticken, als zöge sich sein Kragen immer enger um seinen Hals zusammen. Er biss sich auf die Unterlippe und sah sich mit gehetzten Blicken im Zimmer um.

»Sir«, sagte ich, »Sie werden mir die Bemerkung sicherlich nachsehen, aber Sie wirken ein wenig derangiert. Darf ich Ihnen ein Glas Portwein anbieten?«

Meine Worte trafen ihn wie schallende Ohrfeigen. Er riss sich noch einmal zusammen und nahm die Haltung eines unbekümmerten Lebemannes ein. »Ich könnte mir vorstellen, dass es weniger dreiste Wege gibt, sich nach den Sorgen eines Mannes zu erkundigen. Nichtsdestoweniger nehme ich ein Glas dankend an, welche Qualität Sie auch immer anzubieten haben mögen.«

Ich ließ Balfours selbstgefällige Beleidigungen nicht aus schierer Höflichkeit über mich ergehen. Nachdem ich mich in meiner Branche etabliert hatte, brauchte es nicht lange, bis ich herausfand, dass Männer von edler Geburt oder hohem Ansehen ein grundlegendes Bedürfnis danach verspürten, ihre Überlegenheit zu demonstrieren – nicht dem Manne gegenüber, den sie bezahlten, damit er sich in ihre Privatangelegenheiten mischte, sondern gegenüber seinem Beruf selbst. Ich durfte Balfours Frechheiten nicht persönlich nehmen, denn sie zielten nicht auf mich. Schließlich wusste ich auch, dass die Erinnerung an sein anfängliches unhöfliches Benehmen einen Mann wie ihn, sobald ich ihm erfolgreich geholfen hatte, oft dazu nötigte, wenigstens pünktlich zu zahlen und meine Dienste in seinem Bekanntenkreis weiterzuempfehlen. Deshalb schüttelte ich Mr. Balfours Beleidigungen auf die gleiche Weise ab wie ein Bär die Hundemeute bei der Hatz in Hockley-in-the-Hole.

»Ich bin keineswegs derangiert«, versicherte er mir und nahm einen kleinen Schluck Wein. Falls die Qualität meines Weines meinen Gast, was ich eigentlich vermutete, auf angenehme Weise überrascht haben sollte, so ließ er sich nichts davon anmerken. »Mit Sicherheit habe ich heute Nacht nicht besonders gut geschlafen, dazu befinde ich mich noch –«, hier machte er eine kurze Pause und blickte mich durchdringend an – »in allzu tiefer Trauer um meinen Vater, der vor zwei Monaten verstorben ist.«

Ich entbot ihm mein Beileid und überraschte mich selbst damit, dass ich ihm erzählte, dass auch ich erst vor Kurzem meinen Vater verloren hätte.

Balfour hingegen versetzte mich in Erstaunen, indem er mir beschied, er wisse sehr wohl über meines Vaters Tod Bescheid. »Ihr Vater, Sir, und der meine waren Bekannte. Sie hatten geschäftlich miteinander zu tun, müssen Sie wissen ... Zuzeiten, in denen mein Vater sich genötigt sah, einen Mann von der ... Sorte Ihres Vaters aufzusuchen.«

Ich würde mich gerne rühmen, meine Verblüffung für mich behalten zu haben, aber ich hege Zweifel daran, dass dem so war. Mein Geburtsname ist nicht Weaver, sondern Lienzo. Nur wenige Menschen kannten meinen richtigen Namen, weshalb ich nicht damit gerechnet hatte, dass dieser Mann über die Identität meines Vaters Bescheid wusste. Ich hätte gerne herausgefunden, was Balfour noch alles über mich wusste, aber ich stellte ihm keine diesbezüglichen Fragen, sondern nickte nur bedächtig.

Mittlerweile war ich hinsichtlich dessen, was dieser Mann von mir wollte, ernsthaft verwirrt, denn es lag absolut auf der Hand, dass er mich nicht aufgrund meines unglücklichen Geschicks vom Vorabend aufgesucht hatte. Während ich über die vielen Ungewissheiten nachgrübelte, dämmerte mir allmählich, dass ich mich vage an Balfours Vater erinnerte. Mir fiel ein, dass mein Vater von ihm gesprochen hatte, und zwar nur Gutes, denn die beiden waren, wenn ich mich recht entsann, mehr als nur flüchtige Bekannte gewesen. Sie als Freunde zu bezeichnen hätte das Ausmaß ihrer Beziehung allerdings überbewertet. Obwohl ich eine Vielzahl der anderen Männer, mit denen mein Vater geschäftliche Verbindungen unterhielt, vergessen hatte, erinnerte ich mich an Balfours Vater, und zwar deshalb, weil es für meinen

Vater höchst ungewöhnlich war, mit einem Gentleman christlichen Glaubens auf derart vertrautem Fuße zu stehen. Trotzdem war mir, als ich in der Zeitung von Michael Balfours Selbstmord gelesen hatte, nicht gleich die Verbindung zu meinem Vater ins Auge gesprungen. Balfour war ein wohlhabender Kaufmann gewesen und hatte, wie so mancher andere Geschäftsmann, der gewisse Risiken eingeht, schwere finanzielle Rückschläge erlitten. Seine Rückschläge waren besonders drastisch gewesen, hatte er doch so gut wie alles bei einer Reihe unglücklicher Spekulationen verloren. Und da er sich nicht in der Lage sah, den Gläubigern mit seiner Insolvenz gegenüberzutreten und seiner Familie die Schande seines Ruins einzugestehen, hatte er sich in seinen eigenen Stallungen erhängt – eine Tat, die sich kaum vierundzwanzig Stunden vor dem Tod meines eigenen Vaters ereignet hatte.

»Dann sind Sie also über Ihren Vater auf meine Dienste aufmerksam geworden?«, fragte ich Balfour. Es war eine irrelevante Frage, zumindest was Mr. Balfours Anliegen betraf, aber ich wollte in Erfahrung bringen, ob sich mein Vater im Kreise seiner Kollegen und Geschäftspartner wohlwollend über mich geäußert hatte. Zu meiner großen Verwunderung ertappte ich mich bei der vagen Hoffnung, Balfour möge tatsächlich bezeugen, dass mein Vater dem Leben, das ich für mich gewählt hatte, Respekt entgegengebracht hatte.

Balfour belehrte mich rasch eines Besseren. »Die Empfehlung erfolgte auf einem weniger direkten Wege. Selbstverständlich ist mir Ihr Name schon früher zu Ohren gekommen, und zwar im gleichen Atemzug, wenn Sie mich recht verstehen, in dem man Seiltänzer, Monstrositätenkabinette und dergleichen nennt. Kürzlich jedoch hielt ich mich in einem Kaffeehaus auf, als ich einen Gentleman ihren Namen nennen hörte. Einer seiner Freunde, ein Sir Owen Nettleton, hatte Sie in einer geschäftlichen Angelegenheit engagiert und hielt Sie wohl für sehr kompetent, was in Zeiten wie diesen gewiss eine Beurteilung von einigem Gewicht darstellt. Alsbald kam mir der Gedanke, Ihre Dienste könnten auch mir von Nutzen sein.«

Schon so manches Mal habe ich nicht wenig darüber gestaunt, dass die eigentlich doch recht große Stadt London oft so verwunderlich klein ist. Unter Abertausenden von Menschen ereignen sich derlei Begegnungen fast tagtäglich, da Männer gleichen Naturells und gleicher Interessen unvermeidlich in den gleichen Clubs, Schänken, Kaffeehäusern und Teegärten zusammentreffen. Ich war Sir Owen Nettleton tatsächlich zu Diensten gewesen, und seine Belange waren es, die meine Gedanken an jenem Morgen so sehr beschäftigten, doch werde ich später mehr zu seiner Person berichten.

Balfour trank seinen Portwein mit einem beherzten Schluck aus und sah mir mit einer derartigen Intensität direkt in die Augen, dass ich unwillkürlich an ein Kräftemessen denken musste. »Mr. Weaver, ich will ohne Umschweife mit Ihnen reden. Mein Vater, Sir, wurde ermordet. Und zwar, wie ich glaube, von der gleichen Person oder den gleichen Personen, die auch Ihren Vater ermordet haben.«

Mir blieb nicht einmal Zeit, mir eine mögliche Reaktion zu überlegen. Gewiss, mein Vater war vor zwei Monaten getötet worden – aber nicht ermordet. Ein betrunkener Kutscher hatte ihn beim Überqueren der Threadneedle Street überfahren. Die ganze Sache war von einer gewissen Ungereimtheit überschattet gewesen. Wie rücksichtslos war der Kutscher gefahren? War mein Vater blindlings auf die Fahrbahn getreten? Hätte der Unfall vermieden werden können? Allesamt unbeantwortbare Fragen, wie der Richter entschieden hatte. Der Kutscher hatte wohl fahrlässig, jedoch ohne böse Absicht gehandelt und hätte wohl auch keinen Grund gehabt, meinem Vater etwas zuleide zu tun. Wäre die gleiche Tat an einem Grafen oder einem Parlamentsmitglied verübt worden, hätte sie dem Kutscher wohl mindestens sieben Jahre Deportation in die Kolonien eingebracht, aber das fahrlässige Niedertrampeln eines jüdischen Börsenspekulanten war nicht unbedingt ein Fall, für den man die volle Gewalt des Amtes bemühte. Der Richter entließ den Kutscher mit einer ernsthaften Verwarnung, und damit war die Angelegenheit juristisch abgeschlossen.

Zu jenem Zeitpunkt hatte ich mehr als zehn Jahre lang nicht mehr mit meinem Vater gesprochen. Ich wusste so gut wie nichts von seinem Tun, und es wäre mir nicht eingefallen, dass sein Tod mit etwas so Entsetzlichem wie Mord in Verbindung stehen könne. Allerdings war dieser Gedanke einem Blutsverwandten meines Vaters, meinem Onkel Miguel, in den Sinn gekommen, denn er hatte mir eigens geschrieben, um mir seine Vermutungen mitzuteilen. Beschämt bekenne ich, dass ich seine Bemühung, meine Meinung dazu einzuholen, lediglich mit einer förmlichen Antwort quittiert hatte, in der ich seine Ideen als Nonsens verwarf. Das geschah teilweise deshalb, weil ich nichts mit meiner Familie zu tun haben wollte, teilweise jedoch auch, weil ich wusste, dass mein Onkel meinen Vater, aus Gründen, die sich mir entzogen, sehr geliebt hatte und die Sinnlosigkeit eines so zufälligen Todes nicht akzeptieren konnte. Nun sah ich mich abermals mit der

Behauptung konfrontiert, mein Vater sei das Opfer eines vorsätzlichen Verbrechens geworden, und abermals spürte ich, wie mein selbst gewähltes Exil von meiner Familie den Wunsch in mir aufkommen ließ, dem Gedanken keinen Glauben zu schenken.

Ich zwang mein Gesicht, sich der strengen Maske der Unvoreingenommenheit zu unterwerfen. »Der Tod meines Vaters war ein Unglücksfall.«

Balfour wusste besser über meine Familie Bescheid als ich über die seine, was ich als Nachteil ansah und weshalb ich, obschon innerlich einigermaßen aufgewühlt, eine etwas langsame Gangart einlegte. »Und, wenn ich das heikle Thema anschneiden darf, auch hinsichtlich des Ablebens Ihres Vaters berichteten die Zeitungen von etwas anderem als Mord.«

Balfour hob die Hand, als ließe sich der Gedanke an Selbstmord damit einfach hinwegkomplimentieren.

»Ich weiß, was in der Zeitung stand!«, stieß er hervor und spuckte dabei. »Und ich weiß auch, was der Coroner gesagt hat, und doch versichere ich Ihnen, dass hier etwas nicht stimmt. Das Vermögen meines Vaters soll zur Zeit seines Todes so gut wie nicht mehr existent gewesen sein. Nur wenige Wochen zuvor erzählte er mir jedoch selbst, seine Spekulationen hätten ihm geraumen Profit gebracht, insbesondere habe er großen Nutzen aus der durch die Rivalität zwischen der Bank of England und der South Sea Company hervorgerufenen Kursschwankung gezogen. Es entsprach nicht gerade meinen Wünschen, dass er sich in die Geschäftemacherei auf der 'Change Alley einließ und dort auf die Art ... nun ja, auf die Art und Weise Ihrer Leute, Weaver, Wertpapiere kaufte und verkaufte. Aber er glaubte fest daran, dass einem Manne, der alle seine Sinne beisammenhielt, gerade dort hervorragende Möglichkeiten blühten. Wie also kann es sein, dass seine Finanzen so« – er machte eine kleine Pause, um nach den richtigen Worten zu suchen –, »so schlecht geordnet waren? Halten Sie es für einen Zufall, dass unsere Väter, beides sehr reiche und miteinander bekannte Männer, innerhalb von vierundzwanzig Stunden ganz plötzlich und auf geheimnisvolle Weise sterben und der Aktienbesitz meines Vaters ein einziges Durcheinander ist?«

Während er so redete, offenbarte Balfours Gesicht eine nicht unbeträchtliche Anzahl von Gemütsregungen: Kränkung, Abscheu, Unbehagen und sogar, wie ich glaube, Scham. Mir kam es außerordentlich merkwürdig vor, dass ein Mann, der dabei war, ein so schreckliches

Verbrechen aufzudecken, keinerlei Anzeichen von Empörung an den Tag legte.

Seine Behauptungen riefen in mir jedoch eine gewisse Unruhe hervor, die ich zu zügeln versuchte, indem ich mich auf die gesicherten Tatsachen konzentrierte. »Was Sie hier vorbringen, dient in keinster Weise als Beweis für einen Mord«, sagte ich nach kurzer Überlegung. »Ich kann nicht nachvollziehen, wie Sie zu diesem Schluss gekommen sind.«

»Der Tod meines Vaters wurde als Selbstmord inszeniert, damit der Schurke oder die Schurken sein Geld ungestraft an sich nehmen konnten«, verkündete er, als hätte er ein naturkundliches Geheimnis enthüllt.

»Sie glauben also, das Vermögen Ihres Vaters sei geraubt und er selbst ermordet worden, um den Diebstahl zu verschleiern?«

»Mit einem Wort, Sir: Ja. Genau das glaube ich.« Balfours Züge entspannten sich und nahmen einen Ausdruck matter Zufriedenheit an. Dann fasste er das leere Weinglas mit verhaltenem Verlangen ins Auge, dem ich durch erneutes Auffüllen entsprach.

Ich ging, ungeachtet des ablenkenden Schmerzes von einer alten Wunde in meinem Bein – einer Wunde, die meiner Laufbahn als Berufsboxer ein Ende gesetzt hatte –, im Zimmer auf und ab. »Worin aber besteht die Verbindung zwischen den beiden Todesfällen, Sir? Meines Vaters Vermögen ist unangetastet.«

»Fehlt denn wirklich nichts? Woher wollen Sie das wissen, Sir?«

Ich konnte es wirklich nicht wissen, weshalb ich die in meinen Augen vermessene Frage einfach ignorierte. »In Ihrem eigenen Interesse möchte ich ganz offen mit Ihnen reden. Ihr Vater ist vor Kurzem verstorben, unter schrecklichen Umständen, wobei es ihm nicht möglich war, ein Vermächtnis zu hinterlassen. Sie sind mit der Aussicht auf Wohlstand und Privilegien aufgewachsen, hatten jeden Grund anzunehmen, dereinst das sorglose Leben eines Gentleman zu führen. Jetzt sehen Sie Ihre Träume zerschlagen und suchen nach Erklärungen, warum dem nicht so sein kann.«

Balfour lief bedenklich rot an. Ich vermute, er war nicht an Widerspruch gewöhnt, insbesondere nicht an Widerspruch von Leuten wie mir. »Ihre Worte gefallen mir nicht, Mr. Weaver. Auch wenn meine Familie zurzeit gewissen Benachteiligungen ausgesetzt ist, sollten Sie nicht vergessen, dass ich ein echter Gentleman bin.«

»Ein Gentleman wie ich«, erwiderte ich und sah ihm direkt in die geröteten Augen. Das war ein harter Schlag für ihn. Seine Familie gehörte, wie er sehr wohl wusste, zu den Emporkömmlingen. Seinen höchst zweideutigen Titel Gentleman verdankte Balfour der aggressiven Geschäftemacherei seines Vaters im Tabakhandel, keinesfalls seinem hochwohlgeborenen Stammbaum. Ich erinnerte mich sogar daran, dass der alte Balfour einmal unter den alteingesessenen Tabakhändlern für gehörige Unruhe gesorgt hatte, indem er die Männer, die seine Schiffe entluden, sehr verärgerte. Diesen Hafenarbeitern wurden seit jeher schmale Löhne gezahlt, weshalb sie ihren Verdienst mittels einer stillschweigenden Umverteilung der Waren, mit denen sie tagtäglich zu tun hatten, ein wenig aufbesserten. Bei Schiffen, die Tabak geladen haben, ist dieser Vorgang als »Tabakziehen« bekannt: Die Arbeiter stoßen einfach die Hände in die Ballen, ziehen so viel heraus, wie sie zu fassen kriegen, und verkaufen den Ertrag auf eigene Rechnung. Tatsächlich handelte es sich um eine Art sanktionierten Diebstahl, denn schon vor Jahren hatten die Tabakhändler herausgefunden, dass sich ihre Lastenträger an der Fracht vergriffen, aber stillschweigend darüber hinweggesehen und einfach die Löhne noch weiter gekürzt.

Der alte Balfour hingegen verstieg sich zu dem unglückseligen Schritt, Männer anzuheuern, die die Arbeiter überwachten und sicherstellten, dass keiner mehr Ware abzog, versäumte es jedoch, den Lohn wieder entsprechend anzuheben. Die Arbeiter wurden gewalttätig, rissen mehrere Ballen Glimmkraut auf und verstreuten den Inhalt mutwillig. Der alte Balfour gab erst nach, nachdem ihn seine Händlerkollegen davon überzeugt hatten, dass ein weiteres Verfolgen seines wahnsinnigen Kurses zu Aufständen und dem Niedergang aller ihrer Geschäfte führen konnte.

Dass nun der Sohn dieses Kaufmannes behauptete, einer alten Familie zu entstammen, war offenkundig absurd; er kam nicht einmal aus einer alten *Kaufmanns*familie! Auch wenn in jenen Tagen, wie heute noch, einem wohlhabenden Kaufmann etwas entschieden Britisches anhaftet, war es für den Sohn eines solchen Mannes eine relativ dreiste und zweifelhafte Behauptung, er besitze Anspruch auf die gesellschaftliche Stellung eines *Gentleman.* Meine Erklärung, unsere Familien seien ebenbürtig, bescherte ihm beinahe einen Schlaganfall. Er blinzelte, als versuchte er eine geisterhafte Erscheinung zu vertreiben, und zwinkerte einige Male nervös, bis er sich wieder einigermaßen im Griff hatte.

»Ich halte es nicht für Zufall, dass die Mörder meines Vaters seinen Tod wie Selbstmord aussehen ließen. Sie rechneten damit, dass die Scham jede genauere Untersuchung des Vorfalles verhindern würde. Aber ich schäme mich nicht. Wahrscheinlich halten Sie mich für mittellos und glauben, ich sei gekommen, um Sie wie ein Armenhäusler anzubetteln, aber Sie wissen nichts von mir. Ich zahle Ihnen zwanzig Pfund, wenn Sie sich nur eine Woche mit dieser Angelegenheit beschäftigen.« Er hielt inne, um mir Zeit zu lassen, über eine derart große Summe nachzudenken. »Dass ich Sie überhaupt dafür bezahlen muss, die Wahrheit über die Ermordung Ihres eigenen Vaters herauszufinden, gereicht Ihnen selbst zwar nicht gerade zur Ehre, aber für Ihre Gesinnung bin ich nicht verantwortlich.«

Ich musterte seine Züge, suchte nach Anzeichen von etwas – Falschheit, Selbstzweifel, Angst? –, sah jedoch nichts als nervöse Entschlossenheit. Ich stellte nicht länger infrage, dass er derjenige war, für den er sich ausgab. Er war ein unangenehmer Mensch, den ich instinktiv vom ersten Augenblick an nicht gemocht hatte, und ich war mir sicher, dass auch er mir keinerlei Zuneigung entgegenbrachte. Mein Interesse an dem, was er bezüglich des Todes meines Vaters sagte, konnte ich allerdings nicht abstreiten. »Mr. Balfour, gibt es denn Zeugen für diesen, wie Sie behaupten, inszenierten Selbstmord?«

Er wedelte mit den Händen in der Luft herum, um die Einfältigkeit meiner Frage zu demonstrieren. »Davon ist mir jedenfalls nichts bekannt!«

»Haben Sie etwas darüber verlauten hören?«, drängte ich weiter.

Er starrte mich verwundert an, als faselte ich unsinniges Zeug daher. »Von wem denn? Halten Sie mich für jemanden, der mit Menschen verkehrt, die über derlei Dinge reden?«

Ich seufzte. »Dann weiß ich auch nicht weiter. Wie soll ich jemanden finden, der ein Verbrechen begangen hat, wenn Sie weder Zeugen noch Kontakte haben? Wonach genau soll ich denn suchen?«

»Ich verstehe nichts von Ihrem Geschäft, Weaver, aber wie mir scheint, sind Sie beklagenswert begriffsstutzig. Sie haben doch schon mehr als einen Mann der Gerechtigkeit zugeführt, oder nicht? Genau so, wie Sie sonst vorgegangen sind, so gehen Sie jetzt eben auch vor!«

Ich versuchte ein höfliches und, wie ich zugebe, leicht herablassendes Lächeln aufzusetzen. »Wenn ich in der Vergangenheit Männer der Gerechtigkeit zugeführt habe, Sir, hat es sich stets um Fälle gehandelt, bei denen jemand die Identität des Übeltäters kannte und mir lediglich die Aufgabe übertrug, ihn ausfindig zu machen. Bei anderen Verbrechen war der Übeltäter unbekannt, aber Zeugen konnten über besondere Eigenschaften berichten, etwa eine Narbe über dem rechten Auge oder einen fehlenden Daumen. Mit derartigen Informationen kann ich bei den Leuten, die diesen Mann womöglich kennen, nachfragen und nach und nach seinen Namen, seine Gewohnheiten und schließlich seinen Aufenthaltsort in Erfahrung bringen. Fußt aber der erste Schritt auf Ihrer Vermutung allein, wie soll dann der zweite aussehen? Wer sind die Leute, die als Nächstes zu befragen wären?«

»Ich bin schockiert, von Ihren Methoden zu hören, Weaver!« Er hielt einen Moment inne, vielleicht um seinen Abscheu deutlich zu machen. »Ich kann Ihnen zu keinem zweiten Schritt raten, kenne auch die Halunken nicht, mit denen Sie sich hinsichtlich der Ermordung meines Vaters in Verbindung setzen sollten. Sie müssen selbst wissen, wie Sie Ihre Geschäfte führen, aber ich hatte angenommen, dass die Angelegenheit genügend Interesse bei Ihnen hervorruft, um von mir zwanzig Pfund anzunehmen.«

Ich schwieg eine Zeit lang. Am liebsten hätte ich den Mann sofort weggeschickt, denn ich hatte seit jeher so manches auf mich genommen, um jeden Kontakt mit meiner Familie zu vermeiden. Andererseits waren zwanzig Pfund für mich keine kleine Summe, und während ich den schrecklichen Tag der Abrechnung fürchtete, wusste ich, dass es einer Kraft von außen bedurfte, die mir den notwendigen Stoß versetzte, um den Kontakt mit denen, die ich schon so lange vernachlässigt hatte, wieder aufzunehmen. Mehr noch: Auch wenn ich damals nicht hätte erklären können warum, reizte mich die Vorstellung, mich mit einer derartig undurchsichtigen Angelegenheit zu beschäftigen. Ich hegte nämlich den unbestimmten Verdacht, als habe Balfour, trotz der Großspurigkeit, mit der er seine Vermutungen vortrug, womöglich recht. Wenn ein Verbrechen begangen worden war, schien es nicht mehr als vernünftig, dass es auch aufgeklärt werden konnte, und mir gefiel der Gedanke nicht übel, welche Auswirkungen ein Erfolg bei einer Untersuchung dieser Art auf meinen Ruf haben würde.

»Ich erwarte in Bälde noch einen anderen Besucher«, sagte ich schließlich. »Außerdem habe ich viel zu tun.«

Er wollte etwas entgegnen, doch ich ließ es nicht dazu kommen. »Ich werde mich der Sache annehmen, Mr. Balfour. Warum auch nicht? Aber meine Zeit erlaubt mir nicht, mich ihr sofort zu widmen. Falls

Ihr Vater wirklich ermordet wurde, muss es einen Grund dafür geben. Wenn es sich um Diebstahl handelt, brauchen wir weitere Einzelheiten über diesen Diebstahl. Ich möchte, dass Sie sich diesbezüglich so genau wie möglich erkundigen. Reden Sie mit seinen Freunden, mit Verwandten und Angestellten, mit jedem, der Ihrer Meinung nach einen ähnlichen Verdacht hegt. Lassen Sie mich wissen, wo ich Sie finden kann, dann werde ich mich in wenigen Tagen mit Ihnen in Verbindung setzen.«

»Wofür bezahle ich Sie eigentlich, Weaver, wenn ich Ihre Arbeit erledigen soll?«

Diesmal fiel mein Lächeln weniger gutmütig aus. »Sie haben natürlich recht. Sobald ich wieder frei über meine Zeit verfüge, spreche ich selbst mit der Familie Ihres Vaters sowie mit seinen Freunden und Angestellten. Und damit sie mich nicht gleich wegschicken, erzähle ich ihnen, dass Sie mich beauftragt haben, sie auszufragen. Vielleicht unterrichten Sie sie schon einmal vorab, dass demnächst ein Jude mit dem Namen Weaver vorbeikommt und Nachforschungen über Ihre Familienangelegenheiten anstellt.«

»Ich kann nicht zulassen, dass Sie diese Leute belästigen«, stammelte er. »Gott im Himmel, wenn ich mir vorstelle, dass Sie meine Mutter verhören ...«

»Dann ist es wohl doch geschickter, wenn Sie sich, wie ich bereits vorschlug, dieser Sache selbst annehmen.«

Balfour erhob sich und nahm eine vornehme Haltung an. »Wie ich sehe, sind Sie ein kluger Taktiker. Ich werde einige diskrete Nachforschungen anstellen. Aber ich erwarte in Kürze von Ihnen zu hören.«

Ich erwiderte nichts und rührte mich auch nicht von der Stelle, doch Balfour störte sich nicht daran, und im nächsten Augenblick war er aus meinen Gemächern verschwunden. Ich blieb noch eine Zeit lang reglos sitzen und dachte über das nach, was sich soeben ereignet hatte. Dann griff ich nach der Flasche Port.

2

In jenen Tagen war ich noch neu im Geschäft. Ich verfügte über kaum mehr als zwei Jahre praktische Erfahrung und kämpfte immer noch mit den Geheimnissen meiner Branche. Meinen letzten großen Kampf als Berufsboxer hatte ich fünf Jahre zuvor ausgetragen, im Alter von nur etwas mehr als dreiundzwanzig Jahren. Nachdem diese Karriere ein derart gewaltsames Ende gefunden hatte, war ich unterschiedlichen Beschäftigungen nachgegangen, um meinen Lebensunterhalt zu bestreiten, oder vielleicht sollte ich eher sagen: mein Überleben zu sichern. Auf die meisten dieser Berufe bin ich nicht gerade stolz, aber sie lehrten mich mancherlei, das sich später als durchaus nützlich erweisen sollte. Eine Zeit lang war ich auf einem Kutter beschäftigt, der zwischen der Südküste Englands und Frankreich verkehrte, wobei jenes Schiff, wie meine aufmerksamen Leser bereits vermutet haben werden, mitnichten der Königlichen Marine angehörte. Als unser Kapitän wegen Schmuggelei festgenommen wurde, ließ ich mich von einem Ort zum anderen treiben und betätigte mich zuzeiten, wie ich beschämt eingestehe, als Einbrecher und später sogar als Straßenräuber. Beschäftigungen dieser Couleur sind zwar recht aufregend, aber kaum profitabel, und mit der Zeit wird man des Anblicks dieses oder jenes Freundes mit einer Schlinge um den Hals müde. Also gelobte ich mir hoch und heilig, mich zu bessern, und kehrte nach London zurück, um mir irgendeine ehrliche Arbeit zu suchen.

Es ist ewig schade, dass ich damals noch nicht auf die Idee kam, dass man als Faustkämpfer, der sich aus dem aktiven Geschäft zurückgezogen hat, eine Boxschule eröffnen und dort die inzwischen nachgerückten jungen Burschen trainieren kann, wie es der berühmte Jack Broughton getan hat. Broughton hat sich obendrein als kluger Kopf erwiesen, denn er entwickelte eine Vorrichtung, die er Boxhandschuhe nannte, eine Art übermäßige Polsterung für die bloßen Fäuste. Ich habe diese Dinger schon einmal gesehen und hege den leisen Verdacht, dass ein Treffer mit diesen Handschuhen die gleiche Wirkung hat, als sei man überhaupt nicht getroffen worden.

Ich war nicht so schlau wie Broughton und hatte keine derart hochtrabenden Ideen, doch ich hatte noch ein paar unrechtmäßig erworbene Pfund in der Hosentasche und suchte nach einem Partner, mit dem ich ein Bierlokal oder etwas Ähnliches aufzumachen gedachte. Es ereignete sich zu jener Zeit, dass ich eines Nachts recht spät zu meiner Unterkunft heimkehrte und das Glück hatte, einem alten Knaben behilflich sein zu können, der von einer Bande reicher junger Schnösel bedrängt wurde. Diese aristokratischen Rüpel oder auch *Mohocks*, wie sie in jenen Tagen genannt wurden – ein Name, der eine Beleidigung für die edlen Wilden in Amerika darstellte –, hatten nichts Besseres zu tun, als sich auf den Straßen Londons herumzutreiben und Leute, die ärmer waren als sie, zu malträtieren, indem sie auf ihre Gliedmaßen einschlugen, ihnen Ohren oder Nasen abschnitten, alte Damen Böschungen hinunterstießen und sich sogar, wenn auch nur sehr selten, am nachhaltigsten aller Verbrechen, dem Mord, verlustierten.

Ich hatte bereits von diesen arroganten Dandys gelesen und mich nach einer Gelegenheit gesehnt, ihnen ein wenig von ihrer Gewalttätigkeit heimzuzahlen, und so weiß ich nicht mit Sicherheit zu sagen, ob mich mein Hass auf ihre Privilegien, die sich diese Männer anmaßten, oder mein menschliches Mitgefühl für das betagte Opfer dazu trieb, mich in den Streit einzumischen. Ich kann nur sagen, dass ich angesichts der sich mir darbietenden Szene ohne zu zögern handelte.

Vier Mohocks, allesamt in Satin und Spitzen herausgeputzt und mit Masken italienischer Nachtschwärmer vor den Gesichtern, standen um einen älteren Mann herum, der auf der Straße zusammengebrochen war und wie ein groteskes Kind mit gefalteten Beinen vor ihnen saß. Seine Perücke war ihm vom Kopf gerissen und weggeschleudert worden, und von einer länglichen Wunde auf seinem Schädel sickerte ein dünnes Rinnsal Blut herab. Die Mohocks feixten amüsiert, und einer stieß eine undeutliche Bemerkung auf Latein aus, die die anderen zu schallendem Gelächter veranlasste.

»Tja«, sagte einer von ihnen zu dem alten Mann, »die Entscheidung liegt jetzt bei Ihm.« Er zog seinen Degen und fuhr damit mit der Geschicklichkeit des geübten Fechters durch die Luft, bevor er dem Mann die Spitze der Waffe direkt vor das Gesicht hielt. »Möchte Er lieber ein Ohr oder die Nasenspitze verlieren? Entscheide Er sich rasch, sonst wird Seine Zögerlichkeit mit beiden Preisen entlohnt.«

Einige Sekunden hörte man nichts als das Keuchen des bedrängten Mannes und das leise Plätschern des Abwassers, das in der Rinne in der Straßenmitte dahinsickerte.

Der Knochenbruch in meinem Bein, der meine Karriere im Ring beendet hatte, beschränkte zwar meine faustkämpferische Ausdauer, aber für die Anforderungen einer kurzen Straßenschlägerei war ich immer noch mehr als ausreichend gerüstet. Die Mohocks waren viel zu besoffen von ihrer Grausamkeit, und vom Wein nicht minder, als dass sie mein Nahen bemerkt hätten, und so eilte ich dem Opfer zu Hilfe, indem ich einen der Burschen ohne jede Vorwarnung mit einem heftigen Schlag an den Hinterkopf außer Gefecht setzte. Bevor seine Kameraden mitbekamen, dass ich an der Veranstaltung teilnahm, hatte ich mir einen zweiten Tunichtgut geschnappt und ihn mit dem Kopf gegen die Wand gestoßen – ein Manöver, das ihn davon abhielt, weiteren Schaden anzurichten.

Kaum sah der Alte, den ich für so hilflos wie ein Weib gehalten hatte, dass sich das Blatt plötzlich gewendet hatte, stand er auf und nahm eine mannhaftere Positur ein, wagte sogar einen kurzen Schwinger gegen den Angreifer, der ihn mit dem Degen bedroht hatte, und schlug ihm die lange, dünne Klinge aus der Hand. Sie rutschte irgendwo in der Dunkelheit scheppernd über den Boden. Ich hob die Fäuste gegen einen der beiden noch im Ring verbliebenen Burschen; mein Gefährte, der aus seiner Entrüstung neue Kraft zu schöpfen schien, erhielt ein paar kräftige Schläge ins Gesicht, steckte den Schmerz jedoch tapfer weg. Aus einem frischen Riss über seinem linken Auge rann Blut über sein Gesicht, doch er erwies sich als beherzter Kämpfer und hielt sich lange genug im Spiel, bis am Ende der Straße ein Gemeindenachtwächter mit erhobener Laterne auftauchte. Als die Mohocks den Gesetzeshüter erblickten, beschlossen sie, den nächtlichen Zeitvertreib nicht länger fortzusetzen, und die beiden Schurken, die noch auf den Beinen waren, sammelten ihre gefallenen Kameraden auf und hinkten davon, um sich zu Hause die Wunden zu lecken und eine Geschichte auszudenken, mit der sich ihre kuriosen Verletzungen erklären ließen.

Während der Nachtwächter näher kam, ging ich auf meinen Kampfgefährten zu und packte ihn stützend an der Schulter. Er starrte mich verbissen durch seine müden, von Blut und Schweiß getrübten Augen an und verzog mit einem Mal den Mund zu einem überschwänglichen Grinsen.

»Benjamin Weaver!«, stieß er hervor. »Der Löwe von Juda! Hätte nicht gedacht, Sie noch einmal kämpfen zu sehen. Und schon gar nicht so aus der Nähe!«

»Das hatte ich eigentlich auch nicht vor«, erwiderte ich keuchend. »Aber ich freue mich, einem Mann in Not zu Diensten gewesen zu sein.«

»Sie dürfen sich noch mehr freuen«, versicherte er mir, »denn ich soll auf der Stelle als Diener Satans in die Hölle fahren, wenn ich Ihren Heldenmut nicht gebührend entlohne! Geben Sie mir Ihre Hand, werter Herr!«

Der Unglückliche stellte sich mir als Hosea Bohun vor und bat mich darum, ihn am folgenden Tage aufzusuchen, damit er seiner Dankbarkeit mit einer kleinen Gefälligkeit Ausdruck verleihen könne. Inzwischen war der Wächter herangekommen, ein dürrer Bursche, der seinen Aufgaben kaum gewachsen gewesen sein dürfte. Nachdem ihm die Angreifer durch die Lappen gegangen waren, hielt er es für eine gute Idee, wenigstens die Opfer zur Wache mitzunehmen, als Strafe dafür, dass sie sich noch nach der Sperrstunde auf der Straße aufhielten. Doch Mr. Bohun ließ den einen oder anderen Namen gewisser Freunde fallen, darunter auch den des Oberbürgermeisters, und schickte den Wachmann wieder seines Wegs.

Am Tag darauf erfuhr ich, dass mich mein Glück einem sehr reichen Ostindien-Kaufmann hatte zu Hilfe eilen lassen, und Mr. Bohun entlohnte mich in seinem prächtigen Stadthaus mit einer nicht geringeren Summe als einhundert Pfund und dem Versprechen, sich für mich einzusetzen, wann immer es in seiner Macht stünde. Er setzte sich tatsächlich für mich ein, denn die Geschichte, wie er von Mohocks überfallen worden und wie es ihm gelungen war, sie gemeinsam mit dem ihm zu Hilfe eilenden Benjamin Weaver in die Flucht zu schlagen, fand ihren Weg sogar bis in die Zeitungen.

Bald darauf wurde ich von anderen Gentlemen aufgesucht, von adligen wie auch von armen, doch alle kamen sie mit Angeboten zu mir, mich für meine Fähigkeiten bezahlen zu wollen. Ein Gentleman beabsichtigte eine Reise zu seinem Landsitz und wünschte meine Begleitung zum Schutze seiner Person und seiner mitgeführten Güter vor den Übergriffen von Straßenräubern. Ein anderer Mann war Ladenbesitzer, dessen Geschäftsräume wiederholt von Halunken heimgesucht worden waren; er wünschte, dass ich mich eine Zeit lang in seinem Laden aufhielt und den Schurken auflauerte, um ihnen ihr schändliches Treiben heimzuzahlen. Ein anderer wiederum wollte, dass ich für ihn eine Schuld bei einem säumigen Burschen eintrieb, der sich seit einem Jahr erfolgreich dem Zugriff der Gerichtsdiener entzog.

Der vielleicht wichtigste Auftrag – einer, der meinen Namen abermals in die Zeitungen brachte – wurde mir von einer verarmten Frau erteilt, über deren einzige, kaum zwölf Jahre alte Tochter ein Seemann auf skandalöseste Art und Weise hergefallen war. Zwar hatte es dafür sogar Zeugen gegeben, doch die Frau konnte sie weder ausfindig machen noch etwas über den Aufenthaltsort des Seemanns selbst erfahren. Ich fand bald heraus, dass es nicht sehr viel dazu bedurfte, ein paar Fragen zu stellen, dem Geschwätz der Leute zuzuhören und den von gedankenlosen Missetätern zurückgelassenen Spuren zu folgen. Jener Seemann wurde, wie meine Leser womöglich noch wissen, wegen Notzucht verurteilt, und ich hatte selbst das Vergnügen, dabei zuzusehen, wie er in Tyburn aufgehängt wurde.

So nahm meine Arbeit als Beschützer, Wächter, Gerichtsbüttel, Mietwachtmeister und Diebesfänger ihren Anfang. Gerade jene letztgenannte Aufgabe erwies sich als besonders lukrativ, denn indem ich diese Verbrecher der Gerechtigkeit übergab, verdiente ich mir nicht nur das Entgelt meines Auftraggebers, sondern konnte obendrein die nicht unbeträchtliche Belohnung von vierzig Pfund einstecken, die der Staat auf derlei Leute aussetzte. Drei oder vier solcher Fischzüge sicherten einem Mann meines Standes bereits ein anständiges Auskommen.

Mit besonderem Stolz darf ich sagen, dass ich mir rasch den Ruf eines ehrenhaften Gentleman erwarb, denn es ist wohlbekannt, dass Diebesfänger gewöhnlich die allerübelsten Schurken sind, die sich nicht um Schuld oder Unschuld des armen Schluckers scheren, den sie vor den Richter schleifen, sondern einzig und allein an der Belohnung für dessen Auslieferung interessiert sind. Als ich mich selbstständig machte, sorgte ich dafür, dass jedermann wusste, dass ich mit den üblichen Machenschaften der Diebesfänger nichts am Hut hatte, sondern es mir allein darum ging, Gesetzesbrecher zu schnappen und verschwundenes Eigentum wiederzubeschaffen. Das tat ich nicht nur, weil ich mit der Justiz nicht über Kreuz kommen wollte, sondern vor allem, um mich als Mann zu präsentieren, dem man als Opfer eines Diebstahls wirklich Vertrauen schenken konnte.

Zu meinem Unglück wurden just zu der Zeit, da ich mein Geschäft ins Leben rief, Aufträge zur Überführung von Dieben sehr selten, denn ein berüchtigter Schurke namens Jonathan Wild hatte angefangen, sich selbst einen Namen als Oberster Diebesfänger zu machen. In den Augen der zahllosen Opfer von Raubüberfällen und Diebstählen in ganz London schien Wild wahre Wunder zu bewirken, denn er konnte so gut wie jeden Dieb in der Stadt ausfindig machen und fast jedes gestohlene Gut zurückbringen. Wie wir inzwischen wissen – und viele von uns wussten es schon damals –, konnte Jonathan Wild all diese

Wundertaten nur deshalb vollbringen, weil es kaum einen Langfinger in London gab, der nicht für ihn arbeitete. Wenn also jemand entdeckte, dass ihm ein bestimmter Gegenstand gestohlen worden war, schien es meistens vorteilhafter, die gleichen Diebe dafür zu bezahlen, das Gut zurückzugeben, als einen Mann wie mich anzuheuern, der ihnen nicht garantieren konnte, dass er die gestohlenen Sachen wirklich ausfindig machte. Wild sprach niemals Garantien aus, denn er gab sich als besorgter Bürger, der lediglich seine Hilfe anbot, aber ich habe so gut wie nie gehört, dass es ihm nicht gelungen sei, eine gestohlene Ware wiederzubeschaffen.

Der damaligen Sitte entsprechend, setzten die Opfer eine Anzeige in den *Daily Courant*, in der sie angaben, welche Gegenstände sie zurückhaben wollten. Daraufhin dauerte es nicht lange, bis das Opfer eine Nachricht von Mr. Wild erhielt, die besagte, er glaube, in dieser Angelegenheit behilflich sein zu können, falls der gute Gentleman oder die Lady willens seien, dem Dieb die Hälfte oder drei Viertel des Wertes des gestohlenen Gutes anzubieten. Gewiss kein faires Angebot, aber immer noch besser, als das Eigentum gänzlich ersetzen zu müssen. So kam es, dass die Bürger von London ihre vermissten Gegenstände zurückerhielten und obendrein den Mann rühmten, der sie ihnen gestohlen hatte. Im Gegenzug strich Wild auf diese Weise mehr Geld für seine Beute ein, als er jemals von Hehlern oder durch Versuche, sie selbst weiterzuverkaufen, dafür bekommen hätte. Dieser Winkelzug hatte ihn so reich gemacht, dass er angeblich in jeder nennenswerten Stadt Englands Mittelsmänner sitzen hatte und ganze Schmugglerschiffe sein Eigen nannte, die unablässig randvoll mit heißer Ware von unseren Gestaden nach Frankreich und Holland und wieder zurück segelten.

Trotz seines enormen Erfolges gab es immer noch einige, die nicht vergaßen, wer Wild in Wirklichkeit war, und niemals Geschäfte mit ihm gemacht hätten. Einer dieser Gentlemen, Sir Owen Nettleton, hatte mich erst einige Tage vor meiner Bekanntschaft mit Mr. Balfour mit einem prekären Anliegen aufgesucht. Sir Owen war ein einnehmender Mann, zu dem ich sofort große Zuneigung empfand. Eines Tages stand er in meinem Empfangszimmer, selbstbewusst und gut gelaunt, ein wenig dicklich und auch ein wenig angetrunken. Manche Leute schämten sich, mich in meinem Wohnviertel aufzusuchen, vielleicht, weil ihnen Covent Garden nicht schick genug war, vielleicht aber auch, weil sie nicht gesehen werden wollten, wie sie das Haus eines Juden betraten. Sir Owen hingegen benahm sich völlig offen und ungeniert. Er ließ seine unverwechselbare, gold- und türkisfarben bemalte Kutsche direkt vor Mrs. Garrisons Haus warten und marschierte kühn hinein, bereit, jedem seinen Namen zu nennen, der ihn danach fragen sollte.

Er war meiner Schätzung nach an die vierzig Jahre alt, doch seine Kleidung und sein Auftreten ließen an einen mindestens zehn Jahre jüngeren Mann denken. Von Kopf bis Fuß war er in bunten Stoff mit Silberzwirn und kunstvollen Stickereien gekleidet, und sein lebhaftes Gesicht wirkte unter dem gewaltigen Baldachin seiner blendend weißen Vollperücke noch breiter und geröteter, als es ohnehin schon war. Er machte es sich in dem Sessel vor mir bequem und fing sogleich an, über die neuesten Klatschgeschichten aus der Stadt zu plaudern, wobei er fast eine ganze Flasche Madeira austrank, bevor er auch nur andeutete, dass ihn eigentlich geschäftliche Belange zu mir geführt hatten. Schließlich setzte er das Glas ab, spazierte zu dem Fenster direkt hinter meinem Sessel und warf einen Blick auf die Straße hinab. Als er so dicht neben mir stand, wurde mir im Dunst seines großzügig aufgetragenen Zibetparfüms beinahe schwindlig.

»Ein prächtiger Sonntagnachmittag für Oktober, finden Sie nicht auch? Wirklich prächtig!«

»Ein herrlicher Nachmittag«, pflichtete ich ihm bei, allmählich gespannt, worauf Sir Owen eigentlich hinauswollte.

»Dieser Nachmittag ist so prächtig«, erklärte er, »dass ich Ihnen mein Anliegen unmöglich hier drinnen kundtun mag. Was wir meines Erachtens brauchen, Mr. Weaver, ist frische Luft und Sonnenschein. Wollen wir eine Runde durch den St. James's drehen?«

Ich war durchaus mit seinem Vorschlag einverstanden, also machten wir uns auf den Weg nach unten, wo wir uns den unverhüllt neugierigen Blicken meiner Vermieterin und dreier ihrer nicht minder korpulenten und verbiesterten Freundinnen ausgesetzt sahen, die rings um einen Kartentisch hockten und ein Pikett um kleine Einsätze spielten. Mrs. Garrison dürfte wohl vor Staunen der Unterkiefer heruntergeklappt sein, als sie mich in Sir Owens hübsche Equipage einsteigen sah.

Nachdem ich fast mein ganzes Leben in London zugebracht hatte, war mir der Anblick des fröhlichen Treibens im St. James's Park an einem herrlichen Sonntagnachmittag wohl vertraut. Doch zu nicht geringem Teil aufgrund der gesellschaftlichen Ausgrenzung, die mit dem

Dasein als Jude von begrenzten Mitteln einhergeht, hatte ich nicht im Traum daran gedacht, eines Tages selbst einmal daran teilzunehmen. Und nun bummelte ich dort unversehens an der Seite eines vornehmen Baronet über die Wege, spürte die warme Sonne auf dem Gesicht und ließ mich gemeinsam mit zahllosen eleganten Damen und Herren durch den Park treiben. Ich halte mir zugute, dass ich mir von dem munteren Trubel nicht habe den Kopf verdrehen lassen, aber das ständige Verbeugen und Knicksen sowie die Zurschaustellung der neuesten Jackenschnitte und Haarmoden, von Perücken, Bändern, Seidenstoffen und Schleifen war doch ein recht verwirrendes Schauspiel. Ich glaube, Sir Owen wäre genau der Richtige gewesen, mich in diese Welt einzuführen, denn er war mit vielen jener Gentlemen und Ladys bekannt, verneigte sich ständig nach allen Seiten und nahm seinerseits den ihm zustehenden Anteil an Verbeugungen entgegen. Er hatte jedoch auch wiederum nicht so viele Bekannte, als dass es unmöglich gewesen wäre, ein paar Schritte unbehelligt zu gehen. So spazierten wir inmitten der *beau monde*, genossen die zarte Wärme des schwindenden Sommers, und Sir Owen erzählte mir von seinen Schwierigkeiten.

»Weaver«, fing er an, während wir weitergingen, »ich bin kein Mann, der mit seinen Gefühlen hinter dem Berg hält. Ich sage frei heraus, dass ich Sie mir genau angesehen habe, und was ich sehe, gefällt mir überaus. Sie machen mir ganz den Eindruck eines Mannes, dem man vertrauen kann.«

Sir Owen blieb stehen und sah mich kritisch an, wobei er den Kopf nachdenklich hin und her drehte. »Doch, mir gefällt, was ich sehe, Weaver. Sie kleiden sich wie ein Mann von Verstand, und Sie verhalten sich auch so. Ich könnte nicht einmal sagen, dass Sie Jude sind, auch wenn Ihre Nase vermutlich eine Spur länger ist, als es ein gestrenger Engländer durchgehen ließe. Aber wenn schon!«

Ich nahm unsere Wanderung wieder auf, weil ich hoffte, die Bewegung würde Sir Owen zu relevanteren Gesprächsthemen verleiten.

»Außerdem sehen Sie wie ein recht flotter Bursche aus«, fuhr er fort. »Schätze, Sie sind ein Mann, der auch mal gern seinen Spaß hat, oder? Mit Verlaub gesagt, mir geht es jedenfalls so. Ich will offen mit Ihnen reden. Ich bin geradezu verrückt nach dem Glücksspiel und den Dirnen. Nach den Dirnen ganz besonders.«

»Und die Damen sind verrückt nach Ihnen, Sir Owen?«, hakte ich, von seiner Offenheit verleitet, nach.

Im ersten Augenblick befürchtete ich schon, ich sei ihm zu nahe getreten, doch er brach in ein wohlwollendes Lachen aus, das wie eine Portion heißer Schokolade blubberte.

»Sie sind verrückt nach meinem Geld, Mr. Weaver, das kann ich Ihnen versichern. Sie sind ebenso verrückt nach meinem Geld wie die Betreiber der Spielsäle. Denn alle Männer – und Frauen genauso – lieben das Geld. Ich liebe es auch«, dröhnte er weiter und verlor den Faden, als eine Gruppe hübscher junger Damen, die wegen eines kaputten Sonnenschirmchens kicherten, unseren Pfad kreuzte.

»Ebenso wie die Dirnen«, half ich ihm auf die Sprünge.

Er schnippte mit den Fingern. »Genau! Dirnen. Na schön, jetzt hat mir, fürchte ich, meine Vorliebe für käufliche Damen einige Scherereien eingebrockt.« Er hielt inne und lachte über einen Scherz, der ihm eingefallen war. »Aber ich brauche keinen Arzt, nein, es handelt sich nicht um derlei Scherereien. Diesmal nicht. Verstehen Sie mich bitte recht, ich hatte in der vergangenen Nacht eine amouröse Zusammenkunft mit einer Dirne, die nicht damit zufrieden war, einfach eine Dirne zu sein, nicht zufrieden damit, sich ihren Lebensunterhalt mit einem bodenständigen Handgemenge zu verdienen. Wie es scheint, hatte ich ein paar Schlucke Wein zu viel, und nach der Begegnung mit diesem Weibsstück hatte ich dafür einiges zu wenig.«

Sir Owen unterbrach seine Schilderung, um sich tief vor einer übermäßig geschminkten Dame zu verbeugen, die ein kunstvoll ausgearbeitetes Kleid in Grün und Gelb spazieren führte und das Haar im neuen hannoveranischen Stil hoch aufgetürmt trug. Sie nahm den Baronet kurz zur Kenntnis und schritt dann weiter ihres Wegs. Daraufhin erzählte mir Sir Owen, dass er sich dazu hatte überreden lassen, mit der Dirne einen kleinen Spaziergang zu machen, nachdem, wie es manchmal so gehe, seine Sinne von starken Getränken geschwächt worden seien, zu denen man ihn weit über sein normales vernünftiges Maß hinaus ermutigt habe. Als er in einer Seitenstraße aufgewacht sei, hatte man ihm Mantel, Uhr, Schuhe, Degen, seinen Geldbeutel und seine Brieftasche gestohlen.

»Ich bin nicht der Mann, der wegen so etwas lange grollt«, versicherte er mir. »Ich bin bereit, ihr das alles zu überlassen – aber meine Brieftasche muss ich zurückhaben. Sie enthält vieles, was mir lieb und teuer ist, und zwar nur mir allein. Ich muss sie auf jeden Fall zurückhaben, und das so schnell wie möglich.«

Ich dachte einen Augenblick darüber nach. »Ist Ihnen der Name dieser Dirne bekannt, und wissen Sie, wo ich sie finden könnte?«

Er grinste. »Als ich noch ein junger Mann war, ermahnte mich der Vikar unserer Gemeinde ständig, die Hurerei würde mich eines Tages noch ins Verderben stürzen, aber genau in dieser Angelegenheit hat mir mein Dasein als Hurenbock gute Dienste erwiesen. Ich kenne ihren Namen, allerdings, denn ich sehe sie schon lange ihrem Gewerbe nachgehen, auch wenn ich vor der letzten Nacht noch nicht das Missvergnügen hatte, sie, sagen wir, näher kennenzulernen. Ich könnte mir denken, dass bei ihrer Art der Hurerei die Männer nur in den seltensten Fällen noch einmal wiederkommen. Sie heißt Kate Cole, und ich habe sie des Öfteren in einer Bierschänke mit Namen Barrel and Bale gesehen. Ich vermute, sie hat dort ein Zimmer, aber dessen bin ich mir nicht sicher.«

Ich nickte. Zwar hatte ich von dieser Dame noch nie etwas gehört, doch schließlich gab es Tausende ihres Gewerbes in ganz London. Selbst ein Mann von Sir Owens Appetit durfte nicht erwarten, sie alle zu kennen. »Ich werde diese Kate Cole für Sie ausfindig machen.«

Er fuhr fort, mir ihr Aussehen in allen Einzelheiten zu beschreiben, wobei er mich mit mehr Informationen versorgte, als ich jemals benötigen würde, um eine angezogene Frau aufzuspüren.

»Ich vertraue darauf«, sagte er dann mit gesenkter Stimme, »dass ich mit Ihnen nicht lang und breit über Stillschweigen und dergleichen reden muss. Bestimmt versteht ein Mann in Ihrer Position die Bedürfnisse eines Mannes in meiner Position.«

Ich sagte ihm, dass ich ihn sehr wohl verstanden hätte, fragte mich allerdings, weshalb er mit mir, wenn ihm so viel an Diskretion gelegen war, ausgerechnet durch den Park stolzierte.

Sir Owen überraschte mich, indem er meine Gedanken zu erraten schien. »Es stört mich nicht, wenn alle Welt weiß, dass ich mit Ihnen in Kontakt getreten bin, auch nicht, dass ich Ihre Dienste in Anspruch genommen habe, um mir meine gestohlenen Sachen wiederzubeschaffen. Trotzdem wäre es mir lieber, Sie würden darüber kein weiteres Wort verlieren. Es geht die Welt nämlich nichts an, was mir gestohlen wurde und auf welche Weise es mir verlustig ging.«

»Ganz Ihrer Meinung«, sagte ich mit einem beruhigenden Nicken. »Ich bin davon überzeugt, dass Ihnen jeder, mit dem ich bislang zu tun hatte, meine Diskretion bezeugen wird.«

»Prächtig! Wenn jemand darüber spekulieren möchte, was ich mit Ihnen zu schaffen habe, soll er das ruhig tun«, meinte er hochmütig. »Wenn jemand meinen Namen in den Schmutz zieht, wird er sich dafür zu rechtfertigen haben, denn es gibt keinen Mann in ganz London, der es wagte, mich zu beleidigen. Ich bin, dessen seien Sie versichert, kein übler Fechter«, fuhr er fort und umfasste mit theatralischer Geste den Griff seines Degens, »und ich habe mehr als einen Tagesanbruch im Hyde Park verbracht, um meine Ehre zu verteidigen.«

»Ich habe verstanden«, sagte ich, obwohl dem keineswegs so war. Lag ihm daran, zu prahlen oder eine Warnung auszusprechen? »Eine Frage hätte ich allerdings noch«, fuhr ich fort. »Dürfte ich erfahren, Sir Owen, weshalb Sie darauf verzichten, Mr. Jonathan Wild aufzusuchen, den Mann, den alle Welt mit der Wiederbeschaffung gestohlenen Eigentums betraut?«

Und der das Diebesgut zweifellos in Windeseile zurückgeben würde, fügte ich im Stillen hinzu, denn diese Dirne stand, wie so viele langfingrige Dirnen in London, so gut wie sicher in seinen Diensten.

»Wild ist ein Dieb«, sagte er mit getragener Stimme, »und jedermann in London weiß das. Zumindest jeder, der kein kompletter Idiot ist. Ein Mann wie Sie ... Ich bin sicher, dass das auch für Sie nicht neu ist. Ich glaube, dass diese Hure in seinen diebischen Stall gehört, und ich will bis in alle Ewigkeit verdammt sein, Sir, wenn ich Geld für etwas zahle, das mir rechtmäßig gehört, und dann noch dem Halunken, der es mir gestohlen hat! Ich sage Ihnen, ich weiß nicht, wie es kommt, dass London ihn als öffentlichen Wohltäter ansieht, wo er doch nichts weiter ist als ein Scharlatan, der sich mit seinen gerissenen Machenschaften gesundgestoßen und die Stadt ordentlich geschröpft hat.«

Sein Gesicht hatte eine tiefrote Färbung angenommen. Als ihm bewusst wurde, dass er sich zu sehr echauffiert hatte, hielt er einen Moment inne, um sich wieder zu beruhigen.

»Aber verraten Sie mir doch«, sagte er dann etwas gelassener, »wie viel Sie für die Beschaffung einer Brieftasche verlangen.«

»Befinden sich Geldscheine darin?«, erkundigte ich mich.

»Ja, ich glaube so an die zweihundertundfünfzig Pfund.«

»Meine Vergütung, Sir Owen, beträgt üblicherweise eine Guinea für Brieftaschen und ähnliche Gegenstände, plus zehn Prozent vom Wert des Inhalts. Ich denke, ich runde den Betrag auf glatte fünfundzwanzig Pfund ab.«

»So viel würde Wild gewiss auch verlangen, und ich hätte nichts davon. Ich zahle Ihnen doppelt so viel, wie Wild berechnet, denn ich will, dass mein Geld in die Hände eines ehrlichen Mannes gelangt. Wenn Sie diese Hure für mich ausfindig machen und mir meine Brieftasche samt Inhalt zurückbringen, zahle ich Ihnen fünfzig Pfund. Was sagen Sie dazu, Sir? Ein Berufsboxer wie Sie scheut doch sicherlich nicht davor zurück, Wilds Kreise zu stören?«

Der Gedanke an ein derart saftiges Honorar ließ mich innerlich in Jubel ausbrechen, denn wie beinahe jeden in London, und eigentlich im ganzen Land, drückten mich einige unangenehme Schulden. Und wie der Earl of Stanhope, unser Lordschatzmeister, hatte ich eine beachtliche Fertigkeit darin entwickelt, hier und da einen Gläubiger mit einer kleinen Zahlung zu besänftigen, mich dabei vor dem Ruin zu bewahren und trotzdem einem Lebensstil zu frönen, den ich mir, streng genommen, eigentlich nicht leisten konnte. Fünfzig Pfund würden mein derzeitig zur Verfügung stehendes Barvermögen deutlich aufwerten, doch obwohl mich die Vorstellung von so viel Geld ein wenig schwindelig machte, ließ ich mir Sir Owen gegenüber lediglich unterkühlte Entschlossenheit anmerken.

»Es ist mir ein Vergnügen, Wilds Kreise zu stören«, versprach ich ihm.

Obwohl Wild und ich uns erst einmal begegnet waren, standen wir in lebhafter Konkurrenz, und ich kannte keinen größeren Spaß, als Dinge aufzuspüren, die seine Männer gestohlen hatten. Wo immer möglich, machte ich es mir zur Gewohnheit, Diebe, die in Wilds Diensten standen, nicht gleich vor die Anklagebank zu bringen, denn ihr Herr und Meister hatte in dieser Hinsicht keine Skrupel, und die Gnade, die ich jenen Galgenvögeln gegenüber walten ließ, hat mir hier und da ein wenig Dankbarkeit eingebracht.

Sir Owen grinste breit. »Ich mag Männer Ihres Zuschnitts«, sagte er, ergriff meine Hand und quetschte sie mit schraubstockartiger Gewalt zusammen.

Nachdem es mir gelungen war, die Hand aus Sir Owens überschwänglichem Händedruck zu befreien, lächelte ich ihn an. »Ich werde keine Mühe scheuen, Ihren Besitz schnellstmöglich zurückzuerlangen, und werde mich mit Ihnen in Verbindung setzen, sobald es Neuigkeiten gibt.«

Sir Owen trat an den Wegesrand, um eine hübsch anzuschauende Gesellschaft junger Paare an uns vorbeizulassen.

»Ich mag Sie, Weaver«, sagte er. »Ich bin in religiösen Belangen noch nie fanatisch gewesen, und jetzt begreife ich auch, warum. Was hat es schon zu bedeuten, ob jemand Schweinefleisch isst oder nicht? Bringen Sie mir meine Brieftasche, und ich erzähle jedem, dass Sie ein ebenso guter Mensch sind wie der Nächstbeste, und ein besserer als die meisten.«

Ich nahm zur Kenntnis, dass ich damit entlassen war, und verbeugte mich vor Sir Owen, der daraufhin zu einer Gruppe ihm bekannter Gentlemen davonschlenderte. Ich drehte mich um und machte mich, angespornt von einer grimmigen Entschlossenheit, Sir Owens Angelegenheit so schnell und gründlich wie möglich zu erledigen, auf den Heimweg. Mein Vertrauen in meine Fähigkeiten war so groß, dass ich seine Brieftasche für so gut wie bereits in meinem Gewahrsam betrachtete. In der zuversichtlichen Stimmung, in der ich mich damals befand, konnte ich nicht ahnen, wie brandgefährlich diese Angelegenheit für mich noch werden sollte.

3

Die Sache hätte problemlos über die Bühne gehen müssen. Ich verkleidete mich als richtiger Gentleman, mit auffälligem Rock und Angeberdegen, übertriebener Perücke und glänzenden Silberschnallen auf den Schuhen. Ich hatte gelernt, wie ein perfekter Gentleman aufzutreten, als ich damals, in meinen weniger von Skrupeln getrübten Tagen, mein Brot eine Weile damit verdiente, wie ein, wie wir es nannten, feiner Pinkel durch die Lande zu reisen. Ich stellte mich dem jeweiligen Hauswirt als Gentleman vor, mietete mit nicht mehr Sicherheiten als meiner fürstlichen Erscheinung eine möblierte Unterkunft, um alsdann alles, was nur im Entferntesten von Wert war, aus dem Anwesen fortzuschaffen.

Diesmal, und aus entschieden ehrenhafteren Motiven, bestand meine Aufgabe darin, im Dienste der Aufklärung eines Diebstahls einen Herrn von Rang zu mimen, und diese Aufgabe verlangte nach einem ganz besonderen Gentleman. Zu diesem Zwecke polsterte ich mich, um weniger muskulös als feist zu wirken, um den Bauch herum ein wenig aus. Da ich wusste, dass der Abend nach Trunkenheit verlangte und dass die Trunkenheit mein eigentlicher Feind sein würde, wappnete ich mich, so gut es ging, dagegen. Zuerst schluckte ich so viel Rahm, wie in mich hineinging; er würde mir beim Absorbieren der geistigen Getränke helfen, die ich zu mir zu nehmen gedachte. Anschließend gurgelte ich mit Wein und vergoss ein wenig davon auf meiner Kleidung, was mir den Duft eines Mannes verlieh, dem nicht mehr viel zur völligen Besinnungslosigkeit fehlte. Auf diese Weise präpariert, winkte ich eine Droschke heran, die mich zu der besagten Schänke brachte, wo ich mich an einen gut ausgeleuchteten Platz setzte und sogleich lärmend nach Wein verlangte.

Das Barrel and Bale entsprach genau dem Bild, das man sich von solchen in den pittoreskeren Stadtvierteln gelegenen Lokalen machte. Es war unweit vom Fluss gelegen, in der Nähe des alten Ordenshauses der Templer, aber seine Stammgäste waren hauptsächlich Hafenarbeiter und Handwerksgesellen, und nur vereinzelt fanden sich ein paar Jurastudenten ein, die sich hier von ihren Studien erholten. Ich fiel an diesem Ort einigermaßen auf, wirkte aber nicht verdächtig. Man hatte Leute wie mich dort schon des Öfteren gesehen, zuletzt wohl in Gestalt von Sir Owen. Ohne allzu viele Augenpaare auf mich zu lenken – mit Ausnahme derjenigen, die sich bereits überlegten, wie sie nähere Bekanntschaft mit meiner Brieftasche schließen konnten –, saß ich also am Tisch und betrachtete das Leben in der Mischung, wie es sich mir an jenem Orte darbot. Die Schänke war voll, aber nicht so überfüllt, wie solche Lokale manchmal sein können. Der Geruch nach ungewaschenen Körpern, billigem Parfüm und beißenden Tabakschwaden ließ einen um jeden Atemzug ringen. Bis auf schrilles Frauenlachen, das Grölen aus Männerkehlen und das unmissverständliche Klappern von Würfeln auf Holztischen war keine Musik zu vernehmen. Alle Viertelstunde bestand ein versehrter Soldat darauf, sich auf seinen Stuhl zu stellen und ein unflätiges Lied über eine einbeinige spanische Hure zu grölen. Er brüllte so lange ohne Rücksicht auf Melodie und Takt, bis ihn seine Freunde herunterzerrten und in der herzlichen Art solcher Zeitgenossen auf ihn einprügelten, bis er fürs Erste wieder Ruhe gab.

Meine gebildeten Leser dürften derlei Orte nur aus Zeitungsberichten kennen, doch mich hatte es schon viele Male zuvor in solche finsteren Spelunken getrieben, weshalb es mir kaum Schwierigkeiten bereitete, den Tumult rings um mich herum nicht sonderlich zu beachten. Meine Gedanken waren rein geschäftlicher Natur, und da mich der Baronet mit einer Beschreibung der gesuchten Frau versehen hatte, ließ ich den Blick immer wieder durch den Raum schweifen, wobei ich mich bemühte, wie ein Betrunkener auf der Suche nach netter Gesellschaft auszusehen. Offensichtlich bemühte ich mich zu sehr, denn ich musste mehrere Frauen aus Kate Coles Gewerbe abwimmeln. Ein

Mann, wie ich damals einer war, der nach einigem Geld und, wenn ich das so frei heraus sagen darf, auch deutlich attraktiver aussah als die üblichen Gäste, die diese Schänke auf der Suche nach Gesellschaft frequentierten, konnte sich jederzeit darauf verlassen, die Gunst bestimmter Damen zu erlangen.

Diejenige, auf die ich es abgesehen hatte, durfte laut Sir Owen nicht älter als neunzehn sein und hellrotes Haar, einen hellen, sommersprossigen Teint sowie einen auffälligen Leberfleck auf dem Nasensteg ihr Eigen nennen. Schließlich sah ich sie an einem Tisch sitzen, wo sie mit einem üblen Burschen, der sich selbst nicht schlecht im Ring gemacht hätte, ins Gespräch vertieft war, einem großen, breitschultrigen, wohlbepackten Muskelberg mit einem gleichbleibend finsteren Gesichtsausdruck. Ich konnte von meinem Platz aus erkennen, dass er den Abdruck eines Brandeisens auf dem Handrücken trug, was mir verriet, dass er dem Gesetz zumindest einmal in seinem Leben in die Quere gekommen sein musste – zweifellos wegen Diebstahls, aber es hätte mich sehr gewundert, wenn er nicht noch andere Taten auf dem Kerbholz zu verzeichnen gehabt hätte.

Mir war nicht ganz klar, was die Dirne mit diesem Klotz zu schaffen hatte, und ich befürchtete schon, sie sei für jene Nacht bereits vergeben. Andererseits dachte ich mir, es sei wohl sehr unwahrscheinlich, dass eine Frau wie sie einen Gentleman mit einem prallen Geldbeutel lange hinhielte, also machte ich mit mehreren Blicken und aufmunternden Gesten deutlich, dass sie mir gefiel, und hoffte, sie habe die Geschäfte, die sie mit diesem Burschen verbanden, alsbald erledigt.

Meine Wünsche wurden erhört. Kaum war eine Viertelstunde vergangen, da erhob sich der Klotz und verließ die Stube. Nun starrte ich Kate hemmungslos an, warf ihr die unzivilisiertesten und lüsternsten Blicke zu, die man sich vorstellen kann. Sie erwies sich meinen Bekundungen gegenüber keineswegs als scheu und verlor keine Zeit, an meinen Tisch überzuwechseln, wo sie sich auch gleich dicht an mich drängte. Sodann legte sie mir eine Hand auf den Oberschenkel, beugte sich vor und ließ ihren Atem über mein Ohr streichen, wobei sie mir zuflüsterte, dass sie einem Glas Wein nicht abgeneigt sei.

Meine Begeisterung war echt, wenn auch nicht von der Art, die sie sich erhoffte, und ich rief mit gespielter Trunkenheit nach einer Flasche der sauren Pisse, die dort im Barrel and Bale ausgeschenkt wurde.

Aus der Nähe konnte ich feststellen, dass Kate eine Frau nicht ohne Reize für Gentlemen mit Neigungen in dieser Richtung war, aber sie hatte den harten, stumpfen Blick der Straße an sich, was meistens schon ausreichte, um meine diesbezüglichen Gelüste im Zaum zu halten. Ich konnte Frauen, denen ich, falls ich eindösen sollte, hinsichtlich meines Geldbeutels nicht vertrauen konnte, keine amourösen Gefühle entgegenbringen. Außerdem hatte Kate dringend ein Bad nötig, und ihr Kleid, das sich eng an ihre gefällige Gestalt schmiegte, starrte vor Dreck und den Überbleibseln längst vergessener Kunden. Der einst elfenbeinfarbene Musselin war schmuddelig braun, ihr fleischfarbenes Brusttuch so ekelhaft verschmiert, dass ihm mindestens ein deftiges Laugenbad gut getan hätte.

»Du bist ein sehr hübsches Mädel«, sagte ich ihr, wobei ich gerade so viel lallte, dass sie glauben musste, ich sei schon mehr als genug abgefüllt. »Du bist mir sofort aufgefallen, meine Liebe.«

»Und was genau is Ihnen aufgefallen?«, fragte sie neckisch.

Ich gebe zu, dass ich in meinen jüngeren Jahren einen recht freizügigen Lebenswandel gepflegt habe und sogar in dieser geschäftlichen Angelegenheit der Versuchung, diese Frau für mich einzunehmen, nicht widerstehen konnte; vermutlich eine meiner größeren Schwächen. Die meisten meiner Freunde fanden nur Gefallen daran, Frauen zu erobern, die sie charmant fanden; ich hingegen verspürte das Bedürfnis, dass die Frauen *mich* charmant finden sollten.

»Was mir an dir aufgefallen ist?«, wiederholte ich. »Mir ist die Röte deiner Lippen aufgefallen, dein weißer Hals und der anmutige Schwung deines Kinns.« Ich hob die Hand und legte ihr die Finger auf die Wange. »Und die herrliche Ausprägung deiner Wangenknochen. Du kommst mir vor wie ein Fleisch gewordener Engel aus einem italienischen Gemälde.«

Kate sah mich schräg von der Seite an. »Die meisten Gentlemen sind eher auf mein' Arsch aus.«

»Auf dem hast du gerade gesessen, als du mir auffielst«, erklärte ich.

Kate kicherte zufrieden und widmete sich ihrem Wein.

Ich schloss mich ihr an, trank mein Glas zügig aus und erlaubte Kate, mich zu fortgesetztem Trinken zu ermutigen. Selbst wenn ich größere Mengen trank, verlor ich nur im seltensten Fall meinen Kopf, und in diesem Fall war ich durch den Rahm in meinem Magen doppelt abgesichert. Zu meiner Bestürzung war er sauer geworden, und es bedurfte einiger Konzentration, das unglückliche Gebräu an Ort und Stelle zu behalten. Ich biss die Zähne zusammen und achtete nicht auf mein Unbehagen, sondern führte mich wie ein betrunkener Narr auf, redete laut, stolperte über meine eigenen Worte und wäre einmal fast vom Stuhl gefallen.

»Sie haben vom Wein rasch einen sitzen, was, mein starker Galan?«, sagte sie und lächelte mit ihren unregelmäßigen Zähnen. »Ich glaub, Sie brauchen einen kleinen Spaziergang an der frischen Luft. Und wenn wir beide ein lauschiges Plätzchen finden, dann is wohl auch nix Schlimmes dabei, oder?«

Sie kniff mich kräftig in den Oberarm und stutzte einen Augenblick, als sie an Stelle des erwarteten nachgiebigen Fleisches den Widerstand von Muskeln spürte.

Nachdem ich zum Bezahlen der Zeche ausgiebig in meinem Geldbeutel herumgekramt und darauf geachtet hatte, dass Kate sehr wohl mitbekam, dass es dort noch so manche Münze zu holen gab, schlenderten wir in die Nacht hinaus. Seit Anbruch der Dunkelheit war es deutlich frischer geworden. Ich zog Kate enger an mich und ließ mich von ihr durch das verschlungene Labyrinth der Londoner Seitengässchen führen. Schon bald war mir klar, dass sie mich verwirren wollte, und obwohl ich vom Wein weniger benebelt war, als sie glaubte, hatte sie mich innerhalb weniger Minuten restlos durcheinander gebracht, denn sie kannte sich nur allzu gut in den labyrinthischen Gassen und Sträßchen aus. Mit einiger Sicherheit konnte ich nur feststellen, dass wir in der Nähe des Flusses blieben und in Richtung Puddle Dock gingen.

Es war spät und ziemlich finster, und so nah am Fluss, wie wir uns aufhielten, war es für einen Spaziergang eigentlich viel zu gefährlich. Ein kräftiger Wind blies mir den fauligen Geruch der Themse ins Gesicht. Kate hängte sich eng bei mir ein, zum einen, um sich zu wärmen, zum anderen, um mich in eine Richtung zu dirigieren, die ein Gentleman, der Wertsachen bei sich führte, in nüchternem Zustand niemals freiwillig eingeschlagen hätte. Selbst jemand, der hinlänglich mit der Kunst der Selbstverteidigung vertraut ist, meidet Spaziergänge in den dunklen Straßen nahe am Fluss, denn in Zeiten, in denen Banden gewalttätiger Diebe – manchmal zwölf Mann und mehr – ungehindert durch die Stadt zogen, konnte ein Mann sich oder seiner Begleitung kaum noch ausreichend Schutz gewähren. Eine junge Frau mit einem schwankenden Gentleman am Arm musste eine verlockende Beute abgeben, und ich konnte nur annehmen, dass das Rascheln und die Schritte, die wir rings um uns vernahmen, von Straßenräubern und Spitzbuben herrührten, die Kate kannten und wussten, worauf sie aus war. Mit Sicherheit kroch dort draußen noch anderes Gelichter herum, das uns genau beobachtete, sich aber immer wieder davonmachte, manchmal sogar mit einem kaum unterdrückten Lachen. Einmal umzingelte uns eine Gruppe junger Burschen und versuchte Kate dazu zu bringen, einen von ihnen dafür zu bezahlen, uns den Weg zu beleuchten, aber sie war mit einem dieser Bengel bekannt und verscheuchte sie mit ein paar spielerischen Klapsen.

Schließlich drängte sie mich in eine Gasse, die kurz darauf in fast völliger Finsternis an einer Mauer endete. Wir befanden uns ungefähr zehn Meter vom Eingang und nur ein oder zwei Meter vom Ende der Gasse entfernt. Das schmale Sträßchen strömte die Kälte der Steine ringsum aus; der Boden zu unseren Füßen war nass, und übel riechende Dünste stiegen aus den fauligen Pfützen und dem verschimmelnden Abfall auf, der überall herumlag. Wir entdeckten eine Holzkiste, die wie für uns gemacht an einer Wand lehnte, und ich konnte kaum glauben, dass ein Gegenstand, der zumindest ein paar Pence wert war, in diesem Stadtviertel nicht innerhalb weniger Minuten, nachdem er abgestellt wurde, weggeholt und verkauft worden war. Ich hätte es auch nicht glauben sollen. Da ich mich aber auf Kate konzentrieren musste, ließ ich mein Misstrauen fast sogleich wieder fahren.

»Hier stört uns niemand«, sagte sie. »Hier sind wir ganz unter uns.«

Als williger Gefährte eines munteren Abenteuers folgte ich ihr schweigend. Ich muss sagen, dass ich nur wenig Verständnis für jene Gentlemen aufbringen kann, die Vergnügen an hastigen Tändeleien in feuchten Gassen und unter moderigen Brücken finden. Andererseits, würden die Männer solchen Vergnügungen im Freien ein für alle Mal abschwören, wäre wohl die Hälfte der Huren Londons gezwungen, sich im Armenhaus zu melden.

Ich ließ mich auf der Kiste nieder und den Kopf zur Seite sinken. Kate beugte sich herab und drückte mir einen Kuss auf, aber nur neben die Lippen. Sie ging sehr geschickt vor, denn auf diese Weise konnte sie herausfinden, ob der Alkohol bereits über meine Fleischeslust obsiegt hatte. Hätte ich sie an mich gezogen und den Kuss ins Ziel gelenkt, hätte sie gewusst, dass ich zumindest noch einigermaßen bei Trost war.

Ich rührte mich nicht.

»Sie wollen doch wohl nicht einschlafen, bevor wir beide uns ein bisschen näher kennengelernt haben, oder?«, fragte sie und hoffte, dass ich genau das tun würde. Diese Kate Cole verstand ihr Geschäft. So manche diebische Dirne hätte sich wohl in diesem Augenblick gleich ans Werk gemacht, doch sie blieb ruhig vor mir stehen, beobachtete mich noch volle fünf Minuten und wartete, bis ich, wie sie glaubte, in einen tieferen Schlaf gesunken war; erst dann konnte sie sicher sein, dass ich nicht so rasch wieder aufwachen würde. Sie kniete sich vor mich und fing an, meinen Rock aufzuknöpfen, wobei ihre Finger behände nach meiner Uhrtasche suchten. Mit widerstrebender Bewunderung musste ich anerkennen, dass Kate sehr begabt war. Auch sie hatte einiges an Wein getrunken, aber der Alkohol schien ihr überhaupt nichts auszumachen. Ihre Finger tanzten flink um meine Taille und Hüfte, und ich wusste, dass ich, wenn ich nicht rasch handelte, gezwungen sein würde, nicht nur Sir Owens Brieftasche, sondern auch meine eigene Taschenuhr zurückzufordern.

Ich fuhr mit einer plötzlichen und heftigen Bewegung auf, die ich einkalkuliert hatte, um Kate sowohl zu überraschen als auch aus dem Gleichgewicht zu bringen, und tatsächlich schreckte sie auf und fiel nach hinten, nur durch die geistesgegenwärtig ausgestreckten Hände vor der gänzlichen Tuchfühlung mit dem Unrat der Gasse bewahrt. Ihre Position gereichte mir zum Vorteil, konnte sie doch auf diese Weise keine schnellen Bewegungen vollführen. Derweil zog ich eine imposante Taschenpistole hervor, die ich stets bei mir trug, und richtete sie direkt auf die Frau.

»Sie werden mir den Trick nachsehen, Madam«, sagte ich. »Ich darf Ihnen versichern, dass Ihr Liebreiz nicht ohne Wirkung auf mich geblieben ist, aber ich bin heute im Auftrag eines anderen Gentleman gekommen.«

»Du falscher Hund!«, keuchte sie. Obwohl es ziemlich dunkel war, konnte ich sehen, wie sich ihre Augen auf der Suche nach einem Ausweg hin und her bewegten. Wer ist dieser Kerl?, überlegte sie. Was hat er vor? Wie kann ich das Blatt wenden?

Ich hielt die Pistole ruhig in der Hand. Mein Gesicht drückte Besonnenheit und Entschlossenheit aus. Huren und Diebe neigen dazu, sich weder von Autorität noch vom Gesetz, nicht einmal von einer drohenden Gefahr beeindrucken zu lassen, aber sie respektieren die Gewalt, und nichts versetzt den Abschaum der Straße so rasch in Furcht wie ein Widersacher, der sich über seine Gefühlsausbrüche erhaben zeigt.

»Wir können das Ganze hier rasch und unkompliziert hinter uns bringen«, sagte ich mit kühler Stimme. »Lass mich kurz erklären, worum es geht. Gestern Nacht hast du die Bekanntschaft eines Gentleman gemacht und mit ihm ein Abenteuer erlebt, ganz so, wie du es auch mit mir geplant hast. Du hast einige seiner Wertsachen an dich genommen. Genau die will er zurückhaben. Wenn du dem Mann gibst, was ihm gehört, lasse ich dich ungeschoren. Er weiß, wer du bist, aber wenn du spurst, will er keine Anklage gegen dich erheben.«

Falls Kate Angst verspürte, ließ sie es sich nicht anmerken. Sie saugte wie ein schmollendes Kind an ihrer Unterlippe. »Und was, wenn ich sag, dass Sie'n dreckiger Lügner sind und ich gestern nicht mal in der Nähe von einem Gentleman war? Was dann?«

»Dann«, sagte ich in aller Ruhe, »prügele ich dich windelweich, bis du blutend das Bewusstsein verlierst, durchsuche dein Zimmer, bis ich das finde, wonach ich suche, und wenn du aufwachst, findest du dich im Zuchthaus von Newgate wieder, wo dir nichts anderes mehr bleibt, als auf den Strick zu warten. Wie du siehst, steckst du ordentlich in der Klemme, meine Liebe. Warum also nicht ein bisschen hilfsbereit sein, damit ich mit meinen Angelegenheiten vorankomme?«

Ich hoffe, meine Leser nehmen mir ab, dass ich keinerlei Absichten hegte, der Frau ernsthaften Schaden zuzufügen, denn ich hatte schon seit geraumer Zeit den Entschluss gefasst, diesem Geschlecht gegenüber keine Gewalt anzuwenden. Im Gegensatz dazu habe ich kaum Skrupel, Gewalt anzudrohen, und bei der im Allgemeinen zarteren Beschaffenheit der weiblichen Natur bedarf es in der Regel auch nicht mehr. Nicht so in diesem Falle.

»Ich soll Ihnen helfen, dass Sie mit Ihren Angelegenheiten vorankommen, ja?«, wiederholte sie mit einem boshaften Lächeln. »Ihre Angelegenheiten sehen so aus, dass Sie ziemlich bald tot sind, und dabei will ich Ihnen gerne behilflich sein.«

In diesem Augenblick wurde mir klar, dass ich Kate Coles Arbeitsmethode unterschätzt hatte, denn das, was ich mit einem Mal hinter mir hörte, war das Geräusch eines rasch aus der Dunkelheit auf mich zukommenden schweren Stiefelpaars. Erst jetzt erkannte ich, dass Kate nicht allein arbeitete und zumindest einige der Schritte, die ich zuvor gehört hatte, von ihrem Partner stammten. Sie gingen nach der so genannten Arsch-und-Faust-Methode vor: Die Dirne lockte ein betrunkenes Opfer an einen abgelegenen Ort, und wenn der Wein seine Schuldigkeit nicht vollends getan hatte, brachte die Faust die Sache zu Ende. Obwohl ich bewaffnet war, befand ich mich jetzt ziemlich in der Zwickmühle, denn ich wagte nicht, Kate den Rücken zuzuwenden, musste mich aber umdrehen, um mich meinem bislang unsichtbaren Gegner zu stellen.

Ich stieg auf die Holzkiste, krallte mich an einem Spalt in der Mauer fest und sprang mit einem großen Satz über die immer noch halb auf dem Rücken liegende Kate, wobei ich mich mit ausgestreckter Pistole in der Luft drehte. Wer da mit gezücktem Degen auf mich zugerannt kam, war der Klotz aus dem Barrel and Bale. Ich stand mit dem Rücken zur Wand und hatte keinen Bewegungsspielraum mehr. Hätte ich nichts in der Hand gehabt, hätte ich wohl als Erstes meinen Degen gezogen und den Mann zu einem ehrlichen Schwertkampf empfangen, denn ich rühmte mich, nicht gerade der schlechteste Fechter zu sein, und hätte mir wohl zugetraut, den Burschen zu entwaffnen, ohne Gefahr an Leib und Leben zu riskieren. Aber ich hatte keine Zeit, die Pistole fallen zu lassen und meine Klinge zu ziehen, und obwohl ich es bedauerte, zu solch drastischen Maßnahmen greifen zu müssen, zog ich den Hahn der Pistole zurück und feuerte den Schuss auf die angreifende Gestalt ab.

Ein lautes Knallen war zu hören, ein kurzer Blitz flammte auf, und dann verspürte ich ein scharfes Brennen auf meiner Hand, die vom Pulver ganz schwarz geworden war. Einen Augenblick glaubte ich, die Pistole hätte nicht richtig gezündet, doch dann sah ich, dass der Klotz stehen blieb und sich ein dunkler Fleck gleichmäßig auf seinem schäbigen Hemd ausbreitete. Er fiel auf die Knie, legte die Hände auf die Wunde und kippte nach ein paar Sekunden nach hinten, wo er mit dem Kopf hart auf dem schmutzigen Boden aufschlug.

Ich ließ die noch warme Schusswaffe in meine Tasche gleiten, ging in die Hocke und packte Kate, deren Gesicht sich bereits verzog, um einen Schrei auszustoßen. Um das zu verhindern, drückte ich ihr meine Hand auf den Mund und hielt sie so ruhig wie möglich, denn sie wehrte sich energisch gegen meinen Griff.

In diesem Augenblick verspürte ich nichts als Wut. Kalte, ungestüme, brodelnde Wut, die mich beinahe handlungsunfähig gemacht hätte. Ich empfand kein großes Vergnügen daran, meine Mitmenschen zu töten, und war wütend auf Kate, weil sie mich dazu gezwungen hatte, die Pistole abzufeuern. Davor hatte ich nur zweimal jemandem das Leben genommen, beide Male, als französische Piraten unser Schmugglerschiff angegriffen hatten. Beide Male hatte ich eine unbestimmte Wut auf den Mann verspürt, den ich umgebracht hatte, weil er mich dazu gezwungen hatte, ihn zu töten.

Als Kate sich, mit meiner Hand auf dem Gesicht, in meinem Griff wand und ich ihren heißen Atem auf meiner Handfläche spürte, hätte ich mich beinahe von dem Drang übermannen lassen, ihr mit einem kurzen Ruck das Genick zu brechen und mich damit sämtlicher Schwierigkeiten, die sie mir bereitete, in der Dunkelheit der kleinen Gasse zu entledigen. Der eine oder andere meiner Leser mag schockiert sein, dass ich derlei niederschreibe. Falls ja, so rührt der Schock daher, dass ich diese Worte zu Papier bringe, nicht dass ich den Impuls verspürte, denn wir alle werden von unseren Leidenschaften getrieben, und unsere Aufgabe besteht darin, zu erkennen, wann wir ihnen nachgeben und wann wir ihnen widerstehen müssen. In jenem Moment wusste ich, dass ich dieser Dirne wehtun wollte, aber ich wusste auch, dass ich gerade eben einen Mann getötet hatte und mich in größter Gefahr befand. Allerdings hielt mich keine Gefahr davon ab, den Auftrag zu Ende zu bringen, den auszuführen Sir Owen mich angeheuert hatte. Ich musste zunächst Kate so weit beruhigen, dass ich die Sache hinter mich bringen und mich alsdann möglichst geschickt aus der Affäre ziehen konnte, ohne vor der Anklagebank des Richters zu landen.

»Na schön«, sagte ich, wobei ich versuchte, so ruhig wie zuvor zu klingen, »wenn du versprichst, nicht loszuschreien, nehme ich die Hand von deinem Mund. Ich tu dir nichts, darauf gebe ich dir das Wort eines Gentleman. Wirst du zuhören, was ich dir zu sagen habe?«

Sie hörte auf zu zappeln und nickte schwach. Vorsichtig zog ich die Hand weg und sah ihr ins Gesicht, das leichenblass vor Angst und jetzt auch noch von den Schießpulverspuren aus meiner Hand verschmiert war.

»Sie ham Jemmy ermordet!«, flüsterte sie aus vor Entsetzen starr gewordenen Lippen.

Ich warf einen kurzen Blick auf die leblose Gestalt neben mir. »Mir blieb keine andere Wahl.«

»Was woll'n Sie von mir?«, stieß sie hervor. Eine Träne rann über ihre Wange.

Bei diesem unerwarteten Ausbruch von Zartgefühl verrauchte mein Zorn ein wenig. »Du weißt genau, was ich will. Ich will das Eigentum jenes Gentleman wiederhaben. Hast du die Sachen noch?«

Sie bewegte den Kopf ruckartig auf und ab. »Ich hab's Ihnen doch gesagt, ich weiß nich, wen Sie meinen«, wimmerte sie. »Ich hab ziemlich viel Kram in meinem Zimmer liegen ... Nehmen Sie sich davon weg, was Sie woll'n.«

Nach einigen Fragen wusste ich, dass sie alles, was sie einheimste, in ihrem Zimmer über dem Barrel and Bale hortete. Das passte mir gar nicht, denn mit einer Leiche am Hals wollte ich nicht unbedingt dorthin zurück, aber ich erkannte, dass mir nicht viel anderes übrig blieb, wenn ich Sir Owens Brieftasche haben wollte.

»Hör mal gut zu«, sagte ich. »Wir gehen jetzt in dein Zimmer und holen das, wonach ich suche. Wenn du dir anmerken lässt, dass etwas nicht stimmt, wenn ich auch nur den leisen Verdacht hege, dass du irgendwelche faulen Tricks vorhast, zögere ich keine Sekunde, dich sogleich vor den Richter zu bringen und ihm klipp und klar zu berichten, was vorgefallen ist. Dein Freund wurde erschossen, während du mich auszurauben versuchtest, und dafür kommst du an den Galgen. Ich hege keinerlei Interesse an diesem Ausgang, aber ich muss diese Brieftasche haben, und ich werde sie bekommen, egal ob du am Leben bleibst oder nicht, ob du frei bleibst oder ins Gefängnis wanderst. Ich weiß, dass du mich verstanden hast.«

Kate nickte plötzlich heftig, als wäre der Akt der Zustimmung eine Folter für sie, die sie rasch hinter sich bringen musste. Damit wir nicht unnötig Aufmerksamkeit auf uns lenkten, zog ich mein Taschentuch hervor, befeuchtete es mit Kates Tränen und wischte ihr damit das Pulver vom Gesicht. Dieser fürsorgliche Impuls verstörte mich selbst, also zog ich sie auf die Füße und ließ mich, eng an sie gepresst, von ihr zurück zum Barrel and Bale führen. Ich hatte befürchtet, auf unserem Rückweg wieder auf Kates Freunde zu treffen, doch das Gesindel musste den Knall meiner Pistole gehört und sich fürs Erste in seine dunklen Löcher und Unterschlupfe verkrochen haben. Solange die Constables nach einem Verdächtigen suchten, den sie für einen Mord verantwortlich machen konnten, zeigte sich keiner von ihnen freiwillig auf der Straße.

Es war ein langer Spaziergang, schweigend und angespannt. Bei unserer Rückkehr war das Barrel and Bale so voller Zecher, dass unser Kommen und sofortiges Verschwinden die Treppe hinauf unbemerkt vonstatten ging, jedenfalls soweit ich es beurteilen konnte. Ich betrat das Zimmer mit äußerster Vorsicht, um nicht noch einmal in einen Hinterhalt zu geraten, fand jedoch lediglich eine mit Stroh gestopfte Matratze, ein paar ramponierte Möbel und einen Haufen Diebesgut vor.

Zunächst zündete ich zwei billige Wachskerzen an und verriegelte die Tür. Kate ließ ein leises Wimmern verlauten. Mir dessen kaum bewusst, dass ich sprach, murmelte ich ihr zu, sie habe nichts zu befürchten.

Dabei ließ ich im flackernden Licht der Kerzen den Blick auf der Suche nach Sir Owens Eigentum durch den Raum wandern.

Mit zitternder Hand wies sie auf einen Stapel Gegenstände in der Ecke. »Nehmen Sie, wonach Sie suchen«, sagte sie leise. »Nehmen Sie's, und dann hau'n Sie ab!«

Kate war ein tüchtiges Mädchen gewesen. Vor mir türmten sich Perücken, Jacken sowie Schuh- und Gürtelschnallen. Ich sah ihres goldenen und silbernen Inhalts vermutlich bereits beraubte Geldbeutel, Taschentücher, Degen und mehrere Stapel Unterwäsche, ferner drei Bände der Schriften des Earl of Shaftesbury, von denen ich annahm, dass Kate keinen einzigen Blick hineingeworfen hatte. Sie hatte genug angehäuft, um sich damit, hätte sie es nur verkaufen können, ein kleines Vermögen zusammenzukratzen. Ich vermutete, dass sie zwar für Wild arbeitete, ihm aber trotzdem nicht die gesamte Beute auslieferte. Doch da sie sich nicht traute, das Diebesgut in die Hände von Wilds Hehlern zu geben, hatte sie keinen sicheren Ort, an dem sie es verstecken konnte. So groß war Wilds Macht: Diejenigen, die nicht für ihn arbeiteten, hatten keine Möglichkeit, ihre Waren loszuwerden, und erzielten deshalb kaum einen Erlös für ihre Mühen. Kate saß dort auf einem ansehnlichen Schatz, der für sie so gut wie wertlos war.

Ich durchsuchte das Diebesgut gründlich und behielt dabei Kate stets im Auge, und schließlich sah ich eine vorzüglich gebundene Lederbrieftasche unter einer angeberischen Perücke hervorlugen. Ich machte einen Schritt zurück und forderte Kate auf, sie mir zu reichen. Eine kurze Untersuchung ergab, dass es sich tatsächlich um Sir Owens Eigentum handelte. Mit einem Seufzer der Erleichterung steckte ich den Lohn meiner Anstrengungen in die Tasche, sagte Kate, dass ich mich damit zufrieden geben würde und sie den Rest behalten dürfe.

Jetzt sah ich mich der verzwickten Frage ausgesetzt, was mit Kate geschehen sollte. Ich wusste, dass es ein Risiko war, sie hier zurückzulassen, denn es bestand kein Anlass, daran zu zweifeln, dass ihr Arbeitgeber, Mr. Jonathan Wild, sie dazu zwingen würde, ihm preiszugeben, was geschehen war. Und ich wollte nicht, dass sie irgendetwas preisgab, dessen Spuren man, mit wie viel Aufwand auch immer, zu Sir Owen zurückverfolgen konnte. Er hatte sich Vertraulichkeit ausbedungen, und die gedachte ich ihm zu gewähren. Mir kam der Gedanke, einfach zum zuständigen Richter zu gehen und ihm den ganzen Vorfall zu berichten; in diesem Fall würde Kate wegen Diebstahls festgenommen, und ich würde aller Voraussicht nach von sämtlicher Schuld freigesprochen und könnte obendrein die Belohnung für ihre Auslieferung einstreichen.

Die Schwierigkeit dieses Vorgehens bestand darin, dass ich Kate versprochen hatte, so etwas nicht zu tun. Außerdem wusste Kate für meinen Geschmack zu viel, als dass es sich verhindern ließe, dass am Ende doch ein paar Nachforschungen über den Vorfall auf die Spur meines Sir Owen führten. Als Gentleman christlichen Glaubens hätte ich in der gleichen Situation sehr wohl vor den Richter hintreten und mit einiger Sicherheit erwarten dürfen, dass er meine in Notwehr erfolgte Tötung eines Verbrechers mit Wohlwollen betrachtete. Ich durfte mir jedoch keinesfalls sicher sein, dass ein Richter von einem Diebesfänger vom Stamme der Hebräer mehr hielt als von einem gemeinen Straßenräuber. Es war unabdingbar, dass Kate untertauchte, ohne zuvor mit jemandem über die Sache zu reden – insbesondere nicht mit Jonathan Wild. Jemmy hatte bestimmt keine guten Freunde und wurde sicher von niemandem vermisst, und wenn Kate ein paar Wochen von der Bildfläche verschwand, reichte das wahrscheinlich aus, um genügend Gras über die Sache wachsen zu lassen. Deshalb versuchte ich Kate davon zu überzeugen, dass es in ihrem ureigensten Interesse läge, eine Zeit lang freizunehmen.

»Ich schlage vor, du packst deine Sachen zusammen und verschwindest klammheimlich. Erzähl niemandem, was vorgefallen ist. Tust du es doch, muss ich dem Richter berichten, was ich weiß, und das bringt dich garantiert an den Galgen. Ich fürchte, deine einzige Chance, nicht in ernste Schwierigkeiten zu geraten, besteht darin, London für eine Weile zu verlassen.«

»Aber wenn ich abhaue«, flüsterte sie, »denken die doch erst recht, ich hätt den Jemmy umgelegt.«

»Mag sein«, erwiderte ich, »aber um dich zur Rechenschaft zu ziehen, müssen sie dich erst einmal erwischen, und dann bist du schon längst über alle Berge. Und diejenigen, die wirklich glauben, du hättest ihn getötet, haben schon bald vergessen, dass es ihn je gegeben hat. Im anderen Falle, Kate, wenn du London nicht verlässt, fürchte ich, dass du schon bald am Galgen hängst.« Letzteres ließ ich eher wie eine Drohung als wie eine Prophezeiung klingen.

Kate hatte sich inzwischen einigermaßen gefangen und stieß nun eine Breitseite derber Flüche und Verwünschungen aus, die ich meinen Lesern lieber ersparen möchte. Ich ließ sie sich austoben und wartete ab, bis sie kraftlos und geschlagen zusammenbrach. »Also gut, Sie elender Dreckskerl!«

Ich lächelte wieder und hoffte, sie mit meiner kalten Entschlossenheit zu beeindrucken. Außerdem hoffte ich, mich selbst zu beeindrucken, denn ich war keinesfalls davon überzeugt, dass Kate meinen Anweisungen tatsächlich Folge leisten würde. Da es nichts mehr zu sagen gab, verließ ich ruhig das Zimmer, ging zur Treppe und stieg hinunter in den brodelnden Tumult des Barrel and Bale. Wie betäubt und mit der zitternden Hand auf dem rauen Leder von Sir Owens Brieftasche drängte ich mich durch die Menge und verließ die Taverne.

Draußen angekommen, erwartete ich eigentlich ein Gefühl der Befriedigung hinsichtlich meines erledigten Auftrags, aber es wollte sich keine Befriedigung einstellen. Die Erinnerung an diesen Halunken Jemmy, wie er da von meiner Hand getötet in der dunklen Gasse lag, wollte einfach nicht von mir weichen. Ich schlang die Arme um mich und kämpfte gegen die immer stärker werdende Überzeugung an, sein Tod würde zwangsläufig fürchterliche Auswirkungen auf mein Leben haben.

4

Als ich am folgenden Tag Sir Owens Ankunft erwartete, wurde ich von äußerst gemischten Gefühlen heimgesucht. Ich freute mich darüber, seine Brieftasche so rasch wiederbeschafft zu haben, sorgte mich jedoch nicht minder hinsichtlich Jemmys Tod. Ich spielte den Vorfall in Gedanken wohl hundertmal durch und fragte mich, ob ich nicht eine Möglichkeit übersehen hatte, mich aus der Affäre zu ziehen, ohne ein Leben auszulöschen. Ich konnte nicht behaupten, überstürzt oder gar unbedacht gehandelt zu haben, aber ich war doch sehr mitgenommen und in nicht geringem Maße beunruhigt.

Zudem war ich mir immer noch nicht sicher, ob es richtig gewesen war, Kate einfach laufen zu lassen, denn falls mein Name allzu lange nach dem Zwischenfall im Zusammenhang mit dieser Geschichte genannt wurde, würde mir meine nicht erfolgte Meldung sicherlich als Schuld ausgelegt. Noch war es nicht zu spät, dem Richter meine Version der Geschichte zu unterbreiten. Aber ich war selbst einmal ein

Gesetzloser gewesen und hatte lange genug unter Gesetzlosen gelebt; ich übergab eine Frau nicht leichtfertig dem Henker, nur weil ich daraus für mich den größten Vorteil ziehen konnte.

Sie sehen also, meine geneigten Leser, weshalb Mr. Balfours Behauptung, mein Vater sei ermordet worden, mich in so angeschlagener Verfassung zurückließ, denn die Ereignisse der letzten Nacht hatten meine Empfindlichkeit eindeutig geschärft. Nachdem Balfour gegangen war, brauchte ich fast eine volle Stunde, um wieder zur Ruhe zu kommen, und gerade als meine Gefühle sich einigermaßen beruhigt hatten, brachte Mrs. Garrison Sir Owen herein. Ich hatte ihm am frühen Morgen eine Nachricht zukommen lassen, dass sich seine Brieftasche in meinem Gewahrsam befände, und so kam er heiter über meine Schwelle spaziert. Der Baronet stürzte auf meinen Schreibtisch zu, hinter dem ich mich gerade zu seiner Begrüßung erhoben hatte, und klopfte mir überschwänglich auf beide Arme, als wäre ich einer seiner Bekannten aus dem Spielcasino.

»Das sind ja wundervolle Neuigkeiten, Weaver!«, rief er und wippte gut gelaunt auf und ab. »Vorzügliche, überaus vorzügliche Neuigkeiten! Ich glaube fast, besser habe ich fünfzig Pfund noch nicht angelegt.«

Ich sperrte die Schreibtischschublade auf, zog die Brieftasche hervor und hielt sie ihm entgegen. Er schnappte sie sich auf ähnliche Weise, wie ich es bei den Tigern in Smithfield mit ihrer täglichen Fleischration einmal beobachtet hatte. Ich glaubte sogar, tatsächlich so etwas wie wilde Gier wahrzunehmen, als er den Lederstreifen, mit dem die kleine Ledermappe verschnürt war, herunterriss und besorgt in den darin befindlichen losen Seiten blätterte. Ich nahm wieder Platz und tat so, als hätte ich anderes zu tun, als auf den Inhalt der Brieftasche zu schielen. Es war äußerst unklug von Sir Owen gewesen, sie bei sich zu tragen, denn als ich einmal kurz aufblickte, sah ich die Bankwechsel, von denen er gesprochen hatte. Hätten Jemmy oder Kate gewusst, worum es sich dabei handelte, sie hätten sie garantiert zu Bargeld gemacht. Trotzdem schien Sir Owen keine Freude an ihrer wohlbehaltenen Rückkehr zu empfinden. Als der Baronet den Inhalt der Brieftasche fast durchgesehen hatte, wurde er immer unruhiger und wühlte sich mit immer brennenderer Ungeduld durch die Blätter. Der joviale Ausdruck wich aus seinem breiten Gesicht, und in den inzwischen aschfahlen Zügen waren nur noch klägliche Überreste seiner überschwänglichen Laune zu entdecken.

»Es ist nicht mehr da«, murmelte er und fing noch einmal von vorne an.

Er blätterte die Seiten so rasch um, dass es mich eher gewundert hätte, wenn er überhaupt etwas gefunden hätte. Ich glaube nicht, dass er noch richtig hinsah, denn mittlerweile trieb ihn allein die Panik dazu, Seite um Seite umzuschlagen.

»Nicht mehr da«, sagte er abermals. »Einfach nicht mehr da.«

Ich hatte keine Ahnung, was er vermisste, spürte jedoch eine wachsende Unruhe in mir aufsteigen. Ich hatte angenommen, dass der Baronet nach Erhalt seiner Brieftasche alsbald meine Wohnung verlassen würde und die Angelegenheit damit zum Abschluss gebracht sei. Das schien nun nicht mehr der Fall zu sein. »Was fehlt denn, Sir Owen?«

Er verharrte einen Augenblick wie in Erstarrung und richtete dann einen eiskalten Blick auf mich. Ich war so daran gewöhnt, den Baronet fröhlich und gut gelaunt zu sehen, dass ich nicht damit gerechnet hatte, dass auch er, wie jeder Mensch, ausgesprochen wütend werden konnte. Die Strenge seines Blicks verriet mir, dass er mich der Entnahme dessen, was auch immer er vermisste, verdächtigte. In Wahrheit hatte ich nur einen kurzen Blick in das Etui geworfen, um sicherzugehen, dass es auch tatsächlich ihm gehörte. Ich gebe gerne zu, dass ich, hätte der Abend nicht ein so gewalttätiges Ende gefunden, womöglich in Versuchung geraten wäre, den Inhalt etwas genauer zu inspizieren. Und vielleicht hätte ich der Versuchung sogar nachgegeben, doch das Blut an meinen Händen riet mir, in jeder anderen Hinsicht ohne Fehl zu bleiben.

Trotzdem fühlte ich mich, als mich Sir Owen so durchdringend musterte, von Schuld regelrecht durchdrungen – von der Schuld, wie sie nur ein vollkommen Unschuldiger unter den strengen Blicken der Obrigkeit verspürt. Ein unerklärliches Phänomen. Ich habe mich zeit meines Lebens so manchen Vergehens schuldig gemacht, doch damit konfrontiert, bin ich meinen Beschuldigern dessen ungeachtet stets mit größter Gelassenheit gegenübergetreten. Jetzt hingegen, unter Sir Owens anklagendem Blick, wurde ich verlegen und lief rot an. Letztendlich hatte die Brieftasche meiner Verantwortung unterlegen. War mir etwas herausgerutscht? Hatte ich Kates Zimmer nicht sorgfältig genug durchsucht? In Gedanken ging ich jedes erdenkliche Versäumnis durch.

Auf genau dieses unsinnige Schuldbewusstsein reagierte mein Gast.

Sir Owens Augen verengten sich, und er erhob sich aus seinem Sessel, um sich vor mir zu einer einschüchternden Größe aufzubauen. »Ist Ihnen daran gelegen, mit mir Katz und Maus zu spielen, Sir?«, knurrte er.

Ich konnte seinen sauren Atem bis zu meinem Platz riechen. Ich spürte, wie meine Gesichtsmuskeln den Ausdruck falscher Scham in den brennender Empörung verwandelten. Nachdem die Beschuldigung ausgesprochen war, raffte ich mich zu einer trotzigeren Haltung auf, blieb mir jedoch bewusst, dass ich meinem Ruf durch einen allzu entschiedenen Zornesausbruch nicht sehr dienlich war. Also beruhigte ich mich ein wenig und ging direkt auf Sir Owens Beschuldigung ein: »Sir, Sie sagten, Sie hätten mich aufgrund der Empfehlung mehrerer Gentlemen aufgesucht. Nennen Sie mir auch nur einen, der mir zur Last legte, ich hätte ihn in irgendeiner Weise und unter welchen Umständen auch immer hinters Licht geführt. Wollen Sie mich der Lüge bezichtigen?«

An dieser Stelle muss ich bei aller Bescheidenheit erwähnen, dass ich, obwohl ich nicht mehr in der Blüte meiner Jugend stand und gewiss nicht mehr ganz der Mann war, der noch wenige Jahre zuvor im Ring gestanden hatte, noch immer eine eindrucksvolle Figur abgab. Sir Owen wich vor mir zurück. Er machte einen Schritt nach hinten und senkte den Blick. Offensichtlich dachte er mitnichten daran, mich der Lüge zu bezichtigen.

»Es tut mir leid, Mr. Weaver. Es ist nur ... Es fehlt noch etwas. Etwas, das mir wichtiger ist als sämtliche Notizen und Bankwechsel in dieser Brieftasche zusammen.« Er setzte sich wieder. »Vielleicht liegt die Schuld bei mir. Ich hätte Ihnen genauer beschreiben müssen, worauf Sie Ihr Augenmerk richten sollten.«

Entmutigt schlug er die Hände vor das Gesicht.

»Was haben Sie denn verloren?«, fragte ich ein wenig freundlicher. Sir Owen war wieder moderater geworden, wirkte beinahe gebrochen, und ich hielt es für klug, ebenfalls nachsichtigere Töne anzuschlagen.

Als der Baronet aufsah, stand ihm die Verzweiflung in sein ehedem so vergnügtes Gesicht geschrieben.

»Es handelt sich um einen kleinen Packen Papiere, Sir.« Er räusperte sich und versuchte, seine Besonnenheit zurückzugewinnen. »Höchst vertrauliche Papiere.«

Allmählich wurde mir die Situation ein wenig klarer. »Fehlt denn sonst noch etwas, Sir Owen?«

»Nichts von Wichtigkeit.« Er schüttelte langsam den Kopf. »Jedenfalls ist mir nichts aufgefallen.«

»Würde denn jemand, dem Ihre Brieftasche in die Hände fällt, sofort darauf stoßen, dass diese Papiere sehr wichtig für Sie sind?«

»Jemand, der genug von mir weiß, schon. Und derjenige wüsste auch, wie viel es mir wert wäre, sie wieder in meinen Besitz zu bekommen.« Er überlegte einen Augenblick. »Aber es handelt sich um mehrere Seiten, und der Betreffende müsste alles durchlesen. Und, wie gesagt, diese Person müsste recht gut über mein Privatleben Bescheid wissen.«

»Andererseits«, dachte ich laut nach, »müsste doch jeder, der belesen genug ist, den Wert eines Packens privater Papiere zu beurteilen, auch den Wert der Bankwechsel in Ihrer Brieftasche erkennen. Fehlt denn etwas von den Wechseln?«

»Ich glaube nicht. Nein.«

»Es kommt mir unwahrscheinlich vor, dass die Papiere absichtlich entwendet wurden«, folgerte ich. »Wer würde die Papiere stehlen und die Wechsel stecken lassen? Wäre es nicht möglich, dass die Papiere herausgefallen sind? Dass sie nicht fest genug steckten?«

Sir Owen dachte kurz über meinen Einwand nach. Sein Gesicht war mit einem Mal von feinen Fältchen durchzogen, die Augen blutunterlaufen. »Es ist immerhin *möglich«*, sagte er. »Ich kann mich nicht mehr genau daran erinnern, wie heftig ich mit dieser Dirne ins Handgemenge kam. Wahrscheinlich hat sie sich nicht besonders damit vorgesehen, sobald meine Sachen in ihre Hände gelangt waren. Sie könnten also möglicherweise herausgefallen sein, das schon.«

»Aber Sie halten es nicht für wahrscheinlich?«

»Mr. Weaver, ich muss diese Papiere unbedingt wiederhaben.« Sir Owen schlug die Beine zuerst in die eine, dann in die andere Richtung übereinander. »Ich bin bereit, Ihnen für ihre Beschaffung fünfzig Pfund extra zu zahlen. Einhundert Pfund, wenn Ihnen das innerhalb von vierundzwanzig Stunden gelingt.«

Ich konnte das Geld sehr gut gebrauchen, aber ich witterte eine weitaus größere Chance für meine Zukunft. Löste ich Sir Owens Angelegenheit zu seiner Zufriedenheit, würde er, dessen war ich mir sicher, anschließend mit seinem Lob für mich nicht hinter dem Berg halten. »Sie haben mir zuvor fünfzig Pfund für die Beschaffung Ihrer Brieftasche samt Inhalt geboten. Ich habe meinen Kontrakt noch nicht erfüllt. Ich werde diese Papiere finden, Sir, und Ihnen keine weiteren Kosten dafür berechnen.«

Sir Owens Miene hellte sich ein wenig auf. »Haben Sie den Ort, an dem mein Buch lag, etwas näher untersucht, haben Sie sich zwischen meinen anderen Sachen umgesehen?«

»Dafür war keine Zeit, Sir. Ich fürchte, meine Bekanntschaft mit dieser Frau verlief unter wenig entspannten Umständen.« In der Folge unterrichtete ich Sir Owen von meinen Erlebnissen der vorangegangenen Nacht. Diese Beichte war zwar überflüssig, doch ich hatte das Bedürfnis, das Vertrauen des Baronet in meine Integrität zu festigen. Außerdem wusste ich, dass er sich seiner Verstrickung in diese Angelegenheit sehr wohl bewusst war, schließlich konnte mich niemand einer Bestrafung zuführen, ohne zugleich Sir Owens Geheimnis zu lüften. Er lauschte meiner Geschichte mit feierlicher Aufmerksamkeit.

»Bei Gott«, keuchte er. »Das ist eine schlimme Zwickmühle! Sie wissen, dass diese Hure kein Sterbenswörtchen verlauten lassen darf. Sie darf Sie keinesfalls in eine Gerichtsverhandlung verwickeln, und Sie dürfen niemals meinen guten Namen in die Sache hineinziehen. Sie begreifen doch, dass so etwas niemals geschehen darf!« Seine Stimme hob sich mit zunehmender Panik. »Ich kann unmöglich zulassen, dass so etwas geschieht.«

»Selbstverständlich«, sagte ich, als besänftigte ich ein erschrockenes Kind. »Sie haben unmissverständlich zum Ausdruck gebracht, dass Ihre Privatsphäre von allergrößter Wichtigkeit ist, und genau so werde ich sie behandeln. Ich habe Kate deutlich genug zu verstehen gegeben, wie wichtig es ist, dass sie den Mund hält und London einstweilen verlässt. In diesem Punkt steht wohl kaum etwas zu befürchten.«

Mit dieser Behauptung ging ich zwar ein wenig zu weit, hielt es jedoch für wichtig, die Befürchtungen des Baronet zu zerstreuen. Sollte sich Kate Cole als widerspenstig erweisen, blieb immer noch genug Zeit, sich ihrer anzunehmen.

»Wir müssen uns jetzt darauf konzentrieren, Ihr Eigentum zu finden. Falls diese Papiere doch aus der Brieftasche herausgerutscht sind oder zwischen den anderen Sachen stecken, dann befinden sie sich immer noch in Kates Lager, wo auch immer es sich jetzt befinden mag.«

Sir Owen stieß einen sorgenvollen Seufzer aus, und da ich sah, wie dringend nötig er eine Erfrischung hatte, stand ich auf und fragte: »Dürfte ich Ihnen einen Schluck Wein anbieten?«

»Ich fürchte, Wein wird unter diesen Umständen nicht ausreichen, Sir«, erwiderte er echauffiert. »Haben Sie Gin im Hause?«

Den hatte ich nicht. Nur zu gut wusste ich über die Tücken des Gins und seine unglücklichen Opfer Bescheid, mit denen mich mein Beruf fast tagtäglich in Kontakt brachte. Billig, geschmacklos und stark, verwüstete er sowohl den Verstand als auch den Körper ungezählter Tausender in ganz London, und ich traute meiner schwachen Natur bei so einem mächtigen Gift nicht über den Weg. Stattdessen bot ich Sir Owen einen Schluck von dem schottischen Schnaps an, den mir mein Freund Elias Gordon von seinem letzten Besuch in seiner Heimat mitgebracht hatte. Sir Owen schnupperte mit verhaltener Neugier an dem Whiskyglas und zuckte bei dem kräftigen, malzigen Aroma der bräunlichen Flüssigkeit zusammen. Er nickte geistesabwesend, als ich ihn vor der starken Wirkung des Getränkes warnte, und steckte die Zungenspitze hinein. Die Empfindung musste seine Neugier entfacht haben, denn schon kippte er den gesamten Inhalt des Glases mit einem Schluck hinunter.

»Scheußlich!«, stöhnte er, nachdem er sein Gesicht zu einer Mischung aus Abscheu und einer Art überraschter Verzückung verzogen hatte. »Diese Schotten sind ohne Frage die reinsten Tiere! Aber das Zeug erfüllt seinen Zweck.« Woraufhin er sich ein zweites Mal bediente.

Ich ließ mich wieder in meinen Sessel sinken und betrachtete Sir Owen, um seine Stimmung genauer einzuschätzen. Seine Unruhe schwebte wie sommerliche Schwüle im Raum, und ich hätte ihn gerne beruhigt, wusste jedoch nicht wie. Ich konnte mir nicht vorstellen, worum es sich bei den fraglichen Dokumenten handelte, nahm jedoch an, dass der Baronet befürchtete, bestimmte Informationen könnten in die falschen Hände geraten.

»Wahrscheinlich ist noch nicht alles verloren, Sir. Ich finde Ihre Papiere wieder. Ich habe in London so manche Kontakte. Ich kann Kate Cole ausfindig machen, und sie wird mir die Dokumente beschaffen. Aber«, fügte ich langsam hinzu, »dazu muss ich in der Lage sein, die Ware zu identifizieren, wenn ich sie zu Gesicht bekomme. Ich muss wissen, ob ich Ihre Papiere in Händen halte oder nicht, Sir. Und ob sie vollständig sind.«

Er nickte. »Wie ich sehe, bin ich Ihnen ausgeliefert, Mr. Weaver. So manches Mal schon hat mich meine eigene Dummheit in eine solche Lage gebracht, aber jetzt muss ich alles wieder in Ordnung bringen. So soll es wohl sein.« Er richtete sich auf und sagte ein wenig gefasster: »Ich werde mich Ihnen anvertrauen.«

»Ich versichere Ihnen, Ihre Geheimnisse niemals preiszugeben.«

»Mr. Weaver«, lächelte er, als wollte er damit zeigen, dass er mir vertraute, »interessieren Sie sich für die Belange der gehobeneren Gesellschaft – Hochzeiten und solche Dinge?«

Ich schüttelte den Kopf. »Leider lässt mir mein Beruf für derlei Angelegenheiten kaum Zeit.«

»Dann dürfte Ihnen wahrscheinlich auch nicht geläufig sein, dass ich in zwei Monaten mit der einzigen Tochter von Godfrey Decker, dem Bierbrauer, vermählt werde. Decker ist ein reicher Mann, und seine Tochter bringt eine beachtliche Mitgift in die Ehe, aber dieser Reichtum ist mir egal. Es ist eine reine Liebesheirat.«

Verlegen entbot ich ihm ein verständnisvolles Nicken. Ich wollte jeden Anschein von Zynismus vermeiden, doch obschon ich Sir Owen für einen Mann mit einer großen Palette von Gefühlen hielt, war ich doch nicht unbedingt davon überzeugt, dass auch die Liebe darauf zu finden war.

»Es hat einiges Gerede gegeben«, fuhr er fort, »denn es ist kaum ein Jahr her, dass mein Eheweib Anne von uns gegangen ist. Glauben Sie bitte nicht, der Verlust hätte mir nichts ausgemacht oder würde mir heute nichts mehr ausmachen. Ich habe sie sehr geliebt, doch mir ist ein empfängliches Herz zu Eigen, und in der Einsamkeit, die mit dem Status des Witwers einhergeht, hat mir Sarah Decker sehr viel Glück und Zufriedenheit gebracht. Trotzdem ist der Tod meiner Frau keine einfache Angelegenheit, Sir, denn sie starb an einer Krankheit, mit der ich selbst sie angesteckt habe.«

Er hielt inne, atmete tief durch und wandte sich dann ab. »Eine Krankheit, die ich wiederum von einer Liebschaft mitgebracht hatte.«

»Verstehe«, sagte ich nach einem Augenblick. Ich wollte die Stille unterbrechen, kam mir aber sogleich dumm vor, überhaupt etwas gesagt zu haben. Sir Owen war wohl kaum der erste Gentleman aus vornehmen Kreisen, der seiner eigenen Ehefrau den Tripper angehängt hatte. Ich werde wohl nie verstehen, warum so viele Männer sich weigern, die Mühe auf sich zu nehmen und sich mittels einer Rüstung aus Schafsdarm gegen Amors bösartigste Pfeile zu wappnen.

»Ich selbst habe immer hervorragend auf die ärztlichen Behandlungen reagiert, aber für Annes schwächliche Kondition erwies sich die Krankheit als zu stark. Vielleicht deshalb, weil sie nicht wusste, was sie da erwischt hatte, und zu lange zögerte, fremde Hilfe aufzusuchen.«

Es fiel mir schwer, darauf die richtigen Worte zu finden, und so blieb mir nur zu warten, bis er fortfuhr.

»Ich beabsichtige mein Verhalten von Grund auf zu ändern, sobald ich mit Sarah verheiratet bin«, fuhr Sir Owen fort.

Er lächelte ein wenig, und ich glaubte, etwas in seinem Augenwinkel gesehen zu haben, das entfernt an eine Träne erinnerte.

»Ich bin ein neuer Mensch. Die fehlenden Papiere beweisen genau das. Es sind mehrere Briefe, Mr. Weaver, die meine geliebte, mir entrissene Anne und ich miteinander gewechselt haben, und in denen ich in vernichtend offenen Worten die Natur meines Gesinnungswandels benenne und einem so beherzten wie empfindsamen Verlangen nach Besserung Ausdruck verleihe. Ein Leser dieser Briefe dürfte unschwer die Natur der Krankheit und den Weg der Ansteckung erraten. Ich habe mich sehr darum bemüht, diese Information vor Sarah geheim zu halten, denn sie ist eine tugendhafte junge Dame von außergewöhnlichem Zartgefühl. Sollte sie jemals vom Inhalt jener Briefe erfahren, würde sie, so fürchte ich, unsere Verbindung sofort lösen. Und wenn ein skrupelloser Schurke von ihrem Inhalt erfährt, kann er mich damit fürchterlich in die Klemme bringen.« Er goss sich noch ein Glas von dem schottischen Schnaps ein. »Ich kann nur hoffen, dass die Briefe versiegelt bleiben. Ich habe sie in gelbes Band eingeschnürt bei mir getragen, darauf ein Wachssiegel mit dem Stempel eines zerbrochenen Shilling. Ein aufgebrochenes Siegel müsste ich als vernichtende Nachricht werten.«

Er hob das Glas und schluckte schwer.

»Ich darf nicht riskieren, dass diese Briefe einem Mann wie Wild in die Hände fallen. Der Kerl würde mich über glühenden Kohlen rösten, bevor er mir mein Eigentum zurückgibt. Ihnen jedoch eilt Ihr guter Ruf voraus, Sir. Ich bin davon überzeugt, dass Sie der einzige Mensch in ganz London sind, der sowohl über die Fähigkeiten als auch über die Integrität verfügt, mir das wiederzubeschaffen, dessen ich verlustig gegangen bin.«

Ich verneigte mich vor Sir Owen. »Da es sich um eine so delikate Angelegenheit handelt, haben Sie sicherlich gut daran getan, sich nicht an Wild, sondern an mich zu wenden.«

»Wie Sie sehen, liegt mein Schicksal in Ihrer Hand.«

»So wie das meine in Ihrer«, erwiderte ich. »Denn Sie wissen von meiner Mitschuld am Tode eines Mannes. Auf diese Weise sind wir einander verpflichtet, und keiner muss die Indiskretion des anderen fürchten.«

Nach dieser Bemerkung hellte sich seine Miene sichtlich auf, und ich muss gestehen, dass ich nicht mehr nur entsetzt darüber war, dass die Geschichte noch keinen Abschluss gefunden hatte. Ich fühlte mich sogar ein wenig erleichtert. Hätte ich die Brieftasche mitsamt ihrem vollständigen Inhalt zurückgegeben, wäre der Fall gelöst gewesen. Ich hätte abwarten müssen, ob sich aus Jemmys Tod irgendwelche Konsequenzen ergaben. Sir Owens fehlende Briefe gaben mir die Ermächtigung, mich der Sache noch einmal anzunehmen. Ich wusste nicht, ob dieses Engagement sich zu meinen Gunsten auszahlen würde, aber allein dadurch, dass ich etwas unternahm, fühlte ich mich weniger hilflos.

»Ich nehme die Suche nach diesen Briefen sofort wieder auf«, teilte ich Sir Owen mit, »und diese Suche erhält höchste Priorität, bis die Briefe wiederbeschafft sind. Sobald ich Neuigkeiten habe, Sir, welcher Art auch immer, werde ich nicht zögern, sie Ihnen mitzuteilen.«

Sir Owen drehte nachdenklich das Glas zwischen den Handflächen. »Ich danke Ihnen, Weaver, und beglückwünsche mich schon jetzt, dass ich die Briefe recht bald wieder in Händen haben werde. Sie verstehen doch sicherlich, Sir, dass Sie, sollten Sie diesen Halunken irgendwelche Fragen stellen müssen, auf keinen Fall andeuten dürfen, welchen Inhalts diese Papiere sind?«

»Das versteht sich von selbst.«

»Mein Glück liegt, wie Sie sehen, in Ihren Händen.« Er wandte sich meinem Fenster zu und blickte hinaus. »Sarah ist eine so liebreizende Frau. So zerbrechlich.«

»Sie sind zweifellos ein höchst beneidenswerter Mann.« Meine Worte erschienen mir selbst als nichts sagende Plattitüden.

Nachdem ich mich vergewissert hatte, dass Sir Owen mir nichts Sachdienliches mehr mitteilen konnte, begleitete ich ihn hinaus und war im Geiste bereits dabei, mein weiteres Vorgehen zu planen. Ich kam zu dem Schluss, der effektivste Schritt liege wohl darin, eines der unangenehmsten Etablissements, die ich kannte, aufzusuchen, eine der Kaschemmen, in denen sich die finsteren Drahtzieher der Unterwelt trafen, um dort ihre Geschäfte abzuwickeln und sich gegenseitig die Herzen in kameradschaftlicher Geselligkeit zu erleichtern. Ein solcher Ort war eine Gin-Kneipe in der Little Warner Street, unweit von Hockley-in-the-Hole; ein Ort, der den Geruchs- wie den Gesichtssinn gleichermaßen beleidigte, denn er lag so dicht an jener stinkenden Kloake namens Fleet Ditch, dass es nichts Ungewöhnliches war, wenn die ganze Gegend im Übelkeit erregenden Gestank von Müll und Abwasser erstickte. Das Gin-Haus führte keinen eigenen Namen, und auf dem Schild über dem Eingang ließ sich das verblasste Bild zweier Pferde, die einen Karren zogen – das Überbleibsel eines ehemaligen Ladengeschäfts –, kaum mehr erkennen. Bei ihren Stammgästen war die Kneipe als Bawdy Moll's bekannt, denn die Besitzerin war eine derbe und dralle Frau, die das unerbittliche Voranschreiten ihrer Lebensjahre mit einem Übermaß an Lüsternheit und einem Minimum an Kleidung bekämpfte.

Es war früher Nachmittag, als ich Bawdy Moll's betrat, eine Zeit, zu der es dort wesentlich leerer war als zu den geschäftigen Abendstunden, in denen verarmte Männer sich vor ihrem Dasein in schoppenweise Gin flüchteten, einen üblen Schnaps, der für so gut wie nichts verkauft wurde. Ein oder zwei Pennys reichten vollauf, um auch den unglückseligsten Burschen in schmerzfreie Gefilde trunkener Vergessenheit zu befördern. Am Nachmittag hingegen wurde eher Laufkundschaft bedient, kleine Diebe und Beutelschneider, die hier vor einem schiefgegangenen Coup Zuflucht suchten, oder der Bettler, der beschlossen hatte, seine Pennys statt in Lebensmitteln lieber in Alkohol anzulegen. Auch der arbeitslose Arbeiter, der sich lieber einer besinnungslosen Betäubung als einem herzlosen London hingab, das sich keinen Deut darum kümmerte, ob er verhungerte oder nicht, fand hier seine Zerstreuung.

Und dann gab es noch die Besucher, die jeden Montag und Donnerstag kamen, um sich die Stierhatz anzusehen. An anderen Tagen konnte man in Hockley-in-the-Hole eine Vielzahl unterschiedlicher Veranstaltungen besuchen. In jüngeren Jahren war ich selbst eine davon gewesen, denn bevor ich mich ausschließlich dem Kampf mit bloßen Fäusten widmete, hatte ich einer Schwertkämpfertruppe angehört, die dem zahlenden Publikum die hohe Kunst der Selbstverteidigung vorführte. Derlei Dinge sieht man heutzutage kaum mehr, aber als junger Mann bin ich inmitten einer Truppe von Kämpfern durch die Stadt marschiert, angetan mit unseren ärmlichen und zusammengeflickten Uniform-Imitationen, begleitet von schlagenden Trommeln und jungen Burschen, die Handzettel verteilten, auf denen die sensationellen Höhepunkte unserer Aufführung einzeln angekündigt waren. In der Zeit, zu der ich auf einer windschiefen Freiluftbühne in der Nähe der Oxford Street als Fechter auftrat, riskierte ich Tag für Tag gemeinsam mit einem anderen Mann Leib und Leben, indem wir unsere verwegenen Fechtkünste demonstrierten, wobei jeder von uns versuchte, seinen Gegner zu übertrumpfen, ohne ihm ernstlichen Schaden zuzufügen. Trotz aller Anstrengungen, einander zu schonen, war ich für gewöhnlich am Ende jeder Vorführung blutüberströmt und von zahllosen kleinen Schnitten bedeckt, und noch heute trage ich so manche Narbe am Körper, die von jenen Heldentaten zeugt. Als mich der Impresario eines schönen Tages fragte, ob ich nicht mein Brot verdienen wolle, indem ich mit den blanken Fäusten kämpfte, war ich zugegebenermaßen hocherfreut über die Aussicht auf eine so schmerzlose Beschäftigung.

Vermutlich neigte ich dazu, in Erinnerungen an jene schrecklichen Zeiten zu schwelgen, aber die Schnapskneipe rief mir rasch wieder in Erinnerung, was das Leben in diesem Stadtviertel hervorbrachte. Das Bawdy Moll's hatte nur wenige Fenster, denn seine Kunden hatten kein Bedürfnis danach, die Welt um sie herum wahrzunehmen, und noch weniger daran, dass die Welt draußen zu ihnen hereinschaute. Ich wappnete mich, so gut es ging, gegen den Gestank, als ich auch schon Bawdy Moll hinter dem Tresen erblickte, wo sie angeregt mit einem verhärmt aussehenden Galgenvogel plauderte, dessen Namen ich zwar kannte, dessen Bekanntschaft ich jedoch nie gesucht hatte. Sie beugten sich beide über einen Stoß Papiere, die ich für Lose einer illegalen Lotterie hielt, wie sie Moll, vielen anderen Kneipenwirten in diesem Teil der Stadt gleich, in ihrem Laden betrieb. Die Ziehungen waren immer gezinkt, die Gewinne armselig, doch ihr Ertrag besserte Molls Geldbeutel nicht unbeträchtlich auf.

Moll trug ihr Haar in einer grotesken Parodie der neuesten Damenmode hochgesteckt. Ihr Kleid stand vom Hals an weit offen und entblößte einen üppigen, wenn auch schon etwas welken Busen, und die Farbe auf ihrem Gesicht ließ darauf schließen, dass auch hier eine Frau fest daran glaubte, die künstlichen und grellen Farbtöne würde über die Macht verfügen, nicht nur zu täuschen, sondern zu blenden, denn ihre Haut ließ mich an Rinde denken, die jeden Augenblick vom Baumstamm springen musste. So grotesk diese Erscheinung auch sein mochte, so allgemein beliebt war sie auch. Mich versorgte Moll regelmäßig mit wertvollen Neuigkeiten aus den Hinterhöfen und Räuberhöhlen.

Als ich eintrat, sah der Galgenvogel von seiner Unterhaltung mit Moll auf und starrte mich feindselig an. Ich hörte die Worte »Weaver, der Jude«, konnte jedoch nicht mehr verstehen. Es fiel mir oft schwer, genauer in Erfahrung zu bringen, welchen Status ich bei diesen Leuten genoss. Ich hatte Freunde in den Heerscharen von Langfingern, aber ich hatte dort auch so manchen Feind, und ich wusste, dass ihr Herr und Meister, Jonathan Wild, von einer Kumpanei zwischen einem aus ihren Reihen und mir nicht gerade angetan war. Ich schätzte diesen Mann als einen Burschen ein, der Wilds Ratschlag beherzigte, denn als ich mich Moll näherte, trank er sein Glas Gin mit einem Schluck aus – wobei er eine Menge vertilgte, die einen normalen Mann auf der Stelle besinnungslos gemacht hätte – und stolzierte in die dunkleren Ecken der Kaschemme, wo, wie ich wusste, immer einige Strohhaufen für die Armen und Verzweifelten bereit lagen, in die sie sich verkriechen und sich das Gift aus dem Leibe schlafen konnten.

»Ben Weaver!«, rief mir Moll entgegen, als ich auf sie zukam, wobei sie wie immer lauter als nötig sprach. »Für dich 'n Gläschen Wein, mein Hübscher, was?«

Moll wusste, dass ich keinen Gin zu mir nahm, und ich willigte gut gelaunt in ein Glas ihres essigähnlichen Weines ein, von dem ich nur so viel nippte, dass ich nicht unhöflich wirkte.

»Schönen Tag auch, Moll«, sagte ich, während sie meinen Arm mit ihrer ledrigen Hand rieb und ihre Wurstfinger gedankenlos an mir festklammerte. Es war aussichtslos, von dieser Frau das zu bekommen, was man wollte, ohne ihr das Gefühl zu geben, begehrt zu sein. »Wie ich sehe, sorgt dein einnehmendes Wesen immer noch für gute Geschäfte, oder?«

»Jaja, das Geschäft läuft ganz gut. Ein Penny pro Glas is' nich' gerade viel, weiß Gott, aber hinterher die Münzen zählen is' schon 'ne nette Beschäftigung.« Sie zog zärtlich an meinem Haarband. »Wie viel Kleingeld braucht es wohl, um deine Gesellschaft zu kaufen, frag ich mich.«

»Nicht viel«, antwortete ich mit einem Lächeln, das in einem besser beleuchteten Raum nicht sehr überzeugend gewirkt hätte, »aber wie's so geht, habe ich momentan nur sehr wenig Zeit.«

»Du bist immer viel zu beschäftigt, Ben. Du musst dir auch mal 'n bisschen Zeit fürs Vergnügen nehmen.«

»Mein Geschäft ist mein Vergnügen, Moll, das weißt du doch.«

»Das is' schlicht und einfach widernatürlich«, gurrte sie.

»Was gibt's Neues?«, erwiderte ich, als wäre das die passende Antwort auf ihre verliebten Blicke. »Was hast du auf der Straße so gehört?«

Ich kann nicht behaupten, sonderlich darüber erstaunt gewesen zu sein, dass die erste Nachricht, die über ihre Lippen kam, die von Jemmys Tod war. Die Nachricht von einem Mord verbreitete sich in Londons finsteren Vierteln so rasch wie die Blattern.

»Jemand hat ihn totgeschossen, einfach so. Haste ihn gekannt?«

»Ich habe ihn nur einmal kurz getroffen«, erwiderte ich wahrheitsgemäß.

»War nix Besonderes, schätz ich, aber er hat's wohl kaum verdient, wie ein Hund abgeknallt zu werden, einfach so, wie 'n Hund.« Sie kratzte sich am Kopf. »Auch wenn er nich' viel schlauer als 'n Hund war, was? Und auch ziemlich bösartig, mit 'ner Vorliebe für junge Mädchen, ich mein so richtig junge Dinger, ob sie nun wollten oder nich'. Wenn ich noch mal so drüber nachdenke, hat er's nich' anders verdient, als übern Haufen geknallt zu werden.«

Ihre letzte Feststellung ließ sie mit der Schulter zucken.

»Wer hat ihn denn erschossen?«, fragte ich mit bemüht ruhiger Stimme.

»Seine Hure.« Sie beugte sich zu mir und brüllte mir ins Ohr: »Kate Cole heißt sie. Jemmy und Kate hatten zusammen so'n Arsch-und-Faust-Ding laufen. Aber wenn schon einer von denen den anderen abknallt, hätt ich immer drauf getippt, dass er sie abknallt und nich' andersrum, denn sie hatte noch ganz paar andere Burschen nebenher, und sie hat sogar die eine oder andere Nacht mit Wild selbst verbracht.«

»Sie war Wilds Hure?«

»Na ja, wer ist das nich'? Kann nicht behaupten, dass ich nich' selbst das eine oder andere Mal mit ihm auf der Matratze gekugelt wär, aber Jemmy war immer schnell jähzornig, und wenn Wild will, dass seine Leute spuren, sollte er sie nich' so wütend machen, dass sie ihn umbringen wollen. Trotzdem verwunderlich, dass er so was gemacht hat.«

»Und was hat er getan?«, fragte ich.

»Tja, er hat sie verpfiffen, der olle Wild, hat seine eigene Hure angezeigt, das hat er getan. Ich hab das zwar schon oft mitgekriegt, und meistens war es ein Kerl, dem er nich' mehr trauen konnte, aber eine Frau zu verpfeifen, mit der man's kaum 'ne Woche vorher noch getrieben hat, das zeugt schon von 'nem ziemlichen Mangel an« – sie kramte nach einem Wort – »guten Manieren, wenn du mich fragst. Jetzt sitzt das arme Ding in Newgate. Wie lang wird's dauern, bis sie das kriegt, was dort alle Frauen kriegen, frag ich mich? Die vielen Männer dort, und alle scharf auf Abwechslung ... Ich hab's zu meiner Zeit auch gekriegt.«

Mir krampfte sich alles zusammen, während ich Molls schnatternden Spekulationen lauschte, denn wenn Kate wirklich festgenommen worden war, gab es für sie keinen Grund, meine Beteiligung an den Vorgängen zu verschweigen. Es stimmte zwar, dass sie keine Ahnung hatte, wer ich wirklich war, aber sie wusste, wonach ich suchte, und wenn sie auch nur über einen winzigen Rest an Grips verfügte, musste sie bald darauf kommen, dass die Sachen, hinter denen ich her war, für sie die einzige Chance waren, den nächsten öffentlichen Hinrichtungstag in Tyburn zu überleben.

»Und was hat Kate zu alldem gesagt?«

»Woher soll ich das wissen?« Obwohl ich die Frage nicht besonders witzig fand, brach Moll in brüllendes Gelächter aus, das wie der Schrei einer Möwe in meinen Ohren schrillte. »Wenn du wissen willst, was sie von der ganzen Sache hält, schlag ich vor, du gehst runter nach Newgate und fragst sie selbst.«

Genau das hatte ich vor. Also tat ich mein Bestes, um Moll meine Panik zu verbergen, indem ich noch eine Weile mit ihr plauderte und so tat, als sei ich an Informationen über einen bestimmten Einbruch interessiert. Bei der nächsten günstigen Gelegenheit jedoch machte ich, dass ich weg kam, und kehrte der Kaschemme den Rücken.

5

Die Nachricht, dass Jonathan Wild Kate verpfiffen hatte, versetzte mich nicht in übermäßige Verwunderung, denn der Profit aus der Verurteilung seiner eigenen Helfershelfer spielte keine geringe Rolle auf der Straße zum Erfolg des Ganovenkönigs. Angeblich führte er über jeden Tunichtgut, der für ihn arbeitete, genau Buch und hatte seine Zahlen so gut im Griff, als wäre er nicht selbst ein ausgekochter Dieb, sondern ein gewissenhafter Krämer oder Händler. Wenn er einen seiner Langfinger in Verdacht hatte, dass er ihm heimlich etwas vorenthielt, malte er ein Kreuz hinter den Namen und vermerkte damit, dass es höchste Zeit war, den armen Schlucker der Gerichtsbarkeit zu übergeben. Baumelte der Bursche am Galgen, malte Wild ein zweites

Kreuz hinter den Namen, weshalb der Ausdruck »ein Spiel mit doppelten Kreuzen spielen« bei den Dieben von London so viel hieß wie jemanden verraten.

Schon lange vor meiner Zeit als Diebesfänger betrieb Wild seine Geschäfte vom Blauen Eber in Little Old Bailey aus und machte sich dadurch einen Namen, dass er Wegelagerer wie James Footman, einen der berüchtigtsten Verbrecher seiner Zeit, vor den Richter brachte und die Zerschlagung der Räuberbande des gefürchteten Obadiah Lemon in die Wege leitete. Er übergab diese Halunken auf die gleiche Weise der Gerechtigkeit, wie er es später mit seinen eigenen Handlangern tat, nämlich indem er ihr Vertrauen missbrauchte und ihnen weismachte, er gehöre ihrer Bruderschaft an – was ja gewissermaßen nicht falsch war. Wie aber sollte jemand wie Obadiah Lemon damit rechnen, dass ihn ein Berufskollege plötzlich eigenhändig dem Richter auslieferte? Ich bin fest davon überzeugt, dass auch in den frühen Tagen von Wilds Machtausübung so gut wie jeder ahnte, was dieser Mann in Wirklichkeit trieb. Aber damals hatte die Kriminalität durch bewaffnete Banden, die wie bissige Hunde durch die Straßen zogen, dermaßen überhand genommen, dass sich alte Damen und Pensionäre aus Angst, brutal niedergeschlagen zu werden, nicht mehr vor die Tür wagten. Alle, die in dieser Großstadt wohnten, sehnten sich einen Helden herbei, und Wild war extravagant und skrupellos genug, sich selbst zu ebenjenem Helden zu küren. Sein Name stand in jeder Zeitung und war in aller Munde. Er war zum König der Diebesfänger geworden.

Ich war kaum drei Monate in meiner neuen Branche tätig, als ich zum ersten Mal auf Wild traf, und zwar auf eine Art und Weise, die es einem seltsam erscheinen lässt, dass es überhaupt so lange gedauert hat. Letztendlich ist London eine Stadt, in der jeder, der einem bestimmten Beruf oder bestimmten Interessen nachgeht, in erstaunlich kurzer Zeit unweigerlich auf alle anderen Gleichgesinnten stößt. Mögen sich meine Freunde auch als seine Feinde erweisen, wir lernen uns alle eher früher als später kennen.

Obwohl es einige Monate dauerte, bis ich Wild über den Weg lief, hatte ich ihn schon des Öfteren in der Stadt gesehen. Jeder konnte ihn sehen, denn Wild hatte es sich zum Grundsatz gemacht, sich bei Ausstellungen, Jahrmärkten und beim Festzug des Oberbürgermeisters offen zu zeigen – allesamt Anlässe, zu denen er stets in Begleitung seiner Gefolgschaft hoch zu Ross erschien und ihnen hier und dort einen Taschendieb zum Festnehmen zeigte, als führte er das Kommando über eine kleine Armee. Hätten wir in London eine Art Truppe, die sich allein dem Festsetzen von Verbrechern widmete – also das, was die Franzosen eine police nennen –, wäre ein Mann wie Wild vermutlich niemals auch nur annähernd so mächtig geworden. Da sich der Engländer jedoch immer viel zu schnell in seinen persönlichen Freiheiten beschnitten fühlt, bezweifle ich allen Ernstes, dass wir auf dieser Insel jemals so etwas wie eine police erleben werden. Wild zog seinen Vorteil aus diesem Bedürfnis nach Regulierung. Ich gebe unumwunden zu, dass mir, wenn ich ihn so auf seinem Pferd einherreiten sah – prächtig gekleidet, mit seinem verzierten Gehstock hierhin und dorthin weisend –, nichts anderes übrig blieb, als ihn zu bewundern.

Damals, als Wild und ich einander von Angesicht zu Angesicht begegneten, war er in eine Taverne namens Cooper's Arms umgezogen, in der er sein »Büro für die Wiederbeschaffung Verlorenen und Gestohlenen Eigentums« einrichtete. Mein Treffen mit Wild gebe ich hier einigermaßen beschämt wieder, denn es erzählt die Geschichte meines Unvermögens. Ich hatte in meiner neuen Tätigkeit, der Festsetzung von Dieben, gerade einigermaßen Fuß gefasst – was ich, wie ich vermute, weit eher meinem Glück als meinem Können zu verdanken hatte –, doch dieses Glück schien mich zu verlassen, als ich mich daranmachte, einem reichen Kaufmann zu Diensten zu sein, dem man seinen Laden aufgebrochen und daraus ein halbes Dutzend Geschäftsbücher entwendet hatte. Bevor sie völlig unverschämt wurden, bevorzugten Wilds Langfinger den Diebstahl von Geschäftsbüchern, Brieftaschen und anderen persönlichen Gegenständen, die vor allem für ihre Eigentümer wertvoll waren, denn wenn ein solcher Fall vor Gericht kam, konnte man bei Diebesgut mit nicht genau schätzbarem Wert keineswegs den Tod durch den Strang fordern.

Ähnlich wie mein neuer Bekannter Sir Owen nahm auch dieser Kaufmann meine Dienste in Anspruch, weil er Wilds Treiben durchschaute und sich weigerte, ihn für etwas zu bezahlen, das er ihm gestohlen hatte. Im Gegensatz zu Sir Owen war er nicht willens, mir doppelt so viel wie Wilds Satz zu geben, und schlug ein Pfund pro Buch vor. Ich nahm freudig an, denn ich brannte ernstlich auf eine Chance, meinen Mitbewerber bei seinem eigenen Spiel zu schlagen.

Ich kannte die Sorte Langfinger, die Geschäftsbücher stahlen, recht gut und machte mich auf der Suche nach Kandidaten, die meiner

Meinung nach infrage kamen, auf die Reise durch Gin-Schänken, Tavernen und Gasthäuser. Just zu jener Zeit fand Wild Vergnügen daran, seine eigenen Helfer an den Strang zu liefern, und nachdem drei Angehörige seiner Truppe beim letzten Hinrichtungstag gebaumelt hatten, hielten sich alle Männer, mit denen ich redete, ungewöhnlich bedeckt – keiner von ihnen wollte Wilds Unmut auf sich ziehen.

Ein volle Woche verbrachte ich damit, Fragen zu stellen und schwächere Naturen unter Druck zu setzen, fand jedoch keinen einzigen Hinweis auf die gesuchten Bücher. Daraufhin heckte ich einen Plan aus, der mir damals, wie ich errötend zugebe, geradezu genial vorkam. Ich wollte einfach in Wilds Büro für Verlorenes Eigentum im Cooper's Arms spazieren und für die Rückgabe der Bücher zahlen. Selbst wenn ich bei dieser Transaktion nichts verdiente, konnte ich dem Kaufmann immerhin sein Eigentum überreichen, und er würde in seinem Bekanntenkreis publik machen, dass ich von Wilds Leuten entwendete Sachen wiederbeschaffen könne. Was mich zu der Annahme verleitete, ich könne in Zukunft anderes Gut ausfindig machen, wo es mir doch schon bei den Büchern nicht gelungen war, kann ich nicht mehr sagen.

Also betrat ich an einem heißen Nachmittag im Juni Wilds Hauptquartier, jene finstere Taverne, in der es nach Schnaps und Schimmel stank. Der große Mann saß mitten im Raum an einem Tisch, umgeben von seinen Gefolgsleuten, die ihn wie einen arabischen Sultan hofierten. Wild war ein stämmiger Mann mit breitem Gesicht, scharf geschnittener Nase, hervorspringendem Kinn und aufmerksamen Augen, die wie die eines Harlekins glitzerten. So hochmodisch, wie er gekleidet war, in seiner gelbroten Jacke und mit dem verwegen auf der adretten kleinen Perücke platzierten Hut, machte er auf mich den Eindruck einer überzeichneten Gestalt aus einer von Congreves Komödien, aber ich erkannte sofort, dass man diese Frivolität nicht als bare Münze nehmen durfte. Ich will damit nicht sagen, dass seine Lebensfreude nur aufgesetzt war, aber er hatte etwas an sich, das sogar inmitten einer Festlichkeit den Eindruck erweckte, als überlegte er, wie er dem Mann, der ihm gerade Wein einschenkte, möglichst übel mitspielen konnte.

Als ich eintrat, war er tatsächlich gerade am Feiern. Schon auf der Straße war mir zu Ohren gekommen, Wild habe just an jenem Morgen eine ganze Bande hinter Schloss und Riegel gebracht, gleich ein halbes Dutzend Spitzbuben auf einen Schlag, die sich darauf spezialisiert hatten, Pferde zu stehlen, sie zu schlachten und ihre Felle zu verkaufen. Die Aussicht darauf, pro Kopf vierzig Pfund Belohnung zu kassieren, hatte ihn in ausgesprochen heitere Stimmung versetzt. In dem Augenblick, in dem ich von draußen über die Schwelle trat, waren drei seiner Ganoven gerade dabei, einen vollen Humpen Bier auf einen Zug zu leeren. Ein betrunkener Schwachsinniger torkelte durch den Raum und quälte auf grausamste Weise eine Fiedel, aber trotz des erbärmlichen Gekratzes klatschte und tanzte die ganze anrüchige Gesellschaft zu der Musik.

Zusammen mit zehn oder zwölf von Wilds Adjutanten hielt sich Elizabeth Mann, seine Lieblingsdirne, in unmittelbarer Nähe des Meisters auf. Zu diesem Kreis gehörte ein unangenehmer Bursche namens Abraham Mendes, Wilds rechte Hand und, ich schäme mich, es zu sagen, ein Jude aus meinem eigenen Viertel. Mendes und ich hatten als Kinder die gleiche Schule besucht, und ich hatte mit diesem rücksichtslosen Kerl, der sogar für meine Begriffe brutal und gefährlich war, damals eine Art Freundschaft unterhalten. Ich hatte ihn schon oft mit Wild zusammen gesehen, aber nicht mehr mit ihm gesprochen, seit ich zwölf und er der Schule verwiesen worden war, weil er versucht hatte, den Lehrer mit einem Thorazeiger, einem Lesefinger für unsere heiligen Texte, zu blenden. Das Schicksal hatte einen abgebrühten, dabei nicht unschönen Mann aus ihm gemacht; sein schiefes, leicht verformtes Gesicht zeugte davon, dass er wohl noch mehr Kämpfe zu bestehen gehabt hatte als ich, und hatte sich über die Jahre in eine grimmige Maske hochmütiger Teilnahmslosigkeit verwandelt.

Kaum hatte ich den Raum betreten, musterte mich Mendes von oben bis unten und sah mich dann herausfordernd an, als wäre ich zu spät zu einem verabredeten Treffen erschienen. Ohne seinen Gesichtsausdruck zu verändern, beugte er sich vor und flüsterte Wild etwas ins Ohr. Der Diebesfänger nickte und schlug dann laut mit der Hand auf den Tisch, wie ein Richter mit seinem Hammer. Die Fiedel verstummte, die Tänzer blieben abrupt stehen, und angespanntes Schweigen senkte sich über den Raum.

»Wir dürfen nicht zulassen, dass unsere gute Laune unseren Geschäften im Wege steht«, verkündete Wild. »Das Büro für Verlorenes Eigentum bleibt selbstverständlich geöffnet.«

Die Dirne und Wilds Ganoven waren im Nu irgendwo in den hinteren Zimmern verschwunden. Nur Mendes blieb stumm und reglos wie ein steinerner Dämon neben seinem Herrn stehen.

Wild erhob sich und kam einige Schritte auf mich zu, wobei er sein berühmtes Humpeln womöglich ein wenig übertrieb. Es gab Stimmen, die behaupteten, Wild täusche seine Lahmheit nur vor, vielleicht um der Welt weiszumachen, er sei weniger gefährlich. Doch ich persönlich war von dieser Ansicht nicht überzeugt. Ich hatte selbst eine Beinverletzung erlitten und kannte sehr wohl den Unterschied zwischen einem echten und einem falschen Humpeln.

»Bitte nehmen Sie Platz.« Er wies auf einen Stuhl an seinem Tisch. »Entschuldigen Sie die Ausgelassenheit meiner Gefährten, aber wir hatten einen äußerst erfolgreichen Vormittag, Mr. Weaver.«

Der Klang meines eigenen Namens traf meine Ohren wie ein Faustschlag, und am liebsten hätte ich mich umgedreht und wäre geflohen. Es war dumm gewesen, anzunehmen, ich könne diese Geschäftsbücher unerkannt in meinen Besitz bringen. Jetzt war es zu spät, meinen Stolz einfach herunterzuschlucken und ihm zu sagen, was ich wollte. Das hätte mich zum Gespött der ganzen Stadt gemacht. Andererseits war es auch zu spät, den Rückzug anzutreten. Also ging ich weiter und ließ mich langsam auf dem Stuhl nieder, während er sich ebenfalls setzte.

Ich sagte nichts.

Wild lächelte ölig wie ein kleiner Ladenbesitzer. »Darf ich Ihnen eine Erfrischung reichen?«

Ich sagte immer noch nichts. Mir fiel nichts ein, und ich hoffte nur, dass er mein Schweigen als bedrohlich empfand.

»Mr. Weaver, wenn Sie mir Sinn und Zweck Ihres Besuchs verschweigen, kann ich Ihnen nicht helfen. Vermissen Sie etwas, das Ihnen gehört?« Er wedelte mit den Händen in der Luft herum, als suchte er nach beliebigen Beispielen, nach etwas, das ihm gerade in den Sinn kam. »Vielleicht ... ein paar Geschäftsbücher?«

Ich kam mir vor wie ein auf frischer Tat ertapptes Kind. Es war kein Wunder, dass Wild wusste, wonach ich suchte; verwunderlich war nur, dass ich nicht damit gerechnet hatte. Die ganze vergangene Woche über hatte ich versucht, seine Leute auszufragen und zu bedrohen. Eigentlich hätte ich mir denken können, dass ihm nicht entging, wenn jemand in seinem ureigenen Bereich, der Diebesfängerei, Staub aufwirbelte.

Ich konnte nicht einfach wieder gehen, konnte ihn aber auch nicht um Hilfe bitten. Mein einziger Ausweg lag in einer Darbietung vorgetäuschter Tapferkeit, eine Option, die mir in der Vergangenheit ebenso oft Erfolg wie Schaden eingebracht hatte. »Ich weiß, dass Sie die Geschäftsbücher haben. Ich will sie mitnehmen.«

Wild tat so, als habe er meine Drohung nicht vernommen. »Meiner Aufmerksamkeit ist nicht entgangen, dass Sie in der ganzen Stadt Nachforschungen anstellen, und ich glaube, es könnte mir durchaus gelingen, diese Bücher für Sie ausfindig zu machen. Wie Sie wohl wissen, nehme ich kein Geld für meine Dienste hier im Büro für Verlorenes Eigentum, aber womöglich muss ich demjenigen, der sich im Besitz der gesuchten Artikel befindet, ein kleines Entgelt zahlen. Ich bin sicher, mit einem Pfund pro Buch sind meine Unkosten abgedeckt.«

Ich wünschte mir sehnlichst, sein Gesicht mitsamt seinem falschen Ausdruck der Gefälligkeit auf die Tischplatte zu schlagen, wusste jedoch, dass das nicht der richtige Ort für Gewalttätigkeiten war. Mendes verfügte über den Instinkt eines Tieres: Er zog die Augen zusammen und blähte die Nüstern, als witterte er meine Gedanken, und reckte als Zeichen der Warnung die Brust vor.

Ich wandte mich wieder Wild zu, hielt mich stocksteif auf dem Stuhl und erwiderte seinen funkelnden Blick aus meinen müden und gewiss matten Augen. »Ich bin nicht gewillt, Ihre Spielchen mitzuspielen, Sir. Die Leute Ihrer Bande haben die Bücher an sich genommen. Wenn Sie sie mir nicht aushändigen, dürfen Sie versichert sein, dass ich mich an das Gesetz wenden werde, um Sie dafür zur Rechenschaft zu ziehen.«

Mendes machte einen Schritt auf mich zu, doch Wild schüttelte den Kopf. »Das Gesetz, sagen Sie? Was habe ich vom Gesetz zu befürchten? Ich bin ein Diener des Gesetzes, Mr. Weaver, und ganz London applaudiert mir dafür. Haben Sie irgendwelche Beweise, die mich mit diesem Diebstahl in Verbindung bringen? Das Gesetz, ach ja? Dabei habe ich sogar einmal gedacht, Sie könnten einen würdigen Gegner abgeben. Aber jetzt sehe ich, dass Ihr Gerede nichts als eine leere Blase ist.«

»Sie sollten mich nicht unterschätzen«, sagte ich in der Hoffnung, mein Ton würde meinen Worten Nachdruck verleihen. Ich wünschte nichts sehnlicher, als woanders zu sein, denn bei diesem Wortgeplänkel behielt er mit Sicherheit die Oberhand.

Er lachte. »Ich unterschätze nie jemanden. Das ist mein Geheimnis, wissen Sie? Ich glaube, ich schätze Ihr Talent genau richtig ein. Verraten Sie mir eins. Was glauben Sie, wie viel Sie in diesem Jahr verdienen werden? Vielleicht kassieren Sie zwei oder drei Belohnungen, dazu ein Pfund hier, ein Pfund dort. Das bringt Ihnen wie viel ... einhundert Pfund? Einhundertundfünfzig? Wenn Sie lieber für mich arbeiten möchten, Mr. Weaver, zahle ich Ihnen zweihundert Pfund per annum.«

Ich erhob mich und beugte mich nur ganz leicht nach vorne, um den großen Mann bei meiner Antwort drohend zu überragen. Aus dem Augenwinkel sah ich Mendes eine kleine warnende Handbewegung machen, konnte mich jedoch nicht damit beschäftigen. Ich wusste, dass er mich ohne die Erlaubnis seines Meisters nicht anrühren würde.

»Ich schlage Ihr Angebot aus!«, sagte ich zu Wild.

Mendes kam hinter Wilds Stuhl hervor, und ich kehrte den beiden, um meiner Verachtung Ausdruck zu verleihen, den Rücken zu und ging so langsam wie möglich hinaus, damit niemand behaupten konnte, ich sei bei unserer Begegnung davongelaufen. Damit habe ich den unter diesen schändlichen Umständen würdevollsten Abgang zustande gebracht.

Ich hatte gehofft, eine Zeit lang nichts mehr mit Wild zu tun zu bekommen, aber gleich am folgenden Tag beehrte er mich mit seinem Hohn, indem er mir die gesuchten Geschäftsbücher zustellen ließ, begleitet von einem Schreiben mit dem kargen Inhalt: »Mit den besten Empfehlungen.« Ich übergab die Bücher ihrem dankbaren Eigentümer, der prompt überall herumerzählte, Benjamin Weaver habe von Wild gestohlenes Gut zurückgeholt.

Es war ein ernüchternder Augenblick für mich, einer, den ich seither zu vergessen versuche. Aber ich schmeichle mir nicht allzu sehr, wenn ich behaupte, Jonathan Wild habe seine verächtliche Geste später noch bitter bereut.

Mein Erlebnis mit Wild hatte mich gelehrt, dass er zweifellos gefährlich war – aber auch nicht dagegen gefeit, über den Glauben an die eigene Macht zu stolpern. Zu Anfang des Jahres hatte Wild eine Anklage, bei der ihm die Aufdeckung seiner schurkischen Ränke und damit sein völliger Ruin gedroht hatten, unbeschadet überstanden, und erst kürzlich war er von einer schweren Krankheit genesen, obwohl die Zeitungen bereits sein unmittelbar bevorstehendes Ableben verkündet hatten. Dass er zweimal mit knapper Not davongekommen war, hatte ihm aber nicht vor Augen geführt, dass auch er der menschlichen Vergänglichkeit unterworfen war, vielmehr hatte er daraus die Lehre gezogen, er sei unempfindlich gegen jegliche Art von Angriffen, sowohl was seine Mitmenschen als auch was die Natur anging.

Ich zweifelte keine Sekunde daran, dass Wild wusste, wie sehr er mir mit der Auslieferung von Kate Cole geschadet hatte, aber ich durfte es nicht darauf ankommen lassen, dass er die ganze Wahrheit darüber erfuhr. Wild hatte Kate um seines eigenen Profits willen verraten, sie für das Doppelkreuz vorgesehen, und ich war davon überzeugt, dass meine einzige Chance nun darin bestand, sie meinerseits für meine eigenen Zwecke einzuspannen.

Nach meiner Rückkehr von Bawdy Moll's legte ich noch einmal die Verkleidung als Gentleman mit Perücke an und machte mich auf den Weg nach Newgate, wo man Kate untergebracht hatte. Meine Tätigkeit hatte mich schon oft nach Newgate geführt, und ich hegte keinerlei Absichten, mich tiefer als unbedingt notwendig in die Höhle des Löwen zu begeben. Kein Ort der Welt ähnelt mehr der christlichen Vorstellung von der Hölle als diese Jauchegrube verrottender, unglückseliger Gestalten, die noch der allerletzten Reste ihrer Würde beraubt wurden. Ich hoffte nur für Kate, dass es ihr gelungen war, Sir Owens restliche Wertsachen zu versetzen, damit sie sich etwas Besseres als die Gemeinschaftsunterkunft im Gefängnis leisten konnte. Wenn sie sich in Newgate nicht vorm allergemeinsten Pöbel schützen konnte, würde das bisschen Ehre, das sie vielleicht noch besaß, alsbald schonungslosen Angriffen ausgesetzt sein.

Schon aus einiger Entfernung sah ich, dass sich vor dem Gefängnis eine Menge versammelt hatte, und erkannte alsbald, dass dort im Hof ein Mann am Pranger stand. Mehrere Dutzend Zuschauer hatten sich eingefunden, um sich an seinem Elend zu ergötzen und ihn mit faulen Eiern und Früchten, gelegentlich auch härteren Geschossen zu bewerfen; der Unglückliche blutete aus mehreren tiefen Kopfwunden, und sein eines Auge sah geschwollen, schwarz und womöglich ernsthaft beschädigt aus. Ein Schild über ihm verkündete, dass er wegen jakobitischer Aufwiegelung verurteilt worden war; ein Verbrechen, das Hass und Gewalttätigkeit der Menge aufs Übelste entfesseln konnte. So mancher, dem das gleiche Vergehen zur Last gelegt und der zur gleichen Strafe verurteilt worden war, hatte die drei Tage am Pranger nicht lebend überstanden. Gerade als ich eiligen Schrittes vorüberging, schleuderte ein Rohling aus der Menge mit mörderischer Wucht einen Apfel auf den Wehrlosen und schrie dabei: »Das hier is' von König George, du papistischer Hund!«

Es entzog sich meiner Kenntnis, ob jener Mann eine echte Verbundenheit mit unserem König verspürte, aber sein Vergnügen bestand eindeutig darin, den armen Verurteilten zu malträtieren. Der Apfel traf zu hoch, zerplatzte auf dem Querholz über dem Kopf des Gefangenen und ließ faules Fruchtfleisch auf ihn niederregnen. Austernverkäuferinnen schoben sich durch die Masse, hielten ihre Waren feil, und die Männer und Frauen aus der Menge verschlangen angesichts dieses Mannes, den sie dort womöglich zu Tode quälten, froh gelaunt ihre Austern.

Mir bereitete das Spektakel keine Freude. Ich eilte weiter, passierte das schreckliche Gefängnistor, hinter dem ich einen Wächter antraf, dem ich mein Anliegen vortragen konnte. Er war ein eindrucksvoller Bursche von mittlerer Größe, aber mehr als mittlerem Leibesumfang. Seine Arme waren doppelt so dick, wie meine jemals gewesen waren, und er verschränkte sie dreist vor mir, um unmissverständlich anzuzeigen, dass er sich keinen Schritt von der Stelle zu bewegen gedachte, bevor ich ihn nicht »angehauen« hatte, das heißt, bevor ich ihm nicht eine kleine Entschädigung für seine Bemühungen angeboten hatte. Wie alle, die im Gefängnis arbeiteten, angefangen vom Direktor bis hinunter zum kleinsten Schließer, hatte dieser Mann eine saftige Summe dafür gezahlt, um diesen Posten zu ergattern, und jetzt war er darauf angewiesen, seine Macht so teuer wie möglich zu verkaufen, um seine Investition wieder herauszuholen. Deshalb bot ich ihm fünf Shilling, woraufhin er mich zur Common Side des Gefängnisses führte, wo er glaubte, Kate ausfindig machen zu können.

»Ich erinnere mich an sie«, sagte er mit einem anzüglichen Grinsen, das sich wie das Themse-Hochwasser über sein flaches, dümmliches Gesicht ausbreitete. »Sie war neu, hatte kein Geld dabei. Eigentlich müsste man immer nur dem Grölen nachgehen.«

Was kann ich über das Gefängnis von Newgate schreiben, das meine Leser nicht schon woanders gelesen hätten? Soll ich den Gestank verfaulender Körper beschreiben – einige noch lebendig, andere schon lange tot –, den Gestank nach menschlichen Exkrementen, nach Schweiß und Dreck und nach Angst, die, wie ich Ihnen versichern darf, einen ganz eigenen Geruch hat? Soll ich von den Bedingungen schreiben, die keines Lebewesens würdig sind, das den Namen Mensch trägt? Als ich dem Wärter durch die dunklen Gänge folgte, wandte ich, der ich so viel gesehen und mich dem Anblick des Elends dieser Welt gegenüber für immun gehalten hatte, die Augen von den entkräfteten und siechen Körpern ab, die durch die Gitterstäbe zu sehen waren. An die kalten Steinmauern gekettet, lagen sie in ihren eigenen Ausscheidungen, die Leiber von allem möglichen Ungeziefer befallen. Indes, es half nicht viel, den Blick abzuwenden, denn ihr Stöhnen und Flehen hallte unablässig durch das uralte Gemäuer dieses Verlieses.

Sehr gerne, liebe Leser, würde ich mich mit dem Glauben trösten, dass nur die gefährlichsten und brutalsten Verbrecher diese Folter erleiden müssen, aber Sie wissen es ebenso gut wie ich, dass dem nicht so ist. Ich habe von Taschendieben gehört – wohlgemerkt: von Taschendieben! –, die dort in Ketten gelegt und ihrem Schicksal überlassen wurden, bei lebendigem Leibe von Ratten und Läusen aufgefressen, und das nur, weil ihnen ein paar Münzen zur Erleichterung ihres Loses fehlten. Ich habe von Männern gehört, die all ihrer Anklagen freigesprochen worden waren und trotzdem in ihrer Zelle verfaulten, weil sie ihre Entlassungsgebühren nicht aufbringen konnten. Besser aufgehängt werden, dachte ich, als an diesem Ort längere Zeit verweilen zu müssen.

Ich folgte dem Wärter durch die übelsten Katakomben, und wir stiegen die Treppe zum Frauentrakt der Common Side hinauf. Vielleicht sind meine treuen Leser der Meinung, dort seien die weiblichen Gefangenen vor den Belästigungen des stärkeren Geschlechts sicher, doch in Newgate gibt es ohne Geld keine Sicherheit. Wer zahlt, kann dort fast alles bekommen, auch das Recht, Jagd auf die schwachen und schutzlosen Frauen zu machen. Als wir den Trakt betraten, sahen wir, wie sich einige dieser skrupellosen Raubtiere eilig in die dunkleren Ecken verzogen.

Der Wärter rief laut Kates Namen, und es dauerte eine Weile, bis sie erschien, aber nicht aus eigenem Antrieb, sondern nach vorne gestoßen von ihren Mitgefangenen, die ihr mit der Boshaftigkeit, die das Gefängnisleben gebiert, sogar das Recht absprachen, sich zu verstecken.

Ich gebe zu, dass ich angesichts ihrer Erscheinung nicht wenige Gewissensbisse verspürte. Sie war nicht mehr das hübsche, wenn auch heruntergekommene Mädchen, das ich am Abend zuvor kennengelernt hatte, sondern ein erschöpftes, blutig geschlagenes, preisgegebenes Ding. Ihre Kleidung war zerrissen und besudelt, und sie roch widerlich nach Urin. Im Gesicht und in den Haaren klebte Unrat, und von der Stirn bis zum Kinn erstreckten sich offene, blutende Wunden.

Ihre Beine waren in Eisen geschlagen, eine unnötige Vorsichtsmaßnahme bei einer Frau wie Kate, aber zweifellos war es ihr nicht möglich gewesen, für die Abnahme der Fesseln zu zahlen. Frauen, wie Sie sie, meine Leser, wohl kennen, würden bei der Behandlung, wie sie Kate in den ersten paar Stunden in Newgate widerfahren war, wohl ununterbrochen weinen, wenn nicht gleich den Verstand verlieren, Kate hingegen hatte ihr Unglück wie versteinert und unnahbar gemacht. Vielleicht hielt sie sich nicht zum ersten Mal in diesem großen Gefängnis auf, und vielleicht wurde ihr nicht zum ersten Mal so übel mitgespielt.

Ich raunte dem Wärter zu, er möge die Ketten entfernen, ich wolle für diese Erleichterung ihrer Qualen zahlen, sobald der Anblick meiner Münzen weder ihm noch mir Scherereien bereitete. Er nickte und ging in die Hocke, um die Eisen aufzuschließen. Kate bedankte sich nicht bei ihm und ließ sich auch sonst nicht anmerken, dass ihre Lage sich in irgendeiner Weise verbessert hatte.

Ich verlangte eine private Unterredung, und für einen Shilling zusätzlich gewährte mir der Wärter Zugang zu einem Verschlag, in den nur durch einen schmalen Fensterschlitz fahles Licht fiel. Nachdem er sich ein wissendes Grinsen gegönnt hatte, schloss er die Tür und bat mich, ihn nur laut zu rufen, falls ich Hilfe benötigte. Es war ein wolkenverhangener Tag, und sobald man sich in dem schäbigen Raum befand, konnte man kaum mehr etwas sehen. Für das, was ich vorhatte, benötigte ich jedoch nicht viel Licht. Es erstaunte mich nicht, dass der Verschlag nur mit einem schmalen Bett ausgestattet war, auf dessen zerrissenem Laken eine Rattenfamilie lagerte, die bei unserem Eintreten eilig davontrippelte.

Ich kannte Kate nicht gut genug, um darüber spekulieren zu können, wie unsere Unterhaltung ausgehen würde, wusste nicht, ob sie kämpfen oder kuschen würde. Sie setzte sich schweigend aufs Bett und senkte den Blick. Sie stellte keine Fragen und schien auch sonst nichts zu erwarten.

»Also, Kate«, sagte ich und setzte ein ironisches Lächeln auf, das sie in der düsteren Zelle ohnehin nicht sehen konnte. »Da hast du dich in eine schöne Geschichte reingeritten, was?«

»Ich lass mich nich für was aufhängen, was ich nich getan hab.« Sie bemühte sich so sehr, ihrer Stimme Herr zu bleiben, dass ich schon glaubte, ihr Unterkiefer müsse unter dem Druck herausspringen. Dann blickte sie mir direkt ins Gesicht. Es war nicht zu übersehen, dass sie mich zur Rede stellen wollte. »Mein Gott«, murmelte sie, »Jemmy, o Jemmy.«

»Was Jemmy passiert ist, tut mir leid«, sagte ich leise.

Sie schüttelte den Kopf und murmelte noch einmal: »Jemmy.« Ihr Kopf sank bis fast zu ihrem Schoß herab.

»Na ja, wenigstens kann er mich jetzt nich mehr verdreschen, der nich. Und mich nich mehr zwingen, Zeug zu sammeln, was man nich verkaufen kann, ohne dass Wild einem auf die Schliche kommt. Eigentlich is er an allem schuld.« Sie hob den Blick und sah mir in die Augen. »Und Sie auch. Und ich lass mich nich für was aufhängen, was ich nich getan hab.«

»So weit wird es schon nicht kommen«, erwiderte ich. »Du wirst nicht hängen, Kate, nicht, wenn wir eine Abmachung treffen. Dafür sorge ich schon. Ich kann dir nicht garantieren, dass du nicht deportiert wirst, aber vielleicht erlösen dich sieben Jahre in den Kolonien von den Missgeschicken deines Lebens, außerdem entkommst du auf diese Weise den Häschern eines so erbarmungslosen Wohltäters wie Mr. Wild.«

Der Klang seines Namens ließ sie zusammenzucken. »Ich will Folgendes für dich tun, Kate: Ich gebe dir genug Geld, damit du dich, solange du hier bleiben musst, von den anderen fernhalten kannst. Außerdem lasse ich meine Verbindungen zur Richterschaft spielen, damit du, falls du für schuldig erklärt wirst, nicht zum Strick verurteilt wirst. Ich versuche alles, was in meiner Macht steht, damit du freigesprochen wirst, denn ich möchte nicht, dass Wild an deinem Unglück auch noch Geld verdient, aber versprechen kann ich dir nur, dass du nicht aufgehängt wirst. Hast du das verstanden?«

»Ja«, sagte sie und verzog die Lippen zum Anflug eines ironischen Lächelns. »Ich versteh, Sie haben Angst, ich erzähl denen was von Ihnen.«

Sie wischte sich mit den Haarspitzen Blut und Dreck von der Stirn.

»Nein, das stimmt nicht, Kate. Denn du kennst weder meinen Namen, noch weißt du, wer ich bin. Außerdem sähe ich mich gezwungen, sollte ich mit hineingezogen werden, dem Gericht die ganze Wahrheit zu sagen, nämlich dass ich Jemmy getötet habe, weil er mich auszurauben versuchte – mit deiner Hilfe! Ich kann dafür sorgen, dass du am Leben bleibst, aber wenn du mir keinen anderen Ausweg lässt, wirst du hängen. Ich verstehe, dass du wütend bist, und ich weiß sehr wohl, dass Wild dich hereingelegt hat. Aber wenn du am Leben bleiben willst, hörst du mir jetzt besser zu. Ich weiß, dass du mich nicht magst. Du siehst in mir den Grund dafür, dass du hier bist, aber du musst begreifen, dass ich der einzige Mensch bin, der dir aus deiner Lage helfen kann.«

»Warum woll'n Sie mir helfen?« Sie sah nicht auf, aber ihre Stimme war herausfordernd und bestimmt.

»Nicht aus reiner Freundlichkeit, das kann ich dir versichern, sondern weil es in meinem eigenen Interesse liegt.«

Ich achtete darauf, mit möglichst ruhiger Stimme zu reden. Sie erkannte, dass ich über einige Mittel verfügte, genug jedenfalls, um den Wärter zu bestechen. Für eine Frau von Kates Herkunft war es von einer großen Perücke auf dem Kopf und ein paar Pfund im Geldbeutel zum Einfluss auf die Gerichtsbarkeit nicht weit. Natürlich war das alles gelogen. Ich besaß keinerlei Einfluss, aber ich musste alles in meiner Macht Stehende tun, um sie am Plaudern zu hindern. Im Gegenzug würde ich ihr, so gut es ging, helfen und sie davon überzeugen, dass meine Macht dazu ausreichte.

»Glaube nicht, dass du mir etwas anhaben kannst, Kate. Du kannst mir das Leben ein bisschen schwerer machen, mehr nicht. Dafür, dass du mir versprichst, diese Komplikationen zu vermeiden, verspreche ich dir, dein Leben zu erhalten und, wenn möglich, eine Anklage wegen Mordes von dir fernzuhalten.«

Ihr Gesichtsausdruck veränderte sich nicht, aber immerhin hatte ich jetzt ihre Aufmerksamkeit gewonnen. Sie starrte mich lange an, bevor sie antwortete: »Was woll'n Sie von mir?«

»Nur zwei Dinge. Erstens, dass du mich auf keinen Fall erwähnst. Es ist mir egal, was du vor Gericht erzählst, aber du erwähnst auf keinen Fall, dass ein Gentleman es getan hat. Jemmy war ein gefährlicher Mann mit vielen Feinden, bei denen es wesentlich wahrscheinlicher wäre, dass sie ihn erschießen, als bei dir. Von mir aus kannst du andeuten, dass es da eine gewisse Rivalität zwischen Jemmy und Wild gab. Das wäre die gerechte Vergeltung für seinen Verrat. Auf keinen Fall darfst du mich erwähnen, oder dass du selbst in die Sache verwickelt warst. Hast du das verstanden, Kate? Es gibt keinerlei Beweise, auf die sich eine Verurteilung stützen könnte. Sag dem Gericht, dass du nichts weißt, dann spricht die Beweislage für dich. Die bloßen Fakten leisten dir einen größeren Dienst, als es deine Worte jemals könnten.«

»Warum soll ich Ihnen oder dem Gericht vertrauen?«, fragte sie.

»Die hängen doch sowieso auf, wen sie wollen, und die lassen laufen, wen sie wollen. Wenn Wild sagt, ich hätt es getan, erleb ich die nächste Weihnacht nich mehr, höchstens, ich beruf mich auf meinen Bauch.«

Ich fragte mich, ob sie wirklich schwanger war oder ob sie nur vorhatte, wie es viele Frauen taten, sich auf ihren Bauch zu berufen, um sich ein paar Monate Leben zu erkaufen.

»Du überschätzt Wilds Einfluss«, sagte ich, da mir keine Alternative einfiel, als keck draufloszulügen, »und du unterschätzt den meinen. Wie du siehst, bin ich ein Gentleman, ich habe einflussreiche Freunde, die ebenfalls Gentlemen sind. Hast du nicht verstanden, was ich dir eben erklärt habe? Wenn du zugibst, dass du am Tatort warst, wenn du erzählst, was du gesehen hast, gestehst du ein Kapitalverbrechen – wenn auch nicht das, dessentwegen du hier sitzt. Wenn du den Mund hältst, kann man dich nicht verurteilen. Willst du weiterleben?«

»Natürlich will ich weiterleben«, antwortete sie verbittert. »Sparen Sie sich diese dummen Fragen.«

»Dann tust du also, was ich dir gesagt habe?«

Sie musterte mich unerschrocken. »Wenn Sie mir auch nur einen Grund geben, Ihnen zu misstrauen, einen einzigen, dann erzähl ich alles brühwarm weiter, alles, was ich weiß, und was dann dabei rauskommt, darum soll sich der Teufel scheren. Und deshalb will ich auch Ihren Namen wissen.«

»Meinen Namen«, wiederholte ich.

»Genau. Sagen Sie mir Ihren Namen, sonst mach ich nich, was Sie wollen.«

»Mein Name«, sagte ich und suchte fieberhaft nach einem, der sich leicht merken ließ. »Mein Name ist William Balfour.« Vielleicht hätte ich einen Namen wählen sollen, der weiter von mir entfernt war, aber es war der erstbeste, der mir einfiel. Außerdem, dachte ich, hatte der aufgeblasene Bursche jede Unannehmlichkeit, die ihm dadurch entstehen könnte, mehr als verdient.

Kate sah mich skeptisch an. »Ich kenn einen William Balfour, und der sind Sie nich! Der William Balfour, den ich kenne, is 'n knickriger Gentleman, aber ich geb zu, dass es gut mehr als einen mit so 'nem Namen geben kann.«

Allerdings, pflichtete ich ihr im Stillen bei, wobei ich mich fragte, ob der Balfour, den sie kannte, der gleiche Balfour sein mochte, der meine Dienste in Anspruch genommen hatte. Aber ich konnte mich jetzt nicht damit beschäftigen, welche Dirnen ein Mann wie Balfour aufsuchte.

»Es gibt noch eine andere, weitaus wichtigere Sache, die wir berücksichtigen müssen. Du weißt, dass ich zu dir kam, um das Eigentum eines Freundes zurückzuholen. Er war der festen Überzeugung, dass sich in seiner Brieftasche etwas ganz Bestimmtes befand, etwas, das ich jedoch nicht mehr dort gefunden habe. Hast du irgendetwas aus dieser Brieftasche herausgenommen, Kate?«

Sie zuckte die Achseln. »An den erinner ich mich nich mehr. Diese betrunkenen Dummköpfe sind doch einer wie der andere.«

Ich seufzte. »Wo versteckst du die Sachen, die du gestohlen hast?«

»Etwas davon kriegt Wild ... Aber die meisten Sachen hab ich weggeschafft, bevor ich ihm das mit Jemmy erzählt hab.«

»Und was liegt jetzt noch alles dort?«

»Perücken, Uhren ...« Ihre Stimme verebbte, als hätte sie vergessen, worüber sie gerade sprach.

Wenn die Briefe in Wilds Hände gelangt waren, musste ich Sir Owen mitteilen, dass genau das eingetreten war, was er befürchtet hatte. »Weißt du nichts von den Papieren? Ein Packen Briefe, mit einem gelben Band zusammengehalten und mit Wachs versiegelt?«

»Ach die, *diese* Papiere«, nickte sie, auf seltsame Weise mit sich zufrieden. »Die hat Quilt Arnold, genau. Der glaubt, die sind was wert. Gleich als er sie geseh'n hat, meinte er, das sind bestimmt die Liebesbriefe von so 'nem Gentleman, so gut, wie die riechen, und so ein Gentleman will die bestimmt unbedingt wiederhaben, hat er gesagt.«

Ich versuchte, mir die Erleichterung nicht anmerken zu lassen. »Wer ist Quilt Arnold, und wo kann ich ihn finden?«

Wie sich herausstellte, war Quilt Arnold Jemmys Konkurrent um Kates Zuneigung gewesen, bevor Jemmy sich zu dem unglücklichen Rendezvous mit meiner tödlichen Bleikugel auf den Weg machte. Er hielt sich meistens in einer Bierschwemme unter dem Schild eines lachenden Negers irgendwo in Aldwych auf, unten am Fluss. Dort hatte sie mit Arnold ein ähnliches Arrangement wie mit Jemmy laufen, doch diese Erträge waren der ärmeren Kundschaft wegen nicht allzu ergiebig: zum großen Teil Seeleute und Hafenarbeiter, die man höchstens um ein paar Shilling erleichtern konnte. Kate hatte Arnold sofort verständigt, nachdem ich ein Loch in Jemmy gepustet hatte, und er hatte versprochen, sich um sie zu kümmern. Allerdings tat er dann nicht viel mehr, als so viel von Kates Diebesgut wegzuschaffen, wie er tragen konnte, um ihr dann den Rat zu geben, sich an Wild zu wenden.

»Hast du eine Ahnung davon«, fragte ich Kate, »für wie wertvoll Quilt Arnold diese Briefe hält?«

»Also ich glaub, er denkt, er kriegt so zehn oder zwanzig Pfund dafür.«

Dieser Auftrag schien immer weniger profitabel zu werden. So ungern ich diesem Halunken zwanzig Pfund überließ, es blieb mir wohl nichts anderes übrig, wenn ich die Briefe zurückhaben wollte. »Weißt du, wo er sie aufbewahrt?«

Ich dachte, wenn ich mir die Briefe heimlich beschaffte, würde ich mir dadurch Zeit, Geld und einige Gefahren ersparen. Aber hier sollte ich mich irren.

»Soviel ich weiß, trägt er sie immer bei sich«, verriet mir Kate, »weil früher oder später jemand aufkreuzt und nach ihnen fragt. Woanders wär'n sie nich' sicher, meinte er.«

Diese Information schränkte meine Möglichkeiten merklich ein. Falls dieser Arnold eine Vorstellung davon hatte, was die Briefe enthielten, könnte es für Sir Owen ziemlich böse ausgehen. Es bedurfte keiner Beweise, um derlei fatale Gerüchte in Umlauf zu bringen, erst recht nicht, wenn diese Sarah Decker, die er zu heiraten beabsichtigte, so zartfühlend war, wie Sir Owen behauptete.

Ich ging mit Kate noch einmal durch, was sie mir erzählt hatte, und überreichte ihr dann einen Geldbeutel mit fünf Pfund darin, was ausreichte, um sie bis zu ihrer Verhandlung einigermaßen komfortabel mit Essen, Trinken und Kleidung zu versorgen.

Sobald ich ihre Zelle verlassen hatte, wollte ich noch etwas hinsichtlich ihrer Unterbringung arrangieren. Wenn ich wollte, dass Kate in meinem Interesse handelte, musste ich sie einigermaßen versorgt wissen, und das wiederum bedeutete, sie in den Press Yard verlegen zu lassen – kein billiger Ort, wie ich Ihnen versichern kann, denn es handelte sich um die bevorzugte Abteilung des Gefängnisses, wo sich die Gefangenen vergleichsweise geräumiger und sauberer Zellen erfreuten, unbehelligt in der frischen Luft des Innenhofes herumlaufen konnten und von Schließern bedient wurden, die mehr mit Tavernenwirten als mit Gefängniswärtern gemein hatten. Für Geld bekam man im Press Yard so gut wie alles. Auch wenn die Getränke dünn und manchmal etwas schal waren, so waren sie allemal besser als das widerliche Wasser in der Common Side, und das Essen mochte überteuert und fade sein, jedoch um Längen besser als die oft von Maden nur so wimmelnde ungenießbare Pampe, die man den ärmeren Häftlingen vorsetzte.

Der Preis für diese Annehmlichkeiten schmerzte mich heftig: zwanzig Pfund, um Kate Zutritt zum Press Yard zu verschaffen, dazu noch sieben Shilling pro Woche Miete. Abgesehen davon musste ich diesen Schurken Arnold bezahlen, die vielen Schmiergelder, die meinen Geldbeutel bereits erleichtert hatten, noch nicht einmal mitgezählt. Ich wusste nicht, wie Sir Owens anständiges Entgelt von fünfzig Pfund meine Unkosten decken sollte. Bei diesem Fall, den ich als einfach und lukrativ eingeschätzt hatte, musste ich nun am Ende wohl eine Summe drauflegen, die sich auf mehrere Shilling, wenn nicht gar Pfund belief. Ich fühlte mich nicht sehr wohl dabei, mich nur für Kates Unterbringung von einer so großen Summe zu trennen, aber ich sah keinen anderen Ausweg, als für ihr Schweigen zu zahlen.

»Ich komme dich wieder besuchen«, sagte ich, obwohl es gelogen war, ebenso wie meine Versicherung, man würde sie nicht aufhängen, eine Lüge war. Ich rechnete zwar damit, dass man sie aufgrund mangelnder Beweise freisprach, wusste jedoch nicht, wie weit Jonathan Wild gehen würde, um Belastungszeugen herbeizuschaffen. Aber ich konnte mich schließlich nicht zu Kate Coles Beschützer aufschwingen und verließ das Gefängnis von Newgate in der Hoffnung, in den folgenden Wochen so wenig wie möglich an sie denken zu müssen.

6

Statt nach Hause zurückzukehren, ging ich direkt in das Viertel um den Bloomsbury Square, wo mein Freund Elias Gordon ein Quartier gefunden hatte, das er sich schwerlich in der Gilbert Street hätte leisten können. Ich war damals noch jünger und nur selten auf Hilfe angewiesen; aber gelegentlich, wenn ich einem meiner Kunden ohne fremde Hilfe nicht den Umständen entsprechend zu Diensten sein konnte, stattete ich Elias, seines Zeichens Schotte, Arzt und Freund meines Vertrauens, einen Besuch ab. Ich hatte Elias nach meinem letzten Kampf kennengelernt, dem Kampf, der mein Bein endgültig ruinierte. Die Verletzung ereignete sich bei meiner dritten regelrechten

Feldschlacht gegen Guido Gabrianelli, jenen Italiener, den ich bereits zweimal zuvor besiegt hatte und dessen Niederlagen zu einem nicht geringen Anteil zu meinem Ruhm beitrugen.

Gabrianelli stammte aus Padua, wo er in seiner effeminierten Muttersprache als »Menschlicher Hammer« oder ähnlicher Humbug bekannt war. Ich hatte schon gegen manchen anderen Ausländer im Ring gestanden. Mr. Habakkuk Yardley, der meine Kämpfe arrangierte, war von Kämpfen gegen Ausländer geradezu begeistert, da die Engländer gerne ihre Shilling ausgaben, um zu sehen, wie einer ihrer Landsleute – und wenn es nur ein Jude war, den man als Landsmann ausgeben konnte – gegen einen verzärtelten Franzosenstutzer antrat. Diesen Auseinandersetzungen mit den Fäusten haftete etwas Gleichmacherisches an: Aus Juden wurden Engländer, und sämtliche Fremden wurden zu Franzosen.

Dieser »Menschliche Hammer« Gabrianelli war nun nach England gekommen und machte sich unverzüglich daran, ohne sich zuvor mit mir oder Mr. Yardley hinsichtlich eines ordentlichen Kampfes in Verbindung gesetzt zu haben, im *Daily Advertiser* eine höchst ärgerliche Anzeige zu veröffentlichen:

> Wie mir zu Ohren gekommen ist, gibt es auf dieser Insel einen Boxer, der angeblich über die Kraft eines Samson verfügt – einen gewissen Benjamin Weaver, der sich selbst den *Löwen von Juda* nennt. Wenn er aber behauptet, mich besiegen zu können, muss ich ihn als *Lügner von Juda* bezichtigen. In meinem Heimatland Italien wagt es niemand, gegen mich anzutreten, denn ich breche jedem Gegner mit der Faust den Unterkiefer. Wir werden ja sehen, ob dieser Weaver den Mut hat, seine Kraft mit der meinen zu messen. Ich stehe jederzeit bereit und verbleibe zu seinen Diensten,
>
> Guido Gabrianelli, der Menschliche Hammer

Meine Boxerkollegen und ich waren höchst verwundert über die Streitsucht dieses Fremden. Es war nicht ungewöhnlich, dass Boxer provozierende Anzeigen in dieser Zeitung abdrucken ließen, aber normalerweise wartete man damit, bis sich ein Streit hochgeschaukelt hatte. Eine Begegnung gleich mit einem feindseligen Akt einzuleiten war schon reichlich grotesk. Nur Mr. Yardley erkannte sofort, dass in Gabrianellis Albernheit viel Geld steckte und dass seine ungeheuerlichen Prahlereien die Zuschauer in Scharen anziehen würden. Während er also genauere Absprachen mit diesem Maulhelden traf, zahlte ich ihm seine Herausforderung in gleicher Münze zurück, indem ich eine eigene Anzeige in die Zeitung setzen ließ, die auf Geheiß von Mr. Yardley so provokant wie nur irgend möglich ausfallen sollte.

> Mr. Gabrianelli, dieser großartige Boxer aus Italien, soll wissen, dass ich jederzeit bereit bin, ja geradezu darauf brenne, gegen ihn zu boxen. Seine Behauptung, er breche jedem Gegner in seinem Heimatland das Kinn mit der Faust, zweifle ich mitnichten an, nur sollte sich Mr. Gabrianelli dessen bewusst sein, dass er es auf unserer Insel mit Gentlemen aus echtem Schrot und Korn zu tun hat, und ich bezweifle rundheraus, dass er ein *britisches* Kinn mit einem Amboss brechen kann. Sollte Mr. Gabrianelli so verwegen sein, sich dieser Herausforderung zu stellen, so hoffe ich von ganzem Herzen, dass sämtliche einheimischen Zuschauer dieser Insel sich nicht entgehen lassen, was mit Fremden passiert, die an diese Gestade kommen und sich erdreisten, große Töne zu spucken.
> Ben. Weaver

Bald schon gab es unter den Anhängern der Kunst des Faustkampfes kein anderes Gesprächsthema mehr. Die Veranstaltung selbst war weitaus besser besucht, als wir zu hoffen gewagt hatten. Der Veranstaltungsort, Mr. Yardleys Theater in Southwark, platzte buchstäblich aus allen Nähten. Die Kasseneinnahmen betrugen mehr als einhundertundfünfzig Pfund, wovon Yardley ein Drittel nahm und auch die Kämpfer jeweils ein Drittel erhielten.

Als Gabrianelli am Ort des Geschehens eintraf, machte er den Eindruck eines recht fähigen Boxers. Ich hatte den Mann bereits einmal aus der Ferne gesehen, und sowohl seinem stutzerhaften rotseidenen Anzug, mit dem er durch die Stadt stolzierte, wie auch seinem sonstigen Benehmen nach hatte ich angenommen, jeder Brite sei dazu fähig, diesen Italiener mit einem kräftigen Atemhauch auf die Bretter zu schicken. Jetzt, da wir beide bis auf Kniehosen, Strümpfe und flaches Schuhwerk entkleidet waren, musste ich zur Kenntnis nehmen, dass er einen recht muskulösen Gegner abgab. Darüber hinaus hatte er etwas erschreckend Animalisches an sich, denn unterhalb seines frisch rasierten Kopfes waren Rücken und Brust mit einer Matte dichten schwarzen Haars bedeckt, wie bei einem Affen aus Afrika. Auch die Zuschauer hatten einen eingebildeten Laffen erwartet, der nicht einmal wusste, dass man zum Kämpfen die Perücke abnahm. Jetzt hingegen starrten nicht wenige unter ihnen diese zottige Kreatur, die dort auf ihrer Seite des Rings auf und ab stampfte und dabei die Muskeln an Brust und Armen spielen ließ, mit stummem Erstaunen an.

Meine Bedenken erwiesen sich jedoch, zumindest was diesen Schlagabtausch anging, als unbegründet. Sobald der Kampf begann, platzierte Gabrianelli einen wuchtigen Schlag auf meinem Kinn. Er kam ziemlich unerwartet und tat höllisch weh, wie ich zugebe, doch ich machte mir einen Spaß daraus, der johlenden Menge zu zeigen, dass mein Kiefer nicht gebrochen war. Ich drehte meinem Gegner den Rücken zu und schlug mir selbst leicht links und rechts gegen das Gesicht, eine Geste, die mir tosenden Beifall einbrachte.

Gabrianelli versuchte, sich von hinten an mich heranzuschleichen und sich meine Possen zu Nutze zu machen. Ich wusste, dass mein Verhalten gefährlich war, aber es gefiel den Zuschauern und daher auch Mr. Yardley, der sich niemals knauserig zeigte, wenn es um einen Bonus für den besten Kämpfer ging, ebenso wie er sich gegenüber Boxern, die zu oft verloren, als recht gnadenlos erwies. Wie auch immer, ich duckte mich jedenfalls gerade rechtzeitig, um einem mächtigen Schlag des Menschlichen Hammers zu entgehen, und versenkte sofort, meine geduckte Stellung ausnutzend, meine rechte Faust mit voller Kraft in seinem Magen, wobei ich den Hieb in dem Moment, in dem er seinen Körper traf, schräg nach oben lenkte, in der Hoffnung, meinen Gegner in die Luft zu heben.

Es gelang mir. Es entspringt nicht eitler Übertreibung, wenn ich behaupte, ich hätte ihn wie von einem starken Windstoß erfasst nach hinten wirbeln lassen, bis seine taumelnden Füße die Einfassung des Rings berührten. Dort geriet er vollends ins Stolpern und kippte mitten in eine begierig lauernde Zuschauermeute, die sich auch sofort an dem Spaß beteiligte, indem sie ihn weiter zu Boden schlug, bis er völlig in ein Dickicht aus Fäusten und Beinen verstrickt war. Das Publikum war jetzt außer Rand und Band, und ich hob siegessicher die Hände, wobei ich Gabrianelli höhnisch aufforderte, in den Ring zurückzukommen. Er blieb einige Sekunden bewegungslos liegen, rührte sich dann wieder, kam auf die Beine und schaute sich verwirrt und mit offenem Mund um. Als er sich umdrehte und mich erblickte, sah ich, dass sein Gesicht, ebenso wie fast sein ganzer Kopf, dunkelrot angelaufen war; dann fuchtelte er auf drohende Weise mit der Faust in der Luft herum und schrie etwas in seiner merkwürdigen Muttersprache.

Mr. Yardley, zu seiner Zeit selbst ein berüchtigter Boxer und inzwischen fett und behäbig geworden, rief mir von unten zu: »Sieht aus, als forderte er dich heraus, Ben!«

»Zu was denn?«, erwiderte ich mit einigen Schwierigkeiten, denn mein Unterkiefer war von dem Treffer inzwischen stark angeschwollen. »Wir sind hier im Boxring. Welche Herausforderung hat er denn noch in der Hinterhand?«

Wie sich herausstellte, wollte er mich zu einem Duell der Klingen herausfordern. Allem Anschein nach schlug man in Italien einem Gegner niemals in den Bauch. Ein solches Vergehen wird dort als feige angesehen. Vermutlich schlagen sie sich dort den ganzen Tag lang immer nur ins Gesicht – wonach es einen nicht mehr allzu sehr verwundert, dass ihre Kiefer so regelmäßig zerspringen. Gabrianelli war davon überzeugt, ich hätte mich einer frevelhaften Tat schuldig gemacht, und weigerte sich, zu einem Mann, der keine Ehre kannte, ein zweites Mal in den Ring zu steigen. In der Folge wurde ich zum Sieger erklärt, woraufhin Mr. Yardley einen Aufstand verhüten musste, da die Zuschauer zu murren anfingen, weil sie für ihren Shilling Eintritt nicht mehr als drei Hiebe zu sehen bekommen hatten. Yardley erinnerte sie lautstark daran, dass sie den Eintritt gezahlt hatten, um Zeugen der Überlegenheit eines Briten über einen Ausländer zu sein, und rettete damit seinen Hals und unsere Einnahmen.

Im Anschluss an den Kampf wuchs mein Ruf gewaltig, und während ich weiterhin boxte und überall in der Stadt – in Smithfield, Moorfields, St. George's Fair Grounds ebenso wie in Yardleys Theater in Southwark – recht oft gewann, verkroch sich Gabrianelli, um seine Wunden zu lecken und die Erkenntnis zu erlangen, dass Boxen in England mehr war, als sich gegenseitig pausenlos aufs Kinn zu dreschen. Nach mehreren Monaten Training auf die britische Art schickte er mir die nächste Herausforderung, der ich nur zu gerne entsprach. Gabrianelli hatte sein Können verbessert, allerdings stellte sich schnell heraus, dass er in der Körpermitte immer noch ein wenig weich war. Er traf mich am Kinn, ich antwortete mit einem Hieb in den Magen. Er ließ den zweiten Haken auf mein Gesicht los, und ich wieder auf seine Körpermitte. So ging es monoton beinahe eine Viertelstunde, bis ich aus reiner Boshaftigkeit mit voller Wucht auf sein Kinn zielte und ihn mit diesem Schlag auf den Rücken legte. Ich setzte nach, bereit, ihm noch mehr von der Sorte zu servieren, obwohl ich nicht glauben konnte, dass sein Kinn mehr als meine Hand schmerzte, denn

Gabrianelli hatte ein kräftiges Kinn, und es tat weitaus weniger weh, seinen Rumpf zu bearbeiten. Glücklicherweise waren keine weiteren Schläge mehr nötig, denn er blieb ruhig liegen, die Arme über dem Gesicht verschränkt und die Beine angezogen wie ein kleines Kind. Aus dieser Haltung löste er sich erst eine volle halbe Stunde später.

Als Gabrianellis dritte Herausforderung bei Yardley und mir eintraf, wollten wir sie zuerst gar nicht annehmen. Er bezweifelte, ob die Zuschauer zu zahlen bereit waren, um mich Gabrianelli ein drittes Mal besiegen zu sehen, doch während wir noch zögerten, griff uns Gabrianelli fast täglich mit beleidigenden Anzeigen an, in denen er mich zunächst einen Feigling und Hanswurst nannte. Ich tat diese Beleidigungen mit einem Lachen ab, doch als er einen anderen Kurs einschlug und mich einen »Feigling von einer Insel voller Feiglinge« sowie einen »britischen Hanswurst, den lächerlichsten aller Hanswurste« nannte, war Yardley davon überzeugt, dass diese Beleidigungen genügend Interesse an einem neuerlichen Kampf geschürt hätten.

Und wirklich, auch zum dritten Treffen strömten die Zuschauer in Massen. Ich war felsenfest davon überzeugt, diesen Mann abermals zu schlagen. Was nicht sehr klug war, wusste ich doch, dass Gabrianelli einiges vom Boxen verstand, denn ich hatte die Wucht seiner Schläge bereits zu spüren bekommen. Doch ich vertraute zu sehr auf meine eigenen vorangegangenen Siege, und auch die Wetten, die auf den Kampf abgeschlossen wurden, spiegelten mein Selbstvertrauen, denn es stand zwanzig zu eins auf meinen Sieg.

Mein Gegner hatte sich sorgfältig auf diesen Kampf vorbereitet. Später erfuhr ich, dass er sich in der Hoffnung, dadurch eine gewisse Ausdauer zu erlangen, stundenlang hatte in den Bauch schlagen lassen. Und jetzt, nachdem ich wie gehabt mit einem wütenden Angriff auf seine Körpermitte begann, hielt er meine Schläge mannhaft aus. Er hingegen setzte auf seine alte Strategie, seine Fäuste auf mein Gesicht loszuschicken, was ich mit ebenso männlicher Entschlossenheit einsteckte. Auf diese Weise bearbeiteten wir uns beinahe eine volle Stunde aufs Heftigste, bis meine nackte Haut vor Schweiß glänzte und ihm sein schwarzer Pelz in hässlichen Fladen am Körper herabhing. Der Kampf dauerte so lange, dass die Zuschauer allmählich unruhig wurden, denn am Ende umkreisten wir einander nur noch lustlos und so langsam wie unter Wasser, wagten hin und wieder einen Schlag oder wichen einem gegnerischen Hieb aus.

Und dann erwischte er mich. Es war ein wundervoller und listiger

Schlag, ein Schlag, den ich ihm nicht mehr zugetraut hatte. Er zielte direkt auf mein Kinn, und ich sah den Schlag in meiner Müdigkeit nicht kommen. Oder, besser gesagt, ich sah ihn zwar kommen, konnte mich aber nicht mehr recht darauf besinnen, wie ich auf einen Schlag reagieren sollte, der direkt auf mein Gesicht zielte. Ich sah ihn auf mich zugleiten wie einen dämonischen Vogel, bis er mich hart am Kinn erwischte. Als eine grelle, alles überdeckende Helligkeit meine Sicht trübte und ich das Gleichgewicht verlor, schoss mir durch den Kopf, daran erinnere ich mich noch genau, dass ich zur Zielscheibe endlosen Spottes werden würde, sollte sich herausstellen, dass mein Kiefer tatsächlich gebrochen war. Meine Sorge setzte an der falschen Stelle an, denn mein Kiefer überstand den Tag mit einer ausgewachsenen Schwellung. Die Wucht von Gabrianellis Hieb schleuderte mich jedoch nach hinten und in einer fast spiegelbildlichen Wiederholung unseres ersten Kampfes aus dem Ring hinaus.

Ich weiß nicht mehr recht, was ich damals fühlte – Verwirrung, Entsetzen, Scham und eine Art konzentrierten Schmerz, der mich so intensiv durchdrang, dass ich nicht einmal wusste, ob es sich wirklich um Schmerz handelte oder um etwas meiner Erfahrung völlig Fremdes. Zuerst war ich nicht in der Lage, seine Herkunft zu lokalisieren, doch als ich wieder einigermaßen klar sah, wurde mir in einem Anflug gelassener Erkenntnis, wie sie den Opfern eines Unglücks manchmal widerfährt, bewusst, dass mein linkes Bein in einem höchst abscheulichen Winkel abstand. Bei meinem Sturz aus dem Ring war mein rechter Fuß irgendwo an der Begrenzung hängen geblieben und ich mit voller Wucht auf dem linken Schienbein gelandet, das an zwei verschiedenen Stellen gebrochen war.

Als der erste Schock allmählich verebbte, ließen mich meine Schmerzen – so grausam, wie ich nie wieder welche zu erleiden hoffe – in eine tiefe Bewusstlosigkeit sinken, und bei dem, was sich anschließend ereignete, muss ich mich auf Elias' Aussage verlassen.

Elias Gordon, der damals für mich noch ein völlig Unbekannter war, hatte in einem Anfall von Spielwahn einhundert Pfund gegen den Favoriten gesetzt. Als ich wie ein Häuflein Elend vor dem Ring auf dem Boden gelandet war, war er aufgesprungen und hatte aus voller Kehle »Zweitausend Pfund!« geschrien. Ich glaube nicht, dass er jemals zuvor im Besitz einer derartig gewaltigen Summe gewesen war, und von den Möglichkeiten überwältigt, die ihm mein Unglück bescherte, schlug er Mr. Yardley vor, dass er sich meiner ohne jegliche

Kosten annehmen würde. Mein angeblicher Freund Yardley stimmte zu, denn Elias verlieh hinsichtlich der Verwundung einigen ernsten Bedenken Ausdruck. Der Bruch sei so unvorteilhaft, dass er nicht ausschlösse, mein Leben könne in den kommenden Tagen in der Schwebe hängen, und sollte ich dennoch überleben, so bezweifelte er, dass ich jemals wieder würde laufen, geschweige denn einen Ring betreten können. Wie alle Mediziner übertrieb Elias wahrscheinlich ein wenig, damit, sollte die Sache schlecht ausgehen, sich seine Voraussagen bewahrheiteten und er andernfalls, wenn ich trotz alledem genas, als wahrer Wundertäter dastünde. Mr. Yardley hörte sich Elias' Einschätzung an und verkündete, ich gehöre ganz ihm, da er ohnehin keine Verwendung für verkrüppelte Boxer habe. Ich sah den Mann nur noch ein einziges Mal wieder: als er vorbeikam, um mir meinen Anteil der Einnahmen abzuliefern.

Elias hingegen kümmerte sich aufopfernd um meine Pflege. In der ersten Woche blieb er fast jede Nacht in meiner Wohnung, um sicherzugehen, dass ich nicht vom Fieber hinweggerafft wurde. Dass ich überhaupt wieder gehen kann, zeugt von seinen Fertigkeiten als Arzt, denn die meisten Menschen, die eine derart schwere Verletzung erleiden, sind anschließend nur noch mithilfe von Krücken zur Fortbewegung in der Lage oder müssen die Demütigung und die Qual einer Amputation erleiden. Als ich damals in seiner Obhut lag und mir dieser grillenhafte Schotte ans Herz wuchs, verspürte ich, wie ich gerne zugebe, den allergrößten Neid auf ihn. Mich hatte man meiner Lebensgeister gewaltsam beraubt, und dieser so im Übermaß mit Talent gesegnete Mann hatte daran so viel Geld verdient, dass er sich standesgemäß etablieren konnte, ohne dass es ihm jemals wieder an Mitteln fehlen würde.

Unglücklicherweise fand Elias, ebenso wie mein neuer Bekannter, Sir Owen, großen Geschmack an den vielfältigen Vergnügungen, die unsere Stadt zu bieten hat. Andererseits besaß er auch eine poetische Ader. Zumindest eine kleine, was mir jedermann, der sein Gedichtbändchen namens *Der poetische Doktor* gelesen hat, bestätigen wird.

Elias hat mir nie genau erzählt, wie er das Geld ausgegeben hat. Zweifellos hat er es in endlosen und nicht der Erinnerung würdigen Bacchanalien der Hurerei, des Glücksspiels und der dichterischen Versuche verprasst. Doch nachdem ich von meinen Verletzungen genesen war und meine dunkleren Jahre außerhalb Londons verbracht hatte, kehrte ich zurück und stellte mich abermals bei meinem alten Freund vor, den ich so munter wie eh und je vorfand: nach der neuesten Mode gekleidet und unverändert den Amüsements der Stadt hinterherjagend – doch bei allem Frohsinn völlig abgebrannt.

Vermutlich war Elias schon so etwas wie ein Geck, aber immerhin ein nachdenklicher; falls ein Geck mit Grips kein Widerspruch in sich ist. Ich wusste, dass er ein ungewöhnlich begabter Chirurg war, aber dessen ungeachtet blieb er seiner Dichtkunst treu. Hätte er der Chirurgie so viel Zeit und Energie wie der Jagd nach Frauenzimmern gewidmet, hätte er wohl bald zu den angesehensten Vertretern der vornehmen Gesellschaft gehört, doch die Liebe zu seinem Beruf konnte sich zu keiner Zeit mit seiner Vergnügungssucht messen. Elias war mit jeder Kupplerin, jeder Dirne und jedem fröhlichen Zecher der Stadt gut Freund. Mich fanden die Dirnen, wie ich vermute, deshalb interessant, weil ich stets höflich und freundlich zu ihnen war und weil sie meine hebräische Physiognomie unterhaltsam fanden. Elias hingegen mochten sie, weil er sein ganzes Geld bei ihnen verjubelte und deshalb in jedem Bordell der Stadt ein gern gesehener Gast war. Sein zügelloser Lebenswandel machte ihn wohl zu einem glücklichen, aber in Geldangelegenheiten stets klammen Zeitgenossen. Infolge davon war er stets erpicht darauf, mir für ein paar zusätzliche Pfund behilflich zu sein.

In Anbetracht seiner üblichen nachlässigen Aufmerksamkeit seinen chirurgischen Fähigkeiten gegenüber wunderte ich mich, ihn bei meinem Besuch nicht zu Hause anzutreffen, da er gerade bei einem Patienten war, und so musste ich im Salon von Mrs. Henry, seiner Vermieterin, ungeduldig auf ihn warten. Sie war eine reizende, und, wie ich vermutete, einst recht hübsche Witwe, jedoch zu jenem Zeitpunkt, jenseits der fünfunddreißig, bereits in den Herbst ihrer Schönheit hinübergewechselt. Trotzdem besaß sie mehr als genug Charme, um mich in ihrer Stube aufs Angenehmste zu unterhalten, und da ich bei ihr schon des Öfteren eine verborgene Zuneigung für mich festgestellt hatte, bereitete es mir keinen geringen Genuss, die Zeit in ihrer Gesellschaft zu verbringen.

»Sind Sie heute in einer besonderen Angelegenheit gekommen?«, fragte mich Mrs. Henry, als wir so beisammen saßen. Dabei wollte ihr Blick nicht von meinem Haupt lassen.

Ich hatte beinahe vergessen, dass ich eine Perücke trug, und hätte es wohl vollends vergessen, wäre es an jenem Herbstnachmittag nicht so ungewöhnlich warm gewesen.

»Ich war gezwungen, in einer geschäftlichen Angelegenheit, die mich zurzeit beschäftigt, als vornehmer Gentleman aufzutreten«, erklärte ich.

»Von dieser Geschichte würde ich gern mehr hören«, sagte sie, als ihr Diener mit den Tee-Utensilien hereinkam.

Ich musste feststellen, dass Mrs. Henry aufs Vortrefflichste ausgerüstet war. Tee hatte damals noch nicht den Status der häuslichen Unumgänglichkeit, doch Mrs. Henry war von dem Getränk sehr angetan und wusste stets mit einem Tablett voller bezaubernder Porzellantassen aufzuwarten. Was sie in die Tassen goss, war eine kräftige Mischung, die ihr, wie sie mir erzählte, ihr Bruder geschickt hatte, der im Ostindienhandel tätig war.

»Ich habe es gerade mit einem komplizierten, aber recht uninteressanten Fall zu tun«, erzählte ich ihr ausweichend und deutete ihr zugleich zart an, dass ich von dem Zucker, den sie mir in den Tee brocken wollte, lieber nichts wünschte.

»Essen Juden keinen Zucker?«, fragte sie mich mit ungekünstelter Neugier.

»An und für sich so viel wie andere Menschen auch«, beschied ich sie, »aber dieser Jude hier möchte den herrlichen Geschmack des Tees nicht durch widerliche Süße verderben.«

Sie blinzelte verdutzt, reichte mir Tasse und Untertasse aber trotzdem. »Dürfen Sie mir nicht mehr von dieser Angelegenheit verraten?«

»Leider nein, Madam. Zurzeit muss ich auf strikteste Geheimhaltung achten. Vielleicht kann ich Sie darüber informieren, wenn die Sache sich erledigt hat – unter Auslassung der richtigen Namen, was Sie sicherlich verstehen werden.«

Sie beugte sich näher zu mir heran. »Bei Ihrer Arbeit erfahren Sie bestimmt so manche Dinge, die anderen Menschen niemals zu Ohren kommen.«

»Sie machen die Sache interessanter, als sie eigentlich ist, seien Sie dessen versichert. Und vermutlich weiß eine Frau in Ihrer Position weit eher darüber Bescheid, was in der Stadt vorgeht, als es mir jemals vergönnt sein wird.«

»Sollten Sie diesbezüglich jemals Informationen benötigen, zögern Sie hoffentlich nicht, mich danach zu fragen.«

Ich dankte ihr für ihre Liebenswürdigkeit, und in jenem Augenblick traf, zu Mrs. Henrys augenscheinlicher Enttäuschung, Elias ein. Er trug eine scharlachrote ärmellose Jacke, darunter ein königsblaues

Rüschenhemd. Seine Perücke war übergroß, fast schon ein Relikt der Mode vergangener Tage, darüber hinaus an einigen Stellen ein wenig fleckig und übertrieben gepudert. Sie hing ihm in sein kantiges Gesicht, das, wie sein restlicher Körper auch, sehr schmal und von unerwarteten Vorsprüngen seines Knochengerüsts geprägt war. Elias' Hosen wiesen über dem linken Knie einen nicht zu übersehenden Riss auf, und seine Schuhe sahen sich zwar ähnlich genug, um nicht direkt ungebührliche Aufmerksamkeit auf sich zu lenken, doch fiel mir unweigerlich auf, dass sie nicht exakt die gleiche Farbe besaßen. Dessen ungeachtet stolzierte mein Freund mit der Würde eines heimkehrenden Eroberers und der vor Selbstbewusstsein strotzenden Haltung eines Günstlings Karls II. ins Zimmer.

»Es ist so grässlich heiß draußen, Mrs. Henry«, sagte er an seine Vermieterin gewandt und wedelte ihr mit einem indigoblauen Taschentuch zu. »Lady Kentworth wäre beinahe in Ohnmacht gefallen, obwohl ich ihr kaum einen Fingerhut Blut entnommen habe. Sie ist aber auch ein zartes Persönchen, nicht gerade für so ein Wetter im Oktober gemacht.«

Elias war direkt auf Mrs. Henry zumarschiert, zweifellos mit der Absicht, ihr das, was er ihr an Miete schuldig blieb, in Klatsch und Tratsch auszuzahlen, doch dann sah er mich mit meinem verhaltenen Grinsen in meinem etwas ramponierten, aber doch recht bequemen Sessel sitzen.

»Aah«, sagte er, als wäre ich ein Schuldeneintreiber. »Weaver.«

»Komme ich ungelegen, Elias?«

Er fing sich rasch wieder und rang sich zu einem Lächeln durch. »Überhaupt nicht! Ich bin nur dieses schrecklichen Wetters wegen nicht ganz auf der Höhe. Dir geht es doch bestimmt nicht anders, oder? Soll ich dich schnell zur Ader lassen?«

Er erholte sich von der kurzzeitigen Verwunderung, indem er das spitzbübische Grinsen aufsetzte, das er sich für Gelegenheiten aufsparte, bei denen er mich entweder mit Sticheleien oder Gesuchen um Bargeld belästigte. Elias hielt meine Weigerung, mich einem Aderlass zu unterziehen, für ein Thema nicht enden wollender Kurzweil, spottete unablässig darüber und wollte nicht lockerlassen.

»Na schön, lass mich zur Ader«, erwiderte ich. »Vielleicht möchtest du mir auch gleich alle meine Organe herausnehmen und in einer Kiste verwahren. Dort wären sie wenigstens sicher.«

»Mach dich nicht über die moderne Medizin lustig!«, meinte Elias, durchquerte das Zimmer und setzte sich ebenfalls. »Aber dein Hohn tut meinen chirurgischen Fähigkeiten nicht den geringsten Abbruch.«

Er wandte sich an Mrs. Henry. »Vielleicht etwas Tee, Madam.«

Mrs. Henry errötete und erhob sich, wobei sie ihren Oberkörper unnatürlich straff hielt. Dann glättete sie ihre Röcke. »Sie erwarten manche Honneurs, Mr. Gordon, für einen Mann, der mir in diesem Quartal noch nicht die Ehre angetan hat, seine Miete zu zahlen. Sie dürfen sich Ihren Tee selbst einschenken!«

Nachdem sie aus dem Zimmer gerauscht war, fragte ich Elias, wie lange er mit seiner Vermieterin schon ins Bett gehe.

Er wechselte in einen mir gegenüberliegenden Sessel, zog eine Schnupftabaksdose heraus und nahm eine kleine Prise. »Fällt es so auf?«

Damit ich nicht merkte, wie peinlich ihm die Angelegenheit war, betrachtete er mit konzentriertem Interesse ein Gemälde an der Wand. Elias zog es vor, in meinen Augen als schneidiger Bursche dazustehen, der bei den allerschönsten jungen Damen der Stadt erfolgreich war. Mrs. Henry war zwar noch immer sehr hübsch, gehörte aber kaum zu der Sorte Frauenzimmer, mit denen Elias in Zusammenhang gebracht zu werden wünschte.

»Ich habe noch nie von einer Vermieterin gehört, die sich aus einem anderen Grund geweigert hätte, ihrem Mieter Tee einzugießen«, erklärte ich. »Aber ich kann dich beruhigen, Elias: Auch ich habe schon auf ähnliche Weise über meine Miete verhandelt.«

»Gott im Himmel!« Beinahe hätte er seine Prise im ganzen Zimmer verteilt. »Doch hoffentlich nicht mit diesem Drachen, bei dem du jetzt wohnst!«

»Nein«, lachte ich. »Ich kann nicht behaupten, jemals die Ehre gehabt zu haben, mit Mrs. Garrison nähere Vertraulichkeiten auszutauschen. Meinst du, es wäre einen Versuch wert?«

»Mir ist schon des Öfteren zu Ohren gekommen, wie lüstern ihr Juden sein sollt«, erwiderte Elias, »aber bislang ist mir nicht aufgefallen, dass es dir an Geschmack fehlt.«

»Das Kompliment darf ich zurückgeben«, erwiderte ich in der Hoffnung, ihm meine Enthüllung etwas weniger peinlich zu machen.

Er stellte seine Schnupftabaksdose zur Seite und stand auf, um sich eine Tasse Tee einzugießen. »Na ja, es war immer ein recht praktisches Arrangement, weißt du. Sie ist keine ungewöhnlich anspruchsvolle

Geliebte, und das Geld, das ich für die Miete spare, kann ich anderweitig gut brauchen.«

»Elias«, sagte ich, »diese Privatgeschichten sind immer faszinierend, und ich würde gerne mehr von deinen amourösen Eroberungen in der Rubrik Vermieterinnen in ganz London hören, aber ich bin aus geschäftlichen Gründen hier.«

Er ließ sich wieder in seinem Sessel nieder und nahm vorsichtig einen Schluck von dem heißen Getränk. »Eine sehr berückende Angelegenheit, wie ich sehe. Was beschäftigt deine Gedanken, Weaver? Deine aufgrund mangelnder Blutabnahme übergebührlich phlegmatischen Gedanken?«

»So einiges. Ich habe gerade mit einer komplizierten Sache zu tun, doch bevor ich mich ihr widmen kann, muss ich noch eine andere äußerst kitzlige Angelegenheit zum Abschluss bringen.« Von Mrs. Henrys exzellentem Tee belebt, nahm ich mir die Zeit und berichtete Elias nicht nur von meiner unerwarteten Begegnung mit Balfour, sondern auch von meinen Schwierigkeiten, Sir Owens Brieftasche wiederzubeschaffen. Ich konnte mich ihm bedenkenlos anvertrauen, denn obwohl ich niemanden kannte, der Klatsch und Tratsch so liebte wie er, hatte er mein Vertrauen noch kein einziges Mal missbraucht, wenn ich mir sein Stillschweigen ausbedungen hatte.

»Es verwundert mich nicht im Geringsten, dass Sir Owen Nettleton sein Leben mit Huren und der französischen Krankheit verkompliziert hat«, versicherte mir Elias mit einem selbstgefälligen Zucken der Augenbrauen.

»Du kennst ihn?«

»Ich kenne die Hauptakteure der eleganten Gesellschaft so gut wie jeder andere in dieser Metropolis. Aber abgesehen davon«, fügte er mit dem wohlgeübten Blick eines verschlagenen Gauners hinzu, »was glaubst du denn, wer Sir Owen jedes Mal behandelt hat, wenn er sich den Tripper geholt hat?«

»Was kannst du mir von ihm erzählen?«

Elias zuckte die Achseln. »Nicht mehr, als du dir selbst ausmalen kannst. Er besitzt ein riesiges, florierendes Gut in Yorkshire, doch das, was er an Pacht dafür erwirtschaftet, hält den Ausgaben für seine Vergnügungen in keiner Weise stand. Er ist ein stadtbekannter Hurenbock und Schürzenjäger, dazu ein außergewöhnlich lebhafter, selbst nach meinem Maßstab gemessen. Würde mich nicht wundern, wenn er schon jede Hure der Stadt ausprobiert hätte.«

»Er bildet sich nicht wenig auf seine vielfältigen Beziehungen mit den Damen von der Straße ein.«

»Diese wohlhabenden Männer müssen etwas tun, um sich die Zeit zu vertreiben. Aber sag mir, wer ist das Weibsstück, das ihn bestohlen hat? Ich würde gerne wissen, welche Waren dein verhindertes kleines Abenteuer aus dem Kreislauf genommen hat.«

Ich nannte ihm ihren Namen.

»Kate Cole!«, rief er. »Herrje, ich habe schon von ihrem Angebot gekostet – und sie hat so einiges zu bieten! Damit hast du eine absolut hervorragende Hure ruiniert, Weaver!«

»Bin ich denn der einzige Mann in London, der es mit dieser Kate Cole nicht getrieben hat?«, fragte ich nach Luft schnappend.

»Na ja, ich glaube, es ist noch nicht zu spät dafür«, meinte Elias grinsend. »Wenn du ihr ein Zimmer im Press Yard verschafft hast, müsste sie dir eigentlich etwas schuldig sein.«

Ich setzte an, um das Thema zu wechseln, doch Elias riss das Gespräch, wie es so seine Gewohnheit war, einfach an sich: »Viel interessanter ist diese Geschichte mit Balfour! Ich kann mir deine Überraschung vorstellen, als er plötzlich anfing, vom Tod deines Vaters zu sprechen. Jetzt nimmst du doch bestimmt Kontakt mit deinem Onkel auf?«

Elias wusste von der Entfremdung von meiner Familie und hatte mich auch schon einige Male aufgefordert, mich an meinen Onkel zu wenden. Er selbst hatte mehrere Jahre in der Missgunst seines Vaters gelebt. Elias hatte die Universität von Saint Andrews besucht, als seinem Vater böswillige, wenn auch völlig zutreffende Berichte über die vielfältigen Ausschweifungen meines Freundes zugetragen wurden. Diese Kunde führte zu einem Bruch zwischen Elias und seiner Familie, und statt seine Studien fortzuführen, die ihm zu einer Karriere als Arzt verholfen hätten, war Elias gezwungen, die Universität zu verlassen und sich als Bader zu verdingen – ohne sich mit den normalerweise erforderlichen sieben Lehrjahren zu belasten. Nach vielen Jahren ohne jeden Kontakt nach Hause war es Elias schließlich doch gelungen, die Schwierigkeiten mit seiner Familie beizulegen – wenn schon nicht ganz, so doch wenigstens so weit, dass ihm ein vierteljährlicher Wechsel zugestanden wurde. Dieses Abkommen schien mir allen Parteien zuträglich zu sein, denn Elias' älterer Bruder, auf den der Familienbesitz kommen sollte, war ein kränklicher Bursche, und der Patriarch der Familie wollte sich zumindest eines geregelten Verhältnisses zu

Elias versichern, falls das Schicksal diesen eines Tages zum Erben bestimmen sollte. Ich konnte Elias' Schwierigkeiten als jüngerer Sohn recht gut nachempfinden, denn mein Vater hatte auch immer meinen älteren Bruder José für Größeres vorgesehen, wohingegen ich, der ich an dem Geburtsfehler zu tragen hatte, vier Jahre nach ihm zur Welt gekommen zu sein, stets das Gefühl vermittelt bekommen hatte, so etwas wie ein entbehrliches Anhängsel zu sein.

Ich gab Elias die Einzelheiten meines Gesprächs mit Balfour wieder, und mein Freund interessierte sich alsbald weniger dafür, den Riss zwischen mir und meiner Familie zu flicken, als mehr darüber zu erfahren, was Balfour für den wahren Hintergrund besagter Todesfälle hielt.

»Ich muss schon sagen, Weaver, diese Untersuchung ist wirklich ungewöhnlich. Wie willst du einen Mörder finden, den niemand gesehen hat, einen Mörder, von dem niemand glaubt, dass er überhaupt existiert?«

»Ich weiß nicht, ob ich das kann. Aber ich glaube, ich muss mich zuerst um Kate Cole kümmern.«

»Kate Cole ist weit weniger faszinierend als dein Phantommörder, lass dir das gesagt sein! Aber du hast recht, wir müssen uns vorrangig um diese Briefe kümmern, und damit bleibt mir ein wenig Zeit, darüber nachzudenken, was wir als Nächstes unternehmen werden, um diesen Mörder aufzuspüren.«

»Na hör mal, Elias, du bist ja leicht zu begeistern! Balfour zahlt mir kaum so viel, als dass ich es auch noch großzügig mit dir teilen könnte.«

»Sie verletzen mich tief, Sir. Glauben Sie denn, mir gehe es einzig um den schnöden Mammon? Allein die Herausforderung ist mir Anreiz genug, wenn du es genau wissen willst. Aber ich nehme an, dein reicher Baronet ist eher in der Lage, mich großzügig zu entlohnen als dein verarmter Emporkömmling.«

»Mein reicher Baronet hat sich bislang als sehr großzügig erwiesen.« Damit war mir Elias' Aufmerksamkeit sicher, und ich erklärte ihm, dass ich ein wenig in der Klemme stecke und ihn darum bitten müsse, für mich eine kleine Rolle zu spielen.

»Das hört sich schrecklich aufregend an«, sagte er, und bei dem Gedanken an dieses Abenteuer sprühten seine Augen Funken.

»Hoffentlich nicht zu aufregend.«

Ich hatte einen herrlich einfachen Plan ausgeheckt, um Sir Owens

Briefe von diesem Spitzbuben Arnold zurückzubekommen. Ich würde den Lachenden Neger in der Verkleidung eines Hafenarbeiters betreten. Kate Cole hatte Arnold zweifellos von einem muskulösen Gentleman berichtet, und ich wollte die Sache nicht unnötig verkomplizieren, indem ich bei ihm den Verdacht erweckte, ich könne derjenige sein, der Jemmy getötet hatte. Elias, dem niemand vorwerfen konnte, besonders muskulös zu sein, sollte in die Kneipe kommen, mit Arnold reden und ihm weismachen, er sei der Eigentümer der Briefe. Ich gestand ihm zu, dafür bis zu zwanzig Pfund zu bieten, jedoch sollte er bei fünf Pfund anfangen, denn ich hatte die Hoffnung noch nicht ganz aufgegeben, dass mir der Auftrag mit der Brieftasche letztendlich doch ein wenig mehr als Schulden einbrachte. Sollte ich ein paar Pfund herausschlagen und Sir Owen mich im Gegenzug in aller Öffentlichkeit loben, hätte ich Grund genug, meine Anstrengungen als nicht vergeudet zu betrachten.

Ich hatte Elias angewiesen, bei der Verhandlung mit diesem Langfinger Sir Owens Namen auf keinen Fall zu erwähnen, denn es war gut möglich, dass Arnold die Briefe nicht gelesen oder sie zumindest nicht bis zum Schluss durchgesehen hatte. Ich war mir sicher, dass Sir Owens Reuebekundungen und die Gefühlswallungen seiner Frau für einen gemeinen Dieb viel zu langweilig waren. Aber selbst wenn er wusste, dass die Briefe nicht Elias' Eigentum waren, konnte ich mir nicht vorstellen, dass er irgendwelcher Prinzipien wegen nicht gewillt sein würde, sich für ein paar Münzen von ihnen zu trennen.

Kurz nach sieben Uhr am Abend betrat ich den Lachenden Neger. Ohne Schwierigkeiten machte ich einen Mann mit kupferfarbenen Koteletten und struppigem Haar aus, das um mehrere Töne dunkler als sein Bart war. Das musste der Mann sein, den Kate mir beschrieben hatte. Er saß mit vier anderen, nicht minder gefährlich aussehenden und ebenso nachlässig frisierten Männern an einem Tisch. Der erbärmliche und angetrunkene Haufen warf verdrossen ein paar Würfel auf dem Tisch hin und her.

Ich zahlte für eine Halbe sprudelnden Bieres und setzte mich so dicht wie möglich hinter sie, wobei ich mir eine Stelle aussuchte, von der aus ich Arnold und seine Kumpane bequem beobachten konnte, ohne selbst gleich aufzufallen.

Elias kam exakt zum verabredeten Zeitpunkt über die Schwelle. Seine ausgefallene Kleidung – alles in leuchtendem Rot und Gelb gehalten – machte ihn sofort zum Objekt der geballten Aufmerksamkeit aller Anwesenden. Ich sah, dass ihn die prüfenden Blicke sofort nervös machten, hielt seine Beklommenheit allerdings für sehr zweckdienlich, denn an einem solchen Ort musste sich jeder Gentleman fehl am Platze fühlen. Ich hatte ihm Kates Beschreibung von Arnold vorenthalten, damit er ohne jede Erwartung bezüglich dieses Mannes auftreten konnte. Deshalb erkundigte er sich bei dem Burschen hinter dem Tresen, der auch sogleich auf den Gesuchten zeigte.

Elias ging langsam zu dem Tisch hinüber, wobei er ab und zu die Hand auf seinen Degen legte und sie wieder zurückzog. Ich versuchte, ihn nicht zu auffällig anzustarren, denn ich wollte jeden Augenkontakt zwischen uns beiden vermeiden. Er näherte sich Arnold und stellte sich vor ihn.

»Sind Sie, Sir, ein gewisser Quilt Arnold?«, fragte er mit der lauten, deklamatorischen Stimme eines Bühnenhelden.

Die Männer stießen zunächst ein schallendes Gelächter aus, bevor Arnold den Blick hob. Er schien sich nicht erklären zu können, was dieser herausgeputzte Pfau von ihm wollte.

»Richtig«, sagte er und machte keinen Hehl aus seiner Belustigung. »Ich bin Arnold, mein Junge. Na und?«

»Also, eine Frau namens Kate Cole berichtete mir, dass Sie etwas haben, das mir gehört«, stammelte Elias mit einer Stimme, die seine Besorgnis verriet. »Es handelt sich um ein Päckchen Briefe, mit gelbem Band umwickelt.«

Arnold hob eine seiner buschigen Augenbrauen. »Hat sie dir das gesagt, bevor sie nach Newgate verfrachtet wurde oder danach?«

»Haben Sie die Briefe oder nicht?«

Der Halunke grinste ihn breit und niederträchtig an. »Da biste wohl scharf drauf, was, mein Junge? Tja, wenn das wirklich deine Sachen sind, dann kannste froh sein, dass ich sie hab«, sagte er und klopfte sich auf die Jacke. »Ich hab sie hier bei mir. Und du willst sie haben, stimmt's?«

Elias richtete sich auf. »So ist es.«

Arnold war im Gegensatz zu Elias keinesfalls daran gelegen, die Transaktion so rasch wie möglich hinter sich zu bringen. Er flüsterte einem seiner Freunde etwas ins Ohr und erging sich daraufhin eine volle Minute in einem grässlichen, trockenen Lachen. Schließlich wandte er sich wieder an Elias: »Es macht dir doch nichts aus, wenn ich ein bisschen Rotz reingeschnäuzt hab, oder?«

Elias schüttelte den Kopf und tat sein Bestes, ruhig und sogar verwirrt zu wirken. »Mr. Arnold, ich bin sicher, Ihr Leben verläuft ereignislos genug, dass es Ihnen Freude bereitet, unser Geschäft unnötig in die Länge zu ziehen, aber ich habe auch noch anderswo Dinge zu erledigen. Ich hätte jetzt gerne diese Briefe zurück und bin bereit, Ihnen dafür zwanzig Pfund zu geben.«

Ich zuckte zusammen und war mir sicher, dass auch Elias innerlich zusammenzuckte. Er hatte sich versprochen, und falls Arnold weiter feilschen wollte, hatte er kein Geld mehr in der Hinterhand. Wenn ich aufstand, um Elias mehr Geld anzubieten, wovon ich allerdings auch nicht viel dabeihatte, wusste Arnold sofort, dass diese Angelegenheit komplizierter war, als es den Anschein hatte, und womöglich hielt er die Briefe in der Hoffnung, noch mehr dafür herauszuschlagen, zurück.

»Wer bereit ist, für ein paar Blatt Papier zwanzig Pfund auszugeben«, sagte er, lehnte sich bequem zurück und streckte die Beine aus, »der rückt auch fünfzig raus. Da sie dir ja schließlich gehören, wenn du weißt, was ich meine.«

Elias' Mut überraschte mich, denn Arnold war ein Galgenvogel von recht einschüchterndem Äußeren.

»Nein, Sir«, sagte er. »Ich weiß nicht, was Sie damit meinen. Ich bin nicht gekommen, um mit Ihnen zu feilschen. Ich gebe Ihnen zwanzig Pfund für diese Briefe, sollte Ihnen das nicht zusagen, dürfen Sie sie weiterhin als Rotzfahnen mit sich herumtragen.«

Arnold dachte einen Augenblick darüber nach. »Weißte was, mein Junge? Ich glaub nich', dass ein Gentleman, wie du einer bist, in so eine Ranzbude wie die hier kommt und sich mit einem Stück Dreck wie mir unterhält, wenn ein paar Seiten eingewickeltes Papier nich' mehr wert wären als zwanzig Pfund. Mir wär's lieber, du hörst jetzt auf, mit mir wie mit einer Hure zu reden, die man einfach benutzt und ihr dann ein paar Shilling hinschmeißt. Gib mir fünfzig Pfund, dann kriegste vielleicht – und ich sage vielleicht, weil es drauf ankommt, wie gut ich gelaunt bin – deine beschissenen Papiere zurück. Vielleicht aber auch nich'. Also sei schön höflich, mein Junge, wenn du mir mein Geld gibst.«

Elias war vor Schreck kreidebleich geworden, und jetzt zeichnete sich ein feines Muster blauer Adern an seinen Schläfen ab. Arnold war unberechenbar, man konnte nicht wissen, wie weit er es treiben würde. In diesem Augenblick begriff ich, dass es auf seinen Vorschlag keine Antwort gab, dass ich keine andere Wahl hatte, als einzugreifen. Also schob ich meinen Stuhl nach hinten, erhob mich und ging auf ihn zu.

»Entschuldigung«, sagte ich, »aber ich habe mitgekriegt, was du eben zu diesem Gentleman gesagt hast, und frage mich, ob du das wirklich so gemeint hast.« Und mit einer Schnelligkeit, die mich selbst erstaunte, zog ich einen Dolch aus dem Gürtel, packte Arnolds linke Hand, drückte sie auf den Tisch und stieß die Klinge mit aller Wucht hinein. Sie durchschnitt seine Hand und bohrte sich tief in das weiche Holz darunter.

Arnold stieß ein lautes Heulen aus, doch ich legte ihm rasch eine Hand auf den Mund und zog einen zweiten Dolch aus dem Stiefel, den ich ihm vor das Gesicht hielt.

Dann ließ ich den Blick kurz durch den Raum wandern und sammelte in diesem flüchtigen Augenblick so viel Information wie möglich. Der Mann hinter dem Tresen sah zu mir herüber und trocknete ein Glas ab. Auch ein paar andere Männer im »Lachenden Neger« beobachteten uns. Sie kümmerten sich lediglich so weit um uns, als die Vorstellung ihre Neugier erweckte. Ich musste nicht befürchten, dass sich ein freundlicher Fremder erhob, um diesen Banditen zu verteidigen, machte mir jedoch Gedanken um seine Kumpane am Tisch. Aber auch Arnolds Freunde rührten sich nicht von der Stelle. Sie blieben stocksteif sitzen, warfen einander verstörte Blicke zu und waren zweifellos damit beschäftigt, zu entscheiden, ob sie abwarten, was weiterhin geschehen würde, oder sich lieber gleich aus dem Staub machen sollten. So, wie sie sich zurücklehnten, durfte ich annehmen, dass sie nicht vorhatten, sich einzumischen. Männer wie Arnold hatten solche Freunde.

Elias war einen Schritt zurückgewichen. Er sah so blass aus, als hätte ihn das Messer erwischt, zitterte merklich an allen Gliedern, versuchte aber trotzdem, sich aufrechtzuhalten und das Benehmen eines gefährlichen Burschen an den Tag zu legen. Auch wenn Elias nicht über das geeignete Naturell für eine Situation wie die, in der wir uns befanden, verfügte, wusste ich doch, dass er sich seiner Aufgabe zuverlässig und ehrenhaft entledigen würde.

Ich wandte meine Aufmerksamkeit wieder dem Tisch zu. Dort sah es weniger blutig aus, als ich erwartet hatte, denn die Klinge selbst hemmte den Blutfluss. Nach einigen Sekunden bildete sich rings um die Klinge eine zähflüssige Pfütze, die sich kurz darauf auf den schmutzigen Tisch ergoss. Ich rückte ein Stück zur Seite, damit der

Inhalt von Arnolds Adern nicht auf meine Stiefel tropfte. Dabei drückte ich die Hand fest auf sein Gesicht, spürte Arnolds heißen Atem auf der Handfläche und verstärkte meinen Griff sogar noch, wobei ich mit dem Dolch vor seinem gesunden Auge herumfuchtelte. »Du hast Schmerzen, das ist mir schon klar, aber ich habe keine Zeit mehr für solche Kinkerlitzchen. Du greifst jetzt mit deiner gesunden Hand in deine Tasche und holst die Papiere, die wir suchen, heraus. Dieser Gentleman hier wird dir wie versprochen zwanzig Pfund dafür geben. Wenn du irgendwelche Tricks versuchst oder wenn deine Freunde eine falsche Bewegung machen, bringe ich dich nicht um, sondern schneide dir dein letztes gutes Auge heraus und mache dich zum Bettler. Du gibst uns jetzt also, was wir haben wollen, und bekommst dafür einen mehr als angemessenen Preis, oder du verlierst alles, was dir in dieser Welt noch bleibt.«

Arnolds Freunde wechselten abermals kurze Blicke. Jetzt durften sie immerhin hoffen, dass ihr Freund, abgesehen von den Unannehmlichkeiten der Transaktion, zwanzig Pfund bei der Sache verdiente.

Arnold versuchte mit seiner unversehrten Hand in seine Tasche zu langen, musste dazu jedoch quer über seine Brust reichen, und so, wie er das Gesicht verzog, mussten die Schmerzen grässlich sein. Schließlich biss er unter dem Druck meiner Hand die Zähne zusammen, zog eine Geldtasche aus seiner Jacke und warf sie mit einer ruckartigen, gequälten Bewegung auf den Tisch.

Ich wies Elias an, hineinzusehen. Er zog einen Packen Briefe heraus, der so aussah wie der von Sir Owen beschriebene: ein dickes, mit gelbem Band umschlungenes Bündel, verschlossen mit einem Wachssiegel. Ich ließ es mir aushändigen und zählte rasch vier einzelne Päckchen durch, ein jedes dicker als ein Zentimeter. Selbst in der Hast des Augenblicks musste ich bei dem Gedanken daran, was für ein weitschweifiger Briefeschreiber der sinnenfreudige Baronet doch war, unwillkürlich grinsen. Ich schob das Bündel in meine Tasche und befahl Elias, Arnolds Hand festzuhalten, wenn ich den Dolch herauszog. Jetzt trat das Blut ungehindert aus der Wunde. Arnold wand sich aus meinem Griff und fiel auf den Boden, wo er tiefe, grunzende Geräusche ausstieß.

»Gib ihm das Geld«, sagte ich zu Elias.

Ich sah ganz deutlich, wie er hinter seinen hin und her wandernden Augen dachte: Warum?

»Gib ihm das Geld!«, wiederholte ich. »So war es abgemacht.«

Etwas in meiner Stimme brachte Elias dazu, seine Einwände für sich zu behalten, denn er seufzte nur einmal gequält auf, trennte sich widerstrebend von den zwanzig Pfund und warf den Geldbeutel auf den Tisch. Ausnahmslos jeder von Arnolds Kumpanen streckte die Hand aus, um ihn sich zu schnappen.

Elias sah aus, als sei er bereit, schleunigst das Weite zu suchen, doch ich schüttelte den Kopf. Es war nicht nötig, davonzulaufen. Arnold lag geschlagen auf dem Boden, und von den anderen würde uns keiner behelligen. Ich überlegte, ob ich, um meiner Verachtung Nachdruck zu verleihen, noch ein Bier trinken sollte, bevor wir gingen, doch da ich außer mir selbst niemanden groß hätte beeindrucken können und das Gebräu ohnehin nicht nach meinem Geschmack war, sah ich davon ab. Stattdessen grinste ich mit grimmiger Zufriedenheit in die Runde und hielt Elias bei unserem Abgang die Tür auf.

7

Am nächsten Morgen befand ich mich in angenehm gelassener Verfassung. Ich war froh, Sir Owens Dokumente an mich gebracht zu haben, und darüber hinaus war ich jetzt einigermaßen beruhigt, dass die Sache mit Jemmys Tod mir keinen ernsthaften Schaden zufügen würde. Es ging schon auf Mittag zu, als Mrs. Garrison mir mitteilte, Sir Owen sei angekommen und wünsche mich zu sprechen. In der Tat hätte der Baronet seiner Freude über meinen Erfolg nicht überschwänglicher Ausdruck verleihen können. Er riss mir die Briefe förmlich aus der Hand und drückte sie an seine Brust. Dann setzte er sich, stand jedoch sogleich wieder auf und ging aufgeregt im Zimmer auf und ab, bat um einen Schluck zu trinken und kurz darauf, da er das erste Glas offensichtlich vergessen hatte, abermals um eine kleine Erfrischung.

Sir Owen bestand darauf, mir einen Bonus zu zahlen, und nachdem ich etliche Male der Höflichkeit halber abgelehnt hatte, akzeptierte ich die Erstattung der Kosten, die mir bei den Verhandlungen mit Kate und Arnold entstanden waren. Seine Geste war durchaus generös, denn er verdoppelte mein ursprüngliches Honorar, was meine klamme finanzielle Situation deutlich aufwertete. Anschließend überredete mich Sir Owen, ihn zum Mittagstisch zu begleiten, wozu er mich einladen wolle, weil es ihm fern läge, die Briefe einfach mitzunehmen, ohne dem Gefühl der Kameradschaft Ausdruck zu verleihen, das mit seiner von Herzen kommenden Dankbarkeit einhergehe. Ich begleitete ihn zu einer ganz in der Nähe gelegenen Gastwirtschaft, aß und trank tüchtig, bis Sir Owen kurz vor zwei Uhr sagte, er habe noch eine Verabredung und müsse sich leider verabschieden. Zuvor jedoch überraschte er mich mit der Aufforderung, ihn am folgenden Dienstag in seinem Club aufzusuchen.

»Keine Sorge, es ist kein offizieller Anlass«, sagte er, als er mein erstauntes Gesicht sah. »Ich dachte nur, einem Mann von Ihrer Profession könne es zum Vorteil gereichen, bei einer solchen Gelegenheit die Bekanntschaft einiger Gentlemen der Gesellschaft zu machen.«

»Es ist mir eine große Ehre«, versicherte ich ihm feierlich. »Ich stehe tief in der Schuld Ihrer Großzügigkeit.«

Sir Owen räusperte sich und rutschte auf seinem Stuhl hin und her. »Sie verstehen sicherlich, dass ich keineswegs vorhabe, Sie für eine Mitgliedschaft vorzuschlagen.« Seine Stimme verlor sich.

»Dessen bin ich mir sehr wohl bewusst«, warf ich rasch ein, in der Hoffnung, seine Verlegenheit zu entschärfen. »Wie Sie ganz recht vermutet haben, ist es mir vor allem darum zu tun, Gentlemen kennenzulernen, die vielleicht eines Tages die Dienste eines Mannes mit meinen Fähigkeiten benötigen könnten. Eine Empfehlung aus Ihrem Munde wäre dabei von allergrößter Nützlichkeit.«

Erfreut über mein Verständnis, gab mir Sir Owen einen freundlichen Klaps auf den Rücken und bedankte sich abermals für meine Bemühungen um die Wiederbeschaffung seiner Papiere. Schließlich machte er sich nach einem ausgiebig in die Länge gezogenen Abschied auf den Weg.

Aufs Vortrefflichste gesättigt, mit prallem Bauch und den Kopf voll mit gutem Wein, hielt ich es für angebracht, meinen anderen Verpflichtungen nachzugehen. Also bestieg ich eine Droschke zu Mr. Balfours Logis unweit von Bishopsgate, um mich zu erkundigen, was seine Nachforschungen im Familienkreis über den Tod seines Vaters ergeben hatten. Insgeheim hoffte ich, Balfour habe von seiner aussichtslosen Suche abgelassen und würde mich mit reinem Gewissen aus dieser Angelegenheit entlassen.

Ich traf Balfour in einer ansehnlichen Unterkunft in einem angemessenen Haus an, doch er hockte in seinem Salon wie in einem zu eng anliegenden Rock. Er saß unnatürlich aufrecht in seinem Sessel, als traute er sich nicht, sich anzulehnen. Er trug fast genau die gleiche Kleidung wie am Tag zuvor, hatte jedoch einige Mühe darauf verwendet, sie von den Fusseln zu befreien und die auffälligeren Flecken zu entfernen.

Ich blieb, den Hut unter den Arm geklemmt, vor ihm stehen. Er starrte mich an. Er schlug die Beine übereinander. Ich dachte, er würde mir einen Sessel anbieten, doch er musterte mich mit einem Ausdruck, der sowohl Besorgnis als auch Langeweile ausdrücken mochte.

»Wenn Sie mich das nächste Mal sprechen wollen«, sagte er schließlich langsam und bedächtig, »lassen Sie es mich bitte vorher wissen, damit wir einen passenderen Ort der Zusammenkunft verabreden können als meine Wohnung.«

»Wie Sie wünschen«, erwiderte ich breit lächelnd. Ich wollte ihn damit ein wenig ärgern, denn ich spürte, dass mich Balfours unbegründete Überheblichkeit nicht nur mit Zorn, sondern auch mit Verachtung erfüllte. »Aber wo ich schon mal hier bin, setze ich mich auch hin.«

Mir fiel die Weinkaraffe auf dem Kaminsims ins Auge, und da ich von meinem Mahl mit Sir Owen immer noch ein wenig aufgekratzt war, hielt ich ein Gläschen Wein für genau das Richtige.

»Möchten Sie auch etwas?«, erkundigte ich mich, während ich mich bediente.

»Sie sind unerträglich!«, entfuhr es ihm. »Sie sind Gast in meinem Hause, Sir!« Seine Hände knüllten die Zeitung zusammen, die auf seinem Schoß lag.

Ich nahm Platz und nippte vorsichtig am Wein, einem minderwertigen Bordeaux. Er war wohl nicht ungenießbar, aber im Vergleich zu dem exzellenten Tropfen, den Sir Owen bestellt hatte, war er der reinste Essig. Augenscheinlich entgingen meinem Gastgeber die Anzeichen meines Missfallens nicht, denn er machte Anstalten, etwas zu sagen, doch ich hielt es für das Beste, die sich höchstwahrscheinlich in unbegründeter Aufgeblasenheit erschöpfende Äußerung sofort zu unterbinden und kam ihm zuvor: »Mr. Balfour, Sie haben mich um meine Dienste gebeten, aber ich bin mitnichten Ihr Dienstbote. Schließlich hegen wir beide Interesse an den Nachforschungen, mit denen Sie mich beauftragt haben. Sind Sie inzwischen bereit, sich über die näheren Umstände zu äußern, oder nicht?«

Balfour funkelte mich einige Sekunden an und kam wohl zu dem Schluss, am besten mit Indifferenz zu parieren. »Na schön. Ich fürchte jedoch, dass Sie die Arbeit selbst erledigen müssen, was jedoch, wenn ich es recht verstehe, genau das ist, wofür ich Sie bezahle. Ich habe mit meines Vaters erstem Buchhalter gesprochen, der mir mitteilte, meine Vermutungen seien nicht ganz unbegründet. Er behauptet, der Besitz sei beim Tode meines Vaters in wesentlich bescheidenerer Verfassung gewesen, als er, der Buchhalter, mit Fug und Recht hätte annehmen dürfen.«

»Tatsächlich?«, nahm ich gelassen zur Kenntnis.

»Wie ich bereits erwähnt habe, hat mein Vater beträchtlichen Profit aus den jüngsten Rivalitäten zwischen der Bank of England und der South Sea Company gezogen; will sagen aus diesen immer wieder auftretenden Schwankungen der Wertpapierpreise. Er hat seine gesamte Zeit drunten in der 'Change Alley verbracht, bei den Juden und den anderen Ausländern, und hat ständig Aktien gekauft und wieder verkauft.«

»Und jetzt fehlen einige dieser Wertpapiere?«

Er hob die Achseln, als hätte ich auf ungebührliche Weise das Thema gewechselt. »Ich kenne mich da nicht besonders gut aus. Ich habe keinen Sinn für solche Dinge wie Finanzen, aber angesichts der Profite, die er gemacht hat, sind seine Bilanzen unerklärlich. Jedenfalls dem zufolge, was der Buchhalter sagt, verstehen Sie?«

»Verstehe. Was haben Sie sonst noch herausgefunden?«

»Ist das nicht genug? Ich habe herausgefunden, dass jemand, der sich in Gelddingen auskennt, den Tod meines Vaters für verdächtig hält. Was brauchen Sie denn noch?«

»Nichts, was meinen Wunsch weckt, tiefer in diese Angelegenheit einzudringen.« Ich hatte es ausgesprochen, bevor mir bewusst war, dass es der Wahrheit entsprach. Und nun, da ich Balfour gegenübersaß und seinen sauren Wein trank, wurde mir klar, in welches Fahrwasser ich mich inzwischen begeben hatte. Es war unumgänglich geworden, mehr über die Geschäfte meines Vaters in Erfahrung zu bringen, aber dazu musste ich mit meinem Onkel reden. Nach so vielen Jahren der Wanderschaft erwies sich ausgerechnet dieser Laffe Balfour als derjenige, der mich wieder zurück nach Hause schickte.

Eilig schob ich diesen Gedanken beiseite und wandte mich abermals an Balfour: »Ich fürchte, ich benötige noch sehr viel mehr, um etwas herauszufinden, das Ihnen hilft, Ihren Besitz zurückzuerlangen. Ihre Mutter lebt doch noch? Ich glaube, Sie haben sie bei unserer letzten Unterredung erwähnt.«

Balfour lief, meiner Meinung nach völlig grundlos, rot an. »Ich muss doch bitten, Sir! Sie stellen unverantwortlich impertinente Fragen! Was hat meine Mutter damit zu tun?«

»Vermutlich weiß Ihre Mutter das eine oder andere, das uns weiterhelfen könnte. Ich verstehe wirklich nicht, weshalb Sie die Angelegenheit mit Fleiß derart unnötig verkomplizieren. Wollen Sie mir helfen oder nicht?«

»Selbstverständlich wünsche ich ... Ihre Dienste in Anspruch zu nehmen. Deshalb habe ich Sie ja damit beauftragt. Was Sie jedoch keinesfalls dazu ermächtigt, Fragen über meine Mutter zu stellen, die sich wohl zu Tode erschreckte, würde sie erfahren, dass Leute wie Sie überhaupt existieren, geschweige denn über sie reden. Meine Mutter, Sir, weiß nichts von alledem. Es hat keinen Zweck, mit ihr darüber zu sprechen.«

»Hatte Ihr Vater noch andere Verwandte? Einen Bruder vielleicht oder einen Onkel, mit dem er in geschäftlicher Verbindung stand?«

Balfour stöhnte abermals empört auf, beantwortete jedoch meine Frage: »Nein. Niemanden.«

»Und auch sonst fällt Ihnen nichts Sachdienliches ein? Etwas, das mich auf die richtige Spur führen, etwas, womit ich bei meinen Nachforschungen ansetzen könnte?«

»Wenn ich etwas wüsste, hätte ich es Ihnen nicht schon längst gesagt? Sie bringen mich mit Ihren endlosen Fragen noch zur Raserei!«

»Na schön. Dann müssen Sie mir nur noch den Namen des Buchhalters Ihres Vaters verraten und wo ich ihn finden kann.«

Balfours Kinnlade sackte nach unten. Er wusste etwas, das er mir nicht mitteilen wollte. Nein, er wusste vieles, das er mir nicht mitteilen wollte. Und vermutlich hatte er inzwischen begriffen, dass ich seine Fassade aus Familienstolz und aufgesetzter Großspurigkeit sehr wohl durchschaut hatte. Trotzdem nahm er keinen Abstand davon. »Ich habe Ihnen alles mitgeteilt, was er weiß«, sagte Balfour steif. »Es besteht keine Veranlassung dazu, dass Sie selbst mit ihm reden.«

»Mr. Balfour, Sie machen es einem wirklich schwer. Wo finde ich diesen Mann?«

»Nirgendwo. Er steht jetzt in den Diensten meiner Mutter, und meine Mutter und ich haben nicht, wenn Sie es unbedingt wissen müssen, das allerbeste Verhältnis. Sie würde es nicht gutheißen, wenn ich mich in ihre Angelegenheiten mischte.«

»Dabei hätte sie sicherlich so manches aus dieser Untersuchung zu gewinnen.«

»Nein, hat sie nicht. Meiner Mutter ist ihr Wittum auf der Basis von getrenntem Eigentum zugesprochen worden, das ihr bereits zuvor ausgezahlt wurde. Sie sollte nichts vom Reichtum meines Vaters erben, weshalb sein Tod keinerlei Auswirkungen auf sie hat, außer dass er sie von einer Ehe befreite, die bis auf das Gesetz in jeder Hinsicht aufgelöst war. Mutter und ich haben lange Zeit nicht miteinander verkehrt, da ich hinsichtlich der Unstimmigkeiten meiner Eltern Partei für meinen Vaters ergriffen hatte. Nun wünsche ich, den ... Kontakt zu ihr wieder aufzunehmen und möchte dieses Unterfangen nicht aufs Spiel setzen, indem ich mich in ihre Angelegenheiten einmische. Den Buchhalter habe ich so ausgefragt, dass er meine Absichten nicht bemerkte. Ich glaube nicht, dass Sie ebenso geschickt vorgehen könnten.«

»Das könnte ich sehr wohl, dessen seien Sie versichert. Nennen Sie mir seinen Namen, Sir. Dafür verspreche ich Ihnen, dass ich ihn nicht im Hause Ihrer Mutter aufsuchen werde.«

Balfour verzog das Gesicht, um dem nächsten Protest Ausdruck zu verleihen, besann sich jedoch eines Besseren. »Also gut, wenn es unbedingt sein muss! Er heißt Reginald d'Arblay, und wenn Sie wirklich mit ihm reden müssen, finden Sie ihn früher oder später in Jonathan's Kaffeehaus in der 'Change Alley. Er will selbst Börsenspekulant werden, deshalb verbringt er seine Zeit in einem von Spekulanten frequentierten Kaffeehaus. Vermutlich in der Hoffnung, sich alsbald von seiner Vorhaut trennen zu dürfen. Dabei möchte ich wetten, dass es wohl nicht bei diesem Verlust allein bleiben wird.«

Ich saß einige Sekunden schweigend da und ließ seine Worte auf mich einwirken. »Na schön, Sir.« Ich erhob mich und trank meinen Wein mit einem großen Schluck aus. »Sobald ich etwas in Erfahrung gebracht habe, setze ich mich mit Ihnen in Verbindung.«

»Vergessen Sie nicht, was ich Ihnen hinsichtlich persönlicher Besuche an diesem Ort gesagt habe«, raunte er. »Wie Sie wissen, muss ich auf meinen Ruf achten.«

Mir war klar, dass Balfours Mutter mir nicht weiterhelfen würde, ich fragte mich jedoch, wie lange ich Balfours Wunsch entsprechen konnte, d'Arblay, den Buchhalter seines Vaters, unbehelligt zu lassen. Wohl nicht sehr lange, doch wollte ich einem solchen Mann nicht unvorbereitet entgegentreten. Ich wusste, dass es nun an der Zeit war, das zu tun, was ich schon vor Jahren hätte tun sollen; das, wonach ich mich schon so oft gesehnt und wovor ich mich immer wieder gescheut hatte. Balfours Auftrag gab mir den Vorwand, der mir bislang stets gefehlt hatte, und der Wein, den ich getrunken hatte, verlieh mir den nötigen Mut dazu. So sah ich mich also forsch nach Wapping ausschreiten, dorthin, wo das Lagerhaus meines Onkels Miguel stand.

Zuletzt hatte ich meinen Onkel bei der Beerdigung meines Vaters gesehen, wo ich mit einigen Dutzend anderen stand – Repräsentanten der Familie und Mitglieder der Enklave rings um den Duke's Place – und stumm in das offene Grab starrte. Mein Mantel hatte mir nur wenig Schutz vor der unerwarteten Kälte, dem Wind und dem unablässigen Nieselregen geboten. Mein Onkel, der einzige Bruder meines Vaters, tat nur wenig dazu, mir meine Rückkehr zu erleichtern. Er nickte mir lediglich hin und wieder zu, wenn er den Blick von seinem Gebetbuch hob, das er eng am Körper hielt, damit es nicht nass wurde, und auch dann waren seine Blicke eher misstrauisch, als würde ich, sobald sich die Gelegenheit dazu ergab, den anderen Trauergästen die Geldbörsen stehlen und im feinen Nebel verschwinden. Ich fragte mich unwillkürlich, ob mein Onkel mir immer noch böse war, weil ich nicht schon drei Jahre zuvor, beim Tod seines Sohnes Aaron, in den Schoß der Familie zurückgekehrt war. Zu jener Zeit trieb ich noch, wie man so schön sagt, mein Unwesen auf den Landstraßen des Königs und hatte erst mit einigen Monaten Verspätung von Aarons Tod erfahren. Um der Wahrheit Genüge zu tun, bin ich mir nicht sicher, ob ich zurückgekehrt wäre, wenn ich es rechtzeitig erfahren hätte. Aaron und ich hatten uns schon als Kinder nicht sehr gemocht. Er war seit jeher ein eher schwächlicher, zaghafter und kriecherischer Junge gewesen, und ich gebe zu, dass ich es mir nicht immer entsagen konnte, ihn zu triezen. Wir hatten einander gehasst, weil ich für ihn ein Unhold und er für mich ein Feigling war. Als wir älter wurden und ich begriff, dass ich meine raueren Neigungen zügeln musste, hatte ich den Versuch unternommen, Freundschaft mit ihm zu schließen. Doch wenn ich ihn unter vier Augen darauf ansprach, ließ mich Aaron einfach stehen, und wenn andere dabei waren, machte er sich über meinen Mangel an Schulwissen lustig. Als ich erfuhr, dass man ihn Richtung Osten auf Reisen geschickt hatte, damit er in der Levante den Beruf des Händlers erlernte, war ich froh, ihn los zu sein. Trotzdem empfand ich Mitgefühl für meinen Onkel, als er seinen einzigen Sohn verlor, nachdem ein Handelsschiff bei einem Sturm untergegangen und Aaron auf immer von den Wogen des Meeres verschlungen worden war.

Wenn mich mein Onkel bei der Beerdigung meines Vaters wie einen unerwünschten Eindringling behandelte, muss ich gestehen, dass ich ihm nicht viel Anlass bot, seine Meinung von mir zu ändern. Ich war ungehalten darüber, dass ich mich mit all diesen Leuten abgeben musste; ich nahm es meinem Vater krumm, dass er gestorben war, weil mich sein Tod in eine unangenehme Situation brachte. Dass er seinen Besitz meinem älteren Bruder José vererbt hatte, konnte mich weder überraschen noch enttäuschen, und doch ärgerte ich mich darüber, dass bei der Beerdigung alle glaubten, ich sei deswegen verbittert.

Während die Trauergäste rings um mich her der Tradition gemäß auf Hebräisch beteten und sich auf Portugiesisch unterhielten – beides Sprachen, die ich vorgab, vergessen zu haben –, ließ ich den Blick nervös umherwandern. Und ich war erschrocken, festzustellen, wie viel ich tatsächlich vergessen hatte. Diese Sprachen klangen oft wie fremde Zungen, vertraut zwar, aber durch den häufigen Gebrauch nicht verständlicher geworden.

Als ich jetzt unterwegs zu meinem Onkel war, kam ich mir wieder wie ein Eindringling vor, dem man besser mit Misstrauen und Argwohn begegnete. Alle meine Bemühungen, meine innere Erregung niederzuringen – ich redete mir wiederholt ein, ich statte Miguel Lienzo lediglich einen geschäftlichen Besuch ab und sei als Initiator dieser Zusammenkunft dazu ermächtigt, sie jederzeit wieder zu beenden –, ließen mich nicht vergessen, wie wenig angenehm ich diesen Besuch empfand.

Seit ich vor vielen Jahren als junger Mann Botengänge für meine Familie erledigt hatte, war ich nicht mehr im Warenlager gewesen. Es war ein ziemlich großes Gebäude, ein Lagerhaus nahe beim Fluss, das sowohl für den portugiesischen Wein, den mein Onkel importierte, als auch für die britische Wolle, die er ausführte, als Depot genutzt wurde. Darüber hinaus betrieb er einen nicht ganz so legalen Handel mit französischem Batist und anderen Textilien, mithin Waren, die dem gegenseitigen Embargo, mit dem wir uns mit unseren Feinden auf der anderen Seite des Kanals belegt hatten, zum Opfer gefallen waren; schließlich hatte schon immer eine große Kluft zwischen dem von der Politik hervorgerufenen Hass auf die Franzosen und dem von der Mode diktierten Verlangen nach französischen Erzeugnissen bestanden. Mochten die Zeitungen und die Parlamentarier die Gefahren des französischen Militärs in noch so drastischen Worten heraufbeschwören – die feinen Damen und Herren verlangten lauthals danach, französische Kleider zu kaufen.

Beim Betreten des Warenlagers überwältigte mich der kräftige Geruch nach Wolle, der einem das Gefühl vermittelt, feucht und klamm in der Brust zu sein. In dem gewaltigen Raum mit den hohen Decken summte es vor Geschäftigkeit, denn ich hatte das Pech, ausgerechnet zu dem Zeitpunkt aufzukreuzen, als ein Zollinspekteur gerade seines Amtes waltete. Stämmige Arbeiter wuchteten Kisten hin und her oder stapelten sie übereinander, stemmten sie auf und verschlossen sie wieder, ganz nach den Wünschen des Inspekteurs. Kontoristen rannten mit dickleibigen Journalen in den Händen hin und her und versuchten, alles, was von hier nach dort geräumt wurde, sofort wieder in ihre Listen aufzunehmen.

Als ich meinen Onkel in einiger Entfernung stehen sah, spannte ich unwillkürlich alle Muskeln an, wie ein Boxer, der sich im Ring bereit macht. Onkel Miguel hielt eine Eisenstange in der Hand, mit der er Kisten aufbrach, auf Geheiß eines fetten, unförmigen Kerls, eines Speichelleckers, dessen Einkommen davon abhing, wie viel Unregelmäßigkeiten er aufdeckte und wie viel Schmiergelder er dafür von den Gesetzesbrechern annahm. Seinem Gesichtsausdruck nach zu schließen, hatte er bislang weder das eine noch das andere zu Gesicht bekommen. Mein Onkel war schon immer ein umsichtiger Mann gewesen. Genau wie mein Vater glaubte er fest daran, dass es nicht viel brauchte, damit die Juden aus England hinausgeworfen würden, so wie es ihnen schon in so vielen anderen Ländern ergangen und wie es auch in England vor langer Zeit einmal geschehen war. Deshalb achtete er die Gesetze, wo es ging, und verhielt sich dort, wo es nicht ging, äußerst vorsichtig. Um seiner Schmuggelware auf die Spur zu kommen, musste schon ein anderer antreten als ein einfacher Zollinspekteur.

Ich beobachtete meinen Onkel aus der Ferne und bewunderte die Haltung, die er an den Tag legte, und den Respekt, den er einem abnötigte. Bei der Beerdigung meines Vaters hatte Onkel Miguel nicht viel älter ausgesehen, als ich ihn in Erinnerung hatte. Sein Haar war inzwischen von Grau durchsetzt, sein kurz gehaltener Bart schon fast völlig ergraut, und die Falten in seinem Gesicht verrieten seine fast fünfzig Lebensjahre, doch in seinen Augen blitzte immer noch die Jugend, in seinen Bewegungen steckte immer noch ungebrochener Elan. Im Ring hätte er zwar nicht mehr antreten können, aber er war gut in

Form, kräftig und sehnig, und er gönnte sich hervorragend geschneiderte Kleidung, die seine Gestalt vorteilhaft zur Geltung brachte. Zwar scheute er die französische Mode, die er heimlich importierte, doch war seine Garderobe aus dem feinsten Stoff gefertigt, makellos sauber und stets in dunklem Farbton gehalten, eine Art Reminiszenz an den nüchternen Stil der Amsterdamer Geschäftswelt, in der er seine ersten Berufsjahre verbracht hatte.

Während ich so dastand, näherte sich mir ein dunkelhaariger Mann in mittleren Jahren mit augenfälliger Vorsicht. Ich sah, dass er Jude war, aber glatt rasiert und genau wie ein englischer Handelsmann gekleidet: Stiefel, dazu Hosen und Hemd aus robustem Leinen und ein schützender, nicht unbedingt schmückender Mantel. Er trug keine Perücke, und sein echtes Haar war, wie das meine, in der Art einer Zopfperücke nach hinten gekämmt. Als ich diesen Mann betrachtete, der nach Kleidung und Benehmen wie ein Engländer, dem Gesicht nach jedoch jüdisch wirkte – zumindest war es für andere Juden deutlich erkennbar –, fragte ich mich, ob ich auf die Engländer um mich herum wohl genauso wirkte: bescheiden gekleidet, anständig und gepflegt, und trotz alledem irgendwie fremd.

»Kann ich Euch behilflich sein?«, fragte der Mann mit wohlgeübtem Lächeln. Er stutzte und sah mich noch einmal genauer an. »Herr im Himmel! Ich soll tot umfallen, wenn das nicht Benjamin Lienzo ist!«

Ich erkannte den Mann als Joseph Delgato wieder, den langjährigen Gehilfen meines Onkels. Er hatte schon in den Diensten meines Onkels gestanden, als ich noch ein kleiner Junge war.

»Ich habe Sie nicht gleich erkannt, Joseph.« Ich hielt einen Moment nervös die Luft an, und ein unangenehmes Schweigen breitete sich zwischen uns aus. Wir beide dachten an so viele Dinge, aber ich vermute, dass wir beide auch zu dem gleichen Schluss kamen, nämlich dass es nicht viel dazu zu sagen gab. Ich ergriff herzlich seine Hand. »Sie sehen gut aus, Joseph.«

»Sie auch. Ich freue mich, dass Sie nach Hause zurückgekehrt sind. Schrecklich, das mit Ihrem Vater, Sir, ganz schrecklich.«

»Ja. Vielen Dank.« Ich fragte mich, ob er annahm, ich habe mich seit der Beerdigung mit meiner Familie ausgesöhnt. Er machte einen verwirrten Eindruck, aber ich vermutete, dass er sich einfach nur von den privaten Familienangelegenheiten ausgeschlossen fühlte.

»Mr. Lienzo ist gleich so weit. Der Mann vom Zoll hat die Hoffnung aufgegeben, Ihren Onkel bei einer Gesetzeswidrigkeit zu erwischen, und gibt sich jetzt mit einer groß angelegten Kontrolle zufrieden, die dann, natürlich, mit der höflichen Annahme eines kleinen Bestechungsgeldes abgeschlossen wird.«

»Warum muss er bestochen werden, wenn er nichts Ungesetzliches gefunden hat?«

Joseph lächelte. »In der Handelswelt gibt es ebenso viele Finten und Täuschungsmanöver wie in der Welt des Boxrings«, klärte er mich auf, mit seinem Verweis auf meine Faustkämpferkarriere überaus zufrieden. »Würden wir ihn nicht mit einem kleinen Beweis unseres Respekts beehren, so würde er sich mit Sicherheit, sagen wir mal, irgendeine Regelverletzung ausdenken, und das wäre für uns weitaus unangenehmer und kostspieliger als ein einfaches Schmiergeld. Denn in diesem Fall müssten wir Anwälte und Richter und Parlamentarier und den Gemeinderat und sämtliche anderen Institutionen, die man sich denken kann, bemühen. Es ist nur vernünftig, ihn zu bezahlen. Auf diese Weise machen wir aus unserem Verfolger einen Lohnempfänger.«

Ich nickte und sah zu, wie mein Onkel dem Inspekteur einen kleinen Geldbeutel überreichte. Der Inspekteur verneigte sich und stolzierte mit zufriedener Miene davon. Warum hätte er auch nicht zufrieden dreinblicken sollen? Wie ich später erfuhr, hatte ihm mein Onkel zwanzig Pfund gegeben, viel mehr, als er von einem gebürtigen Engländer aus der Branche meines Onkels jemals erhalten hätte; zumindest von einem, den er nicht beim Schmuggeln erwischt hatte. Die Angst vor Verfolgung machte die Juden solchen Menschen gefügig.

Nachdem er den Inspekteur verabschiedet hatte, wandte sich mein Onkel in meine Richtung und nahm meine Anwesenheit mit, wie ich zu bemerken glaubte, freudiger Überraschung zur Kenntnis, gerade so, als stattete ich seinem Warenlager in regelmäßigen Abständen einen Höflichkeitsbesuch ab. Er kam zu mir herübergeschlendert und schüttelte mir herzlich die Hand, so wie er es bei einem Freund tun würde, mit dem er ein ganz normales Verhältnis pflegte.

»Onkel«, sagte ich einfach, denn ich wollte diese Zusammenkunft auf einer rein geschäftsmäßigen Ebene belassen.

Mein Onkel war nicht so leicht zu erschüttern, weshalb ich es mir selbst zuschrieb, dass er nun eine Augenbraue hob.

»Benjamin«, sagte er, nickte und hatte sich rasch wieder im Griff. Es war eher ein wohlwollender, bestätigender Blick, als hätte ich ihm durch mein Auftauchen recht gegeben. Ich sah, dass er mich erst einmal in Augenschein nehmen und in Erfahrung bringen wollte, was mich zu ihm führte, bevor er entschied, wie er auf meine Anwesenheit reagieren sollte. In der Hoffnung, ihn damit zu beschwichtigen, lächelte ich kurz, doch seine Haltung änderte sich nicht im Geringsten.

»Wenn ich ungelegen komme, kann ich dich ebenso gut ein anderes Mal aufsuchen.«

»Ich glaube, für so ein Zusammentreffen gibt es keinen günstigeren oder ungünstigeren Moment«, erwiderte er nach kurzem Zögern. »Lass uns in meine Kammer gehen, dort können wir uns ungestört unterhalten.«

Mein Onkel führte uns in ein gemütlich eingerichtetes Zimmer mit einer beeindruckenden Eichendecke und mehreren aus Hartholz gefertigten Stühlen, deren Sitzflächen mit Kissen gepolstert waren. Auf einem Wandregal reihten sich nicht Gedichtbände, Werke des Altertums und religiöse Bücher aneinander, sondern vielmehr Geschäftsbücher, Atlanten, Preislisten und andere Unterlagen. In diesem Zimmer erledigte mein Onkel den Großteil seiner offiziellen Geschäfte – Geschäfte, mit denen er seit seiner Ankunft in diesem Land – gemeinsam mit meinem Vater dreißig Jahre zuvor – recht gut gefahren war.

Nachdem er seinem Diener aufgetragen hatte, uns Tee zu servieren, machte er es sich hinter seinem Schreibtisch bequem. »Ich nehme an, du bist nicht aus sentimentalen Regungen der Familie gegenüber hergekommen, sondern weil dich andere Sorgen drücken. Aber das spielt wohl keine Rolle. Dein Vater hat mir einmal gesagt, solltest du aus irgendeinem Grund zurückkehren, so wollte er dich anhören und deine Worte sorgfältig und gerecht abwägen.«

Wir schwiegen beide. Dergleichen hatte mein Vater zu mir niemals gesagt. Natürlich hatte ich ihm nie die Gelegenheit dazu gegeben, und doch klang das ganz und gar nicht nach dem Vater, an den ich mich erinnerte, nach dem Mann, der ständig wissen wollte, warum ich nicht so beflissen, pflichtbewusst und klug wie mein Bruder José sei.

Ich erinnere mich daran, wie ich einmal, ich muss elf Jahre alt gewesen sein, nach Hause gerannt kam und vor Aufregung zitterte. Meine Strümpfe waren zerrissen und mein Gesicht war mit Dreck verschmiert. Es war ein Sonntag – ein Markttag für die Juden in der Petticoat Lane –, und mein Vater überwachte mit einem Auge die Diener, die all die eingekauften Waren im Haus verstauten, denn er legte großen Wert darauf, dass jeder Diener im Haus wusste, dass er jederzeit einer genauen Untersuchung unterzogen werden konnte. Ich lief in die Küche des Hauses, das wir in der Cree Church Lane angemietet hatten, und wäre beinahe mit meinem Vater zusammengestoßen, der meinen Lauf bremste, indem er links und rechts eine Hand auf meine Schultern legte. Dabei handelte es sich keineswegs um eine liebevolle Geste, denn er blickte mit seiner unnachgiebigsten Miene auf mich herab. Und mir fiel auf, wie komisch er unter seiner absurd großen schneeweißen, altmodisch langen Allongeperücke wirkte, die seinen dunklen Bartwuchs nur noch deutlicher hervorhob, der drei Stunden, nachdem er sich von seinem Barbier hatte rasieren lassen, wieder zu sprießen begann.

»Was ist denn mir dir passiert?«, wollte er wissen.

Mir fiel mit einem gewissen Maß an Empörung ein, dass er, da ich ziemlich zerzaust aussah, ruhig einmal hätte fragen können, ob ich mich verletzt hatte, doch der Stolz erstickte die Empörung, als ich mich an den noch immer in meinem Innern jubilierenden Sieg dachte.

Ich war auf dem gut besuchten Markt von einer Bude zur anderen gewandert, denn der Sonntag war der geschäftigste Einkaufstag für die jüdische Gemeinde, und die besten Händler kamen herbei, um Lebensmittel, Kleider und alle anderen Waren feilzubieten. Die Luft war vom Duft nach gegrilltem Fleisch, frischem Backwerk und dem Gestank von London erfüllt, der von Westen in unser Viertel herüberzog. Ich hatte nichts Besonderes auf dem Markt verloren, aber ich hatte ein paar Pennys in der Tasche und dazu eine schnelle Hand, und so wartete ich nur auf eine Gelegenheit, meine Münzen auszugeben oder mir etwas Leckeres zu schnappen und damit in der Menge unterzutauchen.

Ich hatte einen Haufen Geleebonbons ins Auge gefasst, die jedoch zu weit hinten lagen, um sie einfach im Vorübergehen zu klauen, und noch war ich mir nicht schlüssig geworden, ob sie verlockend genug aussahen, als dass ich meine kostbaren Münzen daran wagen sollte. Gerade als ich mich dazu entschieden hatte, ein Dutzend davon zu kaufen, hörte ich das rüpelhafte Gebrüll einiger Jungen, die sich ihren Weg durch die Menge bahnten. Solche wie sie hatte ich schon des Öfteren gesehen: Kleine Gauner, die gerne Juden herumschubsten, weil sie wussten, dass die Juden sich nicht trauten, zurückzuschubsen. Bei den fraglichen Kerlen handelte es sich um keine besonders üble Bande. Es waren allesamt Burschen von ungefähr dreizehn Jahren, ihrem Aussehen nach Söhne von Ladenbesitzern oder Händlern, die es nicht darauf angelegt hatten, ihre Opfer zu quälen, sondern einfach nur ein wenig Aufruhr zu veranstalten, ohne dafür zur Rechenschaft gezogen zu werden. Sie schoben sich breitbeinig durch die Menge, stießen hier einen Mann zu Boden und warfen dort einen Tisch mit Waren um. Derlei Gehabe ließ mich vor Wut entflammen, nicht des Unfugs selbst wegen, denn ich hatte mich zu meiner Zeit ähnlicher und schlimmerer Taten schuldig gemacht, nein, es lag viel eher daran, dass sich niemand traute, diesen Burschen ihre verdiente Abreibung zu verabreichen. Und darüber hinaus, auch wenn ich damals nicht gewusst hätte, wie ich dieses Gefühl hätte ausdrücken sollen, war ich wütend, weil sie in mir das Verlangen auslösten, ein Engländer und nicht mehr Jude zu sein.

Sie kamen ungefähr in meine Richtung, und in der Hoffnung, ihre Aufmerksamkeit zu erregen, starrte ich sie unverfroren an, obwohl alle anderen rings um mich versuchten, die Burschen durch Wegsehen einfach verschwinden zu lassen, und ihren Geschäften nachgingen, als sei nichts geschehen. Lachend und schreiend kamen sie näher, grabschten sich Süßigkeiten von den Ständen und forderten jeden frech heraus, ihnen Einhalt zu gebieten. Als sie noch ungefähr fünf bis sechs Meter von mir entfernt waren, prallte der größte von ihnen, als er von einem Stand zurücksprang, bei dem er die Auslage von aus Zinn gefertigten Kerzenhaltern umgeworfen hatte, mit voller Wucht gegen Mrs. Cantas, eine unserer Nachbarinnen und die Mutter eines meiner Freunde. Diese Dame, eine kräftige Frau mittleren Alters, beide Arme mit Kohl und Mohrrüben beladen, stürzte zu Boden, und das Gemüse rollte wie verlorene Würfel über das Pflaster. Der blonde Junge, der sie umgerannt hatte, wirbelte lachend herum, hielt dann jedoch in einem Anflug von Scham inne, als er die Bescherung vor sich sah. Er mochte zwar ein unangenehmer Kerl sein, aber noch hatte er nicht jenes Stadium von Boshaftigkeit erreicht, das ihm erlaubte, eine Frau ohne einen Rest von Gewissensbissen anzugreifen. Er zögerte einen Moment, und über sein Gesicht, das zwar schmutzig und verschmiert, aber grundsätzlich noch milchig weiß war, huschte ein flüchtiger Ausdruck des Bedauerns.

Womöglich hätte er sich entschuldigt, vielleicht sogar seine Kumpane angewiesen, die verstreuten Einkäufe der Frau einzusammeln, doch Mrs. Cantas, rot vor Zorn, stieß einen Schwall der übelsten Beschimpfungen aus, die ich jemals aus dem Mund einer Frau gehört habe, einmal abgesehen von den abgebrühtesten Weibsstücken aus der Gosse. Da sie diese Beleidigungen in unserem portugiesischen Dialekt formulierte, wussten der Junge und seine Spießgesellen nicht, wie ihnen geschah, sondern glotzten nur dumm aus der Wäsche, während ihr Opfer in einem für sie unverständlichen Geschnatter draufloszeterte. Einerseits bewunderte ich Mrs. Cantas dafür, dass wenigstens sie ihrem Herzen Luft machte, wenn auch in einer Sprache, die diese Burschen nicht verstehen konnten. Was sie zu sagen hatte, war überaus drastisch, und ich hörte mit unschlüssiger Belustigung zu, bis sie den Jungen als »Hurensohn einer einbeinigen Tripperschlampe« titulierte, »einen stinkenden Gauner, der es nötig hat, Frauen herumzuschubsen, weil man seine eigene unbeschnittene Männlichkeit sonst für das verschrumpelte Geschlechtsteil einer Äffin« halten könne.

Unbeabsichtigt brach ich in lautes Lachen aus, und ich hörte, dass ich nicht der Einzige war. Rings um mich herum standen laut lachende Männer und auch Frauen, die sich über die vom Zorn gespeisten Übertreibungen dieser Dame amüsierten. Das Milchgesicht des blonden Jungen war vor Zorn und Scham dunkelrot angelaufen, denn schließlich wurde er von einer Menge Juden einer Beleidigung wegen ausgelacht, die er nicht einmal verstanden hatte.

»Du elende alte Schlampe!«, schrie er Mrs. Cantas mit der zitternden Stimme eines aufgeregten Jungen an, der von allen für einen Mann gehalten werden will, »ich spucke auf deinen Zigeunerfluch!«

Und tatsächlich: Er spuckte sie an, mitten ins Gesicht. Ich schäme mich dafür, dass niemand außer mir Anstalten traf, diesem Bengel die verdiente Tracht Prügel zu verabreichen, doch die Menge schaute nur wie gelähmt zu, und Mrs. Cantas, die sich mit ihrer Schimpfkanonade ordentlich abreagiert hatte, schien mir jetzt den Tränen nahe. Ich für mein Teil war dazu erzogen worden, Frauen bedeutend mehr Achtung entgegenzubringen, und aus irgendeinem Grund hatte ich mir diese Lektion mehr zu Herzen genommen als andere, die ich lediglich mit Verachtung gestraft hatte – vielleicht deshalb, weil ich meine eigene Mutter schon als kleines Kind verloren hatte und die Mütter anderer einen besonderen Platz in meinem Herzen einnahmen.

Selbst heute kann ich meine Beweggründe nicht genau ergründen und folglich nur das, was ich tat, beschreiben: Ich verpasste diesem Jungen einen Schlag. Es war ein schwerfälliger, schlecht vorbereiteter Schlag. Ich hatte die Hand zur Faust geballt, hoch über meinem Kopf ausgeholt und sie niederfahren lassen, woraufhin ich sein Gesicht wie mit einem Hammerschlag traf. Der Junge ging zu Boden, blieb aber nur einen Augenblick liegen; dann rappelte er sich auf und rannte davon, dicht gefolgt von seinen Freunden.

Ich erwartete, dass die Menge in Jubel ausbrach, Mrs. Cantas mich zu ihrem Retter erklärte, doch ich sah, dass meine Tat nichts als Verlegenheit und Verwirrung hervorgerufen hatte. Mein Einschreiten war nicht das eines Beschützers, sondern das eines Unruhestifters gewesen. Mrs. Cantas kam aufgeregt auf die Beine, wich meinem verdutzten Blick aber aus. Um mich herum sah ich nurmehr die Rücken derjenigen, die ich schon mein ganzes Leben kannte. Die Krämer krochen in ihre Buden zurück, ihre Kunden machten sich hastig davon. Alle versuchten das, was sie gesehen hatten, zu vergessen, und sie hofften, dass ihre Vergesslichkeit dazu führte, dass auch andere vergaßen, und dass mein Ungestüm nicht auch hier in England die Inquisition über uns bringen mochte.

Ich hingegen wollte mir meine Freude nicht so einfach verderben lassen. Ich lief nach Hause, in der Hoffnung, jemand in unserem Haushalt würde die Geschichte erfahren und mich gebührend dafür loben. Da mein Vater der Erste war, den ich antraf, war er der Erste, der die Geschichte erfuhr, auch wenn die Version, die ich ihm schilderte, einen gewissen Mangel an erzählerischer Verve aufwies.

»Ich war unten auf dem Markt«, verkündete ich noch immer ganz außer Atem, »und da hat ein böser, widerlicher Junge Mrs. Cantas angespuckt, und da habe ich ihn verprügelt.« Ich riss mich von meinem Vater los und ließ, der Anschaulichkeit halber, die Faust durch die Luft sausen. »Ich habe ihn mit einem einzigen Schlag niedergestreckt!«

Mein Vater schlug mir hart ins Gesicht.

Er schlug mich nicht oft, obwohl ich zugeben muss, dass ich zu der Sorte Jungen gehörte, der ab und zu eine Abreibung recht gut tut. So hart wie damals hatte er mich noch nie zuvor geschlagen, ja, es war zu jener Zeit der kräftigste Schlag, den ich jemals von irgendjemandem empfangen hatte. Er traf mich mit dem Handrücken, der fast zur Faust gekrümmt war, ein wohl gezielter Schlag obendrein, der es, wie ich glaube, darauf angelegt hatte, mit dem dicken Ring, den er am Mittelfinger trug, schmerzhaft auf meinen Knochen zu treffen. Der Schlag kam unerwartet, stieß wie eine Schlange auf mich herab, und seine Wucht pflanzte sich über meinen Unterkiefer bis in die Wirbelsäule fort, bis sich meine Glieder leicht und kribbelnd anfühlten.

Ich vermute, er hat Angst gehabt. Mein Vater hasste Ärger jeder Art, und er hasste alles, was die Aufmerksamkeit auf unsere Gemeinde am Duke's Place lenkte. Von Zeit zu Zeit, in der Hoffnung, mich mehr zum Manne oder, besser gesagt, mehr zum Manne nach seinem

Vorbild zu machen, lud er mich ein, ihm und seinen Gästen bei einem Umtrunk nach dem Essen Gesellschaft zu leisten. Bei diesen Gelegenheiten sprach er immer davon, unsichtbar zu bleiben, Ärger zu vermeiden, nur ja niemanden zu verstimmen. Ich wusste nur allzu gut, was dieser Schlag zu bedeuten hatte. Mein Vater sah alles in Mustern, alles und jedes miteinander verwoben: eine Tat löste jeweils hundert andere aus. Er befürchtete, ich würde es mir zur Gewohnheit machen, Christenjungs zu verprügeln. Er befürchtete, meine Unbesonnenheit könne die Geißel des Hasses auf die Juden herabbeschwören. Er befürchtete, meine Gewalttätigkeit gegen diesen einen Jungen könne etwas in Gang setzen, das sich letztendlich in der Verfolgung, Unterdrückung und Vernichtung der Juden entladen würde.

Sein Gesichtsausdruck veränderte sich nicht im Geringsten. Er stand einfach nur da, seine Züge zu einer Maske aus Angst und Sorge verzerrt, und vielleicht spielte auch eine gewisse Enttäuschung darüber mit hinein, dass ich nach seinem Hieb nicht zu Boden gegangen war. Seine Augen hefteten sich argwöhnisch auf den roten Striemen, den er auf meinem Gesicht zurückgelassen hatte. Gerade so, als hätte ich den Beleg für seine Gewalttätigkeit irgendwie verfälscht. »So fühlt es sich an, wenn man geschlagen wird«, sagte er. »Es wäre klüger, diesem Gefühl fortan aus dem Weg zu gehen.«

Mein Stolz war verflogen, aber meine Empörung hielt noch lange an. Ich erinnere mich, wie ich dachte: *Es ist gar nicht so schlimm.*

Vermutlich nahm dieser Augenblick meine Karriere im Boxring vorweg, denn tatsächlich war es mehr als einfach nur nicht so schlimm. Es lag sogar ein merkwürdiger Genuss darin. Es war der Genuss der Standhaftigkeit, des Bewusstseins, dass ich in der Lage gewesen war, den Schmerz auszuhalten, ohne zu Boden zu gehen, ohne zu zucken, ohne zu weinen. Es war der Genuss zu wissen, dass ich auch einen zweiten Schlag aushalten würde ... und noch einen und noch einen, vielleicht sogar so viele Schläge, bis mein Vater des Schlagens müde wurde. An jenem Tag kam mir mein Vater zum ersten Mal schwach vor.

Mein Onkel hingegen war aus anderem Holz geschnitzt. Seine Schmuggelei hatte ihn mehr Finesse gelehrt, als sich mein Vater jemals hätte vorstellen können. Er hatte meinem Vater damals zur Nachsicht geraten und der Ansicht Ausdruck verliehen, dass ich meinen eigenen Weg finden würde und mein Vater nicht verlangen solle, dass ich genau wie mein Bruder werde.

Als ich nun im Lagerhaus meines Onkels saß, kam mir der Gedanke, dass ich meinem Onkel etwas für das Verständnis, das er mir schon immer entgegengebracht hatte, schuldig war, auch wenn die Quelle des Verständnisses inzwischen versiegt war. Es kam mir vor, als hätten wir eine volle Viertelstunde so dagesessen, ohne etwas zu sagen, aber vermutlich waren es nicht mehr als ein paar Sekunden gewesen.

Schließlich ergriff mein Onkel das Wort und fragte, vielleicht, um mir die Verlegenheit zu ersparen, mit leiser Stimme: »Brauchen Sie Geld?«

»Nein, Onkel.« Ich beeilte mich, ihn von der irrtümlichen Annahme zu befreien, ich sei gekommen, um ihn um Geld anzubetteln. »Ich bin aus Gründen hier, die sozusagen unsere Familienangelegenheiten betreffen. Sie haben mir damals gesagt, mein Vater sei Ihrer Meinung nach ermordet worden. Ich möchte wissen, was Sie zu dieser Annahme verleitet.«

Damit war mir seine Aufmerksamkeit sicher. Er musste sich nicht mehr winden und versuchen, herauszufinden, mit welcher Haltung er sich dem verlorenen und nun zurückgekehrten Neffen präsentierten sollte. Jetzt starrte er mich mit einem bohrenden Blick an, der ergründen wollte, warum ich mit dieser Frage zu ihm gekommen war. »Haben Sie etwas in Erfahrung gebracht, Benjamin?«

»Nein, nichts dergleichen.« Unter Auslassung aller überflüssigen Details berichtete ich ihm von Balfour und seinem Verdacht.

Er schüttelte den Kopf. »Wenn Ihnen Ihr Onkel sagt, Ihr Vater sei ermordet worden, ignorieren Sie ihn. Wenn Ihnen hingegen ein völlig Fremder das Gleiche sagt, glauben Sie ihm sofort?« In der Erregung schlug der portugiesische Akzent meines Onkels stärker durch.

»Ich bitte Sie, Onkel. Ich bin gekommen, um Informationen von Ihnen zu erhalten. Ich will wissen, ob mein Vater ermordet wurde. Das Warum spielt doch keine Rolle.«

»Selbstverständlich spielt es eine Rolle. Wir sind Ihre Familie. Seit Samuels Beerdigung habe ich Sie nicht mehr gesehen, und all die Jahre davor auch nicht.« Ich seufzte und hob an zu sprechen, doch mein Onkel sah, dass ich ungeduldig wurde, und so bremste er sich. »Aber vergangen ist vergangen, und jetzt ist jetzt. Wenn Sie etwas für Ihre Familie tun wollen, so ist das eine wichtige Angelegenheit. Allerdings, Benjamin, ich hege den Verdacht, dass Ihr Vater ermordet wurde. Genau das habe ich bereits dem Constable und auch dem Untersuchungsrichter gesagt. Ich habe viele Briefe geschrieben, an

Männer im Parlament, die ich kenne, Männer, wie ich hinzufügen sollte, die mir Geld schulden. Alle sagen das Gleiche: Dass der Mann, der Ihren Vater getötet hat, ein Schuft ist, aber dass es kein Gesetz gibt, das einen durch Unfall hervorgerufenen Tod bestraft, selbst wenn wir beweisen können, dass der Unfall aufgrund von Rücksichtslosigkeit oder Trunkenheit hervorgerufen wurde. Für sie ist Samuels Tod nicht mehr als ein tragisches Missgeschick. Und wenn ich anders darüber denke, bin ich ein überdrehter Jude.«

»Wie kommen Sie darauf, dass er ermordet wurde?«

»Ich bin nicht sicher, ob er ermordet wurde, aber ich habe einen gewissen Verdacht. Samuel war ein Mann, der sich allein durch seinen Beruf viele Feinde gemacht hat. Er hat Wertpapiere gekauft und verkauft, und so viele Leute, die bei ihm ordentlich Profit gemacht haben, so viele haben ihr Geld bei ihm auch verloren. Ich muss Ihnen nicht näher erklären, wie sehr die Engländer Börsenspekulanten hassen. Sie brauchen sie, um durch sie ihr Geld zu vermehren, aber sie hassen sie. Ist es bloßer Zufall, dass ihn jemand mitten auf der Straße überfährt? Und dass dieser Balfour, mit dem er gemeinsam Geschäfte gemacht hat, auf diese Weise stirbt? Vielleicht ja, aber ich würde es gerne genau wissen.«

Ich zögerte, bevor ich meine nächste Frage stellte: »Wie steht José dazu?«

»Wenn Sie wissen wollen, was Ihr Bruder zu sagen hat«, erwiderte mein Onkel beißend, »sollten Sie ihm vielleicht schreiben. Wie Sie wissen, ist er kurz nach Samuels Beerdigung in London eingetroffen. Er hat alles stehen und liegen gelassen und ist sofort, nachdem er davon gehört hat, nach England gesegelt. Obwohl Sie das wussten, haben Sie nichts unternommen, um sich mit ihm in Verbindung zu setzen.«

»Onkel«, setzte ich an. Ich wollte sagen, dass auch José keine Anstalten unternommen hatte, mich aufzuspüren, aber die Worte kamen mir kindisch vor und auch ein wenig unaufrichtig, denn ich hatte dafür gesorgt, dass ich während seines Aufenthalts in London nicht zu Hause war, so dass ich ihm, selbst wenn er mir einen Besuch abgestattet hätte, aus dem Weg gehen konnte.

»Was verbergen Sie nur vor Ihrer eigenen Familie, Benjamin? Was zwischen Ihnen und Samuel vorgefallen ist, gehört längst der Vergangenheit an. Er hätte Ihnen vergeben, wenn Sie ihm nur die Chance dazu gegeben hätten.«

Das bezweifelte ich zwar, sagte aber nichts.

»Die Distanz, die Sie wahren, hat weder Grund noch Berechtigung. Jetzt ist Ihr Vater tot, und Sie können sich nie mehr mit ihm aussöhnen, aber es ist noch nicht zu spät, sich mit Ihrer Familie und Ihrem Volk zu versöhnen.«

Darüber dachte ich eine Zeit lang nach, ich weiß nicht mehr, wie lange. Vielleicht hatte sich mein Vater in der Zeit nach meinem Weggang wirklich verändert. Vielleicht war der gefühllose Tyrann, an den ich mich erinnerte, mehr ein Produkt meiner Fantasie als meiner Erfahrung. Ich wusste es nicht, aber die Worte meines Onkels brannten in mir, und ich kam mir vor wie ein verantwortungsloser Halunke, der nichts als Unglück über seine Familie gebracht hatte. All die Jahre über hatte ich immer nur mich als denjenigen gesehen, der leiden musste. Ich hatte mich dazu entschlossen, mich von Wohlstand und Einfluss zu trennen. Jetzt begriff ich allmählich, wie mein Onkel mein selbst gewähltes Exil gesehen haben musste. In seinen Augen musste meine Abwesenheit als sinnlose Selbstsucht erschienen sein, mit der ich mehr meine Familie als mich selbst verletzt hatte.

»Sie sind inzwischen ein gutes Stück älter geworden, Benjamin. Vielleicht tun Ihnen einige Dinge, die Sie in Ihrer Jugend getan haben, inzwischen leid. Jetzt sind Sie zu einem ehrbaren Mann herangewachsen. Sie erinnern mich sogar ein wenig an meinen eigenen Sohn Aaron.«

Darauf erwiderte ich nichts, wollte ich doch weder meinen Onkel beleidigen, noch schlecht über einen Toten reden, aber ich hoffte von ganzem Herzen, dass ich meinem Cousin in keinerlei Hinsicht ähnelte.

»Ich brauche den Namen des Kutschers, der Vater überfahren hat«, sagte ich und schlug wieder einen geschäftsmäßigen Ton an. »Und ich wüsste gerne, ob es jemanden gibt, den Sie als besonderen Feind Vaters bezeichnen würden. Vielleicht jemand, der ihm gedroht hat. Würden Sie das für mich tun?«

»Das werde ich tun, Benjamin. Auch, um Ihnen einen Gefallen zu tun.«

»Ist Ihnen noch irgendetwas anderes aufgefallen, das wichtig sein könnte? Irgendeine Verbindung, die sich zwischen dem Tod meines Vaters und dem von Balfour ziehen lässt? Balfour ist der Ansicht, es könne eine Verbindung zu den Geschäften in der Exchange Alley bestehen, aber diese finanziellen Machenschaften gehen weit über mein Verständnis hinaus.«

Onkel Miguel sah sich um. »Wir sollten an diesem Ort keine Familienangelegenheiten besprechen. Es ist auch nicht der richtige Ort, um über Tote zu sprechen, und schon gar kein Ort, um Dinge von so privater Natur zu bereden. Beehren Sie uns doch heute zum Abendessen. Sie können mit Ihrer Familie zu Abend essen, und anschließend unterhalten wir uns.«

»Ich weiß nicht, ob das der beste Weg ist, Onkel.«

Er beugte sich zu mir. »Es ist der einzige Weg. Wenn Sie wollen, dass ich Ihnen behilflich bin, dann kommen Sie heute Abend zu mir, und wir essen gemeinsam zu Abend.«

»Und wenn ich ablehne? Würden Sie es darauf ankommen lassen, den Mörder Ihres Bruders davonkommen zu lassen?«

»Ein solches Risiko besteht nicht«, antwortete er. »Ich habe Ihnen gesagt, was Sie zu tun haben, und Sie werden es tun. Mit Protesten vergeuden Sie lediglich unsere Zeit. Ich erwarte Sie um halb sechs.«

Ein wenig verdutzt über das, was geschehen war, verließ ich das Lagerhaus. Ich sollte mit meiner Familie zu Abend essen und sah diesem Abend mit einem gesunden Maß an Grauen entgegen.

8

Ich kam gerade rechtzeitig vor dem Haus meines Onkels am Broad Court in der Gemeinde St. James, Duke's Place, an. Da es im Jahre 1719 ausländischen Juden noch immer nicht gestattet war, in London Eigentum zu erwerben, hatte mein Onkel ein hübsches Haus im Herzen des jüdischen Viertels gemietet, nicht weit von der Bevis-Marks-Synagoge entfernt. Das Haus war dreigeschossig, und ich kann mich nicht mehr genau erinnern, wie viele Zimmer es hatte, doch für einen Mann, der allein mit seiner Frau, seiner verwitweten Schwiegertochter und kaum mehr als einer Hand voll Bediensteter wohnte, war es durchaus großzügig angelegt. Andererseits arbeitete mein Onkel, so wie es mein Vater auch getan hatte, noch immer viel zu Hause, und er lud sich auch gerne Gäste ein.

Im Gegensatz zu vielen anderen Juden, die zuerst an den Duke's Place zogen und die Gegend, sobald sie ihr Glück gemacht hatten, sofort in Richtung der schickeren Viertel im Westen verließen, beschloss mein Onkel, dort zu bleiben und sein Schicksal mit den vom Schicksal weniger begünstigten Angehörigen seines Volkes zu teilen. Es ist wahr, wenn man sagt, die östlichen Bezirke der Stadt seien nicht unbedingt die angenehmsten, denn dort blasen einem die in London vorherrschenden Winde jede üble Ausdünstung der stinkenden Metropole direkt vor die Haustür. Aber trotz der Geruchsbelästigung, der Armut und der Isolation am Duke's Place dachte mein Onkel nicht im Traum daran, umzuziehen.

»Ich bin ein portugiesischer Jude, geboren in Amsterdam und umgesiedelt nach London«, hatte mir Onkel Miguel schon erzählt, als ich noch ein kleiner Junge war. »Ich habe keine Lust, schon wieder umzuziehen.«

Erst als ich die Tür schon beinahe erreicht hatte, fiel mir ein, dass es Freitagabend und somit der Beginn des jüdischen Sabbats war, mein Onkel mich also überlistet hatte, an einem Sabbatmahl teilzunehmen. Sofort befielen mich Erinnerungen aus meiner Kindheit: der warme Geruch frisch gebackenen Zopfbrotes, die lautstarken Tischgespräche. Das Sabbatmahl wurde damals immer im Hause meines Onkels und meiner Tante eingenommen, denn der Sabbat war ein traditioneller Familientag, und mein Vater unterhielt eher einen Haushalt als eine Familie. Also gingen wir jeden Freitag vor Sonnenuntergang von unserem Haus in der Cree Church Lane zu meinem Onkel, wo wir gemeinsam mit seiner Familie und etwaigen Gästen, die er dazu eingeladen hatte, beteten und aßen. Bei diesen Gelegenheiten unterhielt sich mein Onkel mit mir und meinem Bruder immer so, als wären wir Erwachsene, eine Angewohnheit, die ich als ebenso verwirrend wie schmeichelhaft empfand. Vor dem Abendessen steckte uns meine Tante immer Bonbons oder kleine Küchlein zu. Diese Mahlzeiten gehören zu den wenigen Ritualen aus meiner Kindheit, an die ich mit einer gewissen Zärtlichkeit zurückdenke, und nun verspürte ich meinem Onkel gegenüber einen flüchtigen Zorn, weil er mich diesen Erinnerungen wieder aussetzte.

Selbst nachdem ich bereits an die Tür geklopft hatte, erwog ich, einfach wegzulaufen, alle meine Pläne und meine Nachforschungen und Mr. Balfour und den Verdacht, mein Vater sei womöglich ermordet worden, einfach fahren zu lassen. »Lass ihn in Frieden ruhen«, hätte ich beinahe laut gemurmelt, doch letztendlich blieb ich trotz des Drangs zu fliehen einfach stehen.

Isaak, ein etwas untersetzter und gebeugter Griesgram, der schon seit meiner Kindheit in meines Onkels Diensten stand, öffnete die Tür.

Er musste meiner Meinung nach schon sechzig Jahre oder mehr zählen, schien sich aber noch bester Gesundheit und der besten Laune zu erfreuen, zu der er fähig war.

»Wären Sie nur ein paar Augenblicke später gekommen«, begrüßte er mich, den er schon über ein Jahrzehnt nicht mehr gesehen hatte, »hätte Mr. Lienzo die Tür selbst aufmachen müssen.«

Isaak hatte es mit religiösen Dingen schon immer besonders genau genommen, und so weigerte er sich auch, so wie es das jüdische Gesetz vorschreibt, am Sabbat zu arbeiten. Da mein Onkel diesen Feiertag selbst einhielt, konnte er seinem Diener die Beachtung der Gebote schwerlich vorwerfen.

Beim Betreten des Hauses stürmte sofort eine Flut von Erinnerungen auf mich ein, denn ich hatte hier unzählige Stunden meiner Kindheit verbracht. Die Einrichtung sah zum Großteil noch aus wie damals: die Blau- und Rottöne des Perserteppichs, das verzierte Holz der Treppe, die gestrengen Porträts meiner Großeltern an der Wand. Doch mehr noch als das Aussehen erinnerten mich die Gerüche an die Sabbate meiner Kindheit: warm gehaltenes Fleisch, gekochte Rosinen und das süße Aroma von Zimt und Ingwer.

Mein Onkel hieß mich im Salon willkommen, wo er allein mit seiner Zeitung gesessen hatte. Sie schien mir eine dieser Publikationen zu sein, die sich vornehmlich mit Regierungsangelegenheiten und dem Wertpapierhandel in der 'Change Alley befassten. Als ich eintrat, legte er sie zur Seite.

»Benjamin«, sagte er und erhob sich. »Ich freue mich, dass Sie gekommen sind. Schön, Sie bei uns zu haben.«

»Sie haben mich hereingelegt, Onkel«, sagte ich. »Sie haben mir nicht gesagt, dass es sich bei Ihrer Einladung um ein Sabbatmahl handelt.«

»Hereingelegt?« Er grinste. »Habe ich etwa den Wochentag vor Ihnen geheim gehalten? Sie trauen mir so einiges zu – obschon ich mich freuen würde, wäre ich so gerissen, wie Sie mir unterstellen.«

Meine Replik wurde vom Auftritt meiner Tante unterbrochen, die, gefolgt von einer schönen Frau von vielleicht ein- oder zweiundzwanzig Jahren, den Salon betrat. Tante Sophia war eine gut aussehende ältere Frau, ein wenig der Molligkeit zugeneigt und mit etwas seltsamen Umgangsformen. Da sich ihr gesellschaftlicher Austausch fast nur auf andere jüdische Immigranten beschränkte, hatte sie nie gut Englisch sprechen gelernt. Wie mein Onkel trug auch sie Kleidung, die auf ihre Zeit bei den Holländern verwies. Ihr Kleid war aus einem dünnen schwarzen Wollstoff, mit hochgeschlossenem Hals und langen Ärmeln, und ihr aufgetürmtes Haar endete in einem kleinen weißen Häubchen auf ihrem Hinterkopf, was mich an die Frauen auf alten holländischen Gemälden aus dem vergangenen Jahrhundert erinnerte.

Sie umarmte mich herzlich und stellte mir in holprigem Englisch einige Fragen, die ich in holprigem Portugiesisch beantwortete. Ich staunte selbst darüber, wie sehr ich mich freute, sie wiederzusehen. Sie war eine liebenswürdige Frau, die mich ohne jedes Vorurteil in Augenschein nahm, und alles, was ich in ihrem Gesicht sah, war ihre Freude, mich in ihrem Haus begrüßen zu dürfen. Eigentlich war sie genau so, wie ich sie in Erinnerung behalten hatte.

»Und das hier«, sagte mein Onkel schließlich, indem er einen Arm um die schöne junge Frau legte, »ist Ihre Cousine Miriam.«

Die Bezeichnung Cousine war nicht völlig zutreffend, denn Miriam war die Witwe meines verstorbenen Cousins Aaron. Über ihre Ehe wusste ich so gut wie nichts, denn Aaron hatte sie erst geheiratet, nachdem ich von zu Hause weggegangen war, kurz nach der Rückkehr von seiner ersten Reise in die Levante. Doch London ist nicht so groß, dass man nicht hier und da Geschichten hörte. Miriam hatte seit dem Tod ihrer Eltern, die starben, als sie gerade fünfzehn Jahre alt war, und ihr ein beträchtliches Vermögen hinterlassen hatten, als Mündel im Hause meines Onkels gewohnt. Mit siebzehn heiratete sie Aaron, und mit neunzehn war sie bereits seine Witwe. Jetzt, immer noch in der Blüte ihrer Jugend und vermutlich mit einem nicht geringen Vermögen gesegnet, blieb sie vorerst im Schutz des Haushaltes ihres Schwiegervaters.

Miriam hatte den Teint einer Jüdin, olivfarbene Haut, schwarzes Haar, das sie wie eine elegante Londoner Lady in Löckchen herabhängen ließ, und dazu tiefgrüne Augen. Auch ihr Kleid, eine meergrüne Robe über gelben Unterröcken, verriet eine besondere Vorliebe für den in der Stadt gepflegten Stil. Unwillkürlich musste ich daran denken, dass diese wunderschöne, mit einem eigenen Vermögen ausgestattete Frau in gewisser Hinsicht im Hause meines Onkels gefangen saß und nur auf ihren Retter wartete. Obwohl ich selbst ohne jedes Vermögen daherkam, vermutete ich, dass das ihrige wohl für uns beide reichen würde, und hätte beinahe laut losgelacht, als ich daran dachte, wie ich, als Jude, danach trachtete, für ihre Jessica den Lorenzo zu spielen.

Ich verneigte mich tief. »Cousine«, sagte ich, und kam mir dabei schneidig und weltklug vor. Ich war der ungeratene und wieder in den Schoß der Familie zurückgekehrte Vetter und hoffte sehr, dass sie mich faszinierend fand.

»Ich habe schon viel von Ihnen gehört, Sir«, sagte sie mit einem Lächeln, das ihre gesunden weißen Zähne entblößte.

»Sie beschämen mich, Madam.«

»Wir sind hier in England, nicht in Frankreich, Benjamin«, sagte mein Onkel. »Sie können sich die Formalitäten sparen.«

Dass mir darauf keine kluge Antwort einfiel, wurde von einem Klopfen an der Tür kaschiert.

»Die Sonne«, bemerkte mein Onkel, »steht schon zu tief. Isaak geht nicht mehr an die Tür.« Er und meine Tante setzten sich in Bewegung, um die Besucher einzulassen.

»Erwarten wir denn noch jemanden?«, fragte ich Miriam, erfreut über die frühe Gelegenheit zu einem kleinen Plausch.

»Ja«, antwortete sie mit einem finsteren Blick, den ich im ersten Moment auf mich selbst bezog. Sie ging um das Sofa herum, auf dem ich saß, und nahm mir gegenüber anmutig auf einem gut gepolsterten Sessel Platz. »Kennen Sie Nathan Adelman?«

Wie ich sah, galt ihr Unwillen einem anderen. Ich nickte. »Gewiss, ich habe schon von ihm gehört. Ein eindrucksvoller Gast für ein Abendessen.«

Adelman war 1714, also vor fünf Jahren, aus Hamburg nach England gekommen, um sich König Georges Hof anzuschließen. Ebenso wie mein Vater gehörte er zu der Handvoll Juden, denen es erlaubt war, den Titel eines bei der Börse lizensierten Maklers zu führen. Darüber hinaus war er ein einflussreicher Handelsmann mit Verbindungen nach Ost- und Westindien, in die Levante und, insgeheim jedenfalls, auch zur South Sea Company und sogar bis nach Whitehall. Gerüchten zufolge war er, was sämtliche finanziellen Belange anging, der inoffizielle Berater des Prinzen von Wales. Doch das Missfallen auf Miriams Antlitz legte die Vermutung nahe, dass die Aussicht auf seine Gesellschaft ihr in keinster Weise Vergnügen bereitete.

Als er das Zimmer betrat, wurde der Sachverhalt vor meinen Augen mehr als deutlich. Er bedachte Miriam, die fast dreißig Jahre jünger als er sein mochte, mit einem optimistischen, beinahe überschwänglichen Lächeln. Adelman wirkte nur unwesentlich jünger als mein Onkel. Er war ein kleiner, pummeliger, stattlich gekleideter Mann, glatt rasiert und mit einer langen schwarzen Lockenperücke ausgestattet; in jeder Hinsicht ein so englischer Gentleman wie jeder andere in jedem respektablen Kaffeehaus in London. Allein seine Stimme verriet ihn. Ebenso wie mein Onkel hatte er merklich daran gearbeitet, sich seinen Akzent auszutreiben, obwohl in seinem Fall ein Rest deutschen Zungenschlags ihm am Hofe eines deutschen Königs wohl eher zum Vorteil gereicht haben dürfte. Es war wohlbekannt, dass König Georges vorrangiges Interesse seinem deutschen Fürstentum Hannover galt, und Adelmans vorrangiges Interesse galt König Georges Sohn. Dieses Engagement für den Prinzen brachte Adelman in eine heikle Situation, denn damals lagen der Prinz und der König miteinander im Streit, weshalb Adelman kein Gehör vor dem Ohr des Königs fand, der ihm angeblich in der Vergangenheit stets geneigt gewesen war.

Miriam erwiderte sein Lächeln mit einem ungnädigen Nicken, während ich mich erhob und mich bei unserer gegenseitigen Vorstellung tief verbeugte. Bis ich wieder saß, war mir klar, dass es keines im Aufspüren von Geheimnissen geübten Mannes bedurfte, um die Interessen und Absichten vor mir zu entschlüsseln. Adelman wünschte Miriam zu heiraten, und Miriam verspürte keinerlei Verlangen danach, Adelman zu ehelichen. Darüber, wie mein Onkel zu diesem Werben stand, wagte ich nicht einmal Vermutungen anzustellen.

Nach einigen Minuten höflicher Konversation über das Wetter und die politische Situation in Frankreich kündigte ein erneutes Klopfen den letzten Gast zum heutigen Abendessen an. Mein Onkel verschwand kurz und kehrte dann zurück, eine Hand freundschaftlich auf den Rücken von Noah Sarmento gelegt, ein Angestellter, der in meines Onkels Warenlager arbeitete. Sarmento war ein sehr junger Mann mit einem höflichen, wenn auch leicht abweisenden Gesichtsausdruck. Auch er war glatt rasiert, trug jedoch eine kleine, eng anliegende Perücke, und obwohl seine Kleider von ansehnlicher Qualität zeugten, waren sie in undefinierbaren Grau- und Brauntönen gehalten, und auch der Schnitt war ähnlich langweilig.

»Sie sind bestimmt mit Mr. Adelman bekannt«, begann mein Onkel mit der Vorstellungsrunde.

Sarmento verneigte sich. »Ich hatte schon mehrere Male das Vergnügen«, sagte er mit einer Fröhlichkeit, die nicht so recht zu seinen Gesichtszügen passen wollte, »wenn auch nicht so oft, wie ich es mir wünschte.«

Sarmentos Lächeln kleidete sein Gesicht so natürlich wie eine Admiralsuniform einen Affen. Dieses Bild ist wohl nicht ganz richtig, denn Sarmento mit einem Affen zu vergleichen hieße anzudeuten, dass er etwas Verspieltes und Schelmisches an sich hatte. Nichts könnte falscher sein. Er war der mürrischste Mensch, der mir je begegnet war, und obwohl ich weiß, dass viele Philosophen gegen die Wissenschaft der Physiognomie argumentieren, war er das perfekte Beispiel dafür, wie sich ein Charakter direkt aus den entsprechend zusammengekniffenen und abweisenden Zügen ablesen ließ.

»Das hier ist mein Neffe Benjamin, ein Sohn meines verstorbenen Bruders.« Nachdem mich mein Onkel, auf eine Weise, bei der er meinen angenommenen Namen nicht erwähnen musste, vorstellte, entbot mir Adelman eine knappe Verbeugung.

Sarmento nickte nur kurz und würdigte mich alsdann keines Blickes mehr. »Miriam«, sagte er stattdessen und verneigte sich in ihre Richtung. »Es ist mir eine große Freude, Sie wiederzusehen.«

Miriam nickte mit halb geschlossenen Augen und sah dann weg.

»Verraten Sie mir doch«, sagte Sarmento jetzt an Adelman gewandt, »welche Neuigkeiten gibt es aus dem South Sea House zu berichten? In den Kaffeehäusern herrscht große Aufregung darüber, was wohl als Nächstes geschieht.«

Adelman lächelte artig. »Ich bitte Sie, Sir. Sie wissen doch, dass meine Beziehungen zur South Sea Company rein informell sind.«

»Ha!« Sarmento schlug sich auf den Schenkel. Ich konnte nicht erkennen, ob aus Belustigung oder eher, um sich anzuspornen. »Nach dem, was ich gehört habe, macht die Company keinen Schritt, ohne Sie zuvor zu konsultieren.«

»Zu viel der Ehre«, beschwichtigte ihn Adelman.

Die Unterhaltung erhielt nur dadurch einen gewissen Wert, dass Miriam und ich rasche Blicke wechselten, um uns gegenseitig unseres Mangels an Interesse daran zu versichern. Bald darauf wechselten wir ins Esszimmer hinüber, wo ich die Gespräche nicht weniger bemüht und holprig fand. Mehrere Male drängte mich mein Onkel, die traditionell am Sabbat zum Abendessen gesprochenen Gebete zu sprechen, doch ich gab vor, das, was man mir schon als Kind eingebläut hatte, vergessen zu haben. In Wahrheit empfand ich das eigenartige Bedürfnis, daran teilzunehmen, war mir aber nicht sicher, ob die Gebete, an die ich mich erinnerte, die richtigen waren, und wollte mich nicht vor meiner Cousine blamieren. Ich drückte es zwar nicht so direkt aus, deutete jedoch an, dass ich einen über das Essen gesprochenen Segen für Aberglauben hielt. Doch als mein Onkel die Gebete sprach, verspürte ich ein eigenartiges Ziehen – vielleicht aus der Erinnerung oder aus dem Verlust geboren –, gefolgt von einer seltsamen Freude an den hebräischen Worten.

Als ich klein war, hatte es in unserem Haus keine Gebete gegeben. Mein Vater hatte mich und meinen Bruder in die jüdische Schule geschickt, um die Gesetze unsere Volkes zu lernen, denn das taten Männer nun mal; und wir besuchten regelmäßig die Synagoge, weil es für meinen Vater einfacher war hinzugehen, als zu erklären, warum er es nicht tat.

Ich ließ den Blick schweifen, um zu sehen, wie die anderen auf die Segnungen reagierten. Ich fand es seltsam, dass Sarmento, der doch zuvor eine eindeutige Bewunderung für Miriam ausgedrückt hatte, seinen Blick jetzt kaum von Adelman wenden konnte.

»Sagen Sie doch, Mr. Adelman«, fing Sarmento sofort wieder an, nachdem mein Onkel die Gebete zu Ende gesprochen hatte, »wird sich die gegenwärtige Gefahr eines jakobitischen Aufstands auf den Verkauf von Staatsanleihen auswirken?«

»Ich bin sicher, dass ich nicht mehr zu sagen habe als das, was in allen Kaffeehäusern ohnehin die Runde macht«, wich Adelman aus. »Unruhen bringen immer Schwankungen der Wertpapierpreise mit sich. Andererseits gäbe es ohne Schwankungen keinen Markt, also tun uns die Jakobiten damit vermutlich einen kleinen Gefallen. Aber das ist, wie schon gesagt, ohnehin Allgemeinwissen.«

»Was Ihre Meinung betrifft, könnte nichts weniger allgemein sein«, drängte Sarmento weiter. »Ich würde sie wirklich zu gerne hören.«

»Allerdings. Das glaube ich Ihnen«, sagte Adelman lachend, »aber ich frage mich, ob unsere Freunde, die ihre Zeit nicht in der 'Change Alley verbringen, ebenso neugierig darauf sind wie Sie.« Er verneigte sich in Richtung Miriam.

»In diesem Falle darf ich vielleicht eine Unterredung unter vier Augen an einem anderen Ort verabreden.«

»Sie dürfen jederzeit bei mir vorsprechen«, erwiderte Adelman, allerdings so unfreundlich, dass er damit alle bis auf die hartnäckigsten Speichellecker entmutigt hätte. »Ich bin oft in Jonathan's Kaffeehaus zu finden, und wenn Sie mir dorthin eine Nachricht schicken, wird sie mich auf jeden Fall erreichen.«

»Wenn wir uns schon nicht über die Aktien unterhalten wollen, lasst uns wenigstens über die Amüsements der Stadt reden!«, rief Sarmento mit einer Lautstärke, die er wohl für Begeisterung ausgeben wollte. »Was meinen Sie, Mrs. Lienzo?«

»Ich würde wohl meinen, dass mein Cousin zu diesem Thema so manches zu sagen hat«, sagte Miriam leise und vermied dabei sorgsam meinen Blick. »Wie ich gehört habe, versteht er sich auf die Vergnügungen, die London zu bieten hat.«

Ich wusste nicht, wie ich ihre Bemerkung aufzufassen hatte, konnte jedoch keine Beleidigung darin erkennen. Klar war nur, dass Sarmento Miriam eine Frage gestellt hatte, und sie hatte sie an mich weitergereicht. Da ich spürte, dass sich mir damit die Gelegenheit bot, sie zu beeindrucken, stellte ich mich der Herausforderung, berichtete davon, was ich von der neuen Theatersaison gehört hatte, und tat meine Meinung zu einer Vielzahl von Schauspielern und Aufführungen der vergangenen Saison kund. Sarmento mischte sich bei jeder sich bietenden Gelegenheit ein und nutzte sie als Ausgang für Ausführungen seiner eigenen Vorstellungen und Meinungen die Schauspielkunst, die Qualität der Stücke und dergleichen betreffend. Der Laffe hätte es niemals gewagt, mich in der Öffentlichkeit zu beleidigen, aber hier, am Tisch meines Onkels, machte er keinerlei Anstalten, seine Verachtung für mich zu verbergen. Schließlich konnte ich meinen Onkel nicht dadurch bloßstellen, dass ich seinen schnöseligen Zögling zur Rede stellte. Stattdessen tat ich so, als verstünde ich seine Blicke und Gesten nicht, und hoffte im Stillen, ihn einmal unter günstigeren Umständen zu erwischen.

In meines Onkels Haus war es Tradition, dass am Sabbat, wenn die Bediensteten frei hatten, die Damen des Hauses das Essen selbst servierten. So war es auch diesmal, und ich beobachtete zu meiner Freude, dass Miriam es darauf angelegt hatte, sowohl Sarmento als auch Adelman auszulassen – sie überließ die beiden Gentlemen meiner Tante Sophia –, und stattdessen mir die Suppenschüsseln oder die Platten mit nach Zimt duftendem Lamm zu reichen. Ich freute mich auf jeden neuen Gang, bei dem ich mich in ihrer Nähe sonnen konnte: im Rascheln ihrer Röcke, dem Zitronenaroma ihres Parfüms und in den verführerischen Andeutungen ihres Busens, die ihr Mieder darbot. Als sie mir zum dritten und letzten Mal auftat, ertappte sie mich dabei, wie ich in all diesen Genüssen schwelgte, und nahm meinen Blick in dem ihren gefangen.

Ich machte mich sofort auf ein Donnerwetter gefasst, denn für die Damen der Londoner Gesellschaft gibt es nur zwei Antworten auf ein derartig unverschämtes Starren, und ich wusste nicht, ob ich ihr harsch rügendes Stirnrunzeln oder das nicht minder enttäuschende laszive Grinsen zu erwarten hatte. Es gelingt mir nicht annähernd, die freudige Verwirrung zu beschreiben, die mich erfasste, als Miriam weder den einen noch den anderen Weg einschlug und mir stattdessen lediglich ein Lächeln amüsierten Einverständnisses schenkte, als wäre die Freude, die ich in ihrer Nähe empfand, ein Geheimnis, das allein zwischen uns bestand.

Nach dem Essen zogen wir vier Gentlemen uns in bester britischer Tradition mit einer Flasche Wein in ein Privatgemach zurück. Adelman versuchte mehrmals, mit meinem Onkel geschäftliche Themen anzuschneiden, doch Onkel Miguel betonte unmissverständlich, dass er an einem Sabbat nicht über derlei Angelegenheiten zu sprechen gedachte. Sarmento brachte das Gespräch abermals auf die Gerüchte hinsichtlich einer weiteren Erhebung der Jakobiten hier in England. Die Anhänger des entthronten Königs waren ein Gesprächsgegenstand, der meinen Onkel sehr interessierte und zu dem er auch viel zu sagen wusste. Ich hörte aufmerksam zu, muss aber errötend gestehen, dass ich mich in der Politik nicht besonders gut auskannte und mir vieles, was besprochen wurde, schlicht unverständlich blieb.

Adelman, dessen Interessen so eng mit dem Ansehen der herrschenden Dynastie verwoben waren, wies die Jakobiten als hirnlosen Pöbel von sich und verurteilte den Prätendenten als papistischen Tyrannen. Mein Onkel pflichtete ihm stumm nickend bei, denn Adelman hatte lediglich die Empfindungen der liberalen Whigs in aller Knappheit wiedergegeben. Doch Sarmento hing förmlich an Adelmans Lippen, pries dessen Überlegungen als die eines wahren Philosophen und seine Worte als die eines Poeten.

»Und was meinen Sie dazu, Sir?«, wandte sich Sarmento an mich. »Haben Sie keine Meinung zu diesen Jakobiten?«

»Ich beschäftige mich so wenig mit politischen Angelegenheiten«, erwiderte ich und blickte ihm fest in die Augen. Vermutlich zielte seine Frage nicht auf meine politischen Ansichten, sondern vielmehr darauf, wie ich auf seine Dreistigkeit reagierte.

»Sie sind doch nicht etwa ein Kritiker des Königs?«, hakte Sarmento nach.

Ich hatte keine Ahnung, was er im Schilde führte, aber in jenen Zeiten, in denen der Thron ständig durch Rebellion bedroht war, bedeuteten seine Worte mehr als nur eitles Geschwätz. Die öffentliche

Beschuldigung, Sympathien für die Jakobiten zu hegen, konnte den Ruf eines Mannes ruinieren, wenn nicht gar seine Festnahme durch die Kuriere des Königs nach sich ziehen.

»Muss denn jeder, der kein aktiver Parteigänger ist, sogleich ein Kritiker sein?«, fragte ich vorsichtig.

»Ich bin sicher«, schaltete sich mein Onkel rasch ein, »dass mein Neffe schon so manches Glas auf unseren König geleert hat.«

»Allerdings«, pflichtete ich ihm bei, »auch wenn ich gestehen muss, dass es mir meistens, wenn ich auf das Wohl des Königs trinke, mehr um das Trinken als um den König geht.«

Mein Onkel und auch Adelman lachten höflich, und ich war der Meinung, Sarmento mit meiner Bemerkung abgeschmettert zu haben. Weit gefehlt. Er suchte sich sogleich ein neues Thema.

»Verraten Sie mir doch, Sir«, fing er an, nachdem sich das Gelächter gelegt hatte, »wen Sie favorisieren – die Bank oder die Company?«

Die Frage verwirrte mich, und ich vermutete, dass sie genau aus diesem Grund gestellt worden war. Dabei war die finanzielle Rivalität zwischen den beiden Häusern durchaus von einigem Interesse für mich, wusste ich doch, dass der alte Balfour aufgrund seines Wissens um diesen Wettbewerb einige Investitionen getätigt hatte. Letztendlich verstand ich aber so wenig von den Bedingungen des Zwistes zwischen den beiden Gesellschaften, dass ich nicht wusste, was ich auf Sarmentos Frage antworten sollte. Wenn ich so tat, als hätte ich von dem Thema Ahnung, würde ich mich lediglich zum Narren machen, und so sagte ich einfach nur: »Wen favorisiere ich in welcher Hinsicht?«

»Sind Sie der Meinung, der Staatskasse wird eher von der Bank of England oder von der South Sea Company geholfen?« Er sprach langsam und betont, als erteilte er einem begriffsstutzigen Diener Anweisungen.

Ich entbot ihm ein übertrieben artiges Lächeln. »Ich war mir dessen nicht bewusst, dass heutzutage von einem verlangt wird, Partei zu ergreifen.«

»Aah, nicht von jedem, das wohl nicht. Von Männern mit den entsprechenden Mitteln oder einigem geschäftlichem Einfluss schon.«

»Tatsächlich?«, mischte sich mein Onkel wieder ein. »Kann ein Geschäftsmann sich nicht damit bescheiden, die Rivalitäten zu verfolgen, ohne Partei zu ergreifen?«

»Aber Sie haben doch eine Meinung dazu, Sir, oder nicht?«

Seine Frage, die Frage eines Angestellten an seinen Arbeitgeber, kam mir reichlich impertinent vor, doch falls mein Onkel Anstoß daran nahm, ließ er es sich nicht anmerken. Er hörte Sarmentos Gerede weiterhin zu.

»War nicht Ihre Familie seit jeher davon überzeugt, dass die Bank of England das Monopol für die Ausgabe von Staatsanleihen behalten sollte? Habe ich Sie nicht dagegen argumentieren gehört, dass es der South Sea Company erlaubt werden sollte, in diesem Geschäftsbereich mit der Bank in Konkurrenz zu treten?«

»Sie wissen sehr wohl, Mr. Sarmento, dass ich derlei Dinge an einem Sabbat nicht zu diskutieren wünsche.«

Sarmento verneigte sich leicht. »Sie haben recht, Sir.« Dann wandte er sich wieder mir zu. »Aber Sie, Sir, sind, wie ich vermute, solchen Einschränkungen nicht verpflichtet. Und da jeder Geschäftsmann eine Meinung haben muss, darf ich annehmen, dass Sie mit der Ihren lediglich aus Bescheidenheit hinter dem Berg halten?«

»Verraten Sie mir, wen Sie bevorzugen, Sir. Vielleicht habe ich dann ein Vorbild, dem ich nacheifern kann.«

Sarmento lächelte, aber er lächelte nicht mich an, sondern drehte sich zu Adelman um. »Nun, mir gefällt die South Sea Company, Sir. Insbesondere, da sie in so fähigen Händen liegt.«

Adelman verneigte sich knapp. »Sie wissen nur zu genau, dass wir Juden nicht in die Handelsgesellschaften investieren dürfen. Ihre Behauptungen könnten, auch wenn sie durchaus schmeichelhaft sind, meinem Ruf Schaden zufügen.«

»Ich wiederhole nur, was in jedem Kaffeehaus geredet wird. Und dort denkt niemand wegen Ihrer Interessen bezüglich dieser Angelegenheiten schlechter von Ihnen«, fuhr Sarmento mit seiner langweiligen Stimme fort, die nur schlecht zur Begeisterung in seinen Worten passen wollte. »Denn so lange die Finanzen des Landes von Männern wie den Direktoren der South Sea Company geschützt werden, haben wir von Aufständen und anderen Krawallen nicht viel zu befürchten.«

Adelman, dem keine Erwiderung einzufallen schien, verbeugte sich abermals, woraufhin mein Onkel in die Bresche sprang, zweifellos in der Hoffnung, unsere Unterhaltung von geschäftlichen Themen abzulenken, und verkündete, dass ihn die Kirchenvorsteher zum zweiten Mal in beinahe ebenso vielen Jahren zum Armenpfleger gewählt hätten. Diese Eröffnung sorgte sowohl bei Adelman als auch bei Sarmento für ein herzhaftes Lachen, das ich nicht verstand.

»Warum wählt man Sie in dieses Amt, Onkel? Gehört dazu nicht auch, dass man jeden Sonntag an der Messe teilnimmt?«

Jetzt lachten alle drei Männer, doch nur Sarmento mit echter Genugtuung über meine Unwissenheit.

»Wohl wahr«, nickte Onkel Miguel, »dazu gehört, am christlichen Sabbat die heilige Messe zu besuchen, und es bedeutet auch, einen christlichen Eid auf die Christenbibel abzulegen. Sie haben mich nicht benannt, weil sie möchten, dass ich diese Amtspflichten auf mich nehme. Sie haben mich gewählt, weil sie wissen, dass ich mich weigern werde.«

»Ich gestehe, dass ich Ihren Ausführungen nicht so recht folgen kann.«

»Es ist nichts anderes als eine Methode, Geld zu beschaffen«, erklärte mir Adelman. »Ihr Onkel kann den Pflichten, die ihm ehrenhalber auferlegt wurden, nicht nachkommen, also muss er eine Strafe von fünf Pfund zahlen. Die Kirchenvorsteher wählen im Laufe eines Jahres so manchen Juden – insbesondere arme Juden. Sie wissen, dass sich andere finden, die für die Strafe aufkommen. Auf diese Weise beschaffen sie viel Geld.«

»Kann man sich nicht beschweren?«

»Wir zahlen viele Steuern«, erläuterte mein Onkel. »Du wurdest hier geboren und bist von der Fremdensteuer befreit, aber nicht so Mr. Adelman und ich. Und obwohl uns beiden vom Parlament die Einbürgerung bestätigt worden ist, sind unsere Steuern nach wie vor wesentlich höher als die jedes frei geborenen Briten. Meine Ernennung ist lediglich eine weitere Besteuerung, die ich ohne zu murren zahle. Meine Beschwerden spare ich mir für wirklich wichtige Angelegenheiten auf.«

Wir unterhielten uns noch eine gute Stunde über eine Vielzahl anderer Themen, bis Adelman sich abrupt erhob und verkündete, er müsse nach Hause. Ich benutzte seinen Aufbruch als Entschuldigung für den meinen. Bevor ich ging, nahm mich mein Onkel jedoch noch einmal zur Seite.

»Sie sind wütend«, sagte er. Seine Augen glühten mit einer eigenartigen Wärme, als hätte er den Zorn vergessen, den er mir gegenüber bei der Beerdigung meines Vaters verspürt hatte, als hätte es niemals eine Kluft zwischen mir und meiner Familie gegeben.

»Sie haben Ihr Versprechen nicht gehalten«, sagte ich.

»Ich habe es nur verschoben. Ich habe gesagt, ich würde mit Ihnen nach dem Essen darüber reden, aber ich habe nicht gesagt, wann danach. Kommen Sie morgen früh zum Gottesdienst in die Synagoge. Verbringen Sie den Rest des Sabbats bei der Familie. Sobald die Sonne untergeht, erzähle ich Ihnen, was Sie wissen möchten.«

Ich wusste nicht so recht, was ich darauf antworten, ja, ich wusste nicht einmal genau, was ich von seinem Angebot halten sollte. »Onkel Miguel, Zeit ist ein Luxus, über den ich nicht im Übermaß verfüge. Ich kann nicht den ganzen Tag mit Gebeten und müßiger Plauderei verbringen.«

Er zuckte die Achseln. »Das ist mein Preis, Benjamin. Aber« – er lächelte – »er muss nur einmal entrichtet werden. Ich verspreche, fürderhin nichts dergleichen mehr von Ihnen zu verlangen, und sollten Sie auch Wochen oder gar Monate von heute an weitere Informationen benötigen.«

Ich wusste, dass ich ihn nicht umstimmen konnte. Lieber ließ er den Mörder seines eigenen Bruders frei herumlaufen, als einen einmal gefassten Entschluss zurückzunehmen. Und ich muss sagen, mir gefiel die Vorstellung, den Nachmittag mit Miriam zu verbringen. Also erklärte ich mich bereit, am folgenden Morgen bei ihm vorzusprechen.

Adelman und ich gingen gemeinsam aus der Tür. Die opulente Pracht seiner vergoldeten Kutsche, die vor meines Onkels Haus wartete, überwältigte mich. Ein mit einer farbenprächtigen rot-goldenen Livree bekleideter Junge von vielleicht vierzehn Jahren – der dunklen Hautfarbe nach zu schließen, stammte er vermutlich aus Ostindien – öffnete, kaum dass er seinen Herrn erblickt hatte, eilig den Verschlag und blieb dann wie eine Statue daneben stehen.

»Lienzo«, sagte Adelman und nahm mich mit geübter Freundlichkeit am Arm, »darf ich Sie irgendwo absetzen? Sie wohnen doch, soviel ich weiß, in Covent Garden?«

Ich verneigte mich, um mein Einverständnis und meinen Dank auszudrücken.

Ich gebe zu, dass die Enge in einem so kleinen Raum mit einem Mann von Adelmans Prominenz mich ein wenig einschüchterte, denn obwohl mich mein Beruf oft in die Gesellschaft einflussreicher Männer führte, geschah es doch selten unter solchen Umständen. In der Kutsche saßen wir nicht aus geschäftlichen Gründen zusammen, sondern bei einer freundschaftlichen Fahrt durch die Stadt.

Nachdem die Kutsche angefahren war, zog Adelman die Vorhänge vor die Fenster und hüllte uns somit in fast völlige Dunkelheit. Er schwieg eine Zeit lang, und mir fiel nichts ein, womit ich eine Unterhaltung hätte beginnen können, und so blieb auch ich stumm und spürte die Räder der Kutsche unter uns über die erbarmungslos holprigen Londoner Straßen rollen. Jedes Mal, wenn ich mich auf dem Polster bewegte, kam mir das verursachte Geräusch störend laut vor. Von gegenüber, wo Adelman saß, war nichts zu hören.

Schließlich räusperte er sich und nahm, wie ich glaube, eine Prise Schnupftabak. »Wie mir zu Ohren gekommen ist«, hob er an, »hatten Sie Besuch von Mr. Balfour.«

»Sie erstaunen mich, Sir.« Beinahe hätte ich gebrüllt. Ich gestehe, dass es mir eiskalt den Rücken hinunterlief. Dabei hatte Adelmans Stimme nichts an sich, das mir Angst hätte einjagen können, im Gegenteil, er behielt seinen geschliffenen, beherrschten deutschen Tonfall bei. Trotzdem lag da etwas in der Frage selbst – in dem Wissen, das die Frage hervorbrachte. Woher wusste ein Mann von Adelmans Format von dieser Angelegenheit? Und was kümmerte sie ihn? Ich bedauerte, dass ich in der Dunkelheit nicht in seinem Gesicht lesen konnte, obwohl ich ihn für viel zu gerissen hielt, als dass er mir in dieser Hinsicht irgendwelche Informationen preisgegeben hätte. Andererseits wusste auch ich durchaus meine Gefühle zu verbergen.

»Ich kann meinem Erstaunen darüber, dass meine Geschäfte allem Anschein nach Ihre Aufmerksamkeit erregen, kaum Ausdruck verleihen«, teilte ich ihm mit betonter Gelassenheit mit.

»Sie gehören einer wichtigen Familie an, Mr. Lienzo.«

»Ich ziehe den Namen Weaver vor«, rief ich ihm in Erinnerung.

»Ich wollte nicht unhöflich sein«, erklärte er rasch. »Ich dachte eher, Sie benutzten diesen Namen nur, als Sie kämpften.« Er unterbrach sich einen Augenblick. »Ich möchte offen mit Ihnen reden. Ich bewundere Sie, Sir. Ich bewundere es, dass Sie den Schritt gewagt haben, die uralten Einschränkungen unseres Volkes zu sprengen und Ihren eigenen Weg zu gehen. Ich bitte Sie, missverstehen Sie mich nicht. Ich respektiere Ihren Onkel über alles, aber ich empfinde sein Festhalten an den Bräuchen und Ritualen als gefährliches Hindernis für unser Volk. Sie hingegen haben allen Engländern gezeigt, dass man Juden nicht verlachen und verspotten darf. Ihre Heldentaten im Ring sind legendär. Sogar der König, Sir, kennt Ihren Namen.«

Ich verneigte mich im Dunkeln. Obwohl es durchaus der Wahrheit entsprach, wenn er sagte, ich hätte den Bräuchen und Ritualen meines Volkes den Rücken gekehrt, empfand ich seine Lobpreisung dieser

Abwendung als unangenehm. Vielleicht lag es daran, dass ich meine Ablehnung religiöser Gepflogenheiten stets als Resultat meiner Faulheit angesehen hatte, wohingegen er sie als Philosophie der Befreiung darstellte.

»Ihre Worte ehren mich«, sagte ich nach einigen peinlichen Momenten des Schweigens, »aber ich kann mir immer noch nicht denken, was das alles mit Mr. Balfour zu tun hat, und auch nicht, in welcher Hinsicht meine Geschäfte mit ihm für Sie von Bedeutung sein könnten.«

»Ganz recht, Sie sind ein Geschäftsmann. Ich habe es am liebsten mit Geschäftsmännern zu tun. Lassen Sie mich Ihnen versichern, Mr. Weaver, dass ich mit großer Trauer vom Tode Ihres Vaters gehört habe, doch die Bewunderung, die ich für ihn hege, verleitete mich nicht dazu, in seinem Tod etwas zu sehen, das nicht da ist. Sein Tod war ein tragischer Unfall, mehr nicht. Auch Michael Balfour kannte ich recht gut. Er war ein wackerer Mann, wie ich das Recht anzunehmen habe. Jedenfalls wacker genug. Aber ebenso wie sein Sohn war auch Balfour schwach. Er hat Fehler bei seinen Geschäften gemacht, und er konnte sich weder mit eigener Kraft aus dem Sumpf ziehen, noch mochte er sich den Konsequenzen seines Ruins stellen. Dem ungeübten Auge mag es merkwürdig vorkommen, dass zwei befreundete Geschäftsleute so kurz hintereinander starben, aber zwischen ihren Toden besteht keinerlei Zusammenhang. Sagen Sie an«, raunte er mit theatralisch verändertem Ton, »was hat Ihnen Balfour geboten, damit Sie sich seiner Sache annehmen?«

Ich unterrichtete ihn über den Charakter unserer Vereinbarung.

Er stieß ein kurzes Lachen aus, eher wie ein Bellen. »Sie werden kein Geld sehen! Ich bezweifle, dass er auch nur zwanzig Pennys auf den Tisch legen kann, geschweige denn zwanzig Pfund. Wie Sie wissen, lässt sich von seinem Erbe nichts auffinden. Balfour hat alles verloren, und es ist kein Geheimnis, dass seine Mutter nichts als Verachtung für ihren Sohn übrig hat. Ihre darauf verwandte Zeit wird Ihnen nicht vergütet werden, Sir, höchstens mit der Feindschaft mächtiger Männer, die es nicht gerne sehen, wenn sich jemand in ihre Angelegenheiten einmischt. Wie es sich gerade trifft, befinde ich mich in der Position, Ihnen eine Alternative anzubieten. Ihr Können ist nicht unbemerkt geblieben, und man redet ebenso von Ihrer Diskretion wie von Ihrer Geschicklichkeit – Eigenschaften, die man nicht oft beisammen findet. Es gibt viele Männer – in der South Sea Company, im Parlament, selbst bei Hofe –, die froh wären, einen Mann mit Ihren Talenten zur Verfügung zu haben. Was meinen Sie, Mr. Weaver? Hätten Sie nicht Lust, diese Unerfreulichkeiten hinter sich zu lassen? Mithilfe dieser Leute, von denen ich gesprochen habe, könnten Sie Ihr Glück machen.«

Ich gab vor, sein Angebot keineswegs als verlockend zu empfinden. »Was Sie vorschlagen, ist zweifellos höchst generös, aber ich bin mir immer noch darüber im Unklaren, warum Sie an meiner geschäftlichen Beziehung zu Balfour interessiert sind und weshalb Ihnen daran liegt, dass ich die Angelegenheit nicht weiterverfolge.«

»Es handelt sich um eine äußerst heikle Angelegenheit. Einmal möchte ich nicht, dass in Hinsicht auf unser Volk irgendwelcher Staub aufgewirbelt wird. Wenn die Zeitungen Wind von Ihren Nachforschungen bekommen, fällt das, wie ich befürchte, auf übelste Weise auf die Juden von England zurück, und das ist schlecht für uns alle – für die Rabbis, die Börsenmakler und gleichermaßen für die Faustkämpfer, habe ich recht? Der zweite Grund liegt darin, dass sich die South Sea Company gerade in ungemein schwierigen Neuverhandlungen über die Ausgabe staatlicher Wertpapiere befindet. Ich darf nicht näher ins Detail gehen, es dürfte jedoch genügen, wenn ich sage, dass wir über die hohen Zinsraten der Staatsverschuldung in Sorge sind und gerade versuchen, das Parlament davon zu überzeugen, weitere Maßnahmen in die Wege zu leiten, die die Zinsen senken und das Land auf diese Weise von einer schrecklichen finanziellen Last zu befreien. Unser Plan kann nicht funktionieren, wenn die Leute ihr Vertrauen in das weitgespannte Kreditnetz verlieren, das die meisten so verwirrend finden. Jeder öffentlich geäußerte Verdacht, dass zwischen Balfours Tod und den Staatspapieren irgendeine Verbindung besteht, würde uns irreparablen Schaden zufügen. Wenn die Leute glauben, die Gelder hätten etwas mit Mord und Intrige zu tun, so fürchte ich, dass unser Plan, die Staatsschuld zu verringern, fehlschlägt, und damit hätten Sie, Sir, Ihren König und Ihr Land buchstäblich um Millionen von Pfund gebracht.«

»Mir steht nicht der Sinn danach, solchen Schaden anzurichten«, erwiderte ich vorsichtig. »Trotzdem bleiben Balfours Bedenken. Er ist der Meinung, die beiden Todesfälle seien nicht das, wonach sie aussehen, und ich glaube, dass ich mich erst noch ein wenig in die Angelegenheit vertiefen muss.«

»Damit vergeuden Sie lediglich Ihre Zeit und schaden Ihrem Land.«

»Aber Sie werden doch sicherlich die Möglichkeit einräumen, dass die Todesfälle mehr als ein Zufall sind.«

»Nein, keinesfalls«, gab er voller Überzeugung zurück.

»Wie würden Sie dann die Tatsache erklären, dass Balfours eigener Buchhalter keine Rechenschaft über den Verlust des Vermögens ablegen kann?«

»Kredit- und Finanzangelegenheiten sind auch für diejenigen, die ihren Lebensunterhalt damit bestreiten, immer wieder fantastische, unergründliche Phänomene«, erläuterte er mit schneidendem Ton und einer Stimme, die sich nicht mehr ganz so geschliffen und freundlich anhörte. »Für die meisten Leute gehören sie eher in die Gefilde des Übernatürlichen als in die Welt der konkreten Erscheinungen. Ich bin überzeugt davon, dass es in ganz England keinen Börsenmakler gibt, dessen Bücher sich nach seinem unerwarteten Tod nicht als unentwirrbar und lückenhaft erweisen würden.«

»Mr. Balfours Tod kam nicht unerwartet«, warf ich ein. »Jedenfalls nicht für ihn, wenn es sich tatsächlich um Selbstmord handelte.«

»Balfour ist wohl kaum ein taugliches Beispiel. Er hat sich selbst das Leben genommen, was seine Unfähigkeit beweist, seine eigenen Angelegenheiten in Ordnung zu halten. Ich bitte Sie, Mr. Weaver, wir wollen unseren christlichen Nachbarn nicht dadurch in die Hände spielen, dass wir uns übertrieben rabbinisch über unsere Ansichten dieser Dinge auslassen.« Er reichte mir seine Karte. »Vergessen Sie diesen Unsinn mit Balfour, und statten Sie mir einen Besuch im Jonathan's ab. Dort stelle ich Ihnen Männer vor, die Sie reich machen. Abgesehen davon«, sagte er mit einem Lächeln, das ich sogar in der Dunkelheit der Kutsche spüren konnte, »erspart es Ihnen den Umstand, den Vormittag mit Ihrem Onkel in der Synagoge zu verbringen.«

Die Kutsche hielt vor Mrs. Garrisons Haus an, und ich bedankte mich höflich bei Adelman. »Ich werde über Ihren Vorschlag ernsthaft nachdenken, Sir.«

»Weniger hätte ich nicht erwartet«, erwiderte er. »Freut mich, Ihre Bekanntschaft gemacht zu haben, Mr. Weaver.«

Ich schaute der Kutsche nach und ließ mir seinen Vorschlag durch den Kopf gehen. Wahrscheinlich wäre es eine wunderbare Sache, wenn ich nur der Mann wäre, Adelmans Vorschlag einfach zu folgen, und der Gedanke, jenen Männern zu Diensten zu sein, deren Bekanntschaft er pflegte, strahlte einen mächtigen Reiz aus. Alles, was er dafür als Gegenleistung verlangte, war, dass ich mich nicht in seine

Geschäfte mischte – und was sollte ich schon dagegen einzuwenden haben, die Nachforschungen über den Tod eines Vaters einzustellen, für den ich ohnehin keinerlei Zuneigung empfand?

Ich drehte mich zu Mrs. Garrisons Haus um und trat in die warme Diele. Mit einem Mal, noch bevor ich den Fuß der Treppe erreichte, hatte ich Mr. Adelmans Angebot endgültig abgelehnt. Ich weiß nicht, ob es deshalb war, weil ich keinen Geschmack daran finden konnte, fortan mit Männern wie Adelman zu tun zu haben; Männern, die davon überzeugt waren, dass ihnen ihr Reichtum nicht nur Einfluss und Macht verlieh, sondern zugleich eine Art angeborener Überlegenheit über Menschen wie mich. Ich kann nicht sagen, ob es an dem unerwarteten Behagen lag, das ich in der Gegenwart meines Onkels und meiner Tante verspürt hatte, oder an dem Unbehagen, das ich bei dem Gedanken in mir aufsteigen fühlte, die Verbindung zu einem Haushalt zu kappen, in dem die reizende Witwe meines Cousins lebte. Vielleicht war es eine Kombination all dessen, aber noch bevor ich die erste Kerze angezündet hatte, wusste ich, was ich zu tun hatte.

Es mochte etwas peinlich sein, Mr. Adelman von meiner Entscheidung zu unterrichten, doch andererseits kam mir der Gedanke, dass es wohl eher unwahrscheinlich war, dass mich meine Nachforschungen abermals in Kontakt mit einem so viel beschäftigten Mann bringen würden. Zu jener Zeit hätte ich nicht einmal im Traum daran gedacht, wie eng seine Geschäfte sich noch mit den meinen verflechten würden.

9

Am folgenden Morgen, an dem ich meinen Onkel aufsuchte und ihn in die Bevis-Marks-Synagoge begleitete, bewegten mich durchaus zwiespältige Gefühle. Vielleicht sollte ich erwähnen, dass nicht alle Juden den Sabbat so nach Brauch und Sitte einhalten wie mein Onkel. Gewiss, einige nehmen es immer noch sehr genau damit, doch die weitaus größere Anzahl schert sich recht wenig darum, welcher Tag der Woche gerade geschrieben wird. Sogar der kurze Bart meines Onkels wurde von vielen Juden als unpassend angesehen, denn es war so etwas wie eine Binsenweisheit, dass jeder bärtige Jude entweder ein Rabbi war oder ein erst vor Kurzem eingetroffener Einwanderer.

Viele der von der Iberischen Halbinsel stammenden Juden waren schon vor langer Zeit des Wissens um ihre Rituale beraubt worden, als man sie während der Inquisition gezwungen hatte, zum katholischen Glauben überzutreten. Manchen dieser sogenannten Neuchristen war es mit ihrer Konversion ernst gewesen, andere hingegen hatten ihre alte Religion insgeheim weiterhin praktiziert, doch oft nach ein oder zwei Generationen vergessen, warum sie diese inzwischen obskuren Riten überhaupt durchführten. Als diese heimlichen Juden, so geschehen im 16. Jahrhundert, von der spanischen Halbinsel in die Niederlande flüchteten, versuchten sie, ihr jüdisches Wissen wieder zurückzuerlangen. Der Großvater meines Vaters war ein solcher Mann gewesen, der sich in den jüdischen Traditionen schulte, sogar bei dem großen Rabbi Manassah ben Israel studierte, und er hatte seine Kinder dazu erzogen, die jüdischen Bräuche in Ehren zu halten.

Auch ich war in dieser Tradition erzogen worden, fand es aber schon seit Langem einfacher, sie zu ignorieren, als sie hochzuhalten. Aus diesem Grund war ich mir nicht sicher, was ich mir von meiner Rückkehr in die Synagoge erwartete. Vielleicht hatte ich mich dazu durchgerungen, nichts zu erwarten, doch ich ertappte mich dabei, einen gewissen Trost aus der Morgenandacht zu ziehen. Der Gemeinderabbiner war noch der gleiche wie zu meiner Kinderzeit, doch auch wenn David Nieto inzwischen deutlich älter geworden war, als ich ihn in Erinnerung hatte, und dünn und gebrechlich aussah, war er immer noch ein verehrungswürdiger Mann, der mit seiner gewaltigen schwarzen Perücke und der Andeutung eines Bartes, der lediglich die Spitze seines Kinns bedeckte, nachhaltigen Eindruck machte.

Beim jüdischen Gottesdienst sitzen Männer und Frauen in verschiedenen Abteilungen, damit die Männer nicht von den Verlockungen des weiblichen Fleisches abgelenkt werden. Ich hatte diese Sitte stets für sehr klug gehalten, denn ich kann mich nicht erinnern, dass Elias auch nur einmal aus der Kirche kam, ohne mir von irgendwelchen eleganten Damen und ihrer herausgeputzten Garderobe vorzuschwärmen. In der Bevis-Marks-Synagoge sitzen die Männer unten in mehreren Bankreihen, die im rechten Winkel zur Kanzel des Rabbi aufgestellt sind. Die Frauen sitzen ein Stockwerk höher, wo eine vergitterte Holzabtrennung die Männer vor ihrem Anblick schützen soll. Das Gitter ist jedoch so beschaffen, dass man, wenn auch nicht vollständig, hindurchsehen und so den einen oder anderen Blick auf das schöne Geschlecht erhaschen kann.

Die Synagoge war an jenem Morgen brechend voll – voller, als ich sie aus meiner Kinderzeit in Erinnerung hatte. Es hatten sich unten vielleicht dreihundert Männer und im oberen Bereich an die einhundert Frauen eingefunden. Zusätzlich zu den Gläubigen waren noch zwei junge englische Burschen anwesend, die gekommen waren, um den Juden beim Gottesdienst zuzuschauen. Derlei Besuche waren nichts Ungewöhnliches. Ich erinnerte mich, als Junge des Öfteren Neugierige gesehen zu haben, und im Allgemeinen benehmen sie sich auch anständig, obwohl es nicht unüblich ist, dass diese Männer nach einer Weile, wenn sie mit der stundenlangen Liturgie des Judentums konfrontiert sind, ruhelos werden. Tatsächlich hielten die Besucher mit ihrem Erstaunen über einen komplett in einer fremden Sprache abgehaltenen Gottesdienst, in dem sich die Menschen ebenso persönlicher Kontemplation wie auch gemeinsamem Beten hingaben, nur selten hinter dem Berg.

Ich hingegen hatte nur wenig mit den hebräischen Worten des Gebetbuches zu kämpfen, denn ich hatte diese Gebete als Junge so oft gelesen, dass sie fest in meinem Gedächtnis eingebrannt waren, und sie jetzt, nach so langer Zeit, wieder zu sprechen, beglückte mich auf eine Weise, wie ich es keineswegs erwartet hatte. Ich empfand eine angenehme Freude dabei, einen Gebetsschal, den ich von meinem Onkel geborgt hatte, um meine Schultern zu spüren, und ich sah, wie Onkel Miguel während des langen Gottesdienstes mehr als einmal billigende Blicke in meine Richtung warf. Ich konnte nur hoffen, dass ihm meine häufigen Blicke nach oben zur Frauenabteilung entgingen, wo ich das wunderschöne, wenn auch teilweise vom Gitter verdeckte Gesicht Miriams ausgemacht hatte. Andererseits haftete diesem zergliederten Bild von ihr auch etwas ungemein Verlockendes an – mal sah ich ein Auge, dann ihren Mund, dann wiederum eine Hand. Das Auge war ganz besonders erfreulich, denn ich stellte mit großer Zufriedenheit fest, dass es sich nicht minder oft zu mir hinab als ins Gebetbuch senkte.

Nach dem Gottesdienst eilten Miriam und meine Tante unverzüglich nach Hause zurück, wohingegen ich mit meinem Onkel noch eine Zeit lang im Hof der Synagoge verweilte, wo er sich mit diesem und jenem Mitglied der Gemeinde in freundlichem Geplauder erging, während ich mich umsah und so tat, als lauschte ich interessiert den Gesprächen darüber, wer neu im Viertel zugezogen und wer gerade weggezogen war. Als ich dort so stand, hörte ich jemanden meinen Namen rufen, drehte mich um und erblickte einen nobel gekleideten

Herrn, dessen Gesicht, das von vielen Hieben und Schnittwunden entstellt war, ich sofort wiedererkannte. Es war Abraham Mendes, Jonathan Wilds rechte Hand.

Selten nur hatte mich der Anblick von jemandem mehr in Erstaunen versetzt. Ich starrte ihn entgeistert an.

Mendes amüsierte sich nicht schlecht über meine Verwirrung und grinste mich wie ein schelmisches Kind an. »Was für eine Freude, Sie wiederzusehen, Mr. Weaver«, sagte er mit einer übertriebenen Verbeugung.

»Was treiben Sie denn hier, Mendes?«, stieß ich hervor. »Wie können Sie es wagen, mich hierher zu verfolgen?«

Er lachte. Nicht verächtlich, sondern sichtlich erheitert. Tatsächlich wirkte sein hässliches Gesicht auf unerklärliche Weise charmant. »Ich Sie verfolgen, Sir? Sie müssen Ihre Angelegenheiten für höchst interessant halten, um so etwas zu vermuten. Ich bin allein deswegen hier, um der Sabbat-Andacht beizuwohnen, und hielt es für meine Pflicht, einen alten Bekannten, wenn ich ihn treffe, auch zu grüßen.«

»Soll ich etwa glauben, Sie seien nur des Gottesdienstes wegen hier?«, fragte ich. »Das scheint mir höchst unwahrscheinlich.«

»Das Gleiche könnte ich von Ihnen sagen.« Er grinste. »Aber wenn Sie mir nicht glauben, können Sie sich gern umhören. Ich wohne wieder am Duke's Place, und das schon mehrere Jahre. Auch wenn ich nicht jeden Sabbat hierher komme, so doch oft genug. Wenn hier etwas ungewöhnlich ist, dann ist es Ihre Anwesenheit.«

Er beugte sich zu mir. »Verfolgen Sie mich etwa?«, fragte er mit gespieltem Flüstern.

Jetzt musste ich laut lachen. »Ich muss schon sagen, Mendes, ich bin überaus erstaunt. Sie haben mich wirklich überrascht.«

Er verneigte sich, da sich in diesem Moment mein Onkel zu mir umdrehte.

»Lassen Sie uns nach Hause gehen, Benjamin.« Mein Onkel verneigte sich knapp vor meinem Begleiter. *»Schabbat schalom,* Mr. Mendes«, entbot er dem Halunken den traditionellen Sabbat-Gruß.

»Auch Ihnen, Mr. Lienzo.« Mendes grinste mich abermals an. *»Schabbat schalom,* Mr. Weaver«, sagte er, bevor er sich seinen Weg durch die Menge nach draußen bahnte.

Mein Onkel und ich legten ein paar Schritte zurück, bevor ich meine Frage stellte: »Wie kommt es, dass Sie mit Mendes bekannt sind, Onkel?«

»Es gibt nicht so viele Juden am Duke's Place, als dass man sie nicht alle persönlich kennen würde. Ich sehe ihn oft in der Synagoge. Kein besonders frommer Mann, wie ich vermute, aber er besucht den Gottesdienst ziemlich regelmäßig – und das will in London schon etwas heißen.«

»Aber wissen Sie denn nicht, was er ist?«, drängte ich ihn.

Mein Onkel musste lauter sprechen, als ihm lieb war, da ein Mann, der Schweinefleischpastete verkaufte, sich einen Spaß daraus machte, sich in die aus der Synagoge strömende Menge zu stellen und den Juden lautstark seine Ware anzupreisen.

»Selbstverständlich weiß ich das. Im Gegensatz zu manch anderem. Die meisten Leute, die man fragt, würden einem antworten, dass er wohl irgendwo für einen reichen Mann als Butler arbeitet. In meiner Branche kommt mir jedoch hin und wieder eine Schiffsladung mit Ware unter, die ich streng nach dem Gesetz eigentlich nicht besitzen dürfte, und wenn ich dann keinen Käufer dafür finde, kann mir Mr. Mendes im Namen seines Arbeitgebers oft ein angemessenes Angebot machen.«

Ich konnte kaum glauben, was ich da hörte. »Wollen Sie mir damit etwa sagen, Onkel, dass Sie mit *Jonathan Wild* Geschäfte machen?«

Ich flüsterte den Namen nur und redete ohnehin so leise, dass mein Onkel einen Augenblick brauchte, um zu verstehen, was ich gesagt hatte.

Er hob die Schultern mit einer Geste der Entschuldigung. »Wir leben hier in London, Benjamin. Wenn ich eine bestimmte Sorte Ware an den Mann bringen will, kann ich mir den Käufer nicht immer aussuchen, und Mr. Mendes hat mir mehr als einmal seine Hilfe angeboten. Persönlich habe ich mit diesem Wild nichts zu schaffen und achte peinlichst darauf, ihn mir vom Leibe zu halten, aber Mendes selbst hat sich als fähiger Kommissionär erwiesen.«

»Sie sind sich doch wohl darüber im Klaren, welches Risiko Sie eingehen, wenn Sie auch nur indirekt mit Wild Geschäfte machen?«, hauchte ich beinahe.

»Wie Mr. Mendes es gerne ausdrückt: In gewissen Branchen kommt man nicht umhin, mit Mr. Wild Geschäfte zu machen. Ich habe erfahren müssen, dass dem wirklich so ist. Andererseits ist mir natürlich nicht unbekannt, dass Wild ein gefährlicher Mann ist, aber ich vertraue darauf, dass Wild sich ebenso dessen bewusst ist, dass auch ich auf meine Weise recht gefährlich werden kann.«

Mein Onkel lächelte ganz und gar nicht, als er diese Worte aussprach.

Wir kehrten zu einem kleinen Imbiss aus Brot, kaltem Fleisch und Ingwerkuchen, die alle schon am Tag zuvor zubereitet worden waren, nach Hause zurück. Miriam und meine Tante trugen alles selbst auf, und nachdem wir gegessen hatten, stellten sie das Geschirr in die Küche, damit sich die Dienerschaft nach Sonnenuntergang darum kümmern konnte.

Ich zog mich mit Miriam ins Wohnzimmer zurück und war ein wenig verwundert darüber, dass mir weder Onkel noch Tante folgten. Miriam trug an jenem Tag ein atemberaubendes indigoblaues Kleid mit einem farblich abgesetzten elfenbeinfarbenen Petticoat und sah blendend aus.

Ich fragte Miriam, ob sie sich mir mit einem Glas Wein anschließen wolle. Sie lehnte höflich ab und ließ sich stattdessen in einem Lehnsessel nieder, wandte sich einem Band von Mr. Popes *Ilias* zu, einem Werk, von dem ich schon oft gehört, in das ich mich aber noch nie vertieft hatte. Ich goss mir aus einer hübschen Karaffe ein Glas Madeira ein, nahm in vorgeblich nachdenklicher Stimmung ihr gegenüber Platz und betrachtete den Ausdruck auf ihrem Gesicht, während sie in dem Werk las. Da ich ein in den gesellschaftlichen Gepflogenheiten nicht ganz unbewanderter Mensch bin, lag es keinesfalls in meiner Absicht, sie anzustarren, jedoch fand ich mich alsbald wie verzaubert vom Anblick ihrer dunklen Augen, die den Worten über die Seite folgten, wobei sie die Lippen kritisch geschürzt hielt.

Vielleicht weil sie bemerkte, dass ich in diesem Moment allein sie beobachtete, legte Miriam das Buch zur Seite, wobei sie die soeben gelesene Stelle sorgsam mit einem Stoffstreifen markierte. Alsdann nahm sie eine Zeitung auf, die neben ihr lag, und blätterte sie betont unbekümmert durch. »Sie haben Ihren Onkel mit Ihrem Kommen heute sehr glücklich gemacht«, sagte sie, ohne mich anzusehen. »Er hat beim Frühstück von nichts anderem geredet.«

»Das erstaunt mich allerdings«, erwiderte ich. »Ehrlich gesagt war ich der Meinung, dass er sich überhaupt nichts aus mir mache.«

»Ach, Sie wissen doch, dass er die Familie über alles schätzt. Ich glaube eher, dass er sich in den Kopf gesetzt hat, Sie zu reformieren. Worunter er, wie ich vermute, versteht, Sie dazu zu bewegen, an den Duke's Place zu ziehen, mit einiger Regelmäßigkeit die Synagoge zu besuchen und Sie mit den Erfordernissen und Pflichten seines

Geschäfts vertraut zu machen.« Sie schwieg einen Augenblick und blätterte eine Seite weiter. Schließlich blickte sie mit einem undurchdringlichen, stoischen Gesichtsausdruck zu mir auf. »Er hat mir gesagt, Sie erinnerten ihn an Aaron.«

Aarons Witwe gegenüber wagte ich weder Abscheu noch Widerspruch zu äußern. »Mir hat er das Gleiche gesagt.«

»In der Physiognomie kann ich sogar eine gewisse Ähnlichkeit feststellen, aber sonst kommen Sie mir doch wie zwei Männer mit gänzlich unterschiedlichen Charakteren vor.«

»Darin würde ich mit Ihnen durchaus übereinstimmen.«

Wieder trat eine Pause ein, einer der vielen Augenblicke verlegenen Schweigens, die unsere Unterhaltung zäsierten. Keiner von uns wusste etwas zu sagen. Schließlich fiel Miriam ein neues Thema ein.

»Besuchen Sie denn hin und wieder Tanzveranstaltungen, Bälle und dergleichen?« Die Frage war beiläufig gestellt, oder vielmehr war es eine Frage, die wie beiläufig gestellt klingen sollte. Sie sprach langsam und ohne den Blick zu heben.

»Tut mir leid, meistens fühle ich mich bei derlei Veranstaltungen eher unwohl«, antwortete ich.

Ihr Lächeln legte nahe, dass wir ein gemeinsames Geheimnis hatten. »Ihr Onkel findet, London sei nichts für anständige jüdische Damen.«

Ich verstand nicht recht, was sie mir damit sagen wollte. »Die Meinung meines Onkels mag wohl sehr berechtigt sein«, sagte ich, »aber, wenn Sie sich ihr nicht anschließen möchten, sehe ich nicht, wie er Sie davon abhalten könnte. Sie sind volljährig und, wie ich Grund habe anzunehmen, auch mit eigenen Mitteln ausgestattet.«

»Aber ich habe mich dazu entschlossen, im Schutze dieses Haushalts zu bleiben«, sagte sie leise.

Ich wünschte, ich hätte die Bedeutung dieser Worte verstanden. Für eine Witwe ihres Standes, die wie sie an ausgesuchte Kleidung, Essen und Einrichtung gewöhnt war, würde der Unterhalt eines eigenen Haushalts sich als recht teures Unterfangen herausstellen. Ich wusste nicht, wie viel Geld Aaron Miriam vermacht hatte. Mit der Eheschließung war ihr Vermögen seins geworden, und ich konnte nur Vermutungen darüber anstellen, wie viel davon er seinem Onkel hinterlassen, vielleicht verspielt oder in die falschen Geschäfte gesteckt hatte, wie viel er auf eine der zahllosen Arten verloren hatte, auf die man sich als Mann in London nur allzu rasch von seinem Geld getrennt sieht. Vielleicht stand Unabhängigkeit nicht zur Wahl. Sollte das bei Miriam der Fall sein, so musste sie einfach auf den richtigen Freier warten, um von den Händen ihres Schwiegervaters in diejenigen eines neuen Ehemannes weitergereicht zu werden.

Der Gedanke an Miriams Probleme, die Vorstellung, dass sie sich im Hause meines Onkels wie eine Gefangene vorkam, beunruhigte mich. »Ich bin sicher, dass mein Onkel Ihnen von ganzem Herzen nur das Allerbeste wünscht«, unternahm ich einen Versuch. »Hatten Sie denn mit Ihrem Ehemann an den Vergnügungen der Stadt teilgenommen?«

»Der Handel mit dem Osten machte es erforderlich, dass er sich oft für längere Zeit im Ausland aufhielt«, erwiderte sie tonlos. »Wir verlebten nur wenige gemeinsame Monate, bevor er zu der Reise in See stach, von der er nicht wieder zurückkehrte. Doch in dieser Zeit erwies er sich, was Vergnügen und Zeitvertreib angeht, aus ganz ähnlichem Holze geschnitzt wie sein Vater.«

Vor lauter Unbehagen bohrte ich den Nagel meines Daumens in den Zeigefinger. Miriam hatte mich in eine schwierige Lage gebracht, und ich hätte gewettet, dass sie zu klug war, um sich dessen nicht bewusst zu sein. Wenn ich an ihre Gefangenschaft dachte, tat sie mir leid, und doch konnte ich den Regeln, die mein Onkel aufgestellt hatte, wohl kaum widersprechen.

»Aus eigener Erfahrung muss ich sagen, dass die Londoner Gesellschaft Mitgliedern unseres Volkes nicht immer ausgesprochen wohlgesonnen begegnet. Stellen Sie sich nur einmal vor, wie Sie sich fühlten, wenn Sie sich in einem Teegarten mit einer netten jungen Dame, die Sie vielleicht gerne als Freundin gewännen, ins Gespräch vertieften, nur um bald darauf herauszufinden, dass sie zum Thema Juden nur die gemeinsten und verabscheuungswürdigsten Ansichten vertritt?«

»In diesem Falle würde ich mir eine weniger engstirnige Freundin suchen«, sagte sie mit einer abwehrenden Handbewegung. Doch ich sah an der verminderten Lebhaftigkeit ihrer Augen, dass sie meine Frage nicht unberührt gelassen hatte. »Wissen Sie was, Vetter? Ich habe meine Meinung geändert und wünsche jetzt sehr wohl ein Glas Wein.«

»Wenn ich Ihnen eins einschenkte«, fragte ich, »wäre das nicht Arbeit und daher eine Verletzung der Sabbat-Vorschriften?«

»Sehen Sie es demnach als Arbeit an, mir ein Glas Wein einzuschenken?«, gab sie zurück.

»Meine Dame, Sie haben mich überzeugt.« Ich erhob mich, goss ihr ein Glas ein und reichte es ihr so langsam, dass ich zusehen konnte, wie ihre zierlichen Finger sorgsam jeden Kontakt mit meiner Hand vermieden.

»Verraten Sie mir doch«, fuhr sie fort, nachdem sie einen maßvollen Schluck getrunken hatte, »wie fühlt man sich, wenn man in den Schoß der Familie zurückgekehrt ist?«

»Ach«, erwiderte ich mit einem ausweichenden Lachen, »mir scheint es weniger eine Rückkehr als ein Besuch zu sein.«

»Ihr Onkel berichtete, Sie hätten heute Morgen mit großer Inbrunst gebetet.«

Ich dachte daran, wie sie mich durch das Gitterwerk beobachtet hatte. »Fanden Sie meine Gebete denn auch so inbrünstig?«, wollte ich wissen.

Entweder verstand mich Miriam nicht, oder sie tat nur so. »Wenn ich sie bis auf die Frauenempore hinauf gehört hätte, müssten sie in der Tat sehr inbrünstig gewesen sein.«

»Da ich mich allerdings sehr inbrünstig fühlte, fand ich keinen Grund, weshalb die Synagoge nicht an meiner Inbrunst teilhaben sollte.«

»Ich finde Sie ein wenig frech, Vetter«, sagte sie mehr amüsiert als verärgert.

»Solange Sie es mir nicht übel nehmen.«

»Darf ich Ihnen eine ganz persönliche Frage stellen?«, fragte sie.

»Sie dürfen mich fragen, was Sie wollen«, erwiderte ich, »solange mir das Gleiche gewährt ist.«

Meine Bemerkung geziemte vielleicht nicht ganz einem wahren Gentleman, denn Miriam hielt einen Moment inne und schien unsicher, wie sie fortzufahren gedachte. Schließlich entschloss sie sich zu einem Ausdruck, der weniger ein Lächeln als ein nachdenkliches Zusammenpressen der Lippen war.

»Das scheint mir nicht mehr als recht. Wie Sie wissen, ist Ihr Onkel ein sehr traditionsbewusster Mann. Er will mich vor der Welt in Schutz nehmen. Mir gefällt es jedoch nicht besonders, so abgeschieden zu leben, und so versuche ich, so viel wie möglich zu erfahren.« Sie schwieg einen Augenblick und sann entweder meinen Worten oder dem letzten Schluck Wein nach. »Ich habe nie den Grund für den Bruch zwischen Ihnen und Ihrem Vater erfahren.«

Eigentlich hatte ich mit so gut wie niemandem über die Trennung von meiner Familie geredet. Ein Teil meines Verlangens, mit Miriam über das Thema zu sprechen, entsprang wohl dem Wunsch, ein Band des Vertrauens mit ihr zu knüpfen, aber bis zu einem gewissen Grade war es wohl auch das Bedürfnis, überhaupt einmal über diese Angelegenheit zu sprechen. »Mein Vater hatte immer gehofft, ich würde in geschäftlicher Hinsicht in seine Fußstapfen treten. Im Gegensatz zu meinem älteren Bruder bin ich hier in England zur Welt gekommen, und das bedeutet, dass ich als ordentlicher Bürger dieses Landes von allen Fremdensteuern befreit bin und es mir erlaubt ist, eigenes Land zu besitzen. Für meinen Vater war es keine Frage, dass José nach Amsterdam zurückkehren sollte, um sich dort um die geschäftlichen Angelegenheiten der Familie zu kümmern, und ich hier in England bleiben würde. Aber es wollte mir nicht so recht gelingen, die schon als Kind in mich gesetzten Erwartungen zu erfüllen. Immer wieder wurde ich auf der Straße in Prügeleien mit anderen Jungen verwickelt, oft genug mit Nichtjuden, die uns misshandelt hatten, weil sie Juden nicht leiden konnten. Ich weiß auch nicht, warum ich mich in diese Richtung entwickelte. Vielleicht, weil ich ohne die Zuneigung einer Mutter aufwuchs. Mein Vater missbilligte meine handgreiflichen Auseinandersetzungen, weil er Aufsehen befürchtete. Ich habe ihm immer gesagt, dass ich mich bei der Ehre gepackt fühlte, unser Volk zu verteidigen, aber einen noch größeren Reiz übte es auf mich aus, andere Jungen ganz einfach zu verprügeln.«

Ich sah, dass ich Miriams Aufmerksamkeit völlig in Beschlag genommen hatte, und sonnte mich in ihrem Blick. Sogar jetzt noch fällt es mir schwer, zu erklären, weshalb mich diese Frau vom Fleck weg gefangen genommen hat. Sie war schön, das wohl, aber das waren auch andere Frauen. Sie hatte Witz und Verstand, aber intelligente Frauen sind nicht so rar gesät, wie es uns einige gehässige Schriftsteller weismachen wollen. Manchmal denke ich, dass ich glaubte, sie und ich hätten so vieles gemeinsam, weil wir unsere eigenen Wege entlang der Grenzen dessen suchten, was es bedeutete, sowohl jüdisch als auch britisch zu sein. Vielleicht war das der Grund, weshalb sie meine Geschichte so überaus aufmerksam verfolgte.

»Ich hatte immer irgendwie das Gefühl, er sei schuld daran gewesen, dass ich keine Mutter hatte ... Sie wissen ja, wie unsinnig manche Kindergedanken sein können«, fuhr ich fort. »Sie starb, und da bin ich mir fast sicher, an einer Art von Auszehrung, als ich noch ein kleines Kind war. Von früh an spürte ich, dass mein Vater nur ein schlechter Ersatz für sie war, und in der Folge suchte ich geradezu danach, sein

Missfallen herauszufordern. Er war ein gestrenger Zuchtmeister, und alles, was nicht Perfektion war, machte ihn wütend.«

Ich unterbrach mich kurz, um an meinem Glas zu nippen, und redete mir ein, dass Miriam die Verwirrung nicht bemerkt hätte, die das Erzählen meiner Geschichte in mir auslöste.

»Eines Tages, ich war vierzehn, trug er mir auf, einem Kaufmann, dem er etwas schuldete, eine gewisse Geldsumme zu überbringen. Ich war in dem Alter, in dem er gerade damit angefangen hatte, mir die Grundlagen des Familienvermögens zu erläutern. Er wünschte aus mir einen Börsenhändler zu machen, genau wie er einer war, aber ich entwickelte leider keinen rechten Appetit auf die Mathematik, und das Geschäftliche interessierte mich eher noch weniger. Vielleicht hätte mein Vater früher damit anfangen sollen, mich diese Dinge zu lehren, aber wahrscheinlich hatte er gehofft, ich würde mich mit zunehmendem Alter von selbst dafür interessieren. Ich hingegen interessierte mich nur dafür, mich auf den Straßen herumzutreiben, Ärger zu machen und die Glücksspielhäuser aufzusuchen.«

»Trotzdem hielt er Sie schon damals für erwachsen genug«, bemerkte Miriam vorsichtig.

»So schien es wohl«, sagte ich ihr, obwohl ich mich schon oft gefragt hatte, ob er mir lediglich eine Gelegenheit zum Versagen geben wollte. »Mein Vater war fest entschlossen, aus mir etwas Nützliches zu machen, und hatte mich schon oft zu Botengängen losgeschickt. Auch die Überbringung jener Summe war ein solcher Botengang. Es handelte sich um eine Art Wechsel im Wert von fünfhundert Pfund. Noch nie zuvor hatte ich eine so große Summe in Händen gehalten und hielt es für meine große Chance. Ich glaubte, wenn ich eine dermaßen große Summe aufs Spiel setzen konnte, musste ich in jedem Glücksspielhaus gewinnen ... als würde mein Glück proportional zu der eingesetzten Geldsumme steigen. Mein Plan bestand darin, eine gewaltige Geldsumme zu gewinnen, dem Kaufmann sein Kapital zu bringen und den Rest zu behalten. Ich hatte schon vorher Glücksspielhäuser besucht und war so gut wie immer gerupft hinausgegangen, also hatte ich keine Entschuldigung für meinen Optimismus. Ich war einfach nur jung und von der Macht des Geldes, das ich in Händen hielt, wie verzaubert. Also ging ich zu dem Haus und machte das Papier zu Geld, mit der Absicht, es auf dem Rückweg wieder auszulösen. Die folgende Geschichte ist wohl voraussagbar: Ich verlor ein ums andere Mal, bis ich nur noch einhundert Pfund übrig hatte und mir nicht mehr in die

Tasche lügen konnte, die ursprüngliche Summe wieder zurückgewinnen zu können. Ich wagte nicht daran zu denken, wie ich zu meinem Vater zurückkehren und ihm erzählen sollte, was geschehen war. Er hatte mich schon viele Male gezüchtigt, wenn ich von Botengängen zu spät nach Hause kam. Wie er auf dieses Verbrechen reagieren würde, darüber konnte ich nur spekulieren.«

»Sie müssen schreckliche Angst gehabt haben«, sagte sie leise.

»Ja, ich hatte Angst. Aber ich kam mir auch auf eigenartige Weise befreit vor, als hätte ich schon mein ganzes Leben auf diesen Augenblick gewartet – den Augenblick, an dem ich nicht mehr nach Hause zurückkehren würde. Und auf einmal war er da. Ich beschloss, das verbliebene Geld zu behalten und die Stadt zu verlassen, damit er mich nicht aufspüren konnte. Ich nahm den Namen Weaver an. Nur wenige Monate später fand ich heraus, dass ich mir mein Brot – manchmal kaum das und manchmal viel mehr als das – verdienen konnte, indem ich das tat, was mir am besten gefiel: mich prügeln. Hin und wieder stellte ich mir vor, ich würde mein Geld sparen und mit der Summe, die ich entwendet hatte, zu ihm zurückgehen, verschob den Gedanken jedoch immer auf später. Ich hatte mich an meine neu gefundene Freiheit gewöhnt und befürchtete, dass mich diese Freiheit ein für alle Mal verdorben hatte. In meiner Vorstellung war ich bereits nach Hause zurückgekehrt und abgewiesen worden, und so fühlte ich in meinem Herzen, dass man mir Unrecht getan hatte und ich moralisch dazu verpflichtet war, wegzubleiben. Vermutlich wusste ein Teil von mir immer, dass diese Vorstellung nicht mehr als eine flaue Entschuldigung war, denn es hatte mir nie sonderlich behagt, den Gesetzen unseres Volkes verpflichtet zu sein.«

Sie sagte nichts, aber plötzlich nahm mich ihr Blick gefangen. Ich hatte die Worte ausgesprochen, die sie sich noch nie laut zu formulieren getraut hatte.

»Auf mich allein gestellt, durfte ich essen, was ich wollte, arbeiten und anziehen, was ich wollte, und meine Zeit mit wem auch immer verbringen. Ich ließ einen jugendlichen Irrtum weiter wachsen, und in meiner Vorstellung wurde mein Fehler zur angemessenen Antwort auf die harsche und unnachsichtige Behandlung durch meinen ungerechten Vater. Auf diese Weise überzeugte ich mich immer wieder selbst, bis ich die Nachricht von seinem Tod erhielt.«

Miriam starrte in ihr Weinglas, vielleicht aus Angst, mich anzusehen. »Und trotzdem haben Sie sich auch dann noch ferngehalten.«

Ich hatte versucht, beim Erzählen meiner Geschichte einigermaßen distanziert zu bleiben. Da ich sie mir selbst schon so viele Male erzählt hatte, wäre es mir nicht schwer gefallen, sie, ohne nachzudenken, abzuspulen. Und doch merkte ich, wie tieftraurig ich geworden war, eine Verfassung, die ich sogleich dadurch ins Lot zu bringen versuchte, dass ich mein Glas Wein austrank. »Ja. Auch dann habe ich mich noch ferngehalten. Es ist nicht einfach, derart alte Gewohnheiten abzustreifen. Ich war immer fest davon überzeugt, Miriam, mein Vater sei ein außergewöhnlich unfreundlicher Mann gewesen. Aber es ist seltsam. Jetzt, nachdem ich ihn so lange nicht gesehen habe, jetzt, da ich ihn niemals wiedersehen werde, beginne ich mich zu fragen, ob es nicht an mir lag, ob vielleicht ich kein guter Sohn gewesen bin.«

»Ich beneide Sie um diese Freiheit«, sagte sie und wechselte mit Bedacht zu einem Thema über, bei dem ich nicht so sehr in trüben Gedanken versank. »Kommen und gehen zu können, wie es einem gefällt. Sie können alles essen, mit jedem reden, überall hingehen, wohin Sie wollen. Haben Sie schon einmal Schweinefleisch gegessen? Und Schalentiere?« Auf einmal hörte sie sich wie ein aufgeregtes Kind an.

»Das ist auch nur Essen«, antwortete ich und wunderte mich über mein Bestreben, die Aufregung herunterzuspielen, die ich bei der Freiheit verspürt hatte, all diese uns vom Gesetz verbotenen Lebensmittel zu kosten. »Was unterscheidet eine Art von Fleisch oder Fisch von einer anderen? Was unterscheidet die Arten der Zubereitung? All diese Dinge üben nur deshalb ihren Reiz auf uns aus, weil sie verboten sind, versetzen uns allein durch die Verlockung der Sünde in Entzücken.«

»Dann genießen die Engländer Austern also nicht wegen ihres Geschmacks?«, fragte sie skeptisch.

Ich lachte, denn ich aß Austern sehr gerne. »Nein, ich glaube, so habe ich es nicht gemeint. Aber jetzt sind Sie an der Reihe, meine Fragen zu beantworten. Fangen wir mit Ihrem Verehrer Mr. Adelman an. Wie finden Sie ihn?«

»Er ist weniger hinter mir als hinter dem Geld Ihres Onkels her«, antwortete sie. »Und abgesehen davon ziemlich alt. Warum möchten Sie wissen, wie ich über Mr. Adelman denke?«

Mein Stolz erlaubte mir nicht, dem ganzen Ausmaß meines Interesses Ausdruck zu verleihen, obwohl ich geradezu hoch erfreut war zu hören, dass Adelman kein Rivale war. »Er hat mich gestern Abend in seiner Kutsche mitgenommen, und ich fand seine Gesellschaft, gelinde gesagt, ein wenig beunruhigend. Er kommt mir recht verschlagen und unredlich vor.«

Miriam nickte und erklärte mir: »Er ist tief in politische Machenschaften verstrickt, und viele Zeitungen denken nicht gut von ihm.«

Ihre Wangen waren vor Stolz darüber, dass sie über Dinge, die normalerweise uns Männern vorbehalten blieben, Bescheid wusste, ganz gerötet. Ich fragte mich, was wohl mein Onkel, der sie von den gesellschaftlichen Amüsements fernhielt, davon hielt, dass sie die politischen Zeitungen las.

»Nicht in geringem Maße entstammt der Hass gegen unser Volk«, fuhr sie fort, »der in den eleganten Kreisen so weitverbreitet ist, dem Misstrauen, den sein Einfluss auf den Prinzen und das Kabinett hervorruft. Für mich ist das Grund genug, nichts mit ihm zu tun zu haben. Ich wäre wohl kaum begeistert davon, lebenslänglich an einen stadtbekannten Schurken gebunden zu sein, ob nun schuldig oder nicht.«

Die Offenheit, mit der sie sich erklärt hatte, bezauberte mich sehr. Sie verstand sehr wohl, was es bedeutete, einen Mann wie Adelman zu heiraten, und ich musste ihrem Wunsch, diesem Schicksal zu entgehen, unbedingt beipflichten. »Trotzdem scheint mein Onkel sein Werben zuzulassen. Möchte er denn, dass Sie sich mit Adelman vermählen?«

»Zu diesem Thema hat er sich bisher noch nicht eindeutig geäußert. Ich kann mir nur vorstellen, dass er sich überhaupt nicht mit dem Gedanken anfreunden kann, dass die Witwe seines Sohnes einen anderen Mann – wen auch immer – heiratet. Trotzdem muss es mehr als verlockend sein, eine so familiäre Verbindung zu einem Manne vom Einfluss eines Mr. Adelman zu schließen, doch bislang ist mir Mr. Lienzo seine Ansicht zu dieser Angelegenheit noch schuldig geblieben.«

»Bislang noch«, wiederholte ich ihre Worte. »Glauben Sie, er wird sich noch äußern?«

»Ich glaube, dass die Empfindungen Ihres Onkels hinsichtlich seines Sohnes früher oder später dem Wunsch nachgeben werden, eine engere Verbindung zu Mr. Adelman zu knüpfen.«

»Was werden Sie tun«, fragte ich langsam, »wenn er Sie dazu zwingen will?«

»Dann werde ich an einem anderen Ort Schutz suchen«, erwiderte sie mit einer Leichtfertigkeit, die meiner Empfindung nach mehr gespielt als tatsächlich empfunden war.

Ich fand es eigenartig, dass Miriam nichts davon erzählte, dass sie eventuell einen eigenen Haushalt führen wollte, sondern vielmehr der Überzeugung Ausdruck verlieh, ihre einzigen Möglichkeiten bestünden in der Protektion irgendeines Mannes. Ich sah jedoch keine Möglichkeit, näher auf dieses Thema einzugehen, ohne sie zu kränken, und so versuchte ich es auf einem anderen Wege. »Sie sagen, er sei hinter dem Geld meines Onkels her, dabei ist er doch selbst ein unglaublich reicher Mann.«

»Wohl wahr. Aber das bedeutet nicht, dass er nicht nach noch mehr Reichtum trachtet. Die Überzeugung, dass man nie zu viel Geld haben kann, gehört doch, wie ich mir habe sagen lassen, zu den Grundvoraussetzungen jedes erfolgreichen Geschäftsmannes. Außerdem wird er älter und sehnt sich nach einer Ehefrau. Die Frau, die für ihn infrage kommt, muss jedoch Geld mitbringen, aber sie muss auch, wie ich vermute, Jüdin sein.«

»Warum denn? Ein derartig mächtiger Mann kann doch jede beliebige Christenfrau heiraten, wenn er das will. Das wäre nicht ungewöhnlich, und aus der kurzen Unterhaltung, die ich mit Mr. Adelman geführt habe, scheint es mir, als verspürte er keine allzu große Liebe zu unserem Volk.«

»Vermutlich haben Sie recht.« Miriam schürzte die Lippen und zuckte mit den Schultern. »Ich nehme an, er könnte tatsächlich eine Christin heiraten, aber das wäre unklug für einen Mann in seiner Position.«

Ich nickte. »Natürlich. Seine Feinde fürchten ihn als Vertreter einer allumfassenden jüdischen Macht. Wenn er eine Christin heiratete, könnte seine Unfähigkeit, sich ... zurückzuhalten, womöglich als bedrohlich empfunden werden.«

»Ich glaube außerdem, dass er am liebsten konvertieren und ein Mitglied der anglikanischen Kirche werden würde. Dabei verspürt er natürlich keinerlei religiöse Vorlieben für diesen Glauben, aber so wäre es wesentlich leichter für ihn, seinen Geschäften nachzugehen. Aber ich bin davon überzeugt, dass Adelman sich auch dessen bewusst ist, wie viel böses Blut ein solcher Schachzug in beiden Gesellschaften hervorriefe. Also wendet er sich an mich, eine Jüdin, die eine anständige Mitgift mitbringt und die sich nicht den alten Traditionen verpflichtet fühlt.«

Ich ließ mir Miriams Betrachtung einen Augenblick durch den Kopf gehen. »Wenn ich eine taktlose Frage stellen darf, würde ich gern mehr über Adelmans Wunsch erfahren, in den Besitz des Vermögens meines Onkels zu gelangen. Ist es nicht vielmehr *Ihr* Vermögen, das er mit einer Heirat erwirbt?«

Sie setzte ihr Weinglas ab und hätte es dabei beinahe umgeworfen. Ich bedauerte es bereits, eine so tölpelhafte Frage gestellt zu haben, doch letztendlich hatte sie das Thema angeschnitten, und es war wichtig, Adelmans Beweggründe zu kennen.

»Da ich diese Frage selbst aufgeworfen habe, muss ich sie wohl auch unverzagt beantworten.«

Ich hob meine Hand. »Wenn Sie lieber passen würden – ich möchte Sie nicht drängen.«

»Zu liebenswürdig, aber ich möchte antworten. Wie Sie wissen, war Aaron ein Kommissionär Ihres Onkels, nicht sein Geschäftspartner. Als er starb, gehörte ihm selbst nicht sehr viel, letztendlich nur das, was ihm vom Besitz meiner Eltern zurzeit unserer Hochzeit als Mitgift zugesprochen worden war. Und ein großer Teil dieses Geldes war in die Unternehmung investiert worden, zu deren Abwicklung Aaron unterwegs war, ein Unternehmen, das, wie Sie wissen, mit einer Katastrophe endete. Ich selbst verfüge lediglich über ein sehr geringes Vermögen und bin sehr wohl auf die Großzügigkeit Ihres Onkels angewiesen.«

Ich glaubte, in ihren letzten Worten eine Spur von Sarkasmus mitschwingen zu hören, aber ich hielt es nicht für angebracht, noch tiefer als bereits geschehen in dieses Thema vorzudringen. »Dann hat mein Onkel, wenn ich richtig verstehe, für Sie eine Mitgift in Aussicht gestellt, falls Adelman Sie heiratet?«

»Er hat mir gegenüber nichts dergleichen verlauten lassen, aber ich kann nur vermuten, dass dem so ist. Ihr Onkel würde den Erwerb des Einflusses von Adelman als Investition ansehen. Stimmt es«, fragte sie dann überraschend und mit weniger unheilvoller Stimme, als wäre sie zum Thema Musik oder Theateraufführungen umgeschwenkt, »dass Ihr Vater Sie in seinem Testament nicht bedacht hat?«

Mein erster Impuls war der, mein Desinteresse mit einer unwirschen Handbewegung auszudrücken, doch ich wusste, wie aufgesetzt eine solche Geste gewirkt hätte, eine Fassade, die ich auf keinen Fall vor dieser Frau errichten wollte. Stattdessen nickte ich. »Ich hege ihm gegenüber deswegen keinen Groll. Eigentlich bin ich ihm eher dankbar dafür, denn hätte er mir ein beträchtliches Erbe hinterlassen, würde ich die Schuld meiner Versäumnisse sicherlich als unerträglich empfinden.«

Miriam schwieg. Nicht, weil sie mich für schroff hielt, sondern, wie ich glaube, weil sie nicht wusste, was sie dazu sagen sollte. Also versuchte ich, unser Gespräch in eine weniger heikle Richtung zu lenken: »Und wie steht es mit Mr. Sarmento?«

In ihrem Gesicht zeichnete sich etwas ab, das ich als Erstaunen auslegte. »Sie sind ein sehr kluger Mensch, Vetter, wenn Sie Mr. Sarmentos Aufmerksamkeiten bemerkt haben. Ja, auch er ist einer meiner Verehrer.«

»Dabei macht er manchmal den Eindruck, als sei er eher Mr. Adelmans Verehrer.«

Sie nickte grimmig. »Richtig. Deshalb finde ich es so erstaunlich, dass Ihnen seine Absichten überhaupt aufgefallen sind. Mr. Sarmento hat sein Interesse gegenüber Ihrem Onkel bereits kundgetan, aber er ist weitaus mehr mit seinen geschäftlichen als mit seinen privaten Interessen beschäftigt. Offen gesagt, Mr. Sarmento ist noch rätselhafter und widerwärtiger als Mr. Adelman. Er ist eine egoistische und, wie ich glaube, hinterhältige Kreatur. Das trifft zwar auch auf Adelman zu, aber der ist wenigstens in höfische Politik verwickelt, und dort gehören Intrigen, wie ich glaube, zum täglichen Geschäft. Welche Entschuldigung hat Mr. Sarmento vorzuweisen, dass er hier ständig wie ein aufgedunsenes Nagetier herumschleicht? Offen gesagt glaube ich, er will Aarons Platz in Mr. Lienzos Herz einnehmen, und in dieser Hinsicht ist er ebenso Ihr Rivale wie der von Mr. Adelman.«

Ich beschloss, diese Bemerkung zu ignorieren. »Verfügt er denn über genügend Mittel, um es mit ihm aufzunehmen?«

»Seine Familie ist nicht ohne Vermögen. Ich glaube, sie würde ihm schon anständig unter die Arme greifen, sobald die Heiratsverhandlungen in Gang kämen. Aber seine Familie würde daraus viel größeren Nutzen ziehen als Ihre.«

»Und was hält mein Onkel von diesem Nagetier?«

»Er hält ihn für einen fähigen Mann im Warenlager, ist davon überzeugt, dass er die geschäftlichen Belange hervorragend versteht und dass er, sollte er sich einmal selbstständig machen, nur schwer zu ersetzen wäre. Ich glaube nicht, dass dieses Gefühl das gleiche ist wie der Wunsch, ihm für den Rest seines Lebens jeden Morgen beim Frühstück gegenüberzusitzen.«

»Vermutlich ist es kein leichtes Unterfangen, die Witwe eines Sohnes auf dem Heiratsmarkt feilzubieten.«

»Allerdings«, erwiderte Miriam trocken.

»Und auf wen haben Sie, wenn ich fragen darf, Ihr Augenmerk gerichtet?«

»Selbstverständlich auf Sie, Vetter«, sagte sie, und die Worte schienen ihr wie von selbst von der Zunge zu fliegen.

Ich vermute, sie bedauerte ihre Vorwitzigkeit noch in der gleichen Sekunde, und eine Zeit lang herrschte ein ziemlich verunsicherndes Schweigen, in dem keiner von uns zu atmen, geschweige denn zu sprechen wagte. Dann stieß Miriam ein nervöses Lachen aus. Wahrscheinlich war sie der Meinung, sich eine zu große Freiheit herausgenommen zu haben.

»War ich zu anmaßend? Wahrscheinlich sollten wir erst zwei oder drei solcher Nachmittage miteinander verbringen, bevor ich mir derartige Dreistigkeiten Ihnen gegenüber herausnehme. Na schön, wollen wir wieder ernst sein. Ich habe mein Augenmerk noch auf niemanden gerichtet. Ich bin sicher, dass ich noch nicht so weit bin, das Eigentum eines anderen Mannes zu werden. Ich genieße momentan nicht viele Freiheiten, und ich weiß nicht, ob ich die wenigen, die mir verblieben sind, ebenfalls aufgeben möchte. Vielleicht verlangt es mich nach mehr Unabhängigkeit, und ich glaube, in deren Genuss kann ich hier noch eher gelangen als im Hause eines anderen Mannes.«

Ich schwieg einen Moment, denn ich fühlte mich von den angenehmen Gefühlen, die mich in ihrer Gegenwart ergriffen, noch immer einigermaßen verwirrt. Es dauerte eine Weile, bis ich endlich den Mund öffnete, um ihr zu antworten, jedoch wurde ich im selben Moment von der Ankunft meiner Tante und meines Onkels unterbrochen, die froh gelaunt ins Zimmer geschwirrt kamen, sich ein Glas Wein einschenkten und uns mit Geschichten aus ihrer Jugend in Amsterdam unterhielten.

10

Die Sonne ging unter, der Sabbat war zu Ende. Nach dem Abendessen zog ich mich mit meinem Onkel in sein Arbeitszimmer zurück, wo er schließlich doch noch dazu kam, mit mir über die finanziellen Verhältnisse meines Vaters zur Zeit seines Todes zu sprechen. Ebenso wie das Privatgemach in seinem Lagerhaus war auch dieses Zimmer mit Geschäftsbüchern und Karten angefüllt, doch hier bewahrte er außerdem historische Werke, Reisebücher und sogar ein paar Memoiren auf, die, wie ich vermutete, allesamt zum Verständnis der Orte, mit denen er Handel trieb, wichtig waren. An denjenigen Wänden des Zimmers, die nicht mit Bücherregalen bedeckt waren, hing ein wildes Durcheinander von Landkarten und Drucken, die er großformatigen Bänden entnommen oder aus billigen Broschüren herausgerissen hatte. Fast der gesamte zur Verfügung stehende Platz an den Wänden war bedeckt, einzelne Drucke und Holzschnitte überlappten einander sogar. Auf einigen waren wichtige Männer wie etwa der König abgebildet, auf anderen Szenen des häuslichen Lebens, des Handels oder des Lebens auf See. Es war eine schwindelerregende Anordnung, doch Onkel Miguel empfand großes Vergnügen ob der endlosen Vielfalt der Bilder.

Er setzte sich hinter einen Schreibtisch, und ich zog mir einen Stuhl nahe genug heran, um seinen Worten folgen zu können. Wahrscheinlich weil es für mich ein so schwieriges Unterfangen gewesen war, mich mit meinem Onkel in Verbindung zu setzen, und weil er diese Unterredung um volle vierundzwanzig Stunden hinausgezögert hatte, glaubte ich, er hätte mir Dinge zu berichten, die sich als ungeheuer aufschlussreich erweisen müssten.

»Das Problem besteht nicht darin, dass Ihr Vater seine Bücher mangelhaft geführt hätte«, hob mein Onkel an. »Er hat umfassend Buch geführt. Aber er hat seine Informationen nicht zweckdienlich organisiert. Er wusste, wo alles war, aber sonst niemand. Es dürfte ein Projekt von Monaten, vielleicht sogar Jahren sein, seine Unterlagen zu ordnen und dann mit sämtlichen Wertpapieren zu vergleichen, die sich zur Zeit seines Todes in seinem Besitz befanden.«

»Also gibt es keine Möglichkeit, zu erfahren, ob an seinen Anteilen herumgepfuscht wurde, wie es Balfour von denen seines Vaters behauptet.«

»Ich fürchte nein. Zumindest nicht direkt. Aber er war kurz vor seinem Tod in eine merkwürdige Sache verwickelt, die mich überhaupt erst an seinem Unfall zweifeln ließ. Ihr Vater hatte, was Staatsanleihen betraf, eine goldene Hand, ja beinahe so etwas wie eine prophetische Gabe, was ihr Steigen und Fallen anging. Er unterhielt sich gerne mit mir über Aktien – wie viel diese oder jene zurzeit auf dem Markt wert war. Ich glaube, ich war wahrscheinlich der Einzige, dem er sich anvertrauen konnte, ohne befürchten zu müssen, dass ich sofort vorschnell auf seinen Rat hin meinen Vorteil suchte und damit eine unvorgesehene Schwankung auf dem Markt auslöste. Doch dann, kurz vor seinem Tod, wurde er schweigsam und wechselte das Thema, wenn ich ihn fragte, womit er gerade beschäftigt sei. Ich weiß, dass er sich mehrmals mit Mr. Balfour getroffen hat, doch Samuel hat mir nie etwas über ihre gemeinsamen Geschäfte erzählt. Dass die beiden dann nur einen Tag nacheinander starben ... Ich glaube, Sie können sich vorstellen, weshalb ich misstrauisch wurde.«

»Wenn ich mit meinen Nachforschungen vorankommen will, brauche ich einen tieferen Einblick in die Angelegenheiten, mit denen er sich beschäftigt hat. Ich muss gestehen, dass mir mein Vater nicht viel von seinen Geschäften erzählt hat, und ich machte mir auch nichts daraus, etwas von seinen Tätigkeiten in der 'Change Alley zu verstehen. Was hat es mit diesen Staatsanleihen, die Sie erwähnt haben, auf sich? Wie funktionieren sie?«

Mein Onkel rückte sich auf seinem Stuhl zurecht und lächelte wie ein Schulmeister. »Der Vorgang ist ziemlich einfach. Angenommen, Sie sind in der Verlegenheit, mehr Geld zu brauchen, als Sie tatsächlich besitzen. Es stehen Ihnen mehrere Optionen offen: Sie könnten sich bei einem Goldschmied oder einem öffentlichen Schreiber Geld leihen. Auch Regierungen, insbesondere, wenn sie Krieg führen, fehlt mitunter das Geld, das sie brauchen, um ihre Truppen zu bezahlen, neue Waffen anzufertigen und so weiter. In der Vergangenheit dieses Landes, und selbst heute noch in Ländern, die von absoluten Monarchen regiert werden, konnte ein König von seinem Adel verlangen, ihm Geld zu ›leihen‹. Wenn der König das Geld nicht zurückzahlte, konnte der Adel nicht viel dagegen unternehmen. Und sobald ein Monarch starb, weigerten sich die Erben für gewöhnlich, die Schulden ihres Vorgängers zu übernehmen.«

»Dieses Geld wurde also nicht geliehen, sondern abgenötigt.«

»Genau. Und wenn die mächtigen Landbesitzer von ihrem Monarchen zu sehr erpresst werden, kann es gefährlich werden. Als König Wilhelm dem schurkischen Papisten Jakob II. vor dreißig Jahren den Thron entriss, erklärte er sofort Frankreich den Krieg, um zu verhindern, dass diese Nation die Vorherrschaft in Europa errang. Zur Bezahlung dieser Kriege griff er auf die niederländische Methode der Finanzrequirierung zurück. Statt von den Leuten zu fordern, Geld an die Krone zu zahlen, bot er ihnen die Gelegenheit, Bargeld in Kapitalanlagen umzuwandeln. Will ein Königreich für einen Krieg zahlen, kann das Geld mittels des Verkaufs von Anleihen beschafft werden – dem Versprechen, eine bestimmte Summe plus einem bestimmten Zinsgewinn zurückzuzahlen. Wer eintausend Pfund in eine Anleihe investiert, die einem zehn Prozent Zinsen verspricht, bekommt einhundert Pfund pro Jahr an Zinsen. Nach zehn Jahren hat einem die Regierung die Anleihe zurückgezahlt, aber man behält sein Einkommen auch weiterhin. Für jemanden, der nichts weiter als tausend Pfund sein Eigen nennt, ist das wahrscheinlich eine schlechte Investition, aber für denjenigen, der sehr viel Geld übrig hat, können Anleihen eine regelmäßige und verlässliche Einnahmequelle darstellen. Zuverlässiger als Landbesitz, denn die Pachteinkünfte eines Landbesitzers sind von der Wirtschaftlichkeit des betreffenden Landes und vom Ernteertrag abhängig. Gewinne aus der Investition in Staatsanleihen hingegen sind garantiert.«

»Aber für wie lange?«, hakte ich nach. »Wie lange zahlt der Staat diese einhundert Pfund pro Jahr?«

Mein Onkel hob die Schultern. »Das hängt natürlich ganz von den Ausgabebedingungen ab. Manche laufen über sechzehn Jahre, manche ein wenig länger, manche ein weniger kürzer. Einige Papiere zielen auf eine lebenslange Rente und werden Jahr für Jahr ausgezahlt, solange der Inhaber am Leben ist.«

»Wenn der Empfänger aber stirbt, bevor die Anleihe zurückgezahlt ist ...«, setzte ich an.

»Dann ist es ein gutes Geschäft für die Staatskasse gewesen, ganz richtig.«

»Wäre es möglich, dass mein Vater ermordet wurde, weil man sich um eine Anleihenauszahlung drücken wollte?«, fragte ich, obwohl ich ein derartiges Vorgehen für unwahrscheinlich hielt. Es wäre eine erbärmliche Regierung, die ihre Kreditgeber ermordete.

Mein Onkel lachte leise auf. »Es stimmt zwar, dass König Edward I. die Juden von dieser Insel verjagte, weil er ihnen seine Schulden nicht zurückzahlen wollte, aber ich glaube schon, dass sich in den vergangenen fünfhundert Jahren so einiges geändert hat. Ich halte es für höchst unwahrscheinlich, dass das Schatzamt oder seine Agenten zu solch drastischen Mitteln greifen, um die Schulden des Landes zu reduzieren.«

»Adelman hat mit mir erst gestern Abend über die Verringerung der Staatsschulden gesprochen«, fiel mir ein. Eigentlich hatte ich es gar nicht laut aussprechen wollen.

»Ein Thema, das vielen Männern auf den Lippen liegt.«

»Schon, aber ich werde neugierig, wenn es sich um die Lippen eines Mannes handelt, der mich zum Stillschweigen überreden will. Ihr Freund Mr. Adelman hat von mir verlangt, meine Nachforschungen einzustellen, weshalb ich mich frage, was er wohl zu verbergen haben mag.«

Mein Onkel schien mich kaum zu hören. »Adelman ist ein kompliziertes Geschöpf, aber ich glaube nicht, dass Mord zu seinen Praktiken gehört. Er verfügt über andere Methoden, um das zu bekommen, was er bekommen will.«

»Und wie gedenkt er Miriam zu bekommen, Onkel?«

Er lächelte so schelmisch, dass es mich traurig stimmte, dieses Lächeln so lange nicht mehr auf seinem Gesicht gesehen zu haben. »Durch ihre Zustimmung. Eine Zustimmung, die jedoch, wie mir scheint, noch nicht so bald ansteht, Benjamin. Nein, Adelman hat andere Gründe, da bin ich sicher, wenn er Sie darum bittet, nicht weiter in diese Angelegenheit vorzudringen. Und ich bin mir ebenso sicher, dass sie mit seiner Angst zusammenhängen, dass die Geschäftsleute in den Kaffeehäusern in Panik geraten könnten, wenn ihnen lästige Gerüchte zu Ohren kommen. Sie sollten wissen, dass Adelman eine ungewöhnliche Stellung in der South Sea Company bekleidet. Er ist nicht einer ihrer Direktoren, zumindest nicht offiziell, aber er hat heimlich in die Company investiert, und zwar in der Größenordnung von mehreren zehntausend Pfund, wenn nicht mehr.«

»Trotzdem verstehe ich nicht, wieso er sich über meine Nachforschungen ereifert.«

»Ich habe viel ausgelassen. Der Staat handelt nicht selbst mit diesen Anleihen. Stattdessen lag es bislang in der Verantwortung der Bank of England, das Geld zu sammeln und die Auszahlung der Zinsen zu organisieren. Im Gegenzug werden ihr gewisse finanzielle Vorteile vom Schatzamt gewährt, dazu kommt die Verwaltung gewaltiger Geldsummen, die, wenn auch nur kurzzeitig, zugunsten der Bank verwendet werden können. Nun aber versucht die South Sea Company, der Bank einen Teil dieses Geschäfts wegzunehmen.«

»Das heißt, die Bank und die Company konkurrieren um das gleiche Geschäft – den Handel mit Staatsanleihen?«

»Korrekt«, sagte mein Onkel. »Und wie ich Ihnen gesagt habe, als König Wilhelm seine Kriege gegen Frankreich ausfocht, musste sehr viel Geld beschafft werden, und zwar rasch, woraufhin die Regierung mehrere attraktive Anleihen von der Sorte anbot, wie ich sie Ihnen beschrieben habe – mit einer Rendite von zehn Prozent, zahlbar bis ans Lebensende. Inzwischen herrscht im Parlament große Aufregung darüber, dass einige die Schulden unserer Väter als das Erbe unserer Kinder ansehen. Deshalb hat die South Sea Company die Reduzierung der Staatsverschuldung durch die Einführung von Aktienumschreibungen vorgeschlagen. Eine solche Umschreibung, wenn auch eine kleinere, fand Anfang dieses Jahres statt. Eigentümern von Staatsanleihen wurde die Gelegenheit geboten, ihre Rentenbriefe gegen South-Sea-Aktien einzutauschen. Das Schatzamt gibt der Company Geld für das erforderliche Stammkapital, und die neuen Aktien sorgen für die Löschung einer langfristigen Schuld.«

»Dann muss die South Sea Company sehr rentabel sein, wenn jemand seine hoch verzinsten Anleihen umtauschen soll.«

»Eigenartigerweise ist sie nicht im Mindesten rentabel. Ihren Erfolg hat sie vielmehr einer Legende des neuen Finanzmarktes zu verdanken.« Er beugte sich zu mir und warf mir einen Blick zu, der mir verriet, wie sehr er wieder einmal seine Rolle als Lehrmeister genoss. »Wie die anderen Handelsgesellschaften auch, wurde die South Sea Company gegründet, um die exklusiven Handelsrechte für ein bestimmtes Gebiet zu erhalten – in diesem Falle das Meer jenseits von Südamerika. Unglücklicherweise blieben diese Rechte aufgrund der Einmischung von spanischer Seite so gut wie wertlos. Die Company unternahm vor einigen Jahren den Versuch, Profit aus dem unschönen Handel mit Afrikanern zu ziehen, die als Arbeitskräfte nach Südamerika verschifft werden; doch nach allem, was mir zu Ohren kam, führte ihre mangelnde Erfahrung in diesen Angelegenheiten sowohl zu geschäftlichem Misserfolg als auch zu noch grausameren Verhältnissen für die Fracht als ohnehin üblich.«

»Aber was tut die Company dann, wenn sie nicht handelt?«

»Sie hat sich in eine Bank verwandelt, um der Bank of England den Rang abzulaufen. Will sagen, sie versucht, an der Finanzierung der Staatsverschuldung teilzuhaben. Und dabei hat die Company immer mehr an Einfluss gewonnen. Ihre Aktie hat sich in letzter Zeit sehr gut entwickelt und mehr als jene zehn Prozent Jahresrendite abgeworfen, deshalb scheint der Umtausch durchaus ratsam zu sein. Trotzdem gibt es so manchen, der die Umwandlung nicht für solide hält, denn um ihre Aktie wirklich profitabel zu machen, müsste die Company Geld verdienen und den Aktionären Dividenden auszahlen. Wenn die Company sich nicht als gewinnbringend erweist, sind auch ihre Aktien nichts wert, und die Leute, die Staatsanleihen, also tatsächliches Vermögen, besaßen, sehen sich plötzlich mit der Tatsache konfrontiert, dass sie überhaupt nichts mehr besitzen. Sie müssen sich das ungefähr so vorstellen, als wachten Sie eines Morgens auf, und Ihre gesamten Ländereien hätten sich in Luft aufgelöst.«

»Und deshalb möchte mich Adelman von weiteren Nachforschungen abhalten? Wegen der Wertpapierumschreibung?«

»Ich vermute, Mr. Adelman befürchtet einen öffentlichen Aufschrei, wenn Mord und Intrigen innerhalb des Anleihengeschäfts ruchbar werden.«

»Sie nicht?«, fragte ich.

»Mr. Adelman ist seit Langem ein Freund dieser Familie, aber das heißt nicht, dass sich seine Interessen immer mit den meinen decken. Er setzt sich für die Interessen der South Sea Company ein. Mein Motiv ist Gerechtigkeit. Wenn diese beiden Interessen nicht nebeneinander existieren können, bin ich nicht gewillt, zur Seite zu treten.«

»Ich bewundere Ihren Kampfgeist, Onkel«, sagte ich, denn ich sah die wilde Entschlossenheit in seinem Gesicht, die mich ernsthaft dazu bewegte, ihm behilflich zu sein.

»So wie ich den Ihren bewundere, Benjamin. Wäre Aaron noch am Leben, er würde bestimmt nicht zögern, selbst Nachforschungen anzustellen. Jetzt müssen Sie an seiner Statt handeln.«

Dazu konnte ich nur nicken. Meiner Meinung nach hätte sich Aaron, wäre er noch am Leben gewesen, lieber in der Besenkammer versteckt, als draußen auf der Straße einen Mörder zu suchen, aber wenn mein Onkel seinen Sohn als tapferen Mann in Erinnerung behalten wollte, lag mir nichts ferner, als dieses Bild zu zerstören.

»Vielleicht sollten wir unsere Schritte zurückverfolgen«, fuhr mein Onkel fort. »Der Richter, der sich mit dem Tod Ihres Vaters beschäftigte, hatte für den Kutscher, der Samuel überfuhr, lediglich eine harsche Rüge übrig. Ich glaube nicht, dass dieser Kutscher, dieser Herbert Fenn« – an dieser Stelle unterbrach sich mein Onkel, um auf Hebräisch einen Fluch zu murmeln –, »diese Tat auf eigene Verantwortung ausgeübt hat. Falls wir es wirklich mit einem Mord zu tun haben, dann handelte der Kutscher im Auftrag eines anderen. Meiner Meinung nach dürfte es einem Mann von Ihrem Schlag keine besonderen Schwierigkeiten bereiten, mehr aus diesem Kutscher herauszuholen, als es seinem eigenen Interesse entspricht.«

»Ja, daran habe ich auch schon gedacht«, sagte ich. »Ich werde ihn ausfindig machen.«

Mein Onkel schenkte mir ein zweites, diesmal aber nicht ganz so freundliches Lächeln. »Die Unterhaltung sollte für ihn nicht allzu angenehm ausfallen. Haben Sie mich verstanden?«

»Sie könnte ihn dazu bringen, dass er nie wieder etwas sagt.«

Er lehnte sich zurück. »Sie sind ein guter Mensch, Benjamin, der seinen Weg schon noch finden wird.«

»Nur einmal angenommen«, fuhr ich fort, »dass ich mit diesem Kutscher nicht weit komme. Fallen Ihnen irgendwelche Feinde ein, die mein Vater vielleicht gehabt hat? Jemand, der von seinem Tod hätte profitieren können, vielleicht aber auch jemand, der einen so starken Groll gegen ihn hegte, dass ein Verbrechen aus Rache nicht ausgeschlossen wäre?«

Angesichts meines Unwissens musste mein Onkel lächeln. »Benjamin, Ihr Vater war einer der führenden Börsenspekulanten. Die ganze Nation hasste ihn, und es muss wohl Tausende gegeben haben, die mit Freude ihr Glas auf seinen Tod erhoben haben.«

Ich schüttelte den Kopf. »Ich kenne mich zwar in diesen finanziellen Belangen nicht aus, aber ich verstehe nicht, weshalb man meinen Vater so verabscheuen sollte?«

»Für viele Engländer sind die Zeiten überaus verwirrend. Unsere Familie beschäftigt sich in den Niederlanden mittlerweile schon seit vielen Jahren mit Finanzen, aber für die Engländer ist das alles noch neu, und viele sehen es als sehr gefährlich an, als das Ende einer gloriosen Vergangenheit und den Anfang einer neuen und ehrlosen Habgier. Das meiste davon ist natürlich pure Einbildung, ein Argument, das immer dann fällt, wenn sich die Menschen an die Vergangenheit erinnern und sie zur Verdammnis der Gegenwart benutzen. Doch es gibt genug von denen, die ergriffen an die Zeiten zurückdenken, in denen ein englischer König noch ein englischer König war, nicht von einem Parlament, sondern von Gott persönlich eingesetzt. In ähnlicher Weise«, sagte er und zog eine Guinea aus seinem Geldbeutel, »erinnern sie sich an die Zeiten, als Gold noch Gold war. Sein Wert war beständig, und alle Dinge besaßen einen Wert, der an Edelmetallen gemessen werden konnte. Gold und Silber waren, wenn man so will, das stabile Wertezentrum, um das alle Dinge kreisten – ganz so, wie die Naturphilosophen uns die Mechanik der Sonne und der Planeten erklärt haben.«

Er winkte mich heran. »Und jetzt«, sagte er, »sehen Sie sich das an.«

Ich ging zu seinem Schreibtisch, wo er mir einen Bankwechsel zeigte, der sich auf hundertfünfzig Pfund belief. Er war im Namen der Bank of England auf jemanden ausgeschrieben, den ich nicht kannte, aber dieser Mann hatte ihn auf einen anderen Gentleman überschrieben, der wiederum auf einen dritten und dieser auf meinen Onkel.

»Was hätten Sie wohl lieber?«, fragte mich mein Onkel. »Diese Guinea oder diesen Schuldschein?«

»Da der Schein mehr als einhundertmal so viel wert ist wie die Guinea«, antwortete ich, »würde ich den Schein nehmen. Vorausgesetzt, Sie zeichneten ihn auf mich.«

»Warum verlangen Sie, dass ich ihn vorher auf Sie zeichne? Wenn er hundertfünfzig Pfund wert ist, dann ist das doch sein Wert. Wie kann meine Unterschrift ihm authentischeren Wert verleihen?«

»Weil es nicht hundertfünfzig Pfund sind, so wie diese Münze eine Guinea ist. Der Schein ist nur das Versprechen, hundertfünfzig Pfund zu zahlen. Man muss ihn erst einlösen, und er ist auf Sie ausgestellt, also ein Versprechen, die Summe an Sie auszuzahlen. Überschreiben Sie ihn jedoch an mich, gilt auch das Versprechen für mich. Ohne Überschreibung wäre es wohl schwer, diejenigen, die das Versprechen gegeben haben, zur Auszahlung zu bewegen.«

»Genau darin liegt das Problem«, sagte mein Onkel. »In England wird das Geld durch das Versprechen auf Geld ersetzt. Wir Geschäftsleute haben den Umgang mit Wechseln und Papiergeld schon längst schätzen gelernt, weil sie den Umlauf großer Geldsummen relativ einfach und sicher machen. Sie haben das Aufblühen des internationalen Handels, wie wir ihn heute kennen, erst ermöglicht. Und trotzdem hat es für viele Menschen etwas zutiefst Beunruhigendes an sich, wenn ein Wert gegen das bloße Versprechen dieses Wertes eingetauscht werden soll.«

»Ich verstehe nicht, weshalb das Anlass zur Sorge geben sollte. Wenn ich ein Kaufmann bin und mit diesem Wechsel kaufen kann, was ich will, oder ihn ebenso leicht in Gold umtauschen kann ... wo liegt da der Schaden?«

»Der Schaden«, antwortete mein Onkel, »liegt in der Frage, wen dieses System mächtig macht. Wenn der Wert nicht mehr in Gold gemessen wird, sondern im Versprechen auf Gold, dann halten die Leute, die dieses Versprechen geben, sehr viel Macht in Händen, finden Sie nicht? Wenn Geld und Gold das Gleiche sind, dann definiert Gold einen Wert, wenn aber Geld und Papier das Gleiche sind, dann basiert der Wert auf überhaupt nichts.«

»Trotzdem lässt sich mit Wertpapieren alles kaufen, was man will, und damit sind sie so gut wie Silbermünzen.«

»Aber können Sie sich denn nicht vorstellen, Benjamin, wie diese Dinge die Leute verschrecken? Sie wissen nicht mehr, worin ein Wert besteht oder wie sie ihre eigenen Werte einschätzen sollen, wenn diese sich von einer Stunde zur anderen ändern. In unseren Zeiten ist es verrückt, sein goldenes Tafelgeschirr unter den Dielenbrettern zu verstecken, denn wer sein Metall verschimmeln lässt, obwohl es in der gleichen Zeit noch mehr Metall hervorbringen könnte, verschenkt sein Geld. Andererseits birgt die Spekuliererei auch ihre Risiken, und an der Börse wurden ebenso viele Vermögen verloren wie gewonnen. Und Spekulation kann ohne solche Börsenmakler wie Ihren Vater nicht stattfinden, trotzdem wenden sich viele von denen, die durch den Markt immens reich geworden sind, angewidert ab und blicken auf Leute wie Ihren Vater mit Hass und Abscheu herab – denn Spekulanten wie Samuel sind zum Sinnbild jener Veränderung geworden, die die Menschen so verunsichert. Und diejenigen, die Geld verloren haben, hassen die Makler, wie Sie sich leicht vorstellen können, noch viel mehr. Es herrscht die Ansicht, das Finanzwesen sei nur ein Spiel, dessen Regeln und Resultate von Männern bestimmt werden, die im Geheimen operieren. Jene Männer profitieren vom Glück und vom Unglück anderer – und sie können nicht verlieren, weil sie selbst die Gesetze des Marktes diktieren. Jedenfalls wird das weithin geglaubt.«

»Absurd«, sagte ich. »Wie können diejenigen, die Wertpapiere kaufen und verkaufen, ihren Wert diktieren?«

»Dazu müssen Sie zunächst wissen, dass die Preise im Fluss bleiben müssen, wenn man an der Börse Geld machen will. Andernfalls gibt es weder profitable An- noch Verkäufe.«

»Warum fließen die Preise aber«, wollte ich wissen, »wenn die Preise für Staatsanleihen festgesetzt sind?«

Mein Onkel lächelte. »Weil der Preis mit Geld festgesetzt ist, und Geld ist manchmal mehr und manchmal weniger wert. Gibt es eine Missernte und Nahrungsmittel werden knapp, bekommt man für einen Shilling weniger als zu Zeiten, in denen es Nahrung im Überfluss gibt. Auch in Kriegszeiten, wenn der Handel behindert ist und viele Güter knapp und teurer werden, ist das Geld weniger wert. Die Gefahr eines Krieges oder eine drohende Hungersnot, andererseits aber auch die

Aussicht auf Überfluss und Frieden, das alles wirkt sich auf die Preise der Wertpapiere aus.«

Ich nickte, erfreut darüber, dass ich dieses Konzept verstanden hatte.

»Nehmen wir einmal an, ich sei ein korrupter Börsenspekulant«, sagte mein Onkel nachdenklich und sichtlich begeistert von diesem Spiel, »und ich besitze Staatsanleihen, die ich verkaufen will und deren Wert sich zurzeit auf eins fünfundzwanzig beläuft, also hundertfünfundzwanzig Prozent ihres ursprünglichen Wertes. Nehmen wir des Weiteren an, es gibt Gerüchte hinsichtlich eines Konflikts zwischen Preußen und Frankreich. Der Ausgang eines solchen Konfliktes wird sich so gut wie sicher auf die Preise hier in England auswirken, denn ein Sieg der Preußen vernichtet einen gemeinsamen Feind, wohingegen ein Sieg zugunsten Frankreichs unseren Feind stärkt und einen Krieg wahrscheinlicher macht. Gibt es Krieg, dann bekommt man weniger fürs Geld.«

»Verstehe«, brummte ich.

»Unser korrupter Spekulant glaubt an einen Sieg Frankreichs und dass die Preise der Staatsaktien fallen werden, also möchte er verkaufen. Was tut er also? Er setzt falsche Gerüchte in die Welt, die besagen, die Preußen würden unweigerlich gewinnen, das heißt, er überzeugt andere vom Gegenteil dessen, was er selbst für wahr hält. Er lässt diesbezüglich sogar Artikel für die Zeitung schreiben. Mit einem Mal ist die 'Change Alley voller Bullen, also Spekulanten, die alles kaufen wollen, was sie kriegen können. Unser Freund verkauft bei hundertfünfunddreißig, und nachdem die Preußen schließlich die Schlacht verlieren, fällt der Preis des betreffenden Papiers, der Spekulant hat zu einem wahnwitzigen Preis verkauft, und diejenigen, die gekauft haben, als der Preis hoch war, erleiden einen großen Verlust.«

»Sie wollen damit doch nicht andeuten, dass es tatsächlich Leute gibt, die solche Intrigen verfolgen, oder dass gar mein Vater darin verstrickt war?«

»Bah!« Er winkte ab. »Manipulieren Spekulanten Gerüchte, um die Börsenpreise zu ihren Gunsten zu beeinflussen? Manche ja, manche nein. Wenn ja, so ist es wohlsituierten Männern vorbehalten, auf die die Regierung hört. Direktoren der Bank of England und dergleichen. Diese Männer besitzen die Kontrolle über das, was wertvoll ist und was nicht, und das bedeutet in der Tat jede Menge Macht.«

»Aber hat sich mein Vater solcher Täuschungsmanöver bedient?«

Onkel Miguel drehte die Handflächen nach oben. »Ich habe mich nie in seine geschäftlichen Angelegenheiten eingemischt. Er hat seine Dinge so geregelt, wie er es für richtig hielt.«

Ich ignorierte die Tatsache, dass sich mein Onkel um eine klare Antwort drückte. Es spielte keine Rolle. Ich kannte die Antwort auch so nur zu gut. Das heißt, ich wusste zumindest von einem Vorfall, bei dem mein Vater – ich war damals noch ein Junge – einen anderen Mann betrogen hatte. Als ich von dem Betrug erfuhr, konnte ich nicht verstehen, wie es ihm gelungen sein mochte, einen anderen übers Ohr zu hauen. Er besaß nicht die Gabe meines Onkels, andere zu umschmeicheln und zu beschwatzen. Vielleicht war seine unterschwellige Unduldsamkeit als Ernsthaftigkeit missverstanden worden.

»Selbst wenn er nichts mit irgendwelchen Manipulationen zu tun hatte«, fuhr ich fort, »so hätte doch auch er verkauft, sobald er der Meinung war, dass die Preise bald fallen würden. Ist das nicht auch betrügerisch?«

»Er konnte niemals wissen, ob die Preise fallen, und ganz gewiss hat er sich auch einige Male getäuscht, wenn auch nicht so oft, wie er Recht behalten hat. Wenn ich jemandem etwas abkaufe, bleibt für mich immer ein Rest Unsicherheit, aber ich kann mir sicher sein, dass derjenige bereit ist, sich von dem, was er verkauft, zu trennen. Wenn Ihr Vater verkaufte, ging er ein Risiko ein, ebenso wie die Männer, an die er verkaufte.«

»Trotzdem bezichtigten ihn diese Männer der Unehrenhaftigkeit, wenn die Preise fielen.«

»Allerdings. So ist es halt, wenn jemand etwas verliert, oder nicht?«

»Dann glauben Sie also«, sagte ich beunruhigt, »dass jeder in Verdacht kommt, mit dem mein Vater Geschäfte gemacht hat? Das scheint mir eine ziemlich große Zahl von Menschen zu sein. Gibt es vielleicht Aufzeichnungen, eine Liste der Leute, mit denen er es am häufigsten zu tun hatte?«

Mein Onkel schüttelte den Kopf. »Bisher habe ich nichts dergleichen entdeckt.«

»Fällt Ihnen auch sonst niemand ein? Ein Erzfeind, den die Vernichtung meines Vaters mit großer Genugtuung erfüllt hätte?«

Wieder schüttelte mein Onkel nachdrücklich den Kopf, als wollte er einen unangenehmen Gedanken verscheuchen. »Nein, niemand. Wie gesagt, Ihr Vater wurde von vielen Männern gehasst, die Angst vor den Mechanismen der modernen Finanzwelt haben. Aber ein Erzfeind? Das glaube ich nicht. Halten Sie sich an Herbert Fenn, diesen

Kutscher, der ihn überfahren hat. Bei ihm sollten Ihre Nachforschungen beginnen.« Bei den letzten Worten stieß er die Faust in seine Handfläche.

Da ich spürte, dass mein Onkel mir nichts mehr zu sagen hatte, erhob ich mich und bedankte mich bei ihm für seine Unterstützung. »Selbstverständlich werde ich Sie über den Fortgang der Untersuchung auf dem Laufenden halten.«

»Und ich halte auch weiterhin die Augen offen.«

Onkel Miguel und ich schüttelten uns freundschaftlich die Hände, für meinen Geschmack ein wenig zu freundschaftlich, denn er sah mich mit einer Art väterlicher Zuneigung an, bei der ich mich beherrschen musste, um ihn nicht sofort daran zu erinnern, dass ich nicht sein Sohn war und er seinen Sohn ganz gewiss nicht in mir wiederfinden würde.

Nach einer förmlichen Verabschiedung von meiner Tante und Miriam verließ ich das Haus und machte mich auf den Weg hinunter zur High Street, wo ich eine Droschke heranwinkte und mich nach Hause bringen ließ.

Ich war über die Ausbeute an Informationen hoch zufrieden, auch wenn ich immer noch nicht wusste, wie ich in der Angelegenheit weiterhin verfahren sollte. Eines war jedoch sicher: Seit der Zeit, da ich zum ersten Mal mit Mr. Balfour gesprochen hatte, war ich durchaus zu seiner Ansicht gelangt. Vielleicht lag es an der Unterhaltung in Adelmans Kutsche, vielleicht auch an meiner Ahnung vom Ausmaß der Verwirrung, die von den Finanzmärkten ausging, die mein Vater so gut verstanden hatte. Ich konnte nicht genau benennen, woraus meine Überzeugung resultierte, aber ich stellte fest, dass ich mittlerweile ebenfalls davon ausging, dass mein Vater ermordet worden war.

Eine Frage ging mir jedoch nicht aus dem Kopf, eine Frage, die sich nicht beiseitedrängen ließ. Sie betraf die Feinde meines Vaters. Ich konnte nicht verstehen, warum mich mein Onkel so dreist belogen hatte.

11

Ich kehrte in mein Logis im Haus der Mrs. Garrison zurück, und nachdem ich mir ein Glas Portwein eingegossen hatte, saß ich noch eine Weile im trüben Licht einer billigen Talgkerze und fragte mich, ob mein Onkel und ich uns einfach nur missverstanden hatten. Ich hatte ihn gefragt, ob mein Vater einen oder mehrere Erzfeinde gehabt hatte, und mein Onkel hatte mit Nein geantwortet. War es möglich, dass er sich an eine bestimmte Unannehmlichkeit aus der Vergangenheit nicht erinnern wollte? Dass er glaubte, ein Feind, dessen Hass vor so langer Zeit geboren worden war, könne heute keinen echten Feind mehr abgeben? Oder konnte es sein, dass mein Vater in den Jahren, seit ich Duke's Place verlassen hatte, mit dem Mann, der geschworen hatte, ihn zugrunde zu richten, eine Art Frieden geschlossen hatte?

Ich hatte daran gedacht, die Frage zu klären – meinen Onkel zu fragen, ob es denn zu *keiner Zeit* einen solchen Feind gegeben hätte –, aber ich befürchtete, dass er, sollte ich die Angelegenheit zu sehr forcieren, vielleicht doch noch mit dem Namen antworten würde, an den ich dachte, und sein Schweigen machte mich viel zu neugierig, um ihn zum Sprechen zu zwingen. Hatte er mir diese Information vorenthalten, weil er glaubte, ich wüsste nichts von diesem Feind? Dass mein Vater sich nie die Mühe gemacht hätte, mit mir, seinem ungehorsamen Sohn, darüber zu reden? Oder hatte mein Onkel vielmehr gehofft, die Erinnerung an diesen Feind sei durch die Ritzen eines nach Ausschweifungen und Schicksalsschlägen unzuverlässig gewordenen Gedächtnisses gefallen?

Welche Gründe mein Onkel auch gehabt haben mochte, mir den Namen vorzuenthalten – ich durfte nicht hoffen, den Namen Bloathwait jemals zu vergessen.

Der Grund für meines Vaters Konflikt mit Bloathwait war mir nie so recht klar geworden, denn ich war damals vielleicht acht Jahre alt gewesen, doch ich wusste genug, um zu begreifen, dass mein Vater Bloathwait entweder um eine gewisse Geldsumme gebracht hatte oder dass Bloathwait zumindest davon überzeugt war. Alles, was ich damals als Kind und auch an jenem Abend bei Onkel Miguel wusste, war, dass Bloathwait meinen Vater in geschäftlicher Hinsicht aufgesucht hatte, entweder um zu kaufen oder zu verkaufen. So viel verstand ich jedenfalls, als Mr. Bloathwait eines Abends mitten im Winter – der

Schnee sammelte sich vor den Fenstern im Erdgeschoss unseres Hauses, und wir waren gerade beim Abendessen – anklopfte und meinen Vater zu sprechen wünschte.

Wir saßen am Tisch, mein Bruder José und ich, und mein Vater, sehr ernst mit seiner weißen Perücke und seinen farblosen Kleidern, wies den Diener an, den Mann abzuweisen. Der Diener verschwand mit einer Verbeugung. Doch nur wenige Sekunden darauf, so kam es mir jedenfalls vor, kam ein riesiger, fetter Mann, mit fliegender Allongeperücke und bis auf einen scharlachroten Mantel ganz in Schwarz gekleidet, ins Zimmer gestürmt. Schnee rieselte von seinen Kleidern. Er kam mir wie ein Riese von einem Mann vor, seine Empörung ließ ihn über sich hinauswachsen und zu einer Masse lebendig gewordener Verachtung für meinen Vater werden.

»Lienzo!«, fauchte er. »Sie haben mich ruiniert!«

Keiner von uns sagte ein Wort. Ich wartete darauf, dass sich mein Vater voller Zorn über diese Ungebührlichkeit erhob, doch er blieb reglos sitzen, starrte auf seinen Teller und vermied jeden Blickkontakt mit dem Mann, als könne sein Anblick irgendeine Art von Gewalttätigkeit hervorrufen.

»Sie können mich morgen jederzeit an meinem Arbeitsplatz aufsuchen, Mr. Bloathwait!«, sagte er schließlich. Seine Stimme klang gepresst und bebte leicht. Auf seinem Gesicht schimmerten Schweißperlen, die vom orangefarbenen Flackern des Kamins beleuchtet wurden.

Bloathwait spreizte die Beine ein wenig, als mache er sich auf einen Angriff gefasst. »Ich kann nicht recht nachvollziehen, weshalb es mir nicht gestattet sein sollte, Ihren häuslichen Frieden zu stören, nachdem Sie mir den meinen so gründlich ruiniert haben. Sie sind ein Schuft und ein Dieb, Lienzo! Ich verlange Wiedergutmachung!«

»Sollten Sie der Ansicht sein, dass Ihnen Unrecht widerfahren ist, müssen Sie sich an die Gerichte wenden«, entgegnete mein Vater mit ungewohnter Schärfe. Seine heisere Stimme verriet seine Angst, doch er reagierte auf die Verzweiflung des Augenblicks mit einer Art nobler Resignation. »Ansonsten sollten Sie sich als Opfer der unberechenbaren Spielregeln des Aktienmarktes betrachten. Wir müssen alle von Zeit zu Zeit Verluste einstecken, niemand kann sich den Stimmungen der launischen Dame Fortuna entziehen. Deshalb sollte meiner Meinung nach auch niemand mehr investieren, als zu verlieren er verkraften kann.«

»Nicht Fortuna war mir feindlich gesinnt, sondern Sie, Sir.« Er zeigte mit seinem langen Spazierstock auf meinen Vater. »Sie waren es, der mich dazu ermutigt hat, mein Vermögen in jene Aktien zu investieren.«

»Mr. Bloathwait, wenn Sie sich mit mir über derlei Angelegenheiten unterhalten möchten, suchen Sie mich bitte in der 'Change auf, denn ich möchte Ihnen die Schmach ersparen, von meinen Dienern hinauseskortiert zu werden.«

Bloathwait verzog den Mund, als wollte er etwas sagen, doch mit einem Mal wurde er schlaff wie ein entleerter Weinschlauch. Dann ließ er den Spazierstock wieder sinken, stieß einmal damit auf unserem Fußboden auf und verzog seinen erschreckend kleinen Mund plötzlich zu einem Grinsen. »Ich glaube, Mr. Lienzo, ich warte lieber, bis Sie mich aufsuchen.«

Er verbeugte sich kurz und förmlich, drehte sich um und ging.

Wäre die Sache damit erledigt gewesen, hätte ich sie bestimmt bald vergessen. Sie erfuhr jedoch eine Fortsetzung. Nur wenige Tage darauf, als ich gerade aus der Schule nach Hause kam, sah ich Mr. Bloathwait auf der Straße. Zuerst erkannte ich ihn nicht und ging einfach weiter, bis ich eine riesenhafte Gestalt vor mir wahrnahm, die, von einem schwarzen Umhang umweht, knöcheltief im Schnee stand. Der Mann starrte mich an, seine schwarzen Augen waren tief in der gewaltigen Fläche seines Gesichtes eingesunken, wie links und rechts neben die knollige Nase gepflanzt, darunter der Mund wie eine kurze Schnittwunde. Die heftigen Windstöße hatten seine Haut gerötet und ließen seine dunkle Perücke wie eine Kriegsfahne in der Luft flattern. Er trug dunkle Kleidung. Bloathwait war ein Dissenter, und wie alle Angehörigen dieser religiösen Abweichlersekte hatte er von ihren Vorgängern, den Puritanern, die Sitte übernommen, seinem Äußeren den Ausdruck der Verachtung jeder weltlichen Eitelkeit zu verleihen. An Bloathwait wirkten diese dunklen Farben jedoch eher bedrohlich als bescheiden.

Ich wollte auf die andere Straßenseite wechseln und ihm so aus dem Weg gehen, doch in diesem Augenblick ratterte eine Droschke vorüber, und ich hatte keine Gelegenheit dazu. Also ging ich weiter und dachte sogar dann noch, gespielte Tapferkeit könnte mich retten, wo mich mein Glück im Stich gelassen hatte. Vielleicht konnte ich einen Zwischenfall vermeiden, wenn ich Bloathwait einfach ignorierte und stur an ihm vorbeimarschierte.

Es sollte nicht sein. Bloathwaits Hand schoss hervor und packte mich am Handgelenk. Der Griff war fest, aber nicht sehr strategisch. Mir war bewusst, dass er, als Erwachsener, nicht daran gewohnt war, Leute am Handgelenk festzuhalten, ich hingegen als Junge mit einem größeren Bruder sehr wohl wusste, wie man sich aus einem so nachlässigen Griff befreite. Einen Augenblick blieb ich stehen, unschlüssig, ob ich mich losreißen und davonlaufen oder diesem Mann, der trotz allem ein Erwachsener war, lieber zuhören sollte. Er jagte mir Angst ein, das schon, aber in seinem Zorn auf meinen Vater erkannte ich eine gewisse Verbundenheit mit ihm, als wäre es ihm gelungen, meinen eigenen Gedanken und Erfahrungen eine Stimme zu verleihen. Aus diesem Grunde wollte ich mehr von ihm erfahren, zugleich wollte ich aber auch davonlaufen, weil er mir meinen Vater auf eine Art und Weise gezeigt hatte, wie ich ihn noch nie gesehen hatte.

»Lassen Sie mich los!«, sagte ich und versuchte, dabei möglichst verärgert zu klingen.

»Ich werde dich schon wieder loslassen, mein Junge«, antwortete er. »Ich möchte aber, dass du deinem Vater etwas von mir ausrichtest.«

Ich erwiderte nichts, doch er schien das als Einwilligung zu betrachten. »Sag deinem Vater, ich möchte mein Geld zurückhaben. Falls nicht, werde ich, so wahr ich hier stehe, dich und deinen Bruder meinen Zorn spüren lassen.«

Ich wollte ihm nicht zeigen, dass ich Angst hatte, obwohl genug in seinem Blick lag, um einen Jungen meines Alters in Panik zu versetzen. »Ich habe Sie verstanden«, sagte ich und hob das Kinn. »Lassen Sie mich jetzt los.«

Der Wind blies ihm frischen Schnee ins Gesicht, und ich fand, dass sogar in der nachlässigen Geste, mit der er ihn wegwischte, etwas Schurkisches lag.

»Du hast mehr Mut als dein Vater, Junge«, sagte er mit einem Grinsen, das seinen winzigen Mund in die Breite zog.

Er ließ mein Handgelenk los und starrte mich an. Ich drehte mich um, weigerte mich loszurennen und ging betont langsam nach Hause, wo ich schweigend darauf wartete, dass mein Vater aus der 'Change Alley zurückkam. Es war schon spät, nach Einbruch der Dunkelheit, als ich ihn endlich erblickte und einen Diener nach ihm schickte, der für mich um eine Unterredung mit ihm bat. Er lehnte ab, bis ich den Diener ein zweites Mal schickte und ihm ausrichten ließ, es handele sich um eine Angelegenheit von größter Wichtigkeit. Ich glaube, mein

Vater muss sich dessen bewusst geworden sein, dass ich sonst nur selten um seine Zeit bat und schon gar nicht nachsetzte, wenn sie mir nicht gewährt wurde.

Nachdem er mich in seine kleine Kammer gebeten hatte, berichtete ich ihm mit fester Stimmer von meiner Begegnung mit Bloathwait. Er hörte zu, bemühte sich, keinerlei Regung zu zeigen, aber was ich sah, jagte mir mehr Angst ein als die vagen Drohungen eines dicken, aufgeblasenen Mannes wie Bloathwait. Mein Vater hatte Angst. Aber er hatte Angst, weil er nicht wusste, was er tun sollte, und nicht, weil er sich um mein Wohlbefinden sorgte.

Ich wollte die Begegnung wie ein Geheimnis hüten, zumindest vor José, doch später am Abend erzählte ich es ihm doch, und zu meinem großen Entsetzen gestand er mir, dass er das gleiche Erlebnis gehabt hatte. Von diesem Augenblick an erschien uns Bloathwait entsetzlicher als jeder Kobold oder jede Hexe, die jemals ein Kind erschreckt hatten. Wir sahen ihn immer wieder, wenn wir aus der Schule kamen, auf der Straße oder auf dem Marktplatz. Er grinste uns an, manchmal hungrig, als wären wir nur kleine Happen, die er schon bald verschlingen würde, und manchmal mit einer Art verhaltener Belustigung, als wären wir alle die Opfer des gleichen ironischen Schicksalsschlages – in gewisser Weise die Gefährten und Partner seines Martyriums.

Damals glaubte ich, diese Begegnungen erstreckten sich über mehrere Monate, vielleicht sogar Jahre, doch als ich älter war, schwor José, es seien höchstens ein oder zwei Wochen gewesen. Vermutlich hatte er recht, denn ein erwachsener Mann kann nicht einen Großteil seines Lebens damit verbringen, Kinder zu verfolgen, um ihrem Vater Angst einzujagen, und ich habe auch keine Erinnerung an Bloathwait, in der er nicht von Schnee umgeben und sein Gesicht nicht rot vor Kälte ist. Sogar jetzt, nachdem ich viel mehr von Bloathwait erfahren habe, so dass er mir als Erwachsenem noch mehr Angst einjagt als damals als Kind, sehe ich ihn, wenn ich an ihn denke, stets mit seinem Übermantel vor mir, ein großer schwarzer Fleck in einer weißen Winterlandschaft.

Doch Bloathwaits Terror fand schließlich ein Ende. Nachdem ich ihn schon lange nicht mehr gesehen hatte, erkundigte ich mich bei meinem Vater nach ihm, der jedoch nur mit der Faust auf den Tisch schlug und mich anbrüllte, ich solle diesen Namen nie wieder laut aussprechen.

Dabei kann ich nicht behaupten, dass der Name in unserem Hause nie gefallen wäre. Manchmal hörte ich im Kreise der Geschäftspartner meines Vaters das Wort Bloathwait mit unterdrücktem Flüstern fallen, und jedes Mal warf mein Vater einen Blick über die Schulter, um zu sehen, ob es einen Zeugen gab, einen Zeugen, der ihm seine Maske der Gleichgültigkeit herunterreißen und die sich darunter verbergende Scham entdecken würde.

Bis zu dem Tage, an dem ich dieses Haus verließ, wagte ich es nicht, den Namen auszusprechen, doch dieser große, finstere Feind – dieser Mann, der mein Gegenspieler und zugleich auf eine eigentümliche Weise mein Verbündeter gewesen war, der mir auf unwiderlegbare Weise die Fehlbarkeit meines Vaters aufgezeigt hatte – blieb fest in meinen Vorstellungen verankert. Als ich ihn beim nächsten Mal sah, erkannte ich ihn ohne Schwierigkeiten, obwohl er inzwischen älter und noch fetter, zu einer Karikatur seines früheren Selbst geworden war. Zuletzt hatte ich ihn nicht als Kind, sondern erst vor Kurzem, bei der Beerdigung meines Vaters, gesehen. Ich hatte mich von der Zeremonie abgewandt und mich auf den Weg durch den feuchten Londoner Nachmittag gemacht, da sah ich ihn in ungefähr zwanzig Meter Entfernung stehen. Er betrachtete uns, seine kleinen Augen waren auf den Haufen jüdischer Männer fixiert, die ihre Gebete murmelten. Eigenartigerweise verspürte ich weder Angst noch Erschrecken, obwohl er, wenn ich daran denke, wirklich gruselig aussah: eingehüllt in einen schwarzen Überzieher, dazu die regennasse Perücke, die an seinem Gesicht klebte ... Neben ihm stand ein Bediensteter, der ohne viel Erfolg einen Schirm über ihn hielt, zwei weitere standen in Erwartung seiner Anweisungen ein wenig abseits. Als ich ihn sah, dachte ich zuerst, es müsse sich um einen alten Freund handeln, über dessen Auftauchen ich mich freuen müsste. Instinktiv hätte ich beinahe die Hand gehoben, um ihm zu winken, doch auf einmal erkannte ich sein Gesicht wieder, und ich erstarrte und sah ihn einfach nur an. Er fing meinen Blick auf und zuckte nicht einmal mit der Wimper, sondern entbot mir vielmehr ein feines Lächeln, amüsiert und bedrohlich. Dann drehte er sich um und bestieg seine Kutsche.

Ich zollte den Belangen der Politik und der Wirtschaft keine große Aufmerksamkeit, doch London ist eine Stadt, in der die wichtigen Männer einem jeden bekannt sind, und so kam ich nicht umhin, zu erfahren, dass dieser Mann, der einst ein so bedrohlicher Feind meines Vaters gewesen war, inzwischen zu einer öffentlichen Figur von einiger Berühmtheit geworden war. Mr. Bloathwait war Vorstandsmitglied der Bank of England. Die Bank of England war der Feind der South Sea Company, und die Company wollte, dass ich meine Nachforschungen einstellte. Ich hatte keine Ahnung, wie diese Tatsachen zusammenpassten, aber die Weigerung meines Onkels, den Namen Bloathwait zu nennen, den Namen überhaupt über seine Lippen kommen zu lassen, machte mir deutlich, dass mir keine andere Wahl blieb, als noch einmal mit diesem Feind zu sprechen. Ich musste herausfinden, ob ein Schurke aus der Vergangenheit zurückgekehrt war, um meinem Vater das Leben zu nehmen.

Ich möchte keineswegs bei meinen Lesern den Eindruck erwecken, ich hätte, abgesehen von den Geschäften, die auf diesen Seiten beschrieben sind, weder etwas anderes zu tun noch andere als die hier erwähnten Bekannten gehabt. Da ich mich jedoch als sehr zielstrebig kannte, hielt ich es für das Beste, mich sämtlicher anderer Verpflichtungen zu entledigen, bevor ich mich weiter in meine Nachforschungen stürzte. In den Tagen, die auf den Besuch bei meinem Onkel folgten, brachte ich zunächst eine Sache in Ordnung, mit der ich im Auftrag eines meiner regulären Kunden beschäftigt war – eines Schneiders, der die vornehmen Kreise ausstattete und dabei seine Rechnungen oft von Gentlemen missachtet sah, deren Glück sich gewendet hatte.

Viele dieser Gentlemen nutzen die liberalen Statuten dieses Landes schamhaft aus und zeigen sich des Sonntags in aller Öffentlichkeit, an einem Tag, an dem, wie sie sehr wohl wissen, die Gerichtsdiener sie nicht ihrer Schulden wegen einsperren dürfen. Auf diese Weise müssen die Gläubiger leiden, während ihre Schuldner unter der Bezeichnung *Sunday Gentlemen* frech durch die Straßen promenieren. Ich hingegen hatte mir im Dienste meiner Auftraggeber zur Angewohnheit gemacht, das Gesetz ein wenig flexibler als die Gerichtsdiener auszulegen. Diesbezüglich pflegte ich eine langjährige Abmachung mit Bawdy Moll, die es mir erlaubte, meine Kandidaten auch des Sonntags von der Straße wegzufangen und sie in ihrem Gin-Schuppen einzulagern, bis der Montag sein wohlgesonneneres Haupt erhob. Es gab nur wenige Männer, die, sobald sie in Molls Verlies hockten, nicht von ihrem Schnaps kosten wollten, und nachdem unser Schuldner orientierungslos und nicht mehr in der Lage war, eine plausible Geschichte von seiner unrechtmäßigen Gefangennahme zusammenzureimen, nahm ich Kontakt mit einem ordentlichen Gerichtsdiener auf, der daraufhin, ohne die näheren Umstände zu erfahren, zur Festnahme schritt. Es war eine einfache Prozedur, für die ich einen Betrag von fünf Prozent der ausstehenden Schulden einstrich und Moll davon eine Vergütung von einem Pfund weiterreichte.

Nachdem ich einen aalglatten Burschen hinter Schloss und Riegel gebracht hatte, der meinem Freund, dem Schneider, mehr als vierhundert Pfund schuldete, befragte ich einige meiner Bekannten, ob sie etwas über den älteren Balfour oder seinen Tod wussten, was sich jedoch als fruchtlos erwies. Als erfolgreicher erwies sich der Besuch bei einer jungen Schauspielerin, deren Namen zu erwähnen mir der Takt verbietet und mit der ich ein kleines Techtelmechtel unterhielt. Sie war ein schönes Mädchen mit blondem Haar, himmelblauen Augen und einem listigen Lächeln, das mir immer so vorkam, als wollte sie mir im nächsten Augenblick einen Streich spielen. So manches Mal fand ich Trost in ihren müßigen Plaudereien, denn die Welt der Bühne war so weit weg von der Welt meiner ordinären Heldentaten. Doch bei dieser Gelegenheit konnte ich keinerlei Zuflucht darin nehmen, denn sie erzählte mir, sie solle die Rolle der Aspasia in der *Tragödie der Braut* spielen, und zwar deshalb, weil die Rolle vakant wurde, nachdem eine Schauspielerin aus dem Theater davongelaufen war, um Jonathan Wilds Hure zu werden. Da ich mehrere köstliche Stunden in der Gesellschaft dieses Mädchens verbrachte, hatte ich den Namen meines Feindes jedoch bald schon wieder vergessen. Es war beinahe eine Schande, dass meine Bekannte auf der Bühne fast immer nur tragische Rollen zu spielen bekam, denn sie verfügte über einen Witz, den ich ein ums andere Mal als unwiderstehlich empfand. Ein Abend mit diesem bezaubernden Geschöpf verging mit ebenso viel Gelächter wie mit amourösem Ränkespiel. Aber ich schweife ab, denn diese Abenteuer stehen in keinem Bezug zu unserer Geschichte.

Für wesentlich relevanter hingegen halte ich die Tatsache, dass mein später Abschied von ihrem Logis mit einem Missgeschick zusammenfiel, das ich nur in Zusammenhang mit meinen Nachforschungen sehen konnte. Meine Schauspielerin wohnte nicht weit von meinem eigenen Domizil entfernt, auf der anderen Seite des Strand, in einem kleinen Durchgang zur Cecil Street, mithin in einer Gegend, die ich eigentlich für eine attraktive Dame als zu abgelegen und zu nahe am Fluss gelegen empfand. Sie schickte mich gewohnheitsgemäß immer noch spät in der Nacht nach Hause, nachdem ihre Vermieterin zu Bett gegangen war (und bevor sie wieder aufstand), und ich hatte nicht viel gegen dieses Arrangement einzuwenden, da ich die Bequemlichkeit meiner eigenen Wohnung durchaus vorzog. Nachdem ich in jener Nacht meinen Tribut im Tempel der Venus entrichtet hatte, machte ich mich auf den Weg zurück zu Mrs. Garrisons Haus. Es war dunkel, als ich zur Cecil Street hinaufging, nirgendwo rührte sich eine Seele. Ich hörte das Wasser vom Fluss, sein feuchter, fischiger Geruch stieg mir in die Nase. Es hatte leicht zu regnen angefangen, ein kühler Nebel hing in der Luft. Ich raffte meinen Mantel enger um mich und ging leicht gebückt durch die Dunkelheit meines schlecht beleuchteten Heimwegs. Zu meiner Kinderzeit waren die Straßen Londons noch vernünftig mit Lampen beleuchtet, doch in den Jahren vor dieser Geschichte waren die Lampen außer Gebrauch gekommen. In der Folge gingen die dunklen Straßen den ehrenhaften Bürgern verloren und wurden von den erbärmlichen Bewohnern der schmutzigen Gässchen, der Gosse und der Gin-Kneipen übernommen.

Sollte mein Leser in London wohnen, weiß er ohnehin, dass kein Mann, mag er auch noch so mutig und noch so gut bewaffnet sein, sich ohne Angst auf den dunklen Straßen bewegen kann. Vermutlich war das schon immer so gewesen, doch nachdem Jonathan Wilds Gauner angefangen hatten, die Freiheiten der Stadt für sich in Anspruch zu nehmen, war es noch viel schlimmer geworden. Hätte ich noch ein Stück weiter von meiner Geliebten entfernt gewohnt, hätte ich wohl versucht, eine Droschke zu finden, doch das war erst auf der Strand möglich, und von dort aus hatte ich ohnehin keine Bedenken, sicher nach Hause zu gelangen. Also schritt ich vorsichtig aus und hielt Augen und Ohren offen, obwohl meine Gedanken von den Erinnerungen an einen höchst angenehmen Abend abgelenkt waren und mein Geist von den zwei oder drei Flaschen eines guten Jahrgangs ein wenig getrübt war.

Ich war erst wenige Minuten gegangen, als ich hinter mir Schritte hörte. Wer auch immer mir da folgte, bewegte sich überaus geschickt, denn er passte seinen Gang genau dem meinen an, was es so gut wie unmöglich machte, seine Schritte von den meinen zu unterscheiden. Ich konnte nur annehmen, dass es sich um einen Straßenräuber handelte, der vom Fluss heraufgekommen war und sich nun darüber freute, in diesem Viertel eine so leichte Beute gefunden zu haben. Ich behielt meinen Schritt bei, damit er nicht merkte, dass ich ihn gehört hatte, packte jedoch den Griff meines Degens mit der kühnen Entschlossenheit, meinen Verfolger im Ernstfalle mit gezogener Klinge zu empfangen. Ich dachte auch daran, meine Pistole zu ziehen, doch mir stand keineswegs der Sinn danach, einen weiteren Langfinger mit Blei vollzupumpen. Meine Hoffnung richtete sich darauf, mich verteidigen zu können, ohne meinen Angreifer töten zu müssen, und meine Vermutung, dass der Anblick eines mutigen Mannes mit gezogener Waffe ausreichte, um die Angelegenheit zu einem glimpflichen Ende zu bringen, war gewiss nicht übertrieben optimistisch. Dieser Musterknabe wusste bestimmt, dass es in der Stadt mehr als genug leichtere Beute für ihn gab.

Ich ging weiter, und er hielt mit mir Schritt. Der Nebel ging in einen handfesten Regen über, und vom Fluss her kam ein starker Wind auf. Ich fing beim Gehen leicht zu frieren an, hörte mein Herz direkt hinter meinen Ohren pochen, so wie ich das rhythmische Tappen der Schritte meines Verfolgers hörte. Ich wusste nicht, wann er zuschlagen würde, fand es jedoch seltsam, dass er so lange damit wartete. Wir waren allein, kein Straßenräuber könnte sich günstigere Bedingungen wünschen. Doch obwohl er durch Zuwarten die Situation keinesfalls noch weiter zu seinen Gunsten ändern konnte, begnügte er sich damit, Schritt zu halten. Ich überlegte, ob ich mich umdrehen und ihn herausfordern sollte, um die Sache zu beschleunigen und hoffentlich rasch zu beenden, doch ich bildete mir ein, dass ich vielleicht doch noch die Strand erreichen und damit in Sicherheit sein würde, ohne es auf einen Kampf ankommen zu lassen. Unter normalen Umständen hätte ich mich liebend gerne mit jedem Raufbold seines Kalibers auf einen fairen Kampf eingelassen, aber ich wusste nicht, wie er bewaffnet war. Vielleicht hielt er ein Paar Pistolen direkt auf mich gerichtet, die er dann vor Schreck auf mich abfeuern würde, und somit hätte ich mein Ableben selbst in die Wege geleitet. Vielleicht, so dachte ich, war er noch neu in seinem Gewerbe und wusste nicht, wie ideal die Bedingungen für ihn waren. Falls dem so war, könnte ich einfach weitergehen, bis ich auf andere Nachtschwärmer stieß, und die Sache würde ohne Konfrontation und ohne Gewalt über die Bühne gehen.

Endlich erblickte ich vor mir eine Droschke, die direkt auf mich zuhielt. Ich konnte mir nicht vorstellen, wohin sie mit einer solchen Geschwindigkeit wollte, da die Straße nirgendwohin führte, wo man rasch hingelangen musste. Trotz ihres aberwitzigen Tempos war ich sicher, dass der Kutscher bei einem entsprechenden Handzeichen anhalten und mich zumindest bis zur nächsten gut beleuchteten Ecke mitnehmen würde, wo ich mich um ein weiteres Transportmittel kümmern könnte. Da ich befürchtete, er könnte mich in der Dunkelheit nicht sehen, trat ich auf die Straße und zog meinen Degen, in der Hoffnung, das wenige Licht, das die schmale Klinge womöglich reflektierte, wirke als ausreichendes Notsignal.

Als die Kutsche näher kam, winkte ich mit den Armen, aber sie verlangsamte ihre Fahrt keinesfalls. Im Gegenteil, je näher sie kam, desto deutlicher wurde mir, dass die Pferde nicht an mir vorbeigaloppieren, sondern direkt in mich hineinrasen würden, und so wich ich, unablässig die Arme schwenkend, wieder einige Schritt zurück. Doch die Pferde vollzogen meine Kursänderung nach, und mir blieb nur die Schlussfolgerung, dass mich dieser Verrückte mit seinen Pferden niedertrampeln wollte. Ich hoffe, meine geneigten Leser halten mich nicht für einen Feigling, doch ich war mit einem Mal von Entsetzen erfüllt, denn ich glaubte fest daran, dass es sich bei dieser Droschke und bei diesem Kutscher um ein und dieselben handelte, die meinen Vater überfahren hatten. Der Schrecken entsprang nicht nur der Angst, die ich um mein eigenes Leben verspürte – obwohl sie zu einem nicht geringen Teil dazu beitrug –, sondern der Erkenntnis der Ungeheuerlichkeit, mit der ich mich konfrontiert sah. Ich versuchte herauszufinden, was mit meinem Vater geschehen war, und nun sollte mich das gleiche Schicksal wie ihn ereilen. Da waren Kräfte am Werk, die ich nicht begreifen konnte, und weil ich sie nicht begreifen konnte, hatte ich das Gefühl, mich auch nicht gegen sie verteidigen zu können.

Ich wich noch einige Schritte weiter zurück, weg von der Straße und dorthin, wo der mörderische Kutscher aus Angst um die eigene Sicherheit seine Pferde nicht hinzulenken wagte. Erst jetzt fiel mir etwas auf, das mir vorher noch nicht in den Sinn gekommen war – dass nämlich die Droschke und der Straßenräuber unter einer Decke stecken könnten, denn inzwischen hatte mein Verfolger aufgeschlossen, nutzte den Moment der Überraschung und packte mich hart an den Schultern, wirbelte meinen Körper brutal herum und schleuderte mich zu Boden. Gerade als ich aufprallte, raste die Droschke mit erschreckender Geschwindigkeit vorbei, und die Pferde wieherten auf, als empfänden sie eine finstere Freude an ihrem Treiben. Mein Angreifer verlor keine Zeit und zog seine eigene Klinge, die er über meiner verdutzten und vor ihm im Schmutz liegenden Gestalt erhob.

»Ich wollte schon sagen: ›Geld oder Leben‹«, grunzte er mir mit einem im spärlichen Licht kaum erkennbaren Grinsen zu, »aber in Ihrem Fall reicht ›Leben‹ voll und ganz aus.«

Ich konnte seine Gestalt in der Dunkelheit nicht deutlich erkennen, aber er war ein kräftiger, schmierig aussehender Bursche, der sich, seinen breiten Schultern nach zu urteilen, in einem ehrlichen Kampf wohl recht gut geschlagen hätte. Jetzt, da er die Oberhand hatte, dachte ich angestrengt darüber nach, wie ich mich seiner Gewalt wieder entziehen konnte. »Wenn Sie mich meinen Weg nach Hause fortsetzen lassen, werde ich mich dafür angemessen erkenntlich zeigen.«

»Schön und gut«, sagte er mit einem schweren ländlichen Akzent. »Aber mir geht's nich drum, jemanden auszurauben. Ich wollte nur mal sehen, ob für mich 'n bisschen was extra rausspringt.«

Er stieß mit seiner Klinge zu, die mir sicherlich mitten durchs Herz gefahren wäre, hätte ich nicht geistesgegenwärtig ein Bein gehoben und ihm mit dem Stiefel mit voller Wucht in seine Manneskraft getreten. Auf diese Weise getroffen zu werden ist überaus schmerzhaft; ich weiß das aus Erfahrung. Aber ein Mann, der im Ring kämpft, lernt recht schnell, Schmerzen, die momentan zwar wehtun, letztendlich aber nur selten schädlich sind, zu ignorieren. Unser fraglicher Tugendbold hatte diese Lektion nie gelernt und ließ seine Waffe sofort fallen, um sich seine malträtierten Körperteile zu halten.

Ich verlor keine Zeit und schnappte mir sowohl meine als auch seine Klinge, hatte es aber nicht eilig, ihn damit aufzuspießen. Ich ging rasch auf den zusammengekrümmten Burschen zu, der noch immer seine Weichteile umklammerte. Jetzt erkannte ich, dass er nicht ganz so erbärmlich gekleidet war wie der gewöhnliche Strauchdieb, aber noch immer war es mir nicht möglich, genauere Einzelheiten seiner Kleidung oder gar seines Gesichts auszumachen.

»Wer hat dich geschickt?«, keuchte ich, denn ich war bei diesem kleinen Abenteuer ein wenig außer Atem gekommen. Ich kam noch einen Schritt näher. Mit einem Mal hörte ich Hufgetrappel und das Mahlen von Rädern und wusste, dass die Droschke kehrtgemacht hatte. Mir blieb nicht viel Zeit.

Er stöhnte und presste sich die Hände an den Unterleib. Er sagte nichts. Ich fand, dass er mir ein wenig mehr Aufmerksamkeit widmen sollte, und zwar schnell, also trat ich ihn wieder, diesmal ins Gesicht. Ich hörte ein Stöhnen und dann ein Rasseln aus seiner Kehle, als ränge er um Luft.

»Wer hat dich geschickt?«, fragte ich noch einmal und hoffte, meine Stimme würde ihm die Dringlichkeit der Situation bewusst machen.

Ich glaubte, dass mein erster Tritt den Burschen kampfunfähig und mein zweiter ihn so gut wie fertiggemacht hätte, doch das schien mitnichten der Fall zu sein.

»Leck mich am Arsch, Jude«, sagte er und zog deutlich röchelnd Luft ein, als er seine letzte Kraft zusammennahm und auf die Droschke zurannte. Er rannte langsam und humpelnd, aber er rannte, und er schaffte es tatsächlich, mir zu entwischen und auf die Droschke aufzuspringen, oder besser gesagt, sich auf den Rücksitz des in Richtung der Strand ratternden Gefährts zu werfen. Ich wich wieder einen Schritt zurück, damit mich ihre Räder nicht doch noch erwischten, obwohl ich nicht daran glaubte, dass sie es noch einmal wagen würde. Sie raste davon und ließ mich unverletzt, aber bestürzt und atemlos in der dunklen Gasse zurück. In solchen Augenblicken wünscht man sich irgendeine dramatische Auflösung, als wäre das Leben nur ein Theaterstück. Ich kann nicht sagen, was mich mehr verwunderte: der Angriff auf meine Person oder die Tatsache, dass ich nach dieser Attacke einfach in Richtung der Strand weiterging. In der Stille der Nacht hätte man fast glauben können, der Überfall sei lediglich eine Halluzination gewesen.

Aber das war er mitnichten. Ebenso wenig hatte es sich dabei um einen Überfall auf einen Mann gehandelt, der einfach nur dumm genug gewesen war, sich mitten in der Nacht erwischen zu lassen. Die Droschke legte die Vermutung nahe, dass es sich dabei nicht um arme und verzweifelte Männer gehandelt hatte, denn wo hätten solche Spitzbuben ein derart teures Gefährt hernehmen sollen? Was mich weitaus mehr erschreckte, war die Tatsache, dass diese Männer mich gekannt hatten, dass sie gewusst hatten, dass ich Jude war. Sie waren auf mich angesetzt worden, und dass ich sie hatte entkommen lassen, erfüllte mich mit einem bohrenden Zorn. Ich schwor mir, diesen Zorn auf meine Angreifer niederfahren zu lassen, bei denen es sich – davon war ich fest überzeugt – auch um die Mörder meines Vaters handelte.

12

In der Klarheit, die sich mit dem Licht des neuen Morgens einstellt, sah ich den Ernst meiner Lage deutlich vor mir. Wenn meine Angreifer wirklich vorgehabt hatten, mich zu ermorden, so hatten sie kläglich versagt, und falls sie es lediglich darauf angelegt hatten, mir einen Schrecken einzujagen, dann sollten sie diesbezüglich auch nicht viel erfolgreicher sein. Meiner Meinung nach war dieser Angriff ein unwiderlegbarer Beweis dafür, dass mein Vater ermordet worden war und dass einflussreiche und skrupellose Männer die Wahrheit über seinen Tod geheimzuhalten wünschten. Als ein Mann, dem Gefahr keineswegs fremd war, beschloss ich, mit ein wenig mehr Vorsicht vorzugehen und ansonsten den eingeschlagenen Weg weiterzuverfolgen.

Meine Überlegungen wurden von der Ankunft eines Boten unterbrochen, der mir einen von einer mir unbekannten weiblichen Handschrift beschrifteten Brief überbrachte. Ich riss ihn auf und sah mich von folgender Mitteilung überrascht:

Mr. Weaver,
Ich bin überzeugt davon, dass Sie sich das außergewöhnliche Unbehagen vorstellen können, mit dem ich mich Ihnen aufzudrängen gezwungen sehe, insbesondere, da wir uns erst vor Kurzem kennengelernt haben. Ich wende mich trotzdem an Sie, weil ich weiß, dass Sie sowohl ein Mann der Ehre als auch des Mitgefühls sind, ebenso großzügig wie diskret. Wir haben uns andeutungsweise über die Beschränkungen unterhalten, denen ich im Hause Ihres Onkels ausgesetzt bin, doch ich hoffte, Ihnen die Unannehmlichkeit und mir die Demütigung zu ersparen, erwähnen zu müssen, dass diese Beschränkungen sich sowohl handfest als auch durchaus drängend auswirken. Kurzum, ich sehe mich knapp an Bargeld und von schändlichen Gläubigern bedroht. Da ich nicht wage, Mr. Lienzos Missfallen zu erregen und ihn um Beistand zu bitten, und da ich mich an niemand anderen wenden kann, sehe ich mich gezwungen, mich Ihnen zu offenbaren, in der Hoffnung, dass Ihnen sowohl die Mittel als auch der Wille zu Gebote stehen, mir mit einer kleinen Summe auszuhelfen, die ich bei nächster Gelegenheit in barer Münze zurückzahlen werde, und das mit inständiger und immerwährender Dankbarkeit. Ein Mann in Ihrer Position kann wahrscheinlich eine Summe von 25 Pfund leicht entbehren, mich jedoch bewahrt sie vor Schande und Unannehmlichkeiten, wie ich sie mir nur ungern ausmale. In der Hoffnung, dass Sie dieser Nachricht die gebührende Aufmerksamkeit widmen und Mitleid haben mit einer höchst verzweifelten
Miriam Lienzo

Ich reagierte auf diese Nachricht zunächst mit einer Mischung aus Erstaunen, Betroffenheit und Freude. Nachdem mir Sir Owen die Auslagen für Kate Cole zurückerstattet hatte, hätte ich mich vor mir selbst schämen müssen, wenn ich Miriam weiterhin unter den Zudringlichkeiten ihrer Gläubiger hätte leiden lassen. Ich zweifelte mit keinem Gedanken daran, dass mein Onkel es nicht zugelassen hätte, sie einer so geringen Summe wegen im Schuldengefängnis einsitzen zu lassen, war jedoch zugleich überzeugt davon, dass sie wohl ihre Gründe hatte, ihn nichts von ihren Sorgen wissen zu lassen.

Also zog ich ohne Zaudern die erbetene Summe aus meinem geheimen Bargelddepot und schickte Mrs. Garrisons Burschen mit den Münzen und den folgenden Zeilen los:

Madam,
lange noch werde ich mich an heute als den wunderbaren Tag erinnern, an dem Sie mir die Gelegenheit boten, Ihnen einen kleinen Dienst zu erweisen. Ich bestehe darauf, dass Sie diese unbedeutende Summe als Geschenk betrachten und keinen weiteren Gedanken mehr daran verschwenden. Das Einzige, was ich von Ihnen wünsche, ist, auch zukünftig in Betracht zu ziehen, sollten Sie in welcher Weise auch immer der Hilfe bedürfen, sich vertrauensvoll zu wenden an

Ben Weaver

Den Großteil der folgenden Stunde verbrachte ich damit, mir den Kopf darüber zu zerbrechen, welche Art von Schulden Miriam erwachsen sein mochten und auf welche Weise sie mir wohl ihre Dankbarkeit erweisen würde. Leider musste ich mich schon bald darauf anderen Dingen widmen, denn an jenem Tag hatte ich mich mit Sir Owen in seinem Club verabredet. Nachdem ich also einige kleinere Erledigungen in der Stadt getätigt hatte, kehrte ich zu Mrs. Garrisons Haus zurück, um mir das Gesicht zu waschen und meine besten Kleider anzulegen. Ich erwog sogar kurzfristig, eine Perücke aufzusetzen und auch sonst einiges daranzusetzen, wie einer jener Gentlemen auszusehen, musste jedoch bald schon über meine eigene Albernheit lachen. Ich war kein eleganter Gentleman, und wenn ich versuchte, wie einer von ihnen zu wirken, gab ich mich nur ihrer Verachtung preis. Außerdem erinnerte ich mich mit einem gewissen Maß an Stolz daran, dass ich, im Gegensatz zu den meisten englischen Gentlemen, keiner Perücke bedurfte, da ich, stets um meine Sauberkeit beflissen, mir mehrmals im Monat das Haar wusch und so der Läuseplage vorbeugte. Ich vergaß jedoch nicht, einen Degen umzuhängen, auch wenn die meisten Gentlemen ein elegantes Schwert als Zeichen der Vornehmheit bevorzugten. Tatsächlich lag die Zeit, in der das Gesetz des Königreiches einem Mann wie mir das Tragen einer Waffe untersagt hatte, erst wenige Generationen zurück, doch trotz der schroffen Blicke, die mir mein Degen schon eingebracht hatte, dachte ich nicht daran, ihn zu Hause zu lassen. Der Schutz, den er mir bot, war mir viel zu teuer, und bisher hatte noch kein Fremder gewagt, seine Missbilligung mit mehr als verhalten geflüsterten Worten auszudrücken.

Es ging auf neun Uhr zu, die Zeit, zu der ich mich mit Sir Owen in seinem Club verabredet hatte, und nach den Abenteuern der vergangenen Nacht spürte ich tief in meinen Muskeln die stumpfe Betäubung der Erschöpfung. Ich sah Sir Owens Einladung als willkommene Gelegenheit an und hegte keinesfalls den Wunsch, ihn durch eine Nichtbeachtung derselben zu beleidigen. Doch als ich mich dem Club näherte, der in einem wunderschönen weißen Stadthaus aus der Zeit Queen Annes residierte, musste ich unwillkürlich daran denken, dass es einem Club, dem Sir Owen angehörte, höchstwahrscheinlich nicht an Mitgliedern mangelte, die über einen jüdischen Gast die Nase rümpften. Wollte mir Sir Owen einen Dienst erweisen, oder hatte er noch ein anderes Motiv?

Ich fragte mich, ob er womöglich Feinde innerhalb seines Clubs hatte, Leute, die er durch seine demonstrative Bekanntschaft mit mir einzuschüchtern hoffte. War es möglich, dass er es für eine Art von Prestige hielt, wenn er sich mit einem Mann meines Schlages zeigte? Oder steckte wirklich nicht mehr dahinter, als dass Sir Owen in seiner überschwänglichen Art das Bedürfnis verspürte, sich für meine ihm geleisteten guten Dienste zu revanchieren – selbst wenn er damit nicht ganz konform mit der Etikette ging? Demnach zu urteilen, was ich von ihm wusste, war diese Erklärung nicht ganz unwahrscheinlich, und so beschloss ich, an seine guten Absichten zu glauben, und klopfte beherzt an die Tür.

Kurz darauf wurde ich von einem sehr jungen Lakai – er dürfte nicht älter als sechzehn gewesen sein – willkommen geheißen, dem es bereits gelungen war, die versnobten Manieren seiner Dienstherren anzunehmen. Er musterte mich von oben bis unten, registrierte zweifelsohne meinen dunkleren Teint und mein natürliches Haar und verzog daraufhin das Gesicht zu einer aufgesetzt angewiderten Fratze. »Ist es möglich, dass Sie hier an der falschen Adresse sind?«

»Keineswegs«, erwiderte ich mit einem spöttischen Grinsen. Fünf Jahre zuvor hätte ich vielleicht überlegt, ob ich dem Bürschlein eine schmerzhafte Lektion in Benimm angedeihen lassen sollte, doch das fortschreitende Alter hatte mein Temperament bereits ein wenig gezügelt. »Mein Name ist Weaver«, fügte ich gelangweilt hinzu. »Ich bin Gast von Sir Owen Nettleton.«

»O ja«, leierte er gestelzt. Seine Miene war noch nicht so weit, den überheblichen Ausdruck aufzugeben. »Sir Owens Gast. Man hat uns von Ihnen erzählt.«

Das »wir« hielt ich für eine durchaus gewagte Formulierung. Ich war sicher, wenn ich den Vorfall Sir Owen berichtete, würde der Kerl für die Impertinenz, sich mit seinen Herren auf eine Stufe zu stellen, eine ordentliche Abreibung bekommen, doch ich überließ es einem anderen, die Unverschämtheit des Bürschleins kundzutun. Stattdessen folgte ich dem Laffen in ein erlesen ausgestattetes Vestibül, das mit einem dunklen Holz ausgekleidet war, wie ich es noch nirgendwo zuvor gesehen hatte. Auf dem Boden lag ein Teppich indischer Herkunft, und, den diffizilen Mustern nach zu schließen, gewiss kein billiger. Da ich nicht viel von Kunst verstand, darf ich mir kein Urteil über die Gemälde an den Wänden erlauben, aber es handelte sich um mehrere ländliche Szenen von allerfeinster Ausführung – italienischer Herkunft, wie ich nach der Bekleidung der abgebildeten Personen vermutete. Es war unverkennbar, dass Sir Owen in anspruchsvoller Gesellschaft verkehrte.

Ich folgte dem Burschen durch einen nicht minder exquisiten Salon, in dem drei Männer beim Wein saßen. Sie unterbrachen ihre angeregte Unterhaltung, als ich vorbeiging, und nutzten die Gelegenheit, mich argwöhnisch ins Visier zu nehmen. Ich lächelte und entbot ihnen kurze Verbeugungen, während ich dem Hauptsaal zustrebte. Dessen Ausmaße waren mehr als großzügig, und er war mit vier oder fünf Tischen, mehreren Sofas und zahllosen Sesseln ausgestattet. Über zwanzig Männer waren in eine Vielfalt von Aktivitäten vertieft: Man spielte Karten, unterhielt sich gesellig oder las laut aus der Zeitung vor. In einer Ecke stand ein Mann und schlug sein Wasser in ein Porzellangefäß. Das Mobiliar war von ausgesuchter Qualität, und an den holzverkleideten Wänden prangten italienische Gemälde von der gleichen Art, die mir schon draußen aufgefallen war. In eine Wand war ein gewaltiger Kamin gemauert, in dem jedoch nur ein kleines Feuer brannte.

Sir Owen erblickte uns, bevor wir ihn entdeckt hatten. Der Baronet hatte an einem der Spieltische gesessen, das Gesicht grüblerisch hinter einer Handvoll Karten vergraben. Bei unserem Anblick entschuldigte er sich kurz bei seinen Mitspielern und erhob sich, um mich zu begrüßen.

»Weaver! Wie schön, dass Sie gekommen sind.« Sir Owens leutseliges Gesicht strahlte geradezu vor guter Laune.

»Vortrefflich! Ein Glas Port für Mr. Weaver!«, rief er sodann einem livrierten Diener quer durch den Raum zu. Der Lakai, der mich hereingeführt hatte, war bereits wieder nach draußen entschwunden.

Das Summen der vielzähligen Unterhaltungen erstarb zu leisem Geflüster. Alle Augen ruhten auf mir, doch entweder bemerkte Sir Owen die misstrauischen Blicke nicht, mit denen ich bedacht wurde, oder er kümmerte sich nicht darum. Stattdessen schlug er mir freundschaftlich auf den Oberarm und führte mich zu einer Gruppe Männer hinüber, die einander in bequemen Sesseln gegenübersaßen.

»Meine Herren, sehen Sie doch!«, fuhr Sir Owen diese Männer beinahe grob an. »Ich möchte Ihnen Benjamin Weaver vorstellen, den Löwen von Juda. Wie Sie wissen, hat er mir aus einer argen Bedrängnis geholfen.«

Die drei Männer erhoben sich.

»Ich nehme an«, bemerkte einer von ihnen trocken, »Sie beziehen sich auf die jüngste Vergangenheit, denn Mr. Weavers Ankunft hat Sie gerade rechtzeitig von Ihrem Pech beim Kartenspiel erlöst.«

»Ganz recht, ganz recht«, stimmte ihm Sir Owen jovial zu. »Weaver, diese Gentlemen hier sind Lord Thornbridge, Sir Robert Leicester und Mr. Charles Home.«

Alle drei Herren hießen mich mit steifer Höflichkeit willkommen, während Sir Owen weiterredete.

»Weaver hier ist ein so mutiger und beherzter Mann, wie man nur selten einen trifft. Außerdem gereicht er seinem Volk zur Ehre, denn er hilft Leuten aus der Patsche, anstatt sie mit Wertpapieren und Rentenbriefen aufs Kreuz zu legen.«

Sir Owens Bemerkung zeugte von einer Gesinnung, die mir nicht ganz unbekannt war. Männer, die mich nicht als Sohn eines Börsenhändlers kannten, nahmen sich gern die Freiheit, mich dazu zu beglückwünschen, dass ich weder mit Finanzgeschäften noch mit jüdischen Sitten und Gebräuchen etwas zu tun hatte – was sie meistens ohnehin für ein und dasselbe hielten. Ich fragte mich, ob Lord Thornbridge meinen familiären Hintergrund kannte, denn er nahm Sir Owens Stichelei offenbar zum Anlass ironischer Belustigung. Er war meiner Schätzung nach ungefähr fünfundzwanzig Jahre alt, ein auffälliger junger Mann, der zugleich erstaunlich gut und hässlich aussah. Er hatte kräftige Wangenknochen, ein männliches Kinn und bemerkenswert blaue Augen, aber alle seine Zähne waren ihm im Munde schwarz gefault, und auf seiner Nase prangte eine irritierende, knollige rote Wucherung.

»Glauben Sie, dass Sie Ihrem Volk zur Ehre gereichen?«, fragte mich Lord Thornbridge und setzte sich wieder. Wir anderen folgten seinem Beispiel.

»Meiner Meinung nach, Mylord«, erwiderte ich und wählte meine Worte mit äußerster Sorgfalt, »sollte sich jeder Vertreter einer fremden Nation bei seinen Gastgebern wie ein Botschafter benehmen.«

»Bravo!«, sagte der Lord mit einem flüchtigen Lächeln, das mir ebenso gelangweilt wie anerkennend zu sein schien. Dann wandte er sich seinem Freund zu: »Wäre mir lieb, wenn deine Schottensippe der gleichen Ansicht frönte, Home.«

Home lächelte vor Freude über die Gelegenheit, sich einzubringen. Er war ungefähr von gleichem Alter wie Lord Thornbridge, und ich spürte, dass die beiden Kameraden, wenn nicht gar Freunde waren. Er war noch eleganter als der Adlige gekleidet, und seine angenehme Erscheinung wurde nicht vom kleinsten Makel getrübt. Das Vertrauen, das Thornbridge aufgrund seiner adligen Abstammung zuteil wurde, erwuchs Home aus seiner Erscheinung. Beide, so vermutete ich, bezogen zusätzliches Selbstvertrauen aus ihren finanziellen Ressourcen.

»Ich glaube, Sie verstehen die Schotten nicht richtig, Mylord«, brummte Home. »Mr. Weaver mag der Meinung sein, seine jüdischen Brüder und Schwestern sollten sich vorsehen, damit sie ihre Gastgeber nicht verärgern. Wir Schotten empfinden jedoch eine weitaus brüderlichere Verpflichtung den Engländern gegenüber, und zwar die nämliche, sie auf den Gebieten der Philosophie, der Religion, der Medizin sowie allgemein des gesellschaftlichen Benehmens zu unterrichten.«

Lord Thornbridge reagierte mit gespielter Belustigung auf Homes Schlagfertigkeit. »So wie wir Engländer den Schotten beibringen, wie man ...«

»Wie man von französischen Tanzmeistern lernt, Mylord?«, fiel ihm

Home ins Wort. »Sie sollten eigentlich wissen, dass alle Kultiviertheit, derer sich England rühmt, ihren Ursprung entweder im fernen Norden des Landes oder auf der anderen Seite des Ärmelkanals hat.«

Mit gereizt geschürzten Lippen murmelte Lord Thornbridge etwas von schottischen Barbaren und Rebellen, aber es war klar, wer von beiden der Gewitztere war. Als Thornbridge den Mund abermals aufmachte – zweifellos, um seine Ehre ein Stück weit zurückzugewinnen –, schnitt ihm Sir Robert das Wort ab, ein viel älterer Mann von fünfzig Jahren oder mehr, der mit der versteinerten Überheblichkeit desjenigen in der Runde saß, der sich nichts mehr zu beweisen hat.

»Was halten Sie denn so von den Shylocks Ihrer Rasse, Weaver?«

»Aber Bobby, mein Bester«, schaltete sich Sir Owen ein, »wir sollten unseren Freund nicht gleich über dem Feuer rösten. Schließlich hält er sich hier als mein Gast auf.«

Aus seiner Stimme klang mehr Belustigung als Tadel, was mich zu der Annahme verleitete, er habe die Worte keinesfalls mit der Absicht ausgesprochen, seine Freunde in irgendeiner Weise zu maßregeln.

»Ich sehe das nicht als Rösten an«, erwiderte Sir Robert und wandte sich wieder an mich. »Sie geben doch sicherlich zu, dass viele Angehörige Ihrer Rasse Intriganten sind, die es darauf angelegt haben, gute Christenmenschen um ihr Hab und Gut zu prellen.«

»Und um ihre Töchter?«, fragte ich in der Hoffnung, das Thema mit einem Schuss Humor zu entschärfen.

»Allerdings«, mischte sich nun Lord Thornbridge wieder ein. »Es ist doch kein Geheimnis, dass die Beschnittenen unter uns über einen unersättlichen Appetit verfügen.« Er lachte herzhaft.

Selbstverständlich fühlte ich mich nicht gerade wohl in dieser Gesellschaft, aber mir war seit Langem bekannt, wie solche Männer über mein Volk dachten. »Ich kann nicht für alle Juden sprechen, ebenso wenig wie einer von Ihnen für alle Christen. Aber bei uns gibt es Ehrliche und Unehrliche – genau wie bei Ihnen.«

»Diplomatisch, aber falsch«, sagte Sir Robert. »Jeder, der sein Geld mit Aktien verloren hat, weiß, dass sich jede Spur bis zur Hand eines Juden zurückverfolgen lässt – oder zu der eines Mannes, der im Dienste eines Juden steht, so viel ist sicher.«

Die Spitzfindigkeit dieses Arguments machte mich ziemlich wütend. Ich wusste nicht, wie ich derartigen Unsinn parieren sollte, und war deshalb nicht wenig schockiert, als ich Home an meiner Statt antworten hörte: »Was ist denn das für ein Unsinn, Robert? Die Behauptung, jede Transaktion lasse sich bis zu einem Juden zurückverfolgen, ist ebenso hanebüchen, als würde ich sagen, ich könne dich, als gewohnheitsmäßigen Bewunderer der italienischen Oper, jederzeit zu einem italienischen Pupenjungen zurückverfolgen, und das wiederum würde unwiderlegbar beweisen, dass du ein Sodomit bist.«

»Nicht schlecht gesprochen für einen Schotten«, sagte Sir Robert, von Homes Ableitung sichtlich verärgert. »Aber ich habe mich schon oft über euch Schotten gewundert, da ihr euch weigert, Schweinefleisch zu essen, und so sehr an eurem Geld klebt. Einmal hörte ich sogar, wie jemand sagte, ihr seid wohl selbst einer der Abgefallenen Stämme Israels.«

»Aber, meine Herren, wir wollen doch Mr. Weaver keinen falschen Eindruck vom freundschaftlichen geselligen Beisammensein christlicher Gentlemen vermitteln«, gab Lord Thornbridge in dem Versuch, die erhitzten Gemüter ein wenig zu beruhigen, vorsichtig zu bedenken.

Sir Robert hüstelte in die hohle Hand und drehte sich wieder zu mir um. »Ich möchte Ihr Volk keineswegs beleidigen. Vermutlich gibt es Gründe, historische Gründe, die erklären, warum es so ist, wie es nun einmal ist. Die Päpste hatten den Anhängern des römischen Glaubens nie erlaubt, Zinsgeschäfte zu betreiben«, erläuterte er den anderen, wohl weil er glaubte, ich selbst sei mit allen Aspekten der christlichen Geschichte, die etwas mit Juden zu tun hatten, selbstverständlich vertraut. »Und so nahmen sich die Juden dankbar dieses Gewerbes an. Trotzdem, Weaver, scheint mir Ihre Rasse von diesen Geschäften befleckt zu sein. Und jetzt sitzen Ihre Leute bei uns in England und betreiben ihre Börsenspekulationen. Man fragt sich, ob ihr nicht vielleicht darauf spekuliert, uns unsere gesamte Nation wegzunehmen. Müssen wir uns schon bald von Britannien verabschieden und stattdessen Judäa Nova willkommen heißen? Wird St. Paul's demnächst in eine Synagoge umgewandelt? Dürfen wir schon in naher Zukunft auf unseren Straßen öffentliche Beschneidungen beklatschen?«

»Bei Gott, Bobby!«, wetterte Sir Owen. »Deine engstirnigen Worte treiben mir die Schamesröte ins Gesicht!«

»Ich hoffe von ganzem Herzen, dass sich Mr. Weaver nicht beleidigt fühlt«, antwortete Sir Robert, »aber wir haben so selten die Gelegenheit, uns auf so gesittete Weise mit einem Juden zu unterhalten. Ich glaube, wir können unter diesen Umständen sehr viel voneinander lernen. Wenn Mr. Weaver mich eines Besseren belehren kann, so höre ich ihm nicht nur aufmerksam zu, sondern bin ihm auch äußerst dankbar, dass er mir endlich die Augen geöffnet hat.«

Ich versuchte, höflich zu lächeln, denn es war nichts gewonnen, wenn ich diesen Mann meinen Zorn spüren ließ. Außerdem empfand ich eine gewisse Genugtuung aus der Empörung, die seine Ansichten bei seinen Gefährten hervorriefen. »Ich glaube, dazu kann ich nicht sehr viel beitragen«, hob ich an, »denn ich bin in dieser Hinsicht kein Experte, weder was die Juden, noch was das Geld angeht. Aber ich darf Ihnen versichern, dass diese beiden Begriffe nicht bedeutungsgleich sind.«

»Das hat auch niemand behauptet«, meldete sich Sir Robert zurück. »Ich glaube, wir hätten nur recht gern ein paar Punkte hinsichtlich dessen geklärt, was die Juden überhaupt in unserem Land wollen. Schließlich leben wir immer noch in einem protestantischen Land. Wäre uns das nicht wichtig, hätten wir wohl nicht eigens einen deutschen König importiert, sondern hätten uns mit einem papistischen Tyrannen zufriedengegeben. Unsere römisch-katholischen Bürger wissen um ihre heikle Situation, aber ich habe des Öfteren den Eindruck, unsere Juden nicht – ständig verlangen sie besondere Erleichterungen, um irgendwelche Ämter übernehmen zu dürfen und so weiter. Es ist fast so, als wollten sie selbst Engländer werden. Und trotz allem, was unsere Freunde in Nordbritannien sagen mögen, gehört zum Englischsein mehr als die Art und Weise, wie sich jemand kleidet und wie er spricht.«

»Da muss ich mich wohl Sir Robert anschließen«, sagte Lord Thornbridge zu mir, »denn auch wenn ich keinem Fremden in unserem Land seine Sitten und Gebräuche missgönne, so wundert man sich doch über Ihre jüdischen Brüder, die herkommen und sich in diesem Land niederlassen, dabei von uns fernzubleiben wünschen und obendrein nach einer Sonderbehandlung schreien. Ich kenne so manchen, dessen Vorfahren Franzosen, Niederländer oder Italiener waren, aber nachdem sie hier bei uns eine oder zwei Generationen lang gelebt hatten, haben sie sich in unseren englischen Bestand eingefügt. Ich bin mir nicht sicher, ob das bei Ihrem Volk auch der Fall ist, Weaver.«

»Allerdings«, pflichtete ihm Sir Robert bei. »Nehmen wir doch nur einmal an, unser Börsenspekulant Isaak möchte, nachdem er am Unglück ehrbarer Christenmenschen in der 'Change Alley einen Batzen Geld verdient hat, mit seinen hunderttausend Pfund aufs Land ziehen und dort Junker Isaak werden. Er kauft sich ein Anwesen, legt sich fein säuberlich seine Zinsregister an und – hoppla! – auf einmal ist er dafür zuständig, einen Geistlichen in Lohn und Brot zu stellen. Darf ein Jude denn einen Priester der Kirche von England benennen, oder sollen wir von den guten Bürgern von Somersetshire verlangen, dass sie den Worten der Rabbiner folgen? Wenn Landjunker Isaak, der auf seinem Grund und Boden das Gesetz verkörpert, von seinen Pächtern eines Disputes wegen aufgesucht wird, zieht er dann das englische oder das mosaische Gesetz zu Rate?«

»Das sind Fragen, die ich nicht beantworten kann«, erwiderte ich, bedacht darauf, dass meine Stimme nicht zitterte. »Ich kann nicht für Ihren Landjunker Isaak sprechen, da ein solches Wesen nicht einmal existiert. Und außerdem entspricht es meiner Erfahrung weit eher, dass wir, anstatt unsere Gastgeber so gut wie möglich auszunehmen, viel eher in Frieden und Dankbarkeit bei ihnen wohnen.«

»Da tun Sie die ehrenhaften Ansichten eines Ehrenmannes kund«, sagte Sir Owen freudig. »Und für Mr. Weavers Ehrenhaftigkeit kann ich jederzeit bürgen.«

»Mr. Weaver mag tatsächlich nicht der typische Vertreter seines Volkes sein«, konterte Sir Robert. »Aber vielleicht erinnern Sie sich noch an die Geschichte von Edmund West?«

Die anderen Männer nickten, weshalb sich Sir Robert zu mir umdrehte und mir erklärte: »West war ein erfolgreicher Kaufmann, der anfing, mit Wertpapieren zu spielen. Er war, wie so mancher andere, geradezu versessen darauf, sich als steinreicher Mann zur Ruhe zu setzen. Sein Vermögen stieg dermaßen an, dass er sich leicht aus dem Treiben an der Börse hätte zurückziehen können, doch er wollte erst mit hunderttausend Pfund in der Tasche aufhören. Also tätigte er mit seinen achtzigtausend Pfund einige Investitionen bei Juden und musste entsetzt mit ansehen, wie sein Vermögen sich auf ein Drittel reduzierte. Diese Juden aber spürten seine Panik und nutzten sie zu ihrem Vorteil aus. Bald schon war seine Summe halbiert und dann noch einmal halbiert, bis er am Ende nur noch nichts oder noch weniger sein Eigen nannte. Und wenn Sie diese Geschichte anzweifeln« – Sir Robert sah mir direkt ins Gesicht –, »dann können Sie Mr. West jederzeit bei den Irren in Bedlam besuchen gehen. Der Bankrott hat ihn nämlich völlig um den Verstand gebracht.«

Obwohl ich mir bei meiner Arbeit so manche Unverschämtheit von anderen Gentlemen anhören musste, neigte sich meine Geduld mit dieser Gesellschaft allmählich dem Ende zu. Außerdem wurde ich wütend auf Sir Owen, weil er diese auf mich gemünzten Verleumdungen lediglich mit einem halbherzigen Lachen abtat. Einen Augenblick dachte ich daran, mich zu verabschieden und diesem Stutzer zu zeigen, dass auch ein Jude, ebenso wie jeder andere, dazu fähig ist, Empörung zu empfinden und auf angemessene Weise darauf zu reagieren. Doch etwas hielt mich davor zurück, denn ich war noch selten einem Mann von Sir Roberts Position begegnet, der mir seine Gedanken so unverblümt dargelegt hätte, und ich fragte mich, welche Lehren ich noch aus dieser Unterhaltung ziehen mochte. Deshalb beschloss ich, meinen Stolz fürs Erste herunterzuschlucken und mir zu überlegen, wie sich diese unangenehme Unterhaltung zu meinem Vorteil nutzen ließ.

»Jeder, der mit Wertpapieren spekuliert, riskiert Verluste«, gab ich schließlich zurück. »Ich kann mir nicht denken, dass man die Unehrenhaftigkeit der Juden dafür verantwortlich machen kann. Nur weil einer einem anderen etwas in der Hoffnung verkauft, einen Vorteil zu erlangen, macht das aus dem Verkäufer noch keinen Halunken.« Vertrauensvoll hatte ich die Worte meines Onkels wiederholt.

»Dem würde ich zustimmen«, sagte Home. »Die Juden für die Korruption in der 'Change Alley verantwortlich zu machen hieße, einem Soldaten die Grausamkeit einer Schlacht anzulasten. An der Börse wird gekauft und verkauft. Einige Leute gewinnen dabei Geld, andere verlieren – und einige von ihnen sind Juden, aber ich glaube, dass auch Sie, Gentlemen, nur zu gut wissen, dass die meisten von ihnen keine Juden sind.«

»Jedenfalls sind viele Fremde darunter«, brachte sich Lord Thornbridge wieder ins Spiel, »und da ist Sir Robert meiner Meinung nach nicht zu Unrecht besorgt.«

Er wandte sich an seinen Freund. »Ich glaube, Sie sind zu sehr ein Opfer der öffentlichen Vorurteile, wenn Sie ausschließlich die Söhne Abrahams dafür verantwortlich machen wollen, aber diese sind eindeutig dort anzutreffen, zusammen mit vielen anderen Männern aus anderen Ländern, und dazu eine Menge Engländer mit keinem Fünkchen Loyalität, welcher Nation auch immer gegenüber, allesamt Existenzen, die, wenn sie nur könnten, das ganze Land hinwegspekulieren würden.«

Sir Robert nickte in feierlicher Zustimmung. »Jetzt reden Sie wie ein Mann von Verstand. Aber die wahre Schurkerei, die damit angerichtet wird, besteht in dem, was unserem ganzen Land angetan wird. Sobald die Leute anfangen, Dinge von echtem Wert gegen all dieses Papier einzutauschen, verwandeln sie sich in hysterische, durchgedrehte Weibsbilder. Die ehernen und mannhaften Werte unserer Vorfahren werden zugunsten von Leichtsinnigkeit beiseitegeschoben. All diese Anleihen und Lotterien und Jahrgelder stürzen unser Land in Schulden, die niemals wieder zurückgezahlt werden können, weil wir uns nicht die Bohne um die Zukunft scheren. Ich sage Ihnen, diese ganze jüdische Aktienmaklerei wird unser Königreich vernichten.«

»Verderblicher noch«, hakte Lord Thornbridge nach, »ist meiner Meinung nach der Effekt des Papiergeldes auf die niederen Elemente. Warum sollte jemand noch für sein tägliches Brot hart arbeiten, wenn er doch ein Lotterielos besitzt, das ihm auf einen Schlag Reichtum im Überfluss bescheren kann? Am Ende befürchte ich gar, dass diese Wertpapierhändler« – damit wandte er sich an Sir Robert –, »und ich meine damit ebenso Makler namens John und Richard wie diejenigen, die Abraham und Isaak heißen, dafür einstehen, dass Geburt und vornehme Herkunft als Wertmaß der Qualität vom schnöden Geld und seinem Besitz abgelöst werden.«

An dieser Stelle witterte ich meine Gelegenheit: »Ich frage mich, Mylord, ob die Juden oder sonst wer wirklich noch Intrigen spinnen müssen, um den Untergang jener voranzutreiben, die doch selbst schon so erfolgreich daran stricken. Ich möchte nicht schlecht von den Toten sprechen, aber ich muss nur den Namen Michael Balfour nennen, der nicht von Intriganten, sondern von seiner eigenen Habgier zugrunde gerichtet wurde.«

Sir Robert sah mich kalt an. Sir Owen, Mr. Home und Lord Thornbridge wechselten Blicke untereinander. War ich zu weit gegangen? War Balfour womöglich ein Mitglied dieses Clubs gewesen? Ich verspürte einen leichten Anflug von Reue, als hätte ich mich eines Fauxpas schuldig gemacht, rief mir jedoch sogleich die Kränkungen in Erinnerung, die mir diese Männer an den Kopf geworfen hatten, wobei sie obendrein erwarteten, dass ich ihre Beleidigungen wie ein dummer Affe mit einem Grinsen quittierte.

Schließlich ergriff, wie ich hätte vorausahnen können, Sir Robert das Wort: »Es ist unumstritten, dass Balfour von Juden getötet wurde, Weaver. Und ich muss sagen, Sie erstaunen mich sehr, dass Sie seinen Namen überhaupt erwähnen.«

Ich wollte etwas entgegnen, doch Sir Owen, der offenbar weder schockiert noch übermäßig aufgeregt war, kam mir zuvor: »Inwiefern,

Sir? Ganz London weiß doch, dass Balfour von eigener Hand gestorben ist.«

»Wohl wahr«, stimmte ihm Sir Robert zu, »aber lässt sich ernsthaft bezweifeln, dass hinter all dem ein rabbinischer Einfluss steckt? Balfour stand mit einem Juden in Verbindung, mit diesem Börsenmakler, der am Tag darauf getötet wurde.«

»Ich glaube, Sie verdrehen die Tatsachen ein wenig«, sagte Home. »Ich habe gehört, Balfours Sohn hat den Juden überfahren lassen, um den Tod seines Vaters zu rächen.«

»Unsinn!« Sir Robert schüttelte den Kopf. »Balfours Sohn hätte eher geholfen, den Stuhl unter seinem baumelnden Vater wegzutreten, aber es besteht kein Zweifel daran, dass dieser Jude in die Sache verwickelt war.«

Ich schaute mich unauffällig um und versuchte herauszufinden, ob mich jemand anstarrte. Ich war mir einigermaßen sicher, dass niemand die Identität meines Vaters kannte, andererseits hatte ich das Gefühl, auf eine bestimmte Art und Weise auf die Probe gestellt zu werden. Ich hielt es für das Beste, wenn ich gar nichts mehr dazu sagte, aber dann wurde mir klar, dass ich nicht befürchten musste, die Probe nicht zu bestehen.

»Warum?«, fragte ich, »besteht kein Zweifel daran, dass Juden etwas damit zu tun hatten?«

Im Gegensatz zu Sir Robert, der mich mit stummer Verwunderung anstarrte, sahen die anderen einfach nur peinlich berührt drein und musterten ihre Schuhspitzen. Ich selbst war peinlich berührt und kam mir fehl am Platze vor, und ihre Verlegenheit trug nicht gerade dazu bei, mir meine Befangenheit zu nehmen, aber mir blieb keine andere Wahl, als die Befragung fortzusetzen.

Sir Robert wich meinem Blick nicht aus. »Mal ehrlich, Weaver, wenn Sie keinen Wert darauf legen, beleidigt zu werden, sollten sie nicht solche Fragen stellen. Diese Sache geht Sie nichts an.«

»Aber ich bin neugierig«, sagte ich. »Inwiefern hängt Mr. Balfours Tod mit den Juden zusammen?«

»Nun denn«, gab Sir Robert langsam zurück, »er war, wie ich Ihnen bereits sagte, mit diesem jüdischen Makler befreundet. Angeblich führten die beiden etwas im Schilde.«

»Das ist mir auch zu Ohren gekommen«, pflichtete ihm Home bei. »Geheime Treffen und all so was. Dieser Jude und Balfour waren mit Sicherheit in eine Sache verwickelt, der sie nicht gewachsen waren.«

»Wollen Sie damit sagen«, fragte ich beinahe flüsternd, »diese beiden Männer wurden einer finanziellen Intrige wegen ermordet?«

»Balfour hatte mit diesen« – Sir Robert wedelte mit der Hand durch die Luft –, »mit diesen Teufeln zu tun, diesen Börsenmaklern, und er hat dafür bezahlt. Ich kann nur hoffen, dass andere aus seinen Fehlern ihre Lehre ziehen. Aber wenn Sie mich nun entschuldigen würden.«

Sir Robert erhob sich abrupt, und Thornbridge, Home, Sir Owen und ich taten es ihm instinktiv gleich. Er marschierte davon und blieb mit seinen Freunden ungefähr in der Mitte des Raumes stehen; mich ließen sie allein zurück, und sämtliche Augen waren eine oder zwei schreckliche Minuten auf mich gerichtet.

Dann kam Sir Owen mit einem breiten Grinsen auf dem Gesicht wieder zu mir geschlendert. »Ich muss mich für Bobby entschuldigen. Ich hätte ihn für etwas gastfreundlicher gehalten. Er hat sich nichts dabei gedacht, wissen Sie. Vielleicht hat er auch schon einen Schluck zu viel getrunken.«

Ich gestehe, dass die Beteuerung meiner Nachsicht nicht so überschwänglich ausfiel, wie sie hätte ausfallen müssen, hätte ich mich dem Diktat der dort herrschenden Gepflogenheiten mehr als dem meiner Gefühle unterworfen. Ich bedankte mich lediglich bei Sir Owen für seine Einladung und verabschiedete mich.

Als ich das Gebäude endlich verließ, befiel mich eine große Erleichterung. Da ich auch nur der leisesten Möglichkeit weiterer Angriffe auf meine Person aus dem Weg gehen wollte, ließ ich mir von dem Lakai eine Droschke rufen und fuhr schlecht gelaunt nach Hause.

13

Nach einem eiligen Frühstück, das aus mit einem Krug Dünnbier hinuntergespülten Grobkornbrot mit Cheshire-Käse bestand, machte ich mich am nächsten Morgen auf den Weg zu Elias' Unterkunft. Obwohl der Vormittag schon vorangeschritten war, fand ich meinen Freund noch tief und fest schlafend vor. So hielt er es nicht selten. Wie viele Männer, die sich eher von den Göttern des Verstandes als denen des Geldes geküsst sehen, verschlief Elias manchmal ganze Tage am Stück, um der Konfrontation mit seinem Hunger und seiner Armut aus dem Weg zu gehen. Ich wartete, bis ihn seine Vermieterin, Mrs. Henry, geweckt hatte, und rechnete es mir als Ehre an, dass er sich sogleich und in aller Eile anzog.

»Weaver«, sagte er und kam die Treppe heruntergepoltert, wobei er gerade den zweiten Arm in seinen dunkelblauen, mit Rüschen besetzten Rock schob, der perfekt zu der blau-gelben Weste darunter passte. Obzwar stets knapp bei Kasse, besaß Elias doch mehrere recht ansehnliche Anzüge. Er zog sich fertig an und wechselte dabei einen dicken Stapel Papiere, die von einem grünen Band zusammengehalten wurden, von einer Hand in die andere. »Vortrefflich, dich zu sehen. Hattest viel zu tun, was?«

»Die Sache mit Balfour nimmt meine gesamte Zeit in Anspruch. Hast du Muße, um mit mir darüber zu reden?«

Er musterte mich besorgt. »Du siehst müde aus. Ich fürchte, du hast in letzter Zeit nicht genug Schlaf bekommen. Soll ich dich ein wenig zur Ader lassen, damit es dir besser geht?«

»Eines schönen Tages lasse ich dich mein Blut abzapfen, nur um dich zu überraschen«, lachte ich. »Das heißt, ich erlaube es dir nur, wenn ich davon überzeugt bin, dass du mich dabei nicht umbringst.«

Elias rollte die Augen. »Ein Wunder, dass ihr Juden überhaupt überlebt habt. Was eure medizinischen Überzeugungen angeht, seid ihr wie die wilden Indianer. Was macht ihr eigentlich, wenn einer von eurem Stamm krank wird? Schickt ihr nach einem Arzt oder nach einem Schamanen im Bärenfell?«

Ich musste über Elias' Antwort lachen. »Wie gerne würde ich von dir erfahren, wie die Schotten, die noch nackt und blau bemalt durch die Highlands streunen, dennoch um so vieles zivilisierter sind als die Urheber der Heiligen Schriften – aber noch viel lieber würde ich mich jetzt mit dir über diese Sache mit Balfour unterhalten. Außerdem möchte ich von dir das eine oder andere über die Börsenmaklerei und dergleichen erfahren, denn so wie ich dich kenne, ist dir dieses Treiben nicht völlig unbekannt.«

»Keineswegs. Ich habe dir allerdings auch viel zu berichten. Aber wenn du dich lieber über Aktienhandel und all so was unterhalten willst, fällt mir kein besserer Ort dafür ein als Jonathan's Kaffeehaus, direkt im Herzen der 'Change Alley. Wenn du dich bereit erklärst, eine Droschke zu zahlen, die uns dorthin bringt, erkläre ich mich bereit, eine Einladung zum Essen anzunehmen. Besser noch: Warum setzen wir unsere Expedition nicht Mr. Balfour auf die Rechnung?«

Mr. Balfour wurde nichts auf die Rechnung gesetzt. Nach dem, was mir Mr. Adelman erzählt hatte, konnte ich mich glücklich schätzen, wenn ich überhaupt etwas von ihm bekam, aber mir stand nicht der Sinn danach, Elias' Enthusiasmus zu dämpfen. Ich spürte das Silbergeld in meiner Tasche klimpern, das ich Sir Owens Großzügigkeit zu verdanken hatte, und war froh, für das Frühstück meines Freundes ebenso wie für seinen guten Rat zahlen zu können.

Unterwegs in der Droschke zur 'Change Alley schwatzte Elias ununterbrochen, sagte jedoch kaum etwas von Belang. Er erzählte mir von alten Freunden, die er getroffen habe, von einem Aufruhr, in den er beinahe hineingeraten sei, und von einem saftigen Abenteuer, bei dem zwei Huren und das Hinterzimmer einer Apotheke eine gewisse Rolle spielten. Doch während Elias fröhlich drauflosplauderte, wanderten meine Gedanken ab. Es war ein kühler, bedeckter Tag, aber die Luft war klar, und ich schaute zum Fenster hinaus, während wir auf der Cheapside in Richtung Osten fuhren, bis sie in die Poultry überging. In der Ferne erblickte ich Grocer's Hall, den Sitz der Bank of England, und direkt vor uns das gewaltige Gebäude der Königlichen Börse. Ich muss sagen, diese gigantische Konstruktion jagte mir immer eine gewisse Ehrfurcht ein, denn obwohl mein Vater schon seit meiner Kinderzeit dort drinnen keine Geschäfte mehr getätigt hatte, verband ich den steinernen Koloss immer noch mit einer finsteren, geheimnisvollen väterlichen Macht. Die Börse, so wie sie nach dem Großen Brand, der das alte Gebäude vernichtet hatte, neu gebaut worden war, ist im Prinzip ein riesiges Rechteck, das einen großen, nicht überdachten Hof einschließt. Obwohl es nur zwei Stockwerke gibt, erheben sich die Mauern drei- oder viermal so hoch wie die gewöhnlicher zweistöckiger Gebäude, und über dem Eingang erhebt sich ein gewaltiger Turm, dessen Spitze sich bis in den Himmel bohrt.

Vor vielen Jahren betrieben Wertpapiermakler wie mein Vater ihre Geschäfte in der Königlichen Börse, und Juden hatten dort sogar ihre eigene »Promenade«, den Bereich, in dem sie im Hof Geschäfte abschließen durften, gemeinsam mit Tuchhändlern, Lebensmittelhändlern und allen möglichen anderen im Fernhandel Tätigen. Als das Parlament jedoch ein Gesetz verabschiedete, das Wertpapierhandel innerhalb der Königlichen Börse untersagte, waren die Makler in die nahe gelegene Exchange Alley umgezogen und hatten sich in Jonathan's und Garraway's und einigen anderen Kaffeehäusern in der Gegend niedergelassen. Zum Ärger derjenigen, die den Wertpapierhandel bekämpft hatten, zog der größere Teil des Londoner Geldverkehrs gleich mit um, und obwohl die Königliche Börse immer noch wie ein Monument der finanziellen Unerschütterlichkeit Englands dasteht, ist sie inzwischen kaum mehr als ein leeres Denkmal.

Im Vergleich dazu fand das eigentliche Geschäft der 'Change Alley in ein paar kleinen und anscheinend unbedeutenden Sträßchen statt, die man in wenigen Minuten durchlaufen kann. Am Südende der Cornhill, gleich gegenüber der Königlichen Börse, betrat man die Exchange Alley und kam in südlicher Richtung vorbei an Jonathan's und dann an Garraway's, während sich die Gasse nach Osten zur Birchin Lane wand, wo der Reisende die alte Sword Blade Bank passierte und an einigen anderen Kaffeehäusern vorbeikam, in denen man Geschäfte mit Lotterien, Versicherungen oder Fernhandelsgütern tätigen konnte. Die Birchin Lane führte einen nach Norden, zur Cornhill zurück, womit die kleine Rundreise durch die verwirrendsten, mächtigsten und geheimnisvollsten Straßen der Welt auch schon ihren Abschluss fand.

Unsere Droschke blieb unweit der Königlichen Börse im Verkehr stecken, woraufhin ich den Kutscher bat, uns auf der Höhe der Pope's Head Alley abzusetzen, von wo aus wir die verbliebene kurze Strecke zu Fuß gingen und uns den Weg durch die rings um uns brodelnde Menschenmenge bahnten. Jonathan's Kaffeehaus war nicht nur das schlagende Herz des Aktienhandels, sondern verkörperte auch seine reinste Ausprägung, denn je weiter man sich davon entfernte, umso seltsamer und hybrider wurden die Läden, die sowohl in der finanziellen Raserei der 'Change Alley wie auch in den weltlicheren Dingen des alltäglichen Lebens wurzelten. Dort traf man auf Lotterieverkäufer, die jeden Käufer eines Huhns oder Kaninchens zum potenziellen Gewinner einer Ausschüttung erklärten. Ein Teehändler behauptete, in jeder hundertsten Dose seiner Waren sei ein Vermögen an Aktien der East India Company versteckt. Ein Apotheker stand vor seiner Tür und brüllte lauthals in die Menge, bei ihm könne man sich kostengünstigen Rat zum Thema Wertpapiere holen.

Es wäre ungerecht zu behaupten, das Viertel rings um die Exchange sei der einzige Ort der Hauptstadt gewesen, in den der neue Finanzmarkt seine Zähne geschlagen hatte. Der Glücksspielwahn hatte die Stadt mittels der legalen Wiedereinführung der Lotterie im Jahre 1719, dem Jahr, in dem diese Geschichte sich abspielt, völlig überschwemmt, und schon seit Langem waren überall illegale Lotterien verbreitet. Ich gestehe, dass ich mich selbst mit einem Lotteriebarbier eingelassen hatte, der mich bei jeder Rasur für einen Gewinn eintragen ließ; doch obwohl ich ihn zehn Jahre lang beinahe täglich aufsuchte, ist er mir noch heute die erste Prämie schuldig.

Ich kannte die Börse schon von früher her, doch inzwischen hielt sie ein neues Geheimnis für mich bereit. Ich hielt die Augen offen, als könnte jeder Mann, der mir begegnete, einen Hinweis auf den Mörder meines Vaters in Händen halten. Dabei entsprach es wohl eher der Wahrheit, dass jeder Mann, der mir begegnete, sich einen Dreck um den Tod meines Vaters scherte, es sei denn, ich könnte ihm nachweisen, dass er dadurch Geld gewonnen oder verloren hatte.

Elias und ich drängten uns durch die Alley und hatten Jonathan's alsbald erreicht, wo es ziemlich voll war und vor geschäftlichem Treiben nur so dröhnte.

Jonathan's, das Kaffeehaus der Wertpapierhändler und die Seele der Exchange Alley, kam mir lebhafter vor als jedes andere Kaffeehaus, das ich kannte. Männer standen wild gestikulierend in Gruppen zusammen, lachten oder blickten ernst in die Runde. Andere saßen an Tischen, blätterten eilig ganze Stapel von Papieren durch und schluckten nebenbei ihren Kaffee. Der Lärm war nicht nur auf die Unterhaltungen beschränkt. Während einige Gäste ihren Freunden mit freundlichem Wohlwollen auf den Rücken klopften, boten andere lautstark ihre Waren feil.

»Verkaufe Lose für die bevorstehende Lotterie! Acht Shilling das Viertellos!«

»Verkauft jemand 1704er Anleihen?«

»Für denjenigen, der gewillt ist, mir nur fünf Minuten seiner Zeit zu erübrigen, habe ich hier einen ganz erstaunlichen Geldbringer!«

»Ein Projekt zur Trockenlegung des Marschlandes an der Küste! Garantiert!«

Ich musste mich nur kurz umblicken, um zu sehen, weshalb meine christlichen Mitmenschen die 'Change Alley so eilfertig mit den Juden in Verbindung brachten, denn es herrschte ein Überangebot an Israeliten im Raum – es mochten wohl mehr sein, als ich jemals außerhalb von Duke's Place auf einem Fleck gesehen hatte. Dabei waren die Juden im Jonathan's durchaus nicht vorherrschend und schon gar nicht die einzigen Fremden. Außer ihnen erkannte ich Deutsche, Franzosen, Niederländer – jede Menge Niederländer, wie ich meinen Lesern versichern darf –, dazu Spanier, Portugiesen und, natürlich, nicht gerade wenige Nordbriten. Sogar einige Afrikaner drängten sich durch die Menge, aber ich glaube, bei ihnen handelte es sich um Diener, nicht um Leute, die selbst in der 'Change Geschäfte tätigten. Der ganze Raum war ein Durcheinander aus verschiedenen Sprachen, in denen gleichzeitig gerufen und debattiert wurde, ein schwindelig machendes Aufgebot von Papieren, die von Hand zu Hand gingen, von unterzeichnenden Schreibfedern, gefüllten Umschlägen sowie ausgeschenktem und getrunkenem Kaffee. Mir kam es vor wie die tosende Mitte des Universums, und ich bewunderte jeden Mann aus ganzem Herzen, der an einem derart wirren Ort seine Geschäfte machen konnte.

Das Glück war uns hold, denn kaum waren wir eingetreten, erhob sich ein Trio vom Tisch direkt vor uns, und wir beeilten uns, um einer großen Gruppe zuvorzukommen, die schon länger gewartet und derweil ihre Angelegenheiten im Stehen weiterverfolgt hatte. Ich erhob meine Stimme über das Getöse und rief einem Jungen, der sich mit einem Tablett voller schmutzigem Geschirr an uns vorüberschob, zu, uns Kaffee und Gebäck zu bringen.

Dann sah ich mich voller Verwunderung um. Seit mein Vater mich und meinen Bruder noch als Kinder zu Jonathan's mitgeschleppt hatte, um uns zu zeigen, wo er seine Geschäfte tätigte, war ich nicht mehr hier gewesen. Damals hatten wir in stummem Unbehagen auf unseren Stühlen gesessen, einem Unwohlsein, das halb dem dumpfen Schrecken entstammte, das ein Kind angesichts unerklärlicher Raserei von Erwachsenen verspürt, und halb blanker Langeweile. Jetzt, da ich als erwachsener Mann abermals im Jonathan's saß und dort gewissermaßen meinen eigenen Geschäften nachging, kam ich mir immer noch klein und überwältigt vor, und auch ein wenig eingeschüchtert. Aber zumindest war es nicht mehr langweilig.

Der Junge brachte uns den Kaffee und das Essen, und Elias machte sich ohne Zaudern daran, eines der Küchlein in den Mund zu stopfen.

»Kennst du Mr. Theodore James, den Buchhändler oben auf der Strand?«, fragte er mich, die Worte halb von Teig und Marmelade erstickt.

»Ich bin schon des Öfteren an seinem Laden vorbeigekommen«, antwortete ich.

Elias sprudelte beim Reden vor Begeisterung geradezu über: »Du solltest vielleicht einmal hineingehen. Er ist ein großartiger Mann. Er hat meinen Gedichtband gedruckt. Mr. James verfügt über nicht geringen Einfluss, den er spielen ließ, um mir eine Audienz bei Mr. Cibber vom Royal Theatre in der Drury Lane zu beschaffen, und Mr. Cibber zieht nun ernsthaft in Betracht, mein Stück aufzuführen. Das ist wirklich eine erstaunliche und ganz und gar aufregende Sache. Die Vorstellung, mein Stück auf der Bühne gespielt zu sehen, macht mich ganz schwindelig. Ist das nicht einfach unglaublich?«

Ich musste einfach lächeln. Elias war immerhin ein Mann vieler Talente. »Ich wusste gar nicht, dass du ein Stück geschrieben hast«, sagte ich und schüttelte ihm freudig die Hand.

Er kicherte albern. »Hatte ich auch nicht. Ich erzähle ihm einfach, ich hätte schwer daran gearbeitet. Nicht zu schwer natürlich, denn ich möchte nicht, dass er mich für einen jener dummen Stückeschreiber hält, die sich für einen Jonson oder Fletcher halten. Ich habe es gestern geschrieben«, fügte er flüsternd hinzu.

»Ein ganzes Stück an einem Tag?«

»Immerhin habe ich schon genug Komödien gesehen, um zu wissen, wie so etwas arrangiert wird. Doch, ich muss schon sagen, trotz aller Hast und Eile hat es die eine oder andere originelle Wendung zu bieten. Ich nenne es *Der arglose Liebhaber.* Könntest du einem Theaterstück mit so einem fröhlichen Titel widerstehen? Ich bitte dich, Weaver, ich halte dich für einen Mann von Geschmack. Ich lese es dir rasch vor.«

»Nur allzu gerne würde ich dein Werk hören, Elias, aber ich gestehe, dass ich mit meinen Gedanken nicht bei der Sache bin. Ich verspreche, dir bei einer anderen Gelegenheit aufmerksam zu lauschen, jetzt hingegen muss ich dich um deine Mithilfe bei dieser Balfour-Geschichte bitten.«

»Selbstverständlich«, sagte er und schob das Papierbündel, das er aus der Tasche gezogen hatte, wieder beiseite. »Das Stück kann gewiss warten. Es ist erst vor so kurzer Zeit in die Welt geschlüpft, dass ihm eine kleine Verschnaufpause womöglich gut tut.«

Elias war zweifellos ein überaus liebenswürdiger Mensch und Freund.

»Ich danke dir«, sagte ich, in der Hoffnung, seine Gefühle nicht verletzt zu haben, indem ich seine literarischen Bemühungen einfach links liegen ließ, »denn ich bin in dieser Angelegenheit sehr auf deine Unterstützung angewiesen. In gewisser Weise weiß ich weder ein noch aus. Wir haben es immer noch mit zwei Männern zu tun, die sich mehr oder weniger kannten, wenn nicht gar miteinander befreundet waren, und die beide innerhalb eines Zeitraums von vierundzwanzig Stunden starben. Einer unter mysteriösen Umständen, der andere unter skandalösen. Ich darf dir versichern, dass man sich in der Stadt erzählt, dass an dieser Geschichte irgendetwas nicht stimmt, aber ich habe keine Ahnung, wo ich mit meinen Nachforschungen ansetzen soll, um Genaueres herauszufinden. Ich will versuchen, den Mann ausfindig zu machen, der meinen Vater über den Haufen gefahren hat, aber ich kann mir nicht vorstellen, dass er sich so einfach finden lässt.«

Unsere Unterhaltung wurde kurzzeitig von einem jungen Burschen unterbrochen, der laut klingelnd an unserem Tisch vorbeiging. »Mr. Vredeman! Eine Nachricht für Mr. Vredeman!«

Diese Unterbrechungen gehörten sozusagen zum Arbeitsalltag bei Jonathan's. Elias ließ sich nicht davon ablenken.

»Dein Fall ist recht kompliziert«, meinte er und nahm einen Schluck Kaffee. Ich merkte, dass er lieber mehr von seinem Stück erzählt hätte, obwohl auch mein Fall etwas an sich hatte, das er unwiderstehlich fand.

»Mir kommt es vor«, fuhr ich fort, »als gäbe es manch einen, der keinesfalls möchte, dass ich die Wahrheit hinter diesen Todesfällen herausfinde. Vorgestern Abend wurde ein Mordanschlag auf mich verübt.«

Damit war mir Elias' ungeteilte Aufmerksamkeit sicher. Ich berichtete ihm von meiner Begegnung mit der Droschke, wobei ich besonderen Nachdruck auf die Abschiedsworte des Angreifers legte.

»Es kann sich nicht um einen zufälligen Überfall handeln«, meinte nun Elias, »denn du sagst, der Schurke wusste, dass du Jude bist. Diejenigen, die Balfour und deinen Vater umbrachten, wünschen eindeutig nicht, dass du ihre Machenschaften ans Tageslicht bringst.«

Schon früher, wenn er mir gelegentlich ausgeholfen hatte, war mir dieses Glitzern in seinen Augen aufgefallen. Um die Wahrheit zu sagen, kannte ich dieses Glitzern von den Anlässen, bei denen es um reizende junge Damen ging. Nichtsdestoweniger hatte diese Untersuchung Elias' unersättliche Neugier wachgerufen.

»Die Schurken haben viel getan«, sagte er, »um ihr Tun zu verschleiern, und jetzt sieht es ganz danach aus, als schreckten sie vor nichts zurück, um ihre Geheimnisse im Dunkeln zu belassen. Es wird nicht leicht sein, sie ausfindig zu machen.«

»Nicht leicht.« Ich hätte beinahe laut aufgeseufzt. »Ich fürchte, es ist so gut wie unmöglich. Ich bin gewohnt, Spuren zu folgen, die von unklugen Menschen zurückgelassen wurden. Hier jedoch habe ich es mit Menschen zu tun, die umsichtig genug waren, keine Spuren zu hinterlassen; ja, die sogar einige Mühen auf sich genommen haben, ihre Taten zu verschleiern. Ich weiß nicht, ob ich überhaupt noch weiter vorankomme.«

»Immer mit der Ruhe«, sagte Elias und hob nachdenklich den Kopf. »Es muss eine Spur geben, wenn auch nicht unbedingt von der Art, nach der du normalerweise suchst. Wenn schon keine Kette von Zeugen, dann wenigstens eine Spur aus Absichten und Motiven. Du musst ein paar Vermutungen anstellen, verstehst du, aber das ist ja nicht schwer.«

»Vermutungen bringen mir nichts.« Ich fragte mich, ob sich Elias ausgerechnet jetzt, wo ich seines klaren Verstandes bedurfte, von seiner Fantasie mitreißen ließ. »Wenn jemand mit der Bitte an mich herantritt, einen Schuldner für ihn zu suchen, stelle ich da Vermutungen an, wo ich ihn am besten auftreiben könnte? Gewiss nicht. Ich bringe alles Mögliche über sein Leben und seine Gewohnheiten in Erfahrung, und dann suche ich ihn dort, wo ich weiß, dass ich ihn auch finde.«

»Du suchst dort, wo du ihn vermutest, denn du kannst nicht wissen, ob er sich auch wirklich dort aufhält, wohin dich deine Überlegungen führen. Du stellst jeden Tag Vermutungen an, Weaver. Ich schlage lediglich vor, dass du größere Gedankenspiele durchführst. Weißt du, Locke schrieb einmal, dass derjenige, der allein das gelten lasse, was sich klipp und klar beweisen lässt, überhaupt nichts sicher wissen könne und rasch zugrunde gehen würde. In deinem Falle könnte in dieser Aussage mehr Wahrheit stecken, als Locke beabsichtigte.«

»Das sind doch Wortklaubereien, Elias. Diese Spielchen helfen mir nicht weiter.«

»Von wegen. Ich glaube, du bist mehr daran gewöhnt, aufgrund von Spekulationen zu handeln, als dir bewusst ist. In diesem Fall wirst du einige vernünftige Mutmaßungen anstellen müssen und anschließend so tun, als seien sie wahr. Deine Aufgabe besteht darin, auf das Ganze zu blicken und danach auf das Einzelne zu schließen – denn das Ganze und das Einzelne hängen stets zusammen. Denk daran, was Mr. Pascal über das Christentum gesagt hat: Er schreibt, da das Christentum die Befolgung seiner Lehren belohnt und das Versagen der Befolgung seiner Lehren bestraft, und da eine Verneinung des Christentums keines von beiden anbietet, würde sich ein vernünftiger Mensch immer dafür entscheiden, ein Christ zu werden, denn auf diese Weise würde er sich die größte Aussicht auf Belohnung und die geringste Aussicht auf Bestrafung erwerben. Jetzt hast du zwar mit dem Christentum nicht viel am Hut, und ich würde einmal annehmen, dass Pascal mehr oder weniger darauf abzielte, dass das Christentum die einzige Religion sei, für die sich ein vernünftiger Mensch entscheiden könne. Doch genau mit seiner Art zu denken kannst du deinen Fall lösen. Du musst eher mit Wahrscheinlichkeiten als mit Tatsachen arbeiten. Wenn du dich an das hältst, was möglich sein könnte, kommst du früher oder später hinter die Wahrheit.«

»Soll das heißen, du schlägst vor, ich soll meine Nachforschungen weiter betreiben, indem ich willkürlich gewählte Pfade verfolge?«

»Nicht willkürlich«, korrigierte er mich. »Wenn du nichts mit Sicherheit weißt, aber vernünftig schlussfolgerst, bietet das Vorgehen aufgrund vernünftiger Vermutungen die größtmögliche Chance, herauszufinden, wer es getan hat – bei einer minimalen Fehlerquote. Gar nichts zu unternehmen bietet hingegen keine Chance auf eine Lösung des Falls. Die großen mathematischen Genies des vergangenen Jahrhunderts – Boyle, Wilkins, Glanvill, Gassendi – haben die Regeln entwickelt, entlang derer du zu denken hast, wenn du deinen Mörder finden willst. Du hältst dich nicht an das, was dir deine Augen und Ohren offenbaren, sondern an das, was dein Verstand für wahrscheinlich hält.«

Elias stellte seine Tasse ab und fuchtelte mit den Händen herum. Immer wenn er sich selbst für brillant hielt, begann er sofort zu zappeln. Ich fragte mich, wie er sich überhaupt traute, einen Patienten zur Ader zu lassen, da er von der heilenden Kraft der Phlebotomie so überzeugt war, dass seine Hände eigentlich allein beim Gedanken an die Macht des Blutabzapfens völlig außer Kontrolle geraten mussten.

Ich gestehe, dass ich die Tragweite dessen, was mir Elias gerade erklärt hatte, nicht einmal im Entferntesten begriff. Ich erkannte nicht, dass er mir dabei auf die Sprünge helfen wollte, mein Denken von Grund auf zu verändern. »Und woher soll ich wissen, wo ich mit meinen Vermutungen und meinem auf Wahrscheinlichkeit basierenden Vorgehen ansetzen muss?«

»Du traust deinem eigenen Verstand nicht genug zu. Ich bin davon überzeugt, dass du deine Urteile eigentlich immer auf diese Weise fällst, aber da du in Philosophie nicht sehr belesen bist, erkennst du die verschiedenen Arten zu denken, die du tagtäglich praktizierst, nicht als solche. Ich leihe dir gerne ein paar meiner Bücher.«

»Du weißt, ich habe keinen Sinn für deine trockenen Bücher, Elias. Glücklicherweise kann ich mich darauf verlassen, dass du für mich hineinschaust. Was rät uns Mr. Pascals Philosophie denn in unserem vorliegenden Fall?«

»Lass mich überlegen«, sagte er gedehnt und hob den Blick, um die Decke zu betrachten.

Ich muss sagen, meine Freundschaft mit Elias wurde mir nie langweilig, war er doch ein Mensch mit so vielen unterschiedlichen Fassetten. Wäre just in jenem Moment ein hübsches Hürchen vorbeigeschlendert, mein Elias hätte sofort vergessen, dass Menschen wie Pascal jemals über diese Erde gewandelt waren, doch vorerst standen mir sämtliche Kräfte seines Intellekts zur Verfügung, und ich glaube, dass auch er die größte Freude daran empfand, sie in den Dienst meiner Sache zu stellen.

»Wir haben einen Mann«, begann Elias salbungsvoll, »dessen Tod den völligen Bankrott seiner Besitztümer offenbarte. Sein Sohn hält seinen Selbstmord für eine List und glaubt, der Bankrott des Mannes stehe in direkter Verbindung zu dem Tod – allerdings, denn der Tod wurde bewirkt, um den Bankrott des Besitzes zu vollenden. Ganz gewiss«, räsonierte Elias, »ist der Mörder kein gewöhnlicher Dieb. Man kann einem anderen nicht einfach seine Wertpapiere wegnehmen ... dazu müssen sie zur Ausgabestelle gebracht und überschrieben werden.«

»Welches Institut gibt Wertpapiere aus?«, fragte ich.

»Die Bank of England hat das Monopol zur Emission von Staatsanleihen, aber natürlich gibt es auch Handelsgesellschaften wie die South Sea Company, die East India Company und so weiter.«

»Ja, gerade in letzter Zeit ist mir viel über diese Gesellschaften zu Ohren gekommen. Insbesondere über die Bank und die South Sea. Aber wie kommt es, dass du so viel von diesen Dingen verstehst?«

»Weißt du, ich dilettiere ein wenig im Wertpapiergeschäft herum.« Er plusterte sich auf und blickte sich im Jonathan's um, als gehörte ihm der Laden. »Und da ich so etwas wie ein Kaffeehausbewohner bin, schnappe ich gelegentlich hier und da etwas auf. Ich habe einige Aktien besessen, die mir einen angenehmen Gewinn verschafft haben, obwohl meine Beteiligungen vornehmlich in Projekten liegen.«

Ich glaube, als Elias zur Welt kam, haben die Projektemacher und Intriganten dieser Welt einen großen Krug auf sein Wohl geleert, und einen zweiten zu Ehren seiner Eltern. Seit dem Beginn meiner Freundschaft mit Elias hatte er in Projekte investiert – und dabei sein Geld verloren –, bei denen es um Heringsfischerei und den Anbau von Tabak in Indien ging, die Ausrüstung eines Schiffes, das unter Wasser segeln konnte, um die Umwandlung von Salzwasser in Süßwasser, die Herstellung einer Rüstung, in der Soldaten jedem Musketenfeuer standhielten, den Bau einer von Wasserdampf angetriebenen Maschine, die Herstellung einer Art biegsamen Holzes und die Züchtung einer Rasse essbarer Hunde. Einmal hatte ich mich gnadenlos über ihn lustig gemacht, weil er fünfzig Pfund (die er sich von mehreren ahnungslosen Tölpeln, zu denen auch ich zählte, zusammengeborgt hatte) in ein »Projekt zum Gewinn enormer Summen Geldes auf eine Weise, die, wenn sie erst einmal bekannt wird, einen jeden aufs Höchste erstaunen dürfte« investiert hatte.

Obwohl ich Elias also nicht gerade für den umsichtigsten Anleger vor dem Herrn hielt, so traute ich ihm doch zu, dass er so manches vom neuen Finanzmarkt verstand. »Wenn ein normaler Dieb einem Mann seine Anleihen nicht wegnehmen kann«, führte ich meine Zweifel weiter aus, »wer dann? Und zu welchem Zweck sollte er das tun?«

»Tja ...« Elias biss sich auf die Lippe. »Vielleicht sollten wir auch das Anleihen vergebende Kreditinstitut selbst in Betracht ziehen.«

Ich brach in schallendes Gelächter aus, als hielte ich die Idee für völlig absurd. Andererseits konnte ich den alten Feind meines Vaters nicht vergessen, Perceval Bloathwait, einer der Direktoren der Bank of England. »Du meinst, die Bank of England beispielsweise könnte für ihre Zwecke zwei Männer töten – und trüge vielleicht sogar für den Anschlag auf mein Leben die Verantwortung?«

»Mr. Adelman!«, rief der Kaffeejunge, der gerade an unserem Tisch vorbeiging. »Eine Droschke wartet auf Mr. Adelman!«

Von Weitem sah ich zu, wie der Freund meines Onkels sich seinen Weg durch das Kaffeehaus bahnte, gefolgt von einer Traube Speichellecker, die ihm selbst dann nicht von der Pelle wichen, als er versuchte, durch den Eingang nach draußen zu gelangen. Zunächst war ich erschrocken, als handelte es sich um einen merkwürdigen Zufall, dass er sich ausgerechnet an dem Ort aufhielt, an dem ich eine Tasse Kaffee trank, aber dann fiel mir wieder ein, dass ich mir den Ort, an dem er seine Geschäfte tätigte, ausgesucht hatte, um dort meinen Kaffee zu trinken. Nicht er verfolgte mich, sondern eher umgekehrt.

Ich drehte mich zu Elias um, der, während ich meinen eigenen Gedanken nachgehangen hatte, weiter über die mörderischen Absichten der einflussreichsten Finanzunternehmen des Landes nachgedacht hatte.

»Vielleicht hat die Bank bemerkt, dass sie sich die Zahlung der Zinsen nicht leisten kann und sich von all ihren Kapitalanlegern lossagen muss«, schlug er vor. »Gibt es einen besseren Weg, seine Bücher in Ordnung zu bringen, als ein paar Wertpapiere verschwinden zu lassen? Vielleicht hielten dein Vater und Balfour einen großen Aktienanteil von einem ganz bestimmten Unternehmen.«

Ich verspürte eine Art kalten Hauch. Elias hatte ein Gespenst geweckt, das mein Onkel als lächerlich abgetan hatte. »Man hat mir gesagt, so etwas sei unwahrscheinlich. Ich kann nicht glauben, dass die Bank of England sich damit beschäftigt, ihre Anleger zu ermorden. Sollte sie eine Anleihe nicht ausbezahlen können, stehen ihr bestimmt effektivere Methoden zur Verfügung.«

Elias fuchtelte herum. »Großer Gott, Weaver! Was glaubst du denn, was die Bank in solchen Fällen tut?«

»Jedenfalls begeht sie keine Morde.«

»Das ist natürlich nicht ihr Daseinszweck, aber es besteht kein Grund zu der Annahme, Mord gehöre nicht zu ihrem Tagewerk.«

»Wieso das denn?«, fragte ich. »Ist es nicht viel *wahrscheinlicher*, dass diese Morde das Werk eines Mannes oder vielleicht auch einer Gruppe von Männern sind, als das Programm einer ganzen Gesellschaft?«

»Wenn aber dieser Mann oder diese Männer im Auftrag einer Gesellschaft handeln, so bin ich mir nicht sicher, worin der Unterschied bestehen soll. Die Gesellschaft ist und bleibt der Bösewicht. Was bedeutet schon das Leben eines oder zweier Männer in den Augen einer so gewaltigen Institution wie der Bank of England? Wenn der Tod eines Mannes einen rentablen finanziellen Profit in Aussicht stellt, was sollte die Bank oder eine der anderen Institutionen davon abhalten, eine solch blutige Investition zu tätigen? Wie du siehst, liegt das Teuflische gerade darin, dass diese Art von Wahrscheinlichkeitstheorie, die dir hilft, die Wahrheit hinter all den Abscheulichkeiten zu erkennen, dazu geführt hat, dass wir Unternehmen in unsere Überlegungen einbeziehen, die höchstwahrscheinlich in die Ermordung deines Vaters verwickelt sind. Die Bank und die großen Handelsgesellschaften spezialisieren sich auf organisierte, groß angelegte Aktienspekulationen – und was ist Aktienspekulation anderes als eine Übung in Wahrscheinlichkeit?«

»Bei dir und meinem Onkel Elias komme ich mir vor, als hätte ich mich an einer Universität eingeschrieben. Ich weiß nicht, ob ich diese ganze Wahrscheinlichkeitstheorie und die Staatsanleihen und weiß der Himmel, was noch alles, jemals völlig verstehen werde.« Ich hielt inne und kam zu dem Schluss, dass ich das, was Elias sagte, vielleicht zu schnell verwarf. »Was sagt deine Wahrscheinlichkeit in Bezug auf diese Unternehmen aus?«

Das Lächeln auf dem Gesicht meines Freundes verriet mir, dass er insgeheim auf diese Frage gehofft hatte. »Allein der Wahrscheinlichkeitstheorie haben die Aktien ihr Aufkommen zu verdanken. Zum Investieren musst du an das Wahrscheinliche, nicht an das Offenkundige denken und entsprechend handeln. Nimm nur mal das Versicherungsgewerbe. Ein Mann zahlt seine Versicherung, weil er weiß, dass seinen Waren etwas passieren könnte. Im Gegenzug nimmt die Versicherungsgesellschaft sein Geld, obwohl sie weiß, dass es in jedem einzelnen Fall *wahrscheinlich* ist, dass nichts passiert, und ihr, auch wenn sie gezwungen sein sollte auszuzahlen, der Großteil des Geldes sicher ist. Nun ist es zwar möglich, dass jedes Schiff, das die Gesellschaft versichert hat, auf den Grund des Ozeans sinkt, woraufhin die Versicherungsgesellschaft unweigerlich bankrott ginge, aber ein so ungeheuerliches Geschehen ist einfach nicht wahrscheinlich, und deshalb können unsere wohlhabenden Freunde in den Versicherungsgesellschaften weiterhin gut und ruhig schlafen.«

Ich hatte den Eindruck, Elias wollte auf etwas hinaus, das ich immer noch nicht ganz verstand. »Trotzdem erklärt das alles nicht, weshalb sich die Bank of England die Hände mit Mord schmutzig machen sollte.«

Elias' Augen flammten wie zwei Kerzen auf, als seine Ausführungen zu den schurkischen Umtrieben der Bank zurückkehrten. »Auch hier musst du in den Kategorien der Wahrscheinlichkeit denken. Was könnte, bei aller Wahrscheinlichkeit, jene beiden Morde erklären? Der alte Balfour starb unter mysteriösen Umständen, und hinterher fehlte in seinem Nachlass jede Menge Geld. Wir wissen nicht wie viel, aber wenn der Betrag zwischen Ruin und Wohlstand entschied, müssen wir annehmen, dass es um mindestens zehntausend Pfund geht. Vielleicht mehr. Stimmst du mir darin zu?«

Ich nickte.

»Schön. Bei Aktien von einem solchen Wert dürfte es sich entweder um Anteile an einer der großen Handelsgesellschaften oder um von der Bank of England herausgegebene Staatsanleihen handeln. In beiden Fällen wären diese Papiere nicht übertragbar; das heißt, wenn jemand anderer als der Anteilseigner die Aktien übernehmen will, müsste er sich die Eigentümerschaft zunächst bei der entsprechenden Gesellschaft oder in der Bank während der dafür vorgesehenen Zeiten offiziell übertragen lassen. Ich kann nicht einfach die Anteile des alten Balfour mitnehmen und sie als die meinen ausgeben. Er oder seine Erben müssen sie mir zuerst überzeichnen.«

»Ich glaube, allmählich verstehe ich dich. Ein gemeiner Dieb hätte mit diesen Aktien nichts anfangen können, deshalb muss es sich bei dem Mörder um jemanden handeln, der mit der Gesellschaft unter einem Hut steckt – denn nur so jemand kann die Aktien in Profit umwandeln.«

»Genau«, sagte Elias.

»Aber das verrät mir immer noch nicht, weshalb ein Unternehmen etwas damit zu tun haben sollte. Könnte der Mörder nicht ein Angestellter der Gesellschaft sein – jemand, der die gestohlenen Papiere auf sich oder einen Partner übertragen kann?«

»Eine stichhaltige Schlussfolgerung.« Elias lächelte gönnerhaft. »Aber du hast mir doch erzählt, der alte Balfour und dein Vater hätten kurz vor ihrem Tod irgendein geheimnisvolles Geschäft getätigt. Gemeinsam. Im Nachlass deines Vaters scheinen keinerlei Wertpapiere zu fehlen. Deswegen kommt es mir eher vor, als steckte hinter diesen Morden mehr als nur Diebstahl. Der alte Balfour und dein Vater wussten etwas, sie planten eine Spekulation, oder sie waren an einer Intrige beteiligt, die einigen sehr mächtigen Männern gefährlich werden konnte. Siehst du, wir bleiben zunächst beim Tod des alten Balfour, dann nehmen wir uns den Tod deines Vaters vor – aber nicht beide zusammen. Und wenn diese Tode in Verbindung zueinander stehen, dann ist das Motiv mehr als Geld, und das weist für mich auf ein Komplott hin, und ein Komplott verweist auf Macht.«

Ich schwieg einen Augenblick, während ich Elias' flinke Sprünge von einer Folgerung zur nächsten nachvollzog. Ich glaubte nicht alles, was er da gesagt hatte, aber seine Fähigkeit, mögliche Antworten aus einem Haufen vermeintlich unzusammenhängender Fakten zu ziehen, konnte ich doch nicht in Abrede stellen. »Und welche Art von Komplott schwebt dir vor Augen?«

Elias saugte an seiner Unterlippe. »Gib mir einen Shilling«, sagte er schließlich und wedelte ungeduldig mit der Hand, als ich ihn verwirrt anstarrte. »Mach schon, spiel mit, Weaver. Leg einen Shilling auf den Tisch.«

Ich griff in meine Tasche, suchte nach einem Shilling und knallte ihn auf die Tischplatte.

Elias nahm ihn in die Hand und legte ihn dann wieder auf den Tisch. »Das ist ein erbärmlicher Shilling«, stellte er fest. »Was ist denn mit dem passiert?«

Es war wirklich ein erbärmlicher Shilling. Fast alle Ecken waren abgefeilt, so dass er eher wie ein formloses Metallplättchen aussah, das nur noch einen Bruchteil seines ursprünglichen Gewichts hatte.

»Er ist gestutzt worden«, antwortete ich, »so wie jeder andere Shilling im Königreich. Willst du damit etwa andeuten, die Gesellschaften hätten sich aufs Münzenstutzen verlegt?«

»Keinesfalls. Ich möchte lediglich demonstrieren, welche Idee hinter dem steckt, was die Gesellschaften tun. Unsere Shillings sind gestutzt und abgefeilt, das dabei abfallende Silber ist eingeschmolzen und auf dem Kontinent verkauft worden. Also haben wir hier einen Shilling, der ungefähr drei Viertel seines ursprünglichen Metalls enthält. Ist er immer noch einen Shilling wert? Ja, mehr oder weniger, denn wir brauchen ein Tauschmittel, damit unsere Nation reibungslos funktioniert.« Er hielt die Münze zwischen Daumen und Zeigefinger hoch. »Dieser gestutzte Shilling ist, wenn du so willst, nur eine Metapher der Fiktion, zu der die Vorstellung von Wert in diesem Königreich geworden ist.«

Ich tat, als hätte ich nicht gesehen, wie er die Münze in seine Tasche gleiten ließ. »Daher das Aufkommen der Banknoten«, überlegte ich laut. »Zumindest teilweise, soweit ich das begriffen habe. Wenn das Silber nicht zirkuliert, sondern dort lagert, wo ihm niemand etwas anhaben kann, steht hinter dem Sinnbild für das Silber ein echter Wert. Die Fiktion wird wieder durch Wirklichkeit ersetzt, und die Angst vor diesen neuen finanziellen Mechanismen hebt sich selbst auf.«

»Was aber würde passieren, Weaver, wenn es gar kein Silber gäbe? Wenn sämtliches Silber durch Wertpapiere ersetzt würde – also durch Versprechungen? Heute ist man daran gewöhnt, dass eine Banknote an die Stelle einer großen Geldsumme tritt. Vielleicht morgen schon könnte man vergessen, dass man jemals mit Papiergeld gehandelt hat. Wir tauschen Versprechen gegen Versprechen ein, ohne dass eines dieser Versprechen jemals erfüllt wird.«

»Selbst wenn eine so absurde Geschichte jemals geschehen sollte –

was wäre so falsch daran? Letztendlich besteht der Wert von Silber auch nur darin, dass alle sich auf seinen Wert geeinigt haben. Es ist nicht wie Nahrungsmittel, die für sich genommen einen eigenen Nutzen haben. Wenn wir uns alle darauf einigen, dass Banknoten einen Wert haben, warum sollten sie dann weniger wert als Silber sein?«

»Aber Silber ist Silber. Münzen werden gestutzt, weil man sein Silber nach Spanien oder Indien oder China mitnehmen und es dort gegen die gewünschten Waren eintauschen kann. Mit einer Banknote geht das nicht, weil ihr Versprechen außerhalb ihres Ursprungslandes keinen Rückhalt mehr hat. Verstehst du denn nicht, Weaver, dass diese Finanzinstitute es darauf angelegt haben, unser wertvolles Geld zu schlucken und es durch das Versprechen von Wert zu ersetzen? Denn wenn sie erst einmal das Versprechen von Wert kontrollieren, dann kontrollieren sie auch das Vermögen selbst.«

»Ist das das Komplott, von dem du redest? Willst du damit sagen, dass du glaubst, eine der Gesellschaften plant, das gesamte Vermögen unseres Königreiches zu kontrollieren?«

Elias beugte sich vor. »Keine der Gesellschaften«, sagte er mit leiser Stimme. »Alle zusammen. Getrennt oder zusammen – das spielt keine Rolle. Sie haben von der Macht des Papiers gekostet, und sie wollen diese Macht ausbauen.«

»Und du glaubst, mein Vater und Balfour seien einer solchen Intrige irgendwie auf die Schliche gekommen?«

»Wohl eher einem kleinen Teil einer weiter gespannten Intrige. Ein Kreditsystem ist wie ein großes Spinnennetz – man sieht es erst, wenn man sich schon darin verfangen hat, und die Spinne sieht man erst, wenn sie bereits über einem hängt, drauf und dran, einen zu verschlingen. Ich weiß nicht, wer die Spinne ist, Weaver. Aber ich kann dir versichern, dass diese Spinne deinen Vater ermordet hat. Geld erzeugt Macht, und Geld regt zu Taten an. Irgendwo in diesem Königreich sitzen die Männer, die Geld erzeugen und die aus Gründen, die wir noch nicht verstehen – vielleicht sogar aus Gründen, die nicht einmal sie selbst verstehen –, deinen Vater umgebracht haben.«

»Ich muss schon sagen, Elias, ich verstehe nicht recht, warum du, wenn du die Wertpapiere für bis ins Mark verdorben hältst, selbst in sie investierst!«

»Genau das ist ja das Verflixte daran«, flüsterte er. »Heutzutage *muss* man in Wertpapiere investieren. Sieh dich doch nur einmal in diesem Kaffeehaus um. Glaubst du, diese Männer sind aus Liebe zum

Wertpapierhandel hier? Man kann mit seinem Geld nichts anderes tun. Geld erzeugt mehr Geld, und wir sind alle in dem Spinnennetz gefangen, auch diejenigen, die es als das erkennen, was es ist! Wir können nicht dagegen an.«

»Was uns allerdings auch nicht verrät, in welches Komplott sich mein Vater und der alte Balfour verstrickt sahen.«

»Wir können die Tatsachen nicht aus dem puren Nichts erschaffen, Weaver. Ich möchte nur, dass du erkennst, wie viel für diese Gesellschaften auf dem Spiel steht und dass sie gute Gründe hätten, jemanden aus dem Weg zu räumen, der ihnen im Wege steht.«

»Da du ja in diesen Dingen so versiert bist«, sagte ich und nahm all meinen Mut zusammen, um das Thema anzusprechen, das ich aus ganzem Herzen zu meiden suchte, »könntest du mir freundlicherweise erzählen, was du über einen Gentleman namens Perceval Bloathwait weißt? Auch er steckt bis zur Halskrause in diesen Wertpapieren und ist aus diesem Grund zweifellos einer der größten Feinde unseres Landes.«

Zu meinem Erstaunen strahlte Elias plötzlich auf. »Bloathwait – der Direktor der Bank of England? Ein verteufelt guter Mann für einen unserer englischen Dissenter. Zumindest ein Mann, der seine Dankbarkeit zu zeigen weiß. Ich hatte das Glück, anlässlich einer Vorstellung von Addisons *Cato* zugegen zu sein, bei der Bloathwait von einer Magenkolik befallen wurde. Er wäre beinahe hinunter ins Parkett gestürzt. Glücklicherweise war ich zur Stelle und konnte ihn sofort zur Ader lassen und somit einen fast tödlichen Unfall in ein nettes Geschäft verwandeln. Er lohnte es mir mit nicht weniger als zwanzig Guineas.«

»Deine Vorbehalte gegenüber Geldsäcken verlieren sich rasch, sobald sie dir einen Gefallen erweisen«, konterte ich.

»Aber jederzeit!«, gab Elias ausgelassen zurück. »So mancher Mann von edler Geburt hält es nicht für nötig, den Arzt zu entlohnen, den ihm die Vorsehung geschickt hat! Bloathwait ist ein guter Mann, sage ich! Wenn auch«, fügte er nach einer kurzen Pause hinzu, »mit viel zu viel Macht ausgestattet und höchstwahrscheinlich korrupt und schurkisch.«

»Es steht fest, dass ich diesem verteufelt guten, korrupten und schurkischen Ohnmachtskandidaten einen Besuch abstatten muss«, murmelte ich, »denn er ist schon seit Langen Jahren ein Feind meines Vaters gewesen.«

»Du wirst mir wohl verzeihen, wenn ich dich nicht dabei begleite. Ich verspüre nicht das geringste Verlangen danach, dass ein so mächtiger Mann in den höchsten Kreisen schlecht von mir redet.«

»Verstehe«, sagte ich. »Vielleicht nutzt du die Zeit, um noch ein wenig am *Arglosen Liebhaber* zu feilen.«

»Großartige Idee. Soll ich dir ein paar besonders eindringliche Szenen vorlesen?«

Ich trank meinen Kaffee aus und erhob mich. »Nichts wäre mir lieber, aber ich muss dieser Angelegenheit allerhöchste Priorität zuweisen.«

Ich zahlte unsere Rechnung und ließ Elias am Tisch sitzen, wo er sogleich eifrig in seinem Theaterstück herumkritzelte.

14

Ich fand Elias' Argumente, die auf der Wahrscheinlichkeit basierten, sowohl faszinierend als auch verführerisch und sehnte mich nach einer Gelegenheit, sie alsbald auszuprobieren. Bis dahin hielt ich es jedoch für höchste Zeit, einige der grundsätzlicheren Fähigkeiten, auf die ich mich bislang verlassen hatte, zur Anwendung zu bringen.

Ich wusste, dass Herbert Fenn, der Halunke, der meinen Vater mit seiner Kutsche überfahren hatte – und der, wie ich glaubte, auch mich hatte überfahren wollen –, einen Wagen für die Anchor-Brauerei kutschierte, und so begab ich mich zur Brauerei, um den Schurken ausfindig zu machen. Als meine Kutsche sich dem Ziel näherte, hatte ich den Eindruck, dass sie nicht nur durch verschiedene Stadtviertel, sondern durch Dutzende unterschiedlicher Welten fuhr, die erst gemeinsam unsere ausgedehnte Metropole bildeten: die Welten der Reichen und Privilegierten, die der Armen und der Kriminellen, der Künstler und Bettler, von Beau und Belle, von Fremdlingen und Briten, und, nicht zu vergessen, auch die Welt der Spekulanten.

In den vergangenen beiden Tagen hatte ich in der Welt der Spekulation gelebt. Ich hatte versucht, herauszufinden, wer meinen Vater und den alten Balfour umgebracht hatte, und mir vorzustellen, welche Motive hinter den Morden gesteckt haben mochten. Elias zufolge handelte es sich um Verschwörung, Komplott und Intrige. Obwohl mir seine

Ideen überspannt vorkamen, war ich unterwegs, um mir den Mann vorzuknöpfen, der meinen Vater mitten auf der Straße hatte niedertrampeln lassen. Ich kann nicht behaupten, dass ich dieser Gegenüberstellung freudig entgegensah, und meine Erlebnisse im Jonathan's hatten mich obendrein in eine nervöse, ja gewalttätige Stimmung versetzt, so als könnte ich mich nicht darauf verlassen, Herr über mein Temperament zu bleiben.

Ich kann nicht mehr genau sagen, was in mir vorging, als mir der Vorarbeiter der Auslieferwagen versicherte, dass Bertie Fenn schon seit mehreren Wochen nicht mehr in der Brauerei arbeitete.

»Hat 'n alten Juden umgefahrn«, sagte der Vorarbeiter. »Nich absichtlich, hat er mir gesagt, warum auch, aber trotzdem kann man keinen hier arbeiten lassen, der Leute überfährt, ob absichtlich oder nich. Egal, ob nun Jude oder nich«, fügte er nach kurzer Überlegung hinzu. »Solche Fahrer schick ich immer gleich weg, wirklich, und zwar ohne das Handgeld, das sie vielleicht auch noch mitkriegen wollen.«

»Wissen Sie, wohin Fenn gegangen ist?«

Er schüttelte den Kopf. »Keine Ahnung. Schätze mal, irgendwohin, wo man nich so viel Aufhebens drum macht, wenn einer alte Juden umfährt. Sind Sie 'n Gerichtsdiener? Ich glaube nich, dazu riechen Sie nich schlecht genug. Außerdem würde ihm wohl niemand so viel Geld pumpen, dasser hinterher 'n Gerichtsdiener auf ihn ansetzen muss. Was haben Sie also mit Fenn zu schaffen?«

»Der alte Jude, den er überfahren hat, war mein Vater.«

»Dann sind Sie ja ...«

»Ein junger Jude, ganz richtig. Zumindest ein jüngerer.« Ich reichte ihm meine Visitenkarte. »Sollten Sie doch noch erfahren, wo er sich aufhält, geben Sie mir Bescheid. Ich versichere Ihnen, dass ich für jede Information gut bezahle.«

Gerade als ich mich wieder auf den Weg gemacht hatte, rief der Vorarbeiter hinter mir her: »Warten Sie 'n Moment, Herr Jude. Warum ham Sie nich gleich gesagt, dass Sie was dafür springen lassen? Wir müssen sehen, wo wir bleiben, verstehn Sie, aber wenn Sie ein paar Münzen dabeihaben, lass ich mich gern überreden.«

Ich gab ihm einen Sixpence. »Das hier, um Ihnen die Zunge zu lockern. Erzählen Sie mir etwas Interessantes, und es gibt mehr davon.«

»Ein Sixpence? Ihr seid so knauserig, wie immer gesagt wird. Ich muss wohl aufpassen, was ich sage, was, Herr Jude, sonst ziehn Sie noch 'n Messer raus und beschneiden mich armen Hungerleider.«

»Sagen Sie mir einfach nur, was Sie wissen.«

»Na schön. Also, Fenn, der nahm's nich einfach so hin, als er rausgeschmissen wurde, und er hat mächtig damit angegeben, es würde ihm nix ausmachen, jetzt, wo er ja 'ne Stellung hätte. Bei einem gewissen Mr. Martin Rochester, hat er gesagt. ›Mr. Martin Rochester behandelt seine Leute nich wie Dreck‹, hat er gesagt. Als wär Mr. Martin Rochester der Erste Arschputzer Seiner Hannoverschen Majestät selbst.«

»Wer ist Martin Rochester?«

»Das is genau der Haken, verstehn Sie? Niemand hat je was von dem Kerl gehört, aber Fenn denkt, der ist die Wiedergeburt Christi.« Er grinste mich breit an. »Oder gleich der Messias selbst, je nachdem, wie man's sieht, finde ich.«

»Hat er sonst noch etwas gesagt? Etwas über diesen Rochester?«

»Richtig, doch, er meinte, der hätte noch mehr zu sagen als Jonathan Wild. Ausgerechnet der Kerl, von dem noch nie einer was gehört hat, soll mehr zu sagen ham als der große Diebesfänger Wild! Natürlich hab ich mir gedacht, der hört sich halt gern reden, weil ich ihn rausgeschmissen hab und so. Aber vielleicht is dieser Rochester doch irgend so 'n neuer Kerl, der Fenn als Kutscher angeheuert hat, oder was weiß ich.«

»Wie lange nach dem Unfall war das?«

»Ein paar Tage. Gleich nachdem die Sache bei Gericht erledigt war, hab ich ihn weggeschickt.«

»Dann hat Fenn diesen Rochester wahrscheinlich schon vor dem Unfall gekannt.«

»Glaub schon, aber da hab ich mir noch keine Gedanken drüber gemacht.«

»Hatte Fenn Verwandte oder Freunde, irgendjemanden, der wissen könnte, wo er sich aufhält?«

Er zuckte die Achseln. »Ich hab nur mit ihm gearbeitet, ich konnte ihn nich besonders leiden. Eigentlich keiner von uns, und ich kann auch nich sagen, dass es mir viel ausgemacht hat, ihn rauszuschmeißen. Das war 'n launischer Bursche, doch, das war er. Hat sich nich gern was sagen lassen, und er hatte so 'ne Angewohnheit, einem einfach so'n Klaps zu geben, ohne Grund, nur weil's ihm Spaß machte. Keiner von den Jungs hier hat seine Halbe mit ihm getrunken. Wenn er mit seiner Arbeit fertig war, is er immer gleich weg, was weiß ich, wohin.«

Ich gab dem Mann eine halbe Krone und erinnerte ihn daran, mich sogleich aufzusuchen, falls er mehr zu diesem Thema erfuhr. Seinem Gesichtsausdruck nach zu urteilen, änderte er seine Meinung hinsichtlich der Großzügigkeit der Juden.

Ich suchte mir eine Gastwirtschaft und bestellte ein Mittagessen mit kalter Platte und Bier, ein Mahl, das unterbrochen wurde, als ein abgehetzt aussehender Bursche hereingerannt kam und wissen wollte, ob jemand mit Namen Arnold Jayens anwesend sei. Außerdem verkündete er atemlos, er sei hergeschickt worden, weil Jayens' Sohn sich in der Schule verletzt habe, dass er sich seinen Arm gebrochen habe und der Arzt um sein Leben fürchte. Daraufhin sprang ganz hinten ein Mann auf und rannte aufgeregt in Richtung Tür, doch noch bevor er den zweiten Schritt nach draußen gemacht hatte, packten ihn zwei Gerichtsdiener und erklärten ihm, es täte ihnen leid, seinem Sohn gehe es zwar gut, doch sie wünschten Mr. Jayens ins Schuldgefängnis zu eskortieren. Ein übler Trick, gewiss, aber ein Trick, den ich selbst in der Vergangenheit schon angewandt hatte, wenn auch stets mit größtem Bedauern. Als ich durch die Scheibe nach draußen blickte und sah, wie der unglückliche Mann weggeführt wurde, musste ich unwillkürlich an das Geld denken, das sich Miriam von mir geborgt hatte, und sogleich plusterte ich mich im Bewusstsein, sie vor einem solchen Schicksal bewahrt zu haben, voller Stolz auf.

Dann riss ich mich von meiner angeheirateten Cousine los, um über die kurz zuvor erhaltenen Informationen nachzudenken. Fenn war rasch von seiner Anstellung in der Brauerei in die Dienste des großen Martin Rochester übergewechselt, einem angeblich noch mächtigeren Mann als Jonathan Wild. Ich konnte nur hoffen, dass das alles gelogen war, denn an mächtigen Feinden hatte ich wirklich keinen Bedarf mehr.

Den Großteil des restlichen Tages und der Nacht verbrachte ich damit, mir meinen nächsten Schritt zu überlegen, und am folgenden Morgen kam ich zu dem Schluss, den Buchhalter des alten Balfour aufzusuchen, jenen d'Arblay, mit dem sich Balfour unterhalten hatte. Ich erinnerte mich daran, dass Balfour mir erzählt hatte, d'Arblay halte sich meist im Jonathan's auf, und aufgrund meiner Erfahrungen vom Vortag schickte ich Mrs. Garrisons Jungen mit einer Nachricht an d'Arblay in das Kaffeehaus, in der ich mich lediglich als jemand zu erkennen gab, der mit ihm in geschäftliche Verbindung zu treten gedachte. Nach einer Stunde kehrte der Junge mit einer Antwort von d'Arblay zurück, in der er mir mitteilte, ich könne ihn noch bis zum späten Nachmittag im Jonathan's antreffen, wo er zu meiner Verfügung stünde.

Also nahm ich eine Droschke und machte mich abermals auf den Weg in Richtung 'Change Alley und in den summenden Bienenstock von Jonathan's. Solche Orte rufen ihre ganz eigenen Freuden hervor, glaube ich, denn in dem Augenblick, in dem ich über die Schwelle trat und den Anblick und die Geräusche und die beißenden Gerüche jenes Tempels der Geschäftemacherei in mich aufnahm, verlangte es mich nach nichts so sehr wie nach einer Tasse starken Kaffees und dem Gefühl der angespannten Aufregung, gemeinsam mit hundert anderen Männern Geschäfte zu machen, die alle schon viel zu viel vom nämlichen Getränk intus hatten.

Ich bat einen Burschen, mir Mr. d'Arblay zu zeigen, und er gestikulierte zu einem Tisch, an dem zwei Männer über ein einzelnes Dokument gebeugt saßen.

»Er ist der Bulle von beiden«, murmelte der Bursche, wobei er die Sprache der Börse gebrauchte. Mit dem Begriff »Bulle« bezeichnete man einen Mann, der am Verkauf interessiert war, ein »Bär« hingegen war jemand, der kaufen wollte. Und wenn man sich diese beiden Männer ansah, fiel die Entscheidung, wer welches Tier war, nicht schwer. Den Rücken in meine Richtung gewandt, aber so, dass ich sein Gesicht im Halbprofil sehen konnte, saß ein Mann, der wohl an die fünfzig Jahre alt sein mochte, von denen jedes einzelne seine Spuren auf einem hageren, von fleckiger bleicher Haut umspannten Gesicht hinterlassen hatte. Rings um die Nase, die von den Auswirkungen der Franzosenkrankheit ordentlich zerfressen war, klebten verkrustete Reste von Schnupftabak. Seine modisch geschnittene Kleidung verriet mir seinen Wunsch, als Gentleman aufzutreten, doch der fadenscheinige Stoff seiner in Rot und Schwarz gehaltenen Garderobe, die nicht minder großzügig mit Schnupftabak besprenkelt war, zeugte ebenso wie die Machart seiner Perücke von schlichter Qualität.

Der Bär, mit dem er sich unterhielt, war vielleicht zwanzig Jahre jünger als er. Er nannte eines jener breiten, offenen, glücklichen Gesichter sein Eigen und klebte mit der gebannten, beinahe sabbernden Aufmerksamkeit des geborenen Idioten an jedem von d'Arblays Worten.

Ich schob mich dicht an die beiden heran und versuchte, so unauffällig wie möglich ihrer Unterhaltung zu lauschen.

»Sie werden wohl mit mir übereinstimmen«, sagte d'Arblay gerade mit einer Stimme, die mir für einen ausgewachsenen Mann ungewöhnlich hoch und schrill vorkam, »dass es die solideste Methode ist, Ihre Investition zu schützen.«

»Ich verstehe nicht ganz, wieso die Investition geschützt werden muss«, erwiderte sein Gesprächspartner, wobei er eher verwirrt als abwehrend klang. »Ist denn das Risiko nicht der Sinn und Zweck der Lotterie? Wenn ich die Chance haben will zu gewinnen, muss ich einen Verlust riskieren.«

D'Arblay verzog die Lippen zu einem gönnerhaften Lächeln. »Wer seine Investition schützt, fordert dadurch nicht das Schicksal heraus. Die Scheine kosten Sie drei Pfund pro Stück, und wenn Sie Nieten ziehen, wird Ihnen dieser Betrag über einen Zeitraum von zweiunddreißig Jahren zurückgezahlt. Es ist wirklich nur eine kleine Investition. Ich biete Ihnen einfach nur die Möglichkeit, Ihre Lotterielose für zusätzliche zwei Prozent für zehn Jahre zu versichern.«

»Aber es bleibt eine Möglichkeit?«, fragte der Mann nach. »Es wird nichts garantiert?«

D'Arblay nickte. »Ebenso wie Sie möchten wir den Geist der Lotterie intakt halten. Sie können Ihre Lotterielose mit einer Art Lotterieversicherung versichern – jedes Los, das verliert, platziert Sie in der zusätzlichen Ziehung, und bei nur einem Shilling pro Los werden Sie mir zustimmen, dass Ihre Gewinnchancen dramatisch erhöht werden, ohne dass dabei Ihr Risiko nennenswert steigt.«

Sein Gegenüber nickte. »Nun, Sie unterbreiten mir da ein verlockendes Angebot, Sir, und ich bin gewiss kein Spielverderber.« Er schob ein paar Münzen über den Tisch. »Ich würde gerne fünf Lose versichern.«

Die beiden Männer verabredeten sich, abermals zusammenzutreffen, um die Losnummern zu protokollieren, dann schüttelte der Mann d'Arblay die Hand und verließ das Kaffeehaus.

Ich hatte während des Gesprächs direkt hinter d'Arblay gestanden, der jetzt, nachdem er allein an seinem Tisch saß, geradeaus starrte und sagte: »Da Sie meiner Unterhaltung so aufmerksam gelauscht haben, darf ich annehmen, dass Sie mich geschäftlich zu sprechen beabsichtigen?«

Ich ging um ihn herum, damit er mich sehen konnte. »Das ist richtig.« Ich nannte ihm meinen Namen und erinnerte ihn daran, dass ich am Vormittag bei ihm angefragt hatte.

D'Arblay erhob sich gerade so weit, um eine kurze Verbeugung anzudeuten. »In welcher Hinsicht darf ich Ihnen zu Diensten sein, Sir? Möchten Sie kaufen oder verkaufen?«

»Angenommen, ich möchte kaufen«, sagte ich gedehnt und wünschte mir, mehr über den Mann zu wissen, bevor ich ihn unter Druck setzte, »was hätten Sie mir wohl anzubieten?«

Ich ließ mich ihm gegenüber am Tisch nieder und versuchte so treuherzig zu wirken wie der Mann, der meinen Stuhl soeben verlassen hatte.

»Nun, selbstverständlich so ziemlich alles, was zu verkaufen ist. Verraten Sie mir, an welche Aktien Sie gedacht haben, und ich besorge sie Ihnen innerhalb von zwei Tagen.«

»Das heißt, Sie verkaufen mir etwas, das Sie gar nicht haben?«

»Aber natürlich, Mr. Weaver. Haben Sie denn noch nie Geschäfte in der 'Change getätigt? In diesem Fall können Sie sich sehr glücklich schätzen, dass Sie ausgerechnet an mich geraten sind, denn ich darf Ihnen versichern, dass nicht jeder, dem Sie hier über den Weg laufen, Ihnen so ehrliche Dienste leistet. Ebenso wenig dürfen Sie jemanden erwarten, der so gut ausgestattet ist wie ich. Sie müssen nur sagen, was Sie möchten, und ich verspreche Ihnen, dass ich es innerhalb einer angemessenen Zeit beschaffe, andernfalls gebe ich Ihnen Ihr Geld zusammen mit meinen besten Wünschen zurück. Bisher hatte noch niemand Grund dazu, mich eine lahme Ente zu nennen«, prahlte er, wobei er den Ausdruck der Börse für einen Mann benutzte, der etwas verkaufte, das er nicht besorgen konnte. »Außerdem werden Sie, wenn wir unser Geschäft abgeschlossen haben, erkennen, dass meine Gebühren äußerst konkurrenzfähig sind. Darf ich fragen, woher Sie meinen Namen kennen?«

»William Balfour hat ihn mir genannt«, erklärte ich, »und ich bin nicht an Staatsanleihen, sondern an bestimmten Informationen interessiert.«

D'Arblay saugte seine ohnehin schon eingefallenen Wangen ein, nahm eine Prise Schnupftabak und faltete die Hände auf dem Tisch. »Ich fürchte, Sie sind einem Missverständnis aufgesessen. Ich handle nicht mit Informationen. In dieser Branche gibt es so wenig zu gewinnen und so viel zu verlieren.«

»Ich bin lediglich auf der Suche nach Gerechtigkeit, Mr. d'Arblay, Gerechtigkeit für Ihren verstorbenen Dienstherrn. Der junge Mr. Balfour ist an mich herangetreten, weil er davon überzeugt ist, dass der

Tod seines Vaters nicht das ist, was es scheint. Er glaubt, die Ursachen dieser Täuschung seien möglicherweise in den Machenschaften der Alley zu finden.«

»Ich weise allein den Gedanken daran weit von mir«, sagte d'Arblay. »Wenn Sie mich jetzt entschuldigen würden, ich habe mich um meine Geschäfte zu kümmern.«

Er wollte aufstehen, doch ich hielt ihn mit einem einzigen Blick zurück. »Ich glaube, Sie verstehen mich nicht richtig, Sir. Mr. Balfour hat mir gegenüber erklärt, im Nachlass seines Vaters fehlte eine gewaltige Geldsumme, über die keinerlei Aufzeichnungen existieren. Als Buchhalter des verstorbenen Mr. Balfour hätte Ihnen ein solcher Fehlbetrag als Erstem auffallen müssen. Trotzdem ist Ihnen offensichtlich nichts aufgefallen. Ich frage mich, wie Sie das erklären können.«

»Wenn Sie mich beschuldigen wollen, wäre es mir lieber, Sie drückten sich verständlich aus«, sagte d'Arblay überheblich. »Ich kann Ihnen versichern, dass ich keinerlei Rechenschaft über fehlendes Geld in Mr. Balfours Vermögen ablegen kann – es sei denn, wir reden über Glücksspiel, übermäßiges Trinken, einen Lebenswandel, der über seine Verhältnisse ging. Und, das möchte ich noch hinzufügen, drei kostspielige Mätressen, von denen keine ihren Unterhalt wert ist, wenn Sie mich fragen. Ich bin erstaunt, dass Mr. Balfour Sie derart närrische Nachforschungen anstellen lässt. Er war doch der Erste, der seinen Vater seiner Verschwendungssucht wegen verabscheute. Mr. Balfour – ich rede jetzt von dem älteren – war früher einmal ein fleißiger und erfolgreicher Mann, doch mit zunehmendem Alter glaubte er, er besitze das Recht, all das, was er erworben hatte, zu verschwenden. Und während er seinem Vater dabei zusah, wie er den gesamten Besitz verjubelte, lernte der Sohn den Vater hassen.«

Ich nickte und dachte an die Diskrepanz zu Balfours Version der Geschichte. »Trotzdem erzählten Sie dem jungen Mr. Balfour, dass Sie glaubten, im Nachlass seines Vaters fehlten einige Aktien.«

»Das habe ich nie getan. Wer hat Ihnen diese groteske Lüge aufgetischt?« D'Arblay wartete nicht auf meine Antwort. »Fehlende Aktien, meine Güte! Mein verstorbener Dienstherr war durchaus dazu fähig, wertvolle Papiere zu verlieren, aber zum Glück hielt ich diese Dinge in Ordnung, nicht er. Allein meinen Fähigkeiten hat er es zu verdanken, dass er seinen Besitz überhaupt so lange hat bewahren können. Trotzdem war er am Ende ziemlich ruiniert, und wie Sie wissen, konnte er seine Schande nicht ertragen. An dieser Geschichte gibt es wirklich nur sehr wenig Überraschendes, obwohl es eine Geschichte ist, aus der so mancher etwas lernen könnte.«

Mit der Weisheit seiner Bemerkung überaus zufrieden, verschränkte d'Arblay die Arme.

»Fällt Ihnen irgendetwas ein, das darauf hinweisen könnte, dass mehr hinter Mr. Balfours Tod steckt, als es den Anschein hat?«

»Nichts«, erwiderte d'Arblay eisern.

»Und für wen arbeiten Sie jetzt, Mr. d'Arblay?«

»Ich habe Mrs. Balfour angeboten, ihre Angelegenheiten in Ordnung zu bringen. Aber sie ist eine törichte Frau, die ihr Geld in goldenen Tellern und kostbaren Juwelen anlegt. Ich konnte sie davon überzeugen, dass sie mit Wertpapieren besser bedient ist.«

»Können Sie mir sagen, welche Erbschaft Mrs. Balfour von ihrem Ehemann zu erwarten gehabt hätte – vorausgesetzt, er wäre liquide gestorben?«

D'Arblay verzog sein Gesicht zu einer Fratze des Abscheus. »Kein bisschen«, sagte er. »Mrs. Balfour war durch einen separaten Vertrag abgesichert. Sie hätte überhaupt nichts geerbt. Balfours Misswirtschaft war eine Peinlichkeit für sie, nicht mehr.«

Genau das hatte mir auch Balfour erzählt, doch da ihre Geschichten mehr als eine Diskrepanz aufwiesen, hätte ich gerne d'Arblays Einschätzung des finanziellen Arrangements zwischen den beiden Eheleuten erfahren. »Verstehe. Wo kann ich Sie erreichen, falls ich in dieser Sache noch weitere Fragen habe?«

»Erlauben Sie, dass ich offen mit Ihnen rede, Sir. Ich wünsche nicht, dass Sie mich jemals wieder aufsuchen, weder an meinem Arbeitsplatz noch an meinem Wohnort. Ich habe diese Unterhaltung nur aus Höflichkeit gegenüber dem verstorbenen Mr. Balfour über mich ergehen lassen, der ein zuvorkommender, wenn auch törichter Gentleman war. Ich kann Ihnen keine Informationen mehr geben, also besteht auch kein Grund dazu, mich weiterhin zu belästigen.«

»In diesem Falle danke ich Ihnen für Ihre Hilfe.«

Ich stand auf, verneigte mich und drängte mich dann tiefer in das Gewühl des Kaffeehauses. Während ich mir meinen Weg durch die Menge bahnte, versuchte ich, unser Gespräch zu verstehen. Falls das Vermögen des alten Balfour ausgeplündert worden war, gab es keinen, der einen solchen Diebstahl besser durchführen konnte als d'Arblay. Elias' Vermutungen in Richtung Komplott und Intrige reichten vielleicht nicht weiter als bis zu diesem Buchhalter, der nach allem, was ich wusste, die Möglichkeit gehabt hätte, seinen Dienstherrn ungehindert zu bestehlen. Andererseits hatte ich nur die Vermutung des jungen Balfour, dass sein Eigentum geraubt worden sei. Einer von beiden log mit Sicherheit, aber selbst wenn d'Arblay der Lügner war, musste er nicht zwangsläufig der Dieb sein. Ein solcher Mann konnte ein Verbrechen zum Schutz der eigenen Reputation mit Sicherheit besser verschleiern.

Bevor ich die Alley selbst nicht eingehender begriff, würde ich auch dieses Verbrechen, oder dieses angebliche Verbrechen, nicht begreifen. Deshalb hielt ich es für eine großartige Idee, mir die Bibliothek, die im Kaffeehaus zur Verfügung stand, zunutze zu machen, und ging direkt auf die Regale zu, wo ich anfing, mich durch Berge von Material zu kämpfen, das auf keine mir ersichtliche Art und Weise geordnet war. Die Geschäftsinhaber scherten sich nicht darum, ihre Kunden zu beleidigen, denn viele der Pamphlete beschimpften die Börsenmakler als schurkische Juden und Ausländer, die die Engländer mit ihren finanziellen Taschenspielertricks verweichlichten. Ich legte alle Schriften beiseite, deren Blickwinkel ich als zu eng gefasst einschätzte, Titel wie *Eine Darstellung der gerichtlichen Klagen der Neuen East India Company, wie eingereicht gegen die Alte*. Ebenso verwarf ich zu komplex angelegte Arbeiten wie *Brief eines Gentleman auf dem Lande an einen Freund in der Stadt, die Jüngste Gesetzgebung betreffend* – an mehr von diesem Titel kann ich mich nicht erinnern, denn allein bei der bloßen Erwähnung des Wortes Gesetzgebung fühlte sich mein Gehirn an, als sei es mit Schmalz überzogen.

Schon als kleiner Junge war ich auf erschreckende Weise unbeholfen, was schwierige Bücher anging. Meine Lehrer hatten es alsbald aufgegeben, dahinterzukommen, was mich davon abhielt, etwas zu bewältigen, das anderen Jungen um so vieles leichter fiel. Meistens verschwammen die Worte auf den Seiten unter meinen Augen, und meine Gedanken schweiften zu anderen Dingen ab. Das soll nicht heißen, ich hätte keinen Spaß am Lesen empfunden, denn oft erfreute ich mich an den unerlaubten Vergnügungen von Ritter- oder Abenteuergeschichten – es war nur so, dass ich einfach nicht lesen wollte, was mir andere zu lernen auftrugen.

Vielleicht gab ich mich deshalb schließlich mit einem dünnen Bändchen von kaum mehr als dreißig Seiten zufrieden, das ich für so zugänglich hielt, wie es marktschreierisch war: *Die 'Change Alley entlarvt, oder: Die Verbrechen jener finsteren Rasse von Wesen, genannt*

Börsenmakler, und die Wahrheit hinter ihrem Schurkischen Tun. Es war erst kurze Zeit zuvor von einem Verleger namens Nahum Bryce veröffentlicht worden, dessen Namen ich von einigen Romanen und Abenteuergeschichten her kannte, denen ich mich hingegeben hatte. Hier, dachte ich, ist genau das, wonach ich suche: die Geschichte der 'Change, aufgeschrieben als Abenteuer.

Mit dem kleinen Büchlein in der Hand schob ich mich in einen Sessel an einem freien Tisch und fing an zu lesen. Wie groß war meine Enttäuschung, als ich entdecken musste, dass das Buch mehr Schmähungen als Information enthielt – von Abenteuern ganz zu schweigen; es wetterte gegen die Verpfändung der Zukunft durch die Staatsverschuldung, die Korruption des Parlaments durch Schmiergelder und gegen die Entmannung der Nation durch den Wahn des Wertpapierhandels. Mit einem gewissen Entsetzen entdeckte ich auf jenen Seiten eine flüchtige Anspielung auf meinen Vater, nur dürftig als »S–l L–n–o« getarnt, »dieser berüchtigte Händler und Angehörige der jüdischen Rasse, den man jeden Tag auf der 'Change dabei beobachten kann, wie er ehrenwerten Briten mit seinen Versprechungen von unerhörtem Reichtum die Geldbörsen leert«.

Zu entdecken, wie der eigene Vater verleumdet wird, ist keine leichte Sache. Zwar hatte ich meinen eigenen Namen schon gedruckt gesehen, sogar des Öfteren, und dabei stets ohne Zweifel eine gewisse Verunsicherung empfunden, denn das Geschäft eines Mannes ist seine Privatangelegenheit, und ein Druck-Erzeugnis ist eine öffentliche Angelegenheit. Doch hier waren diese Namen nicht auf vergängliches und letztendlich unbedeutendes Zeitungspapier gedruckt. Nein, hier handelte es sich um eine Broschüre, ein Ding von Dauer, das man in seiner Bibliothek aufbewahren konnte. Die Anschuldigungen, die der Verfasser vorbrachte! Ich erkannte zwar, dass sie blanke Übertreibung waren, die Rhetorik der Börsengegner, aber die Tatsache, dass mein Vater eine so wichtige Gestalt in ihrem Denken gewesen sein sollte, überraschte mich doch sehr. Ich kann nicht behaupten, dass ich nicht noch andere Namen erkannte, denn dort wurde auch einem gewissen N–n A–l–n Reverenz erwiesen, bei dem es sich nur um Nathan Adelman handeln konnte; auch über die Schändlichkeit eines gewissen P–l B–th–t, den ich zweifelsfrei als Perceval Bloathwait, den Erzfeind meines Vaters, identifizierte, wusste die Broschüre so manches zu berichten. Dieser Halunke bediente sich, dem Pamphlet zufolge, mit großer Begeisterung aller möglicher Tricks, um den Markt zu seinem eigenen Profit zu manipulieren, ohne sich darum zu kümmern, ob er dabei das Glück anderer oder gar der ganzen Nation vernichtete. Es kam mir eigenartig vor, dass Menschen, die weit weg von der Hauptstadt lebten, Menschen, die die 'Change Alley nur aus Pamphleten wie diesem kannten, Männer wie meinen Vater, Adelman und Bloathwait wie fiktive Figuren in einem Märchen oder einem Abenteuerroman wahrnahmen.

Meine Überlegungen zu diesem Thema zerstoben in alle Winde, als ich der kleinen, rundlichen Gestalt Nathan Adelmans gewahr wurde, die nicht weit von mir entfernt stand und mich mit einem schiefen Lächeln beobachtete.

»Sind Sie hergekommen, um in die Fußstapfen Ihres Vaters zu treten?«, fragte er und baute sich vor meinem Tisch auf.

Er kam mir völlig anders vor als die Person, die ich bei meinem Onkel und anschließend in seiner Kutsche kennengelernt hatte. Hier befand er sich in seinem Element, hier schöpfte er geradezu Kraft aus dem Chaos, das uns umgab. Trotz seines offensichtlich kleinen Wuchses kam mir Adelman eindrucksvoller, mächtiger und selbstbewusster vor; und warum sollte er auch nicht so auf mich gewirkt haben, da doch alle rings um ihn herum so taten, als sei er der Monarch in einem eigenen kleinen Königreich? Vielleicht drei Meter hinter ihm hatte sich eine Horde von Maklern versammelt. Jeder von ihnen wollte ein paar Minuten seiner Aufmerksamkeit erhaschen; und ich muss sagen, es gefiel mir nicht schlecht, so wichtig zu sein, dass ich den großen Finanzfachmann von seinen dringenden Angelegenheiten abzulenken vermochte. Ich empfand dabei keinen persönlichen Stolz, doch Adelmans Interesse an mir bestätigte nur, dass ich meine Zeit bei Jonathan's nicht vertrödelte und auch sonst keinen Phantomen nachjagte.

Ich begrüßte ihn, und er fragte mich beiläufig, mit welcher Lektüre ich mir die Zeit vertreibe. »Ach«, sagte er und warf einen Blick darauf, »leider ein Buch, dessen Verfasser keine hohe Meinung von mir hat. Und, was das betrifft, von Ihrem Vater auch nicht.«

»Glauben Sie denn, was der Autor schreibt? Glauben Sie an die korrumpierende Macht der habgierigen Börsenmakler?«

»Meiner Meinung nach geht es hier weniger um die Habgier der Börsenmakler, sondern um die der Buchhändler«, erwiderte Adelman. Dann legte er lässig die Hände auf den Rücken und wippte auf den Fußballen hin und her.

»Dann ist das, was der Autor über Sie und meinen Vater geschrieben hat, also alles gelogen. Was wissen Sie von Perceval Bloathwait?«

»Bloathwait.« Adelmans gute Laune tropfte von ihm ab wie das Fett von einem gut gegrillten Hasen. »Doch, er hat die Beschimpfungen, die ihm da verabreicht werden, sehr wohl verdient. Der Kerl ist ein hinterhältiger Gauner, dem wir anderen unseren schlechten Ruf zu verdanken haben.«

»Ich nehme an, Sie sagen das nicht, weil er Direktionsmitglied der Bank of England und somit der Feind Ihrer South Sea Company ist?«

»Auch wenn mir die Company mitnichten gehört, hege ich ein gewisses Interesse an ihr. Ich kümmere mich um die Belange der Company, weil ihre Geschäftspraktiken lobenswert sind, und ihre Praktiken verteidige ich nicht aufgrund meiner geschäftlichen Verbindungen zu ihr.«

»Ihre Loyalität ist löblich, aber ich frage mich, wie weit sie geht. Diese Broschüre, die ich soeben überflogen habe, vertritt einige überzeugende Ansichten. Ich glaube zwar nicht an ihre Behauptung, die Maklerei selbst sei böse, aber das Argument, dass Habgier – wie ich vermute, in jeder Erscheinungsform, aber in diesem Falle in der Form des Wertpapierhandels – die Schurkerei von einem Schauplatz zum anderen verlagern kann, leuchtet durchaus ein. Wahrscheinlich ist es nur ein kleiner Schritt von den Gaunereien beim Kauf und Verkauf bis zum, sagen wir ... Mord.«

Adelman versteifte sich sichtlich. »Wie ich sehe, haben Sie sich meinen Rat nicht zu Herzen genommen, Mr. Weaver. Haben Sie überhaupt eine Vorstellung davon, wie sehr ein einzelner Jude, der lauthals *Mord* schreit, uns allen schaden kann?«

In diesem Moment wurde unsere Unterhaltung von einem rotgesichtigen Gentleman unterbrochen, der ungefähr fünfundzwanzig Jahre alt sein mochte und in die Mitte des Kaffeehauses gestürmt kam. Seine Perücke saß schief, und sein Brustkorb hob und senkte sich heftig, während er nach Luft schnappte.

Trotzdem stieß er ein ohrenbetäubendes Gebrüll aus: »Ich komme soeben vom Rathaus! Im Lotteriekartenbüro ist niemand anzutreffen! Die Ziehung ist maßlos unterzeichnet! Da bahnt sich ein grauenhaftes Desaster an!«

Mehrere Männer sprangen von ihren Stühlen auf und fingen alle auf einmal zu brüllen an. In dem Durcheinander hörte ich einen Namen, der immer wieder fiel: d'Arblay.

Ich schaute zu dem Tisch, an dem er noch immer saß und beobachtete, dass er jetzt von einer Traube Männer umringt wurde, die alle ihre Anteile verkaufen wollten.

»Wollen Sie immer noch Lose kaufen, Sir? Nehmen Sie meine! Ich überlasse sie Ihnen zu einem sehr fairen Preis!«

D'Arblay widmete sich jedem von ihnen völlig ruhig, sah sich an, was er zu verkaufen hatte, und handelte einen Preis aus.

Adelman lachte leise. »Ich kann nicht glauben, dass dieser Trick immer noch funktioniert. Fällt Ihnen auf, dass die Männer, die Mr. d'Arblay belagern, ausnahmslos jüngere Semester sind? Sie sind noch nicht lange in der 'Change.«

»Soll das heißen, dass der Mann, der die Nachricht verkündet hat, mit d'Arblay unter einer Decke steckt?«

Adelman nickte. »Aber sicher. Er löst eine Panik aus, damit die Naiven glauben, die Lotterie sei unterzeichnet. Die Männer dort verkaufen mit Verlust, und d'Arblay sackt einen ordentlichen Gewinn ein. Es ist ein sehr primitiver Börsenmaklertrick, aber demjenigen, der sich traut, ihn anzuwenden, bringt er immer noch seinen Profit.«

Ich betrachtete die aufgeregte Szenerie mit distanzierter Belustigung.

»Sind Sie bereit, sich mit derlei Dingen abzugeben?«, fragte Adelman und lenkte meine Aufmerksamkeit von dem Durcheinander hektischer Verkäufe ab. »Dieser ganze Handel mit Wertpapieren, den Sie hier sehen ... Sie verstehen ihn nicht, und es gibt auch keinen Grund, weshalb Sie sich damit abgeben sollten. Warum überdenken Sie nicht mein Angebot, Ihre Geschäfte mit den mir bekannten Gentlemen zu tätigen?«

»Ich denke darüber nach, Mr. Adelman, und ich weiß Ihre Aufmerksamkeit zu schätzen. Bis dahin jedoch bin ich weiterhin daran interessiert, wie Sie sicherlich verstehen, die Wahrheit darüber herauszufinden, was mit meinem Vater passiert ist. Was könnte man von einem Sohn weniger erwarten? Insbesondere von einem Sohn«, fügte ich hinzu, um jeder gehässigen Erwiderung zuvorzukommen, »der vieles wieder gutzumachen hat. Und da wir gerade auseinandergeklaubt haben, weshalb wir das tun, was wir tun, verraten Sie mir doch, Sir, was Sie von einem Mann mit Namen Martin Rochester wissen?« Ich wusste selbst nicht, weshalb ich gefragt hatte, ob er den Mann kannte, der den Mörder meines Vaters in seine Dienste aufgenommen hatte, doch die Idee kam mir einfach so in den Sinn und verschaffte sich

Ausdruck durch meinen Mund, bevor mir Zeit blieb, sie ernsthaft abzuwägen.

Wie gerne würde ich behaupten, Adelmans Gesichtsausdruck hätte ihn verraten, aber er veränderte sich nicht im Geringsten. Seine Züge waren in der reinen Belustigung über unsere Unterhaltung so erstarrt, dass er nicht einmal mit der Wimper zuckte oder die Augen verengte, so dass ich unweigerlich eben jenen Mangel an Reaktion als wohl einstudierte Undurchdringlichkeit auslegen musste. Adelman unterließ nichts, um seine Gedanken vor mir zu verbergen.

»Ich habe diesen Namen noch nie gehört«, sagte er. »Wer ist dieser Mann, und was hat er mit mir zu tun?«

»Sie haben den Namen noch nie gehört?«, fragte ich ungläubig. Ich hatte darüber nachgedacht, was Elias mir in Zusammenhang mit der Wahrscheinlichkeit erklärt hatte, und dabei war mir der Gedanke gekommen, dass ich, wenn ich daran glaubte, dass mein Vater ermordet wurde, mich so verhalten musste, als stünden die Ereignisse rings um seine Ermordung miteinander in Verbindung. Rochester hatte den Mann abgeworben, der meinen Vater überfahren hatte, und nun versuchte Adelman, mich von weiteren Nachforschungen bezüglich dieses Vorfalls abzuhalten. War es nicht wahrscheinlich, fragte ich mich, dass Adelman zumindest von Rochester wusste? »Ist es möglich, Sir, dass Sie als der wohlbekannteste und am besten informierte Mann in der Börse noch nicht einmal von ihm gehört haben?«

»Nun, *gehört* habe ich den Namen schon«, sagte Adelman mit einem feinen Lächeln auf den Lippen. »Ich meinte nur, dass er es nicht wert ist, dass man von ihm gehört hat. Mein Gebrauch der höfischen Sprache hat Sie verwirrt, ich möchte mich dafür entschuldigen. Ich hätte wissen müssen, dass Sie diese bombastische Art zu sprechen nicht gewöhnt sind. Aber was diesen Rochester angeht: Man hört so wenig von unbedeutenden Menschen, dass ihre Namen einem nicht lange im Gedächtnis haften bleiben.«

»Und was war das Wenige, was Sie von ihm gehört haben? Wer ist der Mann?«

Er zuckte die Schultern. »Ein kleiner Mann an der Börse, nicht mehr. Ein Makler.«

Ein Makler. Dieser Martin Rochester war ein Makler, und der Mann, der meinen Vater getötet hatte, stand in seinen Diensten. Der Mann von der Anchor-Brauerei hatte Rochester mit Wild verglichen – nicht mit einem Makler, sondern mit einem Meisterdieb. Vielleicht hatte

Elias hinsichtlich der Korruption in der 'Change Alley doch recht. In der Person Martin Rochester schienen Finanzwelt und Gaunertum eine vereinte Stimme gefunden zu haben.

»Ich habe gehört«, sagte ich und wagte mich so weit vor, wie es nur ging, »er sei ein großer Mann.«

»Von wem haben Sie diesen blühenden Unsinn gehört?«

Ohne nachzudenken sagte ich: »Von dem Mann, der meinen Vater getötet hat.«

Adelman schürzte die Lippen zu einer hässlichen und verzerrten Fratze. Ich konnte nur annehmen, dass er seinen Ekel ausdrücken wollte, denn er war eindeutig ein Mann, der seine Gefühle zu verbergen wusste.

»Ich werde mich nicht länger in Ihrer Nähe aufhalten«, sagte er, »denn wenn Sie die Gesellschaft solcher Männer suchen, möchte ich nicht zu ihnen gezählt werden. Lassen Sie mich nur noch eines sagen, Mr. Weaver: Sie steuern Ihr Schiff durch tückische Gewässer.«

»Vielleicht sollte ich eine Versicherung abschließen.« Ich grinste ihn an.

Adelman reagierte auf mein Gerede mit dem ihm typischen Ernst. »Keine Gesellschaft wird Sie versichern. Sie sind schon jetzt drauf und dran, unterzugehen.«

Ich zog kurz in Erwägung, noch eine beißende Bemerkung loszulassen, überlegte es mir dann aber anders und dachte über seine Worte nach. Der Mann, mit dem ich mich unterhielt, war kein Unflat von der Straße, dessen Drohungen sich mit einem Lachen abtun ließen. Er war einer der wohlhabendsten Männer im ganzen Königreich, dazu einer der einflussreichsten. Trotzdem nahm er sich die Zeit, mit mir zu reden, um mich von meinem Vorhaben abzuschrecken. Ich durfte diese Angelegenheit nicht auf die leichte Schulter nehmen, sie schon gar nicht mit neunmalklugen Sprüchen abtun. Ich hatte nicht die leiseste Vorstellung davon, worin Adelmans Interesse an meinen Erkundigungen bestand, auch nicht, inwiefern er in den Tod meines Vaters und Balfours verwickelt war, aber ich durfte auf keinen Fall die Tatsache ignorieren, dass ein Mann seines Ranges an einem öffentlichen Platz vor mir stand und von meinem Untergang redete.

Ich erhob mich sehr langsam, bis ich ihn mit meiner Körpergröße ganz und gar überragte. Wir starrten einander an wie zwei Boxer, die ihren Gegner im Ring abschätzend musterten.

»Wollen Sie mir drohen, Sir?«, fragte ich nach einigen Augenblicken des Schweigens.

Dass er keinerlei Anzeichen von Einschüchterung zeigte, beeindruckte mich enorm. Er tat nicht einfach nur, als ignorierte er meine ihm überlegene Körpergröße und den Zorn in meinem Gesicht. Er machte sich wirklich nichts daraus.

»Mr. Weaver, der Unterschied zwischen uns, was Familie, Vermögen und Erziehung angeht, ist so gewaltig, dass Ihre auf so kampflüsterne Weise gestellte Frage Ihnen keineswegs zur Ehre gereicht. Sie werden anerkennen, dass ich geruhte, mit Ihnen durchaus wie mit einem Ebenbürtigen zu sprechen, doch Sie haben meine Großzügigkeit schamlos ausgenutzt. Nein, ich drohe Ihnen nicht. Ich möchte Ihnen nur einen Rat geben, da Sie selbst nicht sehen, auf welchen Pfaden Sie sich zu wandeln anschicken. Die Exchange Alley, Sir, ist kein in einem Ring ausgetragener Faustkampf, bei dem allein die Kraft siegt. Es ist nicht einmal ein Schachspiel, bei dem alle Figuren auf dem Brett stehen, jeder Spieler alles und der erfahrenste am meisten sieht. Es ist ein Labyrinth, Sir, in dem man immer nur wenige Schritte vor sich erkennen kann und in dem man nie weiß, was vor einem liegt, ein Labyrinth, bei dem man nicht einmal sicher sein kann, aus welcher Richtung man gekommen ist. Es gibt Männer, die über dem Labyrinth stehen, und während Sie selbst noch herauszufinden versuchen, was hinter der nächsten Ecke liegt, gibt es diejenigen, die sowohl Sie als auch den Pfad, den Sie suchen, klar und deutlich vor sich sehen und denen es ein Leichtes wäre, Sie aufzuhalten. Bitte lesen Sie nicht mehr in meine Worte hinein. Ich behaupte keinesfalls, dass Ihr Leben oder Ihre Gesundheit in Gefahr seien. Nichts derlei Dramatisches. Wenn Sie aber weiterhin gewissen Dingen auf den Grund gehen wollen – selbst wenn keine Ihrer Vermutungen sich als wahr erweisen sollte –, kommen Sie womöglich Leuten in die Quere, die zwar keine direkte Schuld am Tod Ihres Vaters trifft, die jedoch glauben, dass Ihre Nachforschungen sie möglicherweise auf eine Art und Weise bloßstellen, auf die sie keinesfalls bloßgestellt zu werden wünschen. Diese Männer können und werden Sie aufhalten. Dabei werden Sie niemals ihre Hände zu Gesicht bekommen, noch nicht einmal erahnen, wie sie die Figuren bewegen. Ihr Vorhaben kann nicht gelingen.«

Ich senkte meinen Blick um keinen Millimeter. »Sind Sie einer dieser Männer?«

»Falls ja – würde ich es Ihnen sagen?« Er lächelte. »Vielleicht schon. Ich hätte nichts zu verlieren.«

»Diese Männer«, sagte ich mit einer Stimme, die im Getöse des Kaffeehauses kaum zu hören war, »haben vor zwei Abenden einen Anschlag auf mein Leben verübt. Falls Sie wissen, wer sie sind, richten Sie ihnen bitte aus, dass ich mich nicht von meinem Vorhaben abhalten lasse.«

»Ich bin mit niemandem bekannt, der einen so schändlichen Plan ausführte«, beeilte er sich zu sagen, »und es tut mir leid, von einem derartigen Anschlag zu erfahren. Ich darf Ihnen versichern, dass kein Geschäftsmann sich solcher Tricks bedient. Wahrscheinlich waren Sie das Opfer eines Widersachers aus einer Ihrer anderen Unternehmungen.«

Auf diese Vermutung, die letztendlich nicht unwahrscheinlich war, entgegnete ich nichts.

Nun versuchte Adelman, sanftere Töne anzuschlagen: »Ich bewundere Sie, Sir, und dazu stehe ich. Trotz all Ihrer enthusiastischen Heftigkeit wünsche ich Ihnen alles Gute. Sie zeigen der Welt, dass nicht alle Juden abscheuliche Bettler oder gefährliche Intriganten sind. Ich glaube, Ihr Vater hätte gewollt, dass Sie Ihr Talent einsetzen, um sich selbst zu bereichern und Ihre Familie zu stärken, und es nicht bei einer närrischen Suche vergeuden, die Ihnen Feinde beschert, die Sie niemals zu Gesicht bekommen und die Ihnen auf eine Weise schadet, die Sie nicht einmal richtig begreifen werden.«

Ich dankte Mr. Adelman frostig für seine guten Wünsche und sah zu, wie er sich mühelos in die Unterhaltung einer Gruppe zornig aussehender Gentlemen einschaltete. Ich blieb noch eine Weile gedankenverloren am Tisch sitzen und rekapitulierte Adelmans Worte. Dann widmete ich mich wieder dem Pamphlet. Meine Konzentration war jedoch dahin, und so ließ ich mir alles, was ich bisher in Erfahrung hatte bringen können, noch einmal durch den Kopf gehen.

Meine Gedanken sprangen hin und her, und ich fing an, den Blick durch den Raum schweifen zu lassen. Ich fragte mich, wer von diesen Männern wohl wusste, wer ich war und was ich herauszufinden beabsichtigte. Wer von ihnen würde mir wohl ohne Weiteres etwas Nützliches sagen können, es aber niemals tun, weil eventuell eine Aktie um zehn Punkte fiel, wenn die Wahrheit ans Licht kam? Was hätte mein Vater getan, fragte ich mich. Hätte er die Wahrheit gesagt, ein schreckliches Verbrechen aufgedeckt, wenn er dadurch einen großen Betrag Geld verloren hätte? Und wie stand es mit meinem Onkel? Und, zu guter Letzt: Wie würde ich mich verhalten?

Momentan hatte ich bei Jonathan's nichts mehr verloren, doch ich hielt es durchaus für nützlich, mit einer gewissen Regelmäßigkeit hin und wieder hereinzuschauen, bis ich meinen Fall gelöst hatte. Müde und in gewisser Hinsicht enttäuscht machte ich mich auf den Weg nach Hause, wo ich hoffte, ein paar Stunden Schlaf zu finden.

Als ich dort ankam, war ich überrascht, eine Stimme aus dem Wohnzimmer zu hören, die sich wie die meines Onkels anhörte. Da ich nicht wusste, was ich von seiner Anwesenheit in meinem Logis halten sollte, ging ich unentschlossen auf die Tür zu, doch seine Stimme klang heiter, beinahe ausgelassen. Einmal glaubte ich sogar, Mrs. Garrisons Lachen zu vernehmen.

»Ich denke nicht, dass jetzt der richtige Moment ist, um sich nach Ostindien-Aktien umzutun«, sagte mein Onkel gerade, als ich in der geöffneten Tür stand. Meine Vermieterin und er saßen am kleinen Tisch, dessen Samtdecke mit kleinen Geldhäufchen bedeckt war. Sie spielten Karten.

»Und auch die South Sea Company kann ich mitnichten gutheißen, Madam. Am klügsten wäre es, in Staatsanleihen zu investieren, wie sie von der Bank of England ausgegeben werden.«

Er nippte an einer Tasse Schokolade, die vor ihm auf dem Tisch stand.

»Ach, Mr. Lienzo, Sie sind so beschlagen in diesen Dingen«, entgegnete Mrs. Garrison mit einem mädchenhaften Kichern, wie ich es noch nie zuvor aus ihrem Munde vernommen hatte, »aber ich fürchte, dass Sie soeben Ihre gesamte Investition verloren haben.«

Sie legte ihre Karten auf den Tisch.

»Sie schulden mir vier Pence, Sir«, verkündete sie in einem Ton, der nicht daran zweifeln ließ, dass ihre Absichten meinen Onkel betreffend von durchaus amouröser Natur waren.

Meine Sinne hatten in den vergangenen Tagen genug zu ertragen gehabt, als dass ich dieser Albernheit ihren weiteren Lauf lassen konnte. »Onkel!«, rief ich aus, als ich das Zimmer betrat. »Ich bin erstaunt, Sie hier anzutreffen.«

»Mr. Weaver, Sir«, gurrte Mrs. Garrison, »Sie haben mir ja ganz verschwiegen, dass Sie einen so charmanten Onkel haben.«

»Aber nur, weil ich wusste, dass Sie versuchen würden, ihn beim Kartenspielen zu übertrumpfen. Jetzt ist das Geheimnis heraus.«

Mein Onkel räusperte sich und stand auf, strich sich über den Bart und spielte eine ganze Skala von Gesichtsausdrücken durch, wahrscheinlich auf der Suche nach demjenigen, der der Situation am angemessensten war.

»Benjamin, ich muss sofort mit Ihnen reden.« Er verneigte sich vor Mrs. Garrison. »Vielen Dank für die nette Unterhaltung, Madam. Sie waren sehr freundlich zu mir. Und falls Sie sich wirklich für Wertpapiere interessieren, lassen Sie es mich bitte wissen, damit ich für Sie einen vertrauenswürdigen Mann finde, der sich vorbildlich um Ihre Bedürfnisse kümmern wird.«

Mrs. Garrison machte einen Knicks. »Sehr liebenswürdig, Sir.«

»Sollten wir uns nicht oben bei mir unterhalten, Onkel?«, schlug ich vor.

»Allerdings.« Er nahm ein Bündel Papiere in einem Umschlag aus Schafleder an sich und folgte mir dann Mrs. Garrisons schmale, steile Treppe hinauf.

Oben angekommen, bemerkte ich, dass mein Onkel aufgeregt war und schwer atmete. Ich stieß die Tür auf, bot ihm einen Sessel an und öffnete eine Flasche Rotwein, die ihn hoffentlich erfrischen würde. Er nahm das Glas in beide Hände, und seine Augen starrten mit einem Mal ins Leere.

»Ich bin kein junger Mann mehr, der eine große Menge Energie aufbringt. Aber ich bin immer noch klug genug, um mich selbst zu beeindrucken«, sagte er mit einem Lächeln. Dann sah er mir ins Gesicht und bemerkte, dass ich sein Lächeln nicht erwiderte. »Sind Sie denn nicht neugierig darauf, was ich Ihnen zu berichten habe?«

»Jeder Anlass, der dazu führt, meine Vermieterin in eine Kokette zu verwandeln, macht mich neugierig, Onkel.«

»Sie ist eine ziemliche Plaudertasche, was? Aber bei den Damen tut ein wenig Freundlichkeit keinen Abbruch, meine ich. Das habe ich schon Aaron immer gesagt, und ich hoffe, dass auch Sie sich diesen Rat zu Herzen nehmen. Aber eigentlich bin ich gekommen, um über Samuels Tod zu sprechen. Und über den Fortschritt unserer Nachforschungen.«

»Ich fürchte, der Fortschritt hält sich in Grenzen. Allmählich verliere ich den Mut«, sagte ich und ließ mich ihm gegenüber nieder. »Ich habe vieles erfahren und hege einige Vermutungen, aber ich weiß beim besten Willen nicht, ob sie irgendetwas mit der vorliegenden Angelegenheit zu tun haben, und ich bin nicht sicher, ob ich es jemals herausfinde. Ich frage mich, ob diese Erkundigungen überhaupt zu etwas führen.«

»Sie lassen sich zu leicht entmutigen«, sagte mein Onkel. »Und während Sie missmutig werden, Benjamin, mache ich Fortschritte.«

Er tippte mit dem Finger auf das Papierbündel auf dem Tisch. »Ich weiß jetzt, warum Ihr Vater umgebracht wurde.«

15

Ich blickte meinen Onkel verdutzt an.

»Ja«, wiederholte er und tippte abermals voller Zufriedenheit auf den Umschlag. »Ich glaube, ich weiß jetzt, warum Ihr Vater getötet wurde. Wir sind der Erkenntnis dessen, wer dafür verantwortlich ist, einen Schritt näher gekommen.«

Ich setzte mein Weinglas ab und beugte mich vor, sagte aber nichts.

»Unsere Unterhaltung kürzlich«, fuhr er fort, »brachte mich dazu, mich noch einmal den Unterlagen meines Bruders zu widmen und nach allem Ausschau zu halten, was einen Hinweis auf die Art von Investition geben könnte, die ihn in seinen letzten Tagen so geheimniskrämerisch hat werden lassen. Ich vermutete sogar, er sei unbeabsichtigt in irgendein skandalöses Projekt verwickelt worden, dessen Urheber ihn umgebracht hätten, um ihr schändliches Tun zu verschleiern. Als ich jedoch auch bei genauerem Hinsehen nichts dergleichen fand, kam ich zu dem Schluss, dass eine derartige Investition unwahrscheinlich sei. Ihr Vater war viel zu schlau, als dass er sich mit Dingen abgegeben hätte, die nicht auf solidem Grund fußten. Beim Suchen kam mir jedoch der Gedanke, ob das, wonach ich suchte, womöglich gar keine Investition war, die er getätigt hatte, sondern vielmehr eine, die er nicht getätigt hatte, und nachdem ich angefangen hatte, auch seine anderen Papiere zu durchsuchen, stieß ich auf das hier.«

Er öffnete den Umschlag und zog einen Stapel von vielleicht vierzig oder fünfzig handschriftlich beschriebenen Blättern heraus, die alle mit der geschwungenen, ausladenden Handschrift meines Vaters bedeckt waren. »Was haben Sie gefunden?«

»Es nennt sich *Die Papierverschwörung, oder: Die schonungslose Entlarvung der South Sea Company.* Es sieht aus wie eine Broschüre, die Ihr Vater zu veröffentlichen gedachte.«

»Mein Vater? Veröffentlichen?«, fragte ich ungläubig.

Mein Onkel lachte leise. »Allerdings. Er hat vielleicht vier oder fünf kürzere Werke verfasst, ausnahmslos Themen der Finanzwelt betreffend, und alle anonym veröffentlicht, wie es allgemein üblich ist. Zwei oder drei seiner Pamphlete wurden mit großer Begeisterung aufgenommen. Er hat mehrere zugunsten der Bank of England geschrieben, da diese Institution seiner Meinung nach für die Wirtschaft des Landes lebenswichtig ist.«

Mittlerweile war meine Verwirrung perfekt. »Die Bank of England!«, wiederholte ich beinahe flüsternd. »*Er* war ein Verteidiger der Bank? Das verstehe ich beim besten Willen nicht!«

»Weshalb denn nicht?«, fragte mein Onkel. »Ihr Vater war ein kluger Mann, der sich eingehend mit dem Bankwesen der anderen großen Länder befasst hat, besonders mit dem der Niederlande. Er war fest davon überzeugt, dass allein die Bank die größte Sicherheit für die Gesundheit der Staatsfinanzen bietet.«

Ich war immer noch wie vor den Kopf geschlagen. Mein Vater sollte sich die Zeit genommen haben, zugunsten anderer etwas niederzuschreiben? »Warum sollte er sich die Mühe machen? Was hatte er zu gewinnen?«

Mein Onkel schüttelte den Kopf. »Nichts reizte Ihren Vater so sehr wie die Gelegenheit, andere davon zu überzeugen, dass er recht hatte.«

Ich nickte. So hatte ich ihn hundertmal bei Tisch und bei anderen Gelegenheiten erlebt. Dass er versuchte, die Welt von etwas zu überzeugen, war durchaus plausibler, als ich zunächst angenommen hatte. Doch selbst wenn das die Erklärung für die Veröffentlichung seiner Ansichten war, so wusste ich immer noch nicht, weshalb er ausgerechnet *diese* Ansichten veröffentlichen sollte.

»Ist denn nicht sein Erzfeind ... Perceval Bloathwait, einer der Direktoren der Bank?«, fragte ich vorsichtig.

»Bloathwait«, wiederholte mein Onkel, als hätte ich etwas Unsinniges von mir gegeben. »Was wissen Sie von ihm?«

Die Ausdruckslosigkeit seiner Miene erschreckte mich. Wenn er so überzeugend tun konnte, als sei nichts zwischen meinem Vater und Bloathwait vorgefallen, was mochte er noch alles vor mir verbergen? Mir fiel ein, dass mein Onkel und mein Vater sich manchmal, als ich noch ein kleiner Junge war, über die Winkelzüge ihrer Geschäftspraktiken gestritten hatten. Dabei hatte mein Onkel, der sich auf den Import geschmuggelter Handelsware so einiges einbildete, gegen den stoischen Esau meines Vaters oft den schlauen Jakob hervorgekehrt.

»Du fürchtest immer das Schlimmste«, hatte mein Onkel zu meinem Vater gesagt, »weil du so ein schlechter Betrüger bist. Bei finanziellen Dingen ist es nicht schwer, jemanden zu blenden, mit all den komplizierten Fachausdrücken und so weiter, und oft werden die Leute von ihrer eigenen Habgier geblendet. Aber einen Zollinspekteur hinters Licht zu führen, einen Mann, dessen tägliches Brot von seiner Fähigkeit abhängt, dir auf die Schliche zu kommen – das ist wirklich eine Kunst.«

Ich konnte mir ohne Probleme vorstellen, wie mein Onkel Zollinspekteure hinters Licht führte. Er hatte eine so treuherzige Art, dass es einem schwerfiel, ihn nicht zu mögen. Zum ersten Mal fragte ich mich unwillkürlich, ob er seine Täuschungskünste aus irgendeinem Grund auch gegen mich einsetzte. Ich war nicht so misstrauisch, als dass ich ihn seiner Verheimlichung wegen sogleich einer Schurkerei verdächtigte, und überlegte daher, ob mein Onkel vielleicht nur ein Geheimnis wahren wollte, das nichts mit unseren Nachforschungen zu tun hatte.

»Wie sollte ich nichts von Bloathwait wissen?«, fragte ich in einem Ton zurück, von dem ich hoffte, dass er ihm klarmachte, dass ich mich nicht so leicht ablenken ließ. »Er hat meinen Vater bedroht, und er hat mich bedroht, als ich noch ein Kind war. Gleich zu Anfang dieses Falles habe ich mich gefragt, ob nicht er in irgendeiner Weise mit dem, was meinem Vater zugestoßen ist, in Verbindung steht.«

»Ich bin erstaunt darüber, dass Sie von den Schwierigkeiten wissen, die Samuel mit Bloathwait hatte. Er sprach nur selten von Angelegenheiten, bei denen er nicht besonders gut wegkam. Und Sie sagen, Sie hätten selbst Kontakt zu Bloathwait gehabt?«

»Allerdings. Jedenfalls genug, um zu wissen, dass Bloathwait ein Wahnsinniger ist, dem ich alles zutraue. Deshalb wundert es mich umso mehr, wenn ich höre, mein Vater habe die Bank of England in Schutz genommen.«

»Die Probleme mit Mr. Bloathwait liegen schon sehr lange zurück. Und die Schwierigkeiten Ihres Vaters bezogen sich auf die Person Bloathwait«, erklärte mein Onkel, »nicht auf die Bank. Samuel änderte nicht einfach seine Meinung von einer Institution wie der Bank, nur weil einer ihrer Direktoren etwas gegen ihn hatte.«

»Und dieses Pamphlet spricht tatsächlich zugunsten der Bank?«, fragte ich.

»O ja, es unterstützt die Bank in allen Belangen und, weit wichtiger noch, es entlarvt die South Sea Company. Sie werden es sicherlich selbst lesen wollen, doch Ihr Vater weist in dieser Schrift auf drei wichtige Punkte hin. Zunächst führt er an, dass die South Sea Company jetzt schon seit mehreren Jahren unablässig an Macht zugewinnt, obwohl ihr Patent, Handel in der Südsee zu treiben, bislang kein nennenswertes tatsächliches Vermögen angehäuft hat.«

Ich hörte genau zu. »Aber das haben Sie mir doch alles selbst schon erzählt. Ich kann mir nicht vorstellen, dass eine Organisation alle Menschen umbringen lässt, die allgemeines Wissen veröffentlichen wollen.«

»Da haben Sie ganz recht«, erwiderte mein Onkel, »aber das ist noch nicht alles.« Er fing an, in den Seiten zu blättern, wobei er, wie ich glaubte, nichts Bestimmtes suchte, sondern allein aus dem Anblick der Handschrift Kraft schöpfte. »Ihr Vater war der Meinung, dass die Sicherheiten der South Sea Company kompromittiert worden seien – dass jemand fiktive South-Sea-Aktien in Umlauf gebracht habe und dass derlei Machenschaften nur mithilfe von Männern bewerkstelligt werden könnten, die in der Company selbst arbeiten.«

Ich gestehe, dass ich die Ausmaße eines solchen Betrugs nicht ganz einschätzen konnte. »Gesetzt den Fall, das entspräche der Wahrheit, würde die Company der Fälschung ihrer Aktien kein Ende setzen wollen?«

»Selbstverständlich, aber nur in aller Stille. Ihr Vater schreibt, diese gefälschten Aktien belegten klipp und klar, dass die Company nicht in der Lage sei, ihre eigenen Geschäfte zu führen, und dass man der Company daher auf keinen Fall Millionen von Pfund aus dem Staatssäckel anvertrauen dürfe.«

Ich musste unwillkürlich an Elias' Worte denken und wie ihn die Spekulation mit Wahrscheinlichkeiten zu dem Schluss geführt hatte, die Company müsse ihre Finger im Spiel haben. Jetzt schien es so, als hätte sich mein Vater tatsächlich mit einer sehr gefährlichen Angelegenheit beschäftigt, die ein Komplott, wie es Elias ausgemalt hatte, durchaus rechtfertigte. »Glauben Sie also, dass mein Vater von der South Sea Company umgebracht wurde, um zu verhindern, dass er die Sache mit den gefälschten Aktien publik machte?«

»Ich weiß nicht, ob ich es so krass ausdrücken würde.« Er spreizte die Hände. »Ich bin jedoch der Meinung, dass zwischen seinem Tod und dieser Information sehr wohl ein Zusammenhang bestehen könnte.«

Ich nahm das Manuskript in die Hand und fing an, es durchzublättern. »Sieht ganz so aus«, sagte ich geistesabwesend, »als müsste ich der South Sea Company einen Besuch abstatten.«

Mein Onkel lachte. »Wollen Sie dort einfach so mit dem Manuskript in der Hand hineinspazieren und sie fragen, was sie zum Tod Ihres Vaters zu sagen haben? Die Company ist eine der mächtigsten Institutionen im ganzen Königreich, und sie wird immer mächtiger. Man kann sie nicht auf die leichte Schulter nehmen.«

»Sie hören sich an wie mein Freund Elias. Er glaubt, die Company sei zu allem fähig.«

»Unterschätze niemals die Macht und die Durchtriebenheit des Wertpapiermarktes.« In seiner Stimme lag etwas Drohendes, das mir missfiel.

»Aber Ihr eigener Bruder war Wertpapierhändler«, rief ich ihm zögernd ins Gedächtnis.

»Ich will damit nicht andeuten, dass jeder, der mit Wertpapieren arbeitet, korrupt sein muss, aber dieser Weg verführt nur allzu leicht zur Korruption, und es gibt genügend Kräfte, die diese Korruption brandgefährlich machen. Ihr Freund tut gut daran, Sie zur Vorsicht zu mahnen.«

»Und wie ist es um Ihren Freund Adelman bestellt?«, fragte ich spitz. »Kann er uns nicht behilflich sein? Da er mit der South Sea Company in Verbindung steht, verfügt er wahrscheinlich über mehr Einblicke als mancher andere.«

»Mr. Adelman und ich kommen als Geschäftsleute glänzend miteinander aus. Ich kenne ihn als den, der er ist, und als solchen respektiere ich ihn. Aber ich darf nicht erwarten, dass er auch nur im Traum daran dächte, nur unserer Suche nach Gerechtigkeit wegen die Company bloßzustellen. Vielleicht ist er sogar genau der richtige Mann dafür, vielleicht aber auch gerade nicht. Wenn ich das herausfinden wollte, würde ich nur äußerst vorsichtig vorgehen.«

»Wenn mein Vater«, dachte ich laut vor mich hin, »umgebracht wurde, weil er diese Abhandlung verfasst hat, wissen wir immer noch nicht, weshalb Balfour ermordet wurde oder worin die Verknüpfung zwischen den beiden Morden besteht. Ich frage mich, ob es überhaupt eine Möglichkeit gibt, mit Mr. Adelman über diese Angelegenheit zu reden. Ich verlange ja nicht, dass Sie ihn fragen, ob er zwei Männer hat ermorden lassen, aber womöglich lässt sich das Thema auf weniger heikle Weise anschneiden.«

Mein Onkel schüttelte den Kopf. »Das glaube ich nicht. Adelman ist kein Narr. Er wird sofort wittern, worauf ich hinauswill. Es ist sinnlos, einen solchen Mann in Alarm zu versetzen, es sei denn, wir haben keine andere Wahl.«

Ich stieß einen Seufzer aus, stimmte ihm letztendlich aber zu. »Na schön. Aber ich wünschte, diese Sache brächte uns etwas weiter. Meiner Meinung nach klingt keine unserer Vermutungen schlüssig. Ich weiß, was Sie und Elias mir über diese Gesellschaften und ihre Macht erzählt haben, aber jemanden wegen einer geschäftlichen Transaktion zu ermorden ... das kommt mir doch sehr grotesk vor. Ich kann verstehen, dass ein Mann einen anderen wegen einer geschäftlichen Angelegenheit ermordet, wenn es sich um eine Tat im Affekt handelt, aber unser Fall liegt völlig anders. Wir reden von Männern, die Mord als Bestandteil geschäftlicher Transaktionen planen und durchführen, also so etwas wie Meuchelmord aus kaufmännischen Überlegungen heraus.«

»Genau das könnte es sein«, nickte mein Onkel. »Das Ausmaß dieser Transaktion ist beispiellos. Der *Papierverschwörung* zufolge« – er deutete auf den Umschlag – »erwägt die South Sea Company, dem Schatzamt als Gegenleistung dafür, dass Inhaber bestimmter Staatsanleihen ihre Wertpapiere gegen South-Sea-Aktien eintauschen dürfen, einen Bonus von drei Millionen Pfund zu überlassen. Mit anderen Worten: sie haben vor, die Öffentlichkeit dazu zu überreden, ihre wertvollen Anleihen, die den Staat so tief in Schulden stürzen, gegen das leere Versprechen von Profiten der South Sea Company einzutauschen. Begreifen Sie die gewaltigen Ausmaße dieses Geschäfts? Drei Millionen Pfund, allein für die Zustimmung zu dieser Transaktion! Wie hoch mögen die Profite sein, wenn die Company bereit ist, sich von einer derartigen Summe zu trennen? Es handelt sich wahrscheinlich um die größte geschäftliche Transaktion der Geschichte. Für wen so viel auf dem Spiel steht, der ist womöglich sogar dazu bereit, einen Mord zu begehen.«

Ich legte die Hand an die Stirn und dachte nach. »Solche Summen kann ich mir nicht einmal vorstellen. Wer könnte solchen Reichtum begehren wollen? Wo ist für solche Menschen die Grenze?«

Mein Onkel sah mich mit ernster Miene an. »Ich fürchte, mit dieser neuen Art von Wohlstand bekommen wir es auch mit einer neuen Sorte Mensch zu tun. Solange Bodenbesitz noch Reichtum bedeutete, konnte man vielleicht genug davon haben. Zu viel Land ließ sich nicht mehr richtig bewirtschaften. Bei Papiergeld hingegen bedeutet mehr einfach nur mehr. In Frankreich, wo sie an ihrem eigenen Finanzwahn leiden, haben sie ein neues Wort erfunden: den *millionaire*. Damit bezeichnet man jemanden, dessen Vermögen sich in die Millionen beläuft. Millionen! Es ist kaum zu begreifen, aber es gibt mehr als nur eine Handvoll Menschen, denen dieser Titel zusteht.«

»Und wie kommen wir solchen wohlhabenden und ehrgeizigen Leuten auf die Schliche?«

»Das wird sich herausstellen«, teilte mir mein Onkel zuversichtlich mit. »Wir müssen von einer einfachen Annahme ausgehen – von der Überzeugung, dass diese beiden Tode miteinander in Verbindung stehen. Es braucht eine gewisse Zeit, um herauszufinden, weshalb und auf welche Weise. Wir müssen, wie ich meine, einen Schritt nach dem anderen machen.«

»Verstehe.« Ich lehnte mich in meinen Sessel zurück und überlegte mir, wie ich am besten eine Frage formulierte, die mein Onkel mit Sicherheit nicht gern beantwortete.

»Erzählen Sie mir bitte«, sagte ich nach einer kleinen Pause, »was genau damals zwischen meinem Vater und Bloathwait vorgefallen ist.«

Er schüttelte den Kopf. »Das ist schon lange her und hat jetzt nichts mehr zu besagen. Ihr Vater ist tot, und ich kann Ihnen versichern, dass Mr. Bloathwait sich nicht mehr an jene alte Unannehmlichkeit erinnern möchte. Heute ist er nur noch ein alter Hagestolz, dessen Leidenschaft allein seinen Geschäften gilt.«

»Trotzdem würde ich es gerne wissen. Wenn ich herausfinden will, was meinem Vater zugestoßen ist, wäre es doch recht nützlich, mehr über ihn zu wissen, oder nicht?«

»Das schon«, erwiderte mein Onkel. »Aber Sie sollten ihn so in Betracht ziehen, wie er in den Tagen vor seinem Tod war, und nicht damals in Ihren Kindertagen.«

»Ich würde gerne die Wahrheit erfahren«, sagte ich düster.

»Also gut«, nickte mein Onkel, »aber Sie müssen in Betracht ziehen, dass Ihr Vater in jenen Tagen noch viel jünger war. Er brauchte seine Zeit, um sich in der Alley zu etablieren, und, wie viele andere Männer auch, insbesondere Männer, die sich um ihre Familien zu kümmern hatten, war er bedacht darauf, dass seine Anstrengungen auch Früchte trugen. Vielleicht war er damals nicht immer so besorgt um die Profite jener, denen er zu Diensten war, wie in späteren Jahren.«

»Dann hat er Bloathwait also irgendwie übers Ohr gehauen?«

Mein Onkel nickte kaum wahrnehmbar. »Er verkaufte Bloathwait eine große Menge Aktien, deren Wert innerhalb weniger Tage nach dem Verkauf rasant fiel. Ihr Vater hatte Bloathwait wohl recht energisch zum Kauf geraten, und als der Kurs ins Bodenlose fiel, gab Bloathwait Ihrem Vater die Schuld daran.«

»Wusste mein Vater denn, dass der Kurs fallen würde?«

Mein Onkel zuckte mit den Schultern. »Bei diesen Geschäften kann niemand etwas mit Sicherheit wissen, Benjamin. Das wissen Sie. Aber er hatte so seine Vermutungen.«

»Und Bloathwait hasste meinen Vater dafür.«

»Ja. Bloathwait brauchte mehrere Jahre, um seine Verluste wieder aufzufangen, aber er erholte sich und wurde reicher als je zuvor. Trotzdem hat er Ihrem Vater nie verziehen. Er machte es sich zur Gewohnheit, bei Jonathan's aufzutauchen und ihn mit drohendem Blick anzustarren sowie ihm kryptische und vage drohende Nachrichten zu übermitteln. Er stellte Fragen über Samuel, bat entfernte Bekannte, Samuel seine Grüße zu bestellen, so dass Ihr Vater den Eindruck haben musste, Bloathwait beobachte ihn ständig. Und dann, nachdem er so viel Zeit und Energie darauf verwandt hatte, Ihren Vater zu verfolgen, geschah etwas recht Unerwartetes. Bloathwait wurde selbst so etwas wie ein Börsenmakler. Die viele Zeit, die er in der Alley verbracht hatte, kam ihm zugute. Er fing an, zu kaufen und zu verkaufen, wurde dabei sehr erfolgreich, und heute ist er einer der Direktoren der Bank of England. Ich bin sicher, er wäre der Erste, der die Sache mit Ihrem Vater vergessen würde, denn sie lässt ihn nur dumm und schwach aussehen.«

Ich war mir nicht sicher, ob ich das glauben sollte. Eigentlich glaubte ich es nicht. Hass starb nicht so leicht, schon gar nicht Hass von der Sorte, die Bloathwait über all die Jahre verzehrt hatte.

Der Blick meines Onkels schweifte durch das Zimmer. Er wünschte, nicht weiter über diese Angelegenheit zu reden. »Behalten Sie das Traktat«, sagte er und schob es mir hin. »Sie sollten die Worte Ihres Vaters lesen.«

Ich nickte. »Ich frage mich, ob wir es nicht veröffentlichen sollten.«

»Niemand weiß, dass sich dieses Pamphlet in unserem Besitz befindet. Es könnte uns zum Schutz gereichen, wenn wir es geheimhalten.«

Ich pflichtete ihm bei, fand jedoch, dass man die Idee trotzdem weiterverfolgen sollte. Dann fragte ich ihn, wen sich mein Vater in der Vergangenheit als Verleger ausgesucht hatte, und mein Onkel nannte mir einen gewissen Nahum Bryce in der Moor Lane, dessen Druckvermerk mir, wie ich mich erinnerte, auf der Broschüre aufgefallen war, die ich bei Jonathan's gelesen hatte.

»Ich muss jetzt gehen«, sagte mein Onkel, erhob sich langsam und warf einen Blick auf die von meinem Vater geschriebene Abhandlung, als überließe er sie nur ungern meiner Obhut.

Ich stand ebenfalls auf und sagte: »Ich passe schon gut darauf auf.«

»Es sind die Worte, die uns Ihr Vaters über sein Grab hinaus hinterlassen hat, und ich glaube, sie können uns, wie verrätselt auch immer, verraten, wer diese Tat begangen hat.«

Und dann umarmte mich mein Onkel zu meiner großen Überraschung. Er nahm mich in seine Arme, zog mich an sich, und als er seine Wange an die meine drückte, spürte ich erstaunt die Feuchtigkeit seiner Tränen. Gerade als ich mich dazu entschloss, seine Umarmung zu erwidern, löste er sich von mir.

»Sie sind ein guter Mensch, Benjamin. Ich bin froh, dass Sie zurückgekommen sind.« Mit diesen Worten öffnete er die Tür und eilte mit erstaunlicher Behändigkeit die steile Stiege hinab.

Ich machte die Tür hinter mir zu und goss mir noch ein Glas Bordeaux ein. Mit dem Eindruck, dass noch jede Menge Arbeit vor mir lag, zündete ich eine Talgkerze an und nahm meines Vaters Büchlein zur Hand, konnte mich jedoch nicht auf die Worte konzentrieren. Und ich wurde auch das Gefühl nicht los, dass der sentimentale Abschied meines Onkels mich vergessen lassen sollte, Perceval Bloathwait einen Besuch abzustatten, dem Mann, der der größte Feind meines Vaters gewesen war. Vielleicht war mein Onkel wirklich davon überzeugt, dass die Feindschaft zwischen den beiden Männern schon längst vergessen war, und vielleicht lag es lediglich an den mythischen Proportionen, die Kinder solchen Konflikten beimessen, dass ich nach wie vor am Versiegen einer solchen Feindseligkeit zweifelte.

Ich war mir nicht sicher, wie ich mit diesem Manne verfahren sollte. Ich hatte in der Vergangenheit mit ähnlich mächtigen Männern wie Bloathwait zu tun gehabt, aber immer nur dann, wenn sie meiner Dienste bedurften. Noch nie zuvor hatte ich mich in der Verlegenheit befunden, an die Tür eines Gentleman zu klopfen, um ihn zur Rede zu stellen. Meine Nachforschungen bewegten sich, gesellschaftlich gesehen, meistens von oben nach unten. Jetzt stand ich unten, blickte nach oben und fragte mich, welche Möglichkeiten mir zur Aneignung der gewünschten Informationen zur Verfügung standen. Womöglich hielt ein Direktionsmitglied der Bank of England es für vermessen, wenn ich einfach bei ihm vorzusprechen wünschte. Wenn aber sozialer Rang, wie Elias behauptete, auch zu jenen Werten gehörte, die durch die neue Finanzwirtschaft außer Kraft gesetzt wurden, würden sich meine diesbezüglichen Gedanken durch eine Ironie des Schicksals als kleingeistige Befürchtungen herausstellen.

16

Den Abend nutzte ich zum Besuch einiger Tavernen und Bierschwemmen, in der Hoffnung, etwas über Bertie Fenn herauszufinden, den Mann, der meinen Vater überfahren hatte. Niemand, den ich kannte, konnte mir mit brauchbaren Informationen behilflich sein. Die meisten hatten noch nie von ihm gehört, nur wenige kannten überhaupt den Namen, und kaum jemand wusste, dass er etwas mit einer finsteren Figur namens Rochester zu tun hatte. Ich begegnete niemandem, der wusste, wo er sich aufhielt, ließ jedoch bekannt werden, dass ich für diesbezügliche Informationen eine ordentliche Belohnung zu zahlen gewillt sei. Dabei war mir sehr wohl bewusst, dass der Mann, den ich verfolgte, durch eine derartige Dreistigkeit selbst von meiner Suche erfahren könnte. Ein Wissen, das ihn vielleicht dazu brachte, sich noch geschickter als bisher zu verbergen – oder sich seinerseits auf die Suche nach mir zu machen.

Nachdem ich jegliche Hoffnung, an diesem Abend mehr in Erfahrung zu bringen, aufgegeben hatte, machte ich es mir bei einem Glas Bier in der Taverne Bedford Arms auf der Little Plaza in Covent Garden gemütlich. Diese kleine, feuchte Kaschemme zog die üblichen Schönheiten und Rüpel aus dem Viertel an, von denen die meisten ihren Lebensunterhalt durch Diebereien verdienten und mich deshalb in meiner Ecke, wo ich schweigend meinen Humpen leerte, aufmerksam im Auge behielten. Manchmal traf ich an solchen Orten den einen oder anderen Bekannten, und meistens freute ich mich auch über Gesellschaft, doch an jenem Abend verspürte ich keine Lust, mit Freunden zu trinken. Ich hatte zu viele Puzzles im Kopf, deren Einzelteile sich nicht zueinanderfügen wollten.

Das Herzstück war die von meinem Vater verfasste Broschüre und die sich daraus ergebenden Folgerungen. War es möglich, dass sich Elias' philosophische Gedankenspiele als wahr erwiesen? Würde eine durch eine königliche Urkunde privilegierte Gesellschaft wie die South Sea Company tatsächlich aus geschäftlichen Gründen auf Mord zurückgreifen? Ich empfand die Idee nach wie vor als geradezu fantastisch, konnte Elias' Überzeugung im Lichte der Behauptungen der Papierverschwörung jedoch nicht einfach abtun. Trotzdem brachte dieses Pamphlet nicht sehr viel Licht in die Ermittlungen, warf dafür aber umso mehr Fragen auf. Selbst wenn sich mein Vater bei der South Sea Company einen Todfeind gemacht haben sollte, musste ich immer noch herausfinden, was der alte Balfour damit zu schaffen gehabt hatte. Aus diesem Grunde musste ich die Verbindung zu Bertie Fenn und seinem neuen Dienstherrn, Martin Rochester, in Erfahrung bringen.

Mein zweites Hauptinteresse konzentrierte sich auf die dunkeläugige Schönheit, die gerade die Taverne betreten hatte und ganz so aussah, als sei sie auf der Suche nach einem Gentleman, der ihr einen Krug Wein spendieren würde. Ich möchte meinen Lesern nicht nahelegen, zu glauben, dass ich, während ich mir dieses Mädchen betrachtete, Miriam völlig aus meiner Erinnerung gestrichen hätte. Eigentlich zog ich die Freuden dieses zugänglichen Geschöpfes gerade deshalb in Betracht, weil ich Miriams Reize für verboten hielt. Die fünfundzwanzig Pfund, die ich meiner angeheirateten Cousine geschickt hatte, mochten mir wohl ein gewisses Maß an Dankbarkeit ihrerseits eingebracht haben, doch im konkreten Falle durfte ich mir für ein paar Shilling einer weitaus innigeren und obendrein auf direkterem Wege dargebrachten Dankbarkeit sicher sein.

Gerade als ich mich erhob, um meinen Krug auf das reizende Geschöpf zu heben, flog die Tür der Taverne auf, und ein halbes Dutzend Männer kam mit gezogenen Pistolen in den Schankraum marschiert. Instinktiv griff ich nach meinem Degen, erkannte jedoch sofort, dass sie es wohl nicht auf mich abgesehen hatten, denn als Anführer der Meute entpuppte sich kein anderer als Jonathan Wild. Abraham Mendes, seine rechte Hand, ließ den Blick durch den Raum schweifen und zeigte dann auf einen verschlagen aussehenden Burschen, der in der Gesellschaft zweier Flittchen am anderen Ende der Taverne saß. Falls mich Mendes gesehen hatte, so ließ er es sich mit keiner Regung anmerken. Er schob ein paar Stühle aus dem Weg und schritt direkt auf seine Beute zu.

Dem alten Burschen, einer dürren Gestalt mit pockennarbiger Haut und grauen Haarbüscheln, blieb nichts anderes übrig, als sein Bier auszutrinken und Mendes und die anderen zu erwarten. Vielleicht hatte er, so wie Kate, Wild Diebesgut vorenthalten, vielleicht war er auch einfach nur zu alt geworden, als dass es sich für Wild noch gelohnt hätte, ihn als Dieb in den eigenen Reihen zu halten. Es spielte keine Rolle, denn nun würde ihn Wild zweifellos wegschaffen und ausliefern lassen, auf dass er vor Gericht gestellt und unweigerlich verurteilt würde. Der große Diebesfänger würde seine Belohnung einstreichen, und eine Festnahme in aller Öffentlichkeit wie diese würde seinen Ruf als heldenhafter Streiter wider das Verbrechen nur noch mehren.

Unter der Aufsicht von Mendes packten zwei der Männer das schicksalsergebene Opfer unter den Armen und rissen es von der Bank. Wild hielt sich im Hintergrund, von wo aus er den Blick im Raum umherwandern ließ, vielleicht in der Hoffnung, die Stimmung in der Schänke einschätzen zu können, und dabei fiel sein Blick auf mich. Ich hätte eigentlich erwartet, dass er sich abwandte, doch stattdessen kam er auf mich zugehumpelt, um sich mit mir zu unterhalten.

»Einen schönen guten Abend, Mr. Weaver.« Er verneigte sich tief. Sein verschlagenes Grinsen verwies darauf, dass er etwas Amüsantes wusste – beinahe so, als teilten wir beide uns ein lustiges Geheimnis.

Ich hob grüßend meinen Krug, doch meine Miene ließ keinen Zweifel daran, dass ich ihm nicht die volle Ehre zu erweisen gedachte.

»Wie ich höre, kommen Sie mit Ihren gegenwärtigen Nachforschungen gut voran«, sagte Wild mit spitzbübischer Heiterkeit.

Unwillkürlich glaubte ich, er spielte auf die Sache mit Sir Owen an, da er, wenn auch nur indirekt, durch die Verhaftung der armen Kate selbst daran beteiligt war. War das die Quelle seiner guten Laune? Dass er eine Frau an den fast sicheren Galgen geschickt hatte, damit sie für etwas bestraft wurde, das ich getan hatte?

»Mord ist eine so scheußliche Angelegenheit«, fuhr er fort.

»Ihre Auslieferung von Kate hat gezeigt, dass es das scheußlichste Geschäft auf der ganzen Welt ist«, erwiderte ich.

Er lachte leise auf. »Sie missverstehen mich. Die Geschichte mit Kate Cole kümmert mich nicht mehr. Ich spreche von Ihren momentanen Nachforschungen. Wie ich bereits sagte, eine höchst scheußliche Angelegenheit. Manche Leute sind der Ansicht, wenn der Übeltäter nicht sofort gefasst wird, wird er nie gefasst. Aber ich setze vollstes Vertrauen in Ihre Fähigkeiten.«

Ich öffnete den Mund, um ihm zu antworten, aber es kam kein Ton heraus. Es tat jedoch nichts zur Sache, dass ich keine Worte fand. Wild sah, dass seine Leute auf ihn warteten, und so verneigte er sich ein zweites Mal, drehte sich um und verließ an ihrer Spitze das Lokal.

Kaum war der Diebesfänger draußen, wurde es im Schankraum mit einem Schlag laut. Für die meisten Gäste war die Verhaftung nicht nur ein Anlass zu Klatsch und Tratsch, sondern eine geschäftliche Angelegenheit. Ich vernahm Vermutungen darüber, weshalb Wild ausgerechnet jenen Mann mitgenommen und warum der alte Narr es verdient hatte und weshalb im Grunde keiner der anwesenden Männer glaubte, dass ihn eines Tages das gleiche Schicksal ereilen würde.

Ich blickte von meinem Bier auf und sah, dass das hübsche dunkelhaarige Mädchen jetzt ein paar Tische weiter saß und seine Blicke in der Hoffnung, meine Aufmerksamkeit zu erregen, zu mir herüberblitzen ließ. Ich wandte mich ab, denn meine amouröse Laune war mit Wilds Abgang verflogen. Es lag nicht am Despotismus, mit dem Wild seine Soldaten regierte, denn eigentlich war ich an derlei Szenen gewöhnt. Nein, ich war immer noch über die Maßen über Wilds Worte erstaunt. Woher wusste er von meinen Nachforschungen hinsichtlich des Todes meines Vaters? Und, was vielleicht noch wichtiger war, wieso hatte er sich dazu veranlasst gefühlt, mir mitzuteilen, dass er darüber Bescheid wusste? Ich versuchte, mich davon zu überzeugen, dass sein einziger Grund in unserer grundsätzlichen geschäftlichen Rivalität zu suchen sei, doch Wild hatte zu viel Boshaftigkeit in seinen Auftritt gelegt, als dass ich mich mit dieser Erklärung zufriedengeben mochte. Ich wagte nicht einmal darüber nachzudenken, inwiefern, aber meine Nachforschungen hatten irgendwie mit ihm zu tun. Wenn ich mich nicht täuschte, wenn ich mich auf meinen Instinkt verlassen konnte, dann musste ich mich, bevor ich in Erfahrung bringen konnte, wer meinen Vater ermordet hatte, zuerst gegen einen der gefährlichsten Männer von ganz London behaupten.

Ich verschwendete keine Zeit mehr darauf, mich Perceval Bloathwait in seinem Stadthaus am Cavendish Square vorzustellen. Statt ihm einen schmeichlerischen Brief zu schreiben, in dem ich darum bettelte, mich doch in seinem Hause zu empfangen, wählte ich eine direktere Herangehensweise – ein Plan, der sogar noch besser funktionierte, als ich vernünftigerweise hoffen durfte. Ich sprach einfach eines frühen Nachmittags bei ihm vor und reichte meine Karte dem schäbig gekleideten Lakaien, der mich dazu aufforderte, in einem beengten Salon zu warten. Das Zimmer litt an einem Mangel an Fenstern, und das wenige Licht, das hereinfiel, wurde von dunkelbraunen oder rot getönten Möbeln sowie von finsteren Puritanerporträts – zweifellos Bloathwaits Vorfahren – geschluckt, die krumm und schief an den Wänden hingen. Ich entdeckte keinerlei Bücher, mit denen ich die Zeit hätte überbrücken können, und so fing ich mangels anderer Beschäftigung an, langsam im Zimmer auf und ab zu gehen. Ich rechnete damit, dass meine Schritte Staub aus dem alten Teppich aufwirbelten, doch Bloathwaits Möbel waren nur alt, nicht schmutzig.

Die Bescheidenheit des Hauses überraschte mich, denn als Mitglied des Direktoriums der Bank of England musste Bloathwait unverschämt reich sein. Er lebte zwar nicht gerade in Armut, doch ich hatte etwas wesentlich Prachtvolleres erwartet: weitläufige, offene, sonnige Räume, klassizistische Säulen, prunkvolle Einrichtung und ordentlich gekleidete Diener. Aber vielleicht, dachte ich, hatte ein älterer, unverheirateter Mann, der sich ganz seinen geschäftlichen Aktivitäten verschrieben hatte, weder Zeit noch Interesse an solchen Annehmlichkeiten.

Ich überdachte meine Einschätzung jedoch noch einmal, als nach etwa einer Dreiviertelstunde ein hübsches Dienstmädchen hereinkam und meine rastlose Wanderung unterbrach. Das Mädchen war ein wenig drall, doch recht nett anzusehen in ihrem Kleid, dessen Ausschnitt tief genug geschnitten war, um die, wie ich annahm, lüsternen Blicke ihres Herrn zu erfreuen. Sie hatte dunkelblondes Haar, wunderschöne hellbraune Augen und eine milchige, von Sommersprossen übersäte Haut. Zuerst wurde sie meiner Anwesenheit überhaupt nicht gewahr, doch dann blieb sie auf halbem Weg ins Zimmer stehen und stieß einen leisen, erstaunten Schrei aus.

»Gütiger Himmel!«, sagte sie und hielt eine Hand vor die Brust. »Tut mir schrecklich leid, Sir, aber ich hab Sie gar nicht bemerkt, wusste auch nicht, dass Sie hier sind, sonst wär ich gar nicht hier durch, wenn ein Besucher hier drin ist und so. Aber außen herum ist es ziemlich weit, und wenn keiner hier drin ist, weiß ich nicht, warum es jemanden stören soll, obwohl Mr. Bloathwait ganz schön schimpfen würde, wenn er's wüsste.«

Ich lächelte sie an und verneigte mich. »Benjamin Weaver, zu Ihren Diensten.«

»Oh«, hauchte sie, als hätte ihr noch nie zuvor ein Mann in einem ansehnlichen Jackett Galanterien entboten. Sie starrte mich an und schlug mit einem Mal, vielleicht weil ihr plötzlich ihre Stellung bewusst wurde, die Augen nieder.

»Ich bin Bessie«, sagte sie und knickste, und ich fand nicht wenig Vergnügen an der Tatsache, dass ihre blasse, sommersprossige Haut leicht errötete. »Das Wäschemädchen.«

Ich wusste, dass es für einen Junggesellen wie Bloathwait recht ungewöhnlich war, weibliche Hausangestellte zu beschäftigen, es sei denn, er erwartete von ihnen mehr als Putzen und Waschen. Sollte das bei Bessie der Fall sein, dachte ich, dann war ihr Erscheinen im Salon vielleicht ein Wink, dass sie genau von der Sorte williger Mädel war, wie ich eines gebrauchen konnte.

»Gefällt dir die Arbeit bei Mr. Bloathwait, Bessie?« Ich ging auf sie zu und blieb direkt vor dieser hübschen kleinen Wäschemagd stehen.

»O ja, doch, mir gefällt's hier sehr«, nickte sie mit einer Spur zu viel Begeisterung, als befürchtete sie, ich würde es weitersagen, wenn sie keinen glücklichen Eindruck machte.

»Was für ein Mann ist Mr. Bloathwait deiner Meinung nach?«

Ihr Kinn klappte ein Stück herab. Sie wusste, dass ich etwas im Schilde führte, aber sie wusste nicht, was.

»Ach, eine solche Frage kann ich nicht beantworten. Aber er ist mit Sicherheit ein wichtiger Mann, Sir.« Dann blickte sie auf, als sei ihr etwas eingefallen. »Ich geh wohl besser wieder, Sir. Wenn Mr. Stockton, Mr. Bloathwaits Butler, mich hier findet, wie ich mit einem vornehmen Gentleman plaudere, nehmen seine Fragen garantiert kein Ende.«

»Das möchte ich ganz bestimmt nicht. Trotzdem wäre es mir sehr recht, wenn wir beide uns schon bald wieder sehen könnten, Bessie. Vielleicht lässt sich eine Zusammenkunft arrangieren, bei der wir nicht befürchten müssen, dass uns Mr. Stockton in die Quere kommt. Würde dir das gefallen?«

Wieder überzog eine reizende Röte ihr Gesicht, ihren Hals und ihren Busen. Dann ging sie zu einem ebenso tiefen wie raschen Knicks in die Knie. »O ja, Sir, das würde mir schon gefallen.«

»Wie sehr denn?«, erkundigte ich mich, zog einen Shilling aus dem Geldbeutel und legte ihn in ihre Handfläche. Ich hielt ihren Handrücken in meiner Hand fest und schloss mit der anderen ihre Finger um die Münze, woraufhin ich die fleischigen Fingerchen zärtlich mit dem Daumen streichelte.

»Sehr«, hauchte sie.

»Mir würde es auch sehr gefallen.« Ich ließ ihre Hand los und strich ihr sanft mit den Fingerrücken über das Gesicht. »Jetzt geh lieber, Bessie, sonst sucht dich Mr. Stockton noch.«

Sie knickste abermals und eilte davon.

Nun gehörte ich zwar kaum zu der Sorte Mann, die Bedenken hätte, die Wäschemagd eines Gentleman mit einem oder zwei Shilling zu erobern, allein hier hatte ich mehr im Sinn als die Freuden des Fleisches. Mir schien es mehr als nützlich, in Bloathwaits Haushalt eine gefügige Verbündete zu haben, und wenn es sich dabei um eine willfährige Schönheit handelte, umso besser.

Kaum zehn Minuten, nachdem Bessie gegangen war, kehrte der ungepflegte Lakai zurück und verkündete, Bloathwait sei bereit, mich zu empfangen. Ich folgte ihm aus dem Salon und den Korridor entlang bis vor eine geschlossene Tür. Er klopfte einmal und öffnete sie. Dahinter lag ein kleines Zimmer, das in den gleichen düsteren Tönen eingerichtet war wie der Salon.

In das Arbeitszimmer fiel allerdings mehr Licht, doch der Helligkeit, die durch die Fenster hereinkam, gelang es kaum, den dämmerigen Eindruck aufzuheben – so wie die offensichtliche Reinlichkeit und Ordnung dieser Zimmer meine Vermutung nicht zerstreuen konnte, dass ich bei jedem Schritt Staub aufwirbelte. Die Bücher in den Regalen an den Wänden waren ausgerechnet der Größe nach geordnet. Unweit der Regale stapelten sich ohne erkennbares System Geschäftsbücher auf dem Boden, und haufenweise lose Blätter lagen auf den Regalen herum oder waren zwischen die Bücher geklemmt.

Für einen Mann, dessen Wohnung die Vermutung nahelegte, dass er kaum etwas auf Äußerlichkeiten gab, hatte Bloathwait sein Arbeitszimmer mit einem brillanten Auge für einzelne Details eingerichtet. Er war ein großer, korpulenter Mann, und sein überdimensionaler Schreibtisch bewahrte ihn davor, wie ein närrischer Erwachsener auf einem Kinderstuhl auszusehen. Dieser Mann, der zu den wichtigsten Vertretern der Londoner Finanzwelt gehörte, thronte darauf mit einer Würde, die seine Korpulenz lediglich andeutete.

Bloathwait empfing mich mit formeller Steifheit. Die triste schwarze Perücke und der schwarze Anzug hingen wie eine Sturmwolke um seinen massigen Kopf und Leib, während er mit irgendwelchen Papieren beschäftigt war. Seine tintenbefleckte Hand flog in wilder Hast über ein Blatt nach dem anderen, als gäbe es nie genug Zeit, um seine Arbeit jemals zu beenden, und in seinem Wahn kam er mir halb wie ein Narr und halb wie ein Schurke vor – ein Mann, der in der nächsten Sekunde meinen Tod befehlen oder sich das Tintenfass über den Schoß schütten konnte.

Ich glaube, er sah nicht viel anders aus als der Mann, an den ich mich aus meiner Kindheit erinnerte: Auch damals war dieses Wesen riesengroß gewesen, dabei mit geradezu grotesk winzigen Gesichtszügen: Mund, Zähne, Nase, Augen – all das trieb verloren in einem breiten, fleischigen Gesicht herum. Allerdings waren mir diese Äußerlichkeiten eher unangenehm als schrecklich vorgekommen, waren eher dazu geeignet, Abscheu hervorzurufen als Angst. Trotzdem wusste ich, dass mir, ginge er auf der Straße an mir vorüber oder nähme ich ihn irgendwo aus den Augenwinkeln wahr, sofort das Blut in den Adern erstarrte.

Bloathwait warf mir nur einen flüchtigen Blick zu, schob mit dem Unterarm einen Stapel Papiere zur Seite und zog sich dann das nächste Blatt heran, um das er sich zu kümmern hatte. Die gesamte Oberfläche des Schreibtischs war von einem Stapel neben dem anderen bedeckt; einige Dokumente waren von oben bis unten mit einer winzigen, engen Handschrift beschrieben, andere mit nur wenigen Worten. Ich konnte mir nicht vorstellen, dass sich ein Mann, der eine solche Schlüsselposition in der Führung der Bank of England innehatte, in einem derartigen Chaos wohlfühlte.

»Mr. Weaver«, sagte er schließlich, legte die Feder nieder und sah mich an. Eine alte Uhr, so breit wie ein ausgewachsener Mann und ungefähr halb so groß, stieß ein paar rostige Glockentöne aus, doch Bloathwait hob die Stimme, um den neumodischen Apparat zu übertönen. »Wenn ich Sie bitten dürfte, mein Herr, Ihr Anliegen in der angemessenen Eile vorzutragen.«

Als ich Anstalten machte, mich in einem wacklig aussehenden Sessel niederzulassen, der dem Schreibtisch gegenüberstand, sah ich, wie er den Arm nach einem Bogen Schreibpapier ausstreckte, der am äußersten Rand seiner Reichweite lag. Es war eine beiläufige Bewegung, umsichtig und lässig zugleich, aber sie erregte meine Aufmerksamkeit, ebenso wie das Blatt Papier, das er damit verdeckte. Ich weiß nicht, was mit krakeliger Schrift darauf vermerkt stand, doch ein Wort, ein Gedanke oder ein Satz auf diesem Blatt zogen mich im gleichen Augenblick wie magisch an, in dem Bloathwait es meinen Blicken entzog. Mit seiner freien Hand hob er einen Folianten an und legte ihn auf das Blatt. Dann wandte er sich wieder mir zu. Er bemerkte, dass ich seine Bewegungen beobachtet hatte, und blinzelte mich missbilligend an.

»Ich warte«, sagte er kurz und bündig. »Ich habe dieser Unterredung allerhöchstens eine Viertelstunde eingeräumt, aber ich behalte mir das Recht vor, diese Zeit zu beschneiden, sollte ich zu dem Schluss kommen, dass unsere Unterhaltung unproduktiv verläuft.«

Bei einer Kreatur wie Bloathwait konnte man nie sicher sein, aber ich hatte den Eindruck, dass ihn meine Anwesenheit nervös machte, und ich verspürte eine eigenartige Erregung dabei, diesen Mann, der mich in meiner Kindheit bedrängt hatte, jetzt meinerseits zu bedrängen. Wir saßen uns als gleichwertige Menschen gegenüber, oder zumindest als solche, bei denen eine Gleichwertigkeit nicht von vornherein ausgeschlossen war. Jedenfalls hatte er entschieden, dass es womöglich von Interesse sein konnte, wenn er sich anhörte, was ich ihm zu sagen hatte.

»Und was soll diese Unterhaltung Ihrer Meinung nach bezwecken?«, fragte ich, wobei ich absichtlich ein wenig im Unklaren blieb.

Bloathwait blinzelte wie ein wildes Tier ohne Verstand. »Welche Erwartungen sollte ich wohl haben? *Sie* sind bei *mir* vorstellig geworden!«

Bedacht darauf, mich seinem bohrenden Blick zu entziehen, hielt ich es für das Beste, mit meinem Anliegen nicht weiter hinter dem Berg zu halten. »Ich bin hier, Mr. Bloathwait, weil ich Nachforschungen hinsichtlich des Todes meines Vaters anstelle.«

Sein Gesicht verriet keinerlei Regung, aber er kritzelte etwas auf ein Stück Papier. »Und weshalb kommen Sie deshalb zu mir?« Er sah nicht auf, während er redete. »Glauben Sie denn, ich kenne mich besonders mit dem Lenken von Mietdroschken aus?«

Diese Bemerkung ließ mich ein wenig zusammenzucken. Trotz meiner Bemühung, mich in Bloathwaits Gegenwart ein wenig aufzuplustern, fühlte ich mich wie ein kleines Kind, als wäre er ein älterer Verwandter oder ein Lehrer. Mir wurde klar, dass ich mir ungezogen, nicht überlegen vorkam. Wenn ich jedes Mal, wenn er mich missbilligend ansah, zusammenfuhr, würde ich nicht weit kommen, also spannte ich unwillkürlich die Brustmuskulatur an und beschloss, mich ihm gegenüber wie bei jedem anderen Menschen auch zu verhalten.

»Wohl kaum«, sagte ich eine Spur ungeduldig. »Aber wie ich mich entsinne, wussten Sie einiges über meinen Vater.«

Wieder hob er den Kopf. »Ihr Vater und ich arbeiteten beide in der

'Change, Mr. Weaver. Jeder auf seine Weise. An der Beerdigung Ihres Vaters nahm ich aus reiner Höflichkeit teil, das ist alles.«

»Aber Sie wussten etwas über ihn«, bedrängte ich ihn weiter. »Jedenfalls ist mir das zu Ohren gekommen.«

»Ich antworte nicht auf Gerüchte, die Ihnen zugetragen wurden – oder auch nicht.«

»Dann will ich es Ihnen sagen«, konterte ich, entzückt darüber, dass ich die Kontrolle des Gesprächs übernommen hatte. »Mir ist zu Ohren gekommen, Sir, dass Sie es sich Ihr ganzes Leben lang zur Gewohnheit gemacht haben, sich in die Angelegenheiten meines Vaters zu mischen. Sie haben sich mit seinen Geschäften vertraut gemacht, mit seinen Bekannten, mit allen seinen Gewohnheiten. Ich weiß, dass Sie zumindest zu einer gewissen Zeit von den Gewohnheiten seiner Kinder Notiz nahmen und dass Sie Ihr Interesse später auf den Vater selbst übertrugen.«

Er entbot mir ein kaum merkliches Lächeln, das trotzdem eine Reihe schier unglaublich großer und schief gewachsener Zähne entblößte. »Ihr Vater und ich waren früher einmal verfeindet. Wie ich sehe, erinnern Sie sich noch an diese Animositäten. Doch diese Feindschaft fand, zumindest was mich angeht, schon vor langer Zeit ihr Ende. Ich habe gelernt, dass es am klügsten ist, wenn man seinem Nächsten stets weniger Großzügigkeit unterstellt als sich selbst.« Er unterbrach sich einen Augenblick. »Ich behielt Ihren Vater eine Zeit lang im Auge, nur für den Fall, dass er mir Schaden zufügen wollte. Aber das kam nie wieder vor.«

»Meine Hoffnung bestand darin«, fuhr ich fort, »dass Sie gerade deshalb, weil Sie ihm eine Zeit lang auf der Spur geblieben sind, vielleicht wüssten, wer *ihm* Schaden zugefügt hat.«

»Wie kommen Sie darauf, dass ihm jemand Schaden zufügen wollte? Nach allem, was ich darüber gehört habe, war sein Tod ein tragischer Unfall.«

»Nach allem, was ich gehört habe, war er das nicht«, erklärte ich ihm und berichtete ihm dann von William Balfours Verdächtigungen.

Bloathwait lauschte mir wie ein Student bei einer Vorlesung. Während ich redete, machte er sich Notizen und schien die eher verwirrenden Aspekte meines Berichts abzuwägen. Als ich geendet hatte, schlug seine Haltung in sanfte Belustigung um, wobei er den Kopf schüttelte und ein herablassendes Lächeln seine Lippen umspielte. »Wenn der junge Balfour nur halb so närrisch ist wie der alte Balfour, dann ist er immer noch doppelt so närrisch, wie es ratsam für ihn wäre. Ich verrate Ihnen eines: Ich hege der Armut gegenüber nicht die geringste Verachtung, überhaupt nicht. Wenn ein Mann mit nichts anfängt und mit nichts aufhört, dann geht es ihm wie den meisten Menschen auf der Welt. Einige von denen, die reich werden, blicken verächtlich auf diejenigen herab, die arm geblieben sind oder mittellos anfangen. Ich hatte, das dürfte Ihnen bekannt sein, so manchen Rückschlag zu erleiden, aber ein wahrer Geschäftsmann kann auch seine Rückschläge wieder wettmachen. Balfour hingegen hat alles für sinnlose Vergnügungen aus dem Fenster geworfen und seiner Familie nichts zurückgelassen. Ihn verachte ich.«

»Ich glaube trotzdem, dass man dem, was der Sohn sagt, einige Aufmerksamkeit widmen sollte. Wenn auch nicht unbedingt dem Sohn selbst«, fügte ich nach einer kurzen Pause hinzu.

Bloathwait fingerte an der Ecke eines Papiers herum. »Haben Sie irgendwelche Beweise für Ihre Verdächtigungen?«

Ich hielt es für das Beste, meine Informationen vorerst für mich zu behalten. Ich wollte in Erfahrung bringen, was Bloathwait darüber wusste, und nicht, wie er auf das Wenige, das ich wusste, reagierte. »Hätte ich Beweise«, sagte ich, »müsste ich nicht auf Ihre Hilfe zurückgreifen. Vorerst habe ich nur Vermutungen.«

Er beugte sich zu mir herüber, als wollte er damit anzeigen, dass er mir seine ungeteilte Aufmerksamkeit zukommen ließe. »Ich gebe zu, dass ich eine gewisse persönliche Abneigung gegen Ihren Vater hegte. Dazu stehe ich. Was jedoch seine Arbeit an der 'Change angeht, konnte ich ihn nur respektieren, so wie ich jeden respektiere, der die Bank of England unterstützt. Aus diesem Grunde werde ich alles in meiner Macht Stehende tun, um Ihnen zu helfen. Das heißt nicht, dass ich Ihrer fantastischen Geschichte mit ihren Mordkomplotten und fehlenden Unterlagen Glauben schenke, aber wenn Sie sich in den Kopf gesetzt haben, Nachforschungen darüber anzustellen, werde ich Ihnen dabei in keiner Weise im Wege stehen.«

Ich hielt es für das Beste, seine Großzügigkeit, oder das, was er dafür hielt, anzuerkennen: »Vielen Dank, Mr. Bloathwait.«

Er strich sich nachdenklich über das Kinn. »Außerdem gefällt mir die Vorstellung überhaupt nicht, dass jemand einen Angehörigen Ihrer Rasse ungestraft ermorden darf«, fuhr er fort. »Ich muss Ihnen wohl kaum erzählen, dass wir Dissenter unter beinahe den gleichen Benachteiligungen zu leiden haben wie Ihr Juden, und es missfällt mir außerordentlich, dass jemand einen anderen töten darf, ohne befürchten zu müssen, dafür zur Rechenschaft gezogen zu werden – solange sein Opfer nicht Mitlied der englischen Staatskirche ist.«

»Ich respektiere Ihren Sinn für Gerechtigkeit«, sagte ich vorsichtig.

Er lehnte sich wieder zurück und spreizte die Finger auf seiner breiten Brust. »Ich wünschte, ich wüsste etwas, womit ich Ihnen helfen könnte. Leider kann ich Ihnen nur Folgendes sagen: In den Wochen vor seinem Unfall kamen mir im Zusammenhang mit Ihrem Vater einige Gerüchte zu Ohren. Es hieß, er habe sich die South Sea Company auf irgendeine Weise zum Feind gemacht.«

Auch wenn mir sofort mehr als tausend Fragen einfielen, von denen ich keine einzige hätte formulieren können, konzentrierte ich mich darauf, nur so neugierig auszusehen, wie es dem Sachverhalt entsprach. Dass Bloathwait von einer Feindschaft zwischen meinem Vater und der Company hatte reden hören, bewies so gut wie nichts, aber es unterstrich die Wichtigkeit des Aufsatzes, den mein Onkel entdeckt hatte.

»Erzählen Sie mir mehr davon.«

»Ich fürchte, mehr gibt es nicht«, sagte er mit einer lässigen Handbewegung. »Man redet nicht in aller Öffentlichkeit schlecht von der Company, Mr. Weaver. Sie ist viel zu mächtig, als dass jemand es wagte, ihr in die Quere zu kommen. Ich habe lediglich gehört, Ihr Vater sei mit einer Sache beschäftigt, die der South Sea zum Schaden gereichen könne, aber worum es da ging und welcher Schaden gemeint war, habe ich nie erfahren.«

»Von wem haben Sie derlei Dinge gehört?«

Er schüttelte den Kopf. »Das weiß ich nicht mehr. Es ist lange her, und damals hielt ich nichts davon. Alle, die geschäftlich miteinander zu tun haben, tauschen oft ganz nebenbei Informationen aus. Heute tut es mir leid, dass ich mich nicht näher darum gekümmert habe.«

»Mir auch.«

»Sollte ich mehr zu diesem Thema erfahren, setze ich mich gerne mit Ihnen in Verbindung. Bis dahin kann ich Ihnen nur eines raten: Wenn Sie wirklich davon überzeugt sind, dass Ihr Vater ermordet wurde, sollten Sie herausfinden, was er getan haben könnte, um die Gentlemen der South Sea Company zu verärgern. Und dann müssen Sie erwägen, zu welchen Schritten eine solche Company fähig wäre.«

»Was könnte jemand denn getan haben, um die Company zu verärgern?«

Bloathwait zeigte mir in einer Geste der Unwissenheit die leeren

Handflächen. »Ich kann nicht sagen, was in den Köpfen der Geschäftsführer der South Sea vorgeht, Sir. Würden sie wild um sich schlagen, wenn jemand daherkäme und ihre Profite bedrohte? Ich weiß es nicht. Aber ich kann mir gut vorstellen, dass Ihr Vater zur Zeit seines Todes keinen größeren Feind hatte.«

»Dann glauben Sie also, dass die Company jemanden, der ihre Profite bedroht, von ihren Agenten umbringen lassen würde?«

»Das habe ich nie behauptet«, antwortete Bloathwait unterkühlt. »Ich sage lediglich, dass die Direktoren der South Sea ehrgeizige Männer sind. Wie weit sie gehen würden, um ihre Ambitionen zu schützen, vermag ich nicht einzuschätzen.«

Ich mochte der unvoreingenommenen Haltung, mit der er auf die schurkischen Umtriebe der Company hinwies, nicht recht glauben. In meiner Kindheit hatte sich Bloathwait selbst als ehrgeiziger Intrigant bewiesen, und ohne ein gerüttelt Maß an Gerissenheit wäre er auch nie zu einem Mann von so großer Wichtigkeit aufgestiegen. Die Zurückhaltung, mit der er über die Company redete, sollte sicherlich nur kaschieren, wie sehr er wünschte, dass ich seinen Andeutungen Glauben schenkte.

»Diese Ambitionen«, sagte ich im gleichen beiläufigen Ton wie Bloathwait, »bedrohen doch die Bank of England, oder nicht? Die South Sea Company ist Ihr gefährlichster Rivale. Deshalb käme es Ihnen sehr gelegen, wenn ich irgendwelche Vergehen von Seiten der Company ans Licht zerrte.«

Bloathwaits Gesicht verfinsterte sich, und einen kurzen Augenblick lang sah ich das Schreckgespenst aus meiner Kindheit wieder – übermächtig, entschlossen und von einer schrecklichen Intensität.

»Ich finde, Sie gehen zu weit.« Seine Stimme hatte sich in ein tiefes, feindseliges Flüstern verwandelt. »Wollen Sie damit andeuten, ich bedrohte anderer Leute geschäftliche Interessen solch kleinlicher Motive wegen? Sie haben mich aufgesucht, um mich um Hilfe zu bitten, und ich habe Ihnen gesagt, was ich weiß. Ihre Beleidigungen finde ich ebenso haltlos wie ungehobelt!«

»Ich wollte keineswegs ungehobelt sein«, erwiderte ich in dem Bemühen, einen versöhnlichen Ton anzuschlagen, doch was sich meinen Lippen entrang, klang eher wie eine wütende Entgegnung.

Er schüttelte den Kopf, um seine Verachtung für meinen plumpen Rettungsversuch auszudrücken. Ab hier erinnerte unser Austausch eher an den Dialog eines schlechten Theaterstücks als an eine Unterhaltung. Keiner von uns sprach so etwas wie die Wahrheit, aber wir wagten uns nicht allzu weit von unseren Rollen weg.

»Sie finden sicherlich selbst hinaus«, sagte er leise und in der Hoffnung, damit eher der Dringlichkeit seiner Arbeiten als meiner beleidigenden Anschuldigung Ausdruck zu verleihen. »Ich habe keine Zeit mehr für Sie. Für Ihre Nachforschungen wünsche ich Ihnen viel Glück, und falls ich über etwas stolpere, das Ihnen weiterhelfen könnte, werde ich es Sie wissen lassen.«

Ich erhob mich langsam und verneigte mich. Als ich mich eben umgedreht hatte und gehen wollte, rief er meinen Namen.

»Ich habe nicht die geringste Ahnung, was Ihre Nachforschungen alles zu Tage fördern, Weaver, aber falls Sie irgendetwas über die South Sea Company herausfinden, das auf« – er unterbrach sich kurz, um die richtigen Worte zu finden – »belastende Aktivitäten hinweist, so bitte ich Sie, sich zuerst an mich zu wenden, bevor Sie irgendetwas anderes unternehmen. Ich verspreche Ihnen, dass die Bank Sie großzügig für Ihre Umstände entschädigen wird.«

Ich verneigte mich abermals und verließ das Arbeitszimmer.

Auf meinem Weg nach draußen verspürte ich ein Gefühl der Erleichterung, denn ich war davon überzeugt, dass ich meine Distanz zu Bloathwait auch in Zukunft wahren sollte. Gleichzeitig wusste ich, dass mir die gewünschte Distanz fürs Erste nicht vergönnt sein würde. Er hatte mir das, was ich bereits wusste, bestätigt – nämlich dass sich mein Vater die South Sea Company zum Feind gemacht hatte. Allein die Existenz einer solchen Feindschaft bewies noch keinen Mord, aber immerhin wusste ich, in welche Richtung ich meine Ermittlungen vorantreiben musste. Mehr noch, Bloathwait hatte sich dazu bereit erklärt, mir bei meinen Bemühungen zu helfen, solange sie zum Nachteil der South Sea Company gereichten. Ich tröstete mich mit dem Gedanken, dass ich zumindest dann, wenn ich von der Schuld der Company oder ihrer Agenten überzeugt war, auf einen mächtigen, gefährlichen Verbündeten zurückgreifen konnte.

Auf dem Weg zur Haustür blieb ich bei einem vornübergebeugten Mann in mittleren Jahren stehen und erkundigte mich bei ihm, ob er wisse, wo sich Bessie aufhielte, doch dieser wackere Bursche scheuchte mich davon.

»Weg mit Ihnen!«, fuhr er mich an und bleckte die Zähne wie eine Ziege. »Bessie ist auch so dumm genug, ohne dass sie sich von einem wie Ihnen den Kopf verdrehen lässt!«

Ich verneigte mich scheinheilig und verließ das Haus ohne weitere Umwege. Aber ich hatte so eine Ahnung, dass ich schon bald zurückkommen würde, und beim nächsten Mal würde ich es nicht auf den offiziellen Wegen versuchen.

17

Am folgenden Nachmittag stattete mir Elias einen Besuch ab. Er war vor Freude ganz aus dem Häuschen und hätte sich wohl am liebsten ständig selbst umarmt. Kaum war er über meine Schwelle getreten, da sprudelten die Neuigkeiten auch schon aus ihm heraus.

»Einem Kollegen von mir, einem Bühnenschriftsteller, ist ein schlimmes Unglück widerfahren!«, sagte er freudestrahlend. »Ein Dummkopf namens Croger, der für Cibber ein Stück hätte fertigschreiben sollen, ist einfach so gestorben, ohne seine Arbeit zu Ende gebracht zu haben. Mausetot! Dafür ist mein Stück angenommen worden und wird kommende Woche aufgeführt!«

Ich gratulierte meinem Freund von ganzem Herzen zu seinem Glück, drehte mich um und wollte eine Karaffe herunterholen, um aus gegebenem Anlass einen kleinen Umtrunk zu spendieren, doch Elias war mir bereits zuvorgekommen und reichte mir ein Glas. Wir tranken auf seinen Erfolg, und er warf sich in einen Lehnsessel.

»Ist es nicht ungewöhnlich, dass ein Theaterstück so überstürzt auf die Bühne gebracht wird?«, fragte ich ihn.

»Entsetzlich ungewöhnlich«, bestätigte er meine Frage. »Aber Cibber gehört zu den Theaterdirektoren, die zu Anfang der Saison immer etwas Brandneues anbieten müssen, und als er von meinem *Arglosen Liebhaber* erfuhr, war er sogleich davon eingenommen. Was, wie ich glaube, zu einem nicht geringen Teil daran lag, dass ich ihm die Rolle des Grafen Fopworth sozusagen auf den Leib geschrieben habe. Als ich ihm das Stück vorlas – und ich kann dir sagen, ein ganzes Stück ganz allein vorzulesen und dabei zu versuchen, sämtliche Nuancen einigermaßen hinzukriegen, ist alles andere als einfach –, unterbrach er mich ständig, wenn ich Fopworth las, und rief aus: ›Ich glaube, das Stück hat etwas!‹, oder: ›Was für eine herrliche Wendung!‹ Der Schlüssel liegt nicht darin, gute Stücke zu schreiben, sondern Stücke mit einer guten Rolle für den Direktor. Ich bin so begeistert von mir, dass ich platzen könnte!«

Ich hörte ihm eine Weile zu, wie er von Mr. Cibber, vom Theatre Royal, der Drury Lane, den Schauspielerinnen, die ihm dort gefielen, und dergleichen mehr erzählte. Anschließend erklärte er mir, dass er in der nächsten Zeit mit den überstürzten Proben mehr als beschäftigt sei, mir aber trotzdem, so gut es eben ging, bei meinen Nachforschungen behilflich sein wolle. Daraufhin berichtete ich ihm von meiner Unterredung mit Bloathwait und fragte ihn, ob er jemals von einem Martin Rochester gehört habe, dem Mann, in dessen Diensten der Mörder meines Vaters jetzt stand. Doch Elias schüttelte den Kopf.

»Mir will nicht einfallen, wie ich ihn ausfindig machen könnte«, beklagte ich mich. »Ein Mann, den niemand findet, der für einen Mann arbeitet, den niemand kennt. Vielleicht höre ich mich noch einmal bei Jonathan's um.«

Elias lächelte. »Findest du, dass es klug ist, deine Zeit dort zu verbringen?«

»Natürlich nicht, aber mir fällt nichts Besseres ein. Jedenfalls hoffe ich«, sagte ich grinsend, »dort das Allgemeine zu studieren und etwas über das Besondere herauszufinden.«

Er nickte. »Sehr schön, Weaver. Angesichts fehlender Tatsachen suchen wir nach Wahrscheinlichkeiten. Bei dir ist noch nicht alle Hoffnung verloren.«

Elias erhob sich schwer aus dem Sessel und ging mit unsicheren Schritten zur Karaffe, die er mit einer gewissen Genugtuung leer vorfand. »Was meinst du, Weaver, sollen wir meinen Erfolg noch weiterfeiern? Wir könnten ein Freudenhaus deiner Wahl aufsuchen und uns vielleicht ein bisschen mit den Huren unterhalten.«

Ich sah, wie er meine Regale nach der nächsten Flasche Wein absuchte.

»Nichts lieber als das«, versicherte ich ihm, »aber ich fürchte, ich muss mit meiner Untersuchung fortfahren.«

»Ganz wie ich vermutete«, erwiderte er, wobei ihm das Wort »vermutete« nicht wenig Schwierigkeiten bereitete. Anschließend ließ er mich in den Genuss mehrerer Monologe aus seinem Theaterstück kommen, und obwohl er nicht wenig Text vergessen hatte, applaudierte ich nachdrücklich. Schließlich verkündete er, er müsse sich ein wenig um die Prostitution in dieser Stadt kümmern und kenne außer mir noch andere, mit denen sich das Vergnügen teilen ließe. Nach mehreren

Versuchen, die Türklinke ordnungsgemäß zu betätigen, schob er sich unbeholfen ins Treppenhaus.

Ich hörte noch, wie sich Elias lautstark auf Mrs. Garrisons Stiege nach unten bewegte, dann setzte ich mich an meinen Schreibtisch und machte mich abermals daran, in meines Vaters Abhandlung zu lesen. Ich kann nicht behaupten, dass ich sonderlich erstaunt darüber war, dass mein Vater in seiner Prosa nicht zugänglicher war als im persönlichen Gespräch. Man lese nur einmal die ersten Sätze jenes Dokuments:

> Es kann niemandem entgangen sein, dass in den jüngst vergangenen Jahren es einen allgemeinen Ruf, eigentlich einen Aufschrei gegeben hat, was die wachsende Macht gewisser Fraktionen in der Exchange Alley angeht - Fraktionen, die ihre Absichten deutlich gemacht haben und seither danach trachten, gegen die Bemühungen jener, die sich für das Wohlergehen des Landes einsetzen, das zunichte zu machen, was so beherzt im allgemeinen Interesse des Königreiches geschaffen ward.

Nach diesem ersten Satz entschied ich mich für ein aufmerksames Überfliegen der Seiten, was mir einen ganzen Schwall an Beschuldigungen gegenüber der South Sea Company und entsprechendes Lob für die Bank of England einbrachte, eine Flut, die mir alsbald unterschiedslos vor den Augen verschwamm. Einige Abschnitte reizten mein Interesse mehr als andere; die Stelle, an der mein Vater eine Verschwörung innerhalb der mächtigen Company skizzierte, musste ich natürlich aufmerksamer durchlesen: »Diese Fälschungen können nur in Zusammenarbeit mit gewissen Elementen innerhalb des South Sea House selbst zustande gekommen sein. Die Company ist wie ein verfaultes, bis ins Innerste von Maden durchsetztes Stück Fleisch.«

Ich verbrachte noch ungefähr eine weitere Stunde mit der Durchsicht des Manuskripts, wobei ich inständig hoffte, dass mein Vater seine Ideen irgendwo zu einem verständlichen Resümee zusammengefasst hatte. Nachdem sich diese Hoffnung alsbald zerschlug, kam ich zu dem Schluss, dass ich, wollte ich den Sachverhalt wirklich verstehen, meine Zeit nicht vor dem Manuskript verbringen sollte, sondern direkt in der Höhle des Löwen. Also zog ich meinen besten Rock und Überrock an, kämmte mir das Haar, band es sorgfältig zusammen und verließ mein Zimmer in solcherart adretter Aufmachung. Alsdann machte ich mich auf den Weg zu Jonathan's Kaffeehaus, wo ich entschlossen war, die nächsten Stunden in der Gesellschaft der Lenker der Londoner Finanzmärkte zu verbringen. Wenn ich ihre Intrigen begreifen wollte, so meine Überlegung, war es unabdingbar, ein besseres Gespür für die Machenschaften dieser Börsenmakler zu bekommen.

Im Kaffeehaus ging es so lebhaft zu wie am Tag zuvor, und obwohl es weniger unterhaltsam war, als den Nachmittag in einem Freudenhaus mit einem betrunkenen Schotten zu verbringen, kam ich doch rasch zu der Erkenntnis, dass die Exchange Alley mit ihrer aufgeregten Geschäftigkeit durchaus einiges zu bieten hatte. Ich nahm an einem Tisch Platz, bestellte eine Portion Kaffee und blätterte in den Tageszeitungen.

Ich hörte, wie sich Männer quer durch den Raum etwas zuriefen und über die Vorzüge dieser oder jener Wertpapiere debattierten. Laute Stimmen forderten zum Kauf auf. Andere rieten zum Verkauf. Ich hörte lautstarke Unterhaltungen in jeder lebenden und zumindest einer toten Sprache. Obwohl das alles sehr konfus zuging, hatte ich doch den Eindruck, nach und nach eine ganze Menge zu lernen, und empfand sogar ein gewisses Vergnügen an meinem Aufenthalt; ja, ich fühlte mich manchmal sogar selbst ein wenig wie einer dieser Wertpapierjuden von der Börse. Die Ausgelassenheit des Ortes hatte zweifellos etwas Ansteckendes: Jederzeit konnte etwas passieren, von einer Sekunde zur anderen wurden große Vermögen gemacht oder verloren. Ich war auch zuvor schon in so manchem Kaffeehaus gewesen, wo sich Männer mit ungezügelter Leidenschaft über Schriftsteller, Schauspielerinnen oder Politik gestritten hatten. Hier jedoch rangen Menschen mit ihrem Schicksal, und das Ergebnis ihrer Auseinandersetzungen schlug sich in Wohlstand oder Armut, Anerkennung oder Schande nieder. Das Kaffeehaus der Börsenmakler verwandelte Argumente in Reichtum, Worte in Macht, Ideen in Wirklichkeit – zumindest in etwas, das der Wirklichkeit verblüffend ähnlich sah. Ich war in einer unzweideutigen Welt der Gewalt und der Leidenschaften groß geworden. Hier kam ich mir wie bei einer völlig anderen Menschengattung vor, in einem merkwürdigen, fremden Land, das nicht von den Starken, sondern von den Gerissenen und den Glücklichen regiert wurde.

Ungefähr nach einer Dreiviertelstunde entdeckte ich Mr. Sarmento, den Buchhalter meines Onkels, inmitten einer Gruppe eifrig in ihre Geschäfte vertiefter Männer, die ich nicht kannte. Auf dem Tisch vor ihnen lag eine Reihe von Dokumenten, und einige der Männer lasen in diesen Papieren. Dieses Ritual dauerte eine Zeit lang, dann gingen die Männer in gegenseitigem Einvernehmen gemeinsam weg.

Sarmento verriet mit keiner Miene, dass er mich gesehen hatte, doch als er mit seinen Angelegenheiten fertig war, faltete er die Papiere zusammen und kam direkt auf meinen Tisch zu.

»Darf ich mich zu Ihnen gesellen, Mr. Weaver?«, fragte er mich mit einer Stimme, die so glatt und nichtssagend war wie sein Gesichtsausdruck. Von dem Hündchen, das im Hause meines Onkels unablässig hinter Mr. Adelman hergeschwänzelt war, ließ sich keine Spur in ihm entdecken. Hier sah ich lediglich die grimmige Visage eines Mannes, für den das Leben eine Folge stärkerer und schwächerer Anspannungen war.

»Mit dem größten Vergnügen«, erwiderte ich mit einer Höflichkeit, die wie ein strenger Geruch in der Luft stehen blieb.

»Ich kann mir nicht vorstellen, was Sie hier in dieses Kaffeehaus verschlägt«, sagte er geistesabwesend. »Spielen Sie mit dem Gedanken, sich eingehender mit Wertpapieren zu beschäftigen?«

»Allerdings«, antwortete ich trocken. »Ich glaube, ich werde mir meinen Lebensunterhalt in Zukunft als amtlich zugelassener Aktienmakler verdienen.«

»Sie machen sich über mich lustig. Aber meine Frage haben Sie damit nicht beantwortet.«

Ich nahm einen Schluck Kaffee. »Was glauben Sie denn, was ich hier treibe, Mr. Sarmento?«

Die Frage schien ihn zu überraschen. »Ich hätte Sie nicht für so dreist gehalten, es offen anzusprechen. Ich habe mir nie angemaßt, Mr. Lienzos geschäftliche Angelegenheiten zu beurteilen, aber ich hoffe doch um seinetwillen, dass Sie unauffällig vorgehen. Ich gehe davon aus, dass Sie sich, trotz allem, daran erinnern, aus welcher Familie Sie stammen.«

Sarmentos zufriedener Gesichtsausdruck ließ sich nur schwer einschätzen, aber er sah aus wie jemand, der ein schwieriges Puzzle endlich zusammengesetzt hat.

»Was wissen Sie von der Sache?«, fragte ich sanft. Vielleicht konnte ich ihn ja dazu verleiten, mir zu erzählen ...? Ich wusste eigentlich nicht was, lediglich, dass ich ihm nicht über den Weg traute, und er mir nicht, und das schien mir Grund genug, weiter in dieser Richtung zu drängen.

»Ich kann Ihnen versichern, dass ich genug weiß. Vielleicht mehr, als ich eigentlich sollte.«

»Ich wäre sehr daran interessiert, mehr zu erfahren, als ich eigentlich sollte«, erwiderte ich völlig ruhig.

Sarmento lächelte mich an. Es war das verschlagene und missglückte Lächeln eines Mannes, dem Heiterkeit etwas Unnatürliches war. »Ich glaube nicht, dass Sie das wirklich wollen. Möchten Sie meine Meinung dazu hören, Mr. Weaver? Ich glaube, Ihr Ehrgeiz übersteigt Ihre Fähigkeiten bei Weitem.«

»Dann bin ich Ihnen für Ihre hohe Meinung von mir sehr dankbar.« Ich verneigte mich leicht.

»Wie? Müssen wir uns wirklich der doppelzüngigen Höflichkeit unserer britischen Nachbarn bedienen? Das entspricht doch nicht unserer Art, dieser ganze Unsinn mit ›Ich fühle mich sehr geehrt‹ und ›Stets zu Ihren Diensten‹! Wir sagen, was wir denken.«

Die Vorstellung, dass ich mich wie ein Engländer aufführte, etwas zu sein vorgab, das ich nicht war, wurmte mich. Dass dieser Mann ein Angehöriger meiner Rasse war, erfüllte mich mit einer Art Scham. Es war eigenartig, denn ich hatte mich auf eine ganz eigene Art daran gewöhnt, mich selbst als Juden zu sehen – indem ich zuhörte, was die Briten um mich herum über Juden zu sagen hatten, und mich fragte, wie ich mich zu ihren Worten verhalten sollte. Aber da war noch etwas anderes: Während der ganzen letzten Jahre hatte ich so gut wie keine Erfahrung darin gesammelt, mich selbst als Juden in Beziehung zu anderen Juden zu sehen. Sarmento rief jetzt ein anderes Gefühl in mir hervor, eine merkwürdige Verteidigungshaltung, als wäre ich Mitglied in einem Club, aus dem ich ihn am liebsten herauswerfen ließe.

»Worüber wünschen Sie zu sprechen, Mr. Sarmento?«, fragte ich schließlich.

»Erzählen Sie mir von Ihrer Unterhaltung in Mr. Adelmans Kutsche neulich abends.«

Ich presste die Hände aneinander, um mir den Anschein eines tief in Gedanken versunkenen Mannes zu geben, und hoffte zugleich, dass es aussah, als gingen mir statt lauter wirrem Zeug kluge Gedanken durch den Kopf. »Zuerst reden Sie über meine Geschäfte mit Mr. Lienzo, Sir, und jetzt wollen Sie wissen, was ich mit Mr. Adelman zu besprechen habe. Gibt es denn irgendwelche Geschäfte meinerseits, die Sie nicht zu erörtern wünschen?«

»Geschäfte?«, fragte er erstaunt. »Machen Sie wirklich Geschäfte mit Mr. Adelman?«

»Ich sagte nicht, dass wir zu einer Übereinkunft gekommen seien«, erläuterte ich. »Nur, dass wir über Geschäftliches geredet haben. Trotzdem würde ich gerne wissen, weshalb Sie sich so sehr für meine Privatangelegenheiten interessieren.«

»Sie missverstehen mich«, stotterte Sarmento und versuchte mit einem Mal, unterwürfig zu erscheinen. »Ich bin lediglich interessiert, vielleicht sogar besorgt. Adelman ist womöglich nicht der Mann, für den Sie ihn halten, und ich möchte nicht, dass Sie zu Schaden kommen.«

»Zu Schaden, sagen Sie? Habe ich neulich nicht gerade Sie den ganzen Abend um Adelman herumscharwenzeln sehen? Und jetzt wollen Sie mich vor ihm warnen? Ich kann nicht behaupten, dass ich aus Ihnen schlau werde.«

»Ich bin ein Mann, der sich hier in der 'Change Alley auskennt, Sir. Sie nicht. Sie täten gut daran, das nie zu vergessen. Männer wie Adelman und Ihr Onkel hingegen sind Geschäftsleute, beschlagen in der Kunst des Betrugs und der Schmeichelei.«

Ich setzte mich mit einer abrupten Bewegung aufrecht, was Mr. Sarmento zusammenfahren ließ. »Was sagen Sie da über meinen Onkel?«

»Ihr Onkel ist ein Mann, der nicht mit sich scherzen lässt, Sir. Ich hoffe, Sie lassen sich da nicht täuschen. Sie mögen in ihm den freundlichen älteren Herrn sehen, aber ich kann Ihnen versichern, dass er extrem ehrgeizig ist. Ich habe gelernt, seinen Ehrgeiz zu bewundern und nachzuahmen.«

»Drücken Sie sich bitte etwas deutlicher aus!«, verlangte ich.

»Ich bitte Sie, Sir! Ich weiß, dass Sie inzwischen in Ihre Familiengeschäfte verstrickt sind. Ihr Onkel wirft Ihnen ein paar Münzen hin, und Sie schnappen wie ein Hund danach. Aber selbst Sie dürften inzwischen herausgefunden haben, dass es mehr als merkwürdig ist, dass Ihr Onkel eine so enge Freundschaft zu einem Mann unterhält, den Ihr Vater dermaßen verabscheut hat.«

Mein Onkel warf mir Münzen hin? Mein Vater verabscheute Adelman? Ich wollte mehr wissen, wagte jedoch nicht, mich durch meine Fragen bloßzustellen.

»Spielen Sie keine Spielchen mit mir«, sagte ich schließlich. »Außerdem sollte ich Sie daran erinnern, Ihre Zunge zu hüten, wenn Sie mit einem Mann reden, der es sich nicht zweimal überlegen würde, sie Ihnen aus dem Mund zu reißen.«

»Ich habe keine Zeit für Spielchen, *Weaver.«* Seine Betonung machte sich über meinen Namen lustig. »Auch ich bin, seien Sie dessen versichert, kein Mann, der mit sich scherzen lässt. Sie stehen nicht mehr im Ring, und Sie können mich nicht einfach zur Seite schubsen. Wenn Sie in der 'Change Alley zu kämpfen beabsichtigen, Sir, werden Sie sich rasch von Leuten wie mir überflügelt sehen, und wir gehen hier mit weitaus gefährlicheren Waffen als unseren Fäusten ans Werk.«

Er sah mich an und blickte dabei förmlich durch mich hindurch, als säße er mit einem Stück Gemüse am Tisch. Weder seinem Gesichtsausdruck noch seinen Gesten haftete etwas Bedrohliches an.

»Ich gestehe, dass ich nicht schlau aus Ihnen werde, Sir«, sagte ich nach einer langen Pause. »Sie scheinen mich in jeder Hinsicht einschüchtern zu wollen, aber ich sehe keinen Grund, weshalb Sie mein Feind sein sollten.«

Abermals entbot mir Sarmento etwas, das entfernt an ein Lächeln erinnerte. »Wenn Ihnen nichts daran liegt, mein Feind zu sein, dann habe auch ich kein Interesse daran, Sie einzuschüchtern.«

»Was aber fürchten Sie von mir?«, fragte ich ihn. »Dass ich Ihren Platz im Hause meines Onkels einnehme? Dass ich Miriam heirate? Dass ich Sie zu einem Zweikampf herausfordere? Seien wir doch ehrlich miteinander!«

»Mir gefällt Ihre spöttische Art nicht«, sagte er, und sein Ton hatte sich kein Jota verändert. »Sie sind gut damit beraten, sich vor mir in Acht zu nehmen. Und vor Ihrem Onkel. Und seinen Freunden.«

Bevor ich etwas erwidern konnte, hatte sich Sarmento von seinem Stuhl erhoben, einen kleinen Makler beiseitegeschoben und sich ins Gewühl gedrängt. Ich war mir nicht sicher, was er mit seiner Andeutung hinsichtlich meines Onkels meinte, aber seine Warnung vor Adelman beunruhigte mich mehr als alles andere, was er gesagt hatte, denn damit machte Sarmento Andeutungen hinsichtlich eines Mannes, dem er im Haus meines Onkels unablässig um den Bart gestrichen war.

Von Neugier getrieben, stand ich von meinem Tisch auf und machte mich auf den Weg in Richtung Ausgang, wo ich Sarmento das Kaffeehaus kurz vor mir verlassen sah. Ich wartete einen Moment, dann heftete ich mich an seine Fährte. Sie führte nach Cornhill. Sobald wir auf dieser geschäftigen Straße waren, konnte ich näher aufrücken. Er ging rasch und fädelte sich immer wieder geschickt durch die Knäuel raffgieriger Menschen, die alle unterwegs waren, um in der 'Change Geschäfte zu treiben.

Sarmento ging nach Westen, dorthin, wo die Cornhill die Threadneedle und die Lombard Street kreuzt, und ab dort dünnte der Menschenstrom ein wenig aus. Ich ließ mich etwas zurückfallen, nahm mir die Zeit, einem Bettler einen Penny zuzuwerfen, und folgte Sarmento weiter in sicherer Entfernung.

Inzwischen war die Cornhill in die Poultry übergegangen, und Sarmento bog nach rechts in die noch weniger belebte Grocer's Alley ein. Ich wartete einen Augenblick und folgte ihm dann in die Gasse, die zur Grocer's Hall führte, wo, wie mir schlagartig einfiel, der Sitz der Bank of England war. Sarmento schwenkte direkt auf das gewaltige Gebäude zu, das, ähnlich der Königlichen Börse, wie ein architektonisches Testament der Exzesse des vorigen Jahrhunderts in den Himmel ragte.

Sarmento eilte auf eine Kutsche zu, die direkt vor der Hall stand. Um näher heranzukommen, gesellte ich mich zu einer Gruppe Gentlemen und erkundigte mich, immer mit einem Auge die Kutsche beobachtend, mit einem ländlichen Akzent nach dem kürzesten Weg zur London Bridge. Nun sind die Londoner zwar nicht gerade die geselligsten Menschen auf diesem Erdball, aber es gibt kaum etwas, das sie lieber tun, als jemandem den Weg zu weisen. Während die fünf Gentlemen noch miteinander wetteiferten, mir den kürzesten Weg zu beschreiben, setzte sich die Kutsche in Bewegung und rollte an mir vorüber. Ich sah, dass Sarmento heftig ins Gespräch mit einem Mann vertieft war, in dessen breitflächigem Gesicht die Züge viel zu klein und unausgeprägt wirkten.

Die Winzigkeit seiner Nase, seines Mundes und seiner Augen wirkte noch absurder durch die gewaltige schwarze Perücke, die sich beinahe bis zur Decke der Kutsche auftürmte und in dicken Locken über seine Schultern wallte. Ich hatte dieses Gesicht erst vor Kurzem gesehen und erkannte es deshalb ohne Schwierigkeiten. Ich kann nicht sagen, dass ich etwas anderes als äußerste Verwirrung empfand, als ich Sarmento mit Perceval Bloathwait gemeinsam in der Kutsche davonfahren sah.

18

Ich konnte mir nicht mehr einreden, dass meine Verdächtigungen Bloathwait gegenüber dem schemenhaften Gespenst eines Kinderschreckens zuzuschreiben waren. Er hatte etwas auf seinem Schreibtisch verdeckt, etwas, das er mich nicht hatte sehen lassen wollen. Das allein musste nichts heißen – womöglich war es nicht mehr als eine private Erinnerung an eine Zahlung, die Adresse einer Hure oder eines jungen Burschen, was weiß ich. Es wäre eher verwunderlich, hätte ein Mann wie Bloathwait nicht irgendetwas auf seinem Schreibtisch, das einem potenziellen Feind interessant genug erscheinen würde. Aber eine Verbindung zwischen ihm und Sarmento, einem Mann, der in den Diensten meines Onkels stand, das besaß durchaus eine andere Qualität. Bloathwait unterhielt eine geheime Verbindung zu meiner Familie, und ich spürte, dass ich mehr darüber herausfinden musste.

Meine jugendlichen Abenteuer als Gesetzloser boten mir ausgezeichnete Voraussetzungen, was die Nachforschungen in einem Mordfall anging, und ich wusste, dass die Zeit gekommen war, mich auf mein Können als kunstfertiger Einbrecher zu besinnen. Schon vor langer Zeit hatte ich gelernt, dass es kein nützlicheres Werkzeug gab, um in ein Haus einzudringen, als die Zuneigung eines dummen Dienstmädchens. Also setzte ich einen bezaubernden kleinen *lettre d'amour* auf, in den ich einen Shilling einwickelte. Ich zweifelte nicht daran, dass Bessie, die Wäschemagd, in meinem Sinne auf mein Sendschreiben reagieren würde, und als ich die gewünschte Antwort noch vor Ablauf einer Stunde in Empfang nahm, rieb ich mir vor Aufregung die Hände.

Meine nächste Station war die Gilbert Street, wo ich zu meiner großen Freude erfuhr, dass Elias von seiner Orgie bereits wieder zurückgekehrt war. Leider schlief er unter dem Einfluss des Weines, der ihm noch immer Zähne und Zunge tiefviolett färbte, noch so felsenfest, dass Mrs. Henry und ich fast eine halbe Stunde zu tun hatten, um meinen Freund zu Bewusstsein zu bringen. Er lag auf dem Rücken, die kurze Lockenperücke noch immer auf dem Kopf, wenn sie auch ein wenig in die Stirn gerutscht war. Seine Kleider hatte er größtenteils noch an, denn er musste auf der Stelle eingeschlafen sein, nachdem er einen Arm aus seinem Mantel gezogen hatte. Die Strümpfe waren bespritzt, der Schlamm überall auf Mrs. Henrys Laken verschmiert, und seine Krawatte, gelockert, aber nicht losgebunden, wies unübersehbare braune Soßenflecken auf.

Als er schließlich einigermaßen zu sich kam, verließ Mrs. Henry das Zimmer mit gespieltem Entsetzen, und ich beobachtete im flackernden Licht der beiden unzureichenden Kerzenstummel, wie mein Freund den Mund wie eine Puppe auf der Bartholomäus-Kirmes auf- und zuklappte. »Großer Gott, Weaver! Wie spät ist es?«

»Kurz vor neun, glaube ich.«

»Falls nicht gerade das Haus abbrennt, bin ich sehr, sehr böse auf dich«, murmelte er und versuchte, sich gerade hinzusetzen. »Was willst du? Siehst du nicht, dass ich beim Feiern bin?«

»Wir haben Arbeit«, eröffnete ich ihm ohne Umschweife, in der Hoffnung, ihn durch die schiere Wucht meiner Absicht wach zu bekommen. »Ich muss unbedingt in das Haus von Perceval Bloathwait einbrechen, dem Direktor der Bank of England.«

Elias' Kopf rollte von einer Seite zur anderen. »Du bist verrückt.«

Er kam auf die Beine und wankte quer durch das Zimmer bis zu einer mit Wasser gefüllten Schüssel, die diskret mit einem sauberen Leintuch abgedeckt war. Dort zog er sich den Mantel aus, dann auch die Weste, nahm das Tuch von der Schüssel und fing an, sich das Wasser ins Gesicht zu spritzen. Sogar in der Dunkelheit bemerkte ich die Flecken auf seinem Hosenboden, die wie Grasflecken aussahen.

Er drehte sich mit von Wassertropfen glänzendem Gesicht zu mir um. »Du willst in Bloathwaits Haus einbrechen? Herr im Himmel, wieso das denn?«

»Weil ich glaube, dass er etwas versteckt hält.«

Er schüttelte den Kopf. »Brich bei ihm ein, wenn du willst. Ich halte dich nicht auf. Aber ich habe keine Ahnung, weshalb ich unbedingt dabei sein soll.«

»Weil ich mir Zugang durch die Mithilfe eines hübschen kleinen Dienstmädchens verschaffe, und ich brauche jemanden, der das Mädel beschäftigt, solange ich Bloathwaits Papiere durchwühle.«

Jetzt war Elias ganz Ohr. »Wie hübsch?«

Eine Stunde später hatte sich Elias gewaschen, saubere Kleider angezogen und seine Perücke in Positur gebracht. Ich bestand darauf, ihm ein paar Tassen Kaffee auszugeben. Zu diesem Behufe begaben wir uns ins Kent's, eines von Elias' bevorzugten Kaffeehäusern. Es war voll mit Lyrikern, Theaterdichtern und anderen Schöngeistern, von denen keiner auch nur einen roten Heller in der Tasche hatte. Ich glaube, die Bedienungen mussten wohl ihre liebe Not damit haben, diese Bande eingebildeter Spitzbuben dazu zu bewegen, ihre Rechnungen zu bezahlen, doch trotz der Mittellosigkeit seiner Klientel schien das Kaffeehaus gut zu gehen. An jenem Abend war fast jeder Tisch besetzt, rings um uns herum summten und brummten lebhafte Unterhaltungen. In aller Munde war natürlich die neue Theatersaison, und überall hörte ich kritische Worte zu diesem Stück oder jenem Autor und vor allem die Lobpreisungen der Schönheit eines halben Dutzend Schauspielerinnen.

»Erkläre mir noch einmal, was du dir von einem Einbruch in das Haus dieses Mannes erhoffst.« Elias hob seine Tasse mitsamt der Untertasse zögernd an den Mund, wie ein Diener, der ein Tablett kredenzt.

»Er versteckt etwas. Er hat mehr Informationen, als er mitzuteilen gewillt ist, und ich schätze, dass wir in seinem Büro fündig werden, höchstwahrscheinlich direkt auf seinem Schreibtisch.«

»Selbst wenn dort bei deinem Besuch tatsächlich etwas war, glaubst du nicht, dass er es inzwischen längst an einem sichereren Ort verwahrt?«

Ich schüttelte den Kopf. »Bloathwait kommt mir nicht vor wie jemand, der auch nur im Traum daran denkt, dass jemand in sein Haus einsteigen könnte.«

»Ich wünschte, er hätte recht«, seufzte Elias. »Ist dir klar, dass auf Einbruch der Galgen steht?«

»Nur, wenn wir als Diebe dort auftreten. Wenn wir aber erwischt werden, weil wir es auf die Tugend eines jungen Mädchens abgesehen haben, wird wohl kein Mann in England uns dafür anklagen, schon gar nicht uns verurteilen wollen.«

Elias grinste angesichts meiner Gerissenheit. »Das stimmt.«

Mein Freund sah inzwischen etwas wacher aus, und obwohl es vielleicht nicht die beste Zeit war, ihn um Rat zu fragen, konnte ich den Drang nicht unterdrücken, ihn danach zu fragen, was ich wissen wollte. »Was«, fing ich an, »kannst du mir über Versicherungspolicen erzählen?«

Er hob nur eine Augenbraue.

»Würde ein Kaufmann es jemals wagen«, drängte ich weiter, »ein nicht versichertes Schiff auf eine Handelsmission zu entsenden?«

»Nur, wenn es sich bei dem Kaufmann um einen Dummkopf handelt«, antwortete er. Das Warum ließ er unausgesprochen.

»Die Witwe meines Cousins«, fuhr ich zögernd fort. »Sie besaß bei ihrer Hochzeit ein Vermögen, kein besonders bedeutendes, aber immerhin, und mein Cousin investierte in das Geschäft meines Onkels. Sein Schiff, in dem der Großteil seiner Investition steckte, ging unter und ebenso, wie die Witwe vermutet, ihr Anteil. Wenn das Schiff aber versichert war, muss es jemanden geben, der die Prämie kassiert hat.«

»Eine Intrige mit einer hübschen Witwe!« Elias schrie beinahe. Jetzt war er wirklich hellwach. »Gott im Himmel, Weaver, ich müsste dich dafür umbringen, dass du mir solche Informationen vorenthältst. Ich muss alles über sie erfahren!«

»Sie wohnt im Hause meines Onkels«, sagte ich, sorgsam darauf bedacht, ihm nicht gleich zu viel Munition für seine Sticheleien zu liefern. »Ich habe Grund zur Annahme, dass sie dort ausziehen möchte, aber ihr fehlen die Mittel dazu.«

»Eine Witwe«, sinnierte er. »Ich liebe Witwen. Die geizen wenigstens nicht ständig mit ihrer Gunst. Nein, Witwen sind eine großzügige Spezies, mein höchstes Lob gilt den Witwen!« Als er meinen Unwillen bemerkte, zügelte er seine Worte. »Eine traurige Angelegenheit«, ergänzte er seine Überlegungen.

»Ich würde ihr gerne irgendwie helfen.«

»Ist sie hübsch? Ich helfe ihr mit allem, was mir zu Gebote steht!«, rief er aus, beruhigte sich jedoch gleich wieder. »Schön und gut ... Verdächtigst du deinen Onkel, dass er ihr vorenthält, was ihr von Rechts wegen gehört?«

»Ich glaube nicht, dass er ihr etwas weggenommen hat, das ihm nicht laut Vertrag auch zusteht«, sagte ich. »Aber es schmerzt mich, mit anzusehen, dass er sie fast wie eine Gefangene in seinem Haus hält, nur weil er seinen Vorteil aus den Eigentumsgesetzen zieht.«

»Hältst du deinen Onkel für absolut vertrauenswürdig?«, fragte Elias.

Darauf wusste ich keine Antwort, nicht einmal vor mir selbst. Stattdessen warf ich einen Blick auf meine Taschenuhr und verkündete, dass es Zeit war zu gehen. Ich zahlte unsere Rechnung und winkte eine Droschke herbei, die uns einige Querstraßen vor Bloathwaits Haus absetzte. Von dort aus gingen wir zu Fuß zum Cavendish Square, der in der finsteren Nacht still und dunkel wie ein Grab aussah. Elias und ich huschten leise um die Ecke zum Dienstboteneingang, wo wir Bessie wie abgemacht um elf Uhr antrafen. Mit sichtlicher Verwirrung starrte sie Elias an (während er sie mit sichtlichem Vergnügen anstarrte), ließ uns aber trotzdem ein.

»Alle schlafen«, sagte sie leise. »Warum haben Sie diesen Gentleman mitgebracht?«

»Bessie«, flüsterte ich, »du bist ein reizendes Mädchen, und der Reiz deiner Schönheit bleibt nicht ohne Wirkung auf mich, aber ich bin gekommen, um mich in Mr. Bloathwaits Arbeitszimmer umzusehen. Ich will nichts wegnehmen, sondern mich nur umsehen. Wenn du willst, kannst du mitgehen und sofort Alarm schlagen, falls wir etwas tun, das dir nicht gefällt.«

»Mr. Bloathwaits Arbeitszimmer?« Ihre Stimme wurde unangenehm schrill.

»Hier ist eine halbe Krone für dich«, sagte ich und schob sie ihr in die Hand. »Wenn wir fertig sind, gibt es noch eine – falls du versprichst, eine Weile wegzusehen.«

Sie betrachtete die Münze in ihrer Hand, ihre verletzten Gefühle im Zweikampf mit dem Gewicht des Geldes. »Na schön«, sagte sie langsam. »Aber ich will nichts mit Ihnen zu tun haben. Sie tun, was Sie tun wollen, und wenn Sie erwischt werden, sage ich nicht, dass ich Sie jemals hier gesehen habe.«

Es war nicht genau das, was ich mir vorgestellt hatte, aber es musste ausreichen. Also sagte ich ihr, falls wir in aller Eile verschwinden müssten, würde ich ihr die halbe Krone am Morgen überbringen lassen. Nachdem unser Handel abgeschlossen war, machten wir uns auf den Weg zum Arbeitszimmer.

Der Raum, der schon am Tag dunkel gewesen war, schien jetzt außerdem eine Atmosphäre des Bösen auszustrahlen, als wir an den drückenden Zimmerwänden, die sich wie ein gewaltiger Sarg um uns zu schließen schienen, unsere Schatten warfen. Ich ging auf den Schreibtisch zu und zündete unterwegs mehrere Kerzen an, doch das trübe Licht erweckte eher den Eindruck einer noch größeren Bedrohung.

Während ich versuchte, die Bedingungen für den Zweck unseres gewaltsamen Eindringens zu verbessern, spazierte Elias im Zimmer herum, betrachtete die Bücher in den Regalen und berührte Bloathwaits Kunstgegenstände.

»Komm her!«, zischte ich. »Ich weiß nicht, wie viel Zeit wir haben, und ich will den Ort des Verbrechens so schnell wie möglich wieder verlassen.« Ich stellte auf Bloathwaits riesigem Schreibtisch einige Kerzen zusammen und machte mich unverzüglich daran, die einschüchternden Dokumentenberge zu durchwühlen, die überall darauf verteilt waren, als hätte sie der Wind dorthin geweht.

Elias kam ebenfalls zum Schreibtisch und hob ein beliebiges Blatt Papier in die Höhe. Bloathwaits Handschrift war eng und verkrampft und nur schwer zu lesen. Es war keine leichte Aufgabe, all diese Dokumente auch nur zu überfliegen.

Elias hielt das Blatt dicht an die Kerze, als ließe sich die Schrift mit der Flamme bedrohen und sich so ihre Geheimnisse einfacher entreißen. »Wonach suchen wir eigentlich?«

»Ich weiß es nicht, aber da war etwas, das er vor mir verbergen wollte. Sieh dich nach allem um, was mit meinem Vater, der South Sea Company oder Michael Balfour zu tun hat.«

Jetzt blätterte wir beide durch die Dokumentenstapel, wobei wir darauf achteten, die ursprüngliche Ordnung nicht durcheinanderzubringen. Auf diesem Schreibtisch lag dermaßen viel und in einem solchen Chaos, dass ich mir eigentlich keine Gedanken darüber machte, ob Bloathwait bemerkte, dass jemand in seinen Papieren gewühlt hatte. Solange er nicht beweisen konnte, dass ich der Übeltäter war, sollte es mir recht sein.

»Du hast mir immer noch nicht gesagt, wie deine Witwe aussieht«, sagte Elias und ließ die Finger über den Rand einiger mit knorriger Prosa voll geschriebener Blätter huschen.

»Konzentrier dich lieber auf deine Arbeit«, murmelte ich, obwohl ich in Wahrheit einigen Trost aus dem Klang seiner Stimme zog. Unser Vorhaben wurde zusätzlich von der äußeren Anspannung belastet; mein Blick folgte jedem zuckenden Schatten an der Wand, und mein Körper erstarrte bei jedem Knarren und Knacken des Hauses.

Elias wusste, dass meine Zurechtweisung nicht besonders ernst gemeint war. »Ich kann mich konzentrieren und gleichzeitig über Witwen unterhalten. Das tue ich ständig, während ich meine Operationen durchführe. Also sag schon, ist sie eine reizende Jüdin mit olivfarbener Haut, dunklem Haar und schönen Augen?«

»Ja, genau so«, erwiderte ich und versuchte nicht zu grinsen. »Sie ist ziemlich reizend.«

»Weniger hätte ich von dir nicht erwartet, Weaver. Du hast auf deine Art immer ein gutes Auge bewiesen.« Er reichte mir ein Stück Papier, auf dem einige Notizen über Zinsgeschäfte der Bank verzeichnet waren, aber es sah nicht aus, als könnte es irgendwie von Nutzen für mich sein.

»Denkst du ans Heiraten?«, fragte er schelmisch und machte sich an einem mit dicker Kordel verschnürten Papierbündel zu schaffen. Vorsichtig löste er den Knoten und warf dann einen Blick auf die Blätter. »Hast du dir überlegt, einen Hausstand zu gründen und ein paar junge Weavers zu beschneiden?«

»Ich weiß nicht, weshalb dich meine Zuneigung zu dieser Dame dermaßen amüsiert«, sagte ich mürrisch. »Du verliebst dich doch dreimal in vierzehn Tagen.«

»Was mich trefflich gegen Hohn und Spott feit, glaubst du nicht? Jeder erwartet von mir, dass ich mich verliebe. Aber bei dir steinernem, zähem, streitlustigem Israeliten ist das schon was ganz anderes.«

Ich hob eine Hand. Irgendwo hatte ich ein Knarren gehört ... wie Schritte. Wir verharrten beide minutenlang reglos im flackernden Kerzenlicht und lauschten dem Geräusch unseres eigenen Atems und dem Ticken von Bloathwaits großer Standuhr. Was würden wir tun, wenn Bloathwait hereinkäme, mit einer Kerze in der Hand, den Morgenmantel um seinen gewaltigen Leib geschlungen? Womöglich lachte er uns aus und warf uns mit einem Schwall spöttischer Tiraden hinaus – oder er übergab uns an den Magistrat und setzte seinen ganzen Einfluss ein, damit wir wegen Einbruchs gehängt wurden. Eine Möglichkeit nach der anderen spulte sich in meinen Gedanken ab, Wut und Überheblichkeit und finsteres Gelächter, dazu Gefängnis, Leid und sogar der Pranger. Ich legte die Hand auf den Griff meines Degens, dann auf den der Pistole. Elias beobachtete mich. Er wusste, was mir durch den Kopf ging. Ich würde Bloathwait töten, mich auf und davon machen, London verlassen und nie wieder zurückkehren. Ich würde mich für dieses Abenteuer nicht vor den Richter zerren lassen, und ich würde auch nicht zulassen, dass Elias das Grauen des Kerkers am eigenen Leibe erleben musste. Ich war fest entschlossen zu tun, was ich für nötig hielt.

Das Geräusch kehrte nicht wieder, und nach einigen Augenblicken, in denen ich meiner eigenen Überzeugung, dass die Gefahr vorüber war, nicht recht glauben wollte, gab ich das Zeichen zum Weitermachen.

»Ich wundere mich über dich«, sagte Elias und versuchte abermals, meine Stimmung ein wenig zu heben – und auch seine eigene. »Warum verbringst du in letzter Zeit so viel Zeit bei deinen Religionsbrüdern und -schwestern? Willst du wieder in den Schoß der Altvorderen zurückkehren? Willst du an den Duke's Place ziehen und ein Ältester in der Synagoge werden? Dir einen Bart wachsen lassen und dergleichen?«

»Und wenn schon?« Ich hatte tatsächlich daran gedacht, wieder an den Duke's Place zu ziehen, nicht als Entschluss, aber als Möglichkeit. Wie es wohl wäre, dort zu wohnen, als Jude unter anderen Juden, anstatt der einzige Jude zu sein, den meine Bekannten kannten?

»Ich hoffe nur, dass du die Freunde deiner zügellosen Jugend nicht vergisst, wenn du den Pfad der devoten Enthaltsamkeit gefunden hast.«

»Du könntest ja schon mal in Erwägung ziehen, den Glauben zu wechseln«, sagte ich. »Vermutlich ist die Operation ein bisschen schmerzhaft, aber ich kann mich nicht daran erinnern, dass es unangenehme Folgen gehabt hätte.«

»Sieh dir das an!« Er wedelte mir mit einem Blatt Papier vor der Nase herum. »Hier haben wir Henry Upshaw. Schuldet mir zehn Shilling, dabei schachert er mit Bloathwait um zweihundert Pfund!«

»Du sollst nicht nach Stadttratsch suchen«, erinnerte ich ihn. »Wir dürfen hier nicht länger bleiben als unbedingt nötig.«

Wir hielten uns schon seit ungefähr zwei Stunden in Bloathwaits Haus auf, wurden beide zunehmend nervöser und fragten uns schon, was das Ganze für eine Schnapsidee gewesen sei, als mein Blick auf ein Stück Papier fiel – nicht aufgrund dessen, was darauf geschrieben stand, sondern weil es mir bekannt vorkam. Es war in der gleichen Ecke eingerissen wie das, das Bloathwait vor mir hatte verbergen wollen.

Ich nahm es vorsichtig in die Hand. Ganz oben stand »S. S. Co.?« geschrieben. Mein Herzschlag wurde schneller. Darunter hatte er »Fälschung?« geschrieben, und darunter: »Warnung Lienzo«. Bedeutete das, dass er eine Warnung von meinem Vater erhalten oder dass er meinen Vater gewarnt hatte ... oder vielleicht sogar, dass er den Tod meines Vaters als Warnung ansah?

Ein Stück weiter unten hatte er »Rochester« notiert, und dann, direkt darunter: »S. S. Co. Kontakt – Virgil Cowper.«

Ich rief Elias herbei und zeigte ihm meinen Fund.

»Sind das vielleicht Notizen, die er sich nach der Unterhaltung mit dir gemacht hat?«, fragte er.

»Rochester habe ich ihm gegenüber nie erwähnt«, antwortete ich. »Und ich habe nicht die geringste Ahnung, wer Virgil Cowper ist. Aber selbst wenn er diese Notizen hinterher angefertigt hat, beweist das nur, dass er etwas weiß, das er mir nicht verraten will.«

»Es könnte sich lediglich um Vermutungen handeln. Diese Notizen beweisen überhaupt nichts.«

»Auch wahr. Aber zumindest haben wir einen Namen, den wir vorher noch nicht hatten. Virgil Cowper. Vermutlich jemand aus der South Sea Company; jemand, der uns vielleicht etwas zu erzählen hat.«

Ich zog ein Stück Papier hervor, notierte mir den Namen und wühlte weiter in den Stapeln. Elias, dem es inzwischen langweilig geworden war, fing an, sich Bloathwaits gebundene Kladden in den Regalen anzusehen, fand dort jedoch nicht mehr als seitenweise unverständliche Namen, Zahlen und Daten.

Von unserem Fund ermuntert, arbeiteten wir schweigend weiter. Wir verschwendeten unsere Zeit keineswegs, aber Elias ist wohl einfach nicht zu längeren Phasen des Stillschweigens fähig.

»Du hast meine Frage noch nicht beantwortet«, sagte er schließlich. »Würdest du die Witwe heiraten, wenn sie dich nimmt?«

Obwohl er mich in erster Linie aufziehen wollte, hörte ich doch etwas anderes aus seiner Stimme heraus, eine gewisse Traurigkeit, aber auch eine Erregung, als stünde er an der Schwelle von etwas Wunderbarem und ganz Neuem.

»Sie würde mich niemals nehmen«, sagte ich nach einer Pause. »Deshalb gibt es keine Antwort auf deine Frage.«

»Ich glaube, du hast sie soeben beantwortet«, sagte er feinfühlig.

Ich entzog mich seiner Neugier, indem ich mich in den Entwurf eines Briefes vertiefte, der an jemanden adressiert war, dessen Namen ich nicht entziffern konnte. Ich hätte ihn wohl ganz übersehen, hätte nicht ein Name in der Mitte der Seite meine Aufmerksamkeit erregt. »Sarmento erweist sich als kompletter Idiot, doch mehr dazu später.« Es war die einzige Erwähnung des Angestellten meines Onkels, die ich finden konnte. Die Einschätzung ließ mich lächeln, und aus irgendeinem Grund verschaffte es mir eine merkwürdige Genugtuung, dass Bloathwait und ich bei der Beurteilung von Sarmentos Charakter übereinstimmten.

Meine Überlegungen wurden von dem Geräusch von Schritten auf dem Korridor unterbrochen. Wir beeilten uns beide sofort, die Dokumente wieder an Ort und Stelle zu legen und die Kerzen auszublasen. Unsere Aufregung legte sich jedoch, als wir Bessie durch die Tür hereinstürzen sahen, die Röcke gerafft, um schneller laufen zu können.

»Mr. Bloathwait ist wach«, keuchte sie. »Seine Gicht hat ihn aufgeweckt. Ich soll ihm eine Tasse heiße Schokolade bringen, und dann will er herunterkommen. Also geben Sie mir meine halbe Krone, und dann nichts wie hinaus mit Ihnen!«

Ich drückte ihr die Münze in die Hand, Elias löschte die restlichen Lichter. Ich hoffte nur, dass genügend Zeit verging, bis Bloathwait hereinkam, und dass derjenige, der die Kerzen wieder anzündete, nicht bemerkte, dass das Wachs noch ganz weich und warm war.

Bessie führte uns schweigend durch das Labyrinth von Korridoren bis zum Dienstboteneingang. »Kommen Sie nie wieder«, sagte sie zu mir, »höchstens mit anderen Absichten. Ich hab keine Zeit für das Treiben von euch Geschäftsleuten. Damit hab ich nichts zu schaffen!«

Sie knickste und schloss die Tür. Elias und ich schlichen uns auf die Straße. Da es schon reichlich spät war, zog ich meine Pistole, damit jeder, der vorüberkam, es sich zweimal überlegte, ob er es mit uns aufnehmen wollte.

»War unsere Unternehmung erfolgreich?«, fragte Elias.

»Ich glaube schon«, antwortete ich. »Jetzt wissen wir, dass Bloathwait durchaus einiges über den Schwindel der South Sea Company weiß und dass er sich Gedanken über meines Vaters Verbindung zur Company machte. Und wir haben diesen Namen, diesen Virgil Cowper. Ich sag dir eines, Elias, ich habe ein gutes Gefühl, was die Informationen angeht, die wir uns von Bloathwait beschafft haben. Sie werden sich noch als höchst nützlich erweisen.«

Ich konnte nicht erkennen, ob Elias anderer Meinung war oder ob er einfach nur schnell nach Hause und in sein Bett wollte.

19

Ich beabsichtigte, dem South Sea House am folgenden Nachmittag einen Besuch abzustatten, doch davor wollte ich meinen Onkel aufsuchen und ihm von meinen Abenteuern mit Bloathwait berichten. Ich war mir noch nicht sicher, ob ich ihm erzählen sollte, was ich über Sarmento herausgefunden hatte, aber allmählich wurde ich dieses Katz-und-Maus-Spiel leid. Einstweilen würde ich ihn darüber informieren, dass der Direktor der Bank of England deutliches Interesse an der Fortsetzung meiner Nachforschungen ausgedrückt hatte.

Zugegebenermaßen wurde mein Wunsch, mich mit meinem Onkel zu treffen, durch das Verlangen gesteigert, Miriam wiederzusehen. Ich fragte mich, wie sich die Sache mit den fünfundzwanzig Pfund, die ich ihr geliehen hatte, zwischen uns auswirkte. Ein aus der Notwendigkeit geborenes Darlehen wie dieses könnte sehr wohl ein Unbehagen hervorrufen, und ich war fest entschlossen, so etwas mit allen mir zur Verfügung stehenden Mitteln zu verhindern.

Die Ironie, die meinem Interesse an Miriam innewohnte, belustigte mich. Hätte ich von Aarons schöner Witwe gewusst, hätte ich vielleicht schon länger eine Versöhnung ins Auge gefasst. Trotzdem fragte ich mich, während ich durch die Straßen spazierte und ein lustiges Trinklied vor mich hin sang, welche Absichten ich eigentlich verfolgte. Trotz der vorherrschenden Meinung über Witwen hielt ich mich nicht für einen dieser gemeinen Schufte, die zweifellos versuchen würden, die Tugend einer Frau in den Schmutz zu ziehen, die beinahe eine Verwandte von mir war und obendrein unter dem Schutz meines Onkels stand. Außerdem: Was konnte ein Mann wie ich ihr schon geben? Ich, der ich pro Jahr allerhöchstens ein paar Hundert Pfund zusammenkratzte, hatte Miriam absolut nichts zu bieten.

Als ich meines Onkels Haus schon beinahe erreicht hatte, wurde ich, aus der Grey Hound Alley kommend, auf der Höhe der Berry Street von einem ungeschickten Bettler unsanft aus meinen Tagträumen gerissen. Der Kerl stand plötzlich wie aus dem Boden gewachsen vor mir. Es handelte sich um einen Tudesco, wie wir iberischen Juden unsere Religionsbrüder aus Osteuropa nannten, einen Mann in mittleren Jahren, obwohl er wie viele unterernährte und von Arbeit und Entbehrungen geknechtete Menschen eher alterslos wirkte.

Meinen Lesern mag es nicht bewusst sein, dass es verschiedene Kategorien von Juden gibt, aber wir selbst unterscheiden uns hinsichtlich der Kulturen unserer Herkunftsländer. Hier nach England waren wir Juden spanischer Abstammung im vergangenen Jahrhundert als Erste gekommen und bis vor Kurzem unseren mittel- und osteuropäischen Vettern zahlenmäßig überlegen. Auf Grund der Gegebenheiten, die unsere exilierten Vorfahren in den Niederlanden vorfanden, sind die meisten jüdischen Geschäftsleute und Börsenmakler in England iberischer Abstammung. Die Tudescos werden in ihren Heimatländern immer wieder verfolgt und gequält, und diejenigen, die hierher nach England kommen, stehen ohne besondere Berufe und Fähigkeiten da, weshalb so viele Bettler und Lumpensammler auf den Straßen Londons aus dem Osten Europas stammen. Diese Unterschiede sind jedoch nicht in Stein gemeißelt, denn es gibt reiche Tudescos wie Adelman, und auch unter den iberischen Juden gibt es nicht wenige arme Leute.

Ich sollte an dieser Stelle einflechten, dass ich keinerlei Vorurteile gegen die Tudescos hegte, nur weil ich ihr Aussehen und ihre Sprache eigenartig fand, aber in Wahrheit empfand ich Menschen wie diesen Hausierer doch als Peinlichkeit. Meiner Meinung nach warfen sie ein schlechtes Licht auf unser gesamtes Volk, und ich schämte mich für ihre Armut, ihre Ungebildetheit und Hilflosigkeit. Die Knochen jenes Mannes standen deutlich unter seiner pergamentdünnen Haut hervor, und seine schwarzen, fremdartig wirkenden Kleider hingen an ihm, als hätte er sich nur ein paar Laken um den Körper geworfen. Den Bart trug er nach der Sitte seiner Landsleute lang, und auf dem Kopf saß ein auffallendes Scheitelkäppchen, unter dem sich strähnige Locken hervorkringelten. Als er so plötzlich mit seinem dümmlichen Grinsen vor mir stand und mich in erbärmlichem Englisch fragte, ob ich ihm vielleicht ein Taschenmesser, einen Schreibstift oder einen Schnürsenkel abkaufen wolle, überkam mich das so unbändige wie unerwartete Verlangen, ihn niederzuschlagen, zu töten, einfach verschwinden zu lassen.

In jenem Augenblick glaubte ich, dass es genau solche Leute waren, deren Aussehen und Gebaren den Briten unangenehm aufstießen und die für alle Probleme verantwortlich waren, die andere Juden in England zu erdulden hatten. Ohne diesen erbärmlichen Hanswurst, der den Engländern etwas zum Gaffen gab, wäre ich in Sir Owens Club nicht so gedemütigt worden; ja, ohne solche Gestalten würden mir bei der Suche danach, was mit meinem Vater geschehen war, mit Sicherheit nicht so viele Hindernisse in den Weg gelegt werden. Aber selbst das war eine Lüge, sagte ich mir, denn in Wahrheit sorgte nicht dieser Hausierer dafür, dass uns die Briten hassten – er gab ihrem Hass lediglich einen Angriffspunkt. Er war ein Ausgestoßener, er sah eigenartig aus, er misshandelte die Sprache und würde sich niemals in die Londoner Gesellschaft einfügen, nicht einmal so, wie sich andere Fremde einfügten. Dieser Mann sorgte dafür, dass ich mich selbst für das hasste, was ich war, und erweckte den Wunsch in mir, ihn zu schlagen. Glücklicherweise begriff ich, woher dieser Gefühlsausbruch kam: Ich hasste ihn aus Gründen, die nichts mit ihm zu tun hatten, und deshalb ging ich rasch weiter, in der Hoffnung, ihn und die Gefühle, die er in mir hervorgerufen hatte, schleunigst abzuschütteln.

Mit einem Mal hörte ich ihn hinter mir herrufen: »Mister! Ich weiß, wer Sie sind!«

Diese Behauptung fachte meinen Zorn nur noch weiter an, denn was hatte ich, der Sohn einer der bekanntesten jüdischen Familien Londons – und ich beanspruchte diesen Titel nur sehr selten –, mit einem Hausierer wie ihm zu tun? Ich ballte die Faust und drehte mich zu ihm um.

»Ich kenne Sie«, sagte er wieder und zeigte mit dem Finger auf mich. »Sie.« Er schüttelte den Kopf, suchte nach Worten.

»Sie sind das, ja?« Er ballte die Hände zu Fäusten, brachte sie auf Nasenhöhe und deutete einige rasch ausgeführte Hiebe an. »Sie sind großes Mann, Löwe von Juda, ja?«

Er kam ein paar Schritte auf mich zu und nickte lebhaft. Sein Bart schwang wie ein irrwitziges haariges Pendel vor und zurück. Er stieß ein kurzes, bellendes Lachen aus, als amüsierte er sich über seine mangelhafte Beherrschung der englischen Sprache. Dann legte er eine Hand auf sein Herz, griff in seinen Bauchladen und hielt mir etwas entgegen. »Bitte«, sagte er. »Von mir.«

Als er so mit einer Sanduhr in seiner knochigen Hand vor mir stand, verstand ich mit einem Mal, dass er, so wie ich in ihm etwas sah, das ich in mir hasste, er in mir etwas sah, worauf er stolz sein konnte. Eine derartige Erkenntnis ist eine fürchterliche Sache, denn plötzlich erkennt man sich selbst als erbärmlich, engherzig und schwach. Also nahm ich die Sanduhr entgegen, ließ einen Shilling auf seinen Bauchladen fallen und drehte mich wieder um. Ich wusste, dass ein Shilling für den Tudesco eine beträchtliche Summe war, doch er kam hinter mir hergerannt, die Münze in der Hand.

»Nein, nein, nein«, wiederholte er immer wieder. »Sie nehmen von mir. Bitte.«

Ich drehte mich um und sah, dass er die eine Hand wieder aufs Herz gepresst hielt und mit der anderen mir die Münze entgegenstreckte. »Bitte«, sagte er abermals.

Ich nahm ihm die Münze aus der Hand und legte sie wieder auf seinen Bauchladen. Bevor er darauf reagieren konnte, legte ich meine Hand auf mein Herz. »Bitte.«

Wir nickten einander kurz zu, versicherten uns einer Verbundenheit, die ich nicht ganz verstand, und dann eilte ich in Richtung King Street davon.

Ich schritt eilig aus, in der Hoffnung, meine Begegnung mit dem Hausierer schnell wieder zu vergessen, und als das Haus meines Onkels in Sicht kam, war ich beinahe in einen Trab gefallen. Isaak, der Diener, öffnete erst, nachdem ich mehrere Male geklopft hatte, und auch dann versuchte er noch, mir den Eintritt zu verwehren, indem er mir seine verhutzelte Gestalt direkt in den Weg stellte.

»Mr. Lienzo ist nicht da«, sagte er schneidend. »Er ist im Lagerhaus. Dort werden Sie ihn antreffen.« Er klang kurz angebunden, vielleicht sogar ein wenig verängstigt.

»Ist etwas nicht in Ordnung, Isaak?«

»Nein«, erwiderte er rasch. »Aber Ihr Onkel ist nicht hier.«

Er wollte mir die Tür vor der Nase zumachen, doch ich drückte dagegen. »Ist Mrs. Miriam zu Hause?«

Kaum hatte ich ihren Namen erwähnt, veränderte sich Isaaks Gesichtsausdruck auf dramatische Weise, und ohne zu überlegen, zwängte ich mich an ihm vorbei ins Foyer, von wo aus ich laute Stimmen hören konnte, wie bei einem Streit. Eine von ihnen gehörte eindeutig Miriam.

»Was geht da drin vor?«

»Mrs. Miriam ... sie ist aufgebracht«, sagte er, als lieferte er mir damit genau die Erklärung, deren ich zur Beruhigung meiner Verwirrung bedurfte.

»Mit wem streitet sie sich denn?«, wollte ich wissen.

Aber genau in diesem Augenblick ging die Tür zum Salon auf, und Noah Sarmento kam heraus. Er blieb kurz stehen, sichtlich verdutzt darüber, uns beide in nächster Nähe zu ihrer Auseinandersetzung in der Eingangshalle stehen zu sehen.

»Was wollen Sie denn, Weaver?«, fragte er mich, als wäre ich soeben in seine eigene Wohnung hereingeplatzt.

»Meine Familie wohnt hier«, sagte ich in zugegeben gereiztem Ton.

»Jetzt, wo es um einen schönen Batzen Silber geht, kümmern Sie sich auf einmal um Ihre Familie«, blaffte er. Dann riss er Isaak seinen Hut aus den Händen und rauschte aus der bereits offen stehenden Tür.

Isaak machte sie hinter ihm zu, und nun kam Miriam aus dem Salon. Sie wollte etwas zu Isaak sagen, verstummte jedoch, als sie mich erblickte. Ich kann lediglich vermuten, dass sie in meiner Anwesenheit eine gewisse Ironie des Schicksals sah, denn sie lächelte ein wenig in sich hinein.

»Guten Tag, Cousin«, sagte sie. »Eine Tasse Tee?«

Ich bejahte ihre Frage, und wir zogen uns in den Salon zurück, wo wir auf das Mädchen mit dem Teetablett warteten. Miriam war von ihrem Streit mit Sarmento noch völlig erhitzt, und ihre olivfarbene Haut hatte genug rote Färbung angenommen, um ihre Augen wie Smaragde funkeln zu lassen. An jenem Tag trug sie ein besonders hinreißendes Königsblau, was, wie ich vermutete, eine ihrer Lieblingsfarben war.

Sie war verstört, versuchte jedoch mit aller Macht, ihre Verstimmung mit Lächeln und Nettigkeiten zu überspielen. Nachdem sie mich kurz gefragt hatte, wie das Wetter sei und ob ich mich nach unserem letzten Treffen gut amüsiert hätte, zog sie einen verspielten chinesischen Fächer hervor und fing an, sich energisch damit Luft zuzufächeln.

»Nun ja«, hauchte ich. Zumindest machten die Schwierigkeiten mit Sarmento die Angelegenheit mit dem geliehenen Geld nicht allzu dringlich. Ich hatte sie eigentlich zunächst in eine kleine Plauderei verwickeln wollen, kam jedoch bald zu dem Schluss, dass ich bei einer Frau wie Miriam überhaupt nichts erreichte, wenn ich ihr eine Leichtfertigkeit vorspielte, die ich nicht besaß. »Bereitet Ihnen Mr. Sarmento Unannehmlichkeiten irgendwelcher Art? Kann ich Ihnen in dieser Hinsicht behilflich sein?«

Sie legte den Fächer zur Seite. »Ja«, sagte Miriam. »Ich möchte, dass Sie ihn ordentlich schlagen.«

»Sie meinen beim Kartenspiel, oder vielleicht beim Billard?«

Ihrer Miene nach zu urteilen, hätten wir uns über eine neue Oper unterhalten können. »Mir wäre ein ordentlicher Knüppel lieber.«

»Ich glaube, Mr. Sarmento würde sich bei einem Zweikampf nicht schlecht halten«, sagte ich zerstreut.

»Aber doch wohl nicht gegen Sie.«

Ich zuckte leicht zusammen. Miriam flirtete ganz offensichtlich mit mir. Ihr war nicht entgangen, dass ich sie attraktiv fand, und ich zwang mich, die Gedanken beisammenzuhalten. Ich durfte nicht vergessen, dass sie sich mit Sarmento über etwas gestritten hatte, das der Hausdiener mit einiger Mühe vor mir zu verbergen versucht hatte. Was auch immer ich dieser Familie bedeutete – noch vertraute man mir nicht.

»Nein«, sagte ich und sah mich im Zimmer um. »Gegen mich nicht. Und auch gegen Sie, Miriam, hat er sich schlecht gehalten. Sie haben ihn glatt aus dem Ring geprügelt.«

»Und das hoffentlich ein für alle Mal«, sagte sie giftig.

Das Mädchen schob den Teewagen herein, und Miriam schickte sie mit einer Handbewegung wieder hinaus. In diesem Augenblick beschloss ich, offen mit Miriam zu reden, denn ich hatte dadurch nichts zu verlieren.

»Möchten Sie mir von Ihrem Streit mit Mr. Sarmento erzählen?«, fragte ich sie, als sie mir Tee eingoss.

Sie lächelte. »In England gilt es als höchst unhöflich, derart indiskrete Fragen zu stellen.«

»Ich wohne zwar schon lange hier, habe jedoch nicht alle einheimischen Sitten übernommen.«

»Das ist mir bereits aufgefallen«, sagte sie und reichte mir meine Tasse.

Ich war nicht schnell genug gewesen, Miriam darum zu bitten, keinen Zucker in meinen Tee zu tun, also gab ich mich mit der gesüßten Mischung zufrieden.

»Mr. Sarmento kam heute vorbei, um meine Erlaubnis zu erbitten, bei Mr. Lienzo um meine Hand anzuhalten«, fuhr sie fort. »Es war eine schockierende und peinliche Angelegenheit, dessen kann ich Sie versichern. Ich bin es nicht gewohnt, dass man mir so dreist gegenübertritt. Mr. Sarmento täte besser daran, ebenso wie Sie, sich den englischen Gepflogenheiten zu beugen.«

»Was geschah denn?«, fragte ich mit gelassener, geradezu desinteressierter Stimme.

»Mr. Sarmento erzählte mir, er habe sich entschlossen, mit Mr. Lienzo zu sprechen, und dass er mich im Voraus darüber informieren wolle. Ich sagte ihm, meines Wissens habe er nichts mit Mr. Lienzo zu besprechen. Er beschuldigte mich schlechter Umgangsformen und behauptete, ich wisse sehr wohl, wovon er spreche. Da ich merkte, dass ich mich ungebührlich ereiferte, korrigierte ich mich dahingehend, dass er nichts mit Mr. Lienzo zu besprechen habe, das mich angehe. Da wurde er wütend und meinte, es sei sehr dumm von mir, ihn nicht heiraten zu wollen. Dann fiel noch das eine oder andere Wort zum gleichen Thema ... ziemlich laute Worte, glaube ich. Und dann verließ er das Haus, wie Sie ja selbst gesehen haben.«

»Mein Onkel dürfte mit seinem Verhalten gewiss nicht einverstanden sein. Wollen Sie ihn davon unterrichten?«

Sie schwieg einen Moment. »Ich glaube nicht. Sarmento hat eine vielversprechende Zukunft in diesem Gewerbe, und mein Schwiegervater ist ziemlich abhängig von ihm. Ich glaube, ich habe meinen Gefühlen ihm gegenüber deutlich genug Ausdruck verliehen, und solange er mich nicht weiter belästigt, gibt es keinen Grund, so kleinlich zu sein.«

»Da sind Sie vielleicht großherziger, als ich Ihnen raten würde, aber ich bewundere Ihre Einstellung«, sagte ich. Ich nahm einen Schluck von meinem süßen Tee und wünschte, er wäre etwas stärker geraten. »Vertrauen Sie Mr. Sarmento? Ich meine, er arbeitet zwar für meinen Onkel, scheint aber in der Exchange seine eigenen Geschäfte zu betreiben.«

Sie setzte ihre Tasse ab und sah mich mit starrem Gesicht an. »Was wissen Sie von seinen Geschäften?«

»Ich habe mich einige Zeit in der 'Change Alley herumgetrieben und ihn dort gesehen, wie er irgendwelche Geschäfte getätigt hat, von denen ich nichts Näheres weiß.«

Miriam lächelte auf eine Weise, die mich verunsicherte. »Ihr Onkel hat Mr. Sarmento angestellt, aber er gehört ihm nicht. Für einen Mann in Mr. Sarmentos Position ist es nicht ungewöhnlich, wenn er seinen eigenen Geschäften nachgeht, insofern er die Gelegenheit dazu hat.«

»Warum wollte Isaak verhindern, dass mir der Streit zu Ohren kommt?«, fragte ich. Der Gedanke war mir durch den Kopf gegangen, ohne dass ich ihn eigentlich laut aussprechen wollte.

Falls Miriam die Frage überraschte, reagierte sie mit bewundernswerter Gelassenheit. »Isaak ist ein treuer Diener. Er möchte nicht, dass Familienangelegenheiten nach draußen dringen. Eine Auseinandersetzung in einem privaten Zimmer zwischen zwei unverheirateten Menschen kann auf mancherlei Weise ausgelegt werden, insbesondere von böswilligen Zungen.«

»Wohl wahr«, pflichtete ich ihr verlegen bei, obwohl mich Miriams Bemerkung, die ihren ungeratenen Cousin von den Familienangelegenheiten ausschloss, ein wenig traf.

Im darauf eintretenden Schweigen rutschte ich unwohl in meinem Sessel hin und her. Ich glaube, Miriam machte sich einen Spaß daraus, mich auf die Folter zu spannen, und lächelte mich eine ganze Zeit lang süß an, bevor sie wieder etwas sagte.

»Wollten Sie lediglich einen Anstandsbesuch machen, oder haben Sie Geschäftliches mit Mr. Lienzo zu besprechen, Cousin?«

Aus unerklärlichen Gründen wirkte die Frage beruhigend auf mich. Ich setzte mich bequem zurecht und erwiderte: »Wohl eher von jedem ein bisschen, würde ich meinen.«

»Aber doch eher Ersteres, hoffe ich«, sagte sie lächelnd. »Und wenn Sie schon gekommen sind, um gesellig zu sein, können Sie ebenso gut einen kleinen Spaziergang mit mir machen. Ich wollte mir sehr gerne die Waren auf dem Markt ansehen und würde Ihre Begleitung durchaus begrüßen.«

Diesem Angebot konnte ich unmöglich widerstehen, weshalb ich insgeheim meinen Besuch beim South Sea House auf den folgenden Vormittag verschob. Miriam zog sich zurück, um sich zurechtzumachen, und nach ungefähr einer Viertelstunde kehrte sie mit einem merkwürdigen Zögern in den Salon zurück, wie ein Kind, das gerufen wurde, um sich seine Strafe abzuholen. Sie hielt einen Umschlag in der Hand.

»Da gibt es noch eine Angelegenheit, die ich mit Ihnen besprechen möchte, Mr. Weaver. Ich weiß nicht, wie ich mich für Ihre Großzügigkeit, mir eine so große Summe zur Verfügung zu stellen, erkenntlich zeigen soll. Ich möchte Sie keinesfalls beleidigen, doch hinsichtlich des Begleitbriefs scheint es ein kleines Missverständnis gegeben zu haben. Ihrem Brief zufolge habe ich eine Bitte an Sie gerichtet. Ich kann mir nicht erklären, wie Sie zu diesem Irrtum gekommen sind. Obwohl ich zugegebenermaßen nicht übermäßig mit Geld gesegnet bin, kann ich dieses Geschenk, das eindeutig nicht für mich gedacht sein kann, unmöglich annehmen.« Sie reichte mir den Umschlag, den ich geistesabwesend in die Jackentasche schob.

»Wollen Sie damit sagen«, fragte ich ungläubig, »dass Sie mir keine Nachricht mit der Bitte um den betreffenden Betrag übermittelt haben?«

»Tut mir leid, ich weiß nicht, wovon Sie reden.« Sie senkte den Blick, um zu verbergen, dass ihr Gesicht und Hals erröteten. »Ich habe keine Nachricht verschickt.«

Ich hatte lange genug mit Dieben und Halunken zu tun, um zu erkennen, wenn jemand, der in dieser Kunst nicht sehr geübt ist, zu lügen versucht. Miriam musste jetzt Gründe haben, das Geld nicht von mir anzunehmen, und ich würde sie weder drängen, mir diese Gründe zu nennen, noch so tun, als glaubte ich ihr nicht.

»Es tut mir sehr leid, Sie in eine solche Verlegenheit gebracht zu haben. Höchstwahrscheinlich hat uns ein unsensibler Scherzbold einen kleinen Streich gespielt. Wir wollen nicht mehr darüber reden.«

Miriam lächelte mich voller Dankbarkeit an und teilte mir mit, sie wünsche den Markt in der Petticoat Lane aufzusuchen, doch bis Miriam und ich dort eintrafen, war es bereits spät für den Markt, und die meisten leicht verderblichen Waren waren bereits weg. Doch obwohl nicht mehr allzu viel los war, war der Markt alles andere als leer. Rings um uns erledigten noch viele, hauptsächlich jüdische Frauen ihre Besorgungen, schlenderten von Verkäufer zu Verkäufer und prüften die Ware. Straßenhändler riefen auf Spanisch, Portugiesisch, Englisch und sogar in der Sprache der Tudescos – einer kuriosen Mischung aus Hebräisch und Deutsch.

Erst allmählich kam ich darauf, dass Miriam etwas Bestimmtes im Schilde führte, wofür sie das Durcheinander des Marktes brauchte. Sie nahm sich Zeit, spazierte von einem Stand zum anderen, untersuchte hier ein Stück Leinen, dort einen Ballen Seide. Viele Kaufleute – die meisten von ihnen waren mittleren Alters und sofort von Miriams Schönheit gefangen genommen – forderten sie auf, näher zu treten, als wir vorüberschlenderten. Sie entbot jedem eine Verbeugung, blieb aber nur dort stehen, wo sie auch wirklich etwas interessierte.

»Mr. Lienzo sieht es gerne, dass ich meine Besorgungen, wenn ich welche zu machen habe, hier tätige. Er möchte, dass das Geld in unseren Reihen bleibt.«

»Er ist ein gewissenhafter Mann«, nickte ich.

Zunächst erwiderte sie nichts darauf, aber in ihren Augen glänzte ein schelmischer Blick. »Zu gewissenhaft, wie ich manchmal finde. Man kann sich auch zu sehr in die Hingabe an die eigene Gemeinschaft hineinsteigern, finden Sie nicht? Wenn wir hier in England akzeptiert werden möchten, sollten wir lernen, uns wie die Engländer zu benehmen.«

»Wir werden hier niemals akzeptiert werden«, entgegnete ich mit einer Überzeugung, die mich selbst überraschte. Ich hatte eigentlich keine besonders leidenschaftlichen Gefühle bezüglich dieser Frage, doch nun kamen mir die Worte wie von allein über die Lippen. »Es ist nicht unser Land. Wir werden niemals Engländer sein, und unsere Kinder auch nicht. Wenn wir konvertieren und zur anglikanischen Kirche übertreten, werden unsere Kinder immer konvertierte Juden bleiben. Wir sind das, was wir sind.«

Miriam ließ ein kurzes Lachen vernehmen, als hätte ich etwas besonders Geistreiches von mir gegeben. »Für einen Abtrünnigen vertreten Sie bei diesem Thema aber eine sehr entschiedene Meinung, Cousin.«

»Vielleicht ist Abtrünnigkeit nur ein Mittel, Dinge zu betrachten, die einem sonst nicht einmal ins Auge gefallen wären«, erwiderte ich achselzuckend.

Ein Verkäufer rief Miriam etwas auf Portugiesisch zu und wollte, dass sie sich seine Sammlung von Haushaltswaren ansah, aber sie winkte nur ab und warf ihm ein paar freundliche Worte in seiner Sprache zu.

»Womöglich haben Sie sogar recht«, sagte sie zu mir. »Trotzdem finde ich, dass Mr. Lienzo durchaus etwas« – sie unterbrach sich, um die richtigen Worte zu finden –, »etwas englischer in seinen Umgangsformen sein könnte. Es besteht keine Notwendigkeit für ihn, diesen Bart zu tragen. Niemand sonst trägt einen solchen Bart, und auch er sieht damit ... rückständig aus.«

»Da bin ich anderer Meinung«, sagte ich. »Ich finde, es beweist, dass er sein eigener Herr ist.«

»Sie sind Ihr eigener Herr«, versetzte Miriam, »und Sie tragen keinen Bart.«

Ich lachte. »Es gibt viele Möglichkeiten, seine Unabhängigkeit zur Schau zu stellen.«

Wieder blieb Miriam stehen und befühlte einen Ballen Stoff aus Indien. Zuerst hielt sie den Stoff gegen das Licht und dann an ihre Haut. Es war ein helles Aquamarinblau, genau die Farbe, die sie besonders schätzte.

»Sieht wunderschön aus an Ihnen«, sagte der Händler geschäftstüchtig.

»Vielen Dank, Mr. Henriques«, antwortete sie beiläufig. »Aber ich fürchte, das kann ich mir kaum leisten.«

»Ich gebe Ihnen Kredit«, gab er eifrig zurück.

Miriam sah mich einen Augenblick an. Vielleicht lag es an der inzwischen von ihr abgestrittenen Bitte um Geld, dass sie mich jetzt nicht zum Zeugen machen wollte, wie sie sich etwas auf Kredit kaufte. Jedenfalls bedankte sie sich höflich bei dem Mann und ging weiter.

»Haben Sie sich jemals gefragt, was ich mit meiner Zeit anfange?«, fragte sie mich unversehens. Sicher hatte ich mich das schon gefragt, aber nur auf diese Weise, wie Männer es tun, wenn sie eine Frau attraktiv finden. Der Gedanke daran, dass sie irgendetwas tat – nähen oder Cembalo spielen oder Französisch lernen –, kam mir absolut bezaubernd vor.

»Möchten Sie wissen, wie ich meine Zeit verbringe?«

»Vermutlich wie alle anderen gut situierten Damen auch«, stotterte ich und kam mir dabei ein wenig dumm vor. »Sie nehmen Unterricht, um sich in Musik, Malerei und Sprachen weiterzubilden. Sie lernen tanzen. Sie statten Besuche ab. Sie lesen.«

»Selbstverständlich nur diejenigen Bücher, die für junge Damen tauglich sind«, erwiderte Miriam, während wir einer Gruppe Kinder auswichen, die quer durch den Markt stob, ohne auf die Leute und die Gegenstände, gegen die sie stießen, Rücksicht zu nehmen.

»Selbstverständlich«, stimmte ich ihr zu.

»Ich glaube, Sie haben eine sehr treffende Vorstellung vom typischen Tagesablauf einer vermögenden Frau«, sagte sie. »Wie sieht denn für Sie ein typischer Tag aus, Benjamin?«

Ich wäre beinahe abrupt stehen geblieben. »Wie meinen Sie das?«, fragte ich einfältig.

»Was tun Sie so an einem ganz normalen Tag? Die Frage kann doch nicht so unverständlich sein. Ich habe Mr. Lienzo nach seinem Tun befragt, aber er hat mir nur eine ziemlich langweilige Antwort gegeben, irgendetwas mit Lieferungen, Buchhaltung und Briefe schreiben. Ich frage mich, ob Ihr Leben genauso langweilig ist.«

»Ich finde es nicht langweilig«, antwortete ich vorsichtig.

»Dann erzählen Sie mir doch ein wenig davon.«

Das konnte ich wohl kaum tun. Mein Onkel würde mir nie vergeben, wenn ich seiner Schwiegertochter erzählte, wie ich Halunken verprügelte und mittellose Gentlemen ins Gefängnis schleppte, weil sie ihre Schulden nicht bezahlt hatten.

»Wie Sie wissen, besteht mein Beruf daraus, anderen Leuten dabei zu helfen, dies und jenes herauszufinden«, setzte ich langsam an, »manchmal geht es um Menschen, manchmal um Dinge. Damit verbringe ich mein Leben – Verschwundenes ausfindig zu machen.« Ich war einigermaßen zufrieden mit der verschwommenen Formulierung, mit der ich meine Aktivitäten umschrieben hatte.

Sie lachte. »Ich hatte gehofft, dass Sie mir diesen Vorgang etwas genauer beschreiben würden. Aber wenn Sie meinen, das Thema sei zu heikel, um sich mit einer jungen Frau darüber zu unterhalten, kann ich das sehr wohl verstehen.« Ein teuflisches Lächeln huschte über ihre Lippen. »Wir können uns ja über etwas anderes unterhalten. Sagen Sie ... haben Sie schon Heiratspläne?«

Ich konnte mir nicht vorstellen, woher sie die Dreistigkeit nahm, mir eine derart unschickliche Frage zu stellen, aber sie hatte es getan, und noch dazu höchst selbstbewusst. Sie wusste, dass sie sich ungehörig benahm, aber sie scherte sich nicht im Mindesten darum. Im Gegenteil, es bereitete ihr Freude, die einfachsten Regeln des höflichen Benehmens in meiner Gesellschaft zu brechen. Dabei fragte ich mich, ob ich das als Zeichen ihrer Vertrautheit werten sollte, oder vielmehr als Ausdruck ihrer Überzeugung, dass ich ohnehin ein Grobian war, der es nicht besser wusste.

»Es gibt Frauen, die ich, sagen wir, bewundere«, erzählte ich ihr. »Aber zurzeit hege ich keine Heiratspläne.«

»Verstehe.« Sie lächelte immer noch und amüsierte sich über mein Unbehagen. »Es muss eine feine Sache sein, so als Mann, wenn man überall hingehen kann, wo es einem beliebt.«

»Es ist wohl eine feine Sache«, erwiderte ich, begeistert davon, dass mir so rasch eine galante Antwort einfiel, »aber letztendlich gehen wir doch immer nur dorthin, wo es den Frauen, die wir bewundern, gefällt, also verfügen wir vielleicht doch nicht ganz über die Freiheit, die Sie sich vorstellen.«

»Ich hoffe, dass Sie sich gut verheiraten, Cousin.« Ihre Stimme wirkte sorgsam kontrolliert. »Heiraten Sie jemanden mit Geld. Das ist mein Rat.«

»Ein Rat, den Ihr verstorbener Ehemann befolgt hat.«

Die Worte waren mir über die Lippen entwischt, bevor ich sie aufhalten konnte.

»Richtig«, nickte sie. »Aber ich hoffe, Sie geben besser auf das Vermögen Ihrer Frau acht als Aaron auf das meine. Vermutlich hat er es sich nicht ausgesucht, schiffbrüchig zu werden, aber ich wünschte, er hätte meine Unabhängigkeit nicht gleich mit sich genommen. Und wäre nicht jeder, der versuchte, mir die kleinen Freiheiten, die ich habe, wegzunehmen, ein rechter Schurke?«

Ich war mir nicht sicher, ob ich sie richtig verstand. »Meinen Sie Mr. Sarmento?«

Miriam schien eine Antwort auf der Zunge zu liegen, aber dann überlegte sie es sich anders. »Ich bin fertig hier«, sagte sie. »Wir können nach Hause zurück. Ich weiß, dass Sie noch einiges zu tun haben.«

Wir machten uns auf den Weg in Richtung Houndsditch. »Vielleicht nehmen Sie mich abends einmal mit ins Theater«, schlug sie vor.

Bei diesem Vorschlag machte mein Herz einen Satz. »Nichts würde ich lieber tun. Glauben Sie, mein Onkel wäre damit einverstanden, wenn Sie mit mir ins Theater gingen?«

»Es wird ihm nicht sehr gefallen«, sagte sie, »aber er hat es schon in der Vergangenheit erlaubt, vorausgesetzt, dass an solchem Ort für meinen Schutz gesorgt war. Ich nehme an, Ihre Begleitung wäre ausreichend.«

»Selbstverständlich würde ich niemals erlauben, dass Ihnen etwas geschieht.«

»Das freut mich sehr zu hören«, erwiderte sie.

Als wir, nicht mehr weit vom Hause meines Onkels entfernt, in die Shoemaker Lane einbogen, fiel mir eine große Menschenmenge am Ende der Straße auf. Dort hatten sich vielleicht zwanzig Leute im Halbkreis versammelt und lachten und grölten auf eine, wie es mir schien, boshafte Art und Weise durcheinander. Vorsichtig taxierte ich die Zusammensetzung der Menge. Es schienen schäbige, primitive Gestalten zu sein.

»Miriam«, sagte ich bedächtig, »Sie müssen sich in Sicherheit bringen.« Etwa dreißig Meter entfernt von uns auf der High Street befand sich der Laden eines Putzmachers. »Gehen Sie in diesen Laden und bleiben Sie dort. Wenn es dort einen Diener gibt, schicken Sie ihn sofort nach dem Constable.«

Sie verzog das Gesicht und sah leicht wütend aus. »Sie halten mich doch nicht etwa für unfähig ...«

»Los jetzt!«, befahl ich mit zusammengebissenen Zähnen. »Gehen Sie in diesen Laden! Ich hole Sie demnächst dort ab.« Ich sah ihr nach, wie sie sich umdrehte und in Richtung High Street ging.

Keinem Einwohner Londons muss ich die Gefahren schildern, die von den Menschenansammlungen dieser großen Stadt ausgehen. Niemand konnte vorhersehen, wann sich ein Pöbelhaufen bildete, aber sobald er sich zusammengerottet hatte, konnte es aus ihm Gewalt und Terror hageln wie aus einer Gewitterwolke, und er konnte sich auch ebenso schnell wieder verziehen. Ich hatte Krawalle erlebt, die aus keinem triftigeren Grund entstanden waren als etwa der Festnahme eines Taschendiebes. Einmal war ich Zeuge gewesen, wie sich ein Pöbelhaufen zusammengerottet hatte, um einen Mann zu eskortieren, der nach einem Uhrendiebstahl festgenommen worden war. Ich weiß nicht mehr, wie oder weshalb es anfing, aber noch während man auf den Constable wartete, wurde die Menge dem Kerl gegenüber immer gewalttätiger, schubste ihn hin und her, als wäre er ein toter Hund beim Festzug des Oberbürgermeisters. Vor lauter Angst, Wut und Verzweiflung schlug der Kerl zurück und schickte einen seiner Peiniger mit einem mächtigen Schlag gegen das Kinn zu Boden. Daraufhin warf sich die Meute förmlich auf ihn, und einer von ihnen – dessen einziger Beweggrund im Kitzel der Handlung selbst bestanden haben konnte – hob einen zerbrochenen Ziegel von der Straße auf und schleuderte ihn in das Ladenfenster eines Glasermeisters. Unter diesen heiklen Bedingungen war der entstehende Krach der Funke, der das Pulverfass zur Explosion brachte. In der Folge prügelte man wahllos auf Männer und Frauen ein, ein Haus wurde angezündet und ein kleiner Junge beinahe zu Tode getrampelt. Nach einer halben Stunde hatte sich die Menge wieder verlaufen, wie eine Woge Heuschrecken, die nichts auf ihrem Weg zurückließ. Sogar der Taschendieb war verschwunden.

Da ich einige solcher Krawalle in London miterlebt hatte, näherte ich mich dieser Ansammlung mit größter Vorsicht, denn eine falsche Bewegung konnte die Lunte entzünden. Als ich näher kam, vernahm ich Applaus und schrilles Gelächter, und ich sah, dass die Randalierer einen Kreis um den alten Tudesco gebildet hatten, der mir die Sanduhr geschenkt hatte. Ein großer Mann mit glatt rasiertem Kopf und einem buschigen, leuchtend orangefarbenen Schnurrbart hielt den alten Mann am Bart fest. Seiner zerrissenen und fleckigen, aus billiger Wolle gefertigten Kleidung nach zu schließen, schien er ein Arbeiter zu sein. Durch die Risse seines Hemdenstoffes waren Dreck und Muskeln zu sehen. Der Arbeiter zog den Alten brutal am Bart, und der Tudesco stolperte hinter ihm her.

»Aufhören!«, rief ich und bahnte mir einen Weg durch den Pöbel. Ich witterte den Hass, die Gewalt und den Zorn, die in der Luft lagen. Ihr hartes, unterbezahltes Tagewerk ließ sie in blinder Wut auf einen armen Schlucker losgehen, an dem sie Rache üben konnten. Diese Menschen mochten zwar in einer anderen Welt als die Gentlemen in Sir Owens Club leben, aber sie hatten die gleichen Geschichten wie diese vernommen. Die Juden unterwanderten den Staat, raubten den Engländern ihren Reichtum und versuchten, ein protestantisches Land in ein jüdisches zu verwandeln. Man hatte mir von solchen Übergriffen schon mehrfach erzählt, aber bislang hatte ich selbst noch keinen miterlebt. Nichts von dieser Art. Ich wusste, dass diese Leute nicht freundlich auf meine Einmischung reagieren würden, und konzentrierte mich darauf, mir meine Angst nicht anmerken zu lassen.

»Lass ihn los!«, sagte ich zu dem Arbeiter mit dem Schnurrbart. »Wenn etwas Ungesetzliches geschehen ist, soll jemand den Constable holen.«

Der Schnurrbärtige kam dem ersten Teil meiner Aufforderung nach. Mit einem bösartigen Grinsen öffnete er die Hand, und der alte Mann fiel zu Boden. Ich sah, dass er bei Bewusstsein und nicht schwer verletzt war, aber er blieb trotzdem wie tot liegen. Vielleicht hatte er das in Polen, Russland, Deutschland oder aus welchem barbarischen Land er in die Sicherheit Britanniens geflohen war, so gelernt.

»Einen Constable brauchen wir hier nicht«, erklärte mir der brutale Arbeiterbursche. »Wir komm' mit so 'nem diebischen Juden auch allein klar!«

»Was hat euch dieser Mann getan?«, fragte ich.

»Unsern Herrn gekreuzigt, das hatter!«, rief der Schnurrbart in die Menge und wurde dafür mit Gejohle und Gelächter belohnt. Mehrere Leute forderten mich auf, weiterzugehen, doch sowohl der Schnurrbart als auch ich ignorierten sie.

»Und außerdem«, fuhr der Grobian mit sanfter Stimme fort, »hatter versucht, mich zu beklau'n.«

»Hast du dafür einen Zeugen?«

»Aber sicher!«, fuhr er mit seiner Marktschreierstimme fort. »Diese Leute hier. Die ham es alle gesehn!«

Wieder Lachen und Johlen, jetzt aber durchmischt mit Aufforderungen, den Juden zu teeren und zu federn, zu kreuzigen, ihm die Nase aufzuschlitzen und, völlig unverständlicherweise, ihn zu beschneiden.

Ich hob die Hand, um die Meute zum Schweigen zu bringen, und hoffte, mein autoritäres Auftreten würde genügend Eindruck auf sie machen. Einen Augenblick schien es auch so. »Immer langsam mit den jungen Pferden, Freunde«, sagte ich. »Wenn es darum geht, Gerechtigkeit walten zu lassen, will ich euch nicht im Weg stehen. Lasst mich aber zunächst hören, was der Hausierer zu sagen hat.«

Ich bückte mich und half dem Mann auf die Beine. Er sah sich mit blutunterlaufenen Augen um. Wahrscheinlich hatte ich erwartet, ihn mit zitternden Lippen zu sehen, wie ein Kind, das nicht weinen will, aber er sah sich nur um wie ein Mann, der mit ungenügender Bekleidung in der Kälte steht und den Elementen trotzt, gegen die er nichts ausrichten, die er nur erleiden kann.

»Sag mir die Wahrheit, alter Freund«, sagte ich. »Ich versuche, diese Sache hier so leicht wie möglich für dich zu machen. Hast du versucht, diesen Mann hier zu bestehlen?«

Er wandte mir das Gesicht zu und fing an, in einer Sprache, die ich nicht verstand, aufgeregt auf mich einzureden. Es dauerte einen Augenblick, bis ich merkte, dass er Hebräisch sprach, aber mit dem seltsamsten Akzent, der mir je zu Ohren gekommen war. Hätte er mit der Klarheit eines Redners gesprochen, hätte ich immer noch einige Schwierigkeiten gehabt, ihn zu verstehen, aber aus seinem aufgeregten

Wortschwall gelang es mir lediglich, ein paar Worte herauszuhören: *»Lo lekachtie devar.«* Ich habe nichts genommen.

Er merkte, dass ich ihn kaum verstand, hörte auf, in der alten Sprache zu reden und verfiel wieder auf sein Gestikulieren. Abermals legte er die Hand aufs Herz. »Ich nichts genommen«, sagte er.

Sein Abstreiten verwunderte mich keinesfalls. Was hätte er sonst sagen sollen? In meinem Herzen wusste ich, dass zumindest eine winzige Möglichkeit bestand, dass er die Tat begangen hatte. Nur weil er ein netter alter Mann war, bedeutete das noch lange nicht, dass er der Versuchung widerstanden hatte, jemandem in die Tasche zu fassen. Ich weiß nicht, ob es seine Art zu sprechen war, oder der Ausdruck in seinen Augen oder die verzweifelt ernste Art, wie er seinen Körper aufrecht hielt, die mich überzeugte. Es lag nicht einmal in meinem Interesse, ihn vor diesem hirnlosen Mob zu beschützen, aber ich glaubte ihm so vorbehaltlos, als hätte er mir erzählt, die Sonne stehe oben am Himmel.

»Dieser Mann«, verkündete ich mit möglichst gebieterischer Stimme, »sagt, er habe nichts gestohlen. Wir haben es hier wohl mit einem einfachen Missverständnis zu tun. Also geht weiter und kümmert euch um eure eigenen Angelegenheiten, und ich sorge dafür, dass er sich um die seinen kümmert.«

Die Menge war verstummt, und einen Augenblick dachte ich, ich hätte gewonnen. Im nächsten Moment erkannte ich jedoch, dass die Sache nun in einen Wettkampf ausgeartet war, nicht zwischen einem Mann und einem hirnlosen Menschenhaufen, sondern zwischen zwei Männern.

»Du kümmerst dich um deine eigenen Sachen«, meinte der Schnurrbart mit schriller, aber herrischer Stimme. »Oder wir kümmern uns um dich gleich mit. Macht uns gar nix aus!«

Er kam einen Schritt auf mich zu, und ich wusste, es war höchste Zeit, meine Manieren beiseitezulegen. Also zog ich eine geladene Pistole aus der Tasche und zog mit einer übertriebenen Geste den Hahn mit dem Daumen zurück. »Verzieht euch«, sagte ich, »bevor jemand ernsthaft verletzt wird.«

Ich wich ein Stück zurück, packte den alten Mann am Arm und zog ihn mit mir.

Die Menge drängte uns nach, als wäre sie von einem einzigen Willen gelenkt. Der Ton der Konfrontation veränderte sich dramatisch. Der Pöbel war jetzt nicht mehr wütend oder aufgebracht, er kam mir stattdessen wie eine Horde wilder Tiere vor, die, einmal auf einen bestimmten Kurs gebracht, nicht mehr in der Lage waren, diesen Kurs zu verlassen.

»Du kannst nicht auf uns alle gleichzeitig schießen«, sagte der Schnurrbart mit bemühtem Hohn. Es war seine Pflicht, mutig zu sein, denn die Pistole zielte auf seine Brust.

»Allerdings, aber einer muss zuerst dran glauben, und ich vermute, das wirst du sein. Und sobald ich meine Pistole abgefeuert habe, bleibt mir immer noch dieser Degen an meiner Seite. Ihr werdet am Ende gewinnen, daran hege ich keinen Zweifel. Der Pöbel bekommt den alten Hausierer. Die Frage ist nicht die, wer den Kampf gewinnt, sondern wie viele Leichen am Schluss auf der Straße zurückbleiben.«

Der Schnurrbart schwieg einen Moment, dann sagte er dem alten Mann, er solle es sich eine Warnung sein lassen, drehte sich auf dem Absatz um und schritt davon, laut vor sich hin grummelnd, dass es eine Schande sei, auf welche Weise der brave Engländer in seinem eigenen Land versklavt werde. Kurz darauf hatte sich die Meute aufgelöst, als wären alle aus einem bösen Traum erwacht, und ich blieb allein neben dem Tudesco stehen, der mich mit glasigen Augen ansah.

»Ich danke Ihnen«, sagte er leise. Er atmete tief durch, um sich zu beruhigen, aber ich konnte sehen, dass er heftig zitterte und kurz davor stand, in Tränen auszubrechen. »Sie haben mir Leben gegeben.«

Die rings um ihn verstreuten Waren kamen mir vor wie die von einem jähzornigen Kind weggeschleuderten Spielsachen. Ich schüttelte den Kopf und wehrte seine Worte und die durch sie in mir aufsteigenden Gefühle ab: »Sie hätten Sie nicht getötet. Sie hätten Sie nur ein wenig durchgeschüttelt.«

Er schüttelte den Kopf. »Nein. Sie haben mir Leben gegeben.«

In stummer Würde bückte er sich und sammelte seine Siebensachen zusammen. Von Traurigkeit erfasst, ließ ich ein paar Geldstücke in seinen Bauchladen fallen – wie viel wusste ich nicht, es mochten Shillinge oder Pfund gewesen sein – und machte mich auf den Weg zum Laden des Putzmachers, um Miriam abzuholen. Doch als ich mich umdrehte, stand sie direkt hinter mir.

Man konnte nicht viel in ihrem Gesicht lesen. Sie mochte entsetzt über die Gewalt gewesen sein, deren Zeugin sie soeben geworden war, beeindruckt von meiner Reaktion darauf oder auch erleichtert darüber, dass letztendlich nichts Schlimmes geschehen war.

»Warum sind Sie nicht im Laden?«, blaffte ich. Vielleicht fuhr ich sie zu heftig an, aber mir war der Sinn für jede Verhältnismäßigkeit abhanden gekommen.

Sie stieß ein kleines Lachen aus, mit dem sie ihre Verlegenheit überspielte. »Weil ich das hier für meine letzte Gelegenheit hielt, den Löwen von Juda kämpfen zu sehen.«

Mein Herz pochte immer noch von der Begegnung mit dem Pöbel, und ich musste mich zusammenreißen, um nicht wütend zu werden. »Miriam, ich kann Sie weder ins Theater noch sonst wohin mitnehmen, wenn ich mir nicht sicher sein kann, dass Sie auf mich hören, wenn es brenzlig werden sollte.«

»Tut mir leid, Benjamin.« Sie nickte feierlich und dachte dabei vielleicht zum ersten Mal ernsthaft über die Situation nach. »Sie haben recht. Beim nächsten Mal höre ich auf Sie. Versprochen.«

»Ich hoffe sehr, dass es kein nächstes Mal gibt.«

Als ich mich zu dem alten Mann umdrehte, hatte er seine Habseligkeiten bereits aufgesammelt und sich auf den Weg in die Bruchbude gemacht, die er sein Zuhause nannte und wo er versuchen würde, den Vorfall so rasch wie möglich zu vergessen.

»Solche wie er sind an weit Schlimmeres gewöhnt«, sagte Miriam. »Und sie sind nicht daran gewöhnt, aus dem Feuer gezogen zu werden. Ihrem Freund wird der heutige Tag als ein guter Tag im Gedächtnis bleiben.«

Da ich nicht genau wusste, was ich darauf antworten sollte, erklärte ich ihr, es sei nicht ratsam, sich hier noch länger aufzuhalten. Wir setzten unseren Weg fort, und ich brachte sie sicher nach Hause.

Nachdem ich sie dort abgeliefert hatte, fiel mir wieder der Umschlag ein, in dem sie mir das Geld, um das sie mich angeblich nicht gebeten hatte, zurückgegeben hatte. Ich wunderte mich über sein geringes Gewicht, das unmöglich auch nur eine der Münzen enthalten konnte, die ich ihr übersandt hatte. Ich riss den Umschlag auf und fand einen bei der Bank von England einzulösenden Wechsel über die Summe von fünfundzwanzig Pfund vor.

Verwundert faltete ich den Wechsel zusammen und schob ihn in meinen Geldbeutel. Warum gab sie mir nicht einfach das Münzgeld zurück, das ich ihr geschickt hatte? Und wie kam sie an diesen Scheck, wenn sie doch angeblich so wenig Geld besaß?

20

Die Ereignisse des Tages hatten mich sehr aufgewühlt, und inzwischen war die Stunde auch schon so weit vorangeschritten, dass es für geschäftliche Aktivitäten zu spät wurde, weshalb ich meinen Besuch im South Sea House verschob und stattdessen spazieren ging. Ohne bestimmtes Ziel schlenderte ich einfach drauflos. Den Bettlern zwischen der London Wall und dem Bedlam Hospital ging ich aus dem Weg, und als ich am Hospital vorbeikam, musste ich unwillkürlich daran denken, dass ich vielleicht auch schon bald dort landen würde, wenn ich mit meinem Fall nicht schleunigst Fortschritte machte.

Ich kehrte in eine Schänke ein, trank einen Krug Bier, aß etwas kaltes Fleisch und verbrachte eine Stunde oder zwei im Gespräch mit dem freundlichen Mann am Zapfhahn, der mich noch aus meiner Zeit als Boxer kannte. Als ich wieder in die rauchige Luft des Spätnachmittags trat, fiel mir auf, dass ich mich in der Foe Street befand, nicht weit von der Moor Lane entfernt, in der Nahum Bryce, der Drucker meines Vaters, seinen Laden hatte.

Von dem Gedanken begeistert, meine Zeit doch noch sinnvoll nutzen zu können, ging ich mit langen Schritten auf die Moor Lane zu und fand auch prompt das Geschäft unter dem Zeichen der drei Schildkröten.

Tagsüber musste der geräumige Laden vom Sonnenlicht durchflutet sein, in der herannahenden Abenddämmerung jedoch waren überall Kerzen angezündet, die alles so hell ausleuchteten, dass man bei ihrem Licht problemlos lesen konnte. Der Verkaufsraum war lang und ein wenig schmal, die Wände waren fast lückenlos mit Büchern vollgestellt, und im Hintergrund führte eine Wendeltreppe zu einer zweiten Etage mit Bücherregalen empor. Der Duft von Leder, Wachs und Blumen überwältigte mich beinahe, denn überall auf dem Tresen, hinter dem ein Verkäufer stand, prangten großzügige Tulpensträuße in ihren Vasen.

Ich schob mich an einigen Stöberern vorbei – einem alten Gentleman und einem hübschen Mädchen von vielleicht siebzehn Jahren in Begleitung einer älteren Dame, die ich für ihre Mutter hielt – und steuerte auf den Verkäufer zu. Der Junge mochte ungefähr fünfzehn Jahre alt gewesen sein, wahrscheinlich ein Lehrling, und ich bemerkte sofort, dass alles, was ich ihm zu sagen haben konnte, ihn weitaus weniger interessierte, als die junge Dame beim Blättern in einem Oktavbändchen zu beobachten.

»Ist Mr. Nahum Bryce im Hause?«

Der Junge schreckte aus seinem Tagtraum auf und sagte mir, er sei gleich wieder zurück.

Nach einigen Augenblicken tauchte aus dem hinteren Teil des Geschäfts eine dralle Dame mittleren Alters auf, nicht direkt hübsch, aber vielleicht war sie früher einmal auf eine stämmige Art durchaus attraktiv gewesen. Sie legte den Stapel Manuskripte, den sie in einer Hand trug, ab und wandte sich mir mit einem höflichen und aufgeräumten Lächeln zu. Sie trug Schwarz, die Farbe der Witwen, und ihr Haar war säuberlich unter einer sittsamen, wenn auch ein wenig übergroßen Haube versteckt.

»Kann ich Ihnen behilflich sein?«, erkundigte sie sich.

»Ich möchte gerne Mr. Nahum Bryce sprechen«, antwortete ich.

»Mr. Bryce ist vor etwas über einem Jahr von uns gegangen«, sagte sie mit einem missglückten Lächeln. »Ich bin Mrs. Bryce.«

Ich verneigte mich höflich vor ihr. »Tut mir leid, das zu hören, Madam. Ich kann nicht für mich in Anspruch nehmen, Ihren Mann gekannt zu haben, aber diese Nachricht betrübt mich trotzdem.«

»Sie sind sehr freundlich«, erwiderte sie.

Nachdem ich ihr kundgetan hatte, dass ich mich wegen einer privaten Angelegenheit mit ihr unterhalten wolle, zogen wir uns in eine entlegene Ecke des Ladens zurück, wo wir für jeden unsichtbar waren, der nicht direkt in den kleinen Winkel gleich hinter dem Verkaufstresen kam.

»Ich würde gerne wissen, Madam, ob irgendwann ein Mann namens Samuel Lienzo mit der Bitte, eine Broschüre zu drucken, an Sie herangetreten ist.«

Mrs. Bryce zog die Stirn kraus. »Mr. Lienzo, sagen Sie? Den Namen habe ich schon eine ganze Weile nicht mehr gehört.«

»Dann kennen Sie ihn also?«, fragte ich ungeduldig.

Sie nickte. »Aber ja. Ich erinnere mich daran, dass mein Mann vor einiger Zeit mehrere Sachen von ihm veröffentlicht hat. Aber in den letzten Jahren eigentlich nichts mehr. Mr. Bryce fand seine Schriften ein bisschen zu düster ... immer diese Geschichten um die Bank of England und das Parlament und dergleichen. Mr. Bryce hatte alles lieber etwas freundlicher.«

»Aber Sie haben in jüngster Zeit Werke veröffentlicht, die sich mit der Exchange Alley befassen. Wie steht es etwa mit dem Band *Die volle Wahrheit über die 'Change Alley,* dessen Umschlag ich entnommen habe, dass Sie es erst in diesem Jahr herausgebracht haben?«

Sie lachte leise auf. »Ja, ganz richtig. Aber wissen Sie, solche Tiraden gegen den Aktienhandel verkaufen sich immer recht gut. Mr. Lienzo hingegen wollte seriöse Stoffe veröffentlichen, und dafür hatte Mr. Bryce nicht sehr viel übrig. Er zog die unterhaltsameren Sachen vor. Romane, Theaterstücke und erbauliche Geschichten. Nachdem ich die Last auf mich genommen habe, dieses Geschäft zu führen, habe ich mich an diesem politischen Unsinn auch schon versucht, meine Mühe aber kein einziges Mal entsprechend entlohnt bekommen. Es erstaunt mich nicht, dass mein Mann die Finger ganz von solchen Sachen gelassen hat.«

»Haben Sie vielleicht eine Vorstellung davon«, bohrte ich weiter, »wen sich Mr. Lienzo stattdessen als Herausgeber ausgesucht haben könnte?«

»Allerdings.« Sie nickte ernst. »Ich weiß, dass er mit Christopher Bodge in geschäftlicher Verbindung stand, der seinen Laden ganz in der Nähe von hier auf der Grub Street hat. Aber was diesen unglücklichen –«

Ich unterbrach sie mit einer schroffen Handbewegung, denn während wir uns unterhielten, war ein schneidiger junger Gentleman in der Begleitung einer wunderschönen jungen Dame die Wendeltreppe herabgeschritten. Nur selten lasse ich mich durch weibliche Schönheit von meinen Geschäften ablenken, aber in diesem Fall lag die Sache etwas anders, denn bei der fraglichen Dame handelte es sich um Miriam.

Ich konnte meine Begeisterung, sie gleich zweimal an einem Tag zu sehen, kaum zügeln, erkannte aber sofort, dass ich mitnichten auf sie zugehen und meiner Freude Ausdruck verleihen durfte. Sie hatte ihre Garderobe gewechselt und trug nun ein bezauberndes grünes Kleid mit elfenbeinfarbenem Brusttuch sowie einen weißen Petticoat mit schwarzen Punkten. Auf dem Kopf saß ein hübscher Hut, der farblich zu ihrem Kleid passte, und alles in allem sah sie aus wie die adretten und respektablen Londoner Ladys, die sie so bewunderte. Ihr Begleiter war ein fescher Bursche in einem samtenen, an den Knien weit ausgestellten Überrock, der mit breiten Goldknöpfen und reichlich Goldborte verziert war. Seine lange dunkle Perücke verriet den Umgang mit den allerbesten Perückenmachern, und die Musselinkrawatte um seinen Hals hob sein scharf geschnittenes bleiches Gesicht vorteilhaft hervor. Miriam befand sich in der Gesellschaft eines wohlhabenden Gentleman.

Da ich wusste, dass Mrs. Bryce und ich an unserem Aufenthaltsort nicht gesehen werden konnten, unterbrach ich Mrs. Bryce und zeigte auf den Gentleman. »Mein Gott«, fluchte ich, wenn auch mit leiser Stimme, »ich glaube, ich kenne diesen Gentleman. Wenn ich mich nicht täusche, habe ich in Oxford das gleiche College wie er besucht. Aber jetzt komme ich um nichts in der Welt auf seinen Namen!«

»Das, Sir, ist Mr. Philip Deloney«, sagte Mrs. Bryce.

Ich schnippte mit den Fingern. »Genau der! Kommt er oft hierher?«

»Leider ist Mr. Deloney kein großer Leser. Er pflegt meinen Laden als geheimen Treffpunkt mit seinen jungen Damenbekanntschaften zu nutzen, und zu diesen Gelegenheiten kauft er ab und zu gleich mehrere Titel, aber ich glaube, das tut er, um sich damit meiner Verschwiegenheit zu versichern.«

»Ja, dieser Deloney war schon immer ein rechter Lebemann. Bringt er denn oft Damen hierher?«

»Als junges Ding hätte ich die Zahl für ordentlich hoch eingeschätzt. Jetzt, da ich Witwe bin, kommt sie mir nicht mehr so hoch vor. Für einen Gentleman seines Schlages bringt er vielleicht eher zu wenig.« Mrs. Bryce ließ ein leises Lachen vernehmen. »Ich finde ihn sehr gut aussehend«, gestand sie mir flüsternd.

»O, ich glaube, darin würde er Ihnen ohne Einschränkung zustimmen, Madam«, bemerkte ich, als er Miriam zur Tür hinausbegleitete. »Vielen Dank für Ihre Hilfe, aber jetzt muss ich schnell los und meine Bekanntschaft mit Mr. Deloney auffrischen.« Ich verneigte mich kurz und ging zur Tür.

Ich war froh, dass die beiden sich inzwischen weit genug vom Laden entfernt hatten, so dass ich nicht Gefahr lief, sofort entdeckt zu werden. Deloney küsste Miriams Hand, richtete einige Worte an sie, die ich jedoch auf die Entfernung nicht verstand, und half ihr in eine Droschke. Er blickte dem davonrollenden Gefährt nach und ging dann in Richtung Fore Street. Ich verfolgte ihn in sicherem Abstand und sah, wie er auch für sich eine Kutsche herbeiwinkte.

Ich war fest entschlossen, mehr über diesen Gentleman herauszufinden. Als sich seine Droschke vom Straßenrand in Bewegung setzte, sprintete ich los, verlegte mein Gewicht mehr auf das kräftigere Bein und rannte ihr hinterher. Auf der Straße herrschte ein reges Durcheinander, sodass es mir nicht schwerfiel, die Kutsche einzuholen und, ohne dabei viel Lärm zu verursachen, hinten aufzuspringen.

Als ich mich an der schaukelnden Droschke festklammerte, kam mir ganz kurz der Gedanke, warum ich das eigentlich tat, was ich da gerade tat. Gewiss hatte ich eine Zuneigung zu Miriam entwickelt, aber diese Zuneigung rechtfertigte wohl kaum eine solch drastische Aktion. Mir fiel dazu nur ein, dass der ungeklärte Tod meines Vaters wohl alle meine anderen Lebensbereiche in Mitleidenschaft gezogen hatte – alles kam mir wichtig und dringend vor. Trotzdem kann ich nicht behaupten, dass meine Gedanken von meinen Nachforschungen beherrscht waren, als ich dem Schurken, der es gewagt hatte, Miriams Hand zu küssen, hinterherhetzte. In jenem Augenblick war allein wichtig, herauszufinden, wer er war und welchen Einfluss er auf die Frau ausübte, deren Herz ich für mich selbst zu gewinnen trachtete.

Ich wusste mich gut an der Kutsche festzuhalten, denn in den Jahren nach meiner Boxverletzung hatte ich peinlicherweise auch eine Zeit lang als Lakai gearbeitet, bei einer reichen Familie in Bath. Damals hatte ich eigentlich vorgehabt, mich in den Haushalt einzuschleichen und bei der ersten sich bietenden Gelegenheit alles gnadenlos auszurauben. Ich lernte jedoch schnell, dass es eine Sache ist, anonyme Fremde zu bestehlen, eine ganz andere hingegen, einer freundlichen Dame, die man einen ganzen Monat lang durch die Stadt begleitet hat, ihre Juwelen zu entwenden. Deshalb hatte ich mich darauf verlegt, eine intime Beziehung mit der ältesten Tochter zu pflegen und mich dann eines Nachts aus dem Staub zu machen, wobei ich nur ein paar Pfund für meine allernötigsten Bedürfnisse mitnahm.

Die Vertrautheit damit, hinten auf einer Kutsche mitzufahren, verlieh mir auch die Geschicklichkeit, mit dem Kutscher zu verhandeln, der sich plötzlich umdrehte und mich dort hinten erblickte. Ich drückte den Kopf an die Hinterwand, um meinen Hut nicht zu verlieren, fasste mit meiner freien Hand in meinen Geldbeutel und zog einen Shilling hervor, den ich dem Kutscher zeigte. Anschließend legte ich einen Finger an die Lippen und bedeutete ihm zu schweigen. Er hielt zwei Finger in die Luft, womit er die Forderung von zwei Shilling anzeigte, woraufhin ich drei Finger emporhielt und ihn wissen ließ, dass ich mich für seine Verschwiegenheit dankbar zeigen würde. Mit einem Grinsen, das mir verriet, dass er nicht einmal unter der Folter etwas preisgeben würde, fuhr der Mann weiter.

Die Droschke bewegte sich zunächst in Richtung der Königlichen

Börse, fuhr dann jedoch auf der Cheapside nach Westen, bis ich glaubte, unser Ziel sei der Gottesdienst in der St. Paul's Cathedral. Aber Mr. Deloney führte wesentlich Weltlicheres im Schilde, denn sein Bestimmungsort war eine berüchtigte Adresse, die unter dem Namen White's Chocolate House bekannt war, das eleganteste Etablissement in Sachen Glücksspiel in der ganzen Stadt.

White's hatte sich in einem recht gefälligen Gebäude in der St. James's Street etabliert, unweit des Covent Garden Market. Ich hatte es noch nie von innen gesehen, denn meine Spielertage lagen damals schon lange hinter mir; ich hatte mich von ihnen losgesagt, als ich mich auch von meinen anderen weniger ehrenhaften Methoden des Broterwerbs lossagte. In meinen jüngeren Jahren war das White's noch nicht in Mode gewesen, und seit meiner Rückkehr in die Stadt hatte ich es noch kein einziges Mal aufgesucht.

Als die Droschke anhielt, sprang ich ab und verbarg mich im ihrem Schatten, während Deloney den Kutscher bezahlte und ins Haus ging. Anschließend kam ich wieder hervor, reichte dem Mann seine versprochenen drei Shilling und erinnerte ihn daran, dass er mich nie gesehen hatte. Er legte die Finger an die Mütze und rumpelte davon.

Inzwischen war die Dämmerung fast völliger Dunkelheit gewichen. Ich stand auf der Straße und fragte mich, was ich tun sollte, sobald ich das Etablissement betreten hatte. Ich wusste kaum etwas von diesem Ort und wollte dort auch nicht sofort auffallen. Das White's war ein beliebter Treffpunkt der Reichen, Vornehmen und Privilegierten, und obwohl ich mich vor diesen Leuten nicht fürchtete, wusste ich nicht, ob es mir etwas nützte, wenn ich dort so einfach hineinplatzte und überall herumschnüffelte, bis ich den gesuchten Mann gefunden hatte.

Die dunklen Straßen waren in dieser Gegend alles andere als verlassen. Überall gingen nicht weit von mir Leute in die eine oder andere Richtung, darunter auch eine nicht geringe Anzahl von Dirnen, die ihr Jagdrevier in diesem Stadtviertel hatten. Es stellte sich auch schon bald heraus, dass ich vorsichtiger hätte sein und nicht einfach nur unentschlossen vor mich hin starrend auf der Straße hätte stehen bleiben sollen, denn mit einem Mal spürte ich die unmissverständliche Berührung einer Klingenspitze im Rücken.

Der Druck war nicht allzu stark. Sie hatte allerhöchstens die Haut ein wenig geritzt, nicht mehr, und sie fühlte sich eher wie ein Degen als ein Messer an. Das bedeutete eine größere Entfernung zwischen der Klingenspitze und der Hand, die die Waffe hielt. Eine solche Entfernung war eher ein Vorteil für mich.

Ich blieb für eine lang gezogene Sekunde wie erstarrt stehen, bis ich den Gauner sagen hörte: »Geldbörse her, dann wird niemand verletzt.«

Ich hörte seiner Stimme an, dass er noch ein ganz junger Bursche sein musste, nicht älter als zwölf oder dreizehn, und obwohl ich den Kopf nicht drehen und ihn ansehen konnte, war ich mir sicher, dass ich dem jungen Spitzbuben mehr als gewachsen war. Vermutlich wusste er nicht einmal richtig mit der höchstwahrscheinlich gestohlenen Waffe umzugehen. Ich machte einen raschen Schritt nach schräg rechts vorne und wirbelte dann, um ihn vollends zu verwirren, nach links herum. Während er an der Stelle, an der ich eben noch gestanden hatte, in der Luft herumstocherte, packte ich ihn fest am Handgelenk und quetschte es zusammen, bis der alte, rostige Degen seinem Griff entglitt und klirrend auf die Straße fiel. Ohne ihn aus den Augen zu lassen, hob ich die Waffe auf, drehte dem Burschen den Arm auf den Rücken und zwang ihn mit dem Gesicht zur Wand.

Dabei fielen mir zwei Gentlemen auf, die meinem Treiben mit ungewöhnlichem Interesse zusahen, denen ich jedoch in diesem Augenblick keine größere Aufmerksamkeit widmen konnte. Stattdessen konzentrierte ich mich auf den kleinen Dieb, der, wie ich vermutet hatte, noch ziemlich jung war. Darüber hinaus war er sehr dünn, ärmlich gekleidet und der Besitzer eines ausgesprochen unangenehmen Körpergeruchs.

»Du möchtest also etwas aus meinem Geldbeutel, was?«, fragte ich ihn.

»Genau. Wie viel haben Sie denn?«

Ich gestehe, dass mich seine Dreistigkeit beeindruckte. Ich ließ ihn los, wich einen Schritt zurück und langte nach meinem Geldbeutel. »Hier hast du einen Tuppence«, sagte ich. »Du kannst mir einen Gefallen tun. Wenn du alles richtig machst, bekommst du noch einen Shilling.«

Er drehte sich langsam um. »Na schön, Sir, aber erst mal das Geld zeigen.«

Da rief mir einer der beiden Gentlemen zu: »Sie wollen ihn doch nicht etwa laufen lassen?«

»Wenn Ihnen seine Festnahme so am Herzen liegt, warum haben Sie mir nicht geholfen?«, blaffte ich zurück.

»Ich war nicht an seiner Festnahme interessiert, sondern daran, dass *Sie* ihn festnehmen. *Darauf* habe ich gewettet.«

»Hör auf zu jammern«, höhnte sein Freund. »Du hast verloren, Harry. Jetzt heißt es zahlen.«

So viel zu der Sorte Männer, die man vor White's Chocolate House antrifft.

Ich wandte mich von diesen Glücksrittern ab und wieder dem Jungen zu, dem ich Elias' Adresse nannte und ihn mit einer kurzen Nachricht losschickte, in der Hoffnung, er würde in Erwartung eines Shilling zurückkehren und sich nicht mit dem Tuppence zufriedengeben. Ich rechnete damit, dass Elias zu Hause war, denn seine letzte feuchtfröhliche Feiertour hatte ihn finanziell wahrscheinlich so ruiniert, dass er sich mindestens eine Woche lang keine nächtlichen Eskapaden mehr erlauben durfte. Während mein diebischer Laufbursche unterwegs war, richtete ich ein wachsames Auge auf die Tür, um sicherzugehen, dass Mr. Deloney inzwischen nicht wegging, und ich behielt auch meine Umgebung im Auge, da ich keine große Lust verspürte, noch ein zweites Mal als Opfer ausgesucht zu werden. Als mir das Warten allzu lange wurde, fing ich an, auf der St. James's Street auf und ab zu gehen. Dabei beobachtete ich, wie mit zunehmender Dunkelheit die Nachtschwärmer von Covent Garden von Minute zu Minute bösartiger und verzweifelter in ihrem Auftreten wurden. Endlich, nach knapp einer Stunde, tauchte Elias mit dem Jungen im Schlepptau auf.

»Wo is' mein Shilling?«, erkundigte sich der junge Dieb sofort.

»Und meiner?«, schloss sich ihm Elias an. »Für diese Unannehmlichkeit habe ich etwas verdient.«

Ich warf dem Jungen seinen Shilling zu.

»Und was is' mit meim Degen?«, wollte er wissen.

»Mit dem stellst du doch nur dumme Sachen an, und so, wie du dich dabei anstellst, endest du schneller, als dir lieb ist, am Ende eines Galgenstricks.«

»Immer noch besser als vor Hunger sterben«, erwiderte er gereizt.

»Da hast du auch wieder recht«, pflichtete ich ihm bei und warf ihm seine Waffe zu. Sie wäre durchaus zu fangen gewesen, doch er verfehlte sie und rannte dem klappernden Stahl auf der Straße hinterher.

Ich wandte mich Elias zu. »Ich würde dem White's gerne einen Besuch abstatten und kann mir für einen solchen Ausflug keinen besseren Begleiter als dich vorstellen.«

Er klatschte wie ein kleines Kind vor Freude in die Hände. »Das sind ja wunderbare Neuigkeiten! Du weißt bestimmt, dass man Geld braucht, um im White's auf seine Kosten zu kommen. Oder lass es mich anders ausdrücken«, ergänzte er grinsend, »normalerweise hat man dort einfach Geld, aber zu zweit hat man es auf alle Fälle bitter nötig.«

»Das geht auf meine Rechnung«, versicherte ich ihm.

»Stets zu Euren Diensten, Weaver. Erlaubt mir, Euch Londons vornehmste Glücksspielakademie vorzustellen.«

Ich entrichtete die geringe Eintrittsgebühr für uns beide, und schon tauchten wir in die seltsame Welt der Londoner Spieler ein. Etablissements wie das White's sind mit ihrer Atmosphäre von Verzweiflung, Begeisterung und Spannung Miniaturausgaben der 'Change Alley, denn hier kann an einem Kartentisch an einem einzigen Abend ebenso viel gewonnen oder, was weitaus wahrscheinlicher ist, verloren werden wie in einer ganzen Aktiensaison.

Obwohl es noch früh am Abend war, fanden wir das White's schon fast überfüllt von Vergnügungssüchtigen vor, die sich um riesige, überall im Raum verteilte Tische drängten. Man spielte Faro, L'hombre oder einfachere Kartenspiele, frönte dem Würfelspiel oder anderen Angeboten des Hauses, die sich mir nicht auf den ersten Blick erschlossen.

Im ganzen Raum roch es schwer nach Tabak, Starkbier und verschwitzter Kleidung, überall hörte man zu laute und zu überschwängliche Unterhaltungen, die gelegentlich von freudigen Schreien oder verzweifeltem Aufstöhnen unterbrochen wurden. Hübsche junge Frauen, die, wie ich vermutete, auch andere Pflichten innehatten, servierten den Gästen eine eindrucksvolle Auswahl an Getränken, unter denen ich jedoch die Schokolade vermisste, auf die sich der Name der Lokalität berief. Und was ich da vor mir sah, war lediglich der Große Saal des White's. Ich wusste, dass es rings um mich herum noch kleinere Zimmer für private Zusammenkünfte, Spiele mit erhöhten Einsätzen und verschwiegene Rendezvous mit den Damen gab.

»Und nun erzähl mir, welches neue Abenteuer dich an einen Ort wie diesen führt?«, wollte Elias wissen. »Ich kann mir nicht vorstellen, dass du knapp bei Kasse bist und dir ein paar Guineas dazuverdienen willst.«

Ich beschloss, Elias nichts von Miriam zu erzählen. Mir stand nicht der Sinn danach, mehr von seinen Ansichten über Witwen und schöne Jüdinnen zu hören, und so vertraute ich ihm lediglich an, dass ich einem verdächtigen Gentleman hierher gefolgt war.

»Und was machte diesen Gentleman für dich so verdächtig?«

»Mir gefiel seine Nase nicht«, erwiderte ich unwirsch und ließ den Blick durch den Raum schweifen.

»Da müsstest du ja halb London verfolgen«, murmelte Elias, der mit meiner Ausflucht nicht zufrieden war. »Nun ja, vielleicht ist das hier meine große Chance als dein Philosophieprofessor, denn wo könnte man die Gesetze der Wahrscheinlichkeit besser am Werke sehen als in einem Haus des Glücksspiels?«

»Wenn diese Gesetze für jedermann verständlich sind, warum verlieren dann so viele Leute?«

»Weil sie Narren sind und es nicht besser verstehen. Oder weil sie, wie ich, nicht von ihrem Verstand, sondern vielmehr von ihren Leidenschaften gelenkt werden. Trotzdem gibt es Werkzeuge, mit denen man das Glück schlagen kann. Weißt du, diese neue Welt der Philosophie, in der wir leben, erstaunt mich immer wieder. Zum ersten Mal seit Anbeginn der Schöpfung lernen wir, wirklich über das, was wir sehen, nachzudenken.« Er hielt einen Moment inne. »Wie kann ich das am besten demonstrieren?«, fragte er sich laut.

Dann entschuldigte er sich für einen Augenblick, um einen Gentleman aufzutreiben, der bereit war, an einem kleinen Glücksspiel mit uns teilzunehmen. Er war ein hohlwangiger Bursche unbestimmten Alters, der an einem kleinen Tisch herumlungerte, gerade groß genug für vier Leute. Sein Arm umschlang einen Zinnkrug mit Punsch, als wollte ihn einer von uns seiner schützenden Umklammerung entreißen.

»Dieser Gentleman hat sich bereit erklärt, mit uns zu spielen«, verkündete Elias. Dann wandte er sich unserem Freund zu. »Was setzen Sie auf einen einfachen Münzwurf?«

»Fünfzig Prozent«, brummte der Mann. »Die Wette auf ein Pfund.« Er nippte an seinem Punsch.

»Sehr schön. Gib mir ein Pfund, Weaver.«

Ein Pfund? Er ging recht kühn mit meinem Geld um, aber ich wollte nicht vor dem Fremden mit ihm darüber streiten. Widerstrebend händigte ich ihm die Münze aus.

»Unser Freund hier wirft jetzt die Münze in die Luft, und bevor sie landet, musst du raten, ob es Kopf oder Zahl wird.«

Bevor ich die Chance hatte, Einspruch zu erheben, war die Münze auch schon in der Luft, und ich rief Kopf. Sie landete auf der Hand des Spielers, aber Elias bedeutete ihm, sie noch nicht aufzudecken. »Wie hoch, glaubst du, waren deine Chancen, richtigzuliegen?«

»Eins zu eins, würde ich sagen.«

»Genau.« Er nickte dem Spieler zu, der die Hand öffnete, und es zeigte sich, dass ich richtig geraten und damit zehn Shilling gewonnen hatte. Mit einer Langsamkeit, die sein Widerstreben verriet, öffnete er seinen Geldbeutel und zählte zehn Münzen heraus.

»Jetzt machen wir es noch einmal«, verkündete Elias.

Er gab dem Mann ein Zeichen, die Münze abermals in die Luft zu werfen, und wieder sagte ich Kopf. Und hatte wieder recht.

Elias grinste, als wäre sein Wissen für mein Glück verantwortlich. »Du hast zweimal hintereinander auf Kopf getippt. Vermindern sich deine Chancen dadurch, dass du beim ersten Mal richtig geraten hast?«

»Natürlich nicht.«

»Dann hast du also die gleiche Chance, auch bei tausend Würfen richtig zu raten, auch wenn du jedes Mal auf Kopf tippst?«

»Ich glaube, jetzt verstehe ich dich. Die Chance, dass jedes Mal Kopf kommt, ist geringer als die Chance, dass sowohl Kopf als auch Zahl fällt. Aber letztendlich hat die Münze nur zwei Seiten, und bei jedem Wurf steht es aufs Neue eins zu eins. Trotzdem vermute ich, dass die Aussichten, dass beide Seiten der Münze in der gleichen Häufigkeit nach oben zu liegen kommen, steigen, je öfter man die Münze wirft.«

»Ganz richtig«, nickte er. »Aber jetzt nehmen wir unser Geld und spielen Karten. Wir spielen das gleiche Spiel, nur soll jetzt geraten werden, ob die Karte schwarz oder rot ist.« Elias zog ein Kartenspiel aus seiner Manteltasche, mischte es kräftig durch, fächerte es auf und streckte es uns hin.

Unser Gefährte zog eine Karte und fragte mich nach meiner Vermutung. Ich sagte rot. Er drehte die erste Karte um, und sie war tatsächlich rot. Mit einem angewiderten Gesichtsausdruck händigte er mir die nächsten zehn Shilling aus.

»Großer Gott, Weaver, du hast Glück wie sonst keiner!«

»Allerdings«, meinte unser Freund.

Er verbeugte sich und verschwand in der Menge.

Elias sah ihm wehmütig nach. »Ach, verflixt noch eins! Aber ich glaube, er hat uns beigebracht, was wir wissen müssen. Jetzt frage ich dich: Kannst du immer weiter auf Rot setzen, so wie auf Kopf?«

Ich überlegte einen Augenblick. »Nur das Glück bestimmt, wie oft eine Karte gezogen wird, aber in einem Spiel gibt es nur eine bestimmte Zahl roter und schwarzer Karten.«

»Genau«, nickte Elias, sehr zufrieden mit meiner Antwort. »Es gab eine Zeit, und sie liegt noch nicht so lange zurück, in der ein erfahrener Kartenspieler die Chancen immer auf eins zu eins geschätzt hätte, ganz egal, was bislang aus dem Stapel herausgezogen worden ist. Aber wir haben gelernt, anders zu denken, die Wahrscheinlichkeiten zu berechnen. Wenn schon zwei schwarze Karten gezogen sind, stehen die Chancen ein wenig geringer als eins zu eins. Wenn du zwanzig schwarze und fünf rote Karten gezogen hast, sind die Chancen bei jedem neuen Zug bedeutend höher, eine rote zu ziehen. Mir ist diese Vorstellung völlig klar, aber vor zweihundert Jahren wäre niemand auf diese Idee gekommen – kein einziger Mensch auf der ganzen Welt, verstehst du? Nicht einmal heute kapieren die meisten Spieler das, aber dir muss es klar sein, Weaver, wenn du denjenigen, der diese Verbrechen begangen hat, austricksen willst. Vermutungen über die Motive unserer Mitmenschen anzustellen unterscheidet sich nicht wesentlich davon, zu erraten, welche Karte oder welche Seite der Münze oben liegt. Du musst nur entscheiden, was wahrscheinlich ist, und aufgrund dieser Annahme handeln.«

»In der Zwischenzeit muss ich mich jedoch an diesen Gentleman hängen.« Ich hatte Deloney an einem Spieltisch entdeckt. Sein Gesicht spiegelte nicht gerade die allergrößte Freude, woraus ich schloss, dass die Karten sich nicht zu seinen Gunsten gewendet hatten. Ich wies unauffällig auf Deloney. »Das ist der Mann, hinter dem ich her bin.«

»Teufel aber auch!«, hauchte Elias. »Das ist ja Philip Deloney!«

»Du kennst ihn?«

»Selbstverständlich. Er gehört zu den Menschen, die sich bei jeder eleganten Veranstaltung von Rang zeigen, und zufälligerweise gehöre ich auch dazu. Gelegentlich hat er sogar versucht, mich für irgendwelche Projekte zu interessieren. Ich erinnere mich an eines, bei dem es darum ging, eine Reihe von Kanälen zu bauen, um die Hauptstadt mit dem Rest der Insel zu verbinden, aber ich habe nie so richtig Vertrauen in seine Angebote gefasst.«

»Wenn du nicht anbeißt, muss er wirklich sehr dubiose Projekte anbieten«, erwiderte ich.

»Es liegt an dem Menschen, weißt du. Kaufe nie etwas von jemandem, der nicht einmal seine eigenen Geschäfte regeln kann, denn wie könnte ausgerechnet dieser Mann ein solches Projekt entdeckt haben?«

»Vielleicht könntest du mich ihm vorstellen«, schlug ich vor.

»Dafür brauche ich aber ein paar Shilling.«

»Wozu denn?«

»Um mich zu beschäftigen, während du mit deinem verdächtigen Taugenichts plauderst.«

Ich händigte Elias meinen Gewinn aus, dann führte er mich hinüber zu Deloney, dessen Gesicht vor Verdruss inzwischen rot angelaufen war. Elias brauchte einige Sekunden, um seine Aufmerksamkeit zu erlangen, aber zumindest blickte Deloney in seine Richtung, und Elias grüßte ihn mit einer Verbeugung.

»Mr. Deloney, ich hoffe, die Karten sind Ihnen heute wohlgesonnen.«

»Da hoffen Sie falsch, Gordon«, grunzte er. »Heute Abend lastet ein Fluch auf mir.«

»Wenn Sie erlauben«, fuhr Elias fort, ohne sich um Deloneys Stimmung zu kümmern, »ich würde Ihnen gerne meinen Freund, Mr. Benjamin Weaver, vorstellen.«

Deloney murmelte eine Art Begrüßung und wandte sich mir zu. »Sind Sie nicht der Bursche, den ich im Boxring gesehen habe?«

Ich verneigte mich. »Das ist schon einige Jahre her, aber ich habe eine Zeit lang als Faustkämpfer gearbeitet.«

»Und jetzt haben Sie sich gründlich aufpoliert und sind ein Gentleman geworden, wie ich sehe. Aber vielleicht tun Sie mir einen kleinen Gefallen und schlagen diesen Kerl hier bewusstlos.« Deloney zeigte auf einen kleinen aschfahlen Mann im fortgeschrittenen Alter, der mit einem Kartenspiel in der Hand ein Stück hinter ihm stand. Sie spielten ein Spiel, das mir unbekannt war und bei dem es darum ging, dass Deloney den numerischen Wert einer gewissen Anzahl von Karten erriet. Was ihm, seiner Verfassung nach zu urteilen, nur sehr schlecht gelingen wollte.

»Sagen Sie mal, Gordon ...« Er wandte sich an Elias, doch dieser hatte sich bereits an einen Backgammon-Tisch gestohlen, wo er sich bei einer Meute junger fescher Kerle einschmeichelte. »Nun denn«, Deloney drehte sich wieder zu mir um, »Sie haben nicht vielleicht eine Guinea übrig?«

»Dann wendet sich Ihr Glück wohl gerade?«

»Allerdings. Ich würde eine Leihgabe von einer Guinea zwischen Gentlemen sehr willkommen heißen und sie Ihnen mit dem größten Vergnügen jederzeit nach diesem Abend zurückzahlen.«

Ich grinste nur ein wenig angesichts seiner plötzlichen Entscheidung, mich als seinesgleichen und Gentleman anzusehen, und überreichte ihm die Guinea in bester Laune. In Deloneys Gesicht zeigte sich bei der Sorglosigkeit, mit dem ich ihm die Münze anvertraute, Überraschung, sogar Misstrauen, aber er nahm sie trotzdem entgegen und legte sie sofort auf den Tisch.

Der Geber fing an, Karten auf den Tisch zu legen, und Deloney wies ihn an, dass er entweder noch eine Karte haben wollte oder dass der Geber den Packen noch einmal durchmischte. Ich kann nicht behaupten, ich hätte das Spiel verstanden, aber ich verstand den Ausdruck auf seinem Gesicht, als der Geber einen König auf den Stapel warf und die Guinea einkassierte.

Deloney zuckte mit den Achseln und löste sich von dem Tisch, redete dabei jedoch mit mir, woraus ich entnahm, dass er wünschte, dass ich ihm folgte. »Das ist die Schwierigkeit, wenn man um hohe Einsätze spielt – nur in den seltensten Fällen hat man es wirklich vor, wissen Sie, und dann bringt man nicht genug Bares mit, um die Ausgaben zu decken. Sie werden mit mir übereinstimmen, Mr. Weaver, dass eine Leihgabe von zwei Guineas keine größere Bürde ist als eine Leihgabe von einer, und wenn Sie so freundlich sein würden, mir diese Summe vorzuschießen, wäre es mir eine große Ehre, Ihnen ein Glas Punsch auszugeben.«

Ich hatte längst erkannt, dass ich mich mit diesem Mann nicht würde unterhalten können, wenn ich mich nicht von einer zweiten Münze trennte. Ich gab ihm meine letzte Guinea und traute mich nicht, die geringe Summe, die mir geblieben war, zu überschlagen. Er lächelte, hielt sie in der Hand, wie um ihr Gewicht zu wiegen, dann rief er ein Mädchen zu uns und bestellte zwei Gläser Punsch.

»Ich halte mich für keinen schlechten Physiognomiker«, vertraute er mir an, »und ich sehe auf den ersten Blick, dass Sie ein Ehrenmann sind. Geben Sie mir Ihre Hand, Sir. Ich freue mich, Ihre Bekanntschaft gemacht zu haben.«

Ich schüttelte ihm die Hand. »Ganz meinerseits. Denn wie Sie selbst bemerkt haben, bin ich ziemlich neu in diesen Kreisen und heiße die Erfahrung eines Mannes, wie Sie einer sind, höchst willkommen. Eines Mannes, der sich, wie ich sofort erkannt habe, in solchen Dingen vortrefflich auskennt.«

»Sie erweisen mir zu viel der Ehre. Aber ich halte mich wirklich sehr gerne an Orten wie dem White's auf. Hier lässt sich die Zeit auf so angenehme Weise vertreiben, und selbst wenn man verliert, amüsiert man sich köstlich dabei.«

»Wenn ich so taktlos fragen darf: Sie müssen eine gewaltige Summe zur Verfügung haben, um an einem Ort wie diesem verlieren zu können.«

Er verneigte sich wieder. »Ich darf mich rühmen, durchaus solvent zu sein.«

»Ich halte mich selbst auch für solvent«, erwiderte ich, »aber man muss doch stets darauf bedacht sein, mehr Wohlstand anzuhäufen. Dabei möchte ich nicht unbedingt mehr für mein Geld arbeiten. Wissen Sie, Mr. Deloney, viel lieber würde ich mir ein hübsches Mädchen suchen, das ein schönes Vermögen mit in die Ehe bringt.«

Deloney lächelte. »Sie sind ein gut aussehender Mann, Mr. Weaver. Ich wüsste nicht, weshalb sie kein solches Mädchen finden sollten.«

»Ah, aber dann immer diese Väter. Sie wollen ihre Töchter immer nur reich verheiraten. Dabei bin ich zwar einigermaßen flüssig, verfüge aber keinesfalls über unbegrenzte Ressourcen.«

»Witwen«, warf Deloney ein. »Ich sage nur: Witwen. Sie verfügen über ihr eigenes Vermögen, verstehen Sie? Und sie sind nicht wie die jungen Damen von ihren Vätern strikt an die Regeln der Tugend gebunden. Obwohl ich auch schon einige dieser Fesseln zerbrochen habe, das darf ich Ihnen versichern.«

Er lachte herzhaft und zeigte mir einen Mund voller Zähne, die ich am liebsten quer über den Boden verstreut hätte. Hatte sich Miriam für diesen Halunken Geld von mir geborgt? Um seine Spielleidenschaft zu unterstützen? Der Gedanke war zu erniedrigend und nur dazu angetan, blinde Wut hervorzurufen. Doch ich wollte noch mehr von Deloney erfahren, und so stimmte ich in das Gelächter des Mannes ein, den ich am liebsten mit den Fäusten bearbeitet hätte.

Just in diesem Augenblick kam unser Mädchen mit den beiden Gläsern Punsch zurück. Sie knickste lasziv und verschaffte uns dabei einen ausgiebigen Blick auf ihren Busen, der fast aus ihrem Oberteil heraushüpfte. Deloney war von dem Anblick so gelähmt, dass er nicht einmal mit der Wimper zuckte, als sie verkündete, der Punsch koste einen Shilling pro Glas. Er gab ihr die Guinea, die sie mit ihren langen, entzückenden Fingern umschloss.

»Wenn Sie mir erlauben, diese Münze zu behalten«, gurrte sie, »werde ich sie Ihnen dreifach vergelten.«

Deloney streckte die Hand aus und streichelte ihr Kinn mit den Handknöcheln. »Ich nehme lieber die Münzen, meine Süße, aber bevor ich gehe, komme ich dich besuchen. Vielleicht kommen wir ja noch miteinander ins Geschäft.«

Sie kicherte, als hätte Deloney etwas unerwartet Geistreiches von sich gegeben, und zahlte ihm widerstrebend die verbleibenden neunzehn Shilling zurück.

Ich nahm einen Schluck und sah ihr nach, wie sie in der Menge verschwand. Der Punsch mochte wohl überteuert sein, aber am Rum hatte man nicht gespart, und das Getränk rann einem heiß und wohlig durch die Kehle. Nach ein paar solcher Gläser hätte jedermann frohgemut sein Haus für eine zusätzliche Runde Whist versetzt.

Deloney nahm einen großen Schluck und grinste über etwas, das ich nicht nachvollziehen konnte.

»Witwen«, sagte ich, in der Hoffnung, den roten Faden meiner Befragung fortzuspinnen. »Steht Ihnen denn zurzeit ein solches Geschöpf in Aussicht?« Ich bemühte mich, beiläufig und ganz ruhig zu klingen.

»Mehrere, das schwöre ich Ihnen. Mehrere. Gerade eben habe ich eine davon um ein hübsches Sümmchen erleichtert. So hübsch und dabei so leichtgläubig. Sie ist eine charmante Jessica, der ich eingeredet habe, ich würde sie von ihrem Shylock befreien.« Er unterbrach sich. »Wenn ich mich recht entsinne, sind auch Sie ein Angehöriger der alten Rasse der Juden, oder nicht? Ich hoffe, Sie tragen mir die Eroberung Ihrer Frauen nicht nach.«

Ich rang mir ein einigermaßen joviales Lachen ab. »Nur solange Sie nichts dagegen haben, dass ich Ihre Christendamen erobere.«

Er schloss sich meinem Lachen an. »Oh, von denen gibt es mehr als genug.« Er nahm einen großen Schluck Punsch. »Ich habe die absolut geschickteste Methode der ganzen Welt ersonnen, mittels derer ich sie dazu bringe, mir ihre so überaus willkommenen Geldsummen zu überlassen.«

Als er innehielt, konnte ich meine Enttäuschung kaum verbergen. »Verraten Sie es mir.«

»Ich kann das Geheimnis nicht einfach jedem erzählen. Aber Sie haben mir vertraut. Vielleicht ist es nicht mehr als recht.«

Elias suchte sich den denkbar ungünstigsten Moment aus, um mich mit niemand anderem als Sir Owen Nettleton im Schlepptau bei meiner Befragung zu unterbrechen. »Sieh mal, Weaver, ich habe hier einen gemeinsamen Bekannten getroffen!«

Der Baronet versetzte Elias einen Klaps auf die Schulter.

»Ich bekomme ihn nur so selten zu Gesicht, wenn er mir nicht gerade mein Blut abzapft«, sagte Sir Owen zu mir und wandte sich sodann meinem Gesprächspartner zu. »Ah, Mr. Deloney.«

Deloney verneigte sich nur, aber sein Gesicht wurde bleich, und seine Unterlippe fing zu zittern an.

»Sir Owen. Stets eine Ehre, Sie zu sehen, Sir.« Er trank seinen letzten Rest Punsch mit einem Schluck aus – ein halbes Glas und, wie ich meine, genug, um einen doppelt so großen Mann wie ihn auf der Stelle niederzustrecken – und sagte zu mir: »Dürfte ich wissen, wo Sie Ihr Logis nehmen, Sir, damit ich Ihnen meine Aufwartung machen kann?«

Ich reichte ihm meine Karte, woraufhin er sich verbeugte und sich verabschiedete.

»Es steht mir nicht zu, Ihnen Ihren Umgang zu diktieren«, sagte Sir Owen, »aber ich hoffe sehr, dass Sie nicht allzu viel Geld und Vertrauen in diesen Mann setzen.«

»Ich habe ihn soeben erst kennengelernt. Woher sind Sie mit ihm bekannt, Sir?«

»Er taucht immer wieder im White's und anderen Spielhäusern auf, die auch ich frequentiere. Er wird von allen gemieden, denn er ist jedem Gentleman in dieser Stadt Geld schuldig. Entweder durch sein dreistes *Borgen* – ein Begriff, der besudelt wird, wenn ich ihn im Zusammenhang mit ihm nenne – oder aufgrund seiner betrügerischen Projekte.«

»Betrügerische Projekte?«, erkundigte sich Elias. »Nicht nur alberne und dumme Projekte?«

»Nein, dieser Deloney besteht nur aus Hinterlist und Tücke. Der versucht einem Eier von der Wollmilchsau anzudrehen, oder Aktien an einem Projekt zur Umwandlung der Themse in eine riesengroße Schweinefleischpastete. Deloney erfindet diese Projekte einfach, verkauft Anteile für zehn oder zwanzig Pfund und macht sich dann aus dem Staub. Die Opfer lässt er mit einem schönen Stück Papier in der Hand in ihrem Elend sitzen.«

»Hmm. Und ich habe ihm zwei Guineas geliehen«, sagte ich scheinheilig.

Sir Owen lachte laut. »Mir schuldet er zehnmal so viel, deshalb ist er auch wie eine Ratte davongehuscht. Das Geld sehen Sie niemals wieder, so viel kann ich Ihnen versichern, aber seien Sie dankbar dafür, dass Sie so billig davongekommen sind.«

»Wo wohnt er eigentlich?«, fragte ich.

Wieder lachte Sir Owen laut los. »Mich dürfen Sie nicht fragen, wo ein solcher Mann wohnt. Jedenfalls gehört er in die Gosse. Falls Sie vorhaben, ihm Ihr Geld aus dem Leib zu prügeln, so biete ich Ihnen zehn Prozent von meinem an, wenn Sie es bekommen. Aber ich glaube, Sie vergeuden mit dem Kerl nur ihre Zeit. Das Geld ist weg und kehrt nie wieder zurück.«

Ich unterhielt mich noch eine Weile mit Sir Owen, bis er sich entschuldigte und genau dem Mädchen hinterhereilte, das seine Dienste Deloney angeboten hatte. Elias schlug vor, ihm noch mehr Geld zum Spielen zu leihen, aber ich verspürte keine Lust, mich völlig zu verausgaben, und sagte ihm, es sei höchste Zeit, dass wir beide nach Hause gingen und uns schlafen legten.

21

Morgens, zu einer Zeit, da es noch zu früh für Höflichkeitsbesuche und andere gesellschaftliche Aktivitäten war, herrschte im Finanzzentrum Londons bereits geschäftiges Hin und Her. Der Himmel war noch wolkenlos und der Tag so heiter, dass ich meine Augen mit der Hand gegen die Helligkeit abschirmen musste, als ich aus der Kutsche stieg. Ich verharrte einen Moment in meiner erhöhten Position und ließ den Blick verwundert über die Straße schweifen, ein Meer von Perücken, da Männer auf dem Weg von diesem Laden in jenen, von einem Kaffeehaus zum anderen und von der Bank zum Verkäufer mit den heruntergesetzten Lotterielosen auf der anderen Straßenseite eilten.

Das South Sea House befand sich auf der Threadneedle Street, nahe der Bishopsgate. Das gewaltige Gebäude mit seinen eindrucksvollen Marmorschnitzereien und den lebensgroßen Porträts in der Eingangshalle präsentierte die Company als tief in der britischen Tradition verwurzelte Institution. Der Fassade nach hätte niemand vermutet, dass die Company noch nicht einmal zehn Jahre alt war und dass sie ihrem Daseinszweck – Handel mit der südamerikanischen Küste zu treiben – niemals gerecht geworden war. Es war etwas in der Art und Weise, in der die Leute durch die Vorhalle hasteten – vielleicht diese unruhige, misstrauische Eile in ihren Schritten –, das aus dem South Sea House kaum mehr als eine Erweiterung von Jonathan's Kaffeehaus machte, und damit eine Erweiterung der Königlichen Börse selbst. Und die Männer, die hier ihren Geschäften nachgingen, waren lediglich eine andere Spielart der allseits bekannten Wertpapierhändler. Wenn Aktienhandel, wie so viele behaupteten, nichts anderes als eine organisierte Gaunerei der Hochfinanz war, dann war South Sea House mit Sicherheit eine der größten Brutstätten der Korruption im ganzen Königreich.

Zweifellos rührte ein Teil des bienenstockartigen Gesummes im seinen Hallen daher, dass jeder in der Company von einem bevorstehenden wichtigen Geschäftsabschluss wusste. Das South Sea House war, wie mir Mr. Adelman erzählt hatte, eine Organisation, die kurz davor stand, ein folgenschweres Geschäft mit der Regierung abzuschließen; ein Geschäft, bei dem es, wie ich inzwischen wusste, um mehrere Millionen Pfund ging. Millionen von Pfund! Wer konnte sich solche Summen überhaupt vorstellen? Dieses Geschäft würde sicherlich von der Bank of England unterlaufen werden, deren noch verheißungsvolleres Gebäude sich nur weniger als fünfzehn Minuten zu Fuß von hier entfernt erhob. Ich wusste nicht, ob ich die Antworten auf das Geheimnis um meines Vaters Tod im South Sea House finden würde, aber ich fühlte mich in gewisser Hinsicht durch den Namen ermutigt, den ich auf Mr. Bloathwaits Schreibtisch entdeckt hatte: Virgil Cowper. Ich hatte nicht die geringste Ahnung, wer Virgil Cowper war, auch nicht, inwiefern er mir weiterhelfen konnte, aber ich sagte seinen Namen immer und immer wieder in Gedanken vor mich hin, als wäre er ein kleines Gebet oder ein Lied, mit dem man das Böse abwenden kann.

Ich blieb einige Minuten stehen und dachte über mein weiteres Vorgehen nach, während die Geschäftigkeit des South Sea House wie ein breiter Strom pekuniärer Interessen rings um mich her floss. Schließlich hielt ich nach jemandem Ausschau, der mir den Weg zeigen konnte, doch noch während ich suchend um mich blickte, fiel mir ein hinterhältig aussehender Bursche auf, der durch die Vordertür hereinkam und sich zur gegenüberliegenden Seite der Vorhalle durchkämpfte. Es gab keinen bestimmten Grund dafür, dass er meine Aufmerksamkeit auf sich zog, abgesehen davon, dass er recht groß und hässlich war und seine Kleider ziemlich heruntergekommen aussahen. Durch puren Zufall begegneten sich unsere Blicke, und wir beide sahen einander nur einen winzigen, flüchtigen Moment an. In diesem Augenblick wusste ich, dass er derselbe Mann war, der mich in der Cecil Street an dem Abend, an dem der verrückte Droschkenkutscher hinter mir her war, angegriffen hatte.

Wir hielten einen Augenblick inne, er und ich, und starrten uns quer durch die wogende Menschenmenge an. Keiner von uns wusste, was als Nächstes passieren würde. Ich konnte ihn mir nicht einfach schnappen, dafür war er zu weit weg, und ich vermute, er fragte sich in dieser Sekunde, ob er mir wohl erfolgreich entwischen konnte. Von dem Gesetz hatte er nichts zu befürchten, denn was konnte ich ihm schon anhaben? Da ich keinen zweiten Zeugen hatte, konnte ich ihn kaum vor einen Richter bringen. Aber ich konnte ihn windelweich prügeln, und wenn er wusste, wer ich war, dann wusste er auch, dass ich mich dazu nicht lange würde bitten lassen. Nur einen winzigen Augenblick – denn die Zeit verrann sehr langsam, während wir einander anstarrten – dachte ich an die Angst, die ich in jener Nacht verspürt hatte, als ich zu wissen glaubte, was mein Vater empfunden hatte, kurz bevor ihn die Pferdehufe zermalmt hatten, und es verlangte mich danach, dem Schurken wehzutun. Kurz entschlossen setzte ich mich in Bewegung und strebte auf den Kerl zu, wobei ich mehrere andere Besucher rücksichtslos zur Seite schob.

Er war viel näher an der Tür als ich und hatte die Möglichkeit, zu fliehen bereits in Betracht gezogen. Der Dieb, der höchstwahrscheinlich daran gewohnt war, Constables und patrouillierenden Wachmännern zu entwischen, bewegte sich schnell und grazil und wich den Menschen rings um ihn herum elegant aus. Die Menschenmenge im South Sea House, die zum Kaufen und Verkaufen, zum Investieren und Umtauschen gekommen war, kümmerte sich kaum um zwei Männer, die einander wie besessen in der Vorhalle verfolgten, und ich kümmerte mich auch nicht um sie, sondern versuchte, meine Beute nicht aus dem Auge zu lassen, so wie ein Raubtier auf der Jagd seinen Blick auf ein einzelnes Tier in der Herde konzentriert.

Er hatte die Tür erreicht, und ich war ihm dicht auf den Fersen. Doch dann rutschte ich auf den Marmorstufen aus und prallte gerade in dem Moment, in dem ich die Tür aufriss, um zu sehen, wo der Bursche hingelaufen sein mochte, mit einem wohlbeleibten Gentleman zusammen. Bis ich mich wieder umschauen konnte, war keine Spur mehr von ihm zu sehen. Zunächst dachte ich daran, andere Passanten auf der Straße nach einem großen, ungeschlachten Mann zu fragen, aber diese Frage war in London völlig sinnlos, denn wo gab es dort einen Mann, der nicht auf diese Beschreibung passte? Also ließ ich alle Hoffnung fahren, ihn doch noch zu erwischen, und kehrte ins South Sea House zurück.

Die Anwesenheit dieses Mannes an diesem Ort sprach nur für Elias'

Behauptung, dass eine der konzessionierten Gesellschaften hinter den Verbrechen steckte. Was sollte ein Mann, der mich auf einer verlassenen Straße angegriffen hatte, an einem Ort wie diesem zu suchen haben - es sei denn, die Company beschäftigte ihn für irgendwelche schändlichen Zwecke. Mit meiner Rückkehr ins South Sea House begab ich mich womöglich direkt in die Höhle des Löwen, tief in den Bau derjenigen Leute, die bereits zwei Männer ermordet und einen Anschlag auf mein eigenes Leben verübt hatten. Ich legte die Hand auf den Griff meines Degens - eher zur Beruhigung als in dem Glauben, ich müsse ihn wirklich ziehen - und betrat ein zweites Mal die Vorhalle dieser mächtigen Institution, die der Bank of England ihren Rang streitig machen wollte.

Ich stieg eine lange Treppe hinauf und erkundigte mich bei einem Gentleman, der so aussah, als habe er geschäftlich in dem Gebäude zu tun, ob es irgendwo ein Büro gäbe, in dem ich einen gewissen Virgil Cowper finden könne. Er sagte mir, der Betreffende arbeite in der Registratur, und schickte mich noch eine Treppe höher. Dort fand ich einen überfüllten Raum, in dem ein Dutzend oder noch mehr Angestellte irgendetwas arbeiteten, das sich meinem Verständnis entzog. Auf jedem Schreibtisch stapelten sich gewaltige, wenn auch ordentlich aufgeschichtete Papierberge, und ich sah zu, wie die Angestellten gelegentlich hier oder dort ein Blatt herunternahmen, es mit irgendwelchen Markierungen versahen, Vermerke in große Kladden eintrugen, die Papiere auf einen anderen Stapel legten und dann von vorne anfingen. Ich fragte den Schreiber, der mir am nächsten saß, wo ich wohl einen Mr. Cowper finden könne, und er gestikulierte in Richtung eines Schreibtischs im hinteren Teil des Raumes.

Ich konnte mir nicht vorstellen, was ein Gespräch mit Cowper bringen würde, aber ich schrieb diesem Mann keine geringe Wichtigkeit zu. Ich war auf seinen Namen gestoßen, und ich war seiner Spur bis hierher gefolgt. Ich hatte Elias' Ratschlag befolgt und Wahrscheinlichkeiten in Betracht gezogen, die mich wiederum zu einem Mann geführt hatten, über dessen Verbindung zu Bloathwait ich gern mehr erfahren würde.

Den Zwischenfall mit dem Dieb in der Halle hatte ich beinahe schon vergessen, als ich mich Cowpers Schreibtisch näherte. Der Mann dahinter mochte um die fünfzig Jahre alt sein, sah abgehärmt aus, und seine Haut hing schlaff um seine Gesichtsknochen; seine Hände waren rau, schwielig und mit Tintenflecken übersät. Die strengen grauen

Kleider ließen seinen graugelben Teint und seine rot geäderten Augen noch leichenhafter aussehen. Trotzdem lag ein intelligenter Ausdruck in seinem Gesicht und verriet eine Art ernsthaften Ehrgeiz, und zugleich wirkte er wie ein Mensch, dessen vielversprechende Jugend sich nicht erfüllt und lediglich das dumpfe Gefühl des Versagens hervorgebracht hatte, das mit dem Herannahen des Alters einhergeht. In diesem Augenblick des Lebens verwandelt sich die Verheißung der Zukunft in die Schinderei der Gegenwart, die alle Menschen so fürchten, ich selbst nicht ausgeschlossen, und aus diesem Grund empfand ich sofort Mitgefühl mit diesem Mann.

»Dürfte ich um ein paar Minuten Ihrer Zeit bitten, Sir?«, fragte ich. »Es geht um eine geschäftliche Angelegenheit.«

Ich habe mir sagen lassen, dass es an manchen Arbeitsplätzen, wie beispielsweise in den großen Handelshäusern, bei den Angestellten immer verbreiteter wird, dass sie sich der jeweiligen Firma verbunden fühlen. Das war im Jahre 1719 noch nicht so, wie ich Ihnen versichern darf. Ein Angestellter der South Sea Company nutzte jederzeit mit Freude den Einfluss und den Vorteil aus, den seine Position ihm verschaffte, um sich auf diese Weise ein paar Pfund in die eigene Tasche zu verdienen. Genau aus dieser Gepflogenheit wollte ich meinen Vorteil ziehen.

»Geschäftlich, sagten Sie?«, fragte Mr. Cowper leise. »Für Geschäftliches bin ich immer zu haben.«

Ich reichte ihm meine Karte, die er kurz betrachtete und dann beiseitelegte.

»Es geht um eine Privatangelegenheit.«

»Dann machen wir wohl besser einen kleinen Spaziergang«, schlug er vor. Er erhob sich und führte mich die Treppe in die Vorhalle hinunter. Ich wollte schon anfangen, ihm mein Begehr zu schildern, da brachte er mich mit erhobener Hand zum Verstummen. »Noch nicht, Sir.«

In der Halle angekommen, strebte er direkt auf die gegenüberliegende Wand zu. »Hier können wir uns einigermaßen ungestört unterhalten, vorausgesetzt, wir spazieren pausenlos auf und ab. Auf diese Weise kann uns niemand belauschen, ohne sich verdächtig zu machen.«

Ich nickte ob seiner klugen Vorsichtsmaßnahmen und dachte zuerst, es sei Mr. Cowpers ureigene Idee, bis mir ein gutes Dutzend anderer Paare oder kleiner Gruppen von Männern auffiel, die es ebenso wie wir hielten und ständig auf und ab gingen, jede Gruppe auf ihrer eigenen Kreisbahn, wie Billardkugeln, die gemächlich dahinrollten.

»Was kann ich also für Sie tun, Sir?«, fragte er mit unterwürfiger Höflichkeit.

Ja, was wollte ich eigentlich von ihm? Ich war so von meiner Idee besessen gewesen, diesen Mann aufzuspüren, meinen Vermutungen und dem Pfad der Wahrscheinlichkeit zu folgen, dass ich nicht daran gedacht hatte, was ich mit Mr. Cowper überhaupt anfangen wollte, sobald ich ihn gefunden hatte.

Den Notizen auf Mr. Bloathwaits Schreibtisch nach konnte ich annehmen, dass dieser Mann etwas über die Fälschungen wusste, aber nicht einmal darüber durfte ich mir sicher sein. Ich wusste allerdings, dass er in der Registratur arbeitete und daher Zugang zu nützlichen Informationen hatte.

»Haben Sie Zugang zu den die Anteilseigner betreffenden Unterlagen?«, fragte ich.

»Soweit es diese gibt«, antwortete Cowper mit immer noch leiser Stimme. »Leider ist diese Gesellschaft, was die Organisation ihrer Archive angeht, nicht gerade sehr vorbildlich.«

»Ich wüsste sehr gerne«, fuhr ich vorsichtig fort, »ob bestimmte Leute Aktien der Gesellschaft gezeichnet haben.«

Cowper strich sich über das Kinn. »Das könnte sich als schwierig erweisen. Jedenfalls, je neuer der Eintrag, desto größer die Chance, dass er gefunden werden kann. Für ältere Einträge kann ich leider überhaupt nichts versprechen.«

Cowpers Bereitschaft, an einem solchen Gespräch überhaupt teilzunehmen, bestätigte meine Vermutung, dass er in irgendetwas verwickelt war. Ich musste nur herausfinden, in was. »Ich glaube, das, wonach ich suche, dürfte nicht älter als ein Jahr sein. Ich möchte wissen, ob zwei Männer, deren Namen ich Ihnen noch nennen werde, Aktien der South Sea hielten. Falls ja, wüsste ich auch gerne, in welcher Höhe, wann sie gekauft wurden und ob sie wieder verkauft worden sind. Können Sie das für mich bewerkstelligen?«

Er lächelte. »Ich glaube, damit kann ich Ihnen zu Diensten sein. Allerdings dauert so etwas seine Zeit ... vielleicht eine Woche. Aber es lässt sich mit Sicherheit klären.«

»Und was darf ich Ihnen für Ihre Bemühungen zahlen?«

Cowper dachte kurz darüber nach, und wir wären beinahe mit zwei enorm dicken Männern zusammengestoßen, die in ein wesentlich ausgelasseneres Gespräch als das unsere vertieft waren. Sie lachten so heftig, dass sie kaum darauf achteten, wohin sie spazierten.

»Ich denke, mit fünf Guineas pro Name dürfte der Sache Genüge getan sein.«

Ich fing schon an, das Geschäft zu bedauern, denn Cowpers Preis war so hoch, dass ich nicht einmal hoffen konnte, ihn auf eine vernünftige Summe herunterzuhandeln. Letztendlich einigten wir uns auf acht Guineas für beide Namen, was immer noch ein exorbitanter Preis war.

Gerade als Cowper und ich unser Geschäft abgeschlossen hatten, erblickte ich Nathan Adelman; besser gesagt, er erblickte mich, als er gerade die Stufen herunterkam. Sein Blick blieb auf mir ruhen. Cowper verabschiedete sich überstürzt und verschwand in der Menge, während ich auf Adelman wartete.

»Einen schönen guten Tag Ihnen, Sir«, sagte ich nickend.

»Wie ich sehe, lassen Sie sich nicht davon abbringen, Ihre Zeit zu vergeuden«, bemerkte Adelman kühl. Er blieb auf der ersten Stufe stehen, damit er mir mühelos in die Augen blicken konnte. »Nun, da Sie weiter in der Luft herumstochern, sollte ich Sie wohl davor bewahren, irgendwelchen Schaden anzurichten. Ich bin gerade unterwegs zum Mittagessen, vielleicht begleiten Sie mich zu dem Wirtshaus gleich um die Ecke. Der Schweinebraten dort ist ausgezeichnet«, fügte er mit einem anzüglichen Blick hinzu, als forderte er mich dazu heraus, verbotenes Fleisch zu essen.

Wir gingen die Straße in Richtung Bishopsgate hinunter und bogen in die Leadenhall Street ein, in der sich das Wirtshaus unweit des Green Market befand. Unterwegs schlossen wir stillschweigend einen Waffenstillstand der Höflichkeit und beschränkten unsere Unterhaltung auf triviale Dinge: das gegenwärtige angenehme Wetter, die Sensationen der neuen Theatersaison und das wachsende Geschäft mit der Börse.

Er führte mich in ein überlaufenes, verräuchertes Lokal, das für einen Shilling verbrutzelte Koteletts und abgestandenes Bier in Krügen anbot. Wir suchten uns einen Tisch, und Adelman bestellte zwei Portionen. Nach wenigen Minuten servierte ein Junge zwei Teller mit einer fettigen Mischung aus Koteletts, Buttergemüse und blassgelbem Schrotbrot, das nicht wie echtes Weißbrot aus raffiniertem, sondern aus gefärbtem und kalkigem Mehl gefertigt wurde.

»Erzählen Sie mir, wie Sie mit Ihren Nachforschungen vorankommen«, forderte mich Adelman auf und zog einen Brocken des kalkigen Brotes durch das Fleischfett.

Es war keineswegs das erste Mal, dass mir jemand Schweinefleisch vorsetzte, und seit ich von zu Hause weggelaufen war, hatte ich kaum jemals Skrupel gehabt, welches zu essen. Trotzdem vergällte allein Adelmans Bedürfnis, vor meinen Augen Schweinefleisch zu verschlingen, mir den Gedanken daran nachhaltig.

»Sie kommen voran, Schritt für Schritt.« Ich tauchte ein Stück Brot ins Fett und ließ es auf dem Teller liegen.

Adelman lachte, den Mund voller Essen. »Freut mich zu hören. Ich bin überzeugt davon, dass Ihnen die Angestellten im South Sea House ihre vollste Unterstützung gewähren.«

»Ich wünschte, alle im South Sea House gäben mir ihre vollste Unterstützung.«

Adelman stocherte weiter in seinem Essen herum. »Bislang haben Sie mich noch um nichts gebeten.«

»Sie haben mir recht deutlich gemacht, dass Sie mir in keinster Weise zu helfen bereit sind.«

Er warf mir einen schrägen Blick zu. »Keine Lust auf Schweinefleisch, hm? Ich hätte Sie für aufgeschlossener gehalten.« Er schüttelte den Kopf und lächelte. »Ihre Verbohrtheit, was das Essen anbelangt, ähnelt in gewisser Hinsicht der Verbohrtheit, mit der Sie Ihre Nachforschungen betreiben. Ich hatte gehofft, Sie vor einem Kurs zu bewahren, der einer stammesbedingten Ignoranz entsprang, aber wenn ich Sie schon nicht von Ihren Nachforschungen abhalten kann, so möchte ich wenigstens den Schaden begrenzen, den Sie damit dem Königreich zufügen.«

Mir kam sein Manöver eine Spur zu plump vor. Er versuchte mich in die Irre zu führen. Jede Information, die ich von Adelman erhielt, musste mit äußerster Sorgfalt genossen werden. »Na schön«, sagte ich, bereit, seinen Gesinnungswandel auf die Probe zu stellen. »Was können Sie mir von Perceval Bloathwait erzählen?«

Adelman ließ die Gabel sinken. »Bloathwait? Was haben Sie denn mit dem Mann zu schaffen?«

»Ich bin davon überzeugt, dass mein Vater etwas mit ihm zu schaffen hatte. Außerdem«, fügte ich in der Absicht, eine Antwort hervorzukitzeln, hinzu, »hat er mich wissen lassen, dass er mir bei meiner Untersuchung behilflich sein will.«

Adelman stieß ein entrüstetes Schnauben aus. »Er wird Ihnen so lange helfen, wie er das South Sea House mit Dreck bewerfen kann. Erlauben Sie mir, Mr. Weaver, dass ich Ihnen eine hübsche kleine Geschichte erzähle. Wie Sie sich vielleicht erinnern, machten vor vier Jahren, als der Prätendent seinen brutalsten Versuch wagte, diese Insel einzunehmen und den Thron für das Haus Stuart zurückzugewinnen, Gerüchte die Runde, die Kutsche des Prätendenten sei bereits auf dem Wege nach London. Vielleicht, Sir, erinnern Sie sich auch noch an die Panik, die durch diese Gerüchte ausgelöst wurde. Der Gedanke, dass sich der Prätendent sicher genug fühlte, die Hauptstadt als ihr Herrscher zu betreten, ließ so manchen glauben, der Krieg sei bereits verloren und König Georg würde fliehen. In Wirklichkeit war die Rebellion in Schottland so gut wie erstickt, aber diese Gerüchte wurden nicht nur von Wahn und Angst genährt, denn eine Kutsche mit den Insignien des Prätendenten samt Entourage wurde auf der Straße nach London tatsächlich gesehen.«

»Ich verstehe nicht ganz, was das alles mit mir zu tun haben soll.«

»Zweifellos«, sagte Adelman. »Aber Sie werden es schon bald verstehen. Nachdem die Nachricht vom Anrücken des Prätendenten die 'Change Alley erreicht hatte, fielen die Aktienpreise in den Keller. Jeder, der größere Summen in Wertpapiere investiert hatte, verkaufte sie aus Angst davor, dass sie nichts mehr wert sein würden, sobald der Prätendent König Georg vom Thron stoßen würde. Ich möchte jetzt nicht gesagt haben, dass jeder, der damals während jener Krise gekauft hat, ein Schurke war. Es gab viele Patrioten, darunter auch mich, die darauf vertrauten, dass Seine Majestät der Invasion trotzen würde. Mr. Bloathwait hingegen kaufte in rauen Mengen und machte ein unvorstellbares Vermögen, nachdem sich die Invasion als schlechter Scherz herausgestellt und die Aktienpreise sich wieder normalisiert hatten.«

»Ihre Vorstellung von Schurkerei ist reichlich wankelmütig«, bemerkte ich. »Sie sagten, Sie hätten ebenfalls gekauft, als die Preise fielen. Ist er nur deshalb ein Schuft, weil er mehr als Sie gekauft hat?«

»Nein. Er ist ein Schuft, weil er die Panik inszeniert hat«, sagte Adelman und steckte sich einen Bissen Fleisch in den Mund. »Bloathwait hat die Kutschen gemietet, hat sie so herrichten lassen, dass sie wie der Prätendent und seine Leute aussahen, und sich dann in aller Ruhe zurückgelehnt und den Zusammenbruch des Marktes abgewartet. Es war ein sehr geschickter Plan, der einen lediglich wohlhabenden Mann in einen sehr, sehr reichen Mann verwandelte.«

Ich zeigte keinerlei Zeichen von Abscheu, in der Hoffnung, Adelman durch meinen Mangel an Teilnahme noch mehr aus der Reserve zu locken. »Das kommt mir eher vor wie Mr. d'Arblays vorgetäuschte Lotteriepanik«, kommentierte ich amüsiert.

»Der Unterschied besteht wohl im Ausmaß. Mr. d'Arblay hat die Pläne einiger Investoren zu ruinieren versucht. Mr. Bloathwait versuchte, eine ganze Nation in den Ruin zu stürzen. Ich muss zugeben, dass ich ein wenig verbittert bin, dass die Zeitungen, wenn sie einen Börsenhändler an den Pranger stellen, immer auf mich zeigen, obwohl ich nur ein Geschäftsmann bin, der die Möglichkeit sieht, seinem Land zu dienen. Bloathwait hingegen ist ein wirklich übler Aktienmakler. Er würde die Finanzen der ganzen Nation jederzeit wieder ins Chaos stürzen, nur um für sich selbst einen Vorteil an der Börse herauszuschlagen. Es liegt an Ihnen, ob Sie einem solchen Mann Ihr Vertrauen schenken wollen.«

»Was wollen Sie von mir, Mr. Adelman?«

»Ich möchte Ihnen lediglich einen guten Rat geben. Führen Sie Ihre Nachforschungen weiterhin fort, Mr. Weaver. Man spricht bereits in den Kaffeehäusern darüber, aber noch nicht so sehr, wie es vielleicht möglich wäre. Ich sage, machen Sie weiter, und zwar so mutig und so auffällig, wie Sie es sich zutrauen. Und dann lehnen Sie sich zurück und schauen Sie wie Ihr Freund Mr. Bloathwait zu, wie die Preise in der 'Change Alley fallen, und wenn das geschieht, kaufen Sie im großen Stil. Mit ein wenig Glück hält der Schaden, den Sie anrichten, nur kurze Zeit, und hinterher sind Sie ein reicher Mann.«

»Was wissen Sie«, wechselte ich, von seiner Rede unbeeindruckt, das Thema, »von gefälschten South-Sea-Aktien?«

Wie ein Geschöpf aus Ovid war Mr. Adelman mit einem Mal völlig verwandelt. Er sprang auf, packte mich am Arm und zischte mir mit einer widerwärtigen, kaum verständlichen Stimme zu: »Davon dürfen Sie nie wieder reden! Sie wissen nicht, wie viel Schaden Sie damit anrichten können! Diese Worte sind wie eine magische Beschwörungsformel, die, am falschen Ort und zu laut ausgesprochen, das gesamte Königreich in den Abgrund ziehen kann!«

Sobald er sich einigermaßen beruhigt hatte, setzte er sich wieder hin. »Entschuldigen Sie meine Erregung, aber von diesen Dingen verstehen Sie wirklich überhaupt nichts. Ich kann nicht einfach dasitzen und zusehen, wie Sie all das Gute, das wir getan haben, unwissentlich zerstören.«

»Sie sprechen davon, dem Land zu dienen, aber Sie unterscheiden sich in nichts von Bloathwait, der immer nur seinen eigenen Profit sucht. Ich muss glauben, dass diese Dinge, die ich Ihnen zuliebe nie wieder erwähnen soll, tatsächlich existieren. Ich werde diesen Strang meiner Ermittlungen weiterhin verfolgen, also können Sie mir auch gleich sagen, was Sie wissen.«

»Es ist nicht mehr als ein übles Gerücht«, erwiderte Adelman, nachdem er eine Weile überlegt hatte. »Ein von Bloathwait in die Welt gesetztes Gerücht. Eine Falschmeldung, wie damals seine Prätendentenkutsche. Nach allem, was ich weiß, hat er ein paar falsche Aktien anfertigen lassen und in Umlauf gebracht, um seine Geschichte glaubwürdig erscheinen zu lassen, aber ich verspreche Ihnen, es ist nicht mehr als ein Täuschungsmanöver, um die Company in den Ruin zu treiben. Und Sie, Mr. Weaver, sind für diejenigen, die diesen Ruin betreiben, nicht mehr als ein Werkzeug.«

»Und wenn ich Ihnen sagte, dass mein Vater an die Existenz solcher Aktien glaubte und überzeugt davon war, dass ein Vertreter des South Sea House sie selbst unter die Leute brachte?«

»Dann müsste ich Ihnen sagen, dass Sie einem schrecklichen Irrtum erlegen sind. Ihr Vater war ein viel zu scharfsichtiger Makler, um an derlei falsche Gerüchte zu glauben.«

In der Hoffnung, Adelman aus der Reserve zu locken, hielt ich einen Moment inne. »Ich habe Beweise dafür«, sagte ich schließlich, wobei ich absichtlich im Unklaren ließ, ob ich Beweise für die gefälschten Aktien oder für meines Vaters Glauben an ihre Existenz meinte.

»Welche Art von Beweisen?« Adelmans Gesicht verfärbte sich unter seiner weißen Perücke dunkelrot.

»Ich kann nur sagen, dass es Beweise sind, die mich sehr überzeugt haben.« Ich übertrieb die Wirkung der von meinem Vater verfassten Broschüre auf mich ein wenig, denn nach allem, was ich wusste, bestand sie hauptsächlich aus vollmundiger Rhetorik, aber ich glaubte, einen Vorteil gegenüber Adelman zu besitzen und wollte ihn bis zur Neige ausschöpfen.

»Was haben Sie?«, wollte er wissen. »Eine gefälschte Aktie?« Er sprach die Worte so leise aus, dass er kaum die Lippen dabei bewegte. »Sollte es sich darum handeln, seien Sie versichert, dass es sich nur um eine niederträchtige Fälschung handelt, die unmöglich aus dem South Sea House stammen kann. Falls Sie wirklich so etwas besitzen, so wurde es allein zu dem Zweck hergestellt, um Ihnen etwas vorzugaukeln. So etwas existiert nicht.«

»Die Fälschung einer Fälschung?« Fast hätte ich laut gelacht. »Eine Finte innerhalb einer Finte? Wie amüsant. Diese Aktienmaklerei ist wirklich so teuflisch, wie ihre Feinde behaupten.«

»Nennen Sie mir den Preis für Ihren ›Beweis‹. Glauben Sie nicht, ich dächte auch nur eine Sekunde daran, dass er wirklich etwas beweisen kann, aber wenn ich dafür bezahlen muss, damit sich die Gerüchte nicht weiter ausbreiten, dann werde ich es tun.«

Ich hoffe, meine geschätzten Leser nicht vor den Kopf zu stoßen, wenn ich gestehe, dass ich zumindest einen winzigen Augenblick überlegte, was wohl mein Preis sein könnte. Welche Loyalität verband mich mit meinem Vater, die mich dazu bringen sollte, eine beträchtliche Geldsumme einfach abzulehnen – eine Summe, die ich für das bekommen würde, was ich all die Jahre ohnehin getan hatte: ihn vergessen? Woran Adelman wohl dachte, als er sagte, ich solle ihm meinen Preis nennen? Eintausend Pfund? Zehntausend? Wäre es nicht klug, ihn genauer danach zu fragen, bevor ich sein Angebot ablehnte?

Ich bin immer ein wenig von mir enttäuscht, wenn ich die Erfahrung mache, dass ich nicht die Nerven für derlei Gaunereien, nicht den geschäftlichen Instinkt dafür besitze, konsequent in meinem Interesse zu handeln. Vielleicht als Reaktion auf diesen Kampf, der in mir tobte, nahm ich die Haltung des Entrüsteten ein. »Mein Preis? Mein Preis ist die Wahrheit darüber, wer meinen Vater und Balfour umgebracht hat. Und aus welchem Grund. Einen anderen Preis gibt es nicht!«

»Hol Sie der Teufel, Sir!« Er knallte sein Besteck auf den Tisch.

Ich gebe zu, ich genoss diesen Augenblick der Macht und sah keinen Grund, mich nicht in diesem Gefühl zu aalen. »Der Teufel soll mich holen, sagen Sie? Hätten Sie Lust, ihm dabei morgen früh bei Sonnenaufgang im Hyde Park behilflich zu sein?«

Die Röte wich gänzlich aus Adelmans Gesicht, das nun die Farbe seiner Perücke annahm. »Ich duelliere mich nie, Sir. Ich halte es für ein barbarisches Ritual, dazu eins, das nur zwischen Gleichgestellten ausgetragen wird. Sie sollten sich schämen, eine solche Sache auch nur vorgeschlagen zu haben.«

»Ein Duell ist eine gefährliche Angelegenheit«, stimmte ich ihm zu. »Aber einen Mann von Angesicht zu Angesicht zu beleidigen, Mr. Adelman, ist ein nicht minder gefährliches Verhalten. Ich sage Ihnen offen, ich bin Ihre Versuche, mich von meinem Vorhaben abzubringen, allmählich leid. Ich lasse mich nicht davon abbringen. Ich lasse mich nicht kaufen. Meine Nachforschungen werden erst dann eingestellt,

Sir, wenn ich zu einem Ergebnis gekommen bin, keinen Augenblick früher. Wenn ich dabei die South Sea Company, die Bank of England oder wen auch sonst, der bei diesen Morden die Hand im Spiel hatte, bloßstellen muss, so werde ich nicht zögern, das zu tun.«

Ich erhob mich und funkelte den großen Mann an, der, vielleicht zum ersten Mal seit vielen Jahren, nicht wusste, was er antworten sollte. »Falls Sie wünschen, sich weiter über diese Angelegenheit zu unterhalten, wissen Sie, wo ich zu finden bin. Ich stehe Ihnen jederzeit zur Verfügung.«

Nach diesen Worten drehte ich mich um und marschierte voller Selbstzufriedenheit hinaus. Zum ersten Mal, seitdem ich mich der Suche nach der Wahrheit um den Tod meines Vaters widmete, hatte ich das Gefühl, ein kleines bisschen an Stärke gewonnen zu haben.

Ich freute mich, in meine Wohnung zurückzukehren, denn ich empfand meine Begegnung mit Adelman als überraschend ermüdend. Die Hoffnung, meine Stiefel ausziehen und einen Schluck zur Entspannung zu mir nehmen zu können, zerstob jedoch, als ich sah, dass meine Vermieterin mich an der Haustür erwartete. Ihre Miene verriet mir sofort, dass ich noch nicht so bald zum Ausruhen kommen würde. Mir fiel sofort auf, dass sie unruhig und überanstrengt war. Wäre ich selbst weniger müde gewesen, hätte ich in ihren eingesunkenen Augen und ihrer blassen Gesichtsfarbe bestimmt auch die Anzeichen von Angst erkannt.

»Da warten ein paar Männer auf Sie im Salon, Mr. Weaver«, sagte sie mit zittriger Stimme.

»Ein paar Männer«, murmelte ich. »Doch wohl keine christlichen Gentlemen, Mrs. Garrison? Darf ich annehmen, dass der Radscha von Indien und seine Gefolgschaft mir die Ehre eines Höflichkeitsbesuchs erweisen?«

Sie presste die Hände in einer flehentlichen Geste zusammen. »Sie sind im Salon.«

In den wenigen Sekunden, die ich brauchte, um in den Salon zu stürmen, ging mir so einiges durch den Kopf. War der Constable gekommen, um mich für den Mord an Jemmy festzunehmen? Als ich das Zimmer betrat, erblickte ich fünf hinlänglich wohl gekleidete Männer, doch ihre boshaften Augen sprachen dem Schnitt ihrer Kleidung und den adretten Perücken Hohn. Drei von ihnen lümmelten mit lässig von sich gestreckten Beinen auf dem Sofa. Die beiden anderen standen dahinter. Einer von ihnen spielte unbekümmert mit Mrs. Garrisons Porzellanvase. Der andere legte die Hand auf eine Ausbeulung seiner Jackentasche, die, wie ich wusste, nur von einer Pistole herrühren konnte.

Es waren keinesfalls die Leute des Constable.

»Aha«, sagte der Mann mit der Vase und stellte sie kräftig ab, vielleicht in der Hoffnung, einen Sprung hervorzurufen, der sich vom Boden aufwärts schlängelte. »Endlich zeigt sich auch der große Mr. Weaver höchstpersönlich. Sie haben uns den ganzen Tag warten lassen, mein Bester. Finden Sie das nicht ein wenig unhöflich, hm?«

Mrs. Garrison war mir nicht bis ins Zimmer gefolgt, aber sie blieb draußen in der Diele stehen, um mitzubekommen, was sich ereignete.

Ich hatte keine Ahnung, wer diese Männer sein mochten, aber ihre Anwesenheit machte mich neugierig. Ich wusste, dass ich mich womöglich in großer Gefahr befand, aber ich glaubte auch, dass ich kurz davor stand, mehr über die Morde zu erfahren, deren Aufklärung ich mir zur Aufgabe gemacht hatte.

»Wenn Sie etwas von mir wollen«, sagte ich streng, »dann heraus damit. Andernfalls verlassen Sie dieses Haus!«

»Hört euch den an«, sagte einer der Männer auf dem Sofa. »Glaubt wohl, er kann uns sagen, was wir zu tun und zu lassen haben.«

»Mr. Weaver«, sagte der Anführer, »wir sind gekommen, um Sie zu einem kleinen Besuch abzuholen. Unser Herr hat Sie eingeladen, und um sicherzugehen, dass Sie sich unterwegs nicht verlaufen, hat er uns hergeschickt. Wir werden Sie eigenhändig zu ihm bringen.«

»Und wer ist Ihr Herr?«

»Das werden Sie schon sehen, wenn es so weit ist«, erwiderte der Anführer. »Wenn Sie spuren, passiert Ihnen nichts. Wir haben genug Leute dabei, und auch genug Pistolen, um einen Mann wie Sie von dummen Gedanken abzuhalten.«

Hinter mir entfuhr Mrs. Garrison ein spitzer Schrei. Ich wandte mich rasch zu ihr um. »Keine Sorge«, beruhigte ich sie. »Haben Ihnen diese Männer etwas zuleide getan?«

Sie schüttelte den Kopf.

»Dann wird Ihnen auch weiterhin nichts geschehen.« Ich blickte wieder den Anführer an. »Gehen wir.«

Wäre ich allein gewesen, hätte ich mich der Situation vielleicht etwas gewaltsamer entziehen können, aber ich durfte die Sicherheit von Mrs. Garrison nicht aufs Spiel setzen. Sie mochte zwar eine unangenehme

Frau sein, aber ich kannte meine Verantwortung zu gut, um zu riskieren, dass sie bei einer handgreiflichen Auseinandersetzung zu Schaden kam.

»Das is 'n ganz Galanter«, bemerkte einer meiner Besucher, als sie mich zur Haustür hinausschoben. Ich sah, dass eine Kutsche auf uns wartete, und ging mit eiligen Schritten darauf zu, begierig darauf, zu wissen, wie das Abenteuer enden würde. Eine kleine Menschenmenge hatte sich versammelt und beobachtete die merkwürdige Prozession, und ich dachte insgeheim, dass ich bei so vielen Zeugen zumindest momentan keine Angst zu haben brauchte. Aber noch während mir der Gedanke durch den Kopf ging, verspürte ich plötzlich einen scharfen, schmerzhaften Schlag gegen den Hinterkopf. Der Schmerz nahm alle meine Sinne gefangen. In meinen Jahren im Ring habe ich nicht wenig Schläge am Kopf eingesteckt, aber es ist eine Sache, die Faust eines Mannes im Gesicht zu spüren, und eine ganz andere, mit einem harten Objekt von hinten geschlagen zu werden. Der Schmerz war auf eine desorientierende Weise buchstäblich unglaublich: stumpf und bohrend, heiß und kalt, alles auf einmal. Ich dachte noch: Das kann nicht sein ... es kann doch nicht so wehtun ...

Ohne näher darüber nachzudenken, hob ich die Hand, um die Stelle zu berühren, die so unmöglich wehtat. Ich hätte wissen müssen, dass man sich keine derartige Blöße geben darf, denn sofort nutzte ein zweiter der Männer den Vorteil und schlug mir durch die offene Deckung voll in den Magen. Mein Brustkorb schnürte sich zusammen, und ich japste nach Luft. Noch während ich vornüber kippte, spürte ich den dritten Schlag, diesmal ins Kreuz. Der Schlag warf mich zu Boden.

Ich dachte, wenn ich nur wieder Luft bekäme, könnte ich mich aufrappeln und meine Gegner mit den Fäusten bearbeiten, aber kaum lag ich auf dem Boden, wurde ich ins Gesicht und in die Seite getroffen, und bevor ich mich wehren konnte, wurden mir die Arme nach hinten gerissen und mit einem Strick zusammengebunden. Kurz bevor mir ein Stück Stoff über den Kopf gestülpt wurde, blickte ich auf und sah die Gesichter der Menge, die zuschaute, wie ich vor meiner eigenen Unterkunft zusammengeschlagen wurde. Nicht einer von ihnen trat vor, um mir zu helfen, und ich ertappte mich dabei, mir alle Gesichter fest einzuprägen, damit ich mir bei meiner Rückkehr einen nach dem anderen vornehmen und verprügeln konnte, der meinem Unglück mit so feiger Gleichgültigkeit zugeschaut hatte. Ich hörte, wie jemand sagte, er würde den Constable holen, wusste jedoch, dass mir damit nicht viel geholfen war.

Ich wurde brutal hochgezerrt und gegen die Seite der Kutsche geschleudert; es fühlte sich an, als zerrte mindestens ein Dutzend Hände an mir und durchsuchte mich nach Waffen. Sie nahmen mir meine Pistole, meinen Degen und meine Messer weg und stießen mich in die Kutsche, wo ich auf dem Sitz zusammensank.

Ich wehrte mich vergeblich gegen die Fesseln, nicht weil ich glaubte, mich von ihnen befreien zu können, sondern weil ich den Gedanken nicht ertragen konnte, dass diese Männer glaubten, sie hätte mich besiegt. Bald schon war ich es leid, mich wie eine Forelle am Haken zu winden. Ich konnte nichts dadurch erreichen, und ich verspürte kein großes Verlangen danach, mich noch mehr schlagen zu lassen. Also konzentrierte ich mich lieber darauf, mir einzureden, die Schmerzen seien nicht allzu stark; ich spürte, wie die Räder sich in Bewegung setzten, und schwor mir, dass ich mich für meinen ohnmächtigen Zorn und die erlittene Demütigung noch vor Sonnenuntergang des gleichen Tages rächen würde.

22

Angespannt vor Wut und Schmerz saß ich mit verbundenen Augen schweigend da, während die Kalesche wer weiß wie lange dahinratterte. Auch meine Entführer sprachen kein einziges Wort, und in der Stille und Dunkelheit überlegte ich, wer diesen Überfall wohl zu verantworten haben mochte. Unweigerlich hatte ich die South Sea Company in Verdacht. Doch würden die Drahtzieher einer hinterhältigen Verschwörung, die in aller Verschwiegenheit zwei Männer das Leben gekostet hatte, so unvorsichtig vorgehen und einen Mann vor einer Menge von Schaulustigen entführen? Wenn aber nicht die South Sea ... wer hatte sonst noch Interesse daran, mich so grausam zu behandeln? Und aus welchem Grund?

Schließlich hielten wir an. Ich wurde aus der Kutsche geführt, dann gingen wir einen kurzen Weg zu Fuß. Ich hörte eine Tür aufgehen und spürte, wie mich ein Händepaar in ein Gebäude hineinstieß. Nach mehreren Sekunden zog man mir die Haube vom Kopf, und ich sah, dass man mich in ein üppig ausgestattetes Wohnhaus gebracht hatte. Die Wände waren mit klassisch inspirierten Kunstwerken verziert, die weniger an die Tugenden des Plutarch als an die Exzesse von Petronius Arbiters *Satyricon* erinnerten. Ich verzichte darauf, meine ehrenwerten Leser durch die nähere Beschreibung der Posen jener Gipsfiguren und Szenen auf den Gemälden in diesem Raum in Verlegenheit bringen.

Die Männer um mich herum benahmen sich wie Kinder, deren Bestrafung nur noch von der Rückkehr eines Elternteils abhängig war. Obwohl mir die Arme immer noch fest auf den Rücken gebunden waren, beobachteten sie mich argwöhnisch.

Man brachte mich in einen Salon und wies mich an, mich hinzusetzen. Die Männer zogen sich ein Stück zurück, verließen den Raum aber nicht. Dann spürte ich, wie sich jemand von hinten näherte und die Stricke um meine Handgelenke durchschnitt. Ich sprang fast sofort auf, beschloss jedoch, mich zuerst umzusehen, bevor ich irgendwelche Maßnahmen ergriff. Der Raum war nach der neuen fernöstlichen Mode eingerichtet, mit Vasen im chinesischen Stil und orientalischen Mustern auf den Wandbehängen. Auf einem Gemälde in einem breiten Goldrahmen war eine türkische Krönungsszene dargestellt. Da ich nicht wusste, welches Detail sich als wichtig erweisen konnte, versuchte ich mir so viel wie möglich einzuprägen. Sicher war lediglich, dass der Mann, der mich hatte herbringen lassen, für eine beträchtliche Zeit mein Feind sein würde. Vorausgesetzt, er ließ mich am Leben.

Der Mann, der meine Hände befreit hatte, kam um mich herum und sah mich an, und erst jetzt merkte ich, dass es der Große Mann selbst war, der da auf mich zugelaufen, oder sollte ich besser sagen: zugehumpelt kam, um mir die Hand zu schütteln. Obwohl Jonathan Wild zehn Jahre älter als ich war, besaß er eine jugendliche Ausstrahlung. Auf einen unkritischen Menschen hätte sein breites Gesicht ausgesprochen offen und ehrlich gewirkt, aber für mich, der ich eben erst seine hinterhältigen Methoden zu spüren bekommen hatte, drückte es nichts als Niedertracht aus.

Ihm auf dem Fuße folgte sein Vasall, Abraham Mendes. Er baute sich teilnahmslos hinter Wild auf und ließ sich mit keinem Zeichen anmerken, dass wir uns erst vor Kurzem vor der Bevis-Marks-Synagoge unterhalten hatten. Seine Aufgabe bestand vermutlich darin, einschüchternde Blicke auf alles zu werfen, was sich in dem Zimmer rührte. Die Tatsache, dass er mich kannte, veränderte sein Verhalten nicht im Geringsten.

»Ich bin so froh, Sie wieder zu treffen, Mr. Weaver.« Wild nahm meine Hand und schüttelte sie in einem kräftig zupackenden, fast schmerzvollen Griff, gerade so, als wollte er auch in diese kleine Geste möglichst viel Bedeutung hineinpacken. »Ich muss mich für den rüpelhaften Auftritt meiner Leute entschuldigen. Ich hatte sie gebeten, Sie höflich zu behandeln, aber ich glaube fast, Ihr Ruf hat sie ein wenig verunsichert, weshalb sie vorsichtshalber auf ihre gewohnt harten Methoden zurückgegriffen haben.«

Seit seiner jovialen Begrüßung im Gasthaus Bedford Arms hatte ich so halb befürchtet, früher oder später wieder mit ihm zusammenzutreffen, konnte mir aber immer noch keinen Reim darauf machen, was er sich von diesem Unternehmen versprach. Warum hatte man mich geschlagen, obwohl man wusste, dass ich mich dafür revanchieren würde? Warum hatte man mir die Augen verbunden, wo doch alle Welt wusste, dass Jonathan Wild in einem geräumigen Haus wohnte, das er erst vor Kurzem im Great Old Bailey gekauft hatte?

Wild schickte seine Leute hinaus und setzte sich auf einen Sessel mit ausladenden Armlehnen. Mendes trat hinter ihn und betrachtete mich mit einer Gefühllosigkeit, die mich frösteln ließ. Mir wollte nicht einleuchten, wie Mendes sich ganz nach Belieben in zwei verschiedene Menschen verwandeln konnte – einmal in den skrupellosen Handlanger und dann wieder in den leutseligen Juden und Landsmann.

»Ich möchte mich noch einmal für das Missverständnis entschuldigen«, sagte Wild leise, »und hoffe, dass dieses Debakel nicht länger zwischen uns steht. Darf ich Ihnen ein Glas anbieten, um Ihre Stimmung ein wenig aufzumuntern?« Er humpelte zu einer Karaffe, die auf einem Tisch mitten im Raum stand, und machte deutlich, dass er mir den Wein lieber selbst einschenkte, als dass er einen Diener mit dieser Aufgabe betraute.

»Ein Glas Wein käme nicht ungelegen.« Vorsichtig versuchte ich meinen zerschlagenen Körper in eine bequemere Position zu bringen. Diese Unterhaltung, sagte ich mir, war einem Boxkampf im Ring nicht unähnlich. Ich musste mich nur zwingen, den Schmerz zu ignorieren und meine Sinne beisammenzuhalten, auch wenn mein Körper mich zum Aufgeben drängte.

Wild goss den Wein ein, reichte mir das Glas mit vollendeter Ehrerbietung und ging zu seinem Stuhl zurück. »Wir haben so viel miteinander zu bereden. Wundert es Sie nicht auch, dass wir nicht öfter die Gelegenheit finden, uns zu unterhalten?«

Ich nahm einen kleinen Schluck und fand, dass der Wein meiner Verfassung in gewisser Hinsicht gut tat. Ich richtete mich gerade auf, achtete nicht auf das Pochen in meinem Schädel und suchte Wilds verschlagenen Blick. »Mich wundert immer weniger, Mr. Wild, dafür wird meine Geduld immer stärker strapaziert. Auch wenn es nicht in Ihrer Absicht lag, mich schlecht zu behandeln, so wurde mir doch übel mitgespielt, und mein Zustand ist nicht gerade der beneidenswerteste. Wenn Sie also etwas mit mir zu besprechen haben, dann bitte ich darum, es kundzutun.«

»Na schön, Mr. Weaver. Auch meine Zeit ist bemessen.« Er setzte sich. »Ich sähe es gern, wenn wir beide zu einer Übereinkunft kämen, andernfalls könnte es allzu leicht geschehen, dass wir Gegenspieler werden. Letztendlich fischen wir beide im gleichen Teich, aber da ich so über die Maßen Erfolg bei der Diebesfängerei habe, fürchte ich, dass für Sie nicht viel übrig bleibt. Ich bin jedoch davon überzeugt, dass es für Ihre Ambitionen genügend andere Verdienstmöglichkeiten gibt, beispielsweise durch Schuldeneintreiben, den Geleitschutz von Gentlemen und sogar durch die Aufdeckung schrecklicher Verbrechen. Beispielsweise wie jenes, das an Ihrem Vater verübt wurde.«

»Was wissen Sie von dieser Sache?«, fragte ich in der Hoffnung, einigermaßen entspannt zu klingen.

Er schüttelte den Kopf, als sei meine Frage allzu idiotisch. »Ich darf Ihnen versichern, Sir, dass in dieser Stadt nur sehr wenig ohne mein Wissen geschieht.«

»Dann können Sie mir ja sagen, wer meinen Vater ermordet hat«, erwiderte ich.

»Ach, leider kann ich mich ausgerechnet daran nicht mehr erinnern«, sagte er und schüttelte verwundert den Kopf.

»Dann ist Ihr Wissen wohl doch nicht so lückenlos, wie Sie mir weismachen wollen.«

Seine Augen zogen sich missbilligend zusammen. »Nicht so hastig, Sir. Mir sind Ihr Ungestüm und auch Ihr übereifriges Temperament bereits zu Ohren gekommen. Sagen Sie mir doch, Mr. Weaver, entspricht es der Wahrheit, dass Sie, als Sie noch jünger waren, sich auf den Landstraßen herumtrieben und andere von dem Reichtum erlösten, den Sie für sich selbst wünschten, und dass Sie damals hoch in der Gunst des zarten Geschlechts standen? Man trug mir zu, Sie seien damals als Gentleman Ben bekannt gewesen, den die Damen sogar dann noch anhimmelten, wenn sie ihm ihre Ringe und Juwelen aushändigen mussten. Einmal sahen Sie sich sogar gezwungen, der Tochter eines reichen Kaufmannes auszureden, auf der Stelle mit Ihnen davonzupreschen.«

Es hätte mich nicht verwundern sollen, dass er solche Dinge wusste. Damals, als ich noch mein Unwesen auf den Landstraßen trieb, hatte ich wirklich einen falschen Namen angenommen, und wenn es in der Stadt Männer gab, die mich aus jenen Tagen kannten, war es unvermeidlich, dass Wild von meiner Vergangenheit erfuhr. Ich selbst hatte, seit der Aufnahme meiner neuen Tätigkeit in London, zu niemandem auch nur ein Sterbenswörtchen darüber verloren. Manche Geheimnisse hütete ich sogar vor Elias. »Ich bin nicht daran interessiert, die Unschicklichkeiten meiner Jugend mit Ihnen zu diskutieren.«

Er grinste mich wieder an. »Es gibt nichts in Ihrer Vergangenheit, dessen Sie sich schämen müssten. Ich habe gehört, dass Sie einmal, als einer Ihrer Reisegefährten bei einer Dame, deren Wertsachen Sie für sich selbst beanspruchten, zu grob zu werden drohte, Ihre Pistole zogen und dem Kerl mitten ins Gesicht feuerten. Er war auf der Stelle tot.«

Bei seiner Wiedergabe dieses Gerüchtes, das mich einige Jahre verfolgt hatte, verspürte ich zumindest eine gewisse Erleichterung – nicht weil ich mich darüber freute, dass mir diese Geschichten zugeschrieben wurden, sondern weil es bewies, dass auch Wild nur die immer gleichen falschen Geschichten gehört hatte, die seit Jahren im Umlauf waren. Auch seine Informationen waren begrenzt.

»Die Pistole versagte«, erwiderte ich langsam. »Niemand kam zu Schaden, und der Mann, von dem Sie sprechen, wurde später für seine Schandtaten am Galgen von Tyburn gehängt.«

»Da kann ich nur hoffen, dass Sie ihn selbst abgeliefert haben. Hat bestimmt eine hübsche Belohnung eingebracht. Ich empfinde es als eine Schande, seine Feinde hängen zu sehen und dafür keine andere Entschädigung zu erhalten als den Anblick ihrer baumelnden Körper.«

Ich musterte seine Züge, hoffte irgendetwas aus ihnen zu lesen, das auf seine Absichten hindeutete. Aber diesem salbungsvollen Lächeln war nichts zu entlocken. »Ich fürchte, ich verstehe nicht ganz, worauf Sie hinauswollen.«

»Ach ja, worauf will ich hinaus? Eigentlich möchte ich mit Ihnen über Ihre Nachforschungen zum Tode Ihres Vaters reden.«

»Darf ich raten?«, fragte ich bissig. »Sie wünschen, dass ich meine Nachforschungen sofort einstelle.«

Wild lachte, so wie ein gutwilliger Patron über die Einfältigkeit seiner Schützlinge lacht. »Aber nein, Mr. Weaver, ganz im Gegenteil. Ich möchte sichergehen, dass Sie zügig vorankommen.«

Ich wartete geduldig auf seine Erklärung.

»Ich möchte, dass Sie sich aus einem Geschäft heraushalten, das ich für mich selbst beanspruche«, fuhr Wild fort. »Die Öffentlichkeit erkennt meine Dienste voll und ganz an, und ich beabsichtige nicht, mit Ihnen in dieser Branche in Konkurrenz zu treten. Da es keine besonders angenehme Beschäftigung ist, flüchtige Diebe einzufangen, bin ich sicher, dass Sie mit Freuden andere Wege finden, Ihren Lebensunterhalt zu verdienen. Im Gegenzug sorge ich dafür, dass Ihre Untersuchung, was die beiden Todesfälle betrifft, erfolgreich verläuft, denn ich glaube, dass ein solcher Abschluss neue Möglichkeiten für Sie eröffnet und wir uns nicht mehr als Rivalen begegnen müssten.«

Dann sah er mich besonders eindringlich und herausfordernd an. »Sie haben sicherlich nicht vergessen, dass ich mich von dieser unglücklichen Sache mit Kate Cole nicht habe verärgern lassen.«

Ich trank einen Schluck Wein. »Umso besser«, sagte ich und schützte Gleichgültigkeit vor. In Wahrheit hatte sein öliges Gerede den stechenden Schmerz in meinem Kopf noch verschlimmert, und ich wollte auf keinen Fall etwas sagen, das unsere Unterhaltung verlängerte.

»Ja, schlimme Sache mit Jemmy«, fuhr Wild gut gelaunt fort. »Aber halb so wild, dass er tot ist, denn ich konnte diesem Burschen nicht trauen und hätte ihn ohnehin eher früher als später selbst abgeliefert. Leider kann ich auf diese Weise kein Geld für seinen Tod einstreichen, aber dafür kriege ich was für Kate, und das soll mir recht sein. Vielleicht haben Sie sich gefragt, ob ich verstimmt darüber bin, dass Sie sich in meine Geschäfte eingemischt haben, aber ich darf Ihnen versichern, dass ich keinen Groll gegen Sie hege. Ich verspreche, dass Ihr Name bei Kates Verhandlung nicht erwähnt werden wird.«

»Freut mich zu hören«, murmelte ich. Ich kann nicht sagen, dass mich Wilds Absicht, Kate baumeln zu lassen, sehr überraschte, aber die Kälte, mit der er seine Entscheidung vortrug, beunruhigte mich doch. Hielt er sich selbst etwa für charmant? Oder furchterregend?

»Dachte mir, dass Sie das freut«, fuhr er fort. »Aber lassen Sie uns zu unserem dringlicheren Problem zurückkehren. Ich würde Ihnen wirklich gerne behilflich sein.«

»Lassen Sie sich nicht aufhalten.« Wild konnte sich nicht wirklich einbilden, dass er mich mit seinem übertrieben freundschaftlichen Getue beeindruckte, und ich wusste nicht, was ich zu gewinnen hatte, wenn ich mich dümmer stellte, als er mich einschätzte. »Offen gesagt, Mr. Wild, glaube ich Ihnen nicht, und es würde mich sehr verwundern, wenn Sie das von mir erwarteten. Vielleicht sagen Sie mir einfach, was Sie wollen, damit ich in meine Wohnung zurückkehren und mir die Wunden aus dieser Zusammenkunft lecken kann.«

Er legte eine Hand auf die Brust. »Sie verletzen mich, Sir.« Er erstarrte in dieser Haltung und schien es sich dann anders zu überlegen. »Nein, eigentlich nicht. Natürlich verletzen Sie mich nicht. Als ich Ihnen von meinen Plänen erzählte, Kate baumeln zu lassen, gab es für Sie keinen Grund, in mir nichts als einen Intriganten zu sehen – was ich auch bin, und zwar ein teuflisch guter. Die Wahrheit ist, dass ich eigene Gründe habe, die mir einen Erfolg Ihrer Nachforschungen ans Herz legen – dass Sie die Wahrheit hinter diesen Morden aufdecken. Mein Geschäft lebt von der Langfingerplage in dieser Stadt, aber Mord steht auf einem ganz anderen Blatt. Mord ist etwas, das ich nicht durchgehen lasse. Mord ist schlecht für mein Geschäft. Wenn einem Mann seine Uhr fehlt, so ist das eine Sache, aber wenn Anschläge gegen wohlhabende Kaufleute verübt werden, ist das etwas völlig anderes.«

»Warum haben Sie dann auf mich und meine Nachforschungen gewartet? Wenn Sie diese Morde so beunruhigen, warum gehen Sie der Sache nicht selbst auf den Grund?«

»Weil niemand vor Ihren Untersuchungen auf die Idee kam, dass es sich um Mord handeln könnte. Solange die Öffentlichkeit zufrieden ist, bin ich auch zufrieden. Jetzt aber, nachdem Sie die Öffentlichkeit auf die ungeklärten Umstände dieser beiden Tode aufmerksam gemacht haben, Weaver, ist es für uns beide nicht gut, wenn Sie die Sache nicht auch zu aller Zufriedenheit aufklären.«

»Was für ein Unsinn!« Ich musste einfach lachen, obwohl die Erschütterung mir sowohl in den Rippen als auch im Kopf wehtat.

Wild lachte mit mir. »Sie werden ihn akzeptieren müssen. Ich habe meine eigenen Motive. Ich möchte, dass Sie Erfolg haben, aber wenn Sie das selbst nicht beabsichtigen, dürfen Sie meinen Rat und meine Hilfe gerne ignorieren. Es gibt keinen Mann in der Stadt, der besser informiert ist als ich, und ich weiß Dinge, die Ihnen helfen könnten. Bitte, fragen Sie mich, Sir. Fragen Sie mich, was Sie wollen.«

Ich dachte über sein Angebot nach. »Wo finde ich Bertie Fenn, den Mann, der meinen Vater überfahren hat?«

Wild streckte die Hände von sich, um seine Hilflosigkeit zu zeigen. »Ich weiß nicht, wo Sie ihn ausfindig machen können, aber ich habe gehört, dass er für einen Mann namens Martin Rochester arbeitet, der auf seine Art selbst ein ziemlich krimineller Geist ist. Soweit ich gehört habe, nicht gerade der Mann, mit dem man sich anlegen sollte.«

»Ich höre den Namen Rochester jetzt schon seit einiger Zeit immer wieder. Es scheint, als kenne ihn die ganze Welt, aber niemand weiß, wer dieser Rochester ist. Ein fürwahr rätselhaftes Wesen.«

»Allerdings. Aber Sie bewegen sich auf rätselhaften Bahnen, oder nicht?«

»Dann sollten Sie, wenn Sie mir helfen möchten, einige dieser Rätsel aufklären und nicht neue hinzufügen. Sagen Sie mir alles, was Sie über Rochester wissen – womit verdient er seinen Lebensunterhalt, wo lebt er, wen beschäftigt er?«

Wild zuckte die Achseln. »Leider ist Rochester ein großer Geheimniskrämer. Ich weiß weder, wo er arbeitet, noch wer für ihn arbeitet, einmal abgesehen von Fenn. Ich bin nur ein Diebesfänger, Sir, ich kann mir nicht zur Aufgabe machen, die Welt von Aktienhändlern wie Rochester zu ergründen. Diese Börsenmakler sind die reinsten Teufel. Sie stellen alles auf den Kopf. In ihrer Umgebung kommt man kaum mit seinen eigenen Geschäften ins Reine.«

Ich seufzte. Diese endlosen Tiraden gegen die Aktienhändler gingen mir auf die Nerven – nicht, weil ich sie verteidigen wollte, auch nicht, weil diese Beschimpfungen das Gedächtnis an meinen Vater beschmutzten, sondern weil so gut wie jeder diese Worte auf den Lippen führte und sie dadurch immer leerer und wertloser wurden.

»Dann haben Sie also wirklich keinerlei Informationen für mich? Für einen Mann, der alles weiß, geben Sie wirklich sehr wenig weiter.« Ich machte Anstalten, mich zu erheben, und sogar diese kleine Bewegung veranlasste Mendes dazu, sprungbereit sein Gewicht zu verlagern.

Wild hielt eine Hand hoch, aber ich wusste nicht, wem von uns beiden er Einhalt gebieten wollte. »Vielleicht verfüge ich nicht über genau die Informationen, die Sie brauchen, Sir. Trotzdem höre ich so manches, und das eine oder andere würde ich Ihnen gerne zukommen lassen.«

Ich bemühte mich nicht, mein Misstrauen zu verbergen. »Ich bitte darum.« Dann setzte ich mich wieder.

»Soweit ich weiß, hat Rochester sowohl den Tod Ihres Vaters als auch den von Michael Balfour in die Wege geleitet. Ich weiß nicht warum, aber ich weiß, dass er Bertie Fenn eingestellt hat. Des Weiteren gibt es meines Wissens Querverbindungen zwischen Mr. Rochester und der South Sea Company. Meiner Ansicht nach müssen Sie sich auf die Company konzentrieren, um die Wahrheit hinter diesen Morden herauszufinden.«

»Wie kommt es«, fragte ich, »dass mich alle Leute auf die South Sea Company ansetzen wollen, mir dann aber nichts Weiteres dazu sagen können?«

Wild sah mich einigermaßen überrascht an. »Für andere kann ich nicht sprechen.«

»Wie stehen Sie zu Perceval Bloathwait?«, lautete meine nächste Frage.

»Bloathwait?« Entweder hatte ich ihn tatsächlich überrascht, oder er war ein hervorragender Schauspieler. »Der Direktor der Bank of England? Was habe ich denn mit dem zu tun?«

»Genau das möchte ich von Ihnen wissen.«

»Nichts. Und vermutlich werde ich auch nie etwas mit ihm zu tun haben. Es sei denn, seine Brieftasche ist eines schönen Tages plötzlich verschwunden.«

»Dann verraten Sie mir doch, woher Ihre Informationen über die Company stammen.«

»Leute werden durch Geflüster ruiniert, wissen Sie das nicht? Ein Langfinger erzählt mir etwas, eine Hure erzählt mir ein bisschen mehr. Ich setze die Stücke zusammen. Manchmal kann ich nicht mehr fragen, als mir geantwortet wird.«

Ich überlegte, was ich ihn noch fragen konnte. Jetzt war nicht die Zeit, um über Wilds Motive nachzudenken, aber wenn er mir helfen wollte, würde ich mich dieses eine Mal seiner Informationen bedienen.

»Was wissen Sie von einem Mann namens Noah Sarmento?«, fragte ich. Wild mochte seine Verbindungen zu Bloathwait abstreiten, aber wenn der Buchhalter meines Onkels auf irgendeine Weise Dreck am Stecken hatte, musste Wild davon wissen.

Sein Gesicht war ausdruckslos. »Ich kann nicht behaupten, ihn zu kennen.«

»Na schön. Ihre Leute haben mich verprügelt und hierher geschleppt, nur damit Sie mir Ihre freundlichen Ermutigungen auf den Weg geben. Habe ich Sie richtig verstanden, Mr. Wild?«

»Ich bitte Sie, Weaver! Ich habe mich dafür entschuldigt. Ich habe Ihnen alles gesagt, was ich über Rochester und die Beteiligung der South Sea weiß. Ein bisschen Arbeit müssen Sie schon selbst leisten.«

»Dann mache ich mich wohl am besten gleich daran.« Ich erhob mich.

»Vielen Dank für Ihre wertvolle Zeit, Mr. Wild«, sagte ich säuerlich und versuchte, nicht aus dem Gleichgewicht zu geraten. Ich gönnte es Wild nicht, mich in irgendeiner Weise hilflos zu sehen. »Ich bin mir nicht sicher, wie viel Vertrauen ich Ihrem Versprechen schenken darf, aber seien Sie versichert, dass diese Einladung für mich höchst erleuchtend gewesen ist.«

»Ich bin entzückt, das zu hören, Mr. Weaver. Und vergessen Sie nicht, dass mein Angebot immer noch steht: Für einen Mann Ihres Schlages habe ich immer Verwendung, falls Sie doch noch Lust verspüren sollten, in meine Dienste zu treten.«

»Ihr Angebot ist heute noch ebenso verlockend wie an dem Tag, an dem Sie es mir zum ersten Mal unterbreitet haben, Sir.«

»Schön. Aber eine Sache wollte ich noch ansprechen. Es geht um diese Geschichte mit Kate Cole. Mir ist nicht entgangen, dass Sie ein wenig empfindlich reagiert haben, als ich ihr Ende am Galgen erwähnte. Vermutlich sind Sie einer jener Unglücklichen, denen ihre Gefühle im Wege stehen – eine höchst bedauerliche Disposition. Andererseits könnte ich ihr den Strick auch ersparen, wenn Ihnen die Vorstellung so viel Unbehagen bereitet.«

»Und im Gegenzug?«

»Im Gegenzug«, sagte er, »schulden Sie mir einen Gefallen. Einen Gefallen nach meiner Wahl, den ich nach Belieben einfordern werde.«

Ich zweifelte nicht daran, dass er dafür sorgen konnte, ihr ein Ende am Galgen zu ersparen. Ein Mann wie Wild hatte genug Einfluss, eine Verhandlung abzublasen, ebenso, wie er die Macht hatte, Kate an den Galgen zu bringen, wenn er nur wollte. Trotzdem fragte ich mich, welchen Preis er für die Bereinigung meines Gewissens verlangen würde. Was mochte es wohl bedeuten, in Wilds Schuld zu stehen – und nicht zu wissen, in welcher Weise diese Schuld bezahlt werden sollte? Ich dachte in Bezug auf Wahrscheinlichkeit, Risiko und Gewinn darüber nach, und auch hinsichtlich Wilds Versuchen, mit anderer Leute Leben wie an einer verbrecherischen Börse zu spekulieren. Am Ende, und es war eine Entscheidung, die ich seither auf vielerlei Weisen bereut habe, stellte ich meine Angst vor Wilds Macht über meine Besorgnis um Kates Leben. Ich sagte nichts, sah die Bilder einer aufgehängten Kate, die sich vor meinem inneren Auge abzeichneten, und sagte mir, dass ich mit der Schuld schon fertig werden würde, sollte Kates Leben tatsächlich auf diese Weise enden.

Als ich Wild die Genugtuung einer Antwort vorenthielt, fuhr er fort: »Das wär's dann, Mr. Weaver. Soll ich Ihnen Mr. Mendes als Begleitung bis zu Ihrem Logis mitgeben?«

Ich warf meinem alten Bekannten, der sich seit seiner Ankunft in dem Zimmer kaum von der Stelle gerührt hatte, einen kurzen Blick zu. »Ja«, sagte ich, bedacht darauf, mir meine Gefühle nach außen hin nicht anmerken zu lassen. »Ich glaube, das wäre mir sehr recht.«

Mendes und ich saßen eine Weile schweigend in der Kutsche. Schließlich richtete er das Wort an mich: »Sie verstehen sicherlich, dass ich Ihnen Ihre Waffen erst an unserem Bestimmungsort aushändigen kann.«

»Wenn ich Ihnen etwas antun wollte, Mendes, bräuchte ich dazu keine Waffen. Aber sagen Sie mir doch«, fuhr ich fort und veränderte dabei meinen Ton dramatisch. »Macht es Ihnen eigentlich Spaß, für Wild zu arbeiten und dabei wie sein Mameluke behandelt zu werden?«

Mendes lachte. »Meine Anstellung bei Wild ist mir gut bekommen.«

Ich dachte einen Augenblick darüber nach und versuchte, mich zu konzentrieren, obwohl die schaukelnden Bewegungen der Droschke die Schmerzen in meinen noch viel zu frischen Wunden verstärkten. »Ich bitte Sie, Mendes, seien wir ehrlich zueinander. Es mag sein, dass Wild ein angenehmer Brotherr ist, aber ein Brotherr ist er allemal. Egal, wie viel Vertrauen er Ihnen auch schenkt, Sie bleiben für ihn immer ein Jude, nicht mehr.«

»Ich weiß nicht, wovon Sie reden«, erwiderte Mendes. »Für Wild ist jeder Mensch lediglich die Summe seiner Handlungen. Mir ergeht es da nicht anders. Solange ich ihm gute Dienste leiste, behandelt er mich auch gut.«

»Dessen ungeachtet stammen wir aus dem gleichen Stadtviertel«, fuhr ich fort. »Ich bitte Sie, jetzt an diese Gemeinsamkeit zu denken und mir die Wahrheit über diese Angelegenheiten zu sagen.«

Mendes starrte mich an. »Die Wahrheit?«

»Ganz richtig. Ich weiß, wir beide sind nie die dicksten Freunde gewesen, aber uns verbindet etwas. Sie zählen sich immer noch zu den Juden vom Duke's Place, mehr noch als ich. Sie gehen zum Gottesdienst in die Synagoge, und ich bewundere Ihr Verlangen, mit unserem

Volk in Verbindung zu bleiben. Können Sie nicht auf diese Gemeinsamkeit zurückgreifen und sich überwinden, aufrichtig zu mir zu sein?«

»Vielleicht sollten besser Sie ehrlich mit mir sein, Sir. Welche Motive treiben Sie um?«

»Mich? Ich versuche den Mann zu finden, der meinen Vater ermordet hat. Reicht das nicht?«

»Abgesehen davon, dass Sie sich nicht die Bohne um ihn gekümmert haben, als er noch am Leben war. Ich hingegen habe ihn ziemlich oft im Viertel gesehen, während Sie Angst hatten, auch nur einen Fuß in die Gegend zu setzen.«

Auf diese Anschuldigungen, die, wie ich wusste, nur allzu begründet waren, konnte ich kaum antworten. Ich sagte mir, dass seine Worte nichts bedeuteten, da Mendes nichts davon wusste, wie mich mein Vater behandelt hatte, und dass ein Mann mit seinem Charakter es ebenso wenig wie ich ausgehalten hätte. Aber ich konnte meinen eigenen Gedanken nicht ganz trauen, vielleicht weil ich damals, als ich davongelaufen war, nicht aus Zorn oder Entrüstung oder verletztem Gerechtigkeitsempfinden das Weite gesucht hatte – ich war mit dem gestohlenen Geld meines Vaters davongelaufen.

Wir fuhren schweigend weiter, bis die Droschke schaukelnd anhielt.

»Wir sind da, Mr. Weaver.« Er händigte mir meine Dolche, den Degen und die Pistole aus und wünschte mir auch weiterhin viel Glück und Gesundheit bei ihrem Gebrauch.

»Ich hoffe, Ihre Nachforschungen werden von Erfolg gekrönt«, sagte Mendes, als ich aus der Droschke ausstieg. »Mr. Wild ebenfalls. Es mag Ihnen schwerfallen, das zu glauben, aber ich verspreche Ihnen, dass dem so ist.«

Meine Beine zitterten ein wenig, als ich wieder auf der gepflasterten Straße stand, und nach der Dunkelheit in der Droschke stach mir das helle Sonnenlicht in die Augen, und ich kam mir wie ein Betrunkener vor, der gerade aus der Betäubung der vergangenen Nacht erwacht ist. Während ich auf Mrs. Garrisons Haustür zuhumpelte, dachte ich an alle Informationen, die ich an diesem Tag erhalten hatte, und fragte mich, warum es mir so vorkam, als sei ich meinem Ziel keinen einzigen Schritt näher gekommen.

23

Ich empfand Wilds Manöver als grob und barbarisch, aber trotz seiner Tölpelhaftigkeit wollte es mir nicht gelingen, sein Spiel zu durchschauen. An Männern, die mich zur South Sea Company drängten, bestand kein Mangel, und die Vermutung, dass sie diesbezüglich alle unter einer Decke steckten, hätte bedeutet, dass auch mein Onkel ein Teil dieser Verschwörung war – eine Möglichkeit, die mich mit Schrecken erfüllte. Aber im Licht der Informationen, die ich gesammelt hatte, durfte ich auch diese Variante nicht außer Betracht lassen. Warum hatte mein Onkel versucht, mich von Bloathwait fernzuhalten, dessen Verstrickung in diese Angelegenheit immer offensichtlicher wurde? Arbeitete Sarmento mit oder ohne Wissen meines Onkels mit Bloathwait zusammen? Und warum unterhielt mein Onkel freundschaftliche Beziehungen zu Adelman, einem für die South Sea Company so wichtigen Mann, wo doch alles darauf hindeutete, dass die Company beim Tod meines Vaters die Hand mit im Spiel hatte?

Augenblicklich quälte mich jedoch keine Frage so sehr wie die nach Wilds Interessen. Ich konnte mir nicht vorstellen, was ein stutzerhafter Taschendieb wie Wild davon hatte, wenn die Company bloßgestellt wurde. Trotz seiner Behauptungen, was die Dringlichkeit der Bestrafung von Mord anging, wäre mein Erfolg in dieser Angelegenheit vielleicht die größte Bedrohung für Wilds Belange, denn so mancher Mann in London würde, wie es das Beispiel Lord Owens zeigte, einem ehrlichen Mann lieber etwas mehr für die Wiederbeschaffung seines Hab und Gutes zahlen, als dem Dieb, der eigentlich für seine Entwendung verantwortlich war, eine geringe Summe zu überlassen. Ich konnte aus Wilds Verhalten nur zwei mögliche Erklärungen ziehen: Entweder zielte er trotz all seiner Schachzüge darauf ab, mich aus dem Weg zu räumen, oder aber die South Sea Company war ihm, aus Gründen, die ich nur vermuten konnte, so gefährlich geworden, dass er lieber riskierte, später von mir behindert zu werden, wenn ich die Company nur jetzt entlarvte. Ich konnte nur raten, was die Company mit einem durchtriebenen Teufel wie Wild zu tun haben mochte, aber wenn er die South Sea fürchtete, warum gab er mir dann nicht mehr Informationen an die Hand, mit der ich der Company ans Leder konnte?

Ziemlich mitgenommen von den Schlägen, die ich von Wilds Männern eingesteckt hatte, betrat ich Mrs. Garrisons Haus und freute mich auf den wohlverdienten Schlaf. Ich hätte nicht wahrheitsgemäß behaupten können, dass der Schmerz nennenswert nachgelassen hätte; ja, wenn überhaupt eine Änderung eingetreten war, dann tat mir alles nur noch mehr weh als vorher, auch wenn das Stechen im Kopf nicht mehr so durchdringend war. Ich bildete mir ein, aus Erfahrung beurteilen zu können, wann eine Verletzung ernsthaft war und wann nicht, und so wusste ich wohl, dass mir die Blessuren zwar noch einige Tage zu schaffen machen würden, ich mich aber keinesfalls ernsthaft in Gefahr befand. Sobald ich mich ausgeruht hatte, würde ich diese Dinge in Ruhe entscheiden. Indes, an Ruhe war noch immer nicht zu denken. Mrs. Garrison wartete in der Diele auf mich, die Hände vom unablässigen Ringen gerötet.

»Mr. Weaver, Sir, sind Sie unverletzt?« Man hätte meinen können, sie sei besorgt um mich gewesen, gar froh, mich heil wiederzusehen, doch ich kannte das Schnalzen ihrer Zunge nur allzu gut. Ich hatte es so manches Mal vernommen, und oft zu Anlässen, an denen meine Rente überfällig war.

»Keine Sorge, Mrs. Garrison«, sagte ich mit sanfter Stimme, um sie möglichst zu beruhigen. So rasch würde sie den Schrecken jener schändlichen Männer in ihrer Wohnung nicht vergessen. »Es bestand kein Grund zur Aufregung. Diese Männer waren törichte, aber letztendlich harmlose Wichte.«

»Freut mich, Sie wohlauf zu sehen«, sagte sie. »Ich dachte, diese Kerle hätten Sie ziemlich schwer verletzt.« Sie machte eine Pause.

»Möchten Sie noch etwas hinzufügen, Madam?«

»Mr. Weaver, ich dulde keine Raufbolde in meiner Wohnung. Ich führe ein respektables Haus, Sir. Ich habe mich nicht daran gestört, dass Sie ein Jude sind und das alles, Sir. Obwohl es genug gibt, die sich da ganz anders verhalten hätten«, fügte sie eilig hinzu. »Aber ich kann nicht zulassen, dass diese Raufbolde mit ihren Schwertern, Pistolen und weiß der Himmel was noch für Waffen in mein Haus eindringen und mich und die Diener zu Tode erschrecken!«

»Das verstehe ich sehr wohl, Mrs. Garrison«, sagte ich beschwichtigend. »Es wird nicht wieder vorkommen. Das alles war ein unglückliches Missverständnis, das jedem Gentleman hätte passieren können.«

»Jedem Gentleman?«, fragte sie. »Entschuldigen Sie, Sir, aber das kann ich Ihnen nicht glauben!« Wieder eine kleine Pause. »Mr. Weaver, ich muss Sie bitten, mein Haus zu verlassen. Ich kann nicht anders handeln. Es geht nicht, dass derlei Gesindel mich in meinem eigenen

Haus zu Tode erschreckt und mir und meinen Mietern was weiß ich alles antut! Ich möchte, dass Sie vor Sonnenuntergang Ihre Zimmer geräumt haben, Mr. Weaver!«

»Vor Sonnenuntergang?« Ich hätte beinahe geschrien. »Ich verstehe Ihre Besorgnis nur allzu gut, Mrs. Garrison, und ich nehme es Ihnen auch nicht übel, aber vor Sonnenuntergang ist kein sehr vernünftiger Termin! Bis dahin bleibt mir keine Zeit, mir eine andere Unterkunft zu suchen. Außerdem darf ich Sie daran erinnern, dass ich die Miete bis zum Ende des Quartals bereits gezahlt habe.«

»Ich erstatte Ihnen Ihr Geld zurück, haben Sie keine Bange. Aber ich muss auf Ihrem sofortigen Auszug bestehen, Sir.« Sie stand vor mir und rang sich ununterbrochen die Hände. Vermutlich hätte ich sie entweder mit Schmeicheleien oder Drohungen dazu verleiten können, ihre Meinung zu ändern; andererseits konnte ich nicht abstreiten, dass meine Abenteuer sie tatsächlich in Gefahr gebracht hatten. Ich verspürte keine große Zuneigung zu meiner Vermieterin, aber es hätte mich wohl verdrossen, wenn ihr einer meiner Feinde etwas angetan hätte. Was sie von mir verlangte, war eine Unannehmlichkeit, keine Unmöglichkeit, und es war wohl am besten, ihrem Wunsch Folge zu leisten.

»Na schön, Madam«, sagte ich. »Ich werde Ihnen keine weiteren Sorgen bereiten.«

Sie seufzte vor Erleichterung auf. »Vielen Dank, Mr. Weaver. Ich tue das nur sehr ungern.«

Da ich fürchtete, diese Bemerkung sei der Anfang einer langatmigen Entschuldigungsrede, hielt ich die Hand hoch. »Das genügt, Mrs. Garrison. Ich habe sehr wohl verstanden. Diese Angelegenheit müssen Sie mit sich selbst ausmachen.«

»Vielen Dank, Sir. Ach, Mr. Weaver? Ich sollte Ihnen wohl sagen, dass oben noch ein Gentleman auf Sie wartet. Ich sagte ihm, dass ich nicht weiß, ob Sie damit einverstanden sind, dass er einfach nach oben geht, und dass ich auch nicht weiß, wann Sie zurückkommen, aber er kümmerte sich nicht darum und ...«

Ohne ein weiteres Wort drehte ich mich um, stürmte, so schnell es ging, nach oben und griff im Laufen nach der Pistole, die ich eben erst in meine Jackentasche zurückgesteckt hatte. Ich konnte nicht wissen, wer dort auf mich wartete. Vielleicht bekam ich es jetzt mit der South Sea Company oder sogar mit einem Agenten Bloathwaits zu tun. Oben angekommen, blieb ich, die Pistole im Anschlag, einen Augenblick vor meiner Zimmertür stehen, dann stieß ich in einer einzigen Bewegung die Tür auf, trat forsch ein und zielte mit der Feuerwaffe auf die Gestalt, die mir gegenüber in einem Sessel saß.

»Du hattest wohl einen abwechslungsreichen Tag, was?«, sagte Elias seelenruhig. »Die alte Schabracke hätte fast einen Anfall bekommen. Ich habe sie etwas besänftigt und sie ein wenig zur Ader gelassen. Soll ich die Rechnung an Mr. Balfour schicken?« Elias unterbrach sich. »Du kannst die Pistole jetzt wieder runternehmen.«

Ich folgte seinem Rat und warf mich in den Lehnsessel. »Niemand verbessert seinen Zustand durch Blutverlust«, murmelte ich. »Es ist das reinste Wunder, dass Leute mit abgehackten Gliedmaßen nicht gesünder sind als wir, die wir noch alle unsere Glieder an Ort und Stelle wissen.«

»Du lachst«, erwiderte Elias gut gelaunt, »aber ließe ich dich jetzt zur Ader, würdest du sehr rasch merken, wie gut es dir täte. Erzählst du mir, was passiert ist? Du siehst fürchterlich aus.«

Ich schilderte ihm in aller Kürze mein Abenteuer mit Wild, wobei ich versuchte, kein möglicherweise wichtiges Detail auszulassen. Elias hörte mit offenem Mund zu. »Das ist eine unvorhergesehene Wendung. Was liegt Wild daran, dich auf die South Sea Company anzusetzen? Was hat ein Mann wie Wild mit einer Handelsgesellschaft zu schaffen?«

Ich schüttelte den Kopf. Mit einem Male wurde ich schrecklich durstig. Ich wünschte, ich hätte so etwas wie Trinkwasser in meiner Wohnung vorrätig gehabt, doch auf diesen Luxus konnte ich nur selten zurückgreifen.

»Ich weiß nicht«, antwortete ich und seufzte, dass mir die Rippen schmerzten. »Er erwähnte etwas von Fälschungen. Aber wieso sollte mich ein Mann wie Wild auf die Company aufmerksam machen, wenn er in die Intrige verwickelt ist? Durch meine Nachforschungen riskiert er doch lediglich, dass die Intrige auffliegt.«

Elias nickte nachdenklich. »Vielleicht will er dich von der Company weglocken?«

Mir verschwamm alles vor den Augen, und ich konnte seinen Gedanken nicht mehr folgen.

»Wild ist verschlagen«, fuhr Elias fort. »Was, wenn er dir sagt, du sollst dich bei der Company umsehen, weil er weiß, dass du ihm nicht über den Weg traust? Vielleicht stellt er die Company als seinen Feind hin, weil er in Wirklichkeit ihr Verbündeter ist.«

Ich schloss die Augen. »Die Sache ist zwar an sich sehr merkwürdig, aber ich kann mir nicht vorstellen, dass die Company, selbst wenn sie so skrupellos sein sollte, zwei bekannte Geschäftsleute zu ermorden, auch noch das Risiko eingeht, sich auf Geschäfte mit Wild einzulassen. Diese Männer sind vielleicht Halunken, aber sie sind nicht dumm.«

»Ich habe schon einige von dieser Sorte kennengelernt und dabei festgestellt, dass sie für Dummheiten ebenso anfällig sind wie die Vertreter anderer Berufsstände.«

»Falls Wild mit der Company in Verbindung steht – warum sollte er sich ausgerechnet jetzt dazu bekennen? Warum mich mit hineinziehen? Sich an mich zu wenden bedeutet zweifellos ein gewisses Risiko. Ich begreife nicht, was er oder die South Sea Company oder Bloathwait oder wer sonst dabei gewinnt, wenn sie mich mit all diesen Bruchstücken von Informationen füttern und gleichzeitig verlangen, die spärlichen Spuren weiterzuverfolgen. Wenn überhaupt, dann lassen diese Handlungen darauf schließen, dass sie nicht zusammenarbeiten – dass jeder Einzelne, der mir Informationen zukommen lässt, mindestens einen der anderen als seinen Feind betrachtet. Ich kann nicht behaupten, dass mir die Sache dadurch klarer wird, Elias, aber wenn wir unsere Nachforschungen eher auf Wahrscheinlichkeit als auf Tatsachen basieren lassen, dann halte ich es für sehr wahrscheinlich, dass derjenige, der meinen Vater und Balfour umgebracht hat, noch andere Feinde hat und dass alle diese Feinde versuchen, unsere Nachforschungen für ihre eigenen Zwecke einzusetzen.«

»Vielleicht waren alle diese Männer Teil einer Kabale, die zerbrochen ist. Vielleicht sind die verschiedenen Elemente ihrer eigenen Wege gegangen, um sich, so gut es geht, um ihre eigenen Angelegenheiten zu kümmern. Ich weiß es nicht. Was hast du bei deinem Besuch im South Sea House herausgefunden?«

Ich berichtete Elias von meiner Unterredung mit Cowper. »Bevor ich nicht weiß, was er herausfindet, kann ich auch nicht sagen, was wir von dieser Seite erwarten dürfen. Ich frage mich, ob es nicht an der Zeit für mich ist, Mr. Balfour einen Besuch abzustatten. Schließlich ist er immer noch mein Auftraggeber. Ich sollte ihn auf dem Laufenden halten.«

»Aber nur sehr selektiv, möchte ich meinen«, bemerkte Elias.

»Da stimme ich dir zu. Niemand ist über einen Verdacht erhaben, Elias, und Balfour ist tatsächlich ein merkwürdiger Vogel. Vielleicht fängt er ja an zu zwitschern, wenn ich ihn ein wenig unter Druck setze.«

»Vortrefflich.«

»In der Zwischenzeit habe ich drängendere Sorgen. Zum Beispiel: Wo schlafe ich heute Nacht? Mrs. Garrison hat mich hinausgeworfen, und das nur aufgrund der Lappalie, dass Wilds Schläger sich mit Gewalt Zugang zu ihrem Salon verschafft haben.«

»Oh, das sind keine erfreulichen Nachrichten. Wo willst du hin?«

»Vielleicht dränge ich mich eine Weile meinem Onkel auf – bis ich Zeit habe, mir selbst etwas zu suchen. Er hat schon immer viel dafür übrig gehabt, dass man sich in der Familie untereinander aushilft.« Von dem Unbehagen, das ich meinem Onkel gegenüber empfand, erzählte ich Elias nichts. Ich kann nur schwer erklären, weshalb ich allein den Gedanken an Falschheit und Verrat in unserer Familie als äußerst peinlich empfand; aber wenn mein Onkel mir gegenüber nicht völlig aufrichtig gewesen war, so ließ sich seine Hinterlist am besten dadurch entlarven, dass ich bei ihm einzog.

Dann inspizierte Elias die Wunden, die mir Wilds Spießgesellen verabreicht hatten, wobei er immer wieder damit anfing, dass meine Gesundung umso rascher voranschritte, wenn er mir nur eine winzige Menge Blut abnehmen dürfe, aber das ließ ich nicht zu. Als er seinen Dienst an mir versehen hatte, biss ich die Zähne zusammen und machte mich auf den Weg zu meinem Onkel. Ich traf ihn im Lagerhaus in seiner Kammer bei der Überprüfung einiger Geschäftsbücher an. Ich trug ihm mein Anliegen mit nicht geringen Bedenken vor, befürchtete ich doch, dass er mich womöglich verdächtigte, sein großzügiges Naturell auszunützen. Aber das war nicht der Fall.

»Sie bekommen Aarons Zimmer«, sagte er nach kurzer Überlegung. Dann senkte er den Blick wieder auf seine Bücher, womit er andeutete, dass unser Gespräch beendet war.

»Vielen Dank, Onkel«, sagte ich nach kurzem Zaudern.

Er hob den Blick vom Buch. »Wir sehen uns dann heute Abend.«

Nachdem mir mein Wunsch also im Stil einer angemessenen Rüge gewährt worden war, kehrte ich zu Mrs. Garrison zurück, um dort meine Sachen zu ordnen und einige Habseligkeiten, die nicht darauf warten konnten, bis ihr Diener sie bei meinem Onkel ablieferte, zusammenzuraffen, und verließ ihr Haus.

Dieser letzte Abschied dauerte wesentlich länger, als ich erwartet hatte, und sein Beigeschmack war bitterer, als ich es mir vorgestellt hatte. Vermutlich war es dumm von mir gewesen, nicht besser darauf aufzupassen, es nicht in einer Kassette einzuschließen oder wenigstens vor neugierigen Blicken zu verbergen. Mir war es als ausreichend erschienen, es einfach in einen Stapel anderer Papiere auf meinem Schreibtisch zu schieben, doch wie es sich zeigte, hatte ich mich getäuscht. So kam es, dass ich mich sozusagen in Schimpf und Schande aufmachte, das großzügige Angebot meines Onkels anzunehmen und ihn darüber zu informieren, dass meines Vaters Aufsatz, vielleicht das schlagkräftigste Beweisstück dafür, dass sein Tod von den einflussreichen Kräften in der 'Change Alley in die Wege geleitet worden war, sich nicht mehr in meinem Besitz befand.

24

Ich saß im Arbeitszimmer meines Onkels und starrte auf den dampfenden Krug Glühwein, der neben mir auf dem Tisch stand. Inzwischen hatte ich schon fast alle meine Sachen in das Zimmer geschafft, das man mir im zweiten Stockwerk zugewiesen hatte, und bereits die ersten strategischen Überlegungen hinsichtlich meiner Unterbringung angestellt: Miriams Zimmer befand sich im dritten Stock, so dass ich zwar keine Veranlassung hatte, an ihrer Tür vorbeizugehen, sie aber an meiner. Ich musste nur noch herausfinden, wie draufgängerisch sie wirklich war.

In der Zwischenzeit konzentrierten sich meine Gedanken auf die Ereignisse des Tages. Isaak hatte den Wein zu heiß gemacht, und bei seinen Versuchen, mit dem heißen Zinnkrug zu hantieren, hatte mein Onkel schon einen guten Schluck auf seinen einfachen braunen Rock geschüttet. Es schien ihm nicht viel auszumachen, so wie es ihm auch kaum etwas auszumachen schien, dass ich unser einziges Exemplar der *Papierverschwörung* verloren hatte.

»Besser wäre es schon, wenn wir es noch hätten«, sagte er achselzuckend, »aber diese Männer haben Ihren Vater ermordet, um ihn zum Schweigen zu bringen. Wenn Sie mit einem Diebstahl davongekommen sind, haben wir vielleicht letztendlich noch Glück gehabt.«

Es hatte einer großen Portion Mutes und zweier Gläser kochend heißen Weines bedurft, um meinem Onkel den Verlust einzugestehen. Es war ein schmerzliches Geständnis gewesen, denn ich hatte das Gefühl, in meiner Verantwortung der Familie gegenüber versagt zu haben, und dieses Versagen schmeckte viel zu sehr wie damals, als ich meinem Vater davongelaufen war. Doch Onkel Miguel hatte nur besorgt geschluckt, mich nach meinen Verletzungen befragt und ein Dankgebet dafür gen Himmel gerichtet, dass mir nicht Schlimmeres widerfahren war. Ich versuchte mich an seine Stelle zu versetzen, mir vorzustellen, was er fühlte, konnte aber nicht annähernd verstehen, weshalb ihm das Verschwinden des Manuskripts nichts ausmachte. Ich wünschte, ich hätte die Verdächtigungen, die mir seine gefasste Stimmung einflüsterte, verjagen können, aber ich musste ständig daran denken, dass es ihm inzwischen nichts mehr ausmachte, ob wir meines Vaters Mörder fanden oder nicht – falls ihm überhaupt jemals daran gelegen gewesen war.

Er saß mir gegenüber und betrachtete mich sorgenvoll, während seine Finger behutsam den silbernen Henkel seines Kruges betasteten. »Ich fürchte«, sagte er, »Ihre Nachforschungen werden allmählich zu gefährlich.«

Der Schmerz in meinem Leib war einem allgemeinen dumpfen Unbehagen gewichen. Sowohl mein Hals als auch meine Beine waren steif, und in meinem Kopf pochte es schrecklich. »Trotzdem kann ich gerade jetzt wohl kaum damit aufhören«, erwiderte ich in der Hoffnung, ihn aus der Reserve zu locken. »Werden unsere Vermutungen von dieser Gewalttätigkeit nicht nachgerade bestätigt?«

»Diese Familie hat schon zu viele Verluste erlitten«, sagte er kopfschüttelnd. »Ich kann nicht ruhig zuschauen, wenn jetzt auch Sie bedroht werden.«

»Das verstehe ich nicht. Sie selbst wollten doch, dass ich der Sache nachgehe. Ist etwas geschehen, das Sie zu einer Meinungsänderung veranlasst hat? Hat Sie Mr. Adelman dazu überredet?«

Er lachte. »Adelman«, sagte er, als genügte allein die Nennung des Namens, um seine Heiterkeit hervorzurufen. »Glauben Sie, dass ich mich so einfach von ihm überreden lasse?«

»Das kann ich nicht sagen«, murmelte ich. Ich dachte daran, was mir Sarmento erzählt hatte. Dass mein Vater Adelman gehasst hatte. Und daran, wie mein Onkel ihn am Sabbat an seinem Tisch willkommen geheißen hatte. »Wir können dieser Sache nicht einfach aus dem Weg gehen, nur weil es brenzlig wird, Onkel.«

»Genau aus diesem Grunde sollten wir ihr aus dem Weg gehen. Weil sie brenzlig wird. Aber« – er hielt eine Hand in die Höhe – »Sie kennen Ihr Metier besser als ich. Ich will mir nicht anmaßen, Ihnen vorzuschreiben, wie Sie weiter vorzugehen oder in welcher Weise Sie sich um die eigene Sicherheit zu kümmern haben. Ich wollte lediglich ausdrücken, Benjamin, dass ich nicht möchte, dass Sie meinetwegen weitermachen und sich unwägbaren Gefahren aussetzen.«

Ich konnte nicht länger schweigen. »Warum unterhalten Sie eine Freundschaft mit Adelman, ausgerechnet mit dem Mann, der der Feind meines Vaters war?«

Er wollte wieder lachen, besann sich jedoch eines Besseren, als würde er mich mit einem Lachen beleidigen. Vielleicht wäre es tatsächlich so gewesen.

»Wer hat Ihnen erzählt, Adelman und Ihr Vater seien Feinde gewesen?« Er wartete die Antwort nicht erst ab. »Mr. Adelman und ich verkehren schon seit meiner Ankunft auf der Insel geschäftlich miteinander. Es ist wahr, dass Ihr Vater Adelmans Verbindung zur Company nicht guthieß, und er war nicht der Mann, der mit seiner Meinung hinterm Berg hielt, aber die beiden waren keine Feinde. Lediglich flüchtige Bekannte.«

Vielleicht hatte ich meinen Onkel missverstanden. Vielleicht wollte er mich nur vor Gefahren schützen. Im Gegensatz zu meinem Vater war mein Onkel kein Feigling, aber ich kannte ihn als vorsichtigen Menschen, als jemanden, der höchst umsichtig mit seiner Stellung in der Gemeinde umging, der unter den argwöhnischen Augen unserer christlichen Nachbarn immer das Richtige sagen wollte. Seine Besorgnis vermittelte mir das Gefühl, mit meinen Zweifeln an ihm so etwas wie Undankbarkeit auszudrücken.

Ich versuchte, das Thema zu wechseln, räusperte mich und trank einen großen Schluck Wein, der inzwischen zu einer angenehmen Temperatur abgekühlt war. »Hätten Sie etwas dagegen, wenn ich Miriam ins Theater ausführte?«

Er verlagerte nervös sein Gewicht im Sessel. »Ich weiß nicht recht, ob das Theater der beste Ort für eine junge Dame wie Miriam ist. Vielleicht zu einem anderen gesellschaftlichen Ereignis«, schlug er vor.

»Sie sind ihr gegenüber sehr fürsorglich«, kommentierte ich.

»Sie wohnt hier in meinem Haus, seit sie fast noch ein Kind war, und sie hat meinen einzigen Sohn geheiratet. Ich empfinde ihr gegenüber eine große Verantwortung.«

»Eine Verantwortung, sie vom Theater fernzuhalten?«

»Sie von jeglichen Unbilden fernzuhalten«, korrigierte er mich. »Sie wissen doch, welche Subjekte sich im Dunstkreis des Theaters bewegen, Benjamin. Und Sie wissen ebenso gut, welch heikle Sache der Ruf einer jungen Dame ist. Allein im Gespräch mit dem falschen Mann gesehen zu werden kann ihren Ruf für alle Zeit ruinieren. Ich bin sicher, dass auch Sie das nicht möchten.«

»Selbstverständlich nicht«, sagte ich nervös. Onkel Miguels Blick verfolgte jede Veränderung in meinem Gesichtsausdruck.

»Ich werde offen mit Ihnen reden, Benjamin. Mir ist nicht entgangen, dass Sie eine gewisse Zuneigung für Miriam entwickelt haben. Ich habe sie nicht danach gefragt, aber ich glaube, Miriam könnte Ähnliches für Sie empfinden. Sie wissen, dass sie noch andere Verehrer hat, von denen sie jedoch, wie ich glaube, keinem sonderlich zugeneigt ist, und wie ich bereits erwähnte, möchte ich, dass sie glücklich wird. Aber ich bin nicht so närrisch, sie in eine Liebesheirat mit einem Mann zu entlassen, der ihr nicht gerecht werden kann.«

»Verstehe«, nickte ich und wünschte nichts sehnlicher, als dass diese Unterhaltung niemals stattgefunden hätte.

»Es wäre unangemessen, Sie in Ihrer gegenwärtigen Situation als Freier in Betracht zu ziehen. Aber es ergeben sich schließlich immer wieder neue Optionen. Sie wissen wahrscheinlich, dass ich immer noch Bedarf an einem Agenten in der Levante habe, denn seit Aarons Tod habe ich keinen passenden Ersatz für ihn gefunden. Sie müssten sehr viel auf Reisen sein, doch dabei ergäben sich viele Gelegenheiten, ein beträchtliches Vermögen für Sie und Ihre Familie zu verdienen. Dazu, wie Sie sicher wissen, verfügt Miriam über ein Jahreseinkommen von einhundert Pfund, was allemal für komfortable Grundbedingungen bei der Einrichtung eines Haushalts ausreichen dürfte.«

»Miriam verfügt über einhundert Pfund pro Jahr?« Beinahe wäre es laut aus mir herausgeplatzt. Es mochte zwar nicht leicht sein, mit einer solchen Summe einen luxuriösen Haushalt zu führen, doch es blieb eine gewaltige Summe für eine Frau, die sich weder um Miete noch um Lebensmittel zu sorgen hatte. Mir wollte nicht in den Kopf, warum sich Miriam hatte Geld leihen müssen, schon gar nicht, weshalb sie hinterher abgestritten hatte, diese Bitte jemals an mich gerichtet zu haben. »Erhält sie dieses Geld denn jetzt auch?«

»Selbstverständlich. Sie erhält vierteljährliche Zahlungen. Die letzte erst vor ein paar Wochen. Warum fragen Sie?«

Ja, warum fragte ich ihn?

»Ihr Angebot ist sehr großzügig, Onkel.« Ich nahm noch einen Schluck Wein und erhob mich, wobei sich sogleich wieder unerbittlich die Schmerzen meldeten. »Ich möchte nicht, dass Sie mich Ihren Vorschlägen gegenüber als unsensibel empfinden. Aber ich weiß, dass ich nicht der Richtige bin, um als Ihr Kaufmann in die Türkei zu reisen. Und obwohl der Preis, den Sie anbieten, höchst achtenswert ist, würde es mir nicht guttun, so weit weg zu sein.«

Auch mein Onkel erhob sich und legte mir freundschaftlich eine Hand auf die Schulter. »Ich mag nicht der aufmerksamste Mensch auf der Welt sein, Benjamin, aber das eine oder andere fällt mir trotzdem auf. Miriam weigerte sich aus bestimmten Gründen, mit Aaron zu reisen. Ich bin mir nicht sicher, ob sie es bei Ihnen ebenso halten würde. Aber wie auch immer, ich hoffe sehr, dass Sie sich meinen Vorschlag gründlich überlegen. Er gilt unabhängig davon, ob Sie heiraten oder nicht. Ich sähe es gerne, wenn Sie im Familiengeschäft mitmachten.«

Ich verbeugte mich vor meinem Onkel und ärgerte mich gleichzeitig über die formelle Höflichkeit, mit der ich seiner herzlichen Großzügigkeit begegnete. Aber ich verspürte nicht die geringste Lust, zwischen einer Horde turbangeschmückter Türken zu leben und Handel zu treiben, und noch weniger Bedürfnis verspürte ich danach, in die Rolle meines verstorbenen Cousins zu schlüpfen.

Als ich am folgenden Tag erwachte, fühlte ich mich von der Abreibung, die ich von Wilds Männern erhalten hatte, am ganzen Körper steif, und rings um mein rechtes Auge war alles kräftig violett angeschwollen. Zu der Zeit, als ich nach unten ging, war mein Onkel schon längst zum Lagerhaus unterwegs, und so setzte ich mich mit den beiden Damen des Hauses an den Frühstückstisch. Meine Tante wollte wissen, ob ich mich wieder in den Boxring begeben hätte, und Miriam sah mich ziemlich entsetzt an.

Nach dem Frühstück folgte ich Miriam in den Salon, wo sie bereits in den Zeitungen gelesen hatte. Ich nahm eine eigenartige Unterkühltheit in ihrem Benehmen wahr, aber vermutlich benahm ich mich nicht anders. Ich wusste, dass es mir nicht zustand, ihr vorzuwerfen, dass sie einen Liebhaber hatte, aber ich nahm es ihr trotzdem übel. Vermutlich erwartete ich insgeheim, dass sie meinen Unmut entweder zerstreute oder ihm weitere Nahrung gab. Ich wusste nur, dass ich mich um sie sorgte und dass mich ihr Verhältnis mit einem Mann, den ich als Blender und Betrüger kannte, über die Maßen bedrückte.

»Dann sind Sie jetzt wohl ein richtiger Teil der Familie geworden«, richtete sie das Wort an mich.

»Mein Onkel hat mir dankenswerterweise erlaubt, aufgrund schwieriger privater Umstände hier zu wohnen.«

Sie blätterte eine Seite um. »Dann ist er also ein sehr großzügiger Mann.«

Ich sah sie direkt an. »Habe ich Sie in irgendeiner Weise beleidigt, Miriam?«

Sie blickte auf. »Sie haben doch wohl schon von gesitteter Höflichkeit gehört, oder nicht?«

Hatte sie erfahren, dass ich Deloney gefolgt war? Wenn ja, würde sie es wagen, mich deswegen zur Rechenschaft zu ziehen? Das konnte ich mir kaum vorstellen. »Nein, ich glaube, davon habe ich noch nichts gehört, Madam.«

»Dann wird es wohl so sein.«

Ich hatte keine Lust, diese Spielchen mit ihr zu spielen. »Falls Sie sich anders entscheiden«, sagte ich, »kann ich nur hoffen, dass Sie mich über mein Vergehen unterrichten, damit ich mich bessern kann.«

»Sie sind zu liebenswürdig«, erwiderte sie und widmete sich wieder ihrer Zeitung.

Ich hatte zu viel zu tun, um der Sache weiter auf den Grund zu gehen. Also verneigte ich mich lediglich und ging hinaus. Da ich die Stunde für einigermaßen günstig hielt, verließ ich kurz darauf das Haus und machte mich auf den Weg zu Balfour. Dessen Vermieterin teilte mir jedoch lediglich mit, dass er nicht mehr dort wohne.

»Der Gentleman ist jetzt bei seiner Mutter zu erreichen«, sagte sie. »Ich dachte, ich kenne diese Pappenheimer und war mir sicher, dass ich eines schönen Tages den Gerichtsdiener rufen muss, wenn ich von ihm jemals meine Miete haben will. Aber vor drei Tagen hat er mir alles, was er mir schuldet, bis auf den letzten Penny bezahlt und mich gebeten, seine Sachen zusammenzupacken und sie zu seiner Mutter zu schicken. Und das hab ich auch getan.«

Sie gab mir Balfours neue Adresse, und ich bedankte mich für ihr Entgegenkommen. Dann hielt ich eine Droschke an und ließ mich zum Stadthaus seiner Mutter an der Tottenham Court Road kutschieren. Dort ließ mich der Lakai fast eine volle Stunde in einem hübsch eingerichteten Salon warten, bevor Balfour hereingestürmt kam und sich nach irgendetwas umsah, das er schließlich in seine Tasche steckte, bevor er sich umdrehte und mich begrüßte. Mir fiel auf, dass er bereits einen Termin bei einem Schneider wahrgenommen hatte, denn seine noble, aber abgetragene Garderobe war etwas weitaus Noblerem und Neuerem gewichen. Er trug einen bräunlichen Überrock und darunter eine burgunderfarbene Weste, die am Ärmel übermäßig mit Gold verziert war. Sein Hemd war aus feinster, makelloser Seide gefertigt, und sogar seine Perücke – ganz im Stil der alten – war üppig, wohlproportioniert und tadellos gepflegt. Balfour stand wie ein neuer Mensch vor mir, und er steckte in Kleidern, die seine Erneuerung beredt kundtaten.

»Was wollen Sie?«, fragte er, als hätte er nicht gewusst, dass ich dort auf ihn wartete, und mich soeben erst entdeckt. Er schritt auf ein Bücherregal zu, wo er so tat, als suchte er nach einem bestimmten Band. »Wie können Sie es wagen, mit diesem Mal im Gesicht hierher zu kommen? Sie sehen aus wie ein Schläger aus der Gosse.«

Ich überlegte kurz, ob ich ihm zeigen sollte, wie sich ein Schläger aus der Gosse aufführte, konzentrierte mich jedoch auf die vorliegende Angelegenheit. »Ich bin gekommen, um Sie über den Fortgang der Untersuchung zu informieren.«

Er wippte mit dem Fuß, drehte sich aber nicht zu mir um. »Wie entsetzlich langweilig. Habe ich Sie nicht ersucht, mich hier nicht zu belästigen?«

»Wenn es Ihnen lieber ist, können wir gerne ein Kaffeehaus aufsuchen und unsere geschäftliche Angelegenheit dort weiter besprechen.«

»Unsere *geschäftliche Angelegenheit,* sagen Sie?« Er drehte sich um und blickte mich an, das Gesicht zu einer Fratze hochmütiger Verachtung verzogen, einem Ausdruck, den er zweifelsohne stundenlang vor dem Spiegel geübt hatte. »Finden Sie nicht, dass das unverantwortlich vermessen ist? Und inwiefern sollten wir miteinander *geschäftlich* zu tun haben, wenn ich fragen darf?«

»Sie haben meine Dienste in Anspruch genommen, Mr. Balfour«, sagte ich, äußerst bedacht darauf, meine Stimme unter Kontrolle zu behalten.

Balfour schnaubte verächtlich. »Vermutlich habe ich etwas derart Lächerliches tatsächlich getan, was? Wie auch immer, ich bereue es inzwischen. Mutter und ich haben unseren Zwist beigelegt, so dass ich mich nicht mehr mit den erbärmlichen Machenschaften von Börsenmaklern und Juden abgeben muss.«

Er sah sich mit nervösem Blick um und suchte verzweifelt nach einem Wort, mit dem er unsere Unterhaltung für beendet erklären konnte, doch ich war nicht gewillt, ihn so leicht davonkommen zu lassen.

Mir war nicht klar, warum er die Sache einfach fallen lassen wollte, und eigentlich war mir das auch herzlich gleichgültig, aber ich hoffte, ihm vielleicht noch die eine oder andere nützliche Information entlocken zu können.

»Erzählen Sie mir doch«, hob ich an, als hätten wir uns die ganze Zeit über angeregt unterhalten, »ob Ihnen etwas von irgendwelchen Geschäften Ihres Vaters mit der South Sea Company bekannt ist.«

»Weder weiß ich etwas davon, noch möchte ich es wissen«, beschied er mich ungeduldig. »Ich muss Sie jetzt wirklich auffordern ...«

Ich beschloss, mich nicht auffordern zu lassen. »Mr. Balfour, ich bin inzwischen davon überzeugt, dass mein Vater ermordet wurde, aber ich habe noch keinen Beweis dafür, dass sein Tod mit dem Ihres Vaters in Verbindung steht. Wenn Sie die Wahrheit hinter dieser Angelegenheit aufdecken möchten, dann bin ich zumindest auf Ihre Mitarbeit angewiesen.«

»Mein Vater war ein närrischer Tropf«, sagte er. »Ein Kaufmann, der über seine Grenzen hinauswollte, nichts weiter. Niemand hatte Interesse daran, ihn zu töten. Es ist Zeit, dass Sie gehen, Weaver.«

Ich erhob mich langsam. »Sie sind nicht mehr daran interessiert, die Wertpapiere wieder zu finden, die Ihrem Vater, wie Sie glauben, gestohlen wurden?«

»Am Ende läuft es bei Leuten wie Ihnen immer nur aufs Geld hinaus, habe ich recht, Weaver? Sagen Sie, haben Sie von dem kleinen Juden gehört, der vom Balkon des Theaters in der Drury Lane zu Tode gestürzt ist? Der Direktor ließ der armen, trauernden Mutter freundlicherweise einen Beutel Geld zukommen, um ihr sein Mitgefühl auszudrücken. ›Aber Sir‹, sagte daraufhin die Jüdin, ›Sie schulden mir noch einen halben Shilling, denn der kleine Isaak hat nur die halbe Vorstellung gesehen, deshalb sollte er den halben Preis seiner Eintrittskarte zurückerstattet bekommen.‹«

Er brach in lautes Lachen aus, aber es war ein gezwungenes Lachen. Ich stand ungerührt vor ihm.

Balfour musterte mich einen Augenblick und ging dann zur Tür. »Wie jeder andere Handwerker auch, dürfen Sie für die geleistete Arbeit eine Rechnung ausstellen. Aber jetzt werden Sie mich sicherlich entschuldigen, ich habe eine Verabredung einzuhalten.«

Ich fragte mich, wie weit ich Balfour bedrängen und was ich noch dabei gewinnen konnte. Die Versöhnung mit seiner Mutter hatte sein Verlangen, mehr über den Tod seines Vaters herauszufinden, eindeutig erstickt. Brachte ich ihn nun in Verlegenheit? Erinnerte ich ihn an die wenigen schrecklichen Monate, in denen seine Zukunft in der Schwebe hing? Oder hatte er etwas erfahren, das er mir vorenthalten wollte? Vielleicht war die Verbindung zwischen seinem und meinem Vater doch nicht so freundschaftlich gewesen, wie ich ursprünglich angenommen hatte. Balfour war schwach; seine Unabhängigkeit war dahin, und sein Wohlstand lag in den Händen einer Mutter, um die er sich bislang kaum gekümmert hatte – einer Mutter, die, wie ich lediglich vermuten konnte, Balfour um den Preis seines wiedergewonnenen Vermögens quälen würde. Ich erkannte, dass ich nicht viel zu verlieren hatte, wenn ich ihn noch ein wenig ausquetschte.

»Es ist mir egal, ob Ihnen meine Nachforschungen irgendwelche lächerlichen Unannehmlichkeiten bereiten oder nicht. Außerdem darf ich Sie daran erinnern, Sir, dass es hier um Mord geht, und falls Sie Informationen haben, die meine Untersuchung voranbringen könnten, so müssen Sie sie mir mitteilen. Wenn nicht hier oder an einem anderen verschwiegenen Ort Ihrer Wahl, dann vielleicht in einem Gerichtssaal Seiner Majestät.«

Balfour betrachtete mich aufmerksam, und in einem Augenblick der Stärke, die ich ihm nicht zugetraut hätte, kam er zu dem Schluss, meine Warnung in den Wind zu schlagen. »Verlassen Sie mein Haus, Weaver. Ich habe nichts mehr mit Ihnen zu schaffen!«

»Na schön.« Ich erhob mich und klemmte mir den Hut unter den Arm. »Wie ich sehe, darf ich von Ihnen keinerlei Mitarbeit erwarten. Das bleibt Ihnen überlassen, aber ich darf Ihnen versichern, dass ich mich jetzt unabhängig von Ihnen für den Tod Ihres Vaters interessiere und nicht vorhabe, meine Nachforschungen einzustellen.«

»Offen gesagt, Weaver, können Sie damit von mir aus zum Teufel gehen. Ich verlange lediglich, dass Sie mir nicht im Wege stehen.«

Ich lächelte und ging auf ihn zu, bis ich dicht vor ihm stand. Sehr dicht. Ich baute mich drohend vor ihm auf und sagte: »Und wie, Mr. Balfour, wollen Sie mich daran hindern, falls ich es mir anders überlege?«

Balfour rang stotternd um Worte: »Ich verspreche Ihnen ... diese Unverschämtheiten ... werden ... werden nicht länger toleriert werden.«

Er wich eilig einen Schritt zurück und stieß abrupt gegen die Wand, womit er sich selbst einen Schrecken einjagte. »Sie halten sich wohl für den einzigen Mann in London, der sich selbst verteidigen kann? Glauben Sie, nur weil es unter der Ehre eines Gentleman ist, Sie zu einem Duell herauszufordern, dass es keine anderen Möglichkeiten gibt, sich eines Halunken Ihres Schlages zu entledigen? Stellen Sie meine Geduld nicht noch länger auf die Probe, Jude. Hinaus mit Ihnen!«

»Sie werden noch von mir hören«, sagte ich und setzte mir den Hut auf den Kopf. »Sobald ich mehr Fragen an Sie gesammelt habe.«

Ich ließ Balfour in stummem Erstaunen stehen. Er hielt die Hände umklammert und dankte mit Sicherheit den Mächten des Schicksals dafür, dass niemand Zeuge unserer Auseinandersetzung gewesen war. Ich für mein Teil konnte dieser Ratte, die mich auf diese gefährliche Spur gesetzt, mittlerweile das Interesse verloren hatte und mir obendrein Steine in den Weg legen wollte, nicht so leicht vergeben. Meine Wut auf Balfour war so groß, dass ich wusste, sie würde mich den ganzen Tag über ablenken, wenn ich nichts gegen ihn unternahm, und so schaute ich auf dem Heimweg bei einem Gerichtsdiener vorbei, der mich nicht kannte. Unter falschem Namen stellte ich in Höhe von fünfzig Pfund Strafanzeige gegen Balfour. Aus dieser Festnahme würde sich natürlich nichts ergeben – sie würde sofort wieder fallen gelassen werden –, aber es erfüllte mich mit großer Genugtuung, mir Balfours Bestürzung vorzustellen, wenn er von irgendeinem Grobian von einem öffentlichen Ort weggeschleppt und in einem Verschlag eingesperrt wurde, bis er einen Anwalt aufgetrieben hatte, der die peinliche Angelegenheit ins Reine brachte.

Während ich in Gedanken noch mit diesem Streich beschäftigt war, bemerkte ich nicht, dass ich selbst auf dem besten Wege war, einer ironischen Laune des Schicksals zum Opfer zu fallen. Erst als ich eine Weile, über den Grund von Balfours Unverschämtheit nachdenkend, durch die Straßen gegangen war, fiel mir ein Bursche auf, der ungefähr zehn Meter hinter mir ging und mit mir Schritt zu halten versuchte. Zunächst wusste ich nicht, ob er mich wirklich verfolgte, weshalb ich schneller ging und mich hastig zwischen einer Frau, die einen Karren vor sich herschob, und einer Austernverkäuferin, die lautstark ihre Waren anpries, hindurchdrängte. Aus dem Augenwinkel sah ich, dass der Bursche sich bemühte, mich nicht aus den Augen zu verlieren. Mein Verfolger war erschreckend groß, vielleicht sechseinhalb Fuß, dabei aber nicht weniger auffällig dünn. Seine Kleidung war hinreichend sauber, wie die eines respektablen Kaufmanns oder einfachen Dieners, und sein Gesicht hatte erst vor Kurzem eine Rasur genossen. Kurz gesagt, er wirkte überhaupt nicht wie einer der Spitzbuben, die Wild für gewöhnlich in seine Dienste nahm, aber der Kerl verfolgte mich aus irgendeinem Grund, und da mir meine spätabendliche Begegnung mit der Droschke noch frisch in der Erinnerung haftete, stufte ich ihn, solange sich nicht das Gegenteil herausstellte, als gefährlich ein.

Ich hielt ihn, so gut es ging, auf Abstand und bog schließlich in eine Gasse ein, von der ich wusste, dass sie keinen anderen Ausgang hatte. Sie verlief noch einige Hundert Fuß geradeaus, machte einen scharfen Bogen und endete nach weiteren zwanzig Fuß an einer Mauer. Es war recht schmutzig in dieser Gasse, da die Bewohner der angrenzenden Häuser den Inhalt ihrer Nachttöpfe einfach aus den Fenstern kippten. Überall quiekten die Ratten, während ich vorsichtig durch den Unrat watete, der an meinen Stiefeln und Strümpfen kleben blieb. Ich konzentrierte mich auf mein Ziel und tat so, als röche ich nichts. Die stinkenden Haufen und Pfützen machten mir nichts aus, ja, sie würden sich als effektive Verbündete erweisen, vorausgesetzt, meinem Verfolger drehte sich der Magen um, wo der meine ruhig blieb.

Genau so kam es. Er betrat die Gasse und sah sich von seinen dünnen Lederschuhen nicht halb so gut geschützt wie ich von meinen wesentlich robusteren Stiefeln. Ich hörte, wie er sich vorankämpfte und leise fluchend immer näher kam. Da ich bereits um die Kurve gegangen war, konnte ich ihn nicht sehen, aber ich hörte jeden einzelnen vorsichtigen, voller Ekel ausgeführten Schritt. Ich hörte ihn ausrutschen, ein Platschen, gefolgt von einem Schwall unterdrückter Flüche. Hätte er über die gleiche Kenntnis der Straßen von Covent Garden verfügt wie ich, hätte er wissen müssen, dass der Weg in einer Sackgasse endete und ich um die Ecke auf ihn warten musste. Er jedoch ging weiter, unterdrückte ein Würgen, schreckte vor den Ratten zurück und zuckte bei der Kälte, die seine immer wieder versinkenden Schuhe umgab, zusammen. Schließlich kam er um die Ecke gebogen und ging, da das Ende der Gasse nicht gut zu sehen war, noch ein paar Schritte weiter. Genau darauf hatte ich gewartet.

Ich sprang von der schmalen Mauer herab, auf die ich gekrochen war, um den Burschen unter mir passieren zu lassen. Als ich direkt hinter ihm landete und uns beide mit aufspritzendem Unrat bekleckerte, zog ich meine Pistole aus der Jackentasche und zielte dem Kerl direkt ins Gesicht.

»Und jetzt, mein beschissener Freund«, sagte ich mit höhnischem

Grinsen, »erzählst du mir ganz schnell, wer du bist und warum du mir nachschleichst – andernfalls bist du hier verfault, bevor der nächste Regen alles davonspült.«

Er wollte sich schon auf die Knie fallen lassen, besann sich dann aber eines Besseren und wankte stattdessen, die Hände flehentlich gefaltet, hin und her. »Bitte töten Sie mich nicht, Mr. Weaver, Sir. Es ist mein erstes Mal, wirklich, und ich wollte nur alles richtig machen.«

Verwundert, aber immer noch misstrauisch fragte ich ihn, wer er sei und warum er mir gefolgt sei.

»Ich arbeite für Richter Duncombe, Sir. Er ist Friedensrichter, ehrlich. Er hat mich losgeschickt, um Sie zu holen. Es ist meine erste Aufgabe als Constable, Sir.«

»Und was will der Friedensrichter von mir?«, fragte ich und wackelte, wenn auch eher gedankenverloren als mit böser Absicht, mit der Pistole vor seinem Gesicht herum.

»Er möchte Sie vor Gericht bringen«, sprudelte es aus dem armen Constable heraus, dem jetzt die Tränen in die Augen stiegen. »Sie stehen unter Arrest, Sir. Ehrlich!«

Richter John Duncombe war eine echte Ausnahme im korrupten Londoner Rechtssystem. Zwar gehörte zweifelsohne auch er zur Spezies der käuflichen Richter und hätte einen Angeklagten lieber für ein kleines Entgelt verkauft, als sich die Gelegenheit eines Zubrotes entgehen zu lassen. Doch obwohl er kaum eine Bestechung ausließ, drückte er sich nicht wie so viele andere käufliche Richter vor seiner Verantwortung und regierte auch nicht mit willkürlicher Grausamkeit. Im Gegenteil, von den Fesseln der Korruption befreit, folgte er eher dem Pfad wahrer Gerechtigkeit, und zwar sehr energisch und oft auch weise. Man sagte von John Duncombe, die Korruption der Rechtsprechung sei sein Geschäft, die Findung der Wahrheit hingegen sein Vergnügen.

Ich wusste nicht, ob mich Duncombe aus Gründen des Geschäfts oder des Vergnügens in seine Räume in der Great Hart Street hatte bringen lassen. Voller Spannung wartete ich in der Gesellschaft des Constable, wobei wir beide die spöttischen Blicke von Huren und Taschendieben auf uns zogen, bis Duncombe uns endlich vor seinen Richtertisch rief.

Er tagte in einem geräumigen Gerichtssaal, der an seine eigenen Wohnräume im ersten Stock angrenzte. Vielleicht hatten frühere Mieter den Raum für Bälle oder dergleichen Vergnügungen benutzt, jetzt hingegen beherbergte er lediglich die erbärmlichsten Subjekte aus den Straßen Londons. Der Richter saß an einem Ende des Raumes hinter seinem imposanten Schreibtisch, umgeben von seinen Constables, Schreibkräften und Dienern. Sein Schreibtisch war mit einem Stapel von Dokumenten bedeckt, dazwischen einige Rechtsbücher und eine große Flasche Portwein, aus der er sich in regelmäßigen Abständen sein Glas auffüllte. Da es mitten am Nachmittag war, hatten sich nicht unbedingt die allererbärmlichsten Kreaturen, die man hier vermutet hätte, eingefunden. Duncombe hatte es sich zur Gewohnheit gemacht, gleich früh am Morgen die nächtliche Ernte aus Prostituierten, Betrunkenen, nächtlichen Unruhestiftern, Einbrechern, Straßenräubern und anderen Kriminellen abzufertigen, die die Nachtschicht eingefahren hatte.

Tagsüber beschäftigte sich ein Richter wie Duncombe mit vertagten Verfahren dieser Kriminellen – etwa die Wiederaufnahme des Falles eines Stadtstreichers, den er zu mehreren Wochen Arbeit in Bridewell verurteilt hatte –, oder er kümmerte sich um Klagen oder Wiederaufnahmen von größerer Bedeutung, wie sie tagtäglich vor seinen Schreibtisch gespült wurden.

Duncombe war ein alternder Mann mit schweren Hängebacken, kleinen Augen und einer gewaltigen, warzigen Nase. Er nannte nur noch eine geringe Anzahl von Zähnen sein Eigen, und sein Gesicht fiel rings um den Mund auf groteske Weise in sich zusammen, was ihm das Aussehen einer leeren Ledermappe verlieh, die unter einer vergilbenden Perücke schaukelte. Ich betrachtete ihn, konnte aber nicht verstehen, was er gerade zu der Frau sagte, die vor ihm stand. Sie war jung, vom Schmutz der Gosse verdreckt, und ihre Kleider verbargen kaum mehr als die heikelsten Stellen ihrer weiblichen Anatomie. Duncombe stellte seine Fragen mit versteinertem Gesicht, sie antwortete schluchzend. Schließlich verkündete der Richter einen Schiedsspruch, und die Frau sank, lautstark dem lieben Gott im Himmel dankend, auf die Knie. Einer der Constables kam herbei, half ihr auf die Beine und führte sie hinaus, während sie Duncombe von ganzem Herzen dankte. Ich hoffte, ihr Glück ließe Gutes für mich hoffen.

»Mr. Benjamin Weaver?« Er sprach meinen Namen so laut aus, wie seine Stimme trug. Duncombe ließ den Blick durch den Gerichtssaal schweifen, bis er auf mir haften blieb. Obwohl er mich recht gut kannte, ließ er sich auf keinerlei Vertraulichkeiten mit mir ein. Ich war in seinem Gericht anlässlich der Auslieferung einiger Langfinger, die ich festgenommen hatte, als Zeuge aufgetreten und hatte ihn gelegentlich dieser oder jener Routineangelegenheiten wegen aufgesucht, etwa zur Ausstellung eines Haftbefehls oder um mir einen Constable für einige Festnahmen auszubitten. Doch Duncombe hielt nicht viel von Diebesfängern und war der Meinung, ich müsse so unehrenhaft wie die meisten anderen Kollegen aus der Branche sein.

»Treten Sie vor«, sprach er in ernstem Tonfall. »Aber nicht zu weit vor, wenn ich bitten darf.«

Ich ging auf die Richterbank zu und versuchte, das rings um mich ertönende Gelächter nicht zu beachten.

»Wieso haben Sie sich dermaßen besudelt?«, fragte er mich. »Sie sind schon oft in diesem Gerichtssaal aufgetreten, aber ich glaube, heute ist das erste Mal, dass Sie von Kopf bis Fuß mit Gossendreck verspritzt ankommen.«

»Euer Ehren, ich ging friedlich auf der Straße, als ich bemerkte, dass mir ein eigenartiger Mann folgte. Da ich nicht wusste, dass es sich um einen Beauftragten dieses Gerichtshofes handelte, glaubte ich mein Leben in Gefahr. Ich suchte Schutz in einer kleinen Gasse, die unglücklicherweise nicht mehr als ihren Unrat zu bieten hatte.«

Er betrachtete mich eindringlich. »Laufen Sie immer vor Fremden davon, Mr. Weaver?«

»Wir befinden uns in London, Euer Ehren. Wer, wenn er noch länger am Leben bleiben will, läuft nicht vor Fremden davon?«

Diejenigen, die meine Replik vernommen hatten, lachten beifällig. Sogar der Richter grinste ein wenig.

»Ich habe Sie betreffs der Angelegenheit einer gewissen Kate Cole hierher zitiert, die in zwei Wochen vor diesem Gericht wegen Mordes angeklagt wird. Ihr Name wurde im Zusammenhang dieses Falles erwähnt, und ich wurde gebeten, Ihre Aussage zu protokollieren.«

Ich glaube, mein Äußeres verriet nichts von meinem Schock, aber ich kam mir vor, als hätten mich Wilds Raufbolde ein zweites Mal von hinten niedergeschlagen. Ich glaube gerne daran, dass ich mein Leben als Verbrecher zumindest zum Teil deshalb hinter mir gelassen habe, weil ich die Schändlichkeit eines kriminellen Lebens nicht durchgestanden hätte. Obwohl das bis zu einem gewissen Grad der Wahrheit entspricht, so besteht gleichwohl kein Zweifel daran, dass ich mich als Diebesfänger niemals der Willkürherrschaft des Rechtssystems auszusetzen gedachte. Ich möchte den Gentlemen hinter der Richterbank nicht den nötigen Respekt verweigern, aber es ist kein Geheimnis, dass unser Rechtssystem, das überall in Europa seiner Strenge und Schnelligkeit wegen gerühmt wird, ein schreckliches und furchtbares Werkzeug ist, vor dem sich kein Mensch, unschuldig oder nicht, gerne zu verantworten wünscht.

Deshalb war meine Angst durchaus gerechtfertigt. Hätte ich in meinem ganzen Leben noch nie etwas von Kate Cole gehört oder keinen blassen Schimmer davon gehabt, wovon der Richter überhaupt sprach, so wäre das keineswegs eine Garantie dafür gewesen, dass ich nicht doch am Ende eines Strickes am Tyburn Tree enden mochte. Ich wusste, dass ich langsam und vorsichtig vorgehen musste.

»Ich habe nichts auszusagen«, sagte ich und strengte mich an, müde und verwirrt auszusehen. Ich wurde vor Gericht nur höchst ungern meineidig, aber ich hatte das Gefühl, mir blieb keine andere Wahl. Wenn ich in dieser Angelegenheit die Wahrheit sagte, bedeutete das, Sir Owens Anonymität, die ich zu wahren versprochen hatte, preiszugeben. Ich konnte zunächst nichts anderes tun, als zu versuchen, mehr Zeit zu gewinnen.

»Sie haben noch nie von Kate Cole gehört?«, fragte der Richter misstrauisch.

»Noch nie«, sagte ich.

»Dann habe ich mir ja eine Menge Zeit und Arbeit erspart, was?«

In diesem Augenblick begriff ich, dass es hier nicht um eine rechtliche, sondern um eine finanzielle Angelegenheit ging. Wäre Duncombe mehr hinter der Gerechtigkeit als hinter dem Geld her gewesen, hätte er die Zeugenaussage nicht so rasch vom Tisch gefegt. Ich hielt diese Entwicklung für ungut: Wenn Duncombe dafür bezahlt wurde, mich in die Sache hineinzuziehen, dann nützte kein Schmiergeld etwas, das ich ihm anbot – und das er sicherlich auch annahm. Es war ungeschriebenes Gesetz bei den käuflichen Richtern, von allen Parteien Geld anzunehmen, aber stets die einflussreichste unter ihnen zu favorisieren. In dieser Hinsicht konnte ich nicht gegen Wild ankommen.

»Dann vermerke ich also, dass Sie jegliches Wissen hinsichtlich dieser Person und ihrer Verbrechen abstreiten«, ließ Duncombe vernehmen. »Ich möchte Sie trotzdem darüber informieren, dass ihre Verhandlung in genau zwei Wochen im Old Bailey stattfinden wird und Sie darauf gefasst sein sollten, als Zeuge der Verteidigung aufgerufen zu werden. Bis dahin ist Ihnen nicht gestattet, London zu verlassen, da dieses Gericht Sie möglicherweise noch einmal vorladen muss. Haben Sie mich verstanden, Mr. Weaver?«

Ich nickte. »Ich denke, ich habe alles genau verstanden, Euer Ehren.«

»Dann rate ich Ihnen, schleunigst ein Bad zu nehmen.«

Damit entließ mich Duncombe, und nachdem ich meinem unglücklichen Constable einen mitfühlenden Klaps auf den Rücken gegeben hatte, verließ ich die richterlichen Räume mit einem Gefühl der Niederlage. Im Geiste sah ich mich bereits bei Kate Coles Mordprozess vor den Schranken des Gerichts stehen. Obwohl ich gewillt gewesen war, vor jemandem wie Duncombe zu lügen, sah ich mich kaum imstande, bei einem Mordprozess im Old Bailey einen Meineid zu leisten. Sollte es so weit kommen, wäre ich gezwungen, die Wahrheit zu sagen, weshalb ich mich verpflichtet sah, Sir Owen von der Wendung der Dinge in Kenntnis zu setzen.

Duncombe hatte gesagt, ich sei als Zeuge der Verteidigung vorgesehen. Das hieß, dass nicht Wild, sondern Kate meinen Namen genannt hatte, denn es gab keinen Grund, warum Wild an der Verteidigung einer Frau interessiert sein sollte, deren Verurteilung ihm vierzig Pfund einbrachte. Andererseits konnte ich mir nicht erklären, wer Kate meinen Namen gesteckt hatte, und, falls es wirklich so war, was sie sich davon versprach, mich in die Sache hineinzuziehen, ohne vorher mit mir darüber zu reden. Sie hatte sehr wohl begriffen, dass ich ängstlich darauf bedacht war, meinen Namen aus der Verhandlung herauszuhalten, und auch einiges dafür tun würde. Womöglich hatte doch Wild meinen Namen ins Spiel gebracht, um mich gegen Kate auszuspielen. Hoffte er darauf, Kate an den Galgen zu bringen und mit dem gleichen Streich meinen Ruf zu ruinieren? Es wollte mir nicht gelingen, mir einen Reim darauf zu machen. Elias hatte vorgeschlagen, in dieser Angelegenheit nicht nach Fakten zu suchen, sondern mich unter Zuhilfenahme der Wahrscheinlichkeit voranzutasten. Doch auch die Wahrscheinlichkeit war auf ein Mindestmaß an Logik angewiesen, eine Zutat, die ich hier weit und breit nirgendwo finden konnte.

25

Nachdem ich mich gesäubert und umgezogen hatte, wobei ich es nach Kräften vermied, die Aufmerksamkeit der Dienerschaft im Hause meines Onkels allzu sehr zu erregen, ließ ich Sir Owen eine Nachricht überbringen, worin ich ihn bat, sich mit mir in einem Bierlokal in der Nähe zu treffen. Seine Antwort kam prompt, und so saßen wir uns schon nach wenigen Stunden bei einem erfreulichen Krug Bier gegenüber.

Sir Owen sah hingegen weniger erfreut aus. Die onkelhafte Herzlichkeit, die ich von unseren früheren Zusammenkünften kannte, war verflogen. Sein finsterer, verschlossener Blick ließ auf eine innere Unruhe schließen, und tatsächlich blickte er mehrmals in der Minute zur Tür hin.

»Eine höchst unangenehme Angelegenheit«, brummte Sir Owen. »Sie haben mir versprochen, meinen Namen aus dieser Affäre herauszuhalten.« Geistesabwesend fuhr er mit dem Finger über den Henkel des Bierkrugs.

Ich war immer noch ein wenig steif, versuchte jedoch entspannt und beherrscht zu wirken. Wie ein Schauspieler auf der Bühne hatte ich schon öfter die Erfahrung gemacht, dass meine Körperhaltung die Reaktionen der Leute, mit denen ich mich unterhielt, beeinflusste. »Ich habe versprochen, alles zu tun, was in meiner Macht steht, Sir Owen, und das steht nach wie vor in meiner Absicht. Aber ich kann unmöglich vor Gericht lügen, sonst laufe ich Gefahr, selbst des Mordes angeklagt zu werden. Diese Geschichte hat sich als wesentlich weitreichender entpuppt, als wir beide es je hätten ahnen können, und meiner Meinung nach ist es jetzt am vernünftigsten, sich auf die Möglichkeit einzustellen, dass ich Ihren Namen womöglich vor Gericht nennen muss. Ich bin sicher, dass sich mit der richtigen Vorbereitung vermeiden lässt, dass Sie ernsthaften Schaden ...«

»Ihr Beruf besteht darin, diejenigen, die Ihre Dienste in Anspruch nehmen, zu schützen«, knurrte er, ohne den Blick zu heben. »Tun Sie das, was dazu erforderlich ist. Oder sind Sie auf mehr Geld aus?«

»Ich bitte Sie, Sir Owen! Sie beleidigen mich mit Ihren Beschuldigungen. Ich habe Ihnen in jeder Hinsicht aufs Vortrefflichste gedient.«

»Ich frage mich nur«, sagte er zerstreut, »wie Sie sich erklären, dass diese Frau mit einem Mal Ihren Namen mit dieser Angelegenheit in

Verbindung bringt. Sagten Sie nicht, Sie habe keine Ahnung, wer Sie sind oder wo Sie zu erreichen sind?« Er setzte sich auf und nahm einen kräftigen Schluck aus seinem Krug.

»Das ist richtig«, bestätigte ich. »Aber wie es aussieht, hat Wild es herausgefunden, und ich kann nur vermuten, dass er hinter dieser unleidlichen Wendung steht.«

»Wild!«, fauchte Sir Owen. »Er wird uns noch alle ruinieren. Ich war ein Narr, Ihnen diese Sache anzuvertrauen, Weaver. Sie sind, mit Verlaub, ein hitzköpfiger Jude, der mit den Fäusten denkt. Hätten Sie diesen Kerl nicht erschossen, wäre all das nicht geschehen.«

Ich verspürte keine Lust, mir Sir Owens Stimmungsumschwung und seine unverschämten Anschuldigungen gefallen zu lassen. Als ich Jemmy auf der Straße niedergeschossen hatte, war er noch bester Laune gewesen – solange der Tote ihn nicht in seiner Ruhe aufstörte. »Es ist wohl wahr, dass es ohne einen Ermordeten auch keinen Mordprozess gäbe, aber man könnte ebenso gut hinzufügen, dass diese ganze Geschichte überhaupt nicht geschehen wäre, wenn Sie einen sorgsameren Umgang mit Ihren Papieren gepflegt hätten.«

Damit wollte ich ihn ärgern, vielleicht ein wenig aus der Fassung bringen, aber meine Schuldzuweisung ließ Sir Owen nur noch stärker an seine eigene Autorität glauben. Er setzte sich auf und musterte mich mit kaltem Blick.

»Sie vergessen sich«, sagte er leise. »Sie haben mehr als genug Ärger auf sich geladen, und auf mich ebenfalls, indem Sie Ihre Nase in Dinge steckten, die Sie nichts angehen. Woher wollen wir wissen, dass nicht die South Sea Company hinter dieser verflixten Geschichte mit der Hure steckt? Die Company hätte mit Sicherheit großes Interesse daran, Sie, egal mit welchen Mitteln, zum Schweigen zu bringen. Diese ganze Herumschnüffelei, die Suche nach einem Mörder Ihres Vaters! Konnte das nicht warten, bis die Sache mit der Hure abgeschlossen ist?«

Ich wollte ihm sofort antworten, hielt mich jedoch zurück und ließ mir noch einmal durch den Kopf gehen, was Sir Owen soeben gesagt hatte. »Woher wissen Sie davon?«, fragte ich mit ruhiger Stimme, in der Hoffnung, nichts preiszugeben.

Ich beobachtete Sir Owen aufmerksam, um mir kein Anzeichen der Verwirrung entgehen zu lassen, aber er ließ sich keine andere Regung als Wut anmerken. »Wer in London weiß nicht, dass Sie in Balfours Selbstmord herumschnüffeln? Es ist kein Geheimnis, dass Sie der South Sea Company Unannehmlichkeiten bereiten, und mittlerweile befürchte ich ernsthaft, dass Sie im gleichen Atemzug auch mir schaden. Was sind Sie überhaupt für ein Mensch, dass Sie den Namen Ihres Vaters geheimhalten? Wir saßen mit gebildeten Köpfen zusammen, unterhielten uns über Lienzo, und Sie äußerten sich mit keinem Wort dazu. Lag es in Ihrer Absicht, mich in meinem eigenen Club bloßzustellen, Weaver? Haben Sie es darauf angelegt?«

»Wenn Sie sich bloßgestellt fühlen«, sagte ich in aller Ruhe, »dann sind Sie selbst daran schuld.«

Sir Owen presste die Kiefer aufeinander. »Sie sind ein verantwortungsloser Schurke. Mich derart in Ihre schäbigen Machenschaften hineinzuziehen! Ich wünschte nur, Sie hätten mich außen vor gelassen, denn nun werde ich mit Sicherheit zu Ihnen in die Gosse herabgezogen.«

Als Sir Owen immer feindseliger wurde, hielt ich es für das Beste, ihn schäumen zu lassen, seine Ausfälle gegen die Juden im Allgemeinen und mich im Besonderen zu ignorieren und abzuwarten, bis er sich verausgabt hatte. Schließlich nahm er eine vernünftigere Haltung ein.

»Ich werde mit einigen Bekannten reden, die keinen geringen Einfluss haben. Vielleicht kann ich veranlassen, dass Sie bei dieser Verhandlung nicht auftreten müssen. In der Zwischenzeit müssen Sie mir Ihr Wort geben, dass Sie, sollten Sie vor den Richter zitiert werden, meinen Namen und seine Verbindung mit dem Tod dieses Mannes nicht erwähnen werden.«

»Sir Owen«, sagte ich mit leiser, ruhiger Stimme, »wir müssen alles uns Mögliche tun, damit es nicht so weit kommt, aber dieses Versprechen kann ich Ihnen unmöglich geben. Solange es mir gefahrlos möglich ist, werde ich den Mund halten. Ich weiß aber nicht, ob jemand mich nach Ihrem Namen fragen wird. Womöglich hält es der Richter nicht für wichtig, in wessen Auftrag ich Kate aufgesucht habe. Wenn ich aber dazu gezwungen werde, den Namen dessen zu nennen, in dessen Auftrag ich in jener Nacht unterwegs war, werde ich ihn nicht verschweigen können. Gibt es denn keinen Weg, Ihre zukünftige Ehefrau, Miss Decker, in groben Zügen von Ihrer Vergangenheit zu unterrichten? Gerade so viel, um sie vor unangenehmen Gerüchten zu schützen, mit denen sie womöglich konfrontiert wird?«

Das hätte ich besser nicht gesagt. Sir Owens Fäuste ballten sich, und seine Kiefermuskeln traten hervor. Er starrte mich eine halbe Ewigkeit ungläubig an. »Was wissen Sie schon von der Empfindsamkeit einer feinen Dame?«, fauchte er. »Sie kennen doch nichts anderes als Huren und Straßendreck!«

Vielleicht hätte ich auf einen Mann in seiner Position mehr Rücksicht nehmen sollen, aber ich verspürte in meinem Herzen keinen Funken Nachsicht mehr für Sir Owens unverschämten Ton. Ich hatte in seinem Auftrag alles getan, was ich konnte, und mehr. Dass er von mir erwartete, mich zum Zeichen meiner Loyalität in Tyburn aufknüpfen zu lassen, ging denn doch eine Spur zu weit, und seine Beleidigungen hinsichtlich meiner Frauenbekanntschaften waren schlicht unangebracht, um das Mindeste zu sagen.

»Gibt es in Ihrer Bibel nicht die Stelle«, fragte ich unterkühlt, »in der es heißt, nur diejenigen ohne Sünde sollten mit Steinen werfen, Sir Owen?«

Er starrte mich unverwandt an. »Wir haben nichts mehr miteinander zu bereden«, sagte er und brach überstürzt auf.

Sir Owens Panik ließ mich verwirrt, aber nicht niedergeschlagen zurück. Schließlich stand er kurz davor, öffentlich desavouiert zu werden, und obendrein stand damit seine geplante Heirat auf dem Spiel. Außerdem hatte ich das Gefühl, ich sei, wie er meinte, zumindest teilweise nicht ganz unschuldig an der Geschichte. Ich sorgte mich jedoch mehr darum, wie diese ganze unglückliche Verkettung von Umständen zustande gekommen war und was ich tun konnte, um alles wieder ins Lot zu bringen. Meiner Meinung nach war es nur folgerichtig, dass Jonathan Wild mich mit Kate Cole in Verbindung gebracht hatte; trotzdem blieb noch die Frage, weshalb Sir Owen die Ansicht geäußert hatte, die Company selbst hätte mich – und ihn gleich mit – dieser Gefahr vorsätzlich preisgegeben, und das war eine Möglichkeit, die ich nicht ignorieren durfte.

Ich kam zu dem Schluss, dass es nur einen Menschen gab, der mir diese Fragen zufriedenstellend beantworten konnte, und so machte ich mich abermals auf den Weg zum Gefängnis Newgate, um mit Kate Cole zu reden.

Wieder passierte ich das schreckliche Portal von Newgate, und gegen ein paar kleine Münzen führte mich der Aufseher in den Press Yard, wo Kate ihre Zelle hatte. Dort erklärte mir der Schließer, Kate habe ihn angewiesen, keine Besucher vorzulassen, aber diese Bitte ließ sich mit ein paar Shilling außer Kraft setzen.

Die Zelle selbst war erstaunlich freundlich eingerichtet: Sie verfügte über ein angemessen bequem aussehendes Bett, mehrere Hocker, ein Schreibpult und einen Schrank. Durch ein kleines Fenster fiel immerhin ein wenig Licht herein, wenn auch nicht genug, um den Raum – nicht einmal bei sonnigstem Tageslicht – ausreichend zu erhellen. Eine Vielzahl billiger Talgkerzen warf schwarze Rußstreifen an die Wände. Überall im Raum lagen leere Weinkrüge und Bierhumpen verstreut, dazwischen halb aufgegessene Fleischbrocken und vertrocknete Weißbrotkrusten. Kate hatte es sich von meiner finanziellen Zuwendung offensichtlich gut gehen lassen.

Doch obzwar sie wie eine Dame von Stand und Bildung hatte leben können, wusste sie sich noch lange nicht wie eine zu benehmen. Sie trug neue Kleider – zweifellos von dem Geld angeschafft, das ich ihr überlassen hatte –, doch sie waren ekelhaft mit Speiseresten bekleckert und so zerknittert, als hätte sie darin geschlafen; außerdem rochen sie widerlich. Die Läuse, die sie sich in ihren albtraumhaften Stunden auf der Common Side des Gefängnisse eingefangen hatte, waren ihr treu geblieben und krabbelten wie ängstliche Fußgänger auf einer viel befahrenen Straße auf ihrer Haut herum.

Kate zeigte sich keinesfalls erfreut, mich auf ihrer Schwelle stehen zu sehen. Sie begrüßte mich mit einem schiefen Grinsen aus lückenhaften Zahnreihen und wandte sich prompt wieder ab, unwillig, mir noch länger ins Gesicht zu sehen.

Der Schließer erschien in der Tür. »Brauchen Sie dann noch was?«, fragte er.

»'ne Pulle Wein«, zischte Kate. »Der Kerl hier zahlt.« Sie zeigte auf mich.

Daraufhin machte der Schließer die Tür wieder ordentlich hinter sich zu.

»Also, Kate«, fing ich an, zog mir einen der Hocker heran und stellte ihn so hin, dass ich ihr ins Gesicht sehen konnte, »behandelt man so seinen Wohltäter?« Ich setzte mich und wartete auf ihre Antwort, wobei ich mit dem Fuß vorsichtig einen nicht abgedeckten Nachttopf zur Seite schob.

»Ich hab Ihnen nix zu sagen.« Sie zog einen Flunsch wie ein kleines Kind.

»Ich weiß nicht, weshalb du wütend auf mich bist. Habe ich dich nicht zuvorkommend untergebracht und vor Schlimmerem bewahrt?«

Kate blickte langsam auf. »Vor dem Galgen ham Sie mich nich bewahrt, und auch nich vor Wild. Wenn Sie also deswegen gekommen sind, dann könn Sie gleich wieder abhaun. Ich hab jedenfalls keine andere Wahl gehabt.«

»Wovon genau redest du überhaupt, Kate?«

»Dass es Wild war, davon! Er hat gesagt, ich soll Sie beschuldigen. Ich wollt ja nix sagen. Aber Wild! Zuerst sagt er, Sie wollen mich hängen sehn, aber als ich sag, das stimmt nich, da sagt er, dass er mich hängen sehn will und dass er bei den Richtern mehr ausrichten kann als Sie. So war's, und jetzt machen Sie draus, was Sie wollen.«

Ich schwieg einen Moment und versuchte, mir fieberhaft einen Reim auf das Gehörte zu machen. Kate atmete schwer, als hätte ihr diese Rede sämtliche Energie abverlangt. Vermutlich war sie zumindest teilweise einstudiert; sie musste gewusst haben, dass ich ihr diesen Besuch abstatten würde.

Zumindest bedeutete das Wissen, dass mich Wild in Kates Fall verwickelt hatte, einen kleinen Fortschritt. Es hieß zwar nicht, dass Wild auch hinter den Morden an Balfour und meinem Vater steckte, aber es bedeutete immerhin, dass Wild alles andere als ehrlich gewesen war, als er mir versichert hatte, mich so lange als Rivalen zu erdulden, wie ich der South Sea Company auf der Spur blieb.

Es gab einfach zu viele unzusammenhängende Informationsfetzen, die ich ordnen musste. Vielleicht krankte aber auch nur meine Ordnungsmethode; Elias hatte mich getadelt, weil ich jedes Element der Untersuchung für sich betrachtete. Aber wie sollte ich auf den Zusammenhang zwischen den disparaten Einzelstücken kommen?

Ich war hier, um mit Kate über Wild zu sprechen. Vielleicht konnte ich mit ihr über etwas anderes reden, denn nach wie vor kreisten meine Nachforschungen um ein rätselhaftes Zentrum: Martin Rochester. Er hatte höchstwahrscheinlich den Mann angeheuert, der meinen Vater überfahren hatte, und es hatte den Anschein, als wüsste jeder in der 'Change Alley etwas über ihn. Vor allem aber interessierten mich Wilds Behauptungen über Rochester, denn der große Diebesfänger war fest entschlossen gewesen, mich von Rochesters dunklen Machenschaften zu überzeugen, gleichzeitig jedoch konnte er mir keinerlei Informationen über ihn mitgeben. Und jetzt saß ich hier mit Kate – Kate, die zumindest einiges über Wilds Geschäfte wusste und keine große Zuneigung zu ihrem Herrn und Meister verspürte. Vielleicht konnte ich von ihr erfahren, in welchem Maße Rochester an diesen Verbrechen beteiligt war.

Der Schließer kam wieder und reichte uns eine Flasche Wein. Er verlangte den ungeheuerlichen Preis von sechs Shilling, den ich anstandslos zahlte, weil es praktischer war, als lange darüber zu streiten.

Kate riss mir die Flasche aus der Hand, entkorkte sie und nahm einen guten Schluck. Nachdem sie sich den Mund mit dem Handrücken abgewischt hatte, sah sie mich an und überlegte wahrscheinlich, ob sie mir auch etwas davon anbieten sollte oder nicht. Vermutlich kam sie zu dem Schluss, dass sie mir zu große Unannehmlichkeiten bereitet hatte, um sie mit kleinen Gesten wieder wettzumachen, denn sie behielt den Wein bei sich.

Ich wartete, bis sie noch einen Schluck getrunken hatte, dann sagte ich: »Kennst du einen Mann namens Martin Rochester?«

»Uuiii!«, quietschte sie wie eine Ratte unterm Stiefel. »Jetzt geht's also um Martin Rochester, was? Also von so einem lass ich mich nich mehr reinlegen. Der hat mir schon genug Ärger gemacht, das könn Sie mir glauben.«

»Dann kennst du ihn also?«, fragte ich gespannt. Ich glaubte, mein Herz müsste vor Aufregung zerspringen. War es denn möglich, dass ich endlich jemanden gefunden hatte, der bereit war, mehr als nur eine flüchtige Bekanntschaft mit diesem rätselhaften Mann zuzugeben?

»Ach, den kenn ich, allerdings«, sagte Kate lässig. »Der Kerl is so hundsgemein wie Wild, aber doppelt so schlau. Was hat Rochester denn mit uns zu schaffen?«

Ich konnte mein Glück kaum fassen und war überrascht, dass Kate so freimütig über ihre Bekanntschaft mit diesem Mann zu sprechen bereit war.

»Ich weiß es nicht«, sagte ich wahrheitsgemäß. »Aber ich komme immer mehr zu dem Schluss, dass sich unser beider Leben zum Besseren wenden, wenn ich ihn erst einmal ausfindig gemacht habe. Was kannst du mir von ihm erzählen?«

Kate machte den Mund auf und fing schon an, einige Geräusche von sich zu geben, doch dann hielt sie inne und verzog die Lippen zu einem raubtierhaften Grinsen. »Sie haben mir immer noch nich gesagt, was Sie mit ihm zu schaffen haben.«

»Was hast *du* mit ihm zu schaffen?«, fragte ich abermals. »Was weißt du von ihm?«

»Ich kenn ihn gut. Sehr gut sogar.«

»Dann bist du ihm also schon begegnet?«, hakte ich nach. »Weißt du, wo ich ihn finden kann?«

»Klar bin ich ihm begegnet. Aber wenn er nich will, dass er gefunden wird, dann findet ihn auch niemand, so viel kann ich Ihnen verraten. Davon lebt er ja. Das is ’n ganz harter Bursche.«

»Kannst du mir irgendetwas sagen, das es mir leichter macht, ihn zu finden?«

Sie schüttelte den Kopf. »Nur, dass es besser is, Sie finden ihn, bevor er Sie findet.«

»Kannst du ihn mir beschreiben?«

»Könnte ich schon.«

»Ich bitte darum!«

Kate sah mich mit einem Glitzern in den Augen an. Sie hatte eine Idee, die sie für außerordentlich schlau hielt. »Sagen wir, ich bin dazu bereit, sobald ich hier raus bin!« Sie grinste mich mit weinbefleckten Lippen an.

»Ich bin bereit, für jede Information zu zahlen, die mir hilft, Rochester ausfindig zu machen.«

»Kann ich mir vorstellen, dass Sie dafür zahlen wollen, aber inzwischen verfaule ich hier in dieser miesen Zelle, oder nich? Die ganze Zeit wollen Sie was von mir wissen, aber wenn ich Ihnen alles sage, was ich weiß, krieg ich am Ende nix dafür und werd noch nach Tyburn gekarrt. Von jetzt an überlegen Sie sich genau, was Sie alles von mir wissen wollen, und sobald ich aus Newgate rausspaziere, sage ich Ihnen gerne alles, was ich weiß.«

»Kate«, sagte ich und spürte, wie sich mein Körper vor Zorn anspannte. »Ich glaube nicht, dass du begreifst, wie wichtig das alles ist.«

Ich dachte an Wilds Interesse an meinen Nachforschungen und an seine Anstrengungen, mich in Kates Verfahren hineinzuziehen. Es musste eine Verbindung zwischen diesen beiden Dingen geben, aber ich wusste nicht welche. Rochester war die nicht greifbare Gestalt hinter dem Tod meines Vaters, und er stand in irgendeiner Verbindung zu Wild. Ich war fest davon überzeugt, dass ich nur noch mehr darüber herausfinden musste, um viele der Geheimnisse, die mich quälten, endlich verstehen zu können.

Kate scherte sich jedoch herzlich wenig um meine Sorgen. »Is mir egal, wie wichtig das für Sie is. Wichtiger sind die Probleme, die Wild mir macht. Und ich weiß, dass Wild und Rochester nix miteinander zu tun haben, also können Sie bei Rochester überhaupt nix ausrichten, um mir hier zu helfen!«

Ich versuchte sie noch eine geschlagene Viertelstunde zur Vernunft zu bringen, aber sie gab nicht nach. Ich überlegte, ob ich sie aus der Zelle werfen lassen sollte, die ich ihr ermöglicht hatte, aber damit wäre mir auch nicht geholfen gewesen. Also verließ ich sie, fest entschlossen, es zu einem späteren Zeitpunkt noch einmal zu versuchen, und fest entschlossen, mir etwas zu überlegen, das mich in die Lage versetzte, ihr den Mund zu öffnen.

Am Tag darauf erhielt ich eine Nachricht, in der mich Virgil Cowper bat, ihn im Jonathan's aufzusuchen. Ich traf eine Viertelstunde vor unserem verabredeten Termin dort ein, fand ihn jedoch bereits allein an einem Tisch sitzend und über eine Tasse Kaffee gebeugt vor.

»Was haben Sie herausgefunden?«, fragte ich und nahm ihm gegenüber Platz.

Er blickte kaum auf. »Es gibt keinen Hinweis darauf, dass Samuel Lienzo jemals irgendwelche Wertpapiere der South Sea gezeichnet hat.«

Ich kann nicht behaupten, dass mich diese Nachricht besonders überrascht hätte. In Anbetracht der Haltung meines Vaters gegenüber der Company und der Bank of England hätte es mich eher erstaunt, wenn er Aktionär bei der Company gewesen wäre.

»Bei Mr. Balfour hingegen«, fuhr Cowper fort, »sieht es ganz anders aus. Er besaß Aktien im Wert von über zwanzigtausend Pfund.«

Ich wusste nicht, wie erfolgreich Balfour als Geschäftsmann gewesen war, aber zwanzigtausend Pfund waren eine astronomische Summe, erst recht, wenn man sie in eine einzige Aktie anlegte. Und falls sich diese Aktie als ruinös erweisen sollte, so musste meiner Meinung nach dieser Investor ebenfalls ruiniert sein.

»Sie sagten besaß«, überlegte ich laut. »Dann befanden sie sich also zur Zeit seines Todes nicht mehr in seinem Besitz?«

»Dazu kann ich nichts sagen, aber in den Akten steht, dass Mr. Balfour seine Aktien vor knapp zwei Jahren gekauft und vierzehn Monate später wieder verkauft hat – also vor ungefähr zehn Monaten. Die Aktie ist in jener Zeit nicht unbedeutend gestiegen, wodurch er einen beachtlichen Profit gemacht hat.«

Wenn Balfour seine Aktien vor zehn Monaten verkauft hatte, dann hatte seine Transaktion mit der South Sea Company zehn Monate vor seinem Tod stattgefunden. Wie ließ sich dann sein vermuteter Selbstmord mit der Company in Verbindung bringen?

»An wen hat er verkauft?«, fragte ich.

»Er hat sein Paket wieder an die Company verkauft, Sir«, teilte mir Cowper beflissen mit.

Das war Pech. Hätte er an eine andere Person verkauft, könnte ich sie ausfindig machen. So endete wieder eine Spur bei der Company, und wieder einmal wusste ich nicht, welchen Schritt ich als nächsten tun sollte.

»Mir ist noch ein anderer Name aufgefallen«, sagte Cowper plötzlich und lächelte mich mit einem schiefen Lächeln an, wie ein Dieb, der einem auf der Straße anbot, ein kostbares Taschentuch billig zu verkaufen.

»Ein anderer Name?«

»Ja. In Verbindung mit einem der Namen, die Sie mir genannt haben.«

»Und um welchen Namen handelt es sich?«

Er strich sich mit dem Zeigefinger über den Nasenrücken. »Das kostet Sie noch einmal fünf Pfund.«

»Und wenn mir dieser Name überhaupt nichts sagt?«

»Dann haben Sie, würde ich vermuten, fünf Pfund umsonst ausgegeben.«

Ich schüttelte den Kopf, zählte die Münzen aber trotzdem auf den Tisch.

Cowper steckte sie rasch ein. »Der Name, auf den ich gestoßen bin, lautet ebenfalls Lienzo. Miriam Lienzo. Die verzeichnete Adresse lautet Broad Court, Duke's Place.«

Mein Unterkiefer bewegte sich, aber es dauerte eine Weile, bis ich etwas herausbrachte: »Sind Sie auf noch mehr Lienzos gestoßen?«

»Nein, dieser Name ist der einzige.«

Ich konnte mir nicht einmal die Zeit nehmen, um darüber nachzudenken, was es bedeutete, dass Miriam South-Sea-Aktien besaß. Solange Cowper am Tisch saß, musste ich ihn über meinen Vater und Balfour ausfragen.

»Gibt es noch eine andere Möglichkeit?«, fragte ich ihn. »Hinsichtlich des anderen Namens, Samuel Lienzo?«

»Was für eine Möglichkeit?« Er lachte gekünstelt und starrte dann wieder desinteressiert in seinen Kaffee.

Ich überlegte, wie ich meinen Gedanken in Worte fassen sollte. »Dass er vielleicht glaubte, Aktien zu besitzen, die er gar nicht besaß.«

»Ich glaube, ich habe Sie nicht richtig verstanden«, sagte Cowper. Er hob die Tasse an, doch es gelang ihm nicht, sie an die Lippen zu setzen.

»Dann will ich mich etwas präziser ausdrücken. Ist es möglich, dass er gefälschte South-Sea-Aktien besaß?«

»Diese Möglichkeit besteht nicht«, sagte er hastig. »Wenn Sie mich jetzt bitte entschuldigen.« Er wollte aufstehen.

Ich war noch nicht so weit, ihn gehen zu lassen, streckte die Hand aus, packte ihn an der Schulter und drückte ihn wieder auf die Bank. Vielleicht ging ich dabei ein bisschen zu grob vor, denn er verzog schmerzhaft das Gesicht. »Spielen Sie keine Spielchen mit mir, Mr. Cowper. Was wissen Sie noch?«

Er seufzte und tat so, als sei er von meinem feindseligen Stimmungsumschwung nicht beeindruckt. »Es gab Gerüchte im South Sea House, aber nichts Genaues. Ich bitte Sie, Mr. Weaver, allein schon die Erörterung solcher Dinge kann mich meine Stellung kosten. Ich wünsche nicht mehr darüber zu sprechen. Begreifen Sie denn nicht, welches Risiko ich eingegangen bin, um Ihnen das zu sagen, was ich Ihnen bereits gesagt habe?«

»Wissen Sie irgendetwas über einen Mr. Martin Rochester?«

Sein Gesicht verfärbte sich flammend rot. »Ich habe Ihnen doch schon gesagt, Sir, dass ich darüber nicht reden will.«

Ich machte innerlich einen Luftsprung, denn Cowper hatte mir gerade ungewollt viel mehr Informationen geliefert, als ich mir hätte erhoffen können: Für ihn lagen, ganz offensichtlich, die Themen gefälschte Aktien und Martin Rochester sehr eng beieinander. »Welcher Betrag würde Sie dazu veranlassen, Ihre Meinung zu ändern?«

»Einen solchen Betrag gibt es nicht.« Er stand auf und strebte schnurstracks auf den Ausgang zu.

Ich blieb noch einige Augenblicke sitzen und starrte in die brodelnde Menge rings um mich. Wie sollte ich weiter vorgehen? Konnte die South Sea Company den alten Balfour umgebracht haben, um an ihre zwanzigtausend Pfund zu kommen? Eindeutig nicht, denn ich hatte erfahren, dass er die Aktien an die Company selbst zurückverkauft hatte. Mehr noch, wenn ihre Geschäfte so gewaltig waren, wie mein Onkel vermutete, also in die Millionen gingen, dann waren zwanzigtausend Pfund kein besonders dicker Fisch. Hatte ich womöglich etwas übersehen? Was, wenn ihnen nicht am Geld, sondern an Balfours Ruin selbst gelegen war? Die ganze Zeit über hatte ich vermutet, dass der alte Balfour seines Geldes wegen ermordet worden war, mein Vater jedoch aus einem anderen Grund – einem Grund, der mit dem Diebstahl von Balfours Vermögen in Verbindung stand. Auf einmal sah es so aus, als wären meine Vermutungen falsch gewesen – zumindest zweifelhaft.

Meine Gedanken wurden von einem der Hausjungen unterbrochen, der zwischen den Tischen hindurchging und den Namen des Gentleman ausrief, für den er eine Nachricht hatte. In diesem Augenblick kam mir ein wunderbarer Gedanke. Ich verlangte sofort nach Papier und Feder und setzte eine kurze Nachricht auf. Dann winkte ich den Jungen zu mir und schob ihm ein paar Pennys in die Hand.

»Ruf das hier in einer Viertelstunde aus«, wies ich ihn an. »Wenn sich niemand meldet, zerreiß es.«

»Gewiss, Mr. Weaver.« Er ließ ein dümmliches Grinsen aufblitzen und trollte sich.

Ich hielt ihn am Arm fest. Nicht grob, aber fest genug, damit er stehen blieb.

»Woher kennst du meinen Namen?«, wollte ich wissen und ließ ihn wieder los. Ich wollte nicht, dass er sich bedroht fühlte.

»Sie sind ein berühmter Mann, Sir«, erwiderte er stolz auf sein Wissen. »Ein Boxer, Sir.«

»Bist du nicht ein bisschen zu jung, um mich boxen gesehen zu haben?«

»Ich habe Sie nicht kämpfen gesehen, aber ich habe von Ihnen gehört. Und dann hat Sie mir jemand gezeigt.«

Mein Gesicht verriet nichts. »Wer hat mich dir gezeigt?«

»Mr. Nathan Adelman, Sir. Er hat mich gebeten, ihm Bescheid zu sagen, wenn ich Sie sehe. Aber er hatte keine Nachricht für Sie.« Seine Stimme verebbte, denn ihm war wohl plötzlich aufgegangen, dass Adelman nicht wünschte, dass er mich von seinen Anweisungen in Kenntnis setzte. Er überspielte den Ausrutscher, indem er mich abermals angrinste.

Ich gab ihm noch ein paar Pennys. »Für deine Mühe«, sagte ich, in der Hoffnung, mein Geld würde ihn davon ablenken, länger über seinen Schnitzer nachzudenken.

Der Junge lief davon. Ich hatte ein wenig Zeit, um über das, was er gesagt hatte, nachzudenken. Adelman wollte wissen, ob ich mich im Jonathan's aufhielt. Das kam mir nicht allzu verbrecherisch vor. Inzwischen glaubte ich, dass Adelman die Wahrheit gesprochen hatte, als er meinte, selbst Leute, die nichts zu verbergen hätten, würden meine Nachforschungen am liebsten unterbinden. Was ich nicht wusste, war, ob Bloathwaits Vermutungen, und damit auch die meines Vaters, hinsichtlich gefälschter South-Sea-Aktien auf Wahrheit beruhten oder nicht. Aber ich wusste, dass selbst Gerüchte in dieser Richtung der Company schlimmen Schaden zufügen konnten – so viel Schaden, dass Virgil Cowper von derlei Gerede nicht einmal etwas wissen wollte.

Nach einer Viertelstunde tauchte der Junge wie versprochen auf und ließ seine Glocke ertönen. »Mr. Martin Rochester«, rief er laut. »Nachricht für Mr. Martin Rochester.«

Ich hielt meinen Einfall für sozusagen genial. Ich erwartete keinesfalls, dass Rochester anwesend war, schon gar nicht, dass er sich so einfach enttarnen ließ. Dafür hatte er zu viele Mühen auf sich genommen, um im Verborgenen zu bleiben. Aber ich hoffte doch, durch diese kleine Aufführung einige Reaktionen auszulösen. Ich täuschte mich nicht.

Ich kann nicht sagen, dass sämtliche Unterhaltungen verstummten. Nein, mehrere Gespräche wurden trotz des Rufs des Jungen unbeeindruckt fortgesetzt. Aber einige hörten doch abrupt auf. Ich sah, wie ins Gespräch vertiefte Männer mitten im Satz innehielten und aufblickten, die Münder aufgesperrt wie aufgeschreckte Kühe auf der Weide. Ich sah einige Männer miteinander flüstern, andere sich am Kopf kratzen; wieder andere sahen sich aufmerksam um, als wollten sie herausfinden, ob jemand auf den Ausruf reagierte. Der Junge schob sich durch den Raum und hätte auch nicht mehr Aufmerksamkeit auf sich lenken können, wenn er die hübscheste aller Bühnenschauspielerinnen gewesen und plötzlich splitternackt durch einen Herrenclub marschiert wäre.

Der Junge machte eine Runde durch den Raum, zuckte mit den Achseln und widmete sich dann wieder seinen anderen Pflichten. Langsam kehrten auch die Makler, die von meinem kleinen Experiment aus ihrer Routine aufgescheucht worden waren, wieder zu ihren Geschäften zurück, doch nach einigen Minuten sah ich einen Mann aufstehen und hinter dem Jungen hergehen.

Es war Philip Deloney, Miriams Geliebter.

Ich beobachtete, wie er mit dem Jungen ein paar Worte wechselte und darauf das Kaffeehaus verließ. Kurz darauf ging ich ebenfalls zu dem Jungen, der damit beschäftigt war, schmutziges Geschirr von den Tischen zu räumen.

»Hat dieser Mann gesagt, was er wollte?«

»Er wollte wissen, von wem die Nachricht stammte, Mr. Weaver.«

»Und was hast du ihm gesagt?«

»Ich sagte, sie sei von Ihnen, Sir.«

Ich lachte leise. Warum auch nicht? »Was hat er dazu gesagt?«

»Er wollte sie sehen, aber ich sagte ihm, ich hätte sie schon zerrissen, so wie Sie es haben wollten.«

Ich konnte dem Jungen seine Ehrlichkeit nicht vorwerfen. Ich dankte ihm und machte mich ebenfalls auf den Weg. Als ich die Tür öffnete und auf die Straße trat, traf mich ein heftiger Wind. Wie mochte nun Deloney mit Rochester zusammenhängen? War es reiner Zufall, dass er ein Verhältnis mit Miriam hatte und zugleich mit dem Mann in Verbindung stand, den ich für den Tod meines Vaters verantwortlich hielt? Diese Frage ließ sich nicht mit Bestimmtheit beantworten. Aber ab jetzt konnte ich mein Interesse an meiner Cousine Miriam nicht mehr nur als Ablenkung von meiner Arbeit betrachten. Es stand außer Zweifel, dass ihr Liebhaber irgendetwas mit dem Tod meines Vaters zu tun hatte.

Ich ging weiter zu Fuß, bis ich schon fast die Grub Street erreicht hatte, in der sich, wie mir Mrs. Bryce, die Witwe des Buchhändlers, erzählt hatte, der Laden von Christopher Hodge befand, des Mannes, der die Broschüren meines Vaters verlegt hatte. In der Grub Street betrat ich ein Wirtshaus, wo ich mich nach Hodges Laden erkundigte, doch der Mann hinter der Theke schüttelte nur den Kopf.

»Den Laden gibt's nich mehr«, sagte er. »Und Hodge auch nimmer. Gebrannt hat's. Ein schreckliches Feuer, hat ihn das Leben gekostet und ein paar von seinen Lehrlingen ordentlich den Arsch angesengt. Hätt aber noch schlimmer kommen können, mein ich, aber zum Glück isses an 'nem Abend passiert, wo er den meisten freigegeben hat.«

»Ein Brand«, wiederholte ich. »Wann war das?«

Der Schankwirt hob den Blick und versuchte sich zu erinnern. »Ich glaub, so drei oder vier Monate sind's jetzt her.«

Ich bedankte mich und ging weiter zur Moor Lane, wo ich noch einmal bei Mr. Bryces Witwe vorstellig wurde. Sie tauchte aus dem rückwärtigen Teil des Ladens auf, und ein leises Zucken um ihre Mundwinkel verriet mir, dass sie sich freute, mich wiederzusehen. Ich erbat mir eine persönliche Audienz, woraufhin sie mich nach hinten in eine Art kleinen Salon geleitete, wo ich mich auf ein altes und ziemlich zerschlissenes Sofa setzte. Sie ließ sich mir gegenüber in einem Lehnsessel nieder und wies einen der Lehrlinge an, uns Tee zu bringen.

»Wie kann ich Ihnen zu Diensten sein, Sir?«, erkundigte sich Mrs. Bryce.

»Ich möchte ein paar Dinge nachfragen, die Sie mir erzählt haben und die mir sehr merkwürdig vorkommen. So nimmt es mich recht seltsam an, dass Sie mir den Rat gaben, Mr. Christopher Hodge in der Grub Street aufzusuchen, obwohl Mr. Hodge, ebenso wie sein Laden, schon vor einigen Monaten verbrannt sind.«

Mrs. Bryces Mund öffnete und schloss sich mehrere Male beim Versuch, einem bestimmten Gedanken Worte zu verleihen. »Sie versetzen mich in Erstaunen«, sagte sie schließlich. »Und es schmerzt mich, Sir, dass Sie glauben, ich hätte Sie auf irgendeine Weise zu täuschen versucht. Wäre ich ein Mann, würde ich Sie für eine solche Unterstellung zur Rechenschaft ziehen; aber da ich eine Frau bin, muss ich berücksichtigen, dass Sie mich nicht kennen und jede Beleidigung, die Sie gegen mich vorbringen, auf die Person gemünzt ist, für die Sie mich halten – eine Person, die es aber nicht gibt.«

»Sollte ich Sie auf irgendeine Weise verkannt haben, bin ich jederzeit bereit, Ihnen meine Entschuldigung auszusprechen.«

»Mir geht es nicht um Ihre Entschuldigung, seien Sie dessen versichert, sondern darum, dass Sie keine falschen Schlüsse ziehen. Sie haben sich, Sir, wie ich mich erinnere, nach dem Herausgeber von Mr. Lienzos Broschüren gefragt, und ich habe Ihnen Christopher Hodge genannt, denn er hatte einige von Mr. Lienzos Schriften zum Drucken hergeschickt. Ich weiß so manches über Mr. Hodge, denn er war ein guter Freund meines Mannes und auch von mir. Mr. Hodge hat mir nach Mr. Bryces Tod bei der Führung meines Geschäfts sogar sehr geholfen. Sein Tod war mir sehr wohl bekannt, denn er hat mich ungemein getroffen. Was meine Nachlässigkeit angeht, Sie hinsichtlich Kit Hodges Tod zu informieren, darf ich Sie daran erinnern, dass Sie es waren, der mich unterbrach, um mich über Mr. Deloney auszufragen, woraufhin Sie ganz plötzlich davoneilten. Wenn ich also einige Ihnen wichtige Einzelheiten ausgelassen habe, sollten Sie berücksichtigen, dass die Schuld bei Ihnen liegt, denn Sie sind in großer Eile davongestürmt.«

Ich stand auf und verneigte mich. »Ihr Tadel ist berechtigt, Mrs. Bryce. Ich hatte es tatsächlich sehr eilig«, sagte ich und setzte mich wieder.

»Das macht nichts. Wie ich bereits erwähnte, geht es mir allein darum, dass in Ihren Überlegungen nichts durcheinander gerät. Andererseits«, sagte sie, und ihr unterdrücktes Grinsen verriet mir, dass sie mir wohl gleich etwas Belustigendes erzählen würde, »finde ich Ihren Vorwurf, ich hätte Sie getäuscht, sehr interessant. Denn soeben fällt mir ein, dass Mr. Deloney erst gestern wieder in meinem Laden war, woraufhin ich ihn fragte, ob Sie ihn noch erwischt hätten. Als ich ihm Ihren Namen nannte, beteuerte er, niemals mit Ihnen zur Schule gegangen zu sein, und belegte Sie anschließend mit einer Reihe von Ausdrücken, die ich unter keinen Umständen wiederholen möchte. Sie sehen also, Sir, dass es von meiner Warte aus ganz so aussieht, als hätten Sie mich absichtlich getäuscht.«

Mir blieb nichts anderes übrig, als herzhaft zu lachen, mich abermals zu erheben und vor Mrs. Bryce zu verbeugen. »Sie haben mich auf einige Fehler hingewiesen, Madam, und dafür danke ich Ihnen.«

Sie setzte wieder ihr undurchdringliches Witwenlächeln auf. »Ich muss schon sagen, Ihre Antwort verwundert mich. Und ich würde gerne mehr darüber erfahren, weshalb Sie mich hinsichtlich Ihrer Bekanntschaft mit Mr. Deloney so hinters Licht geführt haben.«

»Mrs. Bryce«, hob ich an, »ich will offen und ehrlich mit Ihnen reden, aber Sie müssen mir auch nachsehen, dass ich zugleich umsichtig sein muss. Ich wurde beauftragt herauszufinden, ob der Tod von Samuel Lienzo mehr als ein Unfall war, und ich bin tatsächlich auf Hinweise gestoßen, die diese Annahme nahelegen; auch dass sein Tod in Verbindung zu gewissen Informationen steht, die er erlangt hatte – Informationen, die er in einer Broschüre zu veröffentlichen gedachte. Das Manuskript dieser Broschüre befand sich in meinem Besitz und wurde mir gestohlen, und nun möchte ich wissen, ob Mr. Lienzo noch vor seinem Tod versucht hatte, ein Exemplar davon zu veröffentlichen. Meine unlauteren Angaben und mein Verdacht Ihnen gegenüber resultieren also lediglich daraus, dass mich diese Untersuchung zwingt, sowohl diskret als auch äußerst misstrauisch vorzugehen.«

Mrs. Bryce schnappte nach Luft. »Wollen Sie damit sagen«, keuchte sie, »Mr. Deloney könne mit all dem etwas zu tun haben?«

Da ich der Buchhändlerin meine Verdächtigungen nicht lang und breit darlegen wollte, vertraute ich ihr lediglich an, dass sich mein Verdacht gegen Mr. Deloney als falsch erwiesen habe.

»Der Brand, der Mr. Hodges Geschäft vernichtet hat«, hakte ich nach. »Da Sie ihn gut kannten ... kam Ihnen die Feuersbrunst nicht irgendwie verdächtig vor?«

Mrs. Bryce schüttelte den Kopf. »Nein, überhaupt nicht. So sehr mich sein Tod erschüttert hat ... aber wir können nicht hinter jedem

Unglück eine Absicht vermuten. Ich konnte nur daran denken, wie traurig das alles ist. Wollen Sie damit andeuten, Sir, sein Haus und er selbst seien verbrannt worden, um die Veröffentlichung von Lienzos Broschüre zu verhindern? Ich bitte Sie, diese Vermutung ist doch ziemlich überspannt!«

»Genau das hätte ich bis vor Kurzem auch gedacht. Ich behaupte auch nicht, dass meine Vermutung der Wahrheit entspricht, Madam, aber ich halte sie zumindest für möglich.«

»Ich denke, der erste Schritt müsste der sein, herauszufinden, ob sich die Broschüre zum Zeitpunkt des Feuers in seinem Besitz fand. Wie es sich gerade trifft, habe ich mich nach seinem Tod seiner Angelegenheiten angenommen. Er hat es so in seinem letzten Willen festgelegt. Die meisten seiner Sachen sind verbrannt, aber einige seiner Unterlagen habe ich noch hier. Wenn Sie möchten, können wir sie gerne durchsehen.«

Ich bedankte mich bei Mrs. Bryce, und wir begaben uns gemeinsam in ihr Arbeitszimmer, wo sie mir ein halbes Dutzend Geschäftsbücher überreichte, die verkohlt und leicht modrig rochen. Hodge hatte sie mit einer engen, aber gut lesbaren Schrift gefüllt, und zum zweiten Mal innerhalb kürzester Zeit las ich mit leichtem Unbehagen in den Aufzeichnungen eines Mannes, dessen Leben ihm, allem Anschein nach, gewaltsam genommen worden war. Mrs. Bryce und ich brüteten zwei volle Stunden über den Büchern, tranken dabei Tee, und Mrs. Bryce erläuterte mir bestimmte Vermerke und erzählte von diesem oder jenem Werk – ob es sich gut oder weniger gut verkauft hatte, ob es ihr Mann gemocht hatte oder nicht. Schließlich, nachdem wir in der einsetzenden Dunkelheit gezwungen waren, mehrere Kerzen anzuzünden, entdeckte Mrs. Bryce in einem der Bücher folgende Zeile: »Lienzo – Verschwörung/Papier.«

Ich starrte auf die Stelle. »Das scheint mir ein zwingender Beweis zu sein«, sagte ich leise.

Mrs. Bryce ließ sich Zeit mit ihrer Antwort.

»Es beweist nicht, dass jemand Mr. Hodge ermordet hat«, sagte sie schließlich, »aber ich würde es trotzdem begrüßen, wenn Sie mein Geschäft nicht mehr aufsuchten.«

26

Als ich im Hause meines Onkels ankam, erwartete mich dort sein Diener Isaak mit einem großen Paket, das kurz zuvor für mich abgegeben worden war.

»Von wem ist es?«, fragte ich Isaak.

Er schüttelte den Kopf. »Der Junge, der es gebracht hat, wollte es nicht sagen, Sir. Er gab es mir nur, streckte die Hand aus, bekam seine Münze und verabschiedete sich, ohne meine Fragen zu beantworten.«

Ich zögerte einen Augenblick, denn anonyme Geschenke hatten für mich etwas Erschreckendes an sich. Ebenso wenig gefiel mir die Vorstellung, dass mich die Spieler in diesem Spiel im Hause meines Onkels behelligten.

Noch während ich mir die Kiste betrachtete, kam Miriam herein und begrüßte mich salopp. Meine Miene gab ihr jedoch zu denken. »Quält Sie etwas, Cousin?«

Ich fühlte mich unter der Wärme ihres Blickes, der auf meinem marmorierten Auge ruhte, nicht sehr wohl, doch zumindest schien sie ihre Unterkühltheit abgelegt zu haben, und das genügte mir vollauf. Ich zeigte ihr das Paket.

Sie zuckte nur die Achseln und sagte: »Machen Sie es auf.«

Mit angehaltenem Atem fing ich an, die Verpackungsschnüre aufzubinden. Miriam sah mir neugierig zu, bis ich das Paket geöffnet hatte und seinen allermerkwürdigsten Inhalt entdeckte. Es war ein Kostüm nebst Eintrittskarte zu einem Maskenball, der schon am gleichen Abend am Haymarket stattfinden sollte. An die Einladung war ein Zettel geheftet, auf dem zu lesen stand:

Sir,
Fühlen Sie sich aufgefordert, an diesem Ball von Mr. Heidegger heute Abend teilzunehmen, auf dem viele Fragen, die Sie beschäftigen, beantwortet werden dürften. An einem Ort, an dem jedermann verkleidet ist, darf man unverhüllt miteinander reden. Ich freue mich auf unser Treffen an einem Ort, an dem ich mich zu beweisen hoffe.

Ein Freund.

Miriam versuchte, die Mitteilung zu lesen, doch ich faltete sie rasch zusammen und entzog sie ihrem Blick.

»Wie faszinierend«, meinte Miriam. »Das ist ja wie in einem Abenteuerroman.«

»Leider«, bemerkte ich und zog das Kostüm heraus. Vielleicht beabsichtigte diese geheime Kontaktperson den Verdacht von mir zu lenken, indem sie mich ins allerdeutlichste Licht rückte, denn das Kostüm erwies sich als das eines Tudesco-Hausierers. Das Gewand bestand aus zerrissenen Lumpen, einem Schlapphut und einem Sammelsurium belanglosen Plunders, der auf einem Bauchladen festgemacht war. Die Maske bedeckte nur die obere Hälfte meines Gesichts, mit Augenlöchern über zwei winzigen, böse blickenden Augen, die über einer grotesk großen falschen Nase saßen. Über und unterhalb der Maske waren jede Menge falscher roter Haare befestigt, die sich sowohl über meine eigenen Haare kämmen ließen als auch die untere Hälfte meines Gesichts mit dem undurchdringlichen Dickicht eines falschen Bartes verhüllten.

»Da hat wohl jemand einen schrägen Sinn für Humor«, bemerkte ich.

»Könnte das ein Hinweis darauf sein, wer Ihnen das Kostüm geschickt hat?«

»Nicht direkt«, überlegte ich. »Es sei denn, es handelt sich um meinen Freund Elias.«

»Gehen Sie hin?«, erkundigte sich Miriam. Sie klang so aufgeregt, als hielte sie die Idee für überaus reizvoll – für ein romantisches Abenteuer ohne wirkliches Risiko.

»Ach, ich denke schon«, antwortete ich.

Aber ich hatte nicht vor, mich den Bedingungen meines anonymen Gönners zu beugen. Aus diesem Grunde ließ ich Elias eine Nachricht zukommen, und er war so freundlich, eine Probe seines Stückes zu verlassen und sich mit mir am Broad Court zu treffen.

Miriam und ich saßen im Salon, doch sie redete kaum mit mir. Während sie in einem Gedichtband las, zog ich mich in meine Gedanken zurück.

Mehrere Male hatte ich den Eindruck, sie sei kurz davor, mir etwas mitzuteilen, doch sie hielt sich zurück. Ich wünschte, sie würde mir sagen, was sie bewegte, aber meine eigenen Gedanken waren so mit jener Angelegenheit beschäftigt, dass mir kaum einfiel, wie ich meine Frage formulieren sollte. Also sagte ich auch nichts, bis Isaak Elias hereingeleitete. An seinem Gesicht ließ sich ablesen, dass er am liebsten eine Stichelei auf Kosten meiner Verwandtschaft losgelassen hätte, doch als er Miriam erblickte, verschlug ihm ihre Schönheit buchstäblich die Sprache.

»Weaver«, sagte er, nachdem er sich wieder gefangen hatte, »jetzt sehe ich, dass du wohl daran getan hast, nicht viel Worte über die Schönheit deiner Cousine zu verlieren, denn solche kostbaren Schätze müssen geheim gehalten werden, sonst werden sie geraubt.« Er verneigte sich tief vor Miriam.

»Sie hingegen hat er nicht vor mir geheim gehalten, Sir«, erwiderte Miriam, »denn er hat mir so manches von seinem fabelhaften und zuverlässigen Freund Elias erzählt, von dem er mehr als alles in der Welt abhängt.«

Strahlend vor Stolz verneigte sich Elias ein zweites Mal.

Miriam grinste belustigt. »Er hat mir erzählt, sein großartiger Freund sei ein Wüstling, der zu jeder Lüge fähig sei, wenn es darum gehe, ahnungslose Unschuld zu verführen.«

»Großer Gott, Weaver!«

Sie lachte. »Vielleicht hat er es auch nicht gesagt, und ich ziehe nur meine eigenen Schlüsse.«

»Sie schätzen mich völlig falsch ein, Madam«, fing Elias verzweifelt an.

»Elias!«, fuhr ich ihn an. »Wir haben wichtige Dinge zu besprechen, und die Zeit zählt nicht zu unseren Verbündeten.«

Ein schalkhaftes Lächeln huschte über Elias' Gesicht. »Was hat sich ergeben, mein nicht gerade sehr vergnügter jüdischer Freund?«

Den Umständen entsprechend hielt ich es für das Beste, wenn Miriam das Zimmer verließ; sie wusste nichts von meinen Angelegenheiten, und ich verspürte kein Verlangen danach, sie in diese Intrigen hineinzuziehen.

Nachdem Miriam gegangen war, zeigte ich Elias die Nachricht und die Einladung. »Was weißt du von diesen Bällen?«

»Das ist wohl nicht dein Ernst«, erwiderte er. »Heideggers Maskenbälle sind der letzte Schrei! Ich müsste mich eigentlich schämen, dass ich sie nicht regelmäßig besuche. Nur die Allervornehmsten dürfen damit rechnen, dazu eingeladen zu werden.« Mit diesen Worten zog er zwei Karten aus seiner Brieftasche. »Heute Abend jedoch werde ich daran teilnehmen, in Begleitung von Miss Lucy Dalton, einer ehrgeizigen jungen Dame, die zwar nur eine kleine, aber nichtsdestoweniger wichtige Rolle in einer Komödie spielt, die die Drury Lane schon bald im Handstreich erobern wird.«

»Du wirst heute Abend wohl dort sein«, sagte ich lächelnd, »aber anstelle einer hübschen Schauspielerin wirst du dich weitaus besser in der Begleitung eines männlichen Gefährten amüsieren. Ich habe auch schon ein Kostüm für dich.« Ich grinste ihn an und zeigte ihm die Verkleidung, die mir zusammen mit der Einladung zugestellt worden war.

»Gott im Himmel, Weaver, du machst dich wohl über mich lustig! Du glaubst doch nicht im Ernst, dass ich meinen Abend mit der hübschen Lucy drangebe, um stattdessen bei Heidegger als bärtiger Bettler herumzulaufen? Niemals wieder werde ich einer solchen Schönheit so nahekommen; es hat den Anschein, als verschwände jedes Mal, wenn ich mich in eine Schauspielerin vergucke, die Dame alsbald von der Bildfläche, um eine von Jonathan Wilds Huren zu werden. Außerdem scheinst du dir die Auswirkungen auf mein Befinden, falls es mir nicht gelingt, dieses Mädel ins Bett zu kriegen, nicht exakt ausgemalt zu haben.«

Ich legte ihm einen Arm um die Schulter. »Ich muss schon sagen, ich bin überaus zufrieden mit dir. Genau zum rechten Zeitpunkt tauchst du hier mit einer Eintrittskarte und, wie ich dringend vermute, einem Kostüm auf, das ich mir ausleihen darf. Ich glaube, wir werden uns köstlich amüsieren.«

Elias hielt das Kostüm in die Höhe und starrte ungläubig die Maske an. »Es mag ja sein, dass Lucy nicht ganz an deinen Scharfsinn heranreicht«, sagte er düster, »aber ich muss schon sagen, du bist ein teuflisch anstrengender Gefährte. Keiner meiner anderen Freunde verlangt derlei Gefälligkeiten von mir.«

»Weshalb du deine Zeit auch lieber mit mir verbringst«, grinste ich.

»Wird mich dein Onkel denn entlohnen, wenn wir den mörderischen Schurken gefangen haben?«

»Da bin ich sicher. Wenn dich bis dahin nicht der Erfolg deines neuen Stückes reich gemacht hat, wird dich deine Mithilfe an diesem Fall zu einem reichen Mann machen.«

»Hervorragend!«, zwitscherte Elias. »Und jetzt erzähl mir mehr von deiner Witwen-Cousine!«

Wie Sie, meine geschätzten Leser, bestimmt wissen, waren Maskenbälle zu der Zeit, in der sich unsere Geschichte zutrug, auf der Höhe ihrer Beliebtheit, aber wer nicht selbst schon einmal an einer solchen

Veranstaltung teilgenommen hat, kann sich das Treiben mitnichten in seiner vollen Gänze ausmalen. Man stelle sich einen riesigen, herrlich dekorierten Raum vor, exquisite Musik, schmackhaftes Essen, das im Überfluss herumgereicht wird, dazu Hunderte von höchst absurd verkleideten Männern und Frauen, die sich in buntem Reigen durcheinander bewegen. Die Anonymität machte die Frauen keck und die Männer noch kecker, und sobald das Gesicht verborgen war, fiel es den Leuten leichter, Bereiche ihrer Gedanken und ihrer Körper zu entblößen, die sie normalerweise vor der Öffentlichkeit verborgen hielten.

Zur Ergänzung der Verkleidung, die das Kostüm lieferte, sprach niemand mit seiner normalen Stimme, sondern verstellte sie mit einem Maskenballquieken. Um sich die Versammlung vorzustellen, denke man einfach an den Haymarket voll mit quiekenden und kreischenden Satyrn und Milchmädchen, Teufeln und Schäferinnen und natürlich zahllosen unter ihren Kapuzen verborgenen Dominos – das ideale Kostüm für die Männer, die ihren Gefallen an der Jagd des Maskenballes hatten, denen aber die Fantasie, das Verlangen oder ganz einfach der Sinn für Humor fehlte, um sich als Schafshirte, Harlekin, Mönch oder eine der anderen Figuren zu verkleiden, die gerade in Mode waren. Während das Streichorchester fröhliche italienische Weisen spielte, bewegten sich diese gleich aussehenden dunklen Gestalten – eingehüllt in formlose Gewänder, die Gesichter mit Masken bedeckt, die das Antlitz oberhalb der Nase verbargen – durch den ganzen Raum, wie Wölfe, die einen verwundeten Hirschen einkreisten.

Auch ich streifte in einem solchen schwarzen Kostüm umher. Zuerst hatte ich daran gedacht, mir Elias' Kostüm auszuborgen, der in angemessener Selbstüberschätzung als Jupiter gehen wollte. In seinem Logis angekommen, hatten wir jedoch festgestellt, dass mir das Gewand des Olympiers allzu eng saß, woraufhin wir noch einmal loszogen, um ein Dominokostüm aufzutreiben.

Elias brachte mich zu seinem Schneider, mit dem er freundschaftlichen Kontakt pflegte – was nichts anderes hieß, als dass er ihm zurzeit kein Geld schuldete – und dessen Laden bei Maskenballbesuchern wohlbekannt war. Gerade als wir eintraten, kauften zwei Gentlemen ebenfalls Dominokostüme. Während wir uns auf die Suche machten, versuchte ich, Elias darüber zu informieren, was ich in der letzten Zeit herausgefunden hatte, also auch über die beunruhigende Neuigkeit, dass Balfour einst für über zwanzigtausend Pfund South-Sea-Aktien besessen hatte.

»Wundert mich nicht, dass er bankrott war«, sagte Elias, als ich mir gerade einen schwarzen Domino überstreifte und die Kapuze zurechtrückte. »So viel zu verlieren! Unfassbar!«

Ich schob mir die Maske ins Gesicht und betrachtete mich im Spiegel. Ich sah aus wie ein schwarzes Gespenst. »Aber meinem Gewährsmann im South Sea House zufolge hatte Balfour seine Aktien schon lange vor seinem Tod wieder verkauft.«

Elias nestelte mäklerisch an den Ärmeln herum. »Hätte dir dein Mann nicht sagen können, an wen er verkauft hat?«

»Er hat an niemanden verkauft«, erwiderte ich und zog mir den Domino wieder aus. »Er hat an die Company zurückverkauft.«

Ich trat aus dem hinteren, abgetrennten Bereich des Ladens nach vorne, um das Kostüm zu kaufen. Elias war ganz rot angelaufen, als hätte er Schwierigkeiten, Luft zu holen. Ich wusste, dass er mir gerne etwas unter vier Augen gesagt hätte, aber er musste warten, bis ich mein Kostüm bezahlt und der Schneider es für mich eingeschlagen hatte. Nach diesen qualvollen Minuten traten wir auf die Straße hinaus, und sobald der Straßenlärm und der Verkehr für genügend Privatsphäre sorgten, stieß Elias einen tiefen Seufzer aus.

»Hast du keine Ahnung, wie sich das anhört, Weaver? Du kannst nicht einfach an die Company zurückverkaufen. Aktien sind kein Krimskrams, den man bei Nichtgefallen wieder in den Laden bringt.«

»Wenn Cowper mir Fehlinformationen verkaufen wollte, hätte er sich dann nicht glaubhaftere Fehlinformationen ausgedacht?«

»Du hast es doch geglaubt«, wies er mich in die Schranken und schob sich an einem Grüppchen langsam gehender älterer Damen vorbei. »Aber ich verstehe, was du meinst. Vielleicht wollte er dich ja absichtlich misstrauisch machen.«

»Ich drehe noch völlig durch«, rief ich aus, »wenn ich die Leute ständig in Verdacht haben muss, mir absichtlich Lügen zu erzählen, damit ich merke, dass sie mich anlügen. Lügt denn heutzutage keiner mehr, weil er will, dass ihm jemand seine Lügen glaubt?«

»Das Problem mit dir ist, Weaver«, konterte Elias, »dass du zu sehr an die Werte der Vergangenheit glaubst.«

Nachdem wir bei einer Flasche Wein zu Abend gegessen hatten, fuhren wir zum Maskenball, wo ich die meiste Zeit des Abends damit verbrachte, mich durch die Menge treiben zu lassen und ab und zu ein paar Worte mit Elias zu wechseln, aber meistens hielt ich mich von ihm fern, damit nicht auffiel, dass der jüdische Hausierer zu mir gehörte – oder dass er bei Bedarf mit Hilfe rechnen konnte. Trotzdem war ich nicht wenig schockiert, als ich – nah genug, um die Unterhaltung zu belauschen – ganz unverdächtig von einem jungen Diener ein Glas Wein entgegennahm und sah, wie eine Frau von betörender Gestalt in der Verkleidung einer römischen Gottheit an Elias herantrat und hinter ihrer Maske, die ihr Gesicht zur Gänze verdeckte, hervorquiekte: »Kennen Sie mich?«

Als Elias zur Antwort den gleichen Satz quiekte, entgegnete die Göttin: »Das will ich wohl meinen, Cousin. Und ich muss sagen, Ihr Kostüm ist heute Ballgespräch.«

Ich konnte mich nicht zurückhalten, ging auf die beiden zu und packte sie am Arm. »Großer Gott, Miriam«, flüsterte ich mit meiner richtigen Stimme. »Was tun Sie hier?«

Sie brauchte einen Augenblick, um der Verwirrung Herr zu werden. »Sie überraschen mich«, sagte sie und blickte von einer Seite meiner Kapuze zur anderen, als suchte sie eine Lücke, durch die sie mein Gesicht erkennen konnte. »Warum haben Sie ein so originelles Kostüm verschenkt?«

Ich ignorierte die Frage. »Weiß mein Onkel, dass Sie solche Veranstaltungen besuchen?«

Sie lachte unbefangen, doch es entging mir nicht, dass ich sie getroffen hatte. »Ach, er arbeitet bis spät in die Nacht in seinem Lagerhaus, Sie kennen ihn doch. Und Mrs. Lienzo schläft immer schon lange, bevor ich das Haus verlassen muss.«

»Haben Sie das Essen hier gegessen?«, fragte ich sie.

Ihre Augen funkelten unter der Maske. »Sie benehmen sich ziemlich lächerlich, Benjamin. Was kümmert es Sie, ob ich die Speisevorschriften einhalte oder nicht. Ihnen bedeuten sie doch auch nichts.«

»Sie müssen nach Hause«, sagte ich. »Dieser Ball ist nichts für eine Dame.«

»Nichts für eine Dame? Jede Dame von Welt, die etwas auf sich hält, ist heute Abend hier!«

Elias beugte sich nach vorne und streckte seinen riesigen orangefarbenen Bart zwischen uns. »Da hat sie nicht ganz unrecht, Weaver.«

Die Streicher stimmten eine lebhafte Melodie an, und ich war nicht minder verdutzt als Miriam, als ich plötzlich die Hand auf den Ellbogen meiner Cousine legte und sie, ohne auch nur um ihr Einverständnis zu fragen, zur Tanzfläche führte. Ich war selbst so verdutzt, weil ich nicht gerade ein vollendeter Tänzer war – ja, als wir uns dem runden Dutzend Paare näherten, das sich bereits mit formvollendeter Anmut auf der Fläche drehte, schnürte sich mir die Kehle vor böser Ahnung zusammen. Diese Tanzerei war etwas für die eleganten Leute, nicht für einen Mann der Tat wie mich. Ich hoffte, Miriam zeigen zu können, dass auch ich über die eine oder andere zivilisierte Fertigkeit verfügte, befürchtete jedoch zugleich, dass ich genau das Gegenteil unter Beweis stellen würde.

Ich tröstete mich mit dem Gedanken, dass ich schon einiges an Erfahrungen hinter mir hatte. Als ich damals unter Mr. Yardleys Ägide boxte, bestand er darauf, dass seine Boxer Tanzstunden nahmen, denn er glaubte daran, dass man durch das Tanzen eine gewisse Behändigkeit erwerbe, die unterschiedslos auch dem ausdauerndsten Mann im Ring zugute käme.

»Selbst der stärkste Bauernbursche, der euch mit seiner Kraft in Stücke hauen könnte«, pflegte er zu sagen, »kommt nicht einmal an euch heran, wenn ihr ständig um ihn herumtänzelt.«

Miriams Reaktion auf meinen ziemlich abrupten Entschluss, ihr als Tanzpartner zu dienen, konnte ich nicht einschätzen, denn ihre Maske bedeckte beinahe ihr ganzes Gesicht, doch ihre Lippen teilten sich vor Überraschung, und ohne etwas zu sagen, fingen wir an, Runde um Runde auf dem Parkett zu drehen. Ich kam mir ein bisschen linkisch und schwerfällig vor, und ich spürte, wie Miriam tapfer versuchte, bei meinen ungraziösen Bewegungen nicht ins Straucheln zu geraten, doch trotz allem folgte sie meinen Führungsversuchen, und wenn ich derlei Dinge auch nur einigermaßen beurteilen kann, hatte sie dabei sogar ihren Spaß.

»Wissen Sie«, sagte sie schließlich mit einem von der Maske nicht ganz verborgen gehaltenen Grinsen, »dass ich für heute Abend bereits einem Tanzpartner versprochen bin? Sie haben einen schweren gesellschaftlichen Affront begangen.«

»Wir werden ja sehen, ob er mich herausfordert«, brummte ich und versuchte gleichzeitig die Balance zu halten.

»Wer ist denn Ihr Tanzpartner?«, fragte ich nach einer kurzen Pause, obwohl ich die Antwort nur zu gut kannte.

»Geht Sie das etwas an, Cousin?«

»Ich glaube schon.«

»Ich dachte, Sie möchten mit mir tanzen, damit wir ein wenig Spaß miteinander haben. Wollen Sie uns den jetzt verderben, indem Sie meinen Vater spielen?«

»Ich würde niemals jemandem den Spaß verderben«, sagte ich und wäre beinahe mit einer drallen Araberin zusammengeprallt, »aber obliegt es nicht meiner Verantwortung als Mann und gar als Verwandten, mich um Ihr Wohlbefinden zu sorgen?«

»Mein Wohlbefinden war niemals besser«, beteuerte sie. »Es kommt nur selten vor, dass ich meine tänzerischen Fähigkeiten einsetzen kann. Und was gibt es dafür Herrlicheres als das fröhliche Treiben eines Maskenballs?«

Ich ließ mit meinen Fragen nicht locker, obwohl ich wusste, dass ich uns damit wahrscheinlich den Tanz verdarb. »Setzen Sie, indem Sie ohne Wissen meines Onkels hierher kommen und mit Männern verkehren, die er womöglich nicht einmal kennt, nicht Ihre Ehre und damit die Ehre Ihrer Familie aufs Spiel?«

Miriams Kinn schob sich energisch vor. Sie hatte ein wenig scherzen wollen, die ungebundene Frau spielen, die sich nicht darum scherte, was die Welt dachte, und dann tauchte ich auf und zerschlug diese Illusion. Ich hatte sie verärgert, aber ich sorgte mich ernsthaft um ihren guten Ruf. Nach allem, was mir Elias von diesem schurkischen Deloney, mit dem sie verkehrte, erzählt hatte, konnte ich nicht einmal mehr sicher sein, dass ihre Ehre noch unbefleckt war. Ich vermutete, dass Deloney sich irgendwo auf dem Ball herumtrieb, und ich wünschte mir inniglich, dass er mich zur Rede stellte, weil ich mit seiner Partnerin getanzt hatte. Auf diese Weise könnte ich Miriam beweisen, dass ein Mann wie ich ihre Ehre schützen konnte und dass das eitle Geschwätz eines Gecken wie Deloney nicht mehr war als eine Seifenblase.

Schließlich ergriff sie das Wort: »Wollen Sie mir Vorträge über Ungehorsam halten? Sie haben Ihre Familie verlassen, beinahe für immer, und damals waren Sie um einiges jünger als ich. Sie hielten sich ausreichend dafür gewappnet, eigene Wege in der Welt zu gehen. Möchten Sie mir jetzt die gleiche Wahl verweigern?«

Ich fand sie so betörend, dass ich nichts anderes tun konnte, als weiterzutanzen. »Das ist Unsinn. Sie sind eine Dame und dürfen nicht davon ausgehen, dass die Wege, die einem Mann zur Verfügung stehen, sich auch für eine Dame wie Sie öffnen. Ein Mann darf viele Dinge tun und so manche Risiken eingehen, die eine Frau nicht einmal in Erwägung ziehen sollte. Es ist völlig absurd, dass Sie überhaupt in Betracht ziehen, die gleichen Freiheiten wie ich in Anspruch nehmen zu wollen.«

»Dann soll ich mir also, nur weil mir viele Freiheiten verwehrt sind, umso weniger herausnehmen?« Miriam schob mich von sich und verließ die Tanzfläche mitten in einem Menuett.

Ihre Aufgebrachtheit erregte das Interesse der Menge, und während ich ihr nacheilte, tat ich alles, was ich konnte, um unseren Disput vor der Versammlung zu verschleiern. Auf den angespannten Knoten, der sich in meinem Magen wand, konnte ich keine Rücksicht nehmen. Ich holte sie in ihrem raschelnden römischen Göttergewand ein und führte sie durch ein Labyrinth von ebenso wie ich in schwarze Dominos gekleideten Herren. Als wir auf der anderen Seite neben einer der riesigen Punsch-Schüsseln herauskamen, hatte sich irgendwo ein anderer Gast schlecht oder auffallend komisch benommen, das Interesse der Menge auf sich gelenkt und uns damit von der Peinlichkeit der öffentlichen Aufmerksamkeit erlöst.

»Miriam«, fing ich an, wusste jedoch nicht, was ich weiter sagen sollte. Die Augen hinter der Maske wandten sich von mir ab, aber ich ließ mich nicht abwimmeln. »Miriam, Sie begreifen doch gewiss, dass ich lediglich um Ihre Sicherheit besorgt bin!«

Ihre Augen wurden sanfter. Ein Zeichen dafür, dass sie sich erweichen ließ. »Ich begreife Ihre Beweggründe voll und ganz, aber ich glaube nicht, dass Sie die meinen verstehen. Wissen Sie denn nicht, was ein Maskenball für eine Frau bedeutet? Hier darf ich kühn und kokett sein, oder auch männlich und forsch nach meinem eigenen Gutdünken – und niemand weiß, wer ich bin. Mein Ruf nimmt keinen Schaden. Wo sonst kann ich mir diese Freiheiten herausnehmen und trotzdem hoffen, mit unbeschadetem Ruf davonzukommen?«

Mir blieb die Vernünftigkeit ihrer Argumentation nicht verschlossen, aber so viel wollte ich nicht zugeben. Glücklicherweise wurde meine Antwort von der Ankunft eines Gentleman unterbrochen, dessen nach venezianischer Art geschneidertes Kostüm aus bunten Gewändern und einer langschnabeligen Vogelmaske bestand.

»Miriam?«, fragte er mit verstellter Quäkstimme.

Miriam rührte sich nicht. Offensichtlich wusste sie nicht, wie sie reagieren sollte. Also ergriff ich für sie das Wort.

»Die Dame ist zurzeit beschäftigt«, teilte ich dem Mann in barschem Ton mit. Weder die Maskierung noch seine quäkende Stimme konnten ihn vor mir verbergen. Ich erkannte ihn als Deloney, auch wenn er mich mit Sicherheit nicht erkannt hatte.

»Ich muss schon bitten!«, stieß er mit seiner natürlichen Stimme hervor. »Hinter Ihrer Maske verbirgt sich ein recht rüpelhafter Bursche. Wenn ich Ihr Gesicht sehen könnte, wären Sie, wie ich vermute, mit Ihren Beleidigungen nicht ganz so rasch bei der Hand!«

Ich machte einen Schritt auf ihn zu, neigte mich dicht vor ihn und packte ihn an seinem Vogelschnabel. »Aber Sie kennen mich doch, Deloney«, flüsterte ich. »Mein Name ist Benjamin Weaver, und ich stehe Ihnen jederzeit mit dem größten Vergnügen zur Verfügung. Ich nehme aber an, dass Sie, bevor Sie mich zum Duell fordern, zuerst Ihre Schulden bezahlen möchten. Wer möchte sich schon mit einer Ehrenschuld auf dem Gewissen duellieren?«

Er taumelte nach hinten, als hätte ihm meine Drohung körperlich zugesetzt. Diesen Schwächling als Miriams Begleitung zu wissen, verschaffte mir nicht gerade Erleichterung. »Kommen Sie«, sagte ich zu ihr, »ich geleite Sie zu einer Droschke und lasse Sie nach Hause bringen.«

Sie warf dem Burschen, der seine Vogelmaske beschämt gesenkt hielt, einen Blick zu, aber sie wechselten kein Wort miteinander. Wir gingen auf den Haymarket hinaus, wo ich einem Lakaien auftrug, eine Droschke zu besorgen. Bis die Kutsche angerattert kam und der Lakai, den wir losgeschickt hatten, heruntersprang, standen wir schweigend nebeneinander.

Miriam ging zur Kutschentür, blieb aber davor stehen und wandte sich zu mir um. »Ich bin gekommen, um neuen Mut zu schöpfen, aber jetzt fühle ich mich beschämt.«

Ich schüttelte den Kopf. »Wenn Ihnen das nächste Mal nach einem Abenteuer zumute ist, wenden Sie sich hoffentlich an mich. Wir finden bestimmt etwas, das Ihnen zusagt und dabei unnötige Intrigen von vornherein ausschließt.«

Einen Augenblick dachte ich, ich hätte sie überzeugt, sie hätte meine Sorge verstanden und respektiert, doch als sie aufblickte, lag nichts davon in ihrem Blick. Nur Zorn.

»Sie missverstehen meine Scham. Wie gerne hätte ich Ihnen vertraut«, sagte sie. »Ich hätte gerne geglaubt, dass Sie sich um meine Sicherheit und meinen Ruf sorgen.«

Ich schüttelte den Kopf. Ich verstand sie nicht, ja, ich begriff nicht einmal meine eigene Verwirrung. Ich dachte verzweifelt darüber nach, was ich gesagt, was ich getan hatte. Ich hatte ihr Gründe geliefert, mich für dreist und anmaßend zu halten, aber nicht für vertrauensunwürdig. »Was reden Sie da?«

»Ich weiß, was Sie vorhaben«, erwiderte sie beinahe flüsternd. Hinter der Maske sah ich dicke Tränen in ihren Augen. »Ich weiß, weshalb Sie sich in Mr. Lienzos Haus aufhalten, und ich kenne den wahren Grund Ihrer Nachforschungen. Ist er so neidisch auf das Versicherungsgeld von Aarons untergegangenem Schiff – Geld, das er sich weigert, mir zu geben, obwohl es in Wahrheit, wenn auch nicht dem Gesetz nach, mir gehört? Ruinieren Sie mich, wenn Sie das unbedingt möchten, und holen Sie sich dafür Ihre kleine Belohnung ab. Ich kann nicht länger so tun, als hielte ich Sie für etwas anderes als einen elenden Schuft!«

Mit diesen Worten bestieg sie die Kutsche und wies den Fahrer an loszufahren.

Ich dachte nicht einmal daran, hinter ihr herzujagen. Ich blieb wie vor den Kopf geschlagen reglos stehen und fragte mich, was sie da eben gesagt und getan hatte, fragte mich, was ihre Worte wohl bedeuten mochten.

Ich durfte nicht lange in diesem Zustand verweilen, denn ich hatte Elias in meinem Judenkostüm drinnen allein gelassen – in Erwartung von jemandem, der ihn für mich hielt. Also verbannte ich Miriam aus meinen Gedanken und eilte wieder hinein.

Elias war in meiner Abwesenheit nicht bedrängt worden. Ich fand ihn gesund und munter, wenn auch ein wenig zu gut gelaunt vor der Punsch-Schale wieder, wo er gerade eine Erfrischung zu sich nahm.

»Aah, da bist du ja«, zwitscherte er. »Ich wusste gar nicht, dass du ein so gnadenlos schlechter Tänzer bist. Aber deine Cousine, die mag ich. Das Mädchen hat ziemlich Feuer.«

»Genau darin liegt das Problem«, murmelte ich und trennte mich wieder von ihm, in der Hoffnung, dass derjenige, der mich zum Ball eingeladen hatte, sich bald zu erkennen gab. Allmählich hatte ich genug von all den Kostümen und dem Getanze.

Elias näherte sich einer Gruppe von Nymphen, und ich achtete darauf, meinen Freund nicht aus den Augen zu verlieren. Obwohl mich die anderen Verkleideten, die lachend und vor Vergnügen glucksend auf sein ausgefallenes Kostüm zeigten, mehr und mehr abstießen, war ich doch recht dankbar dafür, dass seine Verkleidung so auffällig war, denn so verlor ich ihn nie für lange aus dem Blick. Elias genoss die Aufmerksamkeit, die ihm das Bettlerkostüm verlieh, und tanzte gesellig mit einem ganzen Sortiment Chloes, Phyllis', Phöbes und Dorindas. Ich für mein Teil hielt mich auf Distanz und beschränkte mich darauf, Elias und die Gestalten in seiner Umgebung zu beobachten. Da ich mich auf keinerlei Geplänkel einließ, war ich erstaunt, wie viele Damen sich mir immer wieder mit neugierigem Quieken näherten und fragten, ob sie mich wohl kannten. Und obwohl ich mich zu meiner Zeit gewiss der Eitelkeit schuldig gemacht habe, fiel es recht schwer, stolz auf die eigene Erscheinung zu sein, wenn sie aus nichts als einer formlosen schwarzen Robe und einer Maske bestand, die beinahe das ganze Gesicht bedeckte. Dessen ungeachtet benahmen sich die Damen recht forsch, und ich fand alsbald heraus, dass die Antwort »Ich glaube nicht« auf die einleitende Frage »Kenne ich Sie?« lediglich zu weiterer ungewollter Konversation führte. Mittlerweile hatte ich die Erfahrung gemacht, dass ein »Ganz gewiss nicht!« meinen Zwecken aufs Beste dienlich war, und so war es mir vergönnt, Elias' Füße ebenso wie seine Hände zu beobachten, die sich flink auf dem Parkett bewegten.

Die Nacht schritt voran. Allmählich leerte sich der Saal, und ich fragte mich bereits, ob unsere Feinde unsere Scharade irgendwie durchschaut oder ob unsere Verbündeten sich nicht getraut hatten, den gewünschten Kontakt zu knüpfen. Mit einem Mal jedoch – Elias verabschiedete sich gerade mit einer Verbeugung vor einer atemberaubenden Sultana – sah ich, wie sich ihm vier als Dominos verkleidete Männer näherten. Nach einer kurzen Unterhaltung bedeuteten sie ihm mitzukommen. Ich muss sagen, obwohl Elias nicht dafür geschaffen war, sich gegen mehrere kräftige Männer durchzusetzen, hielt er sich doch recht wacker; außerdem bewies er unerschütterliches Vertrauen in meine Wachsamkeit. Ohne sich zu vergewissern, ob ich den Vorfall mitbekommen hatte, nickte er den Männern zu und machte sich mit ihnen auf den Weg.

Mir wollte nicht recht gefallen, dass sie ihn mit zwei Mann vorne und zwei Mann hinten eskortierten, denn das würde es mir erschweren, im Falle eines Falles rasch zu ihm vorzudringen. Trotzdem folgte ich ihnen so unauffällig wie möglich. Sie führten ihn aus dem Ballsaal in einen Korridor. Ich musste mich ein wenig zurückfallen lassen, und als ich um die nächste Ecke bog, sah ich, dass sie weg waren, aber ich vermutete, dass sie die Wendeltreppe genommen hatten, die ich, wenn auch mit größter Vorsicht, ebenfalls sofort emporstieg. Kurz darauf war ich dicht hinter den sich schweigend nach oben schraubenden Männern. Auch ich musste mich absolut still verhalten, denn sobald sie nach unten blickten, würden sie mich entdecken.

Oben im, wie ich vermutete, letzten Stockwerk angekommen, entfernten sie sich durch einen dunklen Korridor. Nur wenige flackernde Kerzen schufen ein verwirrendes Labyrinth aus Schatten und noch schwärzerer Dunkelheit. Ich bemühte mich, geräuschlos mit den eilig ausschreitenden Männern vor mir Schritt zu halten, die in den nur spärlich beleuchteten Fluren so gut wie unsichtbar waren. Im Gegensatz zu den kaum von den Schatten zu unterscheidenden Dominos glühte Elias' roter Bart schwach im Kerzenlicht.

Schließlich machten sie in einem Zimmer am Ende des Korridors Halt. Da sie sich allein wähnten, machten sie sich nicht die Mühe, die Tür zu schließen, und ich blieb, ihren Blicken verborgen, davor stehen.

Die Dominos umringten Elias. »Wir haben eine Nachricht für Sie«, sagte einer von ihnen mit vertraut klingendem ländlichen Akzent.

»Von wem?«, fragte Elias. Seine misslungene Imitation meiner Stimme brachte mich zum Grinsen.

Derjenige, der zuvor gesprochen hatte, machte einen Schritt auf Elias zu.

»Von dem, der will, dass Sie sich um Ihren eigenen Dreck kümmern«, sagte er. Und mit einer einzigen, fließenden Bewegung packte er einen dicken Stecken, der an einer Wand lehnte, und stieß das stumpfe Ende Elias brutal in den Magen.

Mein guter Freund klappte wie ein gekapptes Segel zusammen, aber die Halunken ließen sich von seiner Hilflosigkeit keineswegs beeindrucken. Mit einem Mal hielten alle solche Stecken in den Händen, und bevor ich Elias erreichen konnte, hatten sie angefangen, gnadenlos auf seinen Rücken und seine Seiten einzudreschen. Vermutlich waren sie darauf aus, den vermeintlichen Benjamin Weaver rasch außer Gefecht zu setzen, bevor sich der erfahrene Faustkämpfer ernsthaft zur Wehr setzen konnte. Für mich spielte das keine Rolle, denn ich sah nur mehr meinen Freund, dessen Sicherheit ich aufs Spiel gesetzt hatte und der nun erbärmlich an meiner Statt leiden musste.

Ich riss mir die Maske vom Kopf, denn für mich war die Zeit gekommen, diesen Mummenschanz zu beenden. Noch bevor sie meiner Anwesenheit gewahr wurden, hatte ich einen der größeren Schurken am Genick gepackt und ihn mit dem Gesicht gegen die raue Ziegelsteinwand geschleudert. Der Aufprall reichte für ihn, doch nun erkannten die drei Verbliebenen ihren Irrtum und wandten sich mit zögernd erhobenen Stöcken mir zu.

»Wer hat euch geschickt?«, fuhr ich sie an.

»Diejenigen, die Sie verärgert haben«, sagte einer von ihnen.

Sie wagten sich nicht so recht an mich heran. Vielleicht lag es daran, dass sie mich kampfbereit vor sich sahen, vielleicht auch daran, dass ihr Spießgeselle bewusstlos und blutend am Boden lag. Und ich wusste, dass ich angesichts dreier bewaffneter Männer nicht auf einen größeren Vorteil warten durfte. Ich war, wie immer, selbst bewaffnet. Ich hatte zwar keinen Degen dabei, denn eine lange Klinge hätte sich nur schwer unter dem Kostüm verbergen lassen; meine Pistole jedoch steckte sicher in meinem Gewand verborgen. Trotzdem kam es mir bei einem Schuss und drei Gegenspielern närrisch vor, die Schusswaffe zu ziehen. Außerdem war eine Pistole für mich immer der allerletzte Ausweg. Ich hatte auch nicht vor, jemanden zu töten, sofern es sich verhindern ließ. Mit Kate Coles Gerichtsverhandlung in nur wenigen Wochen verspürte ich keinen dringlicheren Wunsch, als mich der öffentlichen Aufmerksamkeit möglichst zu entziehen.

Also ging ich rasch in die Hocke und schnappte mir, ohne meine Widersacher auch nur eine Sekunde aus den Augen zu lassen, den Stecken des Mannes, den ich gefällt hatte. Diese Bewegung löste die Überraschung meines Auftauchens, und in der Absicht, den Vorteil wieder auf ihre Seite zu bekommen, nahm einer der Männer seinen Stock und schlug dem stöhnenden Elias mit voller Wucht gegen das Knie. Vermutlich verhielt ich mich so vorhersehbar, wie er gehofft hatte. Ich ging auf ihn zu, um ihn an weiteren Schlägen zu hindern. Den Stecken in der linken Hand erhoben, zielte ich mit einem kräftigen Hieb gegen den Kopf des Mannes, den ich auch recht gut traf, doch fast im gleichen Moment spürte ich die harten Schläge auf meinen Rücken niedergehen. Diese Schläge trafen auf die Verletzungen, die mir Jonathan Wilds Männer zugefügt hatten, und mir wurde einen Moment schwarz vor Augen. In meiner Verwirrung verlor ich meinen Stecken, kam jedoch wieder zu mir, bevor ich auf dem Boden aufschlug. Mit einer Hand an die Wand gestützt sah ich, dass der Mann, den ich erwischt hatte, auf dem Boden saß, sich den Schädel rieb und seine Waffe fallen gelassen hatte.

Mit einer schnellen Bewegung packte ich seinen Stock und drosch damit wild auf die beiden verbliebenen Halunken ein. Immerhin gelang es mir, sie von Elias wegzutreiben, aber ich bemerkte meinen Fehler sofort: Zuvor hatten sie so dicht beieinander gestanden, dass ich einen von ihnen schnell hätte zu Boden schicken und damit einen Gleichstand herstellen können. Jetzt hingegen waren sie wieder im

Vorteil, denn einer konnte mich von hinten erwischen, während der andere direkt von vorn auf mich losging.

Ich wechselte rasch meine Position und hoffte, mich mit dem Rücken zur Zimmerecke stellen zu können, denn dort hatte ich zwar keine Chance zu entkommen, aber immerhin blieb meinen Feinden nur die Möglichkeit, mich von vorne anzugreifen. Nachdem mir das gelungen war, sah ich mich jedoch einer noch größeren Gefahr gegenüber: Der Mann, den ich niedergeschlagen hatte, stand inzwischen wieder auf den Beinen und zielte mit einer Pistole auf mich.

»Lass den Stock fallen, Jude«, fauchte er, »sonst mach ich dich zu Hackfleisch.«

Der Mann schätzte mich allerdings falsch ein, wenn er glaubte, ich ließe mich von seiner Drohung einschüchtern. Den Stecken noch in der Hand, griff ich in mein Kostüm und zog mit einer schnellen Bewegung meine eigene Pistole. Ich sah die Waffe des Schurken in der Dunkelheit aufblitzen und feuerte in einer Handlung reinen animalischen Instinkts auch meine Waffe ab. Es war keine unüberlegte Handlung, aber ich sah sofort, dass sie unnötig gewesen war, denn seine Pistole versagte und explodierte mit einer Stichflamme in seiner Hand. Er stieß vor Schmerz und Zorn einen Schrei aus und ließ die Pistole fallen. Im gleichen Augenblick erwischte ihn meine Kugel knapp unterhalb der Schulter und warf ihn nach hinten, als wäre er angerempelt worden. Die Wucht des Treffers schleuderte ihn so heftig gegen das Fenster, dass er das dünne und, wie ich vermute, bereits angeknackste Glas durchbrach. Was weiter geschah, konnte ich nicht mehr verfolgen, denn als ich mich umdrehte, um meinen verbliebenen Widersachern entgegenzutreten, hörte ich nur noch seinen entsetzten Schrei, mit dem er auf dem Dach hinunterrutschte und ein gutes Stück weiter unten aufschlug.

Zugleich sah ich, dass meine Angreifer die Flucht ergriffen und nur den bewusstlosen Mann zurückgelassen hatten. Ich überlegte kurz, ob ich sie verfolgen sollte, wusste jedoch, dass ich mich zuerst um Elias kümmern musste, der reglos auf dem Boden lag. Ich schnappte mir eine der wenigen Kerzen von einem Wandhalter und hielt sie dicht vor Elias' Gesicht. Seine Haut wies keine sichtbaren Verletzungen auf, und ich sah deutlich, dass er atmete, wenn auch rasselnd und sehr angestrengt. Ich drehte ihn auf den Rücken und sah, dass er die Augen weit aufgerissen hatte und sich vor Schmerzen krümmte.

»Lass mich zur Ader«, sagte er mit mattem Lächeln. »Aber schnapp dir zuerst diese Ganoven.«

Ich vertraute auf Elias' medizinische Kenntnisse und fast noch mehr auf seine weibische Tapferkeit, die mich nicht weggeschickt hätte, wenn sein Leben wirklich in Gefahr gewesen wäre. Also packte ich einen der herumliegenden Prügel und stürmte die Treppe hinab, ohne jedoch irgendwo eine Spur meiner Angreifer zu entdecken.

Vor dem Haus hatte sich eine Menschenmenge um den Mann versammelt, der vom Dach gestürzt war. Ich drängte mich hindurch, um zu sehen, ob er noch am Leben war. Das war er nicht. Sein Gesicht war zur Seite gedreht, und er blutete sowohl aus dem Mund als auch aus der Wunde, die ich ihm verpasst hatte. Der Mann sah zwar im Tode ein wenig verändert aus, doch ich erkannte ihn trotzdem sofort. Es war derjenige, der mich des Nachts in der Cecil Street angegriffen hatte, derselbe, der vor mir aus dem South Sea House geflüchtet war.

Es tat mir leid, dass ich ihn getötet hatte. Na ja, vielleicht nicht allzu sehr. Mein Herz raste und das Blut pulsierte durch meine Adern, und ich verspürte weder Reue noch Schuld. Ich bedauerte lediglich, dass er nicht mehr lange genug gelebt hatte, um mir vor seinem Ableben ein paar Fragen zu beantworten. Jetzt allerdings bestand meine Aufgabe darin, seine Spießgesellen zu finden und sie zum Sprechen zu bringen – andernfalls würde ihnen das gleiche Schicksal blühen wie ihrem Freund.

Indes, meine Pläne wurden durch das Eintreffen der Constables durchkreuzt. Es handelte sich um ein Paar der ausgemachtesten Schufte, die jemals in diesem Stadtviertel Sitte und Ordnung zu ihrem Recht verhelfen sollten. Ich kannte beide aus Duncombes Gerichtssaal, suchte mir aber nie einen von ihnen für eine bevorstehende Festnahme aus, denn sie waren bekannt dafür, dass ihnen nichts so viel Freude bereitete wie blindwütige Gewaltanwendung. Einer von ihnen war ein fetter, untersetzter Bursche mit einem scheußlichen violettroten Hautausschlag im Gesicht, der andere eine etwas weniger widerwärtige Kreatur, ein eigentlich ziemlich normal aussehender Mann, wenn man von seinen schmalen Augen, aus deren Schlitzen die reine Grausamkeit blitzte, einmal absah.

»Weiß jemand, wer diesen Mann erschossen hat?«, rief der Fette laut in die Runde.

»Jawohl.« Ein Mann trat vor. Er trug kein Kostüm, aber seine Stimme verriet mir, dass es einer meiner Angreifer war. Er zeigte in meine Richtung.

»Der Mann dort«, sagte er im gleichen Ton, in dem er eine Austernverkäuferin fragen würde, wie viel er für einen Tuppence bekam. »Ich hab alles gesehen, und ich kann's auch vor dem Richter beschwören. Es war kaltblütiger Mord, sonst nix.«

»Dann sieh mal zu, dass du es auch vor dem Richter beschwörst«, fauchte ich, als die Constables auf mich zukamen. »Ich freue mich schon darauf, dich hängen zu sehen!«

Ich war viel zu wütend, um etwas anderes tun zu können, als Verwünschungen auszustoßen. Da meine Angreifer meinen Namen kannten, war es unsinnig, vor den Constables davonzulaufen. Man würde mich so oder so schnappen. Schließlich hatte ich einen Zeugen, dachte ich, der die Angelegenheit im Nu aufklären würde. Doch dann fiel mir auf, dass ich nicht wusste, wo sich etwaige weitere Verschwörer aufhielten, und dass Elias wehrlos oben im Haus lag. Ich wollte sofort los, als mich die beiden Constables von hinten packten und festhielten.

»Schön hier geblieben«, sagte der mit dem grausamen Blick.

Ich wehrte mich gegen den Griff der beiden Männer. Ich war mir sicher, dass ich mich losreißen konnte, wenn ich meine ganze Kraft einsetzte, aber ich war müde und niedergeschlagen und hatte Angst um meinen Freund, dem in eben jenem Moment womöglich eine feige Hand die Kehle durchschnitt. Mein schwaches Aufbäumen brachte die Männer, die mich festhielten, nur in Rage, woraufhin sie mir die Arme in eine höchst unangenehme Stellung auf dem Rücken verdrehten. Ich sah mich in der Menge um, als suchte ich Hilfe, irgendjemanden, der zu meinen Gunsten das Wort ergriff. Dabei fiel mein Blick auf keinen anderen als Noah Sarmento, der ziemlich weit hinten in der Menge stand und mich mit seinen tief liegenden Augen kalt ansah. Unsere Blicke trafen sich einen Moment, und in meinem Anflug von Panik kam mir nicht in den Sinn, mich darüber zu wundern, was er dort eigentlich zu suchen hatte, sondern nur, dass er ein Angestellter meines Onkels war, der mir sicherlich zur Seite stehen würde. Stattdessen wandte er sich peinlich berührt und mit unbewegtem Gesichtsausdruck von mir ab.

Der Mann, der mich angegriffen hatte, stand bei einem der Constables und unterbreitete ihm seine Lügengeschichte.

»Dieser Mann dort ist der Übeltäter«, sagte ich und deutete mit dem Kopf in Richtung meines Anklägers. »Mein Zeuge liegt noch verletzt oben im Haus und fällt vielleicht gerade dem Kumpan dieses Mannes zum Opfer. Ich bitte Sie, wenn Sie mich schon nicht loslassen wollen, kommen Sie bitte meinem Freund im obersten Stockwerk zu Hilfe.«

Morde haben einen merkwürdigen Effekt auf Menschenmengen. Keiner in der Meute verspürte ein besonderes Verlangen danach, zu helfen – nur den Wunsch, etwas wirklich Schreckliches zu sehen, etwas so Grausiges, dass sich später, in der Schänke, alle anderen Männer um seinen Tisch versammeln, um seiner Geschichte zu lauschen. Die Offenbarung, dass es noch ein zweites Opfer zu besichtigen gab, ließ den Großteil der Meute schreiend in das Gebäude stieben. Ich hoffte nur, dass ihre Anwesenheit zum Schutz von Elias ausreichte.

»Weiß jemand, wer dieser Mann ist?«, fragte einer der Constables die verbliebenen Nachtschwärmer und zeigte mit ausgestrecktem Zeigefinger auf den Toten.

»Nein«, sagte mein Ankläger nervös, als spreche er unbestritten für das gute Dutzend von Gaffern, das noch um uns herum stand. »Den kennt niemand.«

»Ich kenne ihn«, ließ sich eine Stimme vernehmen. Ein älterer Mann schlurfte nach vorne. Er hielt sich an einem alten Spazierstock aufrecht, der so rissig und schartig aussah, als würde er jeden Augenblick unter dem Gewicht des Mannes zusammenbrechen. »Genau! Das ist der elende Halunke, der meine Nichte zugrunde gerichtet hat. Das ist ein Räuber und Taschendieb, ich weiß es, und es tut mir nicht im Mindesten Leid, ihn da ohne einen Hauch von Leben liegen zu sehen.«

»Wie heißt er?«, wollte der Constable wissen.

»Niemand kennt seinen Namen«, fuhr mein Ankläger dazwischen und funkelte den alten Mann bösartig an. »Hören Sie nicht drauf, was der alte Knacker hier zusammenfaselt. Er ist sowieso nicht mehr ganz richtig im Kopf.«

»Der Einzige, der nicht mehr ganz richtig ist, sind Sie«, zischte der alte Mann zurück. »Ich kann nicht behaupten, Sie in meinem ganzen Leben schon einmal gesehen zu haben.«

»Wie heißt der Mann«, wiederholte der Constable seine Frage.

»Dieser elende, dreimal vermaledeite Dreckskerl ist Bertie Fenn, so wahr ich hier stehe.«

Und während mich die Constables abführten und ich mir ernsthafte Sorgen um Elias machte, erfüllte mich keine geringe Befriedigung angesichts der Gewissheit, dass ich soeben den Mann getötet hatte, der meinen Vater überfahren hatte.

27

Wieder einmal sah ich mich Richter John Duncombe gegenüber, und wieder einmal ging es um eine Mordanklage – ein Sachverhalt, der dem Richter nicht verborgen blieb. Für ein derart schwer wiegendes Verbrechen berief Duncombe sein Gericht manchmal sogar mitten in der Nacht ein.

Mörder waren mit allen Wassern gewaschene Schurken, die einem leicht entwischten, und wenn ein Mörder entkam, standen einem käuflichen Richter mehr Untersuchungen ins Haus, als ihm lieb waren.

Die Nachricht von meinem Abenteuer machte bereits auf den Straßen die Runde, und in den Räumen des Richters, die verglichen mit der normalen Anzahl von Schaulustigen keineswegs voll waren, hielten sich an die zwei Dutzend Zuschauer auf – ein ansehnliches Publikum für einen mitternächtlichen Auftritt.

Der Richter musterte mich mit trüben, blutunterlaufenen Augen. Sein Gesicht war dicht mit Bartstoppeln bedeckt, die Perücke saß ihm schräg auf dem Kopf, und die dunklen Tränensäcke unter den Augen legten die Vermutung nahe, dass er nicht besonders gut geschlafen hatte. Ich konnte mir nicht vorstellen, dass er allzu erfreut darüber war, zu einer so späten Stunde aus dem Bett geholt zu werden, um sich um einen Mörder zu kümmern, den er erst vor kurzer Zeit eigenhändig auf freien Fuß gesetzt hatte.

»Wie ich sehe, habe ich, als Sie zum letzten Mal vor meiner Bank standen, zu viel Milde walten lassen«, hob er an. Die Haut flatterte ihm um den zahnlosen Mund. »Ich gedenke den gleichen Fehler nicht zweimal zu begehen.«

Auch wenn es Duncombe darauf angelegt hatte, mich ohne viel Umstände direkt nach Newgate zu verfrachten, damit er gleich wieder ins Bett kam, so hielt ihn doch so etwas wie das Bestreben, der Gerechtigkeit Genüge zu tun, dazu an, die Vorschriften für ein korrektes Verfahren einzuhalten.

»Man hat mir berichtet«, sagte er in den Gerichtssaal, »es gäbe Zeugen, die gesehen haben, wie dieser Mann den Verblichenen getötet hat. Würden diese Zeugen bitte vortreten?«

Ein Augenblick absoluter Stille verstrich, bevor ich eine vertraute Stimme rufen hörte: »Ich kann alles bezeugen!«

Eine unbeschreibliche Erleichterung befiel mich, als ich sah, dass

Elias sich seinen Weg durch die Schaulustigen bahnte und mit unsicheren Schritten auf die Richterbank zuwankte. Die Steifheit seiner Bewegungen verriet seine Schmerzen, aber abgesehen davon sah er völlig abgerissen und lächerlich aus, denn er steckte immer noch in den Kleidern eines jüdischen Hausierers. Die Gesichtsmaske hatte er allerdings abgezogen und gab damit seinen rasierten, von keiner Perücke bedeckten Schädel der Öffentlichkeit schutzlos preis. Sein Gesicht war von Verletzungen verschont geblieben, doch ich zuckte zusammen, als ich sah, wie er sich die schmerzende Seite hielt.

»Der Tote gehört zu einer Gruppe von vier Männern, die mich grundlos angegriffen haben«, hob Elias mit zitternder Stimme an. »Dieser Mann hier, Benjamin Weaver, kam mir zu Hilfe, und bei seinen Bemühungen, mein Leben zu retten, feuerte einer meiner Angreifer seine Pistole ab. Zu seiner eigenen Verteidigung tat Mr. Weaver das Gleiche, und der Mann, den Sie gefunden haben, hat den Preis für sein Bubenstück gezahlt.«

Ein Raunen ging durch den Gerichtssaal. Ich hörte meinen Namen, der flüsternd wiederholt wurde, ebenso wie andere Einzelheiten aus Elias' Bericht. Ich spürte, dass die öffentliche Meinung bereits auf meiner Seite war, aber ich wusste ebenso gut, dass der Wunsch des Pöbels auf einen Mann wie Duncombe keinerlei Wirkung zeitigte.

»Der Constable berichtet, er habe Ihnen eine Pistole entwendet, die kurz zuvor abgefeuert wurde«, fuhr der Richter fort. »So weit wäre das also bestätigt. Trotzdem befand sich am Tatort ein anderer Mann, der aussagte, bei dem Tötungsfall habe es sich um vorsätzlichen Mord gehandelt. Oder stimmt das nicht?«

»Doch, es stimmt, Euer Ehren«, erwiderte der Constable.

»Der Mann gehörte selbst zu meinen Angreifern«, warf Elias ein. »Er hat gelogen.«

»Weshalb haben diese Männer Sie überhaupt angegriffen, Sir?«, wollte Duncombe jetzt wissen.

Elias schwieg einen Augenblick. Er sah sich einer wahren Zwickmühle gegenüber – sollte er alles, was er wusste, vor Gericht preisgeben und damit unsere Nachforschungen vielleicht unseren Feinden kundtun, oder blieb er lieber so verschwiegen wie möglich, in der Hoffnung, mich auch mit einem Bruchteil der Wahrheit auszulösen?

»Ich weiß nicht, weshalb mich diese Männer angriffen«, sagte Elias schließlich. »Ich bin wohl nicht der Erste, der in London von Fremden überfallen wird. Vermutlich hatten sie es auf mein Geld abgesehen.«

»Haben sie denn Ihr Geld gefordert?«, drängte der Richter weiter. Er musterte Elias mit eindringlicher Miene, auf die sich der tausendfach einstudierte Ausdruck des Scharfsinns gelegt hatte.

»Dazu blieb keine Zeit«, führte Elias aus. »Kurz nachdem mich diese Männer gezwungen hatten, ihnen zu folgen, kam mir Mr. Weaver auch schon zu Hilfe.«

»Verstehe. Sind Sie denn mit Mr. Weaver bekannt?«

Elias zögerte abermals eine Sekunde. »Jawohl, er und ich sind befreundet. Ich kann nur annehmen, dass er gesehen hat, wie mich die Männer angriffen, woraufhin er sich mit der Absicht, mich zu befreien, in die Auseinandersetzung einmischte.«

»Und wo genau fand dieser Angriff statt?«

»Bei Mr. Heideggers Maskenball, am Haymarket.«

»Das entnehme ich Ihrem Aufzug. Möchten Sie damit sagen, dass diese vier Männer Sie mitten auf einem Maskenball angriffen, Sir?«

»Sie führten mich weg von der eigentlichen Veranstaltung, nach oben, wo ich ihnen schutzlos ausgeliefert gewesen wäre.«

»Und Sie folgten diesen Männern, die Sie überhaupt nicht kannten?«

»Sie behaupteten, eine wichtige Nachricht für mich zu haben«, antwortete Elias widerstrebend. Es klang wie eine Frage.

»Erzählen Sie mir doch noch einmal, in welcher Manier Mr. Weaver dazukam.«

»Mr. Weaver, der mein Freund ist, wurde wahrscheinlich misstrauisch und folgte mir. Sobald die Männer über mich herfielen, eilte er mir zu Hilfe.«

»Sehr lobenswert«, bemerkte der Richter. »Und gerade zur rechten Zeit, wie mir scheint. Gibt es noch andere Zeugen dieses Vorfalls?«, fragte er, erhielt jedoch außer dem Gemurmel der Zuschauer keine weitere Antwort.

»Haben Sie dieser Darstellung etwas hinzuzufügen, Mr. Weaver?«

Es wäre zwecklos gewesen, ihm zu erzählen, dass der Mann, den ich erschossen hatte, der Mörder meines Vaters war; eine solche Information hätte wohl nicht gerade zu meiner Entlastung beigetragen. Ich hielt Elias' Geschichte für zweckdienlich, hatte jedoch nicht viel Hoffnung, dass mich Duncombe einfach so davonkommen lassen würde. Ich hatte einen Menschen unter mysteriösen Umständen getötet. Wenn mir nichts einfiel, um den Richter milde zu stimmen, war eine Gerichtsverhandlung unvermeidlich. Ich konnte nicht einmal darauf hoffen, dass mein Onkel in der Lage wäre, ihn zu bestechen, sobald ich erst einmal dem Königlichen Gericht überantwortet war. War ein Gefangener erst einmal nach Newgate verbracht, konnte Duncombe nicht mehr in den weiteren Ablauf des Geschehens eingreifen. Um sein Urteil zu beeinflussen, musste ich ihn vor seinem Schiedsspruch bestechen, und wie jeder wusste, akzeptierte Duncombe keinen Kredit.

»Ich habe lediglich eingegriffen, um Mr. Gordon zu helfen«, erklärte ich. »Als ich sah, dass seine Sicherheit, vielleicht sogar sein Leben in Gefahr waren, tat ich das, was wohl jeder Freund, ja jeder Mann an meiner Stelle getan hätte. Ich bedauere zwar den Verlust eines Lebens, aber ich denke, Sie werden mit mir übereinstimmen, dass London ein gefährliches Pflaster ist. Und es wäre schlimm, wenn es einem Mann verboten wäre, sich selbst und seine Freunde nach Kräften vor den Übergriffen jener Krimineller zu schützen, die sich auf den Straßen herumtreiben und sogar, wie in diesem Fall, in die Veranstaltungen der höchsten Gesellschaft drängen.«

Meine Aussage nahm zwar sämtliche Zuschauer, nicht aber Duncombe für mich ein. Die Menge brach in lebhaften Applaus und eine Reihe kräftiger Hurrarufe aus, die der Richter mit energischen Hammerschlägen zum Schweigen brachte.

»Herzlichen Dank für Ihren leidenschaftlichen Vortrag, der mich, wie ich Ihnen versichern darf, ganz und gar nicht beeinflusst hat. Es ist nicht an mir, über Ihre Schuld oder Ihre Unschuld zu befinden – sondern lediglich darüber, ob die mir dargelegten Fakten eine weitere Untersuchung verlangen oder nicht. In Anbetracht der bekräftigenden Aussage Ihres Gefährten besteht kein Zweifel daran, dass Sie einem Angriff ausgesetzt waren. Und obwohl ich den Gebrauch derart tödlicher Maßnahmen nicht begrüße, wäre es wohl höchst befremdlich, wenn ich jemanden dafür vor Gericht bringen würde, dass er für seine eigene Sicherheit oder die anderer Unschuldiger eintritt. Deshalb werde ich Sie entlassen, Sir, unter der Voraussetzung, dass Sie, sollten weitere Tatsachen ans Licht kommen, jederzeit zur Befragung herbeizitiert werden.«

Die Menge stieß einen Jubelschrei aus, und ich begab mich, überwältigt von einer Mischung aus Verwirrung und Erleichterung, sofort zu Elias, um mich nach seinem Befinden zu erkundigen.

»Mir geht's nicht sehr gut«, sagte er. »Ich würde mich am liebsten ein paar Tage zurückziehen, aber ich glaube nicht, dass ich schlimme oder bleibende Schäden davontrage.«

Ich klopfte ihm herzlich auf die Schulter. »Tut mir leid, dir solche Unannehmlichkeiten bereitet zu haben. Schließlich bist du nur meinen Anweisungen gefolgt.«

»Dir fällt bestimmt etwas ein, wie du mich dafür entschädigen kannst«, erwiderte er mit gespielter Gereiztheit.

Ich war ihm deshalb nicht böse, sondern grinste nur, froh darüber, dass Elias alles in allem unversehrt davongekommen war.

»Und ich glaube, dass diese Belohnung, an die du denkst, irgendetwas mit deiner Cousine zu tun hat.«

»Sobald du dich beschneiden lässt«, beschied ich Elias, »gehört sie dir.«

»Deine Leute frönen grausamen Ritualen«, seufzte er. »Aber sag an, wie kommt es, dass der Richter zu deinen Gunsten entschieden hat? Meiner Ansicht nach waren unsere Aussagen eher mager, und du hast selbst zugegeben, dass du den Burschen über den Haufen geschossen hast. Ich fürchtete schon, mit ansehen zu müssen, wie du in Gewahrsam genommen wirst.«

Ich schüttelte den Kopf über dieses Rätsel. Die einzige Erklärung, die mir einfiel, war, dass jemand für den Schiedsspruch des Richters gezahlt hatte. Aber ich konnte mir nicht vorstellen, wer Duncombe mit einer so hohen Geldsumme versehen hatte, dass er mich als möglichen Mörder laufen ließ – eine nicht ungefährliche Entscheidung, denn ein Richter konnte sich einigen Ärger aufhalsen, wenn er bei einem so schweren Vergehen ein Auge zudrückte. Andererseits handelte es sich um einen gut disputierten Fall, bei dem sich Duncombe, sollte er dazu gezwungen werden, sich vor einem seiner Vorgesetzten zu rechtfertigen, mit Leichtigkeit darauf hinausreden konnte, dass er mit guten Gründen auf Selbstverteidigung befunden habe. Duncombes Strategie half mir jedoch nicht auf die Spur dessen, der das Geld zu Verfügung gestellt hatte, und schon gar nicht auf die Spur seiner Beweggründe.

»Ich kann nur annehmen, dass ein unbekannter Freund, oder vielleicht sogar ein unbekannter Feind, zu meinen Gunsten interveniert hat«, sagte ich laut nachdenkend zu Elias.

»Ein Feind? Warum sollte dir ein Feind einen derart großzügigen Dienst erweisen?«

»Vielleicht wäre es schlimmer für ihn, wenn wir vor Gericht kämen und dort alles ausplauderten, was wir wissen. Schlimmer jedenfalls, als frei auf der Straße herumzulaufen, wo wir jederzeit abermals Opfer ihrer Machenschaften werden können.«

»Ein Freund wie du ist allezeit ein rechter Trost, Weaver.«

Wie es sich herausstellte, mussten Elias und ich nicht lange über die Identität unseres Wohltäters nachgrübeln. Als wir das Haus des Richters verließen und in die unangenehm kühle Nacht hinaustraten, erblickte ich direkt davor eine prächtig ausgestattete Kutsche, und als ihre Tür aufschwang, sah ich niemand anderen als Mr. Perceval Bloathwait, den Direktor der Bank of England, heraussteigen.

»Ich glaube, Sie schulden mir etwas, Mr. Weaver«, sagte Bloathwait mit seiner farblosen Stimme. »Wären meine Feinde von der South Sea vor mir hier eingetroffen, hätten diese sicherlich einiges gezahlt, damit man Sie einem ordentlichen Gericht überantwortet hätte. Was nicht heißt, dass sie es bis zu einer Verhandlung hätten kommen lassen, denn es wäre zweifellos zu gefährlich, einen Mann wie Sie alles, was er weiß, in der Öffentlichkeit ausplaudern zu lassen. Erst einmal in Newgate, wäre Ihnen wohl noch so manches andere zugestoßen – Flecktyphus, Scherereien mit anderen Gefangenen und so weiter. Ich hätte Sie wohl nie wieder lebend zu Gesicht bekommen.«

»Eine Vorstellung, die Sie zweifellos mit Entsetzen erfüllt hat«, bemerkte ich skeptisch. Bloathwait hatte mir nur geholfen, damit ich ihn bei seinen weiteren Plänen unterstützte, weshalb ich mich nicht dazu überwinden konnte, so etwas wie Dankbarkeit ihm gegenüber zu empfinden.

»Wie Sie wissen, möchte ich, dass Sie dieser Angelegenheit auf den Grund gehen. Meiner Meinung nach müssen Sie schon dicht dran sein, denn Ihre Feinde treten deutlich dreister auf. Gut gemacht.«

Ich wollte etwas darauf antworten, doch mein verletzter Freund Elias drängte sich an mir vorbei, um Bloathwait zu begrüßen und sich überschwänglich vor ihm zu verbeugen. »Welch große Ehre, Sie wiederzusehen, Sir. Es ist schon lange her, dass ich die Ehre hatte, Ihnen zu Diensten zu sein.«

Bloathwait starrte auf Elias' Kostüm. »Kennen Sie diesen Vagabunden, Weaver?«

Ich versuchte, ein Lächeln zu unterdrücken.

»Dieser Gentleman ist Mr. Elias Gordon«, sagte ich, »der heute Abend verletzt wurde, als er mir einen Freundschaftsdienst erwies. Soweit ich unterrichtet bin, hatte er einmal die Gelegenheit, auch Ihnen behilflich zu sein. Eine eher medizinische Angelegenheit, wenn ich mich nicht irre.«

Bloathwait wedelte mit der Hand. »Sind Sie tatsächlich der irische

Chirurg, der an jenem Abend im Theater um mich herumscharwenzelt ist?«

»Genau der«, pflichtete ihm Elias mit verblüffender Unterwürfigkeit bei.

Ich hatte schon einmal gesehen, wie er einem Gentleman, der den Fehler begangen hatte, ihn als Iren zu bezeichnen, eine dreifache Dosis Abführmittel verabreicht hatte, doch bei einem Mann mit Bloathwaits Geldbeutel ertrug Elias sogar diese sonst ausnahmslos als Beleidigung empfundene Verwechslung.

Bloathwait wandte sich wieder mir zu. »Ich hoffe, Sie nutzen die Freiheit, zu der ich Ihnen verholfen habe.«

»Ich weiß Ihre Hilfe zu schätzen«, erwiderte ich trocken, »aber ich kann mich des Eindrucks nicht erwehren, dass Sie mehr wissen, als Sie mir mitgeteilt haben, Mr. Bloathwait, und ich kann es nicht gutheißen, wenn man so mit mir spielt.«

»Ich weiß nur, dass die South Sea Company irgendetwas damit zu tun hat, darüber hinaus auch dieser Schuft Jonathan Wild, wenn ich auch nicht weiß, in welcher Hinsicht. Viel mehr ist auch mir nicht bekannt.«

»Was wissen Sie über Martin Rochester?«, fragte ich.

»Richtig. Da ist noch dieser Rochester. Das versteht sich von selbst.«

Ich war kaum in der Lage, meinen Zorn zurückzuhalten. Warum wollte mir niemand etwas über dieses Phantom verraten? »Haben Sie eine Ahnung, wo ich ihn finden kann?«, fragte ich.

Bloathwait sah mich erstaunt an. »Wo Sie Rochester finden können? Ich habe Sie offensichtlich überschätzt, Weaver. Ich dachte, das hätten Sie inzwischen längst herausgefunden!«

»Was herausgefunden?« Ich gestehe, dass meine Frage eher ungehalten als höflich klang.

Bloathwaits kleiner Mund verzog sich zu einem Lächeln. »Ein Mann namens Martin Rochester existiert überhaupt nicht.«

Ich kam mir vor wie jemand, der unversehens an einem fremden Ort aufwachte, ohne zu wissen, wo er sich befand oder wie er dort hingekommen war. Wie war es möglich, dass es keinen Martin Rochester gab? Wonach hatte ich gesucht? Ich bemühte mich, meine Gefühle im Zaum zu halten und diese Fragen in Worte zu fassen: »Jeder auf der Exchange hat von ihm gehört. Weshalb sollte es Martin Rochester nicht geben?«

»Er ist nicht mehr als die Chimäre eines Börsenmaklers«, erklärte mir Bloathwait auf seine großspurige Art. »Er ist eine Fassade, hinter der sich ein anderer Mann oder andere Männer verbergen, um unerkannt ihre Geschäfte machen zu können. Wenn Sie erfahren wollen, wer Ihren Vater ermordet hat, brauchen Sie Martin Rochester nicht aufzuspüren. Sie müssen nur herausfinden, wer er ist.«

Es dauerte eine Weile, bis ich diese Offenbarung verdaut hatte. Sie bot jedenfalls eine Erklärung dafür, weshalb niemand ihn kannte. Wie aber konnte diese Chimäre mit so vielen Leuten geschäftlich verkehren und dabei unerkannt bleiben?

»Großer Gott«, murmelte ich vor mich hin, »was für eine verzwickte Angelegenheit.«

Mir fiel auf, dass Elias sein einfältiges Grinsen aufgegeben hatte. »Genau darin besteht die Durchtriebenheit, vor der ich dich gewarnt habe«, sagte er. »Unser Feind selbst besteht nur aus Papier. Das Verbrechen ist aus Papier, und der Verbrecher ist aus Papier. Allein die Opfer sind aus Fleisch und Blut.«

Ich konnte Elias' philosophisches Entsetzen nicht teilen. Ich glaubte immer noch daran, dass es auf jede Frage auch eine Antwort gab, und wünschte mir sehnlichst, den Glauben daran nicht zu verlieren, dass jeder trügerische Mummenschanz, wie kunstfertig er auch ausgedacht sein mochte, entlarvt werden konnte.

»Ein Mensch aus Papier«, sagte ich laut. »Haben Sie eine Vermutung, wer sich dahinter verbergen könnte?«

Bloathwait schüttelte den Kopf. »Es könnte sich um einen Einzelnen, aber ebenso gut um einen ganzen Club handeln. Ich stelle mit Schrecken fest, dass Sie Ihre Zeit damit vertan haben, einen Mann aus Fleisch und Blut zu jagen, statt zu versuchen, dieser Angelegenheit ein für alle Mal auf den Grund zu gehen. Da Sie doch nicht so viel zu taugen scheinen, sollte ich mich vielleicht erkundigen, ob der Richter Sie mir wieder abkauft.«

»Egal, wer dieser Mann sein mag«, sagte Elias, »sollten wir nicht mehr darüber wissen, weshalb es ihn überhaupt gibt? In welcher Verbindung steht er zur South Sea Company?«

Bloathwait warf uns einen mürrischen Blick zu. »Nicht einmal das haben Sie herausgefunden?«

Ich dachte an das, was Cowper gesagt hatte, als ich mich nach meiner Frage bezüglich der gefälschten Aktien nach Rochester erkundigt hatte: »Ich habe Ihnen doch schon gesagt, Sir, dass ich darüber nicht reden will.«

Daraus ergab sich nur eine wahrscheinliche Schlussfolgerung. »Rochester ist derjenige, der die falschen Aktien in Umlauf gebracht hat«, sagte ich zu Bloathwait.

Er sah mich an und nickte betont langsam. »Vielleicht sind Sie doch zu etwas nütze«, knurrte er.

Ich ignorierte sein zurückhaltendes Lob. Hielt er mich für einen Hund, dem er den Kopf tätscheln konnte?

»Sie wissen, wo Sie mich erreichen können, falls Sie mit Ihren Nachforschungen weiterkommen«, sagte Bloathwait und stieg wieder in seine Kutsche. Die Pferde setzten sich langsam in Bewegung. Elias und ich blieben womöglich verstörter als zuvor zurück.

Gleich am nächsten Morgen traf ich mich wieder mit Elias. Sein unsteter Gang erinnerte an die Schmerzen, die seine Bewegungen noch immer begleiteten, doch ansonsten schien es ihm recht gut zu gehen. Er setzte mich davon in Kenntnis, dass er noch dringende Geschäfte am Theater zu erledigen habe, jedoch trotzdem bereit sei, mir die ihm bis dahin verbleibende Zeit zu opfern. Wir saßen im Salon meines Onkels, nahmen Tee zu uns und versuchten nicht an die Katastrophen zu denken, denen wir in der vorangegangenen Nacht nur knapp entronnen waren.

»Ich habe keine Ahnung, wie wir weitermachen sollen«, sagte ich. »In diese Geschichte sind viel zu viele Leute verwickelt, und ich habe viel zu viele Verdächtigungen. Ich weiß weder, wie ich sie sortieren soll, noch wen ich aufsuchen und welche Fragen ich stellen soll.«

Elias lachte. »Ich glaube, damit hast du dich dem Grundproblem aller Verschwörungen genähert. Es gibt Leute, die dich davon abhalten wollen, die Wahrheit hinter dieser bestimmten Angelegenheit herauszufinden, und es gibt andere, die nur gewissermaßen auf private Weise Dreck am Stecken haben und ihre eigenen kleinen Geheimnisse schützen möchten. Wer sich auf eine Verschwörung einlässt, kann immer schwerer zwischen übergreifenden Schandtaten und gewöhnlichen, ganz alltäglichen Lügen unterscheiden.«

Ich nickte. »Gestern Abend bekräftigte Bloathwait meinen Verdacht, dass Rochester, wer immer er sein mag, der Verkäufer der gefälschten Aktien ist. Mehrere Männer haben angedeutet, Rochester sei es gewesen, der meinen Vater überfahren ließ, was auf jeden Fall passen würde, wenn mein Vater eine Bedrohung für den falschen Aktienhandel darstellte. Deshalb ist es wahrscheinlich, dass Rochester für die verschiedenen Angriffe auf meine Person und jetzt auch auf dich verantwortlich ist.«

»Trefflich gefolgert«, nickte Elias.

»Weiterhin wissen wir, dass Rochester so ziemlich alles unternehmen wird, um unentdeckt zu bleiben, aber unsere größte Chance, diese Nachforschungen zum Abschluss zu bringen, besteht gerade darin, Rochester ans Licht zu zerren. Wenn wir ihn, wie es den Anschein hat, schon nicht aufspüren können, dann gelingt es uns vielleicht, seine anderen Opfer ausfindig zu machen.«

Elias klatschte in die Hände. »Ich glaube, du stehst dicht davor, einen entscheidenden Treffer zu landen.«

Ich lächelte. »Ist es nicht wahrscheinlich, dass wir eher einige seiner Feinde ausfindig machen? Die Eigentümer falscher Wertpapiere beispielsweise, oder andere, die auf unangenehme Weise mit ihm aneinander geraten sind? Als ich versuchte, bei Jonathan's meine falsche Nachricht loszuwerden, hat so mancher aufgeschaut, als der Junge den Namen Rochester aufrief.«

»Ich glaube nicht, dass du jeden Händler auf der 'Change einzeln befragen kannst«, gab Elias zu bedenken.

»Nicht die Händler, aber vielleicht seine Kunden? Wie du bereits sagtest: diejenigen, die keine Ahnung haben, dass man sie hereingelegt hat. Um die müssen wir uns kümmern, Elias, denn da sie nicht wissen, dass sie hereingelegt wurden, wissen sie auch nicht, dass sie etwas zu befürchten haben.« Mein Herz schlug wie wild. Endlich sah ich eine Lösung vor mir. »Wir müssen sie finden! Sie werden mich zu Rochester führen!«

Ich kann nicht sagen, ob Elias mehr von meiner Idee oder von meinem Enthusiasmus begeistert war. »Gott im Himmel, Weaver! Dieser Ausdruck auf deinem Gesicht zeugt von wahrer Inspiration. So kenne ich dich gar nicht!«

Ich erzählte ihm von meiner Idee, und Elias half mir bei der Ausarbeitung der Details. Dann machten wir uns auf den Weg zum Büro des Daily Advertiser und gaben folgende Anzeige in Auftrag:

An alle Käufer und Verkäufer:
Wer hat Aktien von einem gewissen
MR. MARTIN ROCHESTER.
gekauft oder an ihn verkauft?
Die Betroffenen werden gebeten,

sich an diesem Donnerstag zwischen Mittag und drei Uhr in
Mr. Kents Kaffeehaus in der Peter Street,
nahe Bloomsbury Square,
einzufinden,
wo Sie für Ihre Zeit gebührend entschädigt werden.

Nachdem das erledigt war, kehrten wir auf die Straße zurück und gingen wieder nach Hause. Als wir an einem ärmlichen Mann vorüberkamen, der einen Karren mit fauligem Hammelfleisch schob, hielten wir uns beide die Taschentücher vor die Nase.

»Das ist ein kühner Streich«, murmelte ich, während wir uns durch den Gestank kämpften.

»Wohl, wohl«, pflichtete mir Elias bei, »aber ich glaube, er kann nicht schiefgehen. Deine Feinde wissen, wer du bist und was du vorhast. Sie haben zugelassen, dass du sie ausfindig gemacht hast, und es war ihnen möglich, dich zu finden. Jetzt ist es an dir, ihre Schwächen bloßzulegen. Dieser Schurke Rochester schreckt vor nichts zurück, um seine wahre Identität zu verbergen, aber niemand ist so umsichtig, als dass man ihm nicht auf die Spur kommen könnte. Er hat Fehler gemacht, und diese Fehler werden wir früh genug entdecken.«

»So und nicht anders«, stimmte ich ihm, begeistert von unserer entschlossenen Vorgehensweise, zu. »Ich vermute, seine falsche Identität war nicht darauf angelegt, einer so intensiven Nachforschung standzuhalten, wie wir sie ihr jetzt angedeihen lassen.«

Elias nickte. »Allmählich begreifst du die Theorie der Wahrscheinlichkeit«, sagte er. »Von der allgemeinen Notwendigkeit der Existenz von Opfern ausgehend, wirst du den Schurken als die Besonderheit ausfindig machen.«

»Wenn wir nur noch den Aufsatz meines Vaters hätten.« Ich war noch immer nicht in der Lage, den Verlust des Dokuments einzuschätzen. »Befände es sich noch in unserem Besitz, könnte es uns wahrscheinlich gute Dienste leisten, um hier und dort einen Hebel anzusetzen.«

»Ich glaube, das hast du auch so geschafft«, meinte Elias. »Wurde das Dokument nicht aus ebendiesem Grunde gestohlen?«

Er hatte recht. Wenn ich diese Schurken ausstechen wollte, musste ich lernen, noch mehr wie er zu denken.

Die Idee mit der Zeitungsanzeige erfüllte mich mit wachsendem Stolz auf meine Findigkeit, und ich brannte darauf, meinem Onkel mitzuteilen, was ich getan hatte. Die Tür zu seinem Arbeitszimmer stand offen. Ich näherte mich in der Hoffnung, ihn allein anzutreffen, erkannte jedoch sofort, dass ich mich geirrt hatte. Aus dem Zimmer drangen mehrere Stimmen nach draußen, und ich hätte mich eigentlich wieder entfernen und zu einer passenderen Zeit zurückkommen müssen, aber mir fiel etwas auf, das mir unangenehm aufstieß. Eine der Stimmen gehörte Noah Sarmento, und obwohl ich dem Manne nicht wohlgesonnen war, kam es mir nicht verwunderlich vor, ihn im Büro meines Onkels anzutreffen. Nein, es war die zweite Stimme, die mich stutzig machte, denn sie gehörte keinem anderen als Abraham Mendes, Jonathan Wilds rechter Hand.

Ich zog mich eilig zurück – zu eilig vielleicht, denn ich erhaschte kaum mehr als ein oder zwei Worte der Unterhaltung, wagte jedoch nicht, mich länger dort aufzuhalten, wo man mich erwischen konnte, wie ich in aller Dreistigkeit meiner eigenen Verwandtschaft hinterherspionierte.

Stattdessen ging ich nach draußen und wartete auf der Straße, wo ich eine geschlagene Stunde auf und ab ging, bis ich Sarmento und Mendes gemeinsam das Haus verlassen sah. Vielleicht sollte ich eher sagen, sie verließen das Haus gleichzeitig, denn an ihrem Umgang miteinander ließ sich nichts Gemeinsames oder gar Freundschaftliches feststellen. Sie kamen einfach zur gleichen Zeit aus dem gleichen Haus.

Bevor sie auseinandergehen konnten, trat ich ihnen in den Weg. »Nicht so eilig, Gentlemen«, begrüßte ich sie mit gespielter Fröhlichkeit. »Wie schön, Sie beide zu treffen. Besonders Sie, Mr. Mendes! Und dann noch vor meines Onkels Haustür.«

»Was wollen Sie, Weaver?«, fragte Sarmento säuerlich.

»Und Sie«, fuhr ich, inzwischen von meinen großen Tönen mitgerissen, fort. »Mein guter Freund, Mr. Sarmento! Wir haben uns ja seit ... Wann war es doch gleich? Ah ja, es war nach dem Maskenball, wo Sie in der Menge der Gaffer standen, kurz nach dem missglückten Anschlag auf mein Leben. Wie geht es Ihnen, Sir?«

Sarmento schnalzte angewidert mit der Zunge, als hätte ich ein in vornehmer Gesellschaft verpöntes Thema angeschnitten. »Ich weiß nicht, was Sie wollen, und ich will es auch nicht wissen«, sagte er. »Ich habe nicht vor, noch mehr Zeit mit jemandem zu verbringen, der unsinniges Zeug redet.«

Er dreht sich abrupt zur Seite und versuchte einen würdevollen Abgang, drehte sich jedoch rasch noch einmal um, um zu sehen, ob ich ihm folgte. Den Kopf wandte er erst wieder nach vorne, als er die nächste Ecke erreicht hatte und aus unserem Gesichtsfeld verschwand.

Ich dachte daran, ihn zu verfolgen, doch Mendes blieb vor mir stehen, als wollte er, dass ich ihn nach seiner Anwesenheit befragte. Ich hegte keinen Zweifel daran, Sarmento zu gegebener Zeit knacken zu können; Mendes hingegen war eine völlig andere Geschichte.

»Es freut mich, Sie so wohlgelaunt anzutreffen, Sir«, sagte er zu mir. »Ich hoffe, Ihre Nachforschungen verlaufen zufriedenstellend.«

»Allerdings«, erwiderte ich, obwohl meine gute Laune sich inzwischen verflüchtigt hatte. »Momentan beschäftige ich mich mit einer höchst merkwürdigen Angelegenheit. Ich versuche, etwas über Ihre Anwesenheit im Hause meines Onkels herauszufinden.«

»Nichts einfacher als das«, meinte er. »Ich hatte hier geschäftlich zu tun.«

»Genauer, Mr. Mendes, genauer. Um welche Geschäfte mag es sich dabei wohl handeln?«

»Es geht lediglich um ein paar edle Stoffe, die in Mr. Lienzos Besitz gelangt sind und die ihn eine gelegentlich allzu zuvorkommende Regierung nicht so einfach veräußern lassen will. Er hat mir diese Ware vor einigen Monaten anvertraut, und nachdem ich einen Käufer dafür gefunden habe, wollte ich Ihrem Onkel die ihm geschuldete Summe auszahlen.«

»Und welche Rolle spielt Mr. Sarmento dabei?«

»Er ist der Einkäufer Ihres Onkels, das dürften Sie doch selbst wissen. Er hatte gerade bei Ihrem Onkel zu tun, als ich ankam. Sie verdächtigen Ihren Onkel doch nicht irgendwelcher Missetaten?«, fügte er hinzu. »Es täte mir leid, wenn Sie sich mit ihm ebenso überwürfen wie mit Ihrem Vater.«

Ich versteifte mich bei seinen Worten, die, wie ich sehr wohl wusste, in provozierender Absicht geäußert worden waren. »Ich an Ihrer Stelle wäre vorsichtig, Sir. Möchten Sie wirklich herausfinden, ob ich Ihnen gewachsen bin?«

»Ich wollte Sie nicht kritisieren«, erwiderte er mit öliger Stimme, die nach spöttischer Versöhnung klang. »Ich spreche aus reiner Besorgnis um Sie. Wissen Sie, ich, der ich seit so vielen Jahren in diesem Viertel wohne, habe gesehen, welchen Schmerz es Ihrem Vater bereitet hat, seinen Sohn an die Pest des Stolzes verloren zu haben. Seines Stolzes ebenso wie auch des Ihrigen, wie ich meine.«

Ich öffnete den Mund, um ihm zu antworten, doch mir fiel nichts ein, worauf er eilig hinzufügte: »Soll ich Ihnen eine Geschichte von Ihrem Vater erzählen, Sir? Sie dürfte höchst interessant für Sie sein.«

Ich stand schweigend da und konnte mir nicht einmal denken, was er mir sagen wollte.

»Kaum zwei oder drei Tage vor dem Unfall, der ihn sein Leben kostete, suchte er mich in meiner Wohnung auf und bot mir eine hübsche Summe Geld an, damit ich einen Auftrag für ihn erledigte.«

Er wollte, dass ich fragte, also tat ich ihm den Gefallen: »Welchen Auftrag?«

»Einen recht seltsamen, so viel darf ich Ihnen versprechen. Er wollte, dass ich eine Nachricht überbringe.«

»Eine Nachricht«, wiederholte ich, kaum fähig, meine Verwirrung zu verbergen.

»Genau. Ich wusste auch nicht so recht, was ich davon halten sollte, und versuchte Mr. Lienzo – mit einiger Mühe, nicht hochmütig zu erscheinen – klarzumachen, dass ich es für deutlich unter meiner Würde hielt, Botengänge auszuführen. Er schien peinlich berührt und vertraute mir an, dass er fürchte, jemand wolle ihm etwas antun, und dass er glaube, ein Mann meines Schlages sei eher in der Lage, die Nachricht sicher und unauffällig zu überbringen.«

Die Geschichte tat mir mehr weh, als ich erwartet hatte. Mendes war angeheuert worden, um eine Aufgabe zu erledigen, die ich hätte übernehmen können, hätte ich ein besseres Verhältnis zu meinem Vater gehabt. Mein Vater hatte einen Mann gebraucht, auf dessen Stärke und Mut er sich verlassen konnte, und er hatte nicht mich darum gebeten. Vielleicht hatte er nicht einmal daran gedacht. Ich fragte mich, wie ich in diesem Falle darauf reagiert hätte.

»Ich habe die Nachricht dem Empfänger überbracht«, fuhr Mendes fort. »Er hielt sich in Garraways Kaffeehaus in der ’Change Alley auf. Der Mann öffnete den Brief und murmelte lediglich: ›Verdammt, die Company und Lienzo an einem Tag.‹ Wissen Sie, wer dieser Empfänger war?«

Ich richtete meinen Blick voll auf ihn und schwieg.

»Nun, es handelte sich um keinen anderen als denjenigen, nach dem Sie sich bei Mr. Wild erkundigt haben. Perceval Bloathwait«, sagte Mendes.

Ich fuhr mir mit der Zunge über die trockenen Lippen. »Hatte Mr. Bloathwait eine Antwort für meinen Vater?«

Mendes nickte auf eigenartig selbstzufriedene Weise. »Mr. Bloathwait bat mich, Ihrem Vater zu bestellen, er bedanke sich für die Ehre, die er ihm mit der Übermittlung dieser Information zuteil werden ließe, und dass er sie für sich behalten solle, bis er, also Bloathwait, Gelegenheit gehabt habe, in aller Ruhe darüber nachzudenken.«

»Wild hat abgestritten, irgendetwas über Bloathwait zu wissen, und jetzt erzählen Sie mir diese Geschichte. Soll ich etwa glauben, Sie widersetzten sich Wild? Wahrscheinlicher ist doch wohl, dass diese kleine Unterhaltung unter Juden auch zu seinem Plan gehört.«

Mendes lächelte nur. »So viele Rätsel. Hätten Sie sich als junger Mensch nur mehr mit Ihrer Ausbildung befasst, dann verfügten Sie heute vielleicht über ausreichend Grips, Ordnung in dieses Durcheinander zu bringen. Ich wünsche Ihnen einen guten Tag, Sir.« Er legte den Finger an die Hutkrempe und ging davon.

Ich blieb noch einen Augenblick stehen und dachte darüber nach, was er mir da erzählt hatte. Mein Vater hatte Kontakt zu Bloathwait aufgenommen – zu ebenjenem Mann, von dem ich wusste, dass er sich insgeheim mit Sarmento traf. Und nun traf sich mein Onkel mit Sarmento und Mendes gemeinsam. Was hatte das zu bedeuten?

Ich wollte nicht länger warten, um es herauszufinden, betrat das Haus zum zweiten Mal und marschierte entschlossen ins Arbeitszimmer meines Onkels. Er saß über einigen Papieren an seinem Schreibtisch und lächelte, als er mich hereinkommen sah.

»Guten Tag, Benjamin«, sagte er fröhlich. »Was gibt's Neues?«

»Ich dachte, das könnte ich von Ihnen erfahren«, hob ich mit einer Stimme an, die ich kaum zu dämpfen versuchte. »Fangen wir gleich mit Ihrer Verbindung zu Mr. Mendes an.«

»Mendes«, wiederholte er. »Ich habe Ihnen doch von meinen geschäftlichen Verbindungen zu ihm erzählt. Er wollte mir lediglich das Geld für einige Ballen Batist geben, die er für mich verkauft hat.« Seine scharfen Augen fixierten mich fest.

»Ich verstehe nicht, was Ihr mit einem Mann wie Mendes zu schaffen habt«, sagte ich.

»Das mag wohl sein«, erwiderte er. In seiner Stimme schwang ein leiser Unterton von Strenge mit. »Andererseits ist es nicht an Ihnen, meine geschäftlichen Verbindungen zu beurteilen, oder?«

»Ich glaube doch«, parierte ich. »Ich stecke mitten in einer Untersuchung, bei der es auch um die geheimnisvollen Machenschaften Ihres Bruders geht. Sie hat mich dazu geführt, Mendes' Herrn in Verdacht zu ziehen. Ich denke schon, dass es mir ansteht, meiner Besorgnis Ausdruck zu verleihen.«

Mein Onkel erhob sich, um meinem Blick auf gleicher Höhe zu begegnen. »Ich widerspreche Ihnen nicht«, sagte er vorsichtig. »Mir wäre es aber lieber, Sie trügen Ihre Bedenken in einem weniger anklägerischen Ton vor. Was möchten Sie mir damit sagen, Benjamin? Dass ich mit Jonathan Wild unter einer Decke stecke, um Sie dazu zu verleiten ... Ich kann mir nicht einmal vorstellen, zu was! Ich bitte Sie eindringlich darum, zu bedenken, wer ich bin!«

Ich setzte mich und versuchte, meiner Gefühle wieder Herr zu werden, da mir nichts daran lag, die meines Onkels gegen mich aufzubringen. Vielleicht hatte er recht. Er stand schon sehr lange mit Mendes in geschäftlicher Verbindung. Ich konnte kaum von ihm verlangen, sie aufzukündigen, nur weil ich weder ihn selbst noch seinen Herrn besonders mochte.

»Ich glaube, ich war zu voreilig«, sagte ich schließlich. »Ich wollte keinesfalls Ihr Verhalten anzweifeln, Onkel. Es ist einfach nur ... Ich weiß nicht mehr, wem ich noch trauen kann, und ich misstraue so ziemlich jedem. Insbesondere allen, die mit Jonathan Wild in Verbindung stehen. Es bereitet mir große Sorgen, Sie zusammen mit Mendes zu sehen. Vielleicht sind Sie ja davon überzeugt, einfach nur alte Geschäftsbeziehungen zu pflegen, aber es würde mich nicht überraschen, wenn er mehr dabei im Schilde führte.«

Auf mein Einlenken hin wurde auch mein Onkel wieder ruhiger, setzte sich hin und entspannte sich. »Ich weiß, dass Sie nur die Wahrheit hinter diesen Todesfällen aufklären wollen«, sagte er. »Ihr Engagement erfüllt mich mit Freude, aber während wir versuchen, den Toten Gerechtigkeit widerfahren zu lassen, dürfen wir nicht versäumen, unter den Lebenden zu bleiben. Ich kann meine Geschäfte nicht Ihrer Nachforschungen wegen einstellen.«

»Das möchte ich auch nicht.« Ich seufzte. »Aber Wild, Onkel! Ich glaube, Sie verstehen nicht ganz, wie gefährlich er ist.«

»Ich bin sicher, dass er, was Diebstahl und dergleichen angeht, gewiss sehr gefährlich ist«, sagte mein Onkel selbstgefällig. »Hier geht es jedoch um Textilien. Ihre Gedanken konzentrieren sich auf einen Pfad der Verschwörung, Benjamin, und inzwischen kommt Ihnen alles und jeder verdächtig vor.«

Ich dachte eine Weile über seine Worte nach. Elias hatte zu bedenken gegeben, dass die Gefahr bei der Aufdeckung einer Verschwörung darin besteht, dass alle möglichen Missetaten gleich bedeutsam erscheinen. Es war sicherlich denkbar, dass ich zu viel Aufhebens um meines Onkels Geschäfte mit Mendes machte.

»Ich hatte noch nie direkt mit Wild zu tun«, fuhr er fort. »Und Mr. Mendes hat sich stets als zuverlässig und ehrenhaft erwiesen. Ich verstehe Ihre Besorgnis, aber ich kann ihm wohl kaum verwehren, seine Schulden bei mir zu bezahlen, nur weil ich ihn als Mensch nicht gut leiden mag. Wenn es Ihnen aber lieber ist, werde ich ihn bis zur Auflösung dieser Angelegenheit mit keinem weiteren Auftrag mehr betrauen.«

»Dafür wäre ich Ihnen sehr dankbar.«

»Na schön«, sagte er erleichtert. »Ich bin froh, dass wir das hinter uns gebracht haben. Ich weiß, dass Sie nicht absichtlich grob sein wollten, aber Sie haben sich zu sehr in diese Sache vergraben. Ich weiß, dass Sie Ihre Nachforschungen nicht aufgeben wollen, aber Sie sollten sie ein paar Tage beiseitelegen, um wieder einen klaren Kopf zu bekommen.«

Ich nickte. Vielleicht hatte er recht, dachte ich. Ein paar Tage Ruhe würden mir guttun. So oder so blieb mir kaum eine Wahl, denn ich hatte keinen Schimmer, wie ich fortfahren sollte, bevor ich in Erfahrung brachte, was mir meine Zeitungsannonce bescherte.

Mein Onkel hielt die Spannungen für aufgelöst, erhob sich und schenkte uns beiden ein Glas Portwein ein, den ich genussvoll in kleinen Schlucken trank. Erst als ich das Glas halb ausgetrunken hatte, fiel mir ein, dass ich nichts über meine Aktion beim *Daily Advertiser* hatte verlauten lassen – und auch nicht die Absicht hatte, das zu tun. Nicht, dass ich meinem Onkel wegen seiner Geschäfte mit Mendes misstraut hätte, aber es war auch nicht so, dass ich ihm rückhaltloses Vertrauen schenkte. Er mochte ebenso wie jeder andere das Opfer eines Betrugs sein, und seine Beharrlichkeit, seine Geschäfte nach eigenem Gutdünken zu führen, konnte ihn gewissen Wahrheiten gegenüber leicht blind machen.

Ich unterhielt mich gut gelaunt mit ihm und genoss unsere Plauderei, sah jedoch davon ab, ihn über gewisse Dinge in Kenntnis zu setzen: meine Verdächtigungen Sarmento gegenüber, Miriams eigensinniges und unerklärliches Verhalten, den Anschlag auf mein Leben, die Annonce in der Zeitung, und nun auch Mendes' Enthüllung der

Verbindung zwischen meinem Vater und Bloathwait. Ich hoffe nicht, dass das Verhalten meines Onkels anderen Gründen entsprang als der lebenslangen Gewohnheit, den eigenen Willen durchzusetzen, doch fürs Erste erschien es mir klüger zu sein, Verschwiegenheit walten zu lassen.

Bis zum folgenden Donnerstag, an dem ich erfahren würde, wer auf meine Anzeige hin im Kaffeehaus erschien, saß ich wie auf glühenden Kohlen. Mir fiel nicht ein, wie ich die Zeit sinnvoll auf meinen Fall verwenden konnte, aber ich verspürte auch kein Verlangen nach neuen Aufträgen. Vielmehr verbrachte ich lange Stunden damit, unablässig über meinen bisherigen Ergebnissen zu brüten und darauf zu warten, dass die Schwellung in meinem Gesicht nachließ. Ich machte mir Notizen und fertigte Listen und Schaubilder an, die mir alle dabei halfen, die Komplexität meiner Untersuchung besser zu verstehen, doch nichts davon brachte mich der Lösung auch nur einen Schritt näher.

Ich machte mir schwere Vorwürfe, dass ich meines Vaters Traktat nicht gänzlich gelesen und verstanden hatte, solange ich die Möglichkeit dazu gehabt hatte. Ich redete mir ein, es hätte sämtliche Antworten enthalten. Und selbst wenn dem nicht so gewesen sein sollte, hatte es doch die Worte meines Vaters enthalten, die, wenn auch indirekt, von den Umständen seines Todes sprachen. Und nun standen sie mir nicht mehr zur Verfügung.

Auf Elias' Einladung hin verbrachte ich einen meiner freien Vormittage im Theater in der Drury Lane, was mich zu meiner Überraschung fast völlig ablenkte. Während ich zusah, wie eine Szene von Elias' Komödie vielleicht fünfzehn Mal hintereinander geprobt wurde, bis ich davon überzeugt war, jede einzelne Rolle inzwischen selbst spielen zu können, fiel mir auf, wie klug und geistreich sie ausgeführt war. Elias stolzierte auf der Bühne umher, als wäre er der Theaterleiter persönlich, und schlug den Schauspielern unterschiedliche Posen und Vortragsweisen vor. Als ich mich verabschiedete, überreichte er mir ein Exemplar des Stückes, das ich später las und seltsam bezaubernd fand.

Den Nachmittag verbrachte ich mit Tante Sophia, begleitete sie bei ihren Besuchen und machte die Bekanntschaft anderer bekannter iberischer Jüdinnen vom Duke's Place. Einige dieser Frauen waren noch ziemlich jung und ziemlich unverheiratet, so dass ich in diesen anstrengenden Stunden, in denen ich mich auf Portugiesisch verständlich zu machen versuchte, nicht umhin konnte, mich zu fragen, ob meine Tante etwa dabei war, mich zu verkuppeln.

Bei einem Versuch, meine Nachforschungen während dieser Wartezeit nicht völlig einschlafen zu lassen, stattete ich Perceval Bloathwait in seinem Stadthaus mehrere Besuche ab, wurde jedoch jedes Mal an der Tür abgewiesen. Ich hinterließ mehrere Nachrichten für den Direktor der Bank of England, erhielt aber nie eine Antwort. Ich wollte unbedingt mehr über diese Nachricht in Erfahrung bringen, die mein Vater laut Mendes seinem alten Widersacher hatte überbringen lassen, doch Bloathwait wollte offensichtlich nichts mehr mit mir zu tun haben.

Ich brütete darüber, wie ich mit dieser Situation umgehen sollte, und beschäftigte mich derweil mit profaneren Aufgaben: Die Nachricht von meinem Umzug zum Duke's Place hatte die Runde gemacht, und inzwischen fanden sich die ersten Kunden bei meiner neuen Adresse ein, um meine Hilfe nachzufragen. Also vertrieb ich mir die Zeit damit, ein paar säumige Schuldner ausfindig zu machen, während ich darauf hoffte, dass meine Anzeige Früchte trug. Wie sich zeigen sollte, war diese Hoffnung nicht unbegründet.

Mein Verhältnis zu Miriam blieb weiterhin unterkühlt, insbesondere nach ihrer unerklärlichen Beschuldigung auf dem Maskenball. Bei mehreren Gelegenheiten versuchte ich mit ihr zu reden, aber sie ging mir beharrlich aus dem Weg. Eines Tages, nach einem schweigsamen Frühstück mit ihr und meiner Tante, folgte ich ihr vom Tisch in den Salon.

»Miriam«, hob ich an, »sagen Sie mir, warum Sie böse auf mich sind. Ich weiß nicht, was ich mir habe zuschulden kommen lassen.« Ich konnte mir nur erklären, dass sie wütend war, weil ich ihrer Beziehung zu Deloney auf die Schliche gekommen war, aber da ich mein Wissen weder in Umlauf gebracht noch in irgendeiner anderen Weise gegen sie verwendet hatte, konnte das wohl kaum als triftiger Grund herhalten.

»Ich habe Ihnen nichts zu sagen«, verkündete sie und wollte das Zimmer schon wieder verlassen.

Ich hielt sie, so sanft es mir möglich war, am Handgelenk fest. »Sie müssen mit mir reden. Ich bin tief in mich gegangen, um zu ergründen, was ich verbrochen haben könnte, aber mir will und will nichts einfallen.«

»Versuchen Sie nicht, mich hinters Licht zu führen.« Sie riss sich von mir los, ging aber nicht weg. »Ich weiß, weshalb Sie in dieses Haus gekommen sind, und ich kenne auch den wahren Grund Ihrer Nachforschungen. Sind es die paar Guineas von Ihrem Onkel – oder stammen sie vielleicht sogar von Mr. Adelman? – denn wert, eine falsche Vertrautheit mit mir zu erwerben? Ich dachte, Sie seien aus einem nobleren Grund zu Ihrer Familie zurückgekehrt, als sie bloßzustellen!«

Mit diesen Worten rauschte sie hinaus. Vielleicht wäre ich ihr gefolgt, wenn mir nur irgendetwas eingefallen wäre, was ich ihr hätte sagen können. Mir fiel jedoch keine Begründung, keine Erklärung ein, und ich fragte mich, ob ich jemals dahinter käme. Damals konnte ich unmöglich ahnen, dass schon mein nächstes Gespräch mit Miriam mehr als nur die Gründe für ihren Zorn auf mich klären würde.

Endlich zog der Donnerstag herauf. Das Wetter war deutlich kühler geworden, und ich machte mich in der frischen Morgenluft, die nach baldigem Schnee roch, auf den Weg zu Kent's Kaffeehaus. Ich kam eine Stunde vor der in der Anzeige angegebenen Zeit an, um mich dort einzurichten, bevor sich jemand nach mir erkundigte. Ich teilte den Kellnern mit, wer ich war, und setzte mich dann an einen Tisch, wo ich mich mit ein paar Zeitungen beschäftigen wollte, bis der erste Besucher bei mir vorsprach. Ich war jedoch zu unkonzentriert, um auch nur einen einzigen Artikel mit Gewinn zu lesen. Dazu muss ich sagen, dass ich seit den Vorfällen beim Maskenball vorsichtiger geworden war, denn seitdem wusste ich, dass diese Schurken nichts unversucht ließen, um ihre Interessen zu schützen. In der Art, wie ich sie durch meine Annonce im *Daily Advertiser* zu entlarven drohte, lag in gewisser Hinsicht ein gefährlicher Leichtsinn. Trotzdem wusste ich, dass Elias recht hatte, denn wenn ich mich darauf beschränkte, den Hinweisen zu folgen, die sie mir in den Weg streuten, würden sie auch in Zukunft meine Gedanken eher kennen als ich selbst. Hier hatte ich zumindest etwas ins Rollen gebracht, das sie nicht vorausgesehen hatten.

Alle paar Minuten blickte ich auf, um nachzusehen, ob jemand nach mir fragte, und bei einer dieser Gelegenheiten fiel mir an einem der anderen Tische ein grimmig aussehender Gentleman auf. Er hielt eine Zeitung vor sich, aber es war offensichtlich, dass er nicht darin las. Obwohl er recht ordentlich gekleidet war, ließen ihn die Art, wie ihm sein Mantel um die Schultern spannte, und die Tatsache, dass er im Inneren des Kaffeehauses dicke Lederhandschuhe trug, irgendwie verdächtig erscheinen. Ich war mir sicher, dass ich, wenn ich ihm die Perücke vom Kopf zog und ihn mir genau betrachtete, ein Gesicht vor mir hätte, das mir schon einmal begegnet war.

In draufgängerischer Laune und womöglich von etwas zu viel von Mr. Kents Kaffee belebt, ging ich auf den Mann zu und nahm an seinem Tisch Platz, und noch während ich mich setzte, erkannte ich den Mann wieder. Ich erkannte den harten, grausamen, beschränkten Blick, ebenso wie das linke Auge, das nutzlos in einem Tümpel gelblicher Fäule schwamm. Er hingegen wusste nicht, wie er auf meine Konfrontation reagieren sollte und gab vor, weiter in seiner Zeitung zu lesen.

»Wie geht's Ihrer Hand, Mr. Arnold?«, erkundigte ich mich.

Er schien nicht mehr der gleiche Grobian zu sein, dem ich auf so brutale Art und Weise Sir Owens Liebesbriefe entrissen hatte. Obwohl er sich eindrucksvoll herausgeputzt hatte, haftete ihm der Makel der Schurkerei nach wie vor an. Ich war sicher, dass er sich zu einem nicht geringen Maße vor mir fürchtete, und seine Angst war nicht unbegründet. Wir wussten beide, dass ich nicht zögern würde, die Gewalt, die ich schon einmal gegen ihn angewandt hatte, auch ein zweites Mal anzuwenden.

Ich versuchte, mich daran zu erinnern, ob ich damals die rechte oder die linke Hand durchbohrt hatte, denn genau die Hand wollte ich mir schnappen. Arnold nutzte jedoch den Moment meiner Unsicherheit, sprang auf, warf mir einen Stuhl in den Weg und rannte zur Vordertür hinaus. Nur wenige Sekunden später war ich hinter ihm her, doch diese Sekunden reichten ihm, um einen Vorteil zu gewinnen. Als ich auf der Straße stand, war er nirgends mehr zu sehen. Da ich kaum etwas zu verlieren hatte, entschied ich mich für eine Richtung und rannte los, in der Hoffnung, das Glück auf meiner Seite zu haben. Dem war jedoch nicht so, denn nach einer geschlagenen Viertelstunde gab ich die Suche auf und kehrte in das Kaffeehaus zurück.

Es war gut, dass ich mich auf die enttäuschende Begegnung mit Mr. Arnold eingelassen hatte, denn als ich außer Atem zurückkehrte und mich umsah, erblickte ich das Serviermädchen im Gespräch mit einer jungen Dame.

Ich bekam gerade noch den Teil ihrer Unterhaltung mit, in dem das Mädchen der Dame mein Aussehen beschrieb. Hätte diese junge Dame das Kaffeehaus betreten und mich wartend am Tisch gesehen, so hätte sie zweifellos kehrtgemacht, bevor ich sie auch nur bemerkt hätte.

So stand ich jedoch, schwer atmend und geistesabwesend den Staub von meinem Mantel streifend, in der Tür, als sich unsere Blicke begegneten.

Miriam war auf meine Anzeige hin gekommen.

28

In einer eigenartigen Spiegelbildlichkeit meiner eigenen Verunsicherung fing Miriam an, sich die Hände an ihrem Reifrock abzuwischen. Ihr Blick wanderte von mir zur Tür. Es bestand kaum Hoffnung auf ein Entkommen, und doch ging ihr der Gedanke, so wie es absurde Gedanken in Augenblicken der Verwirrung tun, sicherlich durch den Kopf.

Ich bat das Mädchen um eine Flasche Wein und ein Separee, woraufhin Miriam und ich uns in ein kleines Gelass zurückzogen, das kaum Platz für eine Handvoll betagter Stühle bot, die unordentlich um einen Tisch gruppiert waren. Es handelte sich um ein Geschäftszimmer, was mir sehr entgegenkam. Von der Wand herab blickten uns stümperhaft ausgeführte Porträts von Königin Anne und Charles II. an, was keinen Zweifel an Mr. Kents politischer Ausrichtung aufkommen ließ.

Miriam ließ sich in steifer Haltung auf ihrem Stuhl nieder. Ich schenkte ihr ein Glas Wein ein und stellte es vor ihr auf den Tisch. Sie legte ihre zarten Hände um das Glas, hob es jedoch nicht einmal an. »Ich hatte nicht erwartet, Sie hier anzutreffen, Cousin«, sagte sie leise, ohne mich anzusehen.

Ich legte hinsichtlich des Weins weniger Scheu an den Tag als Miriam. Nachdem ich einen großen Schluck getrunken hatte, setzte ich mich und überlegte kurz, ob es angenehmer sei, ihr direkt ins Gesicht zu sehen oder den Blick abzuwenden.

»In welcher Verbindung stehen Sie zu Rochester?«, sagte ich schließlich. Eigentlich hatte ich meinen Ton mäßigen, hatte ruhig, besorgt oder schlicht neugierig klingen wollen. Doch die Frage hörte sich wie eine Anschuldigung an.

Sie ließ ihr Glas los und sah mir mit dem ängstlichen und verletzten Blick eines Gemeindebettlers in die Augen. »Wie kommen Sie dazu, so mit mir zu reden? Ich habe auf Ihre Zeitungsannonce reagiert. Soviel ich weiß, ist das kein Verbrechen!«

»Mord hingegen schon, das kann ich Ihnen versichern, und zwar ein sehr schwerwiegendes, und wegen eines Mordes bin ich Mr. Rochester auf der Spur.«

Sie schluckte, wollte aufstehen, setzte sich aber wieder. Ihr Blick suchte verzweifelt etwas, woran er sich festhalten konnte, fand jedoch nichts. »Mord?«, keuchte sie dann. »Was soll das heißen?«

»Ich will Ihnen nichts verschweigen, Miriam, aber Sie müssen mir alles sagen, was Sie über Rochester wissen.«

Sie schüttelte langsam den Kopf, und ich sah zu, wie sich ihr grün getupfter Hut hin und her bewegte.

»Ich weiß kaum etwas von ihm. Ich kaufte ... das heißt, ich ließ über ihn einige fundierte Staatspapiere kaufen. Das ist alles.« Jetzt trank sie von ihrem Wein, und zwar sehr gierig.

»South-Sea-Anteilscheine?«

Sie nickte.

»Wie haben Sie diese Scheine gekauft? Es ist sehr wichtig, dass Sie mir über jede Einzelheit berichten. Haben Sie ihn persönlich getroffen, mit ihm korrespondiert oder mit einem seiner Bediensteten geredet? Ich muss alles wissen.«

»Da gibt es nicht viel zu wissen«, sagte sie. Ihre Fingernägel kratzten leise über die grobe Tischplatte. »Ich ... ich stand selbst nicht in Kontakt mit ihm. Jemand hat für mich die Geschäfte mit ihm abgewickelt.«

»Philip Deloney?«

»Richtig. Ich bin mir seit einiger Zeit dessen bewusst, dass Sie wissen, dass wir ...« Ihre Stimme verebbte.

»Dass Sie ein Liebespaar sind? Ja. Und dass er ein ziemlich verrufener Spieler und Börsenspekulant ist.«

»Er hat für mich bei Jonathan's gekauft und verkauft«, erklärte sie ruhig. »Ich habe so wenig Geld und musste dafür sorgen, dass es mehr wird, damit ich einen eigenen Haushalt unterhalten kann.«

Ich musste einfach lachen. Elias hätte seine Freude an diesem kuriosen Zusammenspiel von Geld und Liebe gehabt, an dieser Romanze, die buchstäblich an der Börse gehandelt wurde. Miriam sah mich verdutzt an, und ich schüttelte meine Heiterkeit ab, denn mein Lachen rührte von innerer Panik her.

»In welcher Beziehung steht Deloney zu Rochester?«

»Ich weiß nur, dass es keine enge Beziehung ist. Philip hat ihn nämlich gesucht und nirgends finden können.«

»Und weshalb hat er ihn gesucht? Das heißt ... wonach haben Sie heute hier in diesem Kaffeehaus gesucht?«

»Philip hat in die Wege geleitet, dass Rochester in meinem Namen South-Sea-Aktien kauft. Und auch in seinem.«

»Aber warum? Sie verfügen doch über eine bessere, wenn auch eigenartige Beziehung zur South Sea Company: Adelman. Bei diesem Handel hätte es keiner dritten Partei bedurft.«

»Mr. Deloney unterrichtete mich davon, dass Rochester Aktien zu verbilligten Preisen bekommen könnte ... fünfzehn, sogar zwanzig Punkte unter dem Marktwert. Von Mr. Adelman weiß ich, dass die Aktie bald steigen wird, also dachte ich, dass ich mir, zumal durch den Vorzugspreis, genug Geld beschaffen könnte, um aus dem Haus meines Onkels auszuziehen. Philip wollte aber nicht länger warten und seine Aktien wieder flüssig machen. Die Abmachung bestand darin, dass wir die Anteile frühestens ein Jahr nach dem Kauf rückwandeln durften – es hatte etwas damit zu tun, weshalb wir den Vorzugspreis überhaupt erhalten hatten –, doch Philip wollte Bargeld sehen. Er versuchte Rochester ausfindig zu machen, um von ihm zu erfahren, wie er wegen der Umwandlung vorgehen sollte, doch Näheres weiß ich von dieser Korrespondenz auch nicht. Ich weiß nur, dass ihn die Sache furchtbar in Rage brachte. Er wollte kaum mit mir darüber reden und meinte nur, dass die Aktien jetzt so gut wie wertlos seien. Als ich die Annonce in der Zeitung las, hoffte ich, mehr darüber zu erfahren.«

»Gehören Ihnen diese Aktien? Ich meine, sind sie auf Ihren Namen eingetragen?«

»Gewiss«, nickte Miriam.

Ich presste die Handflächen gegeneinander. »Ich habe schon lange keine so guten Nachrichten mehr vernommen.«

»Gute Nachrichten? Wie können meine Aktien gute Nachrichten für Sie bedeuten?«

»Bringen Sie mich zu den Papieren, dann will ich es Ihnen gerne zeigen.«

Nachdem ich das Mädchen am Ausschank damit beauftragt hatte, die Namen all derer zu notieren, die nach mir fragten, verließen wir eilig das Kaffeehaus. Wir gingen zu dem Haus am Broad Court zurück, und Miriam führte mich in ihr Ankleidezimmer, wo sie ein mit filigranen Goldarbeiten verziertes Kästchen hervorzog, das einen großen Stapel dicker Pergamentpapiere enthielt. Ich warf zuerst einen Blick auf die dünneren Dokumente, Anteilscheine an Projekten, hauptsächlich für die Errichtung zweier neuer Brücken über die Themse. Ich hatte oft genug erlebt, wie Elias mit solchen Projekten hereingelegt worden war, um derlei Zeug sofort zu erkennen.

»Ich glaube, Mr. Deloney hat Sie damit reingelegt. Das sind alles leere Versprechungen.«

»Reingelegt?« Miriam starrte die Dokumente an. »Und wo ist das Geld hin?«

»Vermutlich direkt auf den Spieltisch.« Und dann stellte ich die Frage, von der ich geglaubt hatte, dass ich sie nicht stellen würde: »Haben Sie meine fünfundzwanzig Pfund für diesen Dieb haben wollen?«

»Ich hatte ihm bereits alles gegeben, was mir von der Zuteilung Ihres Onkels geblieben war, und ihm weitere Zahlungen in Aussicht gestellt«, sagte sie leise. »Nachdem ich diese Aktien hier gekauft hatte, war ich so gut wie mittellos.«

Miriams Hand zitterte, als sie die South-Sea-Papiere hervorzog. Es handelte sich um einen eindrucksvollen Dokumentenpacken, in edler Handschrift auf erlesenstem Pergament verfasst. Jeder, der auch nur einen flüchtigen Blick darauf warf, musste sofort von ihrer Authentizität überzeugt sein.

Trotzdem war ich absolut sicher, dass sie gefälscht waren.

Ich wusste, dass Rochester gefälschte Aktien verkaufte, und ich wusste, dass Deloney mit Rochester Geschäfte gemacht hatte. Der unerklärliche Vorzugspreis, der Miriam angeboten worden war, bekräftigte meinen Verdacht noch.

Das Wenige, das ich über die Preise von Wertpapieren wusste, reichte aus, um zu begreifen, warum Miriam so knapp an Bargeld war. Sie hatte fünf- bis sechshundert Pfund für Aktien ausgegeben, die keine fünf oder sechs Farthings wert waren. Nur sehr ungern teilte ich ihr mit, dass sie ihre gesamten Ersparnisse vernichtet hatte.

»Ich glaube, diese Papiere sind nichts anderes als Fälschungen«, sagte ich leise.

Sie nahm sie mir aus der Hand und starrte sie an. Ich sah ihre Gedanken förmlich vor mir. Die Dokumente sahen so echt aus! Dass sie auf diese Projektanteile hereingefallen war, war töricht gewesen, aber die hier ... Sie sahen so offiziell, so edel, so hieb- und stichfest aus.

»Sie täuschen sich«, sagte sie schließlich. »Wenn es sich um Fälschungen handelte, hätte ich im letzten Quartal keine Ausschüttung dafür erhalten.«

Ich verspürte so etwas wie kaltes Entsetzen. Langsam ließ ich mich auf Miriams Diwan nieder und versuchte das, was ich soeben gehört hatte, zu begreifen. Eine Ausschüttung! Dann waren die Aktien also doch nicht falsch, und wenn sie sie von Rochester gekauft hatte, dann verkaufte Rochester womöglich doch echte Papiere! Schließlich hatte mir Virgil Cowper, der Angestellte bei der South Sea Company, ja gesagt, er habe Miriams Namen in den Verzeichnissen der Company gesehen. Ich ballte die Fäuste und versuchte zu verstehen, was es mit Miriams Dividendenzahlung auf sich haben könnte, und ob es womöglich doch nicht das bedeutete, was ich am meisten fürchtete: dass Rochester kein Betrüger war und ich mich die ganze Zeit über auf dem Holzweg befunden hatte.

Ich streckte die Hand aus und nahm Miriam die Dokumente wieder ab. Mein Blick wanderte über das Pergament, suchte nach etwas, von dem ich nicht wusste, was es sein könnte, irgendeinen Hinweis auf ihre Fälschung, als hätte ich so etwas erkennen können, wenn es sich direkt vor meiner Nase befunden hätte. Ich befürchtete, dass mich allein meine Dummheit in diese Lage gebracht hatte – zu diesem Offenbarungseid meiner Beschränktheit. Elias' Wahrscheinlichkeiten hatten sich als einzige große Pleite erwiesen.

Miriam holte sich die Dokumente von mir zurück und legte sie wieder in die Kiste. »Warum sollten sie falsch sein?«, fragte sie, ohne zu bemerken, dass mich ihre Information völlig am Boden zerstört hatte. »Wenn es sich wirklich um Fälschungen handelte, dann hätte das ein Börsenmakler wie Ihr Vater doch sofort bemerkt, oder nicht?«

Ich riss mich von meinem Jammer los. »Mein Vater? Hat er diese Papiere denn gesehen?«

»Ja. Er kam eines Nachmittags zufällig vorbei, als ich sie gerade aus der Kiste geholt hatte. Wahrscheinlich war ich in meine Tagträume versunken und dachte an das Haus, das ich durch ihren Verkauf erwerben könnte. Er bat mich, einen Blick darauf werfen zu dürfen, und ich wagte nicht, es ihm zu verweigern. Ich bat ihn, es niemandem weiterzuerzählen, da ich meine Spekulation geheimhalten wolle und hoffe, er würde mich verstehen.«

»Und was hat er dazu gesagt?«

»Er verhielt sich höchst merkwürdig. Er warf mir einen wissenden

Blick zu, als teilten wir beide ein Geheimnis, und sagte, ich könne mich auf seine Verschwiegenheit verlassen. Ich gestehe, er überraschte mich ein wenig, denn ich fürchtete, er würde aus purem Vergnügen alles Ihrem Onkel erzählen.« Beschämt darüber, meinen Vater beleidigt zu haben, senkte sie mit einem Mal den Blick. »Tut mir leid.«

Ich wollte nichts davon hören. Selbst wenn sie mir offenbart hätte, mein Vater sei heimlich Mohammedaner gewesen, hätte mich das nur wenig gestört. Stattdessen packte ich ihre Hand und bedeckte sie mit Küssen. In den folgenden Stunden würde ich immer wieder daran zurückdenken und über mich selbst lachen, doch in jenem Augenblick dachte ich keinesfalls an Miriam als schöne Frau, sondern als Überbringerin herrlicher Neuigkeiten. Mein Vater hatte die Aktien gesehen. Und wenn ich seine Abhandlung auch nicht aufmerksam durchgearbeitet, ja nicht einmal genug davon gelesen hatte, um mich an Einzelheiten zu erinnern, so hatte ich doch genug begriffen, um Miriams Aktien beurteilen zu können – und auch zu verstehen, wie es möglich war, dass sie Dividenden dafür ausgezahlt bekam.

Genauer gesagt, ich verstand jetzt, dass ich keineswegs ein verblendeter Narr gewesen war und Elias' Philosophie mir hervorragende Dienste geleistet hatte – bessere, als ich mir jemals zu erträumen gewagt hätte.

Miriam entzog ihre Hand meinem Griff, aber es gelang ihr nur unvollkommen, einen Ausbruch ungekünstelter Belustigung zu unterdrücken. »Sie sind entweder verrückt oder der sprunghafteste Mensch auf der ganzen Welt. So oder so sollte ich mich bei Ihnen bedanken, dass Sie mir nicht mehr auf die Hand sabbern.«

»Ich bitte um Verzeihung, Madam!«, schrie ich beinahe. »Aber Sie haben mir genau die Information geliefert, dich ich brauchte, und dafür bin ich Ihnen höchst dankbar!«

»Worum geht es denn jetzt? Gibt es eine Verbindung zwischen diesen Aktien und Ihrem Vater? Was kann er denn mit ...« Sie unterbrach sich. Das Blut wich aus ihrem Gesicht, und ihr Mund öffnete sich zu einem Ausdruck des Verstehens und des Entsetzens. »Sie suchen nach Mr. Rochester. Es geht um Ihren Vater, richtig? Mr. Sarmento hat sich geirrt.«

Erst in diesem Augenblick wurde mir klar, dass sie nichts wusste. Ich war dermaßen in meine Nachforschungen vertieft gewesen, dass ich geglaubt hatte, alle anderen müssten ebenfalls darüber Bescheid wissen. Aber Miriam hatte nichts davon gewusst und sich gefragt, was mein Onkel wohl mit mir in seinem Arbeitszimmer zu besprechen hatte, und sie hatte sich gefragt, warum ich in sein Haus gezogen war.

Ich nickte. Damit konnte ich mir Miriams eigenartiges Verhalten erklären: Es fußte auf grundlosen Verdächtigungen – ihrem eigenen fehlgeschlagenen Versuch auf dem Gebiet der Wahrscheinlichkeit. »Ach so. Sie glaubten, ich sei auf eine ganz andere Sache angesetzt, was? Sarmento hat Ihnen etwas erzählt. Deshalb waren Sie so wütend. Sie dachten, ich spioniere hinter Ihnen her ... hinter Ihrem Geld und Ihrer Bekanntschaft mit Deloney.«

Sie ließ sich langsam auf einem Diwan nieder und hob die Hand an den Mund. »Wie kann Philip in eine so abscheuliche Sache verwickelt sein?«

»Genau das muss ich herausfinden. Womöglich steckte er mit Rochester unter einer Decke, um Sie, und wer weiß wie viele andere noch, hinters Licht zu führen. Vielleicht wurde er aber auch selbst hereingelegt und hat nichts Böses im Schilde geführt.«

»Wie hätte ihn jemand hereinlegen können? Er fälscht doch selbst Aktien.« Sie wies auf die Anteilscheine an den absurden Projekten, die sie erworben hatte. »Ich wusste schon, dass sie falsch sind, als ich sie gekauft habe. Es waren immer nur fünf Pfund hier, fünf Pfund da, und ich wollte ihn mit einer Ablehnung nicht in Verlegenheit bringen.«

»Man sieht, dass diese South-Sea-Papiere von einer hervorragenden Qualität sind. Vielleicht ist der Betrüger selbst betrogen worden. Aber wir haben nicht genug Zeit, um uns mit Deloney zu befassen. Nicht jetzt. Zuallererst müssen wir diese Aktien zum South Sea House bringen.«

Miriam legte eine Hand auf den Mund. »Aber das ist bestimmt gefährlich! Wenn sie wissen, dass wir falsche Aktien haben ... werden sie dann nicht gegen uns vorgehen?«

»Sie wissen, dass wir die Aktien nicht selbst gefälscht haben. Ich glaube, sie hegen bereits einen Verdacht gegen Rochester und seine Fälschungen, aber bis jetzt hatte ich noch keinen Beweis dafür, dass diese Fälschungen tatsächlich existieren. Außerdem glaube ich, dass die Company Sie anständig dafür bezahlen wird, will sie doch jeden Hinweis auf ihre Existenz unterdrücken.«

»Wäre es nicht klüger, das Paket zu verkaufen, statt es ins South Sea House zu bringen?«

Ich schüttelte den Kopf. »Wir dürfen auf keinen Fall länger an diesen Papieren festhalten. Je eher Sie sie aus den Händen geben und in richtiges Geld umwandeln, desto sicherer sind Sie. Ich glaube, ich habe Sie möglicherweise in Gefahr gebracht, Miriam. Sie und diesen Haushalt, denn die ganze Welt weiß, dass Samuel Lienzo mein Vater war. Wer auch immer diese Papiere gefälscht hat, weiß, dass einige davon auf den Namen Miriam Lienzo gezeichnet sind. Wir müssen sie augenblicklich loswerden.«

Ich erlaubte Miriam, zwei Aktien einzustecken, den Rest des Stapels nahm ich. Dann gingen wir unverzüglich auf die Straße hinaus und winkten eine Droschke herbei, die uns zur Exchange brachte.

»Sie fühlen sich nicht gut dabei«, sagte ich, als wir uns der Threadneedle Street näherten.

Ihre Hände zitterten leicht. »Ich habe Angst, dass dort drinnen etwas Schreckliches geschieht«, erwiderte sie. »Dass ich alles verliere. Sie haben mir nicht viel verraten.«

»Sie haben nichts Falsches getan, Miriam. Sie wurden betrogen, und ich glaube, dass in diesem Falle einige sehr wohlhabende Männer dafür bezahlen werden, dass sie diesen Betrug für sich behalten. Ich verfolge hinsichtlich des South Sea House noch einige eigene Interessen, aber in erster Linie komme ich mit, um Ihnen behilflich zu sein.«

Sie nickte, wahrscheinlich eher resigniert als beruhigt. Nachdem wir das Gebäude betreten hatten, geleitete ich Miriam mit sanftem Druck zu dem Büro, das ich schon einmal aufgesucht hatte, und erkundigte mich dort nach Mr. Cowper. Einer der Bürobediensteten sagte mir, dass Cowper schon seit einigen Tagen nicht mehr an seinem Schreibtisch erschienen sei.

»Ich habe ihn schon seit fast einer Woche nicht mehr gesehen«, murmelte er. »Eigenartig. Er war sonst immer so pünktlich und zuverlässig.«

»Dann würde ich gerne mit jemand anderem in einer höchst dringenden Angelegenheit sprechen.«

»Und um welche Angelegenheit dreht es sich wohl?« Seine Überheblichkeit verriet mir, dass ihm mein Ton nicht gefiel. Umso besser.

»Um gefälschte South-Sea-Aktien.« Ich zeigte ihm eines von Miriams Wertpapieren.

Der Reaktion nach zu urteilen, die der Bursche an den Tag legte, hätte ich ihm ebenso gut ein Messer durchs Herz jagen können. Andere Schreiber ließen ihre Federn mitten im Satz fallen. Ein Stapel Geschäftsbücher fiel zu Boden. Mein Gegenüber schob seinen Stuhl zurück, wobei die Stuhlbeine mit einem gequälten Quieken über den Fußboden rutschten. Er erhob sich und inspizierte das Dokument.

»Ach so«, sagte er mit einem nervösen Lachen. »Selbstverständlich. Der vorliegende Irrtum beruht auf ... Sie wissen ja ...« Er räusperte sich.

»Ich bin gleich wieder da«, ergänzte er abrupt und verschwand auf dem Korridor.

Wir blieben dort einige Minuten stehen. Die South-Sea-Leute starrten uns an, bis der erste Schreiber wieder auftauchte und uns aufforderte, ihm zu folgen.

Der Kerl bewegte sich mit einer derartig absurden Geschwindigkeit durch die Flure, dass Miriam Schwierigkeiten hatte, Schritt zu halten. Die losen Falten ihres Gewandes flatterten wie Flügel um sie herum. Der Schreiber blieb mehrmals zwanzig Schritt vor uns stehen und winkte uns weiter, führte uns durch ausgedehnte Korridorfluchten und zwei Treppen weiter nach oben, wo er uns in ein Privatbüro schob, einen Raum mit einem riesigen Tisch in der Mitte und mehreren Fenstern zur Straße. Er beschied uns, zu warten, ging wieder hinaus und knallte die Tür hinter sich zu.

Miriam blickte mich an. »Was geschieht jetzt?«, flüsterte sie mit zitternder Stimme.

»Keine Bange«, antwortete ich, obwohl mir selbst nicht ganz wohl war. »Ich glaube, die Sache entwickelt sich prächtig. Wir haben sie aufgescheucht. Das ist unser Vorteil. Womöglich werden sie versuchen, uns einzuschüchtern, Miriam, dann müssen wir ihnen ihre harten Worte in gleicher Münze zurückzahlen. Und seien Sie versichert, dass ich nicht zulassen werde, dass man Ihnen irgendetwas zuleide tut.«

Ich fürchtete, meine Worte jagten ihr mehr Angst ein, als dass sie sie beruhigten. Miriam wurde blass, ließ sich langsam auf einen Stuhl sinken und fächelte sich hektisch mit ihrem Fächer zu. Ich gab mich ganz gelassen, behielt jedoch, auf alles Mögliche gefasst, die Tür im Auge. Es war schwer vorstellbar, dass die South Sea Company in ihrem eigenen Gebäude Gewalt gegen mich anwandte, aber ich durfte keine Möglichkeit außer Betracht lassen.

»Sie dürfen nicht vergessen«, hob ich nochmals an, in der Hoffnung, sie zu trösten, »dass Sie der Company gegenüber im Vorteil sind. Womöglich versuchen sie, Sie vom Gegenteil zu überzeugen, doch Sie müssen sich immer in Erinnerung rufen, dass sie alles tun werden, um Ihr Stillschweigen zu erkaufen.« Davon war ich auch wirklich überzeugt.

Wir warteten eine gute Stunde, und ich sah, wie Miriam mit jedem Augenblick besorgter wurde. Sie sprach nur hin und wieder, meinte, sie hätten uns wohl vergessen, und schlug vor, dass wir einfach wieder gingen. »Ich kann mir nicht vorstellen, dass sie so unhöflich sind, uns in diesem Zimmer einzusperren und uns dann zu ignorieren. Vielleicht sollten wir uns diese Demütigung nicht gefallen lassen. Kommen Sie, wir gehen!«

Ich schüttelte den Kopf. »Dafür ist es jetzt zu spät. Wir können die Dinge nicht mehr rückgängig machen. Besser, wir stellen uns der Konfrontation jetzt, solange das Moment der Überraschung auf unserer Seite ist.«

Meine Worte waren schlecht gewählt, denn Miriam fing sofort an, nervös herumzuzappeln und an einem losen Faden ihres Ärmels herumzuzupfen, bis ich schon fürchtete, ihr ganzes Gewand würde sich auftrennen.

Endlich flog die Tür auf, und ein rotgesichtiger Mann im fortgeschrittenen Alter platzte herein und wedelte mit Miriams Aktie in der Luft herum. Er trug eine dunkle, dichte Perücke, die zu seiner ansonsten eher schlampigen Erscheinung in merkwürdigem Kontrast stand.

»Wer hat das hergebracht?«, fragte er, knallte die Tür hinter sich zu und klatschte das Papier mit voller Wucht auf den Tisch.

Miriam fuhr zusammen, als hätte er sie geschlagen. An den Absichten dieses Gauners bestand nicht der geringste Zweifel.

»Die Aktie gehört dieser Dame«, sagte ich. »Und wer sind Sie, Sir?«

»Wer ich bin, geht Sie nichts an, Weaver. Was mich jedoch aufbringt, ist der dreiste Versuch, die South Sea Company und damit die Integrität des Wohlstands dieses Landes zu kompromittieren. Haben Sie ernsthaft geglaubt«, fragte er und blickte dabei Miriam direkt in die Augen, »dass Sie mit diesem wertlosen Schund im South Sea House durchkommen? Dass wir nicht sofort erkennen würden, dass es sich um eine Fälschung handelt? Wir wissen auch, dass Sie noch mehr davon haben, Sie hinterlistiges Luder. Wo sind sie?«

Miriam erhob sich, und ich dachte schon, sie würde ihm eine Ohrfeige verpassen. Ich kann mich nicht mehr genau daran erinnern, weshalb ich diese treffliche Frau daran hinderte, dem Schurken seine verdiente Quittung zu verabreichen, aber ich mischte mich ein.

»Sie elender Halunke!«, rief ich und stellte mich abrupt zwischen die beiden. »Wie können Sie es wagen, auf diese Weise mit einer Dame zu reden? Wenn Sie nicht so ein aufgeblasener Pudding wären, würde ich Ihnen hier und jetzt in den Arsch treten. Sie nehmen doch nicht im Ernst an, diese Dame sei die Urheberin der Fälschungen! Hätten Sie es lediglich mit einer dreisten Witwe zu schaffen, dürften Sie sich glücklich schätzen! Ich weiß nicht, was Sie sich davon versprechen, eine Dame zu beleidigen, der Sie meines Dafürhaltens bedeutend mehr Höflichkeit schulden, aber ich weiß, dass Sie wohl nicht ernsthaft erwarten, ich würde zulassen, dass eine Dame, die unter meinem Schutz steht, sich eine derartige Behandlung gefallen lassen muss!«

»Versuchen Sie ja nicht, mich mit Ihren Gossenmanieren einzuschüchtern!«, fuhr mich der Mann aus unmittelbarer Nähe an. »Diese Frau hat sich der Fälschung schuldig gemacht, und ich beabsichtige, sie dafür vor ein ordentliches Gericht zu bringen.«

Eine ernste Drohung. Es bestand kein Zweifel daran, dass die Company in der Lage war, dafür zu sorgen, dass Miriam abgeurteilt und aufgehängt würde, falls die Herren das wünschten.

Miriam wandte sich an mich. Sie war eine starke Frau, aber ich sah, dass die Drohung sie ängstigte. Ihre Augen waren feucht, ihre Finger zitterten. »Sie sagten, es bestehe keinerlei Gefahr für uns«, fing sie an.

»Sorgen Sie sich nicht«, beruhigte ich sie mit gesetzter Stimme. »Er wird es nicht wagen, Sie festnehmen zu lassen.«

»Wie ich sehe, sind Sie der Komplize dieses Flittchens, Weaver. Sie würde gut daran tun, sich um ihre Zukunft zu sorgen, und um Ihre ebenfalls. Glauben Sie denn wirklich, dass eine Gesellschaft, die so eng mit dem König von England verbunden ist und zu deren Direktoren der Prince of Wales selbst zählt, sich zum Opfer einer derartig unverschämten Beleidigung machen lässt?«

»Es steht außer Frage, dass die Company einem Angriff zum Opfer gefallen ist«, erwiderte ich, »ganz egal, wer dahintersteckt. Hier geht es jedoch darum, wer wen beleidigt hat. Sie wissen sehr genau, Sir, dass Mrs. Lienzo nichts mit der Fälschung zu tun hat.«

»Was Sie angeht, Weaver«, blaffte er, »so weise ich die Vorstellung weit von mir, dass Sie in diesem Verbrechen etwas anderes als die allerschlimmsten Motive verfolgen, und ich werde nicht eher ruhen, als bis ich Sie am Galgen sehe!«

»Ich kenne nicht einmal Ihren Namen«, gab ich zurück, »und ich weiß auch nicht, welchen Titel Sie innehaben, aber ich weiß, was Sie in Wahrheit sind, und ich werde derjenige sein, der mit ansieht, wie Sie den Preis für Mord bezahlen.«

»Ich? Für Mord? Sie müssen übergeschnappt sein! Sie sind es, der einen Mord begangen hat, und es hat mich einige Anstrengung gekostet, das herauszufinden. Glauben Sie wirklich, dass Sie, der sich in aller Öffentlichkeit als unser Feind präsentiert hat, unserer Aufmerksamkeit entgangen sind? Ich weiß, dass Sie im Zusammenhang mit der Sache Seiner Majestät gegen Kate Cole auffällig wurden, und ich weiß auch von Ihrer Verwicklung in den Tod dieses Gauners. Die Company wird alles daransetzen, dass Sie dafür verurteilt werden.«

Ich war verblüfft. Ich wollte nicht glauben, dass dieser Mann eine so unverblümte Erklärung abgab. Ich spürte, dass es sich um ein Eingeständnis gewisser Verbindungen handelte, konnte jedoch nicht ergründen, um welche Verbindungen genau es sich handelte. Bedeutete es etwa, dass die Company mit Wild zusammenarbeitete? Dass die Company damit so gut wie zugegeben hatte, dass sie hinter dem Tod meines Vaters steckte? Ich konnte mir keinen Reim darauf machen. Ich war wie ein in die Enge getriebenes Tier und musste an mich halten, mich nicht auf diesen Mann zu stürzen und ihn grün und blau zu schlagen.

Miriam verfolgte das Geschehen mit stummer Miene. Ihr Gesicht war das eines Kindes, dessen Eltern sich vor ihm zankten. Ich wünschte, sie hätte sich nicht so bedroht fühlen müssen, doch zunächst konnte ich nichts daran ändern.

»Es war ein Fehler, mich zu Ihrem Feind zu machen«, sagte ich dem South-Sea-Mann ins Gesicht.

Er lachte laut auf, und mein Zorn stieg, denn ich wusste, dass ich ihm mit nichts anderem als der Gewalt des Augenblicks drohen konnte. Auf einmal kam mir jedoch ein Gedanke: »Wenn Sie mich zum Schweigen bringen wollen, schlage ich vor, Sie tun es hier und jetzt. Ihr ganzes Geschwätz ist eine Luftblase, denn ich versichere Ihnen, dass ich, sobald ich dieses Gebäude verlassen habe, die Welt über diese gefälschten Wertpapiere aufklären werde.«

»Vielleicht sind wir da ein wenig zu voreilig.« Ich hatte Nathan Adelman nicht eintreten sehen, aber dort stand er, auf der Schwelle, und sah uns mit amüsiertem Lächeln an. »Vielleicht ist Mrs. Lienzo nur ein Opfer und keine Verbrecherin.«

Ich hatte ihr Spiel sofort durchschaut. Adelman sollte die Rolle des Verständigen spielen. Miriam atmete erleichtert auf, aber ich wusste, dass sie zu klug war, um sich länger als einen Augenblick täuschen zu lassen.

»Halten Sie sich da raus, Adelman«, sagte der andere Mann, »Sie wissen nicht, was Sie da reden.«

»Ich glaube doch. Miriam, Sie möchten lediglich diese Aktien in Bargeld umtauschen, habe ich recht?«

Sie nickte langsam.

»Ich sehe, dass man Sie beschwindelt hat, und ich sage Ihnen auch, wie wir damit umgehen. Die Company ist bereit, Ihnen dreihundert Pfund für diese Aktien anzubieten. Ist die Sache damit zu Ihrer Zufriedenheit erledigt?«

Ich sah, dass Miriam in ihrer Unkenntnis drauf und dran war, das magere Angebot anzunehmen. Ich hingegen wollte nichts davon wissen. »Adelman«, fauchte ich, »warum behandeln Sie uns wie einfältige Narren? Sie wissen genau, dass diese Aktien, wenn sie echt wären, auf dem freien Markt mehr als den doppelten Preis erzielten.«

»Sie haben so manches über das Aktienwesen gelernt, Weaver. Es freut mich zu sehen, dass Sie trotz allem Ihres Vaters Sohn sind. Richtig, die South-Sea-Aktie steht zurzeit bei über zweihundert Pfund, aber was Sie hier haben, ist weder echt noch gültig! Das ist kaum das Papier wert, auf das es gedruckt wurde, mit anderen Worten: so gut wie nichts! Dreihundert Pfund im Tausch gegen so gut wie nichts dürfte für Sie ein gutes Geschäft sein.«

»Das, was Miriam und ich hier in Händen halten, ist weitaus mehr wert«, sagte ich, »denn damit haben wir einen Beweis dafür, dass gefälschte South-Sea-Aktien im Umlauf sind. Was passiert wohl mit dem Preis der Aktien, wenn sich das herumspricht, Adelman? Ihre Bemühungen, die Bank of England auszustechen, werden sich mit einem Mal zerschlagen. Versuchen Sie nicht eines Ihrer Täuschungsmanöver mit uns, denn wir haben uns abgesichert und einige Exemplare dieser gefälschten Aktien an einem halben Dutzend verschiedener Stellen hinterlegt«, log ich rasch. »Wenn wir sie nicht zu einem bestimmten Zeitpunkt dort wieder abholen, bringen unsere Kommissionäre sie an die Öffentlichkeit. Wenn Sie uns drohen oder diese Papiere vernichten, setzen Sie damit das Schicksal Ihrer Firma aufs Spiel.«

Miriam und ich sahen einander an und nickten, als hätten wir diese Lüge von Anfang an einstudiert.

Ich sah mit größtem Vergnügen, dass sie sich durchaus selbstbewusst gab, mit verschränkten Armen, vorgereckter Brust und erhobenem Kinn. Sie wusste, dass sich das Gleichgewicht der Macht verschoben hatte.

Adelmans Kompagnon wäre angesichts unserer Unverschämtheit beinahe aus der Haut gefahren. »Sie wagen es, der South Sea Company zu drohen?«, bellte er.

»Nicht mehr, als die Company uns gedroht hat. Ich unterbreite Ihnen ein Gegenangebot. Diese Dame wird ein Papier unterzeichnen, in dem sie sich verpflichtet, kein Wort über die falschen Aktien verlauten zu lassen, und sie wird Ihnen sämtliche gefälschten Exemplare aushändigen, die sich in ihrem Besitz befinden. Im Gegenzug erhält sie von Ihnen fünftausend Pfund.«

Miriam war nicht ganz so gelassen, um bei der Erwähnung einer solchen Summe – eines Betrages, den sie sich nicht einmal im Traum vorgestellt hatte, zu ihrer Verfügung zu haben – nicht ein erstauntes Keuchen vernehmen zu lassen. Sie verstand nicht, dass eine Summe, die für sie ein üppiges Vermögen darstellte, für eine Gesellschaft, die der Regierung im Gegenzug für die Erlaubnis, Geschäfte machen zu dürfen, ein Geschenk von mehreren Millionen Pfund machen würde, kaum mehr als eine Bagatelle bedeutete.

»Fünftausend Pfund? Sind Sie von Sinnen, Sir?«, brüllte der ruppige Bursche.

Adelman hingegen nahm die diplomatischere Rolle ein, und ich sah sofort, wie erleichtert er war, so billig davonzukommen. »Na schön, Weaver. Miriam, sind Sie einverstanden, ein solches Dokument zu unterzeichnen? Wenn Sie gegen Ihr Wort verstoßen, wird Ihnen das als Vertragsbruch ausgelegt, und Sie schulden der Company fünftausend Pfund, die wir mit Sicherheit eintreiben werden.«

Die Dame hatte ihre Fassung wiedergewonnen. »Ich akzeptiere Ihre Bedingungen«, sagte sie ruhig, obwohl sie vermutlich am liebsten vor Freude und Erleichterung laut losgesungen hätte.

»Dann«, sagte Adelman zu Miriam, »würden Sie wohl bitte einen Augenblick draußen warten, während wir unser Geschäft mit Mr. Weaver zu Ende bringen?«

Kaum hatte sie den Raum verlassen, da fing der unangenehme Bursche auch schon an, aufs Lebhafteste auf mich einzubrüllen. »Sie glauben wohl, Sie könnten sich unserem Zugriff entziehen? Uns so die Stirn zu bieten! Aber lassen Sie es sich gesagt sein, Weaver: Die Company kann Sie jederzeit vernichten!«

»So wie Sie meinen Vater vernichtet haben? Und Michael Balfour? Und Christopher Hodge, den Buchhändler?«

»Unsinn«, sagte Adelman und wedelte mit der Hand. »Sie glauben doch nicht im Ernst, dass die Company hinter diesen Verbrechen steckt. Allein der Gedanke ist absurd.«

Ich glaubte ihm sogar, doch ich wollte meinen Blick nicht abwenden. »Wer war es dann?«

»Ich dachte, das hätten Sie inzwischen herausgefunden«, sagte er beiläufig. »Martin Rochester.«

Ich vermutete, dass sie mich auf die Probe stellten, herauszufinden versuchten, was ich in Erfahrung gebracht hatte. »Und wer ist Rochester?«

»Das«, antwortete Adelman, »wollen wir nicht minder dringlich wissen als Sie. Wir wissen nur, dass es sich um das Pseudonym eines ungeschickten Aktienfälschers handelt. Er ist lediglich ein unbedeutender Fälscher, der eine überschaubare Anzahl von Menschen hereingelegt hat. Frauen wie Mrs. Lienzo, die keine Ahnung von der Börse haben.«

»Das ist eine Lüge«, sagte ich. »Rochester ist mehr als ein unbedeutender Fälscher, und ich vermute, dass er mehr als nur eine Handvoll Damen mit weißen Handschuhen übers Ohr gehauen hat.«

Miriam hatte Dividenden erhalten, was nur bedeuten konnte, dass jemand Rochester dabei geholfen hatte, nicht nur Aktien, sondern auch Verzeichnisse zu fälschen. Als mein Vater die Wertpapiere sah, hatte er ihre Bedeutung sofort erkannt. »Diese Fälschungen können nur in Zusammenarbeit mit gewissen Elementen innerhalb des South Sea House selbst zustande gekommen sein«, hatte er geschrieben. »Die Company ist wie ein verfaultes, bis ins Innerste von Maden durchsetztes Stück Fleisch.«

»Können Sie mir sagen«, fragte ich mit einem Grinsen, »was aus Virgil Cowper geworden ist?«

»Wir halten uns nicht über jeden unserer Schreiberlinge auf dem Laufenden«, blaffte der andere South-Sea-Mann mit unerwarteter Giftigkeit. »Und ich schere mich auch nicht um Ihre törichten Fragen.«

»Was also wollen Sie von mir? Welche Drohungen haben Sie mir noch anzubieten? Muss ich noch mehr Gewalttaten, noch weitere Diebstähle befürchten, damit Sie Ihr Geheimnis wahren können?«

Adelman und sein Kompagnon wechselten einen Blick, dann ergriff Adelman das Wort: »Ihre Annahme, dass wir die Geschichte mit den Aktien nicht an die Öffentlichkeit dringen lassen möchten, ist richtig, aber es liegt nicht in unserem Interesse, Sie zu bedrohen. Und von Gewalt und Diebstahl ist mir nichts bekannt.«

»Wollen Sie mir weismachen, dass Sie nicht versucht haben, die Veröffentlichung einer von meinem Vater verfassten Abhandlung zu verhindern, deren Erscheinen die Existenz gefälschter Aktien publik gemacht hätte?«

Wieder wechselten die beiden kurze Blicke. »Bis zu diesem Augenblick«, sagte Adelman, »wusste ich nicht einmal, dass Ihr Vater vorhatte, eine solche Abhandlung zu verfassen. Mir fällt auch schwer, zu glauben, dass er so rücksichtslos gewesen wäre. Sollte Ihnen eine solche Schrift untergekommen sein, würde ich vermuten, es handelte sich ebenfalls um eine Fälschung.«

Ich wusste nicht, ob ich auch nur die Möglichkeit in Betracht ziehen sollte. Das Manuskript hatte ausgesehen, als wäre es in meines Vaters Handschrift geschrieben worden, außerdem war ich überzeugt davon, dass mein Onkel eine Fälschung als solche entlarvt hätte; andererseits waren meine Feinde überaus versiert auf diesem Gebiet. Trotzdem: Christopher Hodge, der Drucker meines Vaters, war nicht durch gefälschtes Feuer umgekommen, und es war auch kein falscher Dieb gewesen, der das einzige Exemplar des Manuskripts aus meinem Zimmer entwendet hatte. Jemand legte es mit allen Mitteln darauf an, sämtliche Spuren dieses Dokuments zu verwischen.

»Es gibt mehr als genug Beweise dafür, dass die Broschüre echt war«, sagte ich.

»Diese Beweise wurden eigens ausgestreut, um Sie zu täuschen«, erwiderte Adelman matt.

Ich schüttelte den Kopf. Ich wollte es nicht glauben. »Mehr haben Sie mir nicht zu sagen, das mir bei meiner Suche nach dem Mörder meines Vaters hilft?«

»Wir sind nicht hier, um Ihnen zu helfen, Mr. Weaver«, fauchte der unangenehme Kerl.

Adelman hob die Hand, um seinen Kompagnon zum Schweigen zu bringen. »Leider nicht, Mr. Weaver. Wir können Ihnen lediglich versichern, dass unsere Feinde Sie benutzt haben. Ich vermute die Bank of England dahinter.«

»Blanker Unsinn!«, zischte ich. Ich war schon zu lange in diesem Geschäft, um zu glauben, dass ich von Anfang an in die Irre geführt worden war. Trotzdem konnte ich Adelmans Worte nicht völlig in den Wind schlagen. Sie machten mich wütend auf mich, auf ihn und fast jeden, dessen Name mir in den Sinn kam.

»Ich habe Sie vor dieser Sache gewarnt, wenn Sie sich erinnern wollen«, fuhr Adelman fort. »Als wir bei Jonathan's saßen, sagte ich Ihnen, dass Sie sich in diesem Irrgarten selbst nicht sehen könnten, dass die Meister des Spiels sie aber sehr wohl beobachten und in die Irre führen würden. Und genau so ist es gekommen. Alles, was Sie unter großen Mühen herausgefunden haben, ist eine Lüge.«

»Unsinn!«, stieß ich wieder hervor, in der Hoffnung, ihre Lügen durch die Kraft meiner Überzeugung zu ersticken. »Ich habe herausgefunden, dass die South Sea Company von gefälschten Aktien unterwandert ist, und das ist keine Lüge! Ich habe herausgefunden, dass hinter diesen Fälschungen Martin Rochester steckt, der Mann, der zweifelsohne meinen Vater auf dem Gewissen hat!«

»Es ist mehr als wahrscheinlich, dass dieses Phantom Rochester zwar ein Erzschurke ist, der mit Ihrem Vater hingegen nichts zu tun hat«, erwiderte Adelman sanft. »Unsere Gegenspieler wollten Sie lediglich auf eine falsche Fährte locken, damit Sie die Existenz dieser Fälschungen publik machen.«

»Das kaufe ich Ihnen nicht ab«, sagte ich unnachgiebig, als ließen sich diese Gedankengänge durch die schiere Demonstration von Entschlossenheit zerstreuen. Ich wollte Adelman an der Kehle packen und zudrücken, bis er die Wahrheit endlich zugab. Vermutlich wünschte ich mir, dass die Wahrheit so einfach in Erfahrung zu bringen sei.

»Sie dürfen natürlich glauben, was Sie wollen, aber wenn Sie die Antwort auf den Tod Ihres Vaters suchen, wird Ihnen früher oder später aufgehen, dass man Sie an der Nase herumgeführt hat. Ärgern Sie sich nicht über sich – unsere Feinde sind reich und gerissen, und es sind ganz gewiss *unsere* Feinde, denn sie haben versucht, uns beiden Schaden zuzufügen. Haben Sie denn wirklich geglaubt, die South Sea Company, der so viel daran gelegen ist, vor der Öffentlichkeit und dem Parlament makellos dazustehen, verwickelte sich in derart verabscheuungswürdige und schurkische Aktivitäten? Dass wir uns mit Mord – *Mord,* Mr. Weaver! – in Verbindung bringen würden und dabei ein Geschäft aufs Spiel setzten, das unserer ganzen Nation dienen und unsere Direktoren reich machen wird?«

Darauf hatte ich keine Antwort. Ich konnte seinen Worten keinen Glauben schenken, doch mir fiel auch nichts ein, das ich ihnen entgegensetzen konnte.

Adelman sah meinen Gesichtsausdruck und hielt mich für geschlagen. »Und genau an diesem Punkt befinden wir uns, Mr. Weaver. Sie werden wohl nie ein Verbündeter der Company sein, was Sie jedoch nicht gleich zu ihrem Feind machen muss. Sollten Sie weitere Fragen haben, wenden Sie sich an mich. Ich wünsche nicht, dass Sie uns noch mehr Schwierigkeiten bereiten oder weiterhin diese gefährlichen Lügen verbreiten. Sie haben sich als nützliches Werkzeug der Bank of England erwiesen. Wenn wir durch mehr Offenheit Ihnen gegenüber unseren Ruf besser schützen können, dann werden wir uns so verhalten.«

Er öffnete die Tür. »Ich wünsche Ihnen einen guten Tag, Sir.«

29

Miriam war überglücklich mit ihrem Erlös, doch ich tat mich schwer, ihre Freude zu teilen. Ich ließ zu, dass sie mir für meine Hilfe dankte, setzte sie in eine Droschke und zog mich dann in eine Taverne zurück, um über meine Situation nachzudenken. Wenn ich seit Anbeginn meiner Untersuchung überhaupt etwas gewonnen hatte, dann war es die Erkenntnis, dass diese im Finanzwesen tätigen Männer in der Kunst der Täuschung höchst versiert waren. Dabei hatte ich mich inzwischen aber so tief in ihre Trugbilder verstrickt, dass ich mir nicht mehr sicher sein konnte, was wirklich und was bloße Erfindung war. Hatten mir die Männer der South Sea Company frech ins Gesicht gelogen, um ihre Verbrechen zu verschleiern, oder war ich ein Opfer von Bloathwaits Machenschaften, die darauf abzielten, einen Rivalen auszuschalten? Und wenn Bloathwait keine Skrupel hatte, mich hinters Licht zu führen, um die South Sea in den Ruin zu treiben, war es dann nicht auch möglich, dass er keine Skrupel gehabt hatte, meinen Vater, Balfour und Christopher Hodge zu ermorden?

Wenn für die Gesellschaft, die die Anleihen der Regierung verwaltete, mehrere Millionen auf dem Spiel standen, war es da undenkbar, dass die Bank of England im Streben nach diesen Profiten über Leichen ging? Bislang hatte ich so etwas nur der South Sea Company zugetraut. Wenn nun aber nicht die Company, sondern die Bank mein Feind war, befand ich mich dann mit meinen Bemühungen, Rochester ausfindig zu machen, ganz und gar auf dem Holzweg?

Ich versuchte, die Zweifel zu zerstreuen, indem ich mich auf ein Neues ins Dickicht der Nachforschungen warf. Ich suchte Kent's Kaffeehaus auf, um zu erfahren, ob sich noch jemand auf meine Annonce gemeldet hatte, und bekam zwei Namen nebst Adressen ausgehändigt. Beide erwiesen sich als wenig nützlich, denn es handelte sich lediglich um Schmarotzer, die mir mit Informationen, die sie nicht besaßen, Geld entlocken wollten. Nachdem ich das zweite Haus verlassen hatte, dachte ich intensiv über meinen nächsten Schritt nach. Ich konnte nicht einfach ins Haus meines Onkels zurückgehen; ich konnte nicht untätig sitzen bleiben. Also kehrte ich im nächsten Gasthaus ein, wo ich zügig trank und angestrengt nachdachte.

Ich musste Rochester finden, jedenfalls den oder das, was sich Rochester nannte. Ich wusste von einem oder zwei Leuten, die mich vielleicht in seine Richtung weisen konnten. Da ich Jonathan Wild nicht über den Weg traute, musste ich mich an die andere Quelle halten. Ohne mein Bier auszutrinken, stand ich auf und machte mich auf den Weg nach Newgate, wo ich Kate Cole noch einmal befragen wollte.

Ich konnte ihr für ihre Hilfe nichts anbieten, und ich muss errötend gestehen, dass ich auch die Anwendung von Gewalt nicht ganz außer Betracht ließ, wenn ich Kate dadurch zur Mitarbeit bewegen konnte. Vielleicht war diese Überlegung noch nicht ganz ausgereift, aber ich nahm mir vor, dass ich ihre Zelle nicht eher verlassen würde, bis sie mir nicht alles erzählt hatte, was sie über Martin Rochester wusste.

In Newgate angekommen, marschierte ich zu Kates Zelle und klopfte an die Tür. Nichts, keine Ausflüchte würden sie mehr davor bewahren, mir das zu sagen, was ich wissen wollte.

Als die Tür aufging, sah ich mich einem untersetzten Burschen mit eng stehenden zusammengekniffenen Augen gegenüber. Sein Mund war mit dunklem Rotwein verschmiert. Zuerst war ich ein wenig peinlich berührt, weil ich so grob an Kates Tür gehämmert hatte, während sie mit einem Gast beschäftigt war, aber für gutes Benehmen war es eindeutig nicht der richtige Moment. Ich ignorierte den Kerl und zog die Tür mit aller Kraft auf, doch was sich meinen Blicken darbot, war nicht Kate, die sich wie eine Sau in ihrem Unrat wälzte, sondern eine andere Frau, ebenso plump wie der Mann, dazu zwei plumpe Kinder, die alle um einen kleinen Tisch saßen und ihr Essen in sich hineinschaufelten.

Meine Verlegenheit kehrte zurück. Es bestand kein Zweifel daran, dass es sich um Kates Verschlag handelte. »Wo ist die Frau, die hier gewohnt hat?«, fragte ich mit einer Stimme, in die sich ein leiser Ton der Entschuldigung schlich.

»Keine Ahnung«, erwiderte der Mann und schlug mir, nachdem er beschlossen hatte, dass mein Anliegen damit erledigt sei, die Tür vor der Nase zu.

Für eine Gerichtsverhandlung im Old Bailey war die Zeit zu knapp gewesen, also konnte sie noch nicht abgeurteilt worden sein. Hatte sie ihre Zelle verkauft, um an mehr Bargeld heranzukommen?

»Wo ist Kate Cole?«, fragte ich den ersten Wärter, der mir über den Weg lief.

»Die können Se nich' mehr besuchen«, klärte er mich auf, »zumindest würd's nich' viel bringen, schließlich is' sie mausetot.«

»Tot!«, platzte es aus mir heraus. Ich empfand ... Ich wusste es selbst nicht genau – so etwas wie eine dumpfe Ohnmacht. Darüber, dass meine Feinde alles wussten, was ich wusste, dass sie meine Schritte schon kannten, bevor ich mich entschloss, sie überhaupt zu machen. »Woran ist sie gestorben?«

»Zu enge Schlinge.«

»Aber es hat doch noch keine Verhandlung stattgefunden.«

»Sie haben's immer noch nich' kapiert, was? Sie hat sich selbst in ihrer hübschen Zelle aufgehängt, so war's.«

»Selbstmord?« Ich hielt es für unvorstellbar, dass jemand wie Kate so verzweifelt sein konnte, Selbstmord als Ausweg in Betracht zu ziehen. Und selbst wenn, würde sie nicht erst das Ergebnis der Verhandlung abwarten, bevor sie alle Hoffnung fahren ließ? »Sind Sie sicher, dass es Selbstmord war?«

»Das hat jedenfalls der Coroner gesagt.«

In meinen Gedanken überschlugen sich die Fragen, deren Antworten mir sagen würden, wer das getan hatte. »Hatte sie kurz vor ihrem Tod irgendwelche Besucher?«

»Nicht dass ich wüsste.«

»Gibt es vielleicht sonst jemanden, der das wissen könnte?«, fuhr ich ihn an.

»Nicht dass ich wüsste.«

Ich drückte ihm einen Shilling in die Hand. »Wissen Sie es jetzt?«

»Nein«, sagte er, »aber vielen Dank für Ihre Großzügigkeit.«

Damit waren es insgesamt vier Morde. Kate Cole hatte sich nicht selbst aufgehängt. Wenn ich die Wahrscheinlichkeiten durchspielte, kam ich zu dem Schluss, dass Kate Cole lieber gewartet hätte, um dem Henker ins Gesicht zu spucken, als sich das Leben zu nehmen. Nein, Kate hatte sich im gleichen Netz verstrickt, das auch meinem Vater zum Verhängnis geworden war, ebenso Michael Balfour und dem Buchhändler Christopher Hodge. Inzwischen begriff ich deutlicher als je zuvor, dass Elias recht hatte. Das neue Finanzwesen hatte eine unaufhaltsame Macht ins Leben gerufen; eine Macht von einem Ausmaß, wie ich es mir nicht einmal vorzustellen vermochte. Ich hatte nach einem Mann gesucht, vielleicht auch nach einer Gruppe von Männern, die irgendwo zusammenhockten, schlimme Taten ausbrüteten und sie dann, womöglich mit abgebrühter Kaltschnäuzigkeit, auch ausführten. Inzwischen hielt ich nicht mehr einen Mann oder eine Gruppe dafür verantwortlich. Es gab zu viele Verbindungen, zu viele ineinander verschlungene schurkische Motive. Zu viele Männer besaßen zu viel Macht und Wissen, aber keinen konnte man für seine Verbrechen verantwortlich machen, weil sie sich hinter endlosen Labyrinthen aus Täuschungen und Trugbildern versteckten. Es war, wie mein Vater geschrieben hatte, eine papierene Verschwörung, die jenen Männern ihren Erfolg bescherte. Sie kritzelten ihre Märchen auf Banknoten, und die Welt las und glaubte.

Da mein Magen leer war und ich mich ziemlich schwindelig fühlte, kehrte ich in ein Gasthaus ein, um etwas zu mir zu nehmen. Als ich jedoch am Tisch saß, hatte ich keine Lust mehr auf etwas zu essen, und so bestellte ich einen Krug Ale. Und dann bestellte ich einen zweiten. Vermutlich bei meinem vierten Krug Ale – alle auf nüchternen Magen – war ich nicht mehr niedergeschlagen, sondern nur noch verdrossen. Ich bedauerte den Umstand, dass ich nicht mehr zehn Jahre jünger war, dass ich Kate Cole den Tod gebracht, Jemmy erschossen und meiner Familie den Rücken gekehrt hatte. In dieser Verfassung kam ich schließlich im Hause meines Onkels am Broad Court an. Dort machte ich es mir im dunklen Salon gemütlich, eine Flasche Madeira in Reichweite, aus der ich mich bediente, während ich abermals versuchte, alles, was ich in Erfahrung gebracht hatte, zu verstehen.

Ich weiß nicht, wie lange ich in der Dunkelheit gesessen hatte, doch irgendwann riss mich das Geräusch, mit dem sich jemand die Treppe herunterschlich, aus meiner Benommenheit. Ich war zu lange in meinem Geschäft und auch auf der gefährlicheren Seite des Gesetzes tätig gewesen, als dass ich nicht erkannt hätte, dass sich dort jemand in der Hoffnung, kein Geräusch zu verursachen, langsam und vorsichtig die Treppe herunterbewegte. Ich setzte mein Glas leise auf dem Tisch ab und erhob mich sachte. Kaum an der Tür angelangt, die mir einen guten Blick auf die Treppe gewährte, erblickte ich Miriam, die ihr Kleid und einen darüber geworfenen Mantel bis über die Knöchel anhob, um jeden Schritt mit lautloser Sorgfalt machen zu können.

Ich hielt mich zurück, bis sie an der Tür zum Salon vorüber- und zur Vorderseite des Hauses und in den Hof geschlichen war, was sie überaus geschickt und geräuschlos bewerkstelligte, woraus ich schloss, dass sie darin nicht ganz ohne Übung war.

Ich wartete noch einen Augenblick, dann folgte ich ihr und sah, wie sie eine Droschke bestieg, die nur wenige Meter von der Haustür meines Onkels entfernt gewartet hatte.

Die Kutsche setzte sich in Bewegung, und ich rannte ein Stück weit, so gut es mit meinem verletzten Bein ging, hinter ihr her, und sprang, wie ich es schon bei Deloney getan hatte, hinten auf. Im Schutze der Londoner Dunkelheit war es nicht nötig, dem Kutscher ein Entgelt für die Fahrt zu zahlen, und so duckte ich mich ein wenig, damit er mich nicht sah, und hielt mich gut fest, als die Kutsche in Richtung Spitalfields davonratterte. Ich hoffte auf keinen allzu weiten Weg, denn in der Eile hatte ich keinen Mantel mitgenommen, und jetzt wurde es mir rasch kalt.

Die Droschke hielt indes schon bald auf der Princes Street an, und Miriam verschwand eilig in einem Gasthaus. Obwohl es zumindest einigermaßen respektabel aussah, wie ich mit einiger Erleichterung feststellte, konnte ich meine Sorge kaum in Zaum halten. Ich wartete wiederum ein paar Sekunden, rieb mir die kalten Hände und trat dann ebenfalls ein, wobei ich mich dicht an der Tür hielt, falls Miriam noch mitten im Raum stehen sollte. Dem war nicht so. Ich stand in einem recht gemütlichen Schankraum mit einem warmen Kamin, an den Tischen saßen mehrere mittelständische Händler und dazwischen einige Damen. Von Miriam war nichts zu sehen, und so ging ich auf den Mann hinter dem Tresen zu, schob ihm eine Münze hin und erfuhr, dass sie sich mit einem Gentleman in einem Zimmer im zweiten Stock verabredet hatte.

Ich stieg die Treppe hinauf und fand das mir bezeichnete Zimmer. Die Tür war geschlossen, aber sie war nicht gerade die widerstandsfähigste, und ich wusste, dass ich mir, selbst wenn sie abgesperrt sein sollte, ohne große Schwierigkeiten Zugang zu dem Zimmer verschaffen konnte. Zunächst legte ich jedoch das Ohr an die Tür und vernahm Stimmen, konnte aber nichts verstehen. Als eine andere Tür auf dem Flur aufging, wich ich hastig zurück, um nicht wie ein Geistesgestörter dazustehen, was mir aber anscheinend nicht vollauf gelang, denn der Gentleman, der auf den Korridor trat, sich an mir vorbeiquetschte und die Treppe hinabging, warf mir einen höchst misstrauischen Blick zu.

Da ich mitnichten den ganzen Abend auf den Fluren herumschleichen und mir von den Gästen misstrauische Blicke zuwerfen lassen wollte, legte ich mir eine Strategie zurecht. Besser gesagt, ich drehte am Türknauf, und nachdem er meinem Druck nachgab, stieß ich die Tür auf.

Miriam und Deloney standen eng beieinander. Ich kann kaum wiedergeben, wie sehr es mich freute, sie beide mit vor Zorn geröteten Gesichtern zu sehen, und nicht, wie ich gefürchtet hatte, in innigster Umarmung verschlungen. Beide verstummten bei meinem Eintreten sofort und starrten mich an, während ich die Tür hinter mir wieder zumachte.

»Weaver!«, fauchte Deloney. »Was ist das für eine Ungeheuerlichkeit?«

»Was tun Sie hier?«, stammelte Miriam.

Es tat mir leid, sie so beunruhigt zu sehen, doch noch mehr leid hätte es mir getan, wenn die beiden Streithähne ihren Disput so rasch vergessen hätten, weshalb ich Deloney ein paar bittere Brocken hinwarf. »Sie haben mich doch gebeten, eine Viertelstunde draußen zu warten, bevor ich eintreten sollte, oder nicht?«, fragte ich Miriam. »Bin ich zu früh gekommen?«

Miriam wusste nicht, wie sie auf meine List reagieren sollte, aber das musste sie auch nicht.

»Was soll das heißen?«, wandte sich Deloney empört an sie. »Setzen Sie so wenig Vertrauen in mich, dass Sie sich genötigt fühlten, diesen Grobian ins Spiel zu bringen? Das werde ich nicht dulden!«

»Nicht dulden?« Ich ging auf ihn zu, und Miriam ging mir aus dem Weg. Ich erkannte sofort, dass ihr Bruch mit Deloney vollzogen war, denn sie unternahm nichts, um mich aufzuhalten oder mein Vorgehen zu dämpfen. »Was werden Sie nicht dulden, Deloney? Den Gedanken, dass Sie diese Frau um ihr Geld betrogen, oder dass Sie mit einem Mörder Geschäfte gemacht haben?«

»Einem Mörder?«, entfuhr es ihm. »Sie täten besser daran, Ihre Worte mit Bedacht zu wählen, Sir, sonst werden Sie meinen Zorn zu spüren bekommen!«

»Würde ich sämtliche Gentlemen in dieser Stadt zusammenrufen, denen es ein Vergnügen wäre, Ihren Zorn zu spüren zu bekommen, dann würden sie wohl kaum ins Opernhaus passen, Sir. Was habe ich von einem so leeren Versprechen wie Ihrem Zorn zu befürchten? Ich erdulde keine Ausflüchte mehr. Hier und jetzt muss ich wissen, was Sie mit Martin Rochester zu tun haben und welcher Art Ihre Geschäfte mit diesem Mann sind.«

»Ich habe noch niemals von einem Mann dieses ...«

Ich konnte kaum fassen, dass er mir so dreist ins Gesicht log. Dass er mich so einfach abspeisen zu können glaubte, erfüllte mich mit wütender Empörung. Ich packte ihn am Kragen und drückte ihn heftig gegen die Wand. Miriam setzte hinter meinem Rücken zu einem Protest an, unterdrückte ihn aber sofort wieder.

»Ich weiß, dass Sie Geschäfte mit ihm getätigt haben. Erzählen Sie mir alles darüber.«

Er streckte unterwürfig die Hände von sich, und an seinem gesenkten Blick erkannte ich, dass sein Kampfgeist gebrochen war. »Ich habe Aktien über ihn gekauft. Mehr nicht.«

Ich lockerte meinen Griff und trat einen Schritt zurück, blieb allerdings nah genug vor ihm stehen, dass er die Bedrohung meiner Anwesenheit spürte. Oft ist körperliche Nähe, das hatte ich gelernt, ebenso effektiv wie rohe Gewalt. »Auf welche Weise haben Sie mit ihm verkehrt?«

»Er hat sich nie persönlich mit mir getroffen, sondern mich eines Tages mittels eines Briefes kontaktiert, in dem er schrieb, er wisse von meinem Interesse, an der Börse Geld zu verdienen.«

»Ihre Schwindelprojekte«, unterbrach ich ihn.

»Es ging um Projekte, ganz recht. Er bot mir verbilligte South-Sea-Aktien an. Ich müsse mich lediglich um den Verkauf kümmern und ihm das Geld schicken, er würde die Aktien besorgen.«

»Und an wen haben Sie verkauft – außer an Miriam?«

Er schüttelte den Kopf. »An sonst niemanden.«

»Und weshalb wollten Sie ihn aufsuchen? Aus welchem Grund sind Sie dem Ausrufer gefolgt, als ich die Nachricht für Rochester ausrufen ließ?«

»Ich habe selbst einige Anteile gekauft. Erst hinterher vermutete ich, dass etwas damit nicht stimmte. Zuerst verleitete mich mein Wunsch, die Papiere unter Preis zu bekommen, doch hinterher fragte ich mich, wo er die Aktien überhaupt herhatte.«

»Na schön. Und jetzt zeigen Sie mir diese Anteile.« Ich glaubte, wenn ich noch mehr gefälschte Aktien in die Hand bekäme, hätte ich ein größeres Druckmittel gegenüber der South Sea Company, erkannte aber sogleich, dass ich meine Hoffnung, von Deloney weitere Aktien zu erhalten, begraben konnte.

»Gewisse Umstände dürften das verhindern.« Er biss die Zähne aufeinander, als verursachte ihm die Ungeschicktheit seiner Lüge körperliche Schmerzen. Aber weshalb sollte er lügen? Weil er sein Aktienpaket nicht hergeben wollte? Nein, denn inzwischen wusste er, dass es gefälscht war. Es gab nur eine einzige Antwort, die im Bereich der Grenzen der Wahrscheinlichkeit lag.

»Sie haben diese Aktien nie für sich selbst gekauft.« Ich formulierte meine Frage wie eine Feststellung.

Er schüttelte halb erleichtert den Kopf, aber er mied meinen Blick. Ich vermutete, dass er Miriam angelogen hatte, ihr erzählt hatte, er habe beträchtlich investiert, damit sie es ihm gleichtat.

»Sie sagten doch, Sie hätten an niemanden sonst außer an Miriam verkauft«, stellte ich fest. »Warum das denn? Warum haben Sie nicht noch andere Opfer gesucht, wenn der Plan doch so profitabel zu sein schien?«

»Ich hatte Schwierigkeiten, Käufer zu finden«, antwortete Deloney stockend.

»Selbstverständlich.« Jetzt war mir alles klar. Ich war nicht der Einzige, der mit Wahrscheinlichkeiten rechnete. »Ihre Schwindelprojekte haben Ihren Namen für jeden kapitalkräftigen Investor diskreditiert. Sie konnten keine Investoren finden, und Ihre vergeblichen Versuche durchkreuzten zweifellos Rochesters Pläne, da man die preiswerten Aktien mit der Zeit für eines Ihrer üblichen Fantasieprojekte hielt. Nachdem Rochester Ihre Reputation für Luftprojekte zu Ohren kam, wusste er, dass jede weitere geschäftliche Verbindung mit Ihnen für seine Pläne nur noch schädlicher sein würde, und kappte sämtliche Verbindungen zu Ihnen.«

Da Deloney nicht widersprach, schloss ich daraus, dass ich richtig geraten hatte.

»Als Sie die Aktien an Miriam verkauften, wussten Sie bereits, dass sie nicht echt waren, habe ich recht?«, fragte ich weiter und stellte meine Theorie auf die Probe, indem ich sie laut aussprach. »Sie wussten, dass sie ebenso falsch waren wie die albernen Projekte, die Sie sich an Ihrem eigenen Schreibtisch ausdachten. Miriam gab Ihnen sechshundert Pfund, obwohl Ihnen bewusst war, dass sie das Geld brauchte, um sich einen eigenen Haushalt einzurichten.«

Deloney versuchte zurückzuweichen, aber er konnte nirgendwohin. »Sie hätte die Aktien weiterverkaufen können. Die Tatsache, dass sie nicht echt waren, verminderte ihren Wert keinesfalls.«

Ich beugte mich ganz nah zu ihm. »Martin Rochester hat meinen Vater getötet, und er hat eine Frau umgebracht, die ich beschützen wollte. Wenn Sie also etwas darüber wissen, wer er ist oder wo ich ihn finden kann, dann lassen Sie es mich besser gleich wissen. Ich schwöre Ihnen, dass meine Vergeltung Sie ebenso gnadenlos treffen wird wie ihn, wenn Sie irgendwelche Informationen zurückhalten.«

»Ich habe bereits gesagt, dass ich nichts weiß«, quiekte er beinahe. »Wenn ich wüsste, wo er sich aufhält, wäre ich wohl kaum bei Jonathan's hinter dem Ausrufer hergelaufen!«

Es stimmte, dass Deloney verzweifelt versucht hatte, Rochester ausfindig zu machen, und damit auch nicht weiter gekommen war als ich. Aus diesem Mann würde ich nichts mehr herausbekommen. Jetzt trieb mich nur noch der Wunsch, meine Männlichkeit vor Miriam unter Beweis zu stellen, ihn ein weiteres Mal zu erniedrigen. Ich trat einen Schritt zurück, zog meinen Degen und richtete die Spitze auf seine Kehle. »Geben Sie mir die zwei Guineas zurück, die ich Ihnen in gutem Glauben geliehen habe!«

Ich sah, wie er den Mund zu einer weiteren Lüge öffnete, seine Zunge jedoch im Zaum hielt. Mit zitternden Händen griff er nach seinem Geldbeutel, zog die Münzen heraus und legte sie unter großen Schwierigkeiten auf den Tisch.

Ich schob meine Waffe in die Scheide zurück. »Verschwinden Sie. Und treten Sie weder mir noch einem anderen Mitglied meiner Familie jemals wieder unter die Augen!«

Deloney wagte es nicht einmal mehr, Miriam anzusehen. Mit Beinen, die sich in Pudding verwandelt zu haben schienen, wankte er auf die Tür zu, öffnete sie und war verschwunden.

Ich schloss die Tür und drehte mich zu Miriam um. Sie hatte sich gesetzt und das Gesicht in den Händen vergraben. Zuerst glaubte ich, sie weinte, aber ich vermute, sie spürte meinen Blick und sah zu mir auf. In ihren Zügen spiegelten sich Verwirrung, Wut, vielleicht auch Scham, aber sie vergoss keine Tränen.

Ich zog einen Stuhl zu ihr heran. »Warum sind Sie heute Abend hierher gekommen?«, fragte ich, so sanft ich konnte.

»Was geht Sie das an?«, zischte sie, kam aber sofort zu dem Schluss, dass ihre Wut auf mich nicht gerechtfertigt war. Sie atmete tief durch und richtete sich auf. »Ich wollte die Wahrheit erfahren. Ich wollte das Gleiche herausfinden wie Sie – ob er mich wissentlich betrogen hat und ob er mit Rochester unter einer Decke steckt. Vermutlich hätte ich die Wahrheit nicht erfahren, wenn Sie nicht aufgetaucht wären.«

»Die Lüge liegt in der Natur von Menschen wie Deloney. Er besteht aus nichts anderem als Betrügerei und dumpfer Habsucht.«

Zu meiner Bestürzung verstand Miriam meine Beleidigung sofort, aber sie fuhr nicht dabei hoch. »Verstehen Sie bitte, Benjamin, dass jemand, der in der Falle sitzt, jeden Ausweg für einen guten Ausweg hält. Ich weiß, es war töricht von mir, ihm mein Vertrauen zu schenken, aber unsere Verbindung schenkte mir auch Freude, sie gab mir das Gefühl, frei zu sein. Wenigstens über etwas in meinem Leben konnte ich frei verfügen.«

»Hätten Sie sich auch frei gefühlt, wenn er sein Kind in Ihren Bauch gepflanzt hätte?«, fragte ich anzüglich.

Miriam schnappte nach Luft. Ihr Kopf ruckte nach hinten. »Wie können Sie es wagen, eine solche Anschuldigung vorzubringen?«

»Ich beschuldige Sie keineswegs. Mir sind nur die Methoden von Männern vom Schlage Deloneys nicht ganz unbekannt.«

»Oder von Witwen wie mir?«, fragte sie.

»Ich bitte um Verzeihung«, sagte ich, doch die Worte tropften mit bleierner Schwere von meinen Lippen. »Es steht mir nicht zu, Ihnen vorzuschreiben, wie Sie sich zu benehmen haben. Schon bald sind Sie Ihre eigene Herrin und können ganz nach Belieben Ihre eigenen Entscheidungen fällen.«

Der Gedanke daran wollte mir ganz und gar nicht gefallen, denn den Entscheidungen nach zu urteilen, die sie bislang gefällt hatte, war Miriam alles andere als in der Lage, sich selbst um ihre Belange zu kümmern.

Miriam runzelte leicht die Stirn. Sie schien meine Gedanken lesen zu können. »Sie brauchen keine Sorge zu tragen, dass ich mein kleines Vermögen dem erstbesten Gentleman in die Hände lege. Ich bin nicht darauf versessen, einen dieser habgierigen Dummköpfe zu heiraten. Ich glaube nicht einmal, dass der Mann, den ich heiraten würde, überhaupt existiert.«

Ich holte tief Luft. »Vielleicht kennt sich der Mann, den Sie suchen, sowohl mit den Gebräuchen unseres eigenen Volkes als auch denen der Engländer aus. Jemand, der Ihnen dabei behilflich sein kann, Zugang zur englischen Gesellschaft zu finden, und der Sie zugleich vor deren Gefahren und Ausschweifungen zu schützen vermag.« In dem darauf folgenden Schweigen raste mein Herz wie wild.

Miriam betrachtete nervös ihre Hände. »Ich kann mir nicht vorstellen, wo ich einen solchen Mann finden soll«, sagte sie rasch, »und ich kann mir auch nicht vorstellen, dass Sie es mir sagen können.«

»Doch, das kann ich«, sagte ich leise, »denn er sitzt vor Ihnen.« Ich gebe zu, dass meine Stimme ein wenig zitterte, als ich sprach.

Sie starrte mich an, als wäre ihr der Gedanke, dass ich so etwas sagen könnte, noch niemals gekommen – obwohl ich mir damit geschmeichelt hatte, nur das zu sagen, was sie insgeheim erwartete. Sie erhob sich und versuchte ihre Gedanken zu ordnen. Schließlich lächelte sie mich nervös und ein wenig unsicher an. »Ich halte es für das Beste, so zu tun, als hätte diese Unterhaltung nie stattgefunden. Wir sollten jetzt wieder zum Haus Ihres Onkels zurückkehren.«

Ich hielt ihrem Blick beherzt stand. »Miriam, sollte ich Sie gekränkt haben ...«

Jetzt sah sie mich mit größerer Kühnheit und Selbstsicherheit an, als ich erwartet hätte. »Kränkung spielt keine Rolle«, belehrte sie mich mit leiser Stimme.

Ich hörte ihre Worte, doch meine Augen hingen an dem süßen Lächeln ihrer Lippen.

»Seien Sie versichert, dass ich Sie über die Maßen mag. Ich bewundere Sie und halte Sie für einen trefflichen Mann, aber ich kann mir keine Sekunde lang vorstellen, Ihr Angebot ernsthaft in Erwägung zu ziehen. Im South Sea House wurde von einem Mann gesprochen, den Sie getötet haben, und heute Abend erwähnten Sie selbst eine Frau, die unter Ihrem Schutz starb. Sie haben Ihre Klinge gezogen und sie Philip an den Hals gehalten, als könnten Sie ihn, ohne mit der Wimper zu zucken, töten.« Sie wich meinem Blick aus. »Ich bin nicht die Frau für Sie, Benjamin.«

Darauf wusste ich nichts zu sagen. Es gab keine Worte, mit denen sich dieser nur allzu berechtigte Vorwurf entkräften ließ. Wir waren in den gleichen Rang geboren worden, doch meine Entscheidungen hatten mich tief unter den gesellschaftlichen Rang dieser Frau sinken lassen. Ich hatte meinen eigenen Weg gesucht, und weil ich mein Tun nicht mehr ungeschehen machen konnte, blieb mir nichts anderes übrig, als im Einklang mit dem selbst gewählten Leben zu handeln.

Ich beugte mich zu Miriam und küsste sie zärtlich auf die Lippen. Der Augenblick überwältigte mich. Sie bewegte sich nicht – weder auf mich zu noch von mir weg –, sondern schloss die Augen und erwiderte meinen Kuss. Ich roch nichts anderes mehr als die schwindelerregende Mischung aus ihrem süßen Atem und ihrem Blumenparfüm. Noch nie zuvor hatte ich eine Frau wie sie geküsst – eine wohlhabende, angesehene Frau voller Klugheit und Charme. Es war ein Kuss, der das Verlangen nach mehr weckte.

Ich drängte näher an sie und brach damit den Zauber. Miriam machte die Augen auf und entzog sich mir, wich nur ein paar Schritte zurück, doch das genügte, um eine peinliche Distanz wie eine Mauer zwischen uns entstehen zu lassen. Ich weiß nicht mehr, wie lange wir dort standen und einander schweigend ansahen. Ich hörte lediglich das Geräusch von Schritten auf dem Flur und mein eigenes schweres Atmen.

»Mein Onkel hat mir eine Stellung angeboten«, sagte ich. »Ich könnte in die Levante, als Kaufmann. Ich könnte ein anderer werden, nicht mehr der Mann sein, vor dem Sie sich fürchten. Wenn ich damals, als ich das Haus meines Vaters verließ, einen Fehler gemacht habe, so kann ich ihn auch wieder gutmachen.«

Miriam ließ einen leisen Laut des Erstaunens vernehmen, beinahe unhörbar; es hörte sich an, als habe sie sich an der Luft verschluckt. Ihre Augen wurden feucht, beschlugen wie Fenster bei einem heftigen Regenguss. Sie blinzelte und blinzelte, versuchte die Tränen zu bekämpfen, doch die Tränen scherten sich nicht darum und rannen ihr über das Gesicht.

»Das kann nicht sein.« Sie schüttelte ein wenig den Kopf. »Ich möchte Aaron nicht ein zweites Mal heiraten. Ich könnte es nicht ertragen, mit ansehen zu müssen, dass Sie sich meinetwegen in ihn verwandeln. Dabei würde ich mich nur selbst hassen.« Sie wischte sich die Tränen mit den Fingern weg. »Und dann würde ich auch Sie hassen.«

Sie versuchte es mit einem Lächeln, was ihr nicht gelingen wollte, und so wandte sie sich stattdessen um und öffnete die Tür.

Ich konnte nicht hinter ihr herrufen. Ich konnte mich nicht von der Stelle rühren und sie zurückhalten. Ich hatte kein Argument parat, mit dem ich das, was sie gesagt hatte, entkräften konnte. Mir blieb nur die Leidenschaft meines Herzens, und ich wusste, dass diese für die Welt und auch für Miriam nicht ausreichte. Ich schaute ihr nach, wie sie die Treppe hinunterging und dem Mann hinter dem Tresen eine Münze gab, damit er ihr eine Droschke besorgte.

Da mir nichts anderes mehr zu tun blieb, klingelte ich nach einem

Diener und bestellte eine Flasche Wein, mit deren Inhalt ich den Geschmack von Miriams Lippen wegzuspülen gedachte.

Am folgenden Morgen taten mir Kopf und Herz mit der gleichen Intensität weh, doch dieser Schmerz rief in mir lediglich den Wunsch nach Ablenkung hervor.

Ich machte mich abermals auf den Weg zu Bloathwaits Stadthaus, fest entschlossen, diesmal mit ihm zu reden, egal ob er dazu bereit war oder nicht. Ich wartete mehrere Minuten vor der Tür, bevor mir sein schmuddeliger Diener öffnete. Er warf mir einen kurzen Blick zu und erkannte das Gesicht, das er schon ein halbes Dutzend Mal abgewiesen hatte.

»Mr. Bloathwait ist nicht im Hause«, sagte er.

»Hat Sie Mr. Bloathwait nicht darüber unterrichtet, dass er für mich immer zu Hause ist?«, fragte ich schneidend und drängte mich an ihm vorbei. »Ich glaube, Sie werden noch einmal froh darüber sein, dass ich Ihre Verleugnung nicht ernst genommen habe.«

Ich ging mit großen Schritten, denen man ihre Eile nicht anmerken sollte, weiter, doch dieser Diener kam schleunigst hinter mir her und wollte mich sogar überholen, um mir den Weg zu versperren. Davon wollte ich jedoch nichts wissen und stieß ihn zur Seite, diesmal mit etwas mehr Entschiedenheit. Er prallte gegen die Wand, und ich setzte meinen Weg ungestört bis zu Bloathwaits Arbeitszimmer fort, wo ich einmal anklopfte und die Tür sogleich öffnete. Bloathwait saß hinter seinem Schreibtisch, den rasierten Kopf unbedeckt. Die Perücke hing hinter ihm an einem Haken, und sein bleicher, von Adern überzogener Schädel hüpfte auf und ab, während Bloathwait wie wild auf einen Bogen Papier schrieb.

»Weaver!« Er sah auf, widmete sich aber sofort wieder seinem Schreiben. »Sie haben sich mit Gewalt Zutritt verschafft, was?«

»Allerdings«, erwiderte ich.

Ich ging einige Schritte weiter, setzte mich jedoch nicht hin, sondern blieb vor seinem Schreibtisch stehen.

Bloathwait hob abermals den Blick, und diesmal legte er die Feder beiseite. »Man kommt nicht sehr weit, wenn man sich von Dienern und niedrigen Kreaturen den Weg verstellen lässt. Ich hoffe, Sie haben dem armen Andrew nicht sehr wehgetan, aber selbst wenn – machen Sie sich nichts daraus.«

»Wollen Sie damit sagen«, stammelte ich, »dass Sie Ihren Diener angewiesen haben, mich wegzuschicken, in der Erwartung, dass ich mir mit Gewalt Zutritt zu Ihnen verschaffe?«

»Nicht in der Erwartung, aber gewiss in der Hoffnung. Mein Geschäft besteht darin, zu wissen, mit welcher Art von Menschen ich es zu tun habe. Aber ich bitte Sie, stehen Sie doch nicht die ganze Zeit vor mir. Sie sehen ungeduldig wie ein Jagdhund aus. Setzten Sie sich, und erzählen Sie, was Sie auf dem Herzen haben.«

Ein wenig benommen ließ ich mich nieder. »Sie waren nicht ganz ehrlich zu mir, Mr. Bloathwait«, fing ich an.

Er zuckte die Achseln.

Ich interpretierte es als Erlaubnis, fortzufahren. »Ich habe in Erfahrung gebracht, dass Ihnen mein Vater kurz vor seinem Tod eine Nachricht überbringen ließ. Ich wünsche den Inhalt dieser Nachricht zu erfahren, und ich wünsche außerdem zu wissen, weshalb Sie mir diesen Kontakt verschwiegen haben.«

Bloathwaits kleiner Mund verzog sich zu einer Schnute. Ich wusste nicht genau, ob er lächelte oder ob er meine Worte missbilligte. »Wie haben Sie von dieser Nachricht erfahren?«

»Vom Boten.«

Er nickte. »Die Nachricht enthielt einige Informationen, von denen er glaubte, sie könnten der South Sea Company großen Schaden zufügen. Ihr Vater schlug vor, dass wir unsere Differenzen beiseitelassen, um diese Informationen an die Öffentlichkeit zu bringen.«

»Handelte es sich dabei um die Existenz gefälschter South-Sea-Aktien?«

»Natürlich.«

Meine Fingernägel bohrten sich in die Handflächen. »Sie wussten von Anfang an von den gefälschten Papieren, aber Sie haben mir nichts davon gesagt. Sie haben mir angeboten, mir alles zu sagen, was Sie darüber wüssten, haben mir dieses Wissen jedoch vorenthalten. Warum?«

Bloathwait grinste kaum wahrnehmbar. »Weil ich es für mich für das Beste hielt.«

»Mr. Bloathwait, ich hatte erst vor Kurzem eine sehr beunruhigende Begegnung im South Sea House, wo mich dessen Agenten davon zu überzeugen versuchten, dass sämtliche Verdächtigungen, die ich gegen die Company hege, von ihren Feinden in die Welt gesetzt wurden: der Bank of England und damit zweifellos von Ihnen höchstpersönlich. Ich fand diese Beteuerungen mehr als verwirrend. Also muss ich Sie noch einmal fragen: Aus welchem Grund haben Sie mir dieses Wissen vorenthalten?«

»Ich gebe zu, dass ich nicht ganz offen zu Ihnen war, Mr. Weaver. Ich habe Ihnen versprochen, sämtliche Informationen an Sie weiterzugeben, die Ihnen bei Ihrer Untersuchung nützlich sein könnten. Das habe ich eindeutig nicht getan. Sie sind mir auf die Schliche gekommen. Ich habe Ihnen lediglich diejenigen Informationen gegeben, die Sie meiner Meinung nach brauchten, mehr nicht.«

»Aber warum?«, wollte ich wissen. »Möchten Sie die Machenschaften der South Sea Company aufdecken oder nicht?«

»Gewiss doch, das will ich schon. Aber auf meine eigene Weise, Sir. Und nach meinem eigenen Plan.«

Ich schwieg einige Sekunden, in denen ich mir die Konsequenzen ausmalte, die eine Gewaltanwendung gegenüber einem Manne in Bloathwaits Position nach sich zögen. »Ich möchte diese Nachricht sehen, die Ihnen mein Vater geschickt hat.«

»Das ist leider nicht möglich. Ich habe sie vernichtet.«

»Dann möchte ich, dass Sie mir, so gut Sie sich daran erinnern, erzählen, was darin stand.«

Er lächelte mich mit schmalen Lippen an. »Ihre Frage verrät, dass Sie Ihre eigenen Vermutungen hinsichtlich ihres Inhalts haben. Vielleicht verraten Sie sie mir zuerst.«

Ich sog die Luft zwischen den Zähnen ein. »Ich glaube«, sagte ich und versuchte, meine Stimme dabei nicht zittrig klingen zu lassen, »dass es nur einen einzigen Grund gab, weshalb mein Vater nach so vielen Jahren wieder in Kontakt mit Ihnen treten wollte – nach all den Misshelligkeiten, die zwischen Ihnen beiden vorgefallen sind. Er glaubte, er sei in Gefahr, und er ersuchte Sie um Hilfe, weil diejenigen, die ihn bedrohten, zugleich die Feinde der Bank of England waren. Indem er Ihnen half, sicherte er sich zugleich Schutz für die eigene Person zu.«

»Sehr klug. Sie haben den Inhalt der Nachricht genau erraten.«

»Und welche Hilfe boten Sie ihm an?«, flüsterte ich.

»Ach«, antwortete Bloathwait und verzog das Gesicht zu einer höhnischen Maske falscher Reue, »leider kam ich nicht dazu, mich mit der Bedeutung der Nachricht Ihres Vaters zu befassen, bevor ihn dieses grässliche Schicksal ereilte.«

Ich stand auf, denn ich hatte verstanden, dass ich aus Bloathwait nicht mehr herausbekommen würde, und ich glaubte auch zu verstehen, weshalb er mir nur bestimmte Dinge mitgeteilt, andere jedoch vorenthalten hatte. Ich drehte mich um und wollte das Zimmer verlassen, blieb jedoch noch einmal stehen und warf einen Blick zurück. »Besonders neugierig bin ich jedoch«, sagte ich, »in welcher Beziehung Sie zu Mr. Sarmento stehen.«

Wieder stieß Bloathwait ein Lachen aus.

»Sarmento.« Er sprach den Namen wie das erste Wort eines Gedichts aus. Dann griff er wieder nach seiner Schreibfeder. »Meine Beziehung zu Sarmento unterscheidet sich nicht sehr von meiner Beziehung zu Ihnen, Sir.«

Er sah mich einen Augenblick an, bevor er fortfuhr: »Das heißt, er tut das, was ich von ihm verlange. Ich wünsche Ihnen einen guten Tag, Sir.«

Bloathwait fing wieder zu schreiben an, und ich verließ sein Arbeitszimmer in der festen Überzeugung, dass ich mich ganz rasch entfernen musste, um nicht der Versuchung zu erliegen, diesem Mann ernsthaft den Hals umzudrehen.

30

Es war Freitagnachmittag, und mein Onkel war früh aus dem Lagerhaus zurückgekommen. Ich begegnete ihm im Salon und leistete ihm bei einem Glas Madeira Gesellschaft. Der Wein half, mich nach meinem Zusammentreffen mit Bloathwait zu beruhigen, und er verlieh mir obendrein den Mut, meinem Onkel einige unangenehme Fragen zu stellen.

Er war freundlich zu mir gewesen, hatte mir ein Zuhause geboten, mir Aktien angeboten und mich bei meinen Nachforschungen unterstützt. Trotzdem wusste ich immer noch nicht, ob ich ihm vertrauen konnte, und verstand auch nicht, weshalb er mir Informationen vorenthielt. Ja, ich wusste nicht einmal, welches seine Motive dafür waren.

»Bevor mein Vater starb«, fing ich an, »suchte er Kontakt zu Bloathwait. War Ihnen das bekannt, Sir?«

Ich sah ihm direkt in die Augen, denn falls er mich anzulügen gedachte, wollte ich ihm diese Lüge so schwer wie möglich machen. Ich musterte sein Gesicht und bemerkte sein Unbehagen. Seine Augen zuckten hin und her, als wollten sie meinem Blick ausweichen, aber ich hielt ihn streng auf sie gerichtet. Er sollte mir nicht entkommen.

Mein Onkel erwiderte nichts.

»Sie wussten es«, sagte ich.

Er nickte.

»Sie wussten, was Bloathwait für ihn bedeutete, für ihn und meine Familie. Sie haben diesen üblen Schuft bei der Beerdigung meines Vaters gesehen. Trotzdem haben Sie mir nichts gesagt. Ich möchte wissen, warum.«

Mein Onkel ließ sich Zeit mit seiner Antwort. »Benjamin«, hob er an, »Sie sind es gewohnt, das zu sagen, was Sie sagen möchten, vor niemandem Angst zu haben. In der Welt, in der Sie leben, haben Sie niemanden zu befürchten. Das trifft auf mich nicht zu. Mein Zuhause, mein Geschäft, alles, was ich habe ... kann mir weggenommen werden, wenn ich die falschen Leute gegen mich aufbringe. Würden Sie in mein Geschäft einsteigen, Sie würden ein reicher Mann werden, aber Sie würden ebenso verstehen lernen, welchen Gefahren man als reicher Jude in diesem Lande ausgesetzt ist. Wir dürfen keinen Grundbesitz erwerben, wir dürfen uns in bestimmten Geschäftszweigen nicht betätigen. Seit Jahrhunderten haben sie uns dazu getrieben, für sie mit ihrem Geld umzugehen, und ebenso lange hassen sie uns dafür, dass wir das tun, wozu sie uns ermutigt haben.«

»Aber was haben Sie zu befürchten?«

»Alles. Ich bin nicht weniger ehrenhaft als jeder andere Kaufmann in England. Ich bringe etwas Schmuggelware von Frankreich herüber, die ich gelegentlich über dunkle Kanäle verkaufe. Das gehört einfach zum Geschäft, aber sollte es jemals publik werden, könnte sich die Sache für diese Familie und für unsere Gemeinde hier als höchst gefährlich erweisen.« Er stieß einen tiefen Seufzer aus. »Ich habe Ihnen nichts von Bloathwait erzählt, weil ich seinen Zorn fürchtete.«

Er konnte mich nicht direkt ansehen. Ich wusste kaum, was ich ihm darauf antworten sollte.

»Aber«, sagte ich schließlich, »Sie sagten doch, Sie wünschten ebenfalls, dass ich die Wahrheit über den Tod meines Vaters herausfinde.«

»Allerdings«, erwiderte er rasch. »Das wünsche ich auch, Benjamin. Mr. Bloathwait hat Ihren Vater nicht umbringen lassen, aber ich weiß sehr wohl, was für ein rachsüchtiger und ehrgeiziger Mensch er ist. Ich wollte, dass Sie sich auf jeden Fall fern von ihm halten, dass Sie dem Verantwortlichen auf die Spur kämen, ohne Bloathwaits Wege zu kreuzen.«

»Und was ist mit Adelman? Sprechen Sie deshalb nicht schlecht von ihm, weil Sie auch ihn fürchten?«

»Ich muss mich vor diesen Männern in Acht nehmen, das werden Sie sicher verstehen, Benjamin. Trotzdem muss ich auch Samuel Gerechtigkeit widerfahren lassen. Sie halten mich jetzt sicherlich für einen Feigling, ich weiß, aber ich muss wie ein Seiltänzer mein Gleichgewicht wahren. Ich möchte immer nur tun, was richtig ist, und ich werde tun, was ich kann, damit Samuels Mörder bestraft werden. Wenn ich dabei in Ihren Augen und den Augen der ganzen Welt als Feigling dastehe, dann ist es eben so. Mir fällt kein anderer Weg ein.«

Seiner Feigheit lag eine eigenartige Würde zugrunde, die ich nicht leugnen konnte. Auch wenn mein Onkel nicht gerade jemand war, dem ich nachzueifern gedachte, glaubte ich doch, dass ich seine Beweggründe nachvollziehen konnte.

»Dann bitte nur unter uns«, sagte ich, »denn ich glaube, Sie wissen, dass Sie mir vertrauen können: Was halten Sie von Adelman? Und was von der South Sea Company?«

Er schüttelte den Kopf. »Ich weiß nicht mehr, was ich von ihnen halten soll. Früher einmal hielt ich Adelman für einen ehrenwerten Gentleman, doch seine Intrigen scheinen sich nicht mit einem Begriff wie Ehre zu vertragen. Verraten Sie mir Ihre Meinung.«

»Meine Meinung? Ich glaube, Adelman möchte mir weismachen, dass dieses ganze Bubenstück ein von Bloathwait ausgehecktes Täuschungsmanöver ist. Und ich glaube, dass Bloathwait wiederum mir nur das sagt, was ich seiner Meinung nach wissen sollte, damit ich weitere Ermittlungen gegen die South Sea anstellen kann.«

»Weil diese Ermittlungen, aber nicht unbedingt die Wahrheit an sich, der Company Schaden zufügen?«

»Genau. Bloathwait hat dafür gesorgt, dass ich gerade genug Informationen erhielt, um mein Interesse nicht erlöschen zu lassen. Es würde mich nicht wundern, wenn die Broschüre, die Sie mir gegeben haben, eine Fälschung war.«

»Das war keine Fälschung«, versicherte mir mein Onkel. »Ich kenne Samuels Handschrift.«

»Darf ich etwas anderes fragen?«, drängte ich weiter, in der Hoffnung, ihn ein wenig aus der Reserve zu locken. »Sarmento. Wussten Sie, dass er etwas mit Bloathwait zu schaffen hat?«

Mein Onkel lachte. »Aber sicher. Alle Welt weiß das. Bloathwait hat ihn angeheuert, damit er ein Auge auf Adelman hat, aber Sarmento benimmt sich so unauffällig, dass es nur einem Narren nicht sofort auffällt.«

»Warum lässt ihn Bloathwait dann weiterhin für sich arbeiten?«

»Weil Adelman«, antwortete mein Onkel grinsend, »indem er Sarmento dabei beobachtet, wie er ihm hinterherspioniert, seine Aufmerksamkeit auf niemand anderen lenkt. Sogar wenn Bloathwait sonst niemanden auf Adelman ansetzt, ist Sarmento doch eine stetige Erinnerung an Bloathwaits Anwesenheit.«

Wir nahmen beide einen Schluck Wein und sagten eine ganze Weile gar nichts mehr. Ich hatte keine Ahnung, was in meinem Onkel vorging. Wahrscheinlich wusste ich nicht einmal, was in mir selbst vorging.

»Was ist, wenn sich aus Ihren Nachforschungen überhaupt nichts ergibt?«, fragte mein Onkel schließlich. »Wenn Sie niemals herausfinden, wer all das getan hat, ja, ob es überhaupt getan wurde?«

»Hin und wieder muss man auch versagen«, erwiderte ich. »Und ich habe es hier mit ernst zu nehmenden Feinden zu tun. Ich würde nicht gerne versagen, aber wenn es so kommen sollte, muss ich nicht verzweifeln.«

»Haben Sie noch einmal über mein Angebot nachgedacht?«, fragte er rasch.

Ich überlegte mir meine Antwort eine Zeit lang. Soweit ich es beurteilen konnte, hatte sich mein Onkel von allen Verdächtigungen dieser Verschwörung rund um den Tod meines Vaters reingewaschen. Was noch nicht bereinigt war, betraf die Angelegenheit mit Miriams Vermögen, und so drängte ich weiter.

»Angenommen, ich akzeptierte Ihr Angebot und heiratete Miriam, Onkel. Was geschieht, wenn mir etwas zustößt? Was wird dann aus Miriam?«

Mein Onkel versteifte sich. Ich hatte zwar nur eine Frage gestellt, aber sie erinnerte ihn daran, wie er seinen Sohn verloren hatte. Vielleicht hätte ich diese Geschichte nicht anschneiden sollen.

»Ich verstehe wohl, aus welchem Grund Sie das interessieren dürfte, und es ist nicht mehr als recht und billig, dass Sie sich über derlei Dinge Gedanken machen, aber Miriam ist in meinem Hause stets willkommen gewesen.«

»Aber sollte sie nicht selbst für sich sorgen können? Und was ist mit Ihnen? Wirkt es sich denn nicht verheerend auf Ihre Finanzen aus, wenn Sie ein Schiff voller Ware verlieren?«

»Es wirkt sich in vielerlei Hinsicht verheerend aus, aber nicht in finanzieller. Ich versichere meine Warensendungen immer gegen solche Schäden, damit man im Falle einer solchen Tragödie, so sehr man auch darunter leiden mag, nicht auch noch ohne Mittel dasteht.« In seiner Stimme schwang eine Kälte mit, wie ich sie seit Anbeginn dieser Nachforschungen nicht mehr bei ihm wahrgenommen hatte. »Sie möchten gern wissen, wie viel Münzen in Ihrer Tasche landen werden, wenn Sie sie heiraten?«

»Aber nein!«, fuhr ich rasch dazwischen. »Sie missverstehen mich. Es tut mir leid, wenn ich Ihnen nicht die Höflichkeit einer offenen Aussprache erwiesen habe. Ich wünsche zu erfahren, was mit Miriams Geld geschehen ist, aber nicht um meinet-, sondern um ihretwillen.«

»Um ihretwillen?«, fragte er. »Nun, ich habe das Geld. Es gehört ihr, sobald sie wieder heiratet.«

»Und falls nicht?«

Er lachte. »In diesem Falle werde ich es so lange für sie verwalten, wie sie in meinem Haushalt lebt. Sollte sie zum Zeitpunkt meines Todes immer noch unverheiratet sein, habe ich vorgesorgt, dass das Geld treuhänderisch verwaltet wird.«

»Warum geben Sie es ihr nicht einfach?«, fragte ich.

Er schüttelte den Kopf. »Das Geld gehört ihr eigentlich nicht mehr direkt, sondern eher sinngemäß. Aaron hat in das Unternehmen investiert, und als sein Schiff unterging, erhielt ich die Auszahlung von der Versicherung. Heute lässt sich kaum auseinanderhalten, welches Geld wem gehört. Aber solange sie unter meinem Schutz steht oder sobald sie einen Mann heiratet, den ich für gut befinde, wird es ihr an nichts fehlen.«

»Was aber, wenn sie Ihren Schutz nicht wünscht?«, fuhr ich fort. »Oder wenn sie einen Mann heiraten möchte, der Ihnen nicht genehm ist?«

»Halten Sie mich für einen Bösewicht, Benjamin? Glauben Sie, ich hätte die Frau meines eigenen Sohnes um einige tausend Pfund betrogen?« Zu meiner Erleichterung war seiner Stimme keine Entrüstung anzuhören. Er glaubte sich so frei von allen niederträchtigen Motiven, dass er derartige Verdächtigungen nicht einmal ernst nahm.

Ich hingegen nahm sie ernst, denn er hatte sich schuldig gemacht, wenn auch nicht aus böser Absicht. »Ich glaube nicht, dass Sie ihr etwas aus Arglist weggenommen haben«, sagte ich. »Ich glaube sogar, dass Sie davon überzeugt sind, im Sinne Miriams zu handeln.«

»Und das gedenken jetzt *Sie* zu tun?« Seine Stimme wurde erregter. Ich hatte an etwas gerührt.

»Das würde mir nicht einfallen«, erwiderte ich, »aber ich fürchte, Miriams Worten allein schenken Sie keine Beachtung, Onkel.«

»Mein Haus zu verlassen oder einen unpassenden Ehemann zu wählen wäre töricht von ihr«, wies mich mein Onkel zurecht. »Miriam wohnt jetzt schon sehr lange bei uns. Wenn ich etwas getan habe, das ihren Unwillen erregt hat, dann habe ich es im Rahmen eines größeren Wohles für sie getan.«

»Wie können Sie so etwas für Miriam entscheiden?«, fragte ich. »Haben Sie nie mit ihr darüber gesprochen?«

»Sich in diesen Angelegenheiten mit Frauen zu besprechen ist reine Dummheit«, entgegnete er. »Haben Sie wirklich geglaubt, ich enthalte Miriam ihr Geld aus Habgier vor? Ich bin entsetzt, Benjamin! Auch wenn Sie mich jetzt als engstirnig bezeichnen, aber ich habe schon mehr als einmal gesehen, wie Frauen einen Besitz innerhalb kürzester Zeit zugrunde richteten, deshalb möchte ich Miriam ihr Vermögen, das ihr und ihren Kindern gehören sollte, bewahren. Sich selbst überlassen, würde sie ihr Geld für teure Kleider, Kutschen und kostspielige Vergnügungen ausgeben. In dieser Hinsicht darf man Frauen nichts anvertrauen.«

Ich schüttelte den Kopf. Mir kam es vor, als habe er seine Schwiegertochter noch kein einziges Mal angesehen. Wie konnte er so etwas von ihr behaupten? »Es mag solche Frauen geben, doch Miriam gehört mit Sicherheit nicht dazu.«

Mein Onkel lachte leise auf. »Darüber, Benjamin, können wir uns gerne unterhalten, wenn Sie selbst Frau und Kinder haben.«

Damit erhob er sich und verließ den Salon. Ich wusste kaum zu sagen, ob er mich damit einfach stehen gelassen hatte oder sich geschlagen gab.

Mein Onkel verlangte nichts von mir, weil er es versprochen hatte, aber ich wusste, dass es ihm lieber war, wenn ich am Sabbat mit meinen Nachforschungen pausierte. Diesem Wunsch leistete ich aus Respekt vor dem Haus Folge; aber auch, weil ich etwas Zeit brauchte, um über all das, was vorgefallen war, nachzudenken. Unsere Unterhaltung über Miriam erwähnte er mir gegenüber nicht mehr, und ich ebenso wenig. Ich traute mich nicht, das konfliktträchtige Thema noch einmal anzuschneiden. Zumindest nicht sofort. Es kam mir seltsam vor, wenn ich daran dachte, dass ich das Haus meines Onkels in der Hoffnung betreten hatte, er könnte der Mann sein, der mein Vater niemals für mich gewesen war. Vermutlich hatte ich zu viel von ihm erwartet, nämlich dass er in jeder Hinsicht wie ich dachte. Wie auch immer, ich tröstete mich damit, dass er Miriam ihr Geld nicht aus selbstsüchtigen Motiven vorenthielt, sondern allein aus Vorbehalten ihrem Geschlecht gegenüber.

Mein Onkel war klug genug, weder Adelman noch Sarmento am Freitag zum Abendessen einzuladen, sondern stattdessen eine Familie aus der Nachbarschaft, ein Ehepaar ungefähr im Alter meines Onkels und meiner Tante, dazu ihren Sohn und dessen Frau. Ich freute mich über die Gesellschaft, war sie mir doch eine willkommene Abwechslung, und die Anwesenheit der Frauen nahm die unangenehme Last von mir, mit Miriam Konversation zu pflegen.

Am nächsten Morgen, nach der Andacht in der Synagoge, kam es abermals zu einem Gespräch mit Abraham Mendes. Es kam mir mehr als seltsam vor, dass dieser Mann, der in Anwesenheit seines Herrn und Meisters nicht mehr als ein hirnloser Raufbold zu sein schien, sich bei anderen Gelegenheiten als durchaus gesellschaftlich versiert erwies. Zu meiner Überraschung verspürte ich sogar eine gewisse Freude, als ich ihn auf mich zukommen sah.

Mendes und ich entboten uns den traditionellen Sabbatgruß. Er erkundigte sich nach dem Befinden meiner Familie und lenkte die Aufmerksamkeit sodann auf mich. »Wie kommen Sie mit Ihren Nachforschungen voran, wenn ich fragen darf?«

»Widerspricht es nicht dem Gesetz des Herrn, am Sabbat über derlei Dinge zu reden?«, erkundigte ich mich.

»Allerdings«, stimmte er mir zu, »aber Gleiches gilt für Diebstahl, weshalb wir uns wohl am besten nicht länger bei unseren Sünden aufhalten.«

»Die Nachforschungen kommen nur schlecht voran«, murmelte ich. »Wenn Sie sich schon nicht darum scheren, den lieben Gott zu verstimmen, dann verstimmen Sie wenigstens mich nicht damit. Ich bin nicht in der Verfassung, über diese Angelegenheit zu reden.«

»Na schön.« Er lächelte. »Trotzdem kann ich, wenn Sie möchten, Mr. Wild von Ihren Schwierigkeiten berichten. Vielleicht kann er Ihnen behilflich sein.«

»Das lassen Sie mal schön bleiben, Mendes. Ich bin mir noch nicht ganz über das Ausmaß Ihrer Niederträchtigkeit im Klaren, aber Ihrem Herrn gegenüber hege ich da keine Zweifel. Erwähnen Sie meinen Namen ihm gegenüber bitte nicht.«

Mendes verneigte sich und ging davon.

Kaum ins Haus meines Onkels zurückgekehrt, fiel mir auf, dass ich Miriam wieder aus dem Weg ging. Seit unserer unglücklichen Aussprache hatten sie und ich uns redlich darum bemüht, einander nicht allein zu begegnen. Am Samstag, nach der Synagoge, verkündete Miriam, sie leide an Kopfschmerzen, und hielt sich den Rest des Tages in ihrem Zimmer auf. Ich muss gestehen, dass ich in erster Linie erleichtert darüber war.

Als ich an jenem Abend die Treppe hinaufstieg, sah ich sie im Korridor stehen, direkt vor ihrer Tür. Sie hatte auf mich gewartet.

»Benjamin«, sagte sie leise. Onkel und Tante schliefen ein Stockwerk weiter oben. Wenn wir uns nicht vorsahen, drangen unsere Stimmen bis nach oben. Ich wusste nicht, ob ich einen Schritt auf sie zumachen oder zurückweichen sollte. Auch wenn es närrisch schien, unentschlossen stehen zu bleiben, war es im Augenblick einfacher, als eine Entscheidung zu treffen.

»Ich möchte Ihnen noch etwas sagen«, flüsterte sie fast unhörbar.

Ich ging mit ausgestreckter Hand auf sie zu. Sie wich einen Schritt zurück. »Etwas, das Ihren Vater betrifft.«

Die Ankündigung brachte mich sofort zum Stehen. Meine Glieder kribbelten. Ich hatte schon zu viel durchgemacht, um mich von dieser Äußerung nicht erschrecken zu lassen. »Worum geht es?«

»Ich möchte Ihnen etwas sagen ... etwas, das Sie wissen sollten. Ihr Vater ...« Sie hielt inne, presste die Lippen zusammen und sog die Luft durch die Nase ein, wie die Matrosen sich die Lungen füllen, bevor sie ins Meer springen. »Ihr Vater war kein netter Mensch.«

Ich hätte beinahe laut aufgelacht, wäre ich nicht so verdutzt gewesen. »Das ist mir nicht neu.«

Sie biss sich auf die Lippe. »Sie verstehen mich nicht. Sie sagten mir einmal, Sie fühlten sich schuldig, Sie würden Reue verspüren, als hätten Sie etwas falsch gemacht. Vielleicht müssen Sie diese Gefühle haben. Vielleicht haben Sie einen schrecklichen Fehler begangen, als Sie weggelaufen sind, und vielleicht einen noch größeren, als Sie nicht mehr zurückkehrten. Aber das heißt nicht, dass Sie im Unrecht gewesen sind – zumindest nicht völlig. Wenn Sie unbedingt wollen, können Sie sich die Schuld aufbürden, aber Sie müssen ihn mindestens ebenso dafür verantwortlich machen.«

Ich schüttelte meinen Kopf wieder und wieder, wobei ich mir dessen nur bruchstückhaft bewusst war.

»Ihr Vater wusste, wo Sie waren. Er musste nur in die Zeitung schauen, um herauszufinden, wo Sie kämpften. Er hätte Sie aufsuchen können, aber er hat es nicht getan. Er konnte es nicht tun, weil er nicht wusste, wie man gütig ist. Ich habe ihn mit Ihrem Bruder zusammen gesehen, und auch José gegenüber hat er sich nicht herzlicher als Ihnen gegenüber verhalten. Er war nur zufriedener mit ihm. Ihre Erinnerungen an ihn sind keine Hirngespinste, sondern die Wahrheit. Vielleicht machten ihn die Eigenschaften, die ihn zu einem guten Geschäftsmann werden ließen, zu einem schlechten Vater. Aber ich glaube ...« Ihre Stimme schien zu versiegen. »Sie haben zu viele Gewissensbisse. Mehr als nötig.«

Ihre Worte hatten mich erstarren lassen. Ich fühlte einen derartigen Sturzbach von Gefühlen auf mich niedergehen, dass ich eines nicht vom anderen unterscheiden konnte.

»Ich möchte, dass wir Freunde bleiben, Benjamin«, sagte sie nach einer Weile, vielleicht, weil ihr mein Schweigen unangenehm wurde. »Verstehen Sie das?«

Ich nickte benommen.

»Dann können wir morgen also wieder wie früher miteinander verkehren.« Sie lächelte so süß, so scheu, dass ich glaubte, mein Herz müsse zerspringen.

Dann stieg sie die Treppe empor und ließ mich auf dem Flur stehen, wo ich reglos verharrte, bis ich von unten die Uhr schlagen hörte und wie ein Betrunkener in mein Zimmer wankte.

Es war kurz nach ein Uhr nachmittags, als ich vor Sir Owens Haus ankam. Ich war angenehm überrascht, ihn um diese Zeit schon wach und vollständig angekleidet anzutreffen und somit bereit, mich innerhalb einer Viertelstunde nach meiner Ankunft zu empfangen. Weit entfernt von dem schroffen Mann, als den ich ihn bei unserem letzten Zusammentreffen erlebt hatte, schien er diesmal wieder ganz der Alte zu sein.

»Weaver!«, rief er hocherfreut, als er in sein Gesellschaftszimmer marschiert kam. »Wie schön, Sie zu sehen! Was kann ich für Sie tun? Vielleicht zuerst ein kleines Gläschen?«

»Nein danke, Sir Owen«, erwiderte ich, woraufhin er sich selbst einen Portwein einschenkte. Ich war zu aufgeregt, zu verwirrt, dachte ich, um auch nur zu schlucken.

»Wie ich gehört habe, hat dieser schottische Arzt, ihr Freund, tatsächlich vor, die Drury Lane mit einer neuen Komödie kräftig durcheinander zu wirbeln. Ich lasse mir keine einzige neue Komödie entgehen, wissen Sie, schon gar nicht, wenn sie von dem Mann verfasst wurde, der mich vom Tripper geheilt hat. Bitte bestellen Sie ihm doch, dass ich auf jeden Fall zur Premiere anwesend sein werde.«

»Ich glaube, er würde Sie lieber beim Wohltätigkeitsabend für den Autor willkommen heißen«, sagte ich mit der gleichen Freundlichkeit. Wenn ich bei Sir Owen etwas erreichen wollte, durfte er nichts von meiner verfahrenen Situation ahnen.

Er lachte. »Nun denn, wenn das Stück wirklicht hält, was es verspricht, komme ich gerne am dritten Abend noch einmal. Ich war schon immer der Meinung, dass man auch die Schreiberlinge ordentlich unterstützen sollte. Das ist das Mindeste, was man für ein gutes Stück tun kann.«

»Er wird sich überaus freuen, das zu hören.«

Ich verstummte einen Augenblick, und Sir Owen schloss sich meinem Schweigen an, wobei er sich darauf konzentrierte, seinen Morgentrunk im Glas zu schwenken.

»Ich habe einige Neuigkeiten, die Sie meines Erachtens erfahren sollten«, fuhr ich fort. »Es scheint so, als sei Kate Cole ermordet worden.«

»Ermordet!« Beinahe hätte er sein Weinglas fallen gelassen. »Großer Gott, Sir! Ich habe gehört, sie habe sich erhängt!«

Er setzte seinen Port ab, überlegte es sich dann jedoch anders und nahm einen ausgiebigen Schluck.

Ich war überrascht, dass er überhaupt etwas davon erfahren hatte. »Dann wissen Sie es also bereits?«

»Gewiss, gewiss«, antwortete er, trank aus und schenkte sich nach. »Sind Sie denn sicher? Nein? Wissen Sie, die Sache mit ihrer Verhandlung ging mir schon sehr nahe, und wie Sie wissen, stehe ich nicht völlig ohne Verbindungen da. Ich erhielt eine Nachricht von einem Freund, der mit dem Direktor des Gefängnisses von Newgate in Verbindung steht. Er hat mir von ihrem Tod berichtet, erzählte mir aber, sie habe sich aufgehängt. Ich muss mich sehr wundern, dass Sie jetzt von Mord sprechen.«

»Eigentlich vermute ich nur, dass sie ermordet wurde«, gab ich zu, »und das aufgrund einer anderen Sache, die mich beschäftigt.«

»Was ist das für eine Sache?«, wollte Sir Owen wissen. »Diese Geschichte mit Ihrem Vater? Was hat die denn mit dieser Frau zu tun?«

»Schwer zu sagen«, erwiderte ich. »Es will mir nicht gelingen, die Teile zusammenzusetzen, denn es haben zu viele Teilnehmer die Finger mit im Spiel.«

Sie Owen kniff die Augen zusammen. »Kann ich Ihnen in irgendeiner Weise behilflich sein? Wie Sie wissen, verfüge ich über so manche Beziehungen, und wenn ich Ihnen in dieser Hinsicht einen Gefallen tun kann, brauchen Sie nur zu fragen.«

Bei einem Freund wie Sir Owen, der einen beim geringsten Anzeichen dafür, dass sein Ruf leiden könnte, hemmungslos opferte, der aber jetzt, da er nichts zu verlieren hatte, mit seinem Einfluss prahlte, konnte einen wirklich der Ekel packen.

»Sehr freundlich von Ihnen.« Ich dachte einen Augenblick darüber nach. Dass Sir Owens Charakter die eine oder andere Scharte aufwies, war wahrscheinlich nicht Grund genug dafür, keinen Vorteil aus seinen Verbindungen zu ziehen. »Ich möchte Sie da nicht hineinziehen, Sir, denn mittlerweile weiß ich, dass die Angelegenheit nicht ungefährlich ist, aber es gibt eine Sache, bei der Sie mir helfen könnten. Doch, das wäre mir wirklich eine große Hilfe. Haben Sie jemals den Namen Martin Rochester gehört?«

»Rochester«, wiederholte er. Er ließ sich ein paar Sekunden Zeit, um über den Namen nachzudenken.

»Ich habe ihn schon gehört, glaube ich, aber ich weiß nicht, wer dieser Mann ist. Vielleicht ein Name, den ich an den Spieltischen vernommen habe?« Er verdrehte die Augen nach oben und trank einen bedächtigen Schluck. »Hat er etwas mit dem Tod dieser Hure zu tun?«

»Ja«, antwortete ich. »Ich glaube, Rochester hat sie umbringen lassen, weil sie ihn hätte identifizieren können. Wissen Sie, ich habe in Erfahrung gebracht, dass Rochester nur mehr ein Pseudonym ist und dass besagte Person hinter einigen schockierenden Taten steht. Wenn ich herausfinden kann, wer er wirklich ist, dann finde ich auch die Wahrheit hinter den Verbrechen, um deren Aufklärung ich bemüht bin.«

Sir Owen nippte an seinem Port. »Und das ist so schwierig?«

»Rochester ist gerissen. Er hat sowohl Freunde als auch Feinde, die alle Spuren hinter ihm verwischen. Aus diesem oder jenem Grund einen falschen Namen zu benutzen, ist eine Sache, bei Rochester hingegen ist es etwas ganz anderes. Er hat eine komplette falsche Identität erschaffen«, sagte ich, die Gedanken beim Reden formulierend, »das täuschend echte Abbild eines Börsenmaklers, fast so, wie Papiergeld nur mehr das Abbild echten Geldes ist.«

»Das hört sich ziemlich kompliziert an«, meinte Sir Owen gut gelaunt. »Ich kann Ihnen nicht sagen, wie froh ich bin, diese unangenehme Sache mit dieser Hure hinter mir zu haben, Weaver, und ich wünschte, ich könnte Ihnen meine Anerkennung zeigen. Vielleicht kann ich behilflich sein, wenn Sie mir erzählen, was Sie noch so alles über diesen Rochester wissen. Man begegnet so vielen Menschen und hört noch mehr, so dass es nicht immer leicht ist, alles und jeden in Erinnerung zu behalten.«

Ich war nicht sicher, wie viel ich Sir Owen offenbaren wollte. »Ich kann mir nicht vorstellen, welche Verbindung Sie zu ihm haben könnten«, sagte ich schließlich. »Er ist ein korrupter Börsenmakler, der wahrscheinlich irgendwelche Geschäfte mit der South Sea Company betreibt.«

Sir Owen schien etwas eingefallen zu sein. Er verzog das Gesicht und verdrehte die Augen zur Decke. »Und das alles steht wiederum in Verbindung zu dieser Sache mit Balfour und Ihrem Vater?«

»Richtig.«

Er beugte sich vor. »Darf ich fragen, inwiefern dieser Rochester damit zu tun hat?«

»Das weiß ich nicht«, sagte ich vorsichtig. »Ich kann nur sagen, dass sein Name wiederholt in Zusammenhang mit den beiden Todesfällen genannt wurde, und bevor ich ihn nicht aufgespürt und selbst gesprochen habe, werde ich wohl auch nicht mehr darüber erfahren.«

»Da der Kerl ein mieser Schurke zu sein scheint, bleibt mir nicht mehr, als Ihnen viel Glück zu wünschen, denn inzwischen zolle ich Ihnen, Sir, und Ihren Fähigkeiten auf diesem Gebiet großen Respekt.«

»Sie sind zu freundlich«, sagte ich mit einer förmlichen Verbeugung.

Dann schnippte Sir Owen mit den Fingern und sah mich aufgeregt an. »Herrje, eben fällt mir etwas ein! Wie Sie wissen, wird in der ganzen Stadt von Ihren Nachforschungen hinsichtlich dieser Todesfälle gesprochen. Ich muss nicht betonen, dass ich stets interessiert lausche, wenn ich irgendwo jemanden über die Sache reden höre, da unsere Geschicke in der letzten Zeit so eng miteinander verbunden waren. Jetzt, da ich darüber nachdenke, fällt mir ein, dass ich bei einer dieser

Unterhaltungen den Namen Rochester habe erwähnen hören. Ich kann mich nicht mehr genau erinnern, in welchem Zusammenhang, da ich mir nicht einmal jetzt sicher bin, ob ich den Namen je zuvor gehört hatte. Aber ein Bursche, den ich nicht kenne, sprach von ihm, und ich kann mich nicht mehr an viel erinnern, was er sagte, aber er erwähnte ihn in einem Atemzug mit einem anderen Namen. Bei diesem zweiten handelte es sich um einen Juden namens ... Wie hieß er noch gleich ... Sardino? Oder Salmono? Irgendetwas mit Fisch, glaube ich.«

»Sarmento?«, fragte ich ruhig.

Er schnippte mit den Fingern. »Genau der Name war's! Ich wünschte, ich könnte noch mehr dazu sagen, aber mir fällt einfach nichts mehr ein. Ich hoffe, Sie können trotzdem etwas damit anfangen.«

»Allerdings«, sagte ich und verabschiedete mich in aller Höflichkeit.

Es war keine Aufgabe, auf die ich mich besonders freute, aber ich wusste, dass sie erledigt werden musste. Also machte ich mich auf den Weg zu Sarmentos Logis unweit der Thames Street, beinahe im Schatten von St. Paul's. Dort hatte er sich in einem recht angenehmen, wenn auch einfachen Haus in bequemer Entfernung zum Lagerhaus meines Onkels eingemietet.

Als mich seine Vermieterin ins Wohnzimmer führte, sah ich, dass dort schon jemand wartete, vermutlich auf einen anderen Mieter, denn es handelte sich um einen Geistlichen der anglikanischen Kirche. Er war ein eher junger Bursche, augenscheinlich noch nicht lange aus der Schule, denn ihn umgab noch das enthusiastische Flair des Mannes, der erst vor Kurzem die Priesterweihe empfangen hatte. Ich hatte zu meiner Zeit hin und wieder Kontakt zu Kirchenmännern gehabt, sie indes normalerweise entweder als flaue, nichtssagende Burschen oder ganz im Gegenteil als zügellose Zeitgenossen erlebt, die sich nur dann um ihre Religion scherten, wenn es ihre Pflicht unumgänglich machte. So oder so hatte ich oft gedacht, die anglikanische Kirche habe ein System hervorgebracht, das seine Geistlichen dazu ermutigte, ihre Stellung nicht anders zu betrachten als die Hilfskräfte in einem Laden – als eine Methode, Geld zu verdienen, mehr nicht.

»Guten Morgen, Sir«, entbot er mir seinen Gruß mit einem breiten, zufriedenen Lächeln.

Auch ich wünschte ihm einen guten Morgen und nahm Platz. Er griff in seine Tasche, zog eine Uhr heraus und warf einen raschen

Blick darauf. »Ich warte nun schon seit geraumer Zeit auf Mr. Sarmento«, sagte er. »Ich habe keine Ahnung, wann er herunterkommt.«

»Sie warten auf Mr. Sarmento?«, fragte ich mit unverhohlenem Erstaunen.

Mir war bewusst, dass die Frage ein wenig unhöflich formuliert war, aber das hatte ich aus Absicht getan – nicht, weil ich eine besondere Abneigung gegenüber Priestern empfand, sondern weil ich hoffte, den Mann damit zu verleiten, etwas mehr auszuplaudern, als er normalerweise getan hätte.

Den Priester jedenfalls brachte meine Ungehobeltheit erst richtig in Schwung: »Er ist ein guter Bekannter von mir und ein gelehriger Schüler.« Er lächelte. »Ich habe ihn dazu ermutigt, seine Memoiren zu schreiben. Konvertierungsgeschichten finde ich immer höchst inspirierend.«

Mir blieb vor Staunen fast die Spucke weg. »Entschuldigen Sie bitte, aber ich glaube, ich habe Sie nicht recht verstanden. Wollen Sie damit sagen, Mr. Sarmento sei ein Konvertit?«

Der Priester wurde rot. »Ach du meine Güte! Ich hoffe, ich habe nicht zu viel ausgeplaudert. Ich hatte ja keine Ahnung, dass seine Bekannten nicht wissen, dass er Jude gewesen ist. Bitte halten Sie es ihm nicht vor.«

Er neigte sich zu mir und senkte die Stimme, als verrate er mir ein Geheimnis. »Ich darf Ihnen versichern, dass sein Übertritt absolut ernsthaft ist, und meiner Erfahrung nach sind Konvertiten meist die frommsten Christen, da sie sich doch auf eine Weise mit ihrer Religion beschäftigt haben, wie es die meisten von uns nicht tun müssen.«

Ich gebe zu, ich war wie vor den Kopf geschlagen, vielleicht sogar entsetzt. Es war eine Sache, ein Jude zu sein, der nicht immer ganz nach den Regeln lebte, aber selbst ein so nachlässiger Mensch wie Adelman war nicht dreist genug, einen Übertritt ernsthaft in Erwägung zu ziehen. Vielleicht verstehen meine christlichen Leser nicht ganz, dass trotz unterschiedlicher Konfessionen, wie Anglikaner, Papisten, Presbyterianer oder Dissenter, alle Briten gleich sind; hingegen heißt Jude zu sein, gleichzeitig einem Volk und einer Religion anzugehören. Zu konvertieren bedeutete, sich selbst auf eine Weise zu verleugnen, die ich als absolut schockierend empfand. Es bedeutete nicht nur, dass man sagte: »Ich möchte dieses nicht mehr sein«, sondern eher: »Ich bin es niemals gewesen.« In diesem Augenblick traute ich Sarmento so gut wie alles zu.

»Wann hat der Übertritt denn stattgefunden?«, fragte ich und zwang mich zu einem höflichen Lächeln.

»Vor nicht mehr als sechs Monaten«, erklärte er zufrieden. »Doch schon lange davor hat sich Mr. Sarmento an mich gewandt. Wie viele Angehörige seines Stammes hat er sich zunächst nur sehr zögerlich von seinem alten Aberglauben gelöst. Solche Dinge nehmen oftmals eine lange Zeit in Anspruch.«

Ich wusste nicht, was das heißen sollte, und mir blieb auch nicht viel Zeit, näher darüber nachzudenken, denn bei diesen Worten betrat Sarmento den Raum. Er blieb an der Tür stehen und starrte uns beide an, sagte jedoch nichts, sondern versuchte, den angerichteten Schaden einzuschätzen. Schließlich wandte er sich an mich. »Was tun Sie hier, Weaver?«

»Ich bin hier, um mit Ihnen über geschäftliche Dinge zu reden, Sir.« Ich empfand unweigerlich ein gewisses Vergnügen an seiner Verwirrung. »Aber wenn Sie zunächst mit Ihrem Beichtvater reden möchten ...«

Sarmentos Mund klappte auf und wieder zu. Er wusste, dass der Vorteil auf meiner Seite war, und dafür hasste er mich. Vielleicht hasste er den Geistlichen ebenso. »Mr. Norbert«, sagte er dann, »ich möchte nicht unhöflich sein, aber ich muss mich mit Mr. Weaver unter vier Augen unterhalten.«

Der Priester schien immun gegen diesen Affront, obwohl er sich ein wenig unwohl dabei fühlte, weil er etwas ausgeplaudert hatte, das, wie er jetzt wusste, besser ein Geheimnis geblieben wäre. Er lächelte, stand auf und nahm seinen Hut in die Hand.

»Ich komme zu einem passenderen Zeitpunkt wieder, Sir.« Dann verneigte er sich vor uns beiden und ging hinaus.

Ich hatte mich in meinem Stuhl nicht gerührt. Sarmento blieb stehen. Ich genoss das Gefühl der Macht, das mir seine Notlage bescherte.

»Ich wusste gar nicht, dass Sie Mitglied der anglikanischen Kirche sind«, sagte ich in beiläufigem Ton. »Wie steht mein Onkel denn dazu?«

Sarmento ballte mehrmals die Fäuste. »Sie haben mich auf schwachem Fuße erwischt, Weaver. Sie haben recht, wenn Sie vermuten, dass Ihr Onkel nichts davon weiß. Ich glaube nicht, dass er es verstehen wird, aber ich habe in der Kirche eine Zuflucht gefunden, und ich muss mich deswegen nicht von Ihnen zurechtweisen lassen. Ausgerechnet von Ihnen, der sich überhaupt keiner Religion verpflichtet fühlt.«

»Ich erinnere mich noch gut daran«, sagte ich sinnierend, »wie Sie mir einmal vorwarfen, ich redete zu sehr wie ein Engländer. ›So reden wir nicht‹, sagten Sie damals. Auch das nur eine Täuschung, um mich zu verwirren?«

»Genau«, kommentierte er ironisch.

»Freut mich, dass wir geklärt haben, dass es Ihnen nichts ausmacht, andere zu täuschen. Missverstehen Sie mich nicht, Sir, ich bin keinesfalls hier, um mich mit Ihnen über Religion zu streiten. Es ist mir egal, woran Sie glauben und wen Sie anbeten. Was mir hingegen Sorgen bereitet, ist die Tatsache, dass Sie mit dem Vertrauen meines Onkels spielen.«

Er versuchte mich zu unterbrechen, zweifellos, um eine Beleidigung auszustoßen, doch ich ließ ihn nicht zu Wort kommen.

»Ich bin gekommen, um zu erfahren, weshalb Sie sich in jener Nacht bei dem Maskenball draußen in dieser Menge aufhielten, Sir.«

»Aus welchem Grund«, fuhr er mich an, »sollte ich auch nur auf eine Ihrer impertinenten Fragen antworten?«

»Weil ich wissen möchte«, erwiderte ich und baute mich vor ihm auf, »ob Sie bei der Ermordung meines Vaters eine Rolle gespielt haben oder nicht.«

Sein Gesicht wurde aschfahl. Er wich einen Schritt zurück, als hätte ich ihn geohrfeigt. Er wirkte wie eine Marionette bei einer Aufführung auf dem Fleischmarkt von Smithfield: Sein Mund klappte auf und zu, ohne einen Ton herauszubringen, und seine Augen wurden absurd groß. Schließlich fing er an zu stottern: »Sie glauben doch nicht ernsthaft ... Sie wollen doch wohl nicht behaupten ... ich ...«

Auf einmal schnappte etwas in ihm ein, wie die Zahnräder in einer Maschine. »Und aus welchem Grund sollte ich Samuel Lienzo wohl getötet haben?«

»Dann sagen Sie mir, was Sie beim Maskenball in der Menge auf dem Haymarket zu suchen hatten?«, wiederholte ich meine Frage.

»Wenn Sie jeden in dieser Menschenmenge verdächtigen wollen, haben Sie viel zu tun«, stammelte er. »Und was hat diese Menge mit dem Tod Ihres Vaters zu tun?«

»Ich habe nicht die Menge in Verdacht«, erwiderte ich. »Sondern Sie.«

»Ich glaube, so mancher in diesem Königreich wäre entsetzt, wenn er erfahren würde, dass die Juden jedem der ihren, der zum Christentum übertritt, einen Mord zutrauen.«

»Spielen Sie nicht den Judenhasser mit mir!« Ich spürte, wie ich vor Zorn rot anlief. »Ich kenne diese Phrasen zur Genüge und lasse mich nicht davon einschüchtern, schon gar nicht dann, wenn sie aus dem Mund von einem wie Ihnen kommen. Was hatten Sie dort zu suchen, Sarmento?«

»Was glauben Sie denn? Ich suchte Miriam. Ich wusste, dass Sie sich bei diesem Lebemann einem großen Risiko aussetzte. Ich war allein aus dem Grund dort, um sicherzugehen, dass er nichts unternahm, was ihrer Ehre Abbruch tun könnte. Der Zufall trennte mich von ihr, und auf einmal entdeckte ich die Menschenmenge, die um den Mann herumstand, den zu töten Sie sich bemüßigt fühlten. Ich sah, dass die Constables Sie festgenommen hatten, aber es hätte wohl nichts gebracht, wenn ich vorgetreten wäre. Da ich nicht allzu viel von Ihrem Charakter halte, hätte ich wohl kaum zu seinen Gunsten aussagen können.«

»Sind Sie sicher, dass das in jener Nacht der einzige Grund für Ihre Anwesenheit am Haymarket war?«

»Natürlich bin ich sicher. Was soll das?«

»Ihre Anwesenheit hatte nichts mit meinen Nachforschungen zu tun?«

»Sie und Ihre Nachforschungen, Weaver! Es ist mir egal, ob es sich um Ihre Nachforschungen hinsichtlich der South Sea Company oder um Ihre Nachforschungen in Miriams Geldbeutel handelt. Warum kümmern Sie sich nicht um Ihre eigenen Angelegenheiten?«

Mit einem Mal verstand ich seine Erregung. »Miriam hat Ihnen gesagt, sie glaube, ich schnüffele hinter ihren Finanzen her?«

»Ganz recht«, sagte er stolz, als hätte er mich nicht recht verstanden. »Ich habe Miriam erzählt, dass Ihr Geschäft mit Ihrem Onkel darin besteht, herauszufinden, was sie mit ihrem Geld angestellt hat.«

»Warum haben Sie ihr das gesagt?«

»Weil ich es für die Wahrheit hielt. Die Geschichten über Sie und die South Sea Company machten damals noch nicht die Runde auf der 'Change. Ich konnte mir keinen anderen Grund vorstellen, weshalb Ihr Onkel Sie wieder bei sich aufnahm.«

»Warum stellen Sie Miriam nach, Sarmento? Haben Sie denn nicht bemerkt, dass sie sich nichts aus Ihnen macht? Glauben Sie wirklich daran, sie für sich gewinnen zu können?«

»Das kann Ihnen herzlich egal sein, das verspreche ich Ihnen, denn sie wird niemals in eine Heirat mit einem Grobian wie Ihnen einwilligen. Und um sie für mich zu gewinnen, muss sie mir nur noch eine Gelegenheit geben.«

»Eine Gelegenheit wozu?«

Sarmento öffnete den Mund, hielt sich jedoch zurück. Über sein Gesicht breitete sich ein tiefes Rot wie ein flammender Schatten aus.

»Eine Gelegenheit wozu?«, fragte ich noch einmal.

»Um ihr Geld zurückzuholen!« Er schrie beinah. »Sie hat mich darum gebeten, ihre Investitionen zu verwalten, und zunächst ist mir das auch gut gelungen. Aber dann habe ich ein paar törichte Entscheidungen getroffen.«

»Wie viel haben Sie verloren?«

Er schüttelte den Kopf. »Mehr als einhundert Pfund.« Er stieß einen langen, beinahe belustigenden Seufzer aus. »Danach entzog sie mir jegliche Kontrolle über ihre Aktien. Nur eine dumme Fehlentscheidung, ein Missgriff, und die 'Change Alley hat mich an einem einzigen Tag entmannt. Sie vertraute ihr Geld Deloney an. Ich warnte sie vor diesem liederlichen Spitzbuben, aber sie wollte nicht auf mich hören.«

»Auf mich hat sie gehört«, beschied ich ihm. »Ich habe Deloney entlarvt.«

»Und wo ist das Geld jetzt?«, keuchte Sarmento. »Vielleicht kann ich es zurückfordern.«

»Ihr Geld ist nicht das Gleiche wie Ihr Herz. Das scheinen Sie zu vergessen.«

Sarmento lachte. »Glauben Sie doch, was Sie wollen.«

Ich winkte ab. Ich war nicht hergekommen, um Sarmentos Gefühle gegenüber Miriam zu erörtern. »Was mich eher interessiert, Mr. Sarmento, ist Ihre Verbindung zu Martin Rochester.«

»Rochester?«, fragte er. »Was habe ich denn mit dem zu schaffen?«

»Was wissen Sie von ihm?« Ich wurde ein wenig lauter und ging einen Schritt auf ihn zu.

Sarmento war eindeutig erschüttert. »Ich weiß nichts von ihm, Weaver. Er ist Börsenmakler. Ich habe seinen Namen schon gehört, aber das ist alles. Wir haben nichts miteinander zu schaffen.«

Ich zweifelte seine Worte nicht an. Sarmento mochte ein unangenehmer Mensch sein, aber er war leicht durchschaubar. Ich hielt ihn nicht für fähig, mir in dieser Angelegenheit seine Lügen erfolgreich zu verkaufen. Ich ging ein paar Schritte zurück, um ihm zu zeigen, dass ich ihm nichts tun würde.

»Ich bin hier, weil mir einer meiner Bekannten erzählt hat, er habe gehört, wie Sie meinen Namen in Verbindung mit Rochester erwähnten«, sagte ich.

Über Sarmentos Gesicht breitete sich ein merkwürdiger Ausdruck der Freude aus, als hätte er die ganze Zeit über darauf gewartet, mir das zu erzählen, was er jetzt zu berichten hatte: »Es kann wohl sein, dass ich Ihren Namen erwähnt habe. Es wurden Wetten abgeschlossen ... ob Sie Ihre Nachforschungen heil überstehen würden oder nicht. Ein Gentleman wettete darauf, dass Sie noch vor Ende Dezember tot sind. Ich setzte fünfzig Pfund dagegen – also darauf, dass Sie zu diesem Zeitpunkt noch am Leben sein würden.«

Diese Nachricht erstaunte mich. »Ihr Vertrauen erfüllt mich mit großer Genugtuung«, sagte ich kühl.

»Aber ich bitte Sie. Schließlich habe ich nur die Chancen abgewogen, so wie ich es in der 'Change Alley gelernt habe. Außerdem ist es für mich die perfekte Wette, Weaver. Wie sie auch ausgehen mag, ich gewinne in jedem Fall.«

31

Den Rest des Tages und den größten Teil des folgenden brachte ich damit zu, meine nächsten Schritte abzuwägen, und kam zu dem Schluss, dass die Theoretisiererei ein Ende haben musste. Deshalb wechselte ich am Montagabend in ein paar abgetragene, zerschlissene Kleider, denn an diesem Abend stand mir nicht der Sinn danach, wie ein Gentleman auszusehen. Leider passierte mir das Missgeschick, beim Verlassen des Hauses meiner Tante über den Weg zu laufen, die mich mit einem so geringschätzigen Blick bedachte, dass mir nichts anderes blieb, als sie anzulächeln und auf eine spätere Erklärung zu vertrösten. Mein Ziel war der Lachende Neger, die Kneipe in Wapping, in die ich seit der Wiederbeschaffung von Sir Owens Briefen von Quilt Arnold keinen Fuß mehr gesetzt hatte.

Nach Adelmans Versuch, mich davon zu überzeugen, dass man mich hinsichtlich der South Sea Company an der Nase herumgeführt hatte, bedrängte mich das Gefühl, ich könnte mich auf nichts mehr richtig verlassen. Und ich machte mir allmählich Gedanken darüber, ob ich mich nicht zu sehr auf meine eigenen Fähigkeiten verlassen hatte, aus verschiedenen Informationen Sinn zu stiften, obwohl sie womöglich überhaupt keinen gemeinsamen Sinn ergaben. Deshalb machte ich, in der Hoffnung, ihn zu Hause anzutreffen, einen kleinen Umweg, um Elias einen Besuch abzustatten. Obwohl es noch recht früh war, insbesondere für einen Mann von Elias' Interessen, war er nicht nur zu Hause, sondern bereits ausgekleidet und im Begriff, ins Bett zu gehen.

Die Anstrengungen, sein Stück für die Aufführung fertigzustellen, hatten ihn beinahe erschöpft, doch er versicherte mir, er brenne darauf, mehr über meine Fortschritte zu hören. Also bat er mich in Nachthemd und Schlafmütze in seine Gemächer, wo wir uns eine Flasche Rotwein genehmigten.

»Ich habe deine Komödie gelesen«, berichtete ich ihm, »und ich muss sagen, ich finde sie wirklich köstlich.«

Sein Gesicht glühte vor Stolz. »Vielen Dank, Weaver. Deinem Urteil schenke ich nämlich höchstes Vertrauen.«

»Ich zweifle nicht daran, dass das Stück ein großer Erfolg wird.«

Er grinste zufrieden, schenkte mir nach und fragte, welche Stellen mir besonders gefielen. Wir unterhielten uns eine Zeit lang über den *Arglosen Liebhaber,* dann erkundigte sich Elias erneut nach meinen Nachforschungen. Ich berichtete ihm alles, was sich in der jüngsten Zeit ereignet hatte, darunter auch meine Erlebnisse mit Miriam, die Auseinandersetzung im South Sea House, den Tod von Kate Cole und sogar meine Konfrontation mit Sarmento. Elias hörte sich jede Einzelheit geduldig an.

»Ich bin erstaunt«, sagte er, nachdem ich meinen Bericht beendet hatte. »Diese Geschichte bringt die schurkischen Täuschungsmanöver des neuen Finanzmarktes ans Tageslicht. Bei jedem neuen Schritt fängt man an zu zweifeln, ob man den vorigen überhaupt getan hat.«

»Es gibt nur ganz wenige Dinge, die ich mittlerweile mit Sicherheit weiß. Es könnte tatsächlich sein, dass die South Sea Company mein Feind ist, andererseits ist es gut möglich, dass Bloathwait mich die ganze Zeit an der Nase herumgeführt hat. Wild hat vielleicht vor, mich zu ermorden, vielleicht versucht er aber auch nur, den größtmöglichen Profit aus meinen Schnüffeleien zu ziehen. Rochester kann ebenso gut sein Feind wie sein Partner sein. Und nachdem Kate tot ist, fällt mir keine plausible Möglichkeit mehr ein, näher an Rochester heranzukommen.«

»Und was hast du jetzt vor?« Elias betrachtete mein Gesicht mit einer eigentümlichen Aufmerksamkeit. So wie er mich ansah, vermutete ich, er würde irgendwelche medizinischen Überlegungen zu meiner Person anstellen.

»Ich gehe noch einmal in den ›Lachenden Neger‹«, sagte ich. »Dort will ich Wilds Verbindungsmann finden und mal sehen, was ich aus ihm herauskriegen kann.«

»Warum bist du hinter Wilds Handlanger her? Sind wir nicht zu dem Schluss gekommen, dass Rochester der Bösewicht ist?«

»Ich glaube nicht, dass Wild bei dieser Intrige zu den großen Drahtziehern gehört, aber er hat mehr als nur allgemeines Interesse an meinem Anliegen gezeigt, und es würde mich schon sehr wundern, wenn er mir die eine oder andere nützliche Information vorenthielte – nicht, weil er etwas mit den Morden zu tun hätte, sondern weil es ihm zum Vorteil gereicht, wenn ich meine Untersuchungen fortsetze.«

Elias rieb sich nachdenklich die Nase. »Wie kannst du dir so sicher sein, dass Wild nicht an den Morden beteiligt ist? Nachdem wir wissen, dass Rochester ein falscher Name ist, müssen wir da nicht in Betracht ziehen, dass Wild am Ende Rochester ist? Wer wäre denn besser dafür geeignet, sich auf eine so gefährliche Sache wie die Beschaffung von South-Sea-Aktien einzulassen?«

»Daran habe ich auch schon gedacht«, nickte ich. »Ich halte es aber nicht für sehr wahrscheinlich. Wild hat mich zu meinen Nachforschungen ermutigt. Er hat mich auf die Spur der South Sea Company gebracht. Selbst wenn wir davon ausgehen, dass er uns mit falschen oder unvollständigen Informationen versorgt hat, können wir die einfache Tatsache nicht außer Acht lassen, dass er nicht versucht hat, mich aufzuhalten. Du darfst nicht vergessen, dass wir hier von Jonathan Wild reden. Für ihn wäre es ein Leichtes gewesen, mich einsperren oder gar töten zu lassen.«

»Tja«, warf Elias ein, »er hat dich lediglich auf der Straße zusammenschlagen lassen.«

Elias' Einwand hatte auch mir schon einiges Kopfzerbrechen bereitet. »Aus welchem Grund hat mich Wild in aller Öffentlichkeit verprügeln lassen, um mich dann unter vier Augen zu hofieren?«, murmelte ich halb vor mich hin, halb an meinen Freund gewandt. »Er sagte mir, seine Männer hätten sich seinen Befehlen widersetzt, aber seine

Männer sind sich der Konsequenzen ihres Ungehorsams gegenüber ihrem Herrn genau bewusst.«

»Ich verstehe«, murmelte Elias. »Er wollte, dass man sieht, wie seine Männer dich angreifen.«

»Das glaube ich auch. Aber weshalb? Vielleicht, weil er Rochester fürchtet. Er möchte, dass ich meinen Kurs beibehalte, und zugleich möchte er, dass alle Welt glaubt, er und ich seien über Kreuz.«

»Wenn er sich nicht traut, dir zu sagen, was er weiß – wenn dieses Wissen Rochester unweigerlich anzeigen würde, dass du es von Wild hast –, müssen wir vermuten, dass Wild Dinge weiß, die niemand anderer kennt.«

»Und genau deshalb«, fasste ich zusammen, »bin ich auf der Suche nach Quilt Arnold, Wilds Handlanger, dem Mann, der in Kent's Kaffeehaus auf mich angesetzt war, als ich auf die Antworten auf unsere Zeitungsannonce wartete. Wenn ich herausfinde, weshalb Wild Arnold dorthin geschickt hat, komme ich vielleicht Rochesters Beteiligung näher, und das wiederum führt mich näher an Rochester heran.«

Elias lächelte. »Du hast wirklich gelernt, wie ein Philosoph zu denken.«

Ich ließ den Wein in meinem Glas kreisen. »Schon möglich. Ich verspreche dir, dass ich nicht vergessen werde, wie ein Faustkämpfer zu denken, sobald ich Arnold gefunden habe. Ich habe allmählich genug von dieser Geschichte, Elias. Ich muss sie so bald als möglich zu einem Abschluss bringen.«

»Ich schließe mich deiner Meinung von ganzem Herzen an«, meinte Elias und rieb sich das verletzte Knie.

»Ich hoffe nur, dass ich sie auch lösen kann. Dank deiner Philosophie bin ich so weit gekommen, aber ich kann nicht abschätzen, ob sie mich noch weiter bringt. Wäre ich ein besserer Philosoph, hätte ich die ganze unangenehme Angelegenheit vielleicht schon längst abgeblasen.«

Elias senkte einen Moment den Blick. Er schien nervös, ja aufgewühlt zu sein. »Unsere Freundschaft, Weaver, muss häufig ein gerüttelt Maß an Sticheleien ertragen – manchmal zu viel, wie ich meine. Als du noch im Ring gekämpft hast, warst du der beste Boxer, den diese Insel jemals gesehen hat. Ich muss einen sechsten Sinn gehabt haben, als ich damals gegen dich setzte, denn nur ein Narr hätte so etwas getan. Als Faustkämpfer hast du einen Sport, der vorher die

Domäne hirnloser Kreaturen war, zu einer Kunstform erhoben. Und nachdem du dich dazu entschlossen hast, dich dem Einfangen von Dieben zu widmen, hast du etwas, das zuvor die Domäne krimineller und kleingeistiger Zeitgenossen war, ebenfalls zu einer Kunstform erhoben. Wenn dir die Philosophie keine Ergebnisse mehr liefert, so liegt es vielleicht nicht daran, dass du deine Grenze zum Verständnis der Philosophie erreicht hast. Ich halte es für wesentlich wahrscheinlicher, dass die Philosophie das getan hat, wozu sie imstande ist, und dass es jetzt das Klügste wäre, wenn du dich auf deine Instinkte als Boxer und Diebesfänger verlässt.«

Bei Elias' Ausführungen brannte mein Gesicht vor Freude. Er redete nicht oft so, und schon deshalb fand ich mich in meinem Entschluss bekräftigt. »Mein Instinkt rät mir, jeden ausfindig zu machen, der meiner Meinung nach wichtige Informationen hat, und ihm diese Informationen aus dem Leib zu prügeln.«

Elias lächelte. »Vertraue deinen Instinkten.«

Von seinen Kommentaren angespornt, verließ ich die Unterkunft meines Freundes und begab mich in den »Lachenden Neger«. Dort setzte ich mich an einen Tisch im hinteren Teil der Wirtsstube, von wo aus ich eine gute Aussicht auf die Tür hatte. Ich blies die Kerzen aus, um mein Gesicht in Dunkelheit zu hüllen, damit Arnold mich nicht sah, bevor ich ihn entdeckte. Er ließ sich jedoch nirgendwo blicken. Ich musste mich der Zudringlichkeit mehrerer Huren und Glücksspieler erwehren, und schon bald hörte ich hier und da Geflüster über den miesen Sack, der dort in der Ecke saß und nicht einmal genug trank, um den Wirt zufriedenzustellen.

Gegen elf Uhr wurde mir klar, dass Arnold nicht auftauchen würde. Also zahlte ich meine Rechnung und ging nach draußen. Kaum hatte ich mich zehn Meter von der Tür entfernt, als ich einen Schatten aus der Dunkelheit auf mich zustürzen sah. Vielleicht war ich allzu sehr auf Gewalt eingestellt gewesen, jedenfalls zog ich sofort meinen Degen und trieb ihn dem Burschen durch die Schulter, bevor ich bemerkte, dass es sich bei meinen Angreifern lediglich um ein paar Jungen handelte, die mich meines Geldes wegen niederschlagen wollten und die keineswegs etwas mit den Morden, mit Wild oder der South Sea Company zu tun hatten. Sie gehörten keiner Verschwörung an, es handelte sich schlicht um London nach Einbruch der Dunkelheit. Ich lachte über meine eigene Panik, wischte die Degenklinge ab und schaffte es irgendwie, mich ohne weiteren Zwischenfall aus dem Staub zu machen.

Am Tage ist Bawdy Molls Kneipe nicht mehr als ein feuchtes Loch voller schläfriger Betrunkener und flüsternder Strolche, doch in der Nacht verwandelt sie sich in etwas von Grund auf anderes. Das Lokal war so voller schwitzender, widerwärtiger Leiber, dass es mir kaum gelang, mich in den Schankraum zu quetschen, wo es widerwärtig nach Erbrochenem, nach Tabakqualm und Urin stank. Molls Gäste ließen sich beim besten Willen nicht als fröhliche Zecher bezeichnen, denn niemand ging zum Feiern in ein Ginhaus. Dorthin kam man, um zu vergessen, um Elend in Besinnungslosigkeit zu verwandeln. Die meisten taten so, als fühlten sie sich trotz allem wohl dabei, und ich vernahm hundert verschiedene Unterhaltungen, das schrille und nervöse Lachen der Frauen, dazwischen zersplitterndes Glas, und irgendwo im Hintergrund schrammelte ein Spieler mit einem Bogen über eine ungestimmte Fiedel.

Ich drängte mich durch die Meute. Meine Stiefel wateten durch Dinge, über die ich nicht weiter nachdenken wollte, und ich spürte zahllose Finger unbekannter Herkunft über meinen Körper tasten, hielt jedoch meinen Degen, meine Pistole und meinen Geldbeutel gut fest und schaffte es, ohne ernsthaft Schaden zu nehmen, bis zum Tresen. Dort fand ich auch Bawdy Moll vor, die frohgemut den Gin schoppenweise ausschenkte und mit dem gleichen Vergnügen ihre Pennies dafür einsammelte.

»Ben!«, rief sie, als sie mich erblickte. »Hätt nich' erwartet, dich zu so 'ner Stunde hier zu sehn. Geht wohl mies, was? Aber dafür hab ich die richtige Medizin, und sie kost' auch nur 'n Penny der Halbe.«

Ich war nicht in der Stimmung für Molls Scherze. Ich war ausgesprochen schlecht gelaunt, und der Abwassergestank aus dem Fleet-Graben war in jener Nacht besonders widerwärtig.

»Was weißt du über einen Mann namens Quilt Arnold?«, fragte ich, so leise ich konnte.

Moll verzog abfällig das Gesicht, und ich sah ihren Gesichtspuder wie trockene Erde in der Sommersonne aufspringen. »Du weißt doch selbst, dass es nix bringt, an so 'nem Abend, wenn's hier so voll is, herzukommen und so 'ne Fragen zu stellen. Ich kann mir nich' leisten, dass meine Kunden glauben, sie werden in meiner Kneipe verpfiffen.«

Ich schob Moll eine Guinea zu. Ich hatte keine Zeit, es mit kleineren

Münzen zu versuchen. »Die Sache ist außerordentlich dringend, Moll, sonst würde ich dich nicht damit belasten.«

Sie hielt die Münze in der Hand, wog das Gewicht des Goldes ab. Es besaß eine Macht, die kein Papier und keine Banknote jemals übertrumpfen konnten. Ihre Bedenken waren rasch null und nichtig.

»Quilt is ein elender Gauner, aber er is kein Mörder, das bestimmt nich', soweit ich weiß. Steckt irgendwie mit Wild zusammen und macht, was der Große Mann von ihm will. Zumindest war das mal so. Außerdem is er mit dieser Hure rumgezogen, nach der du mich letzte Woche gefragt hast, Kate Cole, die sich in Newgate aufgehängt hat.«

»Weißt du, wo ich ihn finden kann?«

Sie wusste es. Zumindest konnte sie mir mehrere Orte nennen, an denen er sich für gewöhnlich aufhielt, von denen aber leider keine zwei nahe beieinander lagen. Ich schob ihr verstohlen eine zweite Guinea zu, denn ich hatte unser Abkommen, niemals vor einer größeren Menge Erkundigungen einzuholen, gebrochen, und ich war mehr als willens, einen Preis dafür zu zahlen, mit dem auch Moll zufrieden war.

In jener Nacht suchte ich noch zwei dieser Adressen auf, bekam Arnold jedoch nicht zu Gesicht, und als sich allmählich Müdigkeit und Verzagtheit breitmachten, kehrte ich nach Hause zurück, um mich auszuschlafen. Am folgenden Tag nahm ich meine Suche erneut auf und hatte das Glück, Arnold gegen Mittag aufzuspüren, als er gerade in einem Gasthaus, das mir Moll genannt hatte, sein Mittagsmahl zu sich nahm. Er saß an einem Tisch und schaufelte wässrigen Haferschleim in sich hinein, wobei er sich weder um seine mangelhafte Treffsicherheit noch um die Auswirkungen kümmerte, die diese auf seine Kleidung hatte. Ihm gegenüber saß eine kränklich aussehende Hure, die erbärmlich nach dem Essen gierte und so dünn war, dass ich fürchtete, sie könnte sich unter meinen Blicken in Nichts auflösen. Sie starrte in Arnolds Teller, aber er war nicht geneigt, sein Essen mit ihr zu teilen.

Ich achtete darauf, nicht in Arnolds Blickwinkel zu geraten, und mietete beim Wirt ein abgeschlossenes Zimmer im Erdgeschoss. Der Wirt akzeptierte unbewegt einen Shilling extra für die Zusage, sich nicht um das zu kümmern, was sich dort demnächst abspielen würde. Ich näherte mich Arnold von hinten und trat ihm den Stuhl unter dem Hintern weg. Er knallte heftig auf den Boden, und ein Großteil von seinem Essen folgte ihm. Seine Gefährtin schrie erschrocken auf, während ich Arnolds Überraschung dadurch steigerte, dass ich mich brutal auf seine linke Hand stellte, die nachlässig mit einem dreckigen Verband umwickelt war. Er stieß ein lautes Geheul aus, schrill und verzweifelt. Seine Hure schlug entsetzt eine Hand über den Mund und erstickte ihren Schrei. Ohne zu zögern, packte ich den verdutzten Arnold unter den Achseln und schleifte ihn den Gang hinunter bis zu dem angemieteten Zimmer. Ich machte die Tür hinter uns zu, sperrte ab und schob den Schlüssel in meine Jacke. Das Zimmer war perfekt: dunkel, klein und durch das Fenster, das zu schmal war, um Diebe einzulassen – und damit auch zu schmal, um Arnold als Fluchtweg zu dienen –, nur dürftig erleuchtet.

Sein gesundes Auge trat vor Angst hervor, aber er sagte nichts. Ich hatte schon einmal miterlebt, dass er im Grunde seines Herzens nicht der Raufbold war, der er zu sein vorgab, und ich kannte seine Sorte nur allzu gut, um zu wissen, wie ich ihn in Plauderlaune versetzen konnte. Aus diesem Grunde, aber auch, weil ich wirklich Wut im Bauch hatte, riss ich ihn hoch und schleuderte ihn hart an die Wand. Zu hart, fürchte ich, denn sein Kopf knallte gegen einen Stein, und sein gesundes Auge verdrehte sich in seinem Schädel nach hinten, während er auf dem Boden zusammenbrach.

Ich ging aus dem Zimmer, schloss die Tür hinter mir zu und kaufte am Tresen zwei Halbe Dünnbier. Mir fiel auf, dass die Hure inzwischen am Tisch eines anderen saß und mir keinerlei Aufmerksamkeit schenkte. Der Wirt bedachte mich mit einer Reserviertheit, die an verhaltene Höflichkeit grenzte. Diesen Ort wollte ich mir merken, denn mir gefiel die Art und Weise, wie man hier Geschäfte abwickelte.

Wieder im Zimmer, schüttete ich Arnold eins der Biere ins Gesicht. Er zuckte leise, als erwachte er aus einem angenehmen Schlummer.

»Meine Fresse«, murmelte er und wischte sich das Bier aus dem Auge.

»Ich hoffe, ich habe dich nicht umgebracht«, sagte ich. »Ich hoffe sogar, dass ich dir nicht noch mehr Schmerzen zufügen muss, aber damit sich diese Hoffnung erfüllt, solltest du aufrichtig mit mir zusammenarbeiten.«

Er rieb sich das gesunde Auge so kräftig, dass ich schon fürchtete, er wollte es sich herausreißen. »Ich wusste gleich, dass es mit Ihnen Ärger geben würde«, brummte er.

»Kluges Kerlchen«, sagte ich. »Fangen wir mit einer ganz einfachen Frage an. Warum warst du in Kent's Kaffeehaus, als ich dort wegen meiner Zeitungsannonce wartete?«

»Ich hab nur eine Tasse Kaffee getrunken«, sagte er unterwürfig.

Wenn er nicht entgegenkommender wurde, musste ich mir etwas einfallen lassen, aber fürs Erste erwies sich ein kräftiger Tritt auf seine verletzte Hand als beste Methode, ihn davon zu überzeugen, dass mir nicht nach Spielchen zumute war. Durch den Verband nässten frisches Blut und eine bräunliche Flüssigkeit, über die ich nicht weiter nachdenken wollte.

»Sieht aus, als würdest du die Hand verlieren«, sagte ich, »und vielleicht sogar dein Leben, wenn du das nicht behandeln lässt. Aber vielleicht lebst du ohnehin nicht mehr lange genug, um bei lebendigem Leib zu verfaulen. Also erzählst du mir besser schnell, was du bei Kent's zu schaffen hattest.«

»Lassen Sie mich gehen«, winselte er. »Das ist meine letzte Chance. Wild hat mir vertraut, aber jetzt lässt er Mendes, diesen Juden, meine Arbeit machen. Ich darf jetzt keine Fehler mehr machen.«

Sein Gesicht nahm eine kränkliche Färbung an, und ich fürchtete schon, er würde ohnmächtig werden.

»Was hattest du dort zu suchen?«, wiederholte ich.

»Wild hat mich hingeschickt«, stieß er endlich hervor. Dann übergab er sich, wobei es ihn nicht kümmerte, ob er sich dabei besudelte oder nicht.

Es überraschte mich nicht besonders, dass Wild dahinter steckte, doch ich verstand immer noch nicht, welches Interesse Wild an meinen Nachforschungen hatte. »Warum?«, bohrte ich weiter. »Was hat Wild dir gesagt?«

»Ich soll Sie beobachten, hat er gesagt.« Er japste beim Sprechen nach Luft. »Und ihm sagen, ob Sie jemand bedrängt hat.«

Diese Antwort hatte ich nicht erwartet. »Was? Willst du mir erzählen, Wild hätte dich geschickt, um zu erfahren, ob ich angegriffen worden sei?«

Arnold versuchte, sich ein Stück von mir zu entfernen. Er kroch auf die Ecke des Zimmers zu. »Doch, ehrlich, ich schwör's! Er wollte wissen, ob Sie jemand bedrängt. Und er wollte wissen, wer so alles aufkreuzt, um sich mit Ihnen zu treffen. Er sagte, ich soll mal sehn, ob ich jemanden erkenne, und wenn nich', dann soll ich ihm sagen, wie die Leute ausgesehn haben. Aber er hat auch gesagt, Sie dürfen mich nicht sehen, und als Sie mich dann gesehen haben, hab ich Schiss gekriegt und bin weggerannt.«

»Wen hat er denn bei Kent's erwartet?«, fuhr ich ihn an.

»Keine Ahnung. Hat er mir nich' gesagt.«

»Wer hat Michael Balfour und Samuel Lienzo ermordet?«

Bei einem Mann in Arnolds Zustand hielt ich ein direktes Vorgehen für die beste Methode. Zuerst stöhnte er nur und sagte abermals »meine Fresse«, doch als ich mich auf seine Hand zubewegte, kam er endlich zur Sache.

»Rochester hat's getan«, stieß er hervor. »Martin Rochester war's!«

Ich kämpfte gegen die aufsteigende Enttäuschung an. »Und wer *ist* Martin Rochester?«

Er sah mit einer Mischung aus Angst und Ungläubigkeit zu mir auf. »Rochester is Rochester. Was soll denn diese Frage?«

»Hat er noch einen anderen Namen?«

Er schüttelte den Kopf. »Nich', dass ich wüsste.«

»Es fällt mir schwer zu glauben, dass dieser Mann selbst in Michael Balfours Haus eingedrungen sein und eigenhändig einen falschen Selbstmord inszeniert haben soll. Wer hat ihm dabei geholfen?«

Ich wusste, dass er es mir nicht sagen wollte, und er starrte mich auch so an, als wollte er mich beschwören, ihn nicht dazu zu zwingen, aber mein Blick verriet unmissverständlich, dass mir sein Zustand völlig egal war und ich ihn lieber selbst töten würde, als darauf zu warten, dass Rochester sich an ihm rächte.

»Dafür hat er seine Leute, Bertie Fenn zum Beispiel, den kennen Sie ja wohl, schließlich ham Sie ihn umgebracht. Außerdem hat er noch drei andere: Kit Mann, Fat Billy, der gar nich' fett is, also lassen Sie sich nich' von dem Namen täuschen, und noch einen dritten Burschen, dem sein' Namen kenn ich aber nich', aber der hat rote Haare. Ich halt mich von denen immer fern, nur ab und zu seh ich sie, aber ich hab nix mit denen zu schaffen, und auch mit den Morden hab ich nix zu tun!«

»Wo finde ich diese Männer?«

Arnold stieß die Namen einer ganzen Reihe von Wirtshäusern, Tavernen und Ginschänken aus, in denen sie sich aufhalten könnten, aber da er die Männer nicht gut kannte, wies er mich darauf hin, dass er nur Vermutungen anstellen könne.

Ich sah auf ihn hinab, wie er da gebrochen, geschlagen und elend vor mir lag. Schon zum zweiten Mal hatte ich ihn so zugerichtet. Vermutlich, überlegte ich mir, verdiente er es nicht besser. Er war einer von Wilds Leuten, und er spielte seine Rolle in diesem Bubenstück, und trotzdem empfand ich ein gewisses Mitgefühl mit diesem so durch und durch am Boden zerstörten Manne.

Ich warf ein paar Shilling vor ihm auf den Boden und forderte ihn auf, mich aufzusuchen, falls er einem besseren Herrn als Wild zu dienen wünsche. Eigentlich rechnete ich nicht damit, dass er den Großen Diebesfänger im Stich lassen würde – was auch nicht geschah. Aber wahrscheinlich glaubte ich, dass ich mich mit diesem Angebot zu einem besseren Menschen machte, als ich eigentlich war.

Noch vor Anbruch der Dunkelheit fand ich die Männer in einer verrufenen Taverne unweit des Covent Garden Market. Sie saßen beisammen, tranken und brüllten einander unverständliches Zeug in einer Sprache zu, die sich zur Hälfte aus einem unergründlichen Provinzdialekt und zur anderen Hälfte aus dem Gelalle Betrunkener zusammensetzte. Wahrscheinlich war ich schon etwas müde geworden, denn sie sahen mich, bevor ich sie entdeckte. Ich schaute mich gerade im hinteren Teil des Lokals an den zahlreichen Tischen um, als ich das Geräusch umkippender Stühle hörte und sah, wie drei Männer zur Tür rannten. Ich hatte sie zwar beim Hereinkommen angesehen, sie aber für ganz gewöhnliche Säufer der unteren Schichten gehalten. Erst als sie mich erblickt hatten und aufgesprungen waren, wusste ich, dass ich sie gefunden hatte. Einen von ihnen erkannte ich eindeutig wieder, denn es handelte sich um den Mann, der mich bei dem Maskenball am Haymarket denunziert hatte.

Zwei von ihnen entwischten mir, aber der dritte war zu langsam, und obwohl ich mein Alter und den Schmerz von meiner alten Verletzung bis in die Hüfte hinaufschießen spürte, gelang es mir, ihn zu packen und niederzuwerfen. Ich hatte den Burschen trotz allem fest im Griff, und als wir zu Boden gingen, knallte er mit dem Kopf ordentlich auf den schmutzigen Boden.

Ich war schon des Öfteren in einer solchen Situation gewesen und wusste nur allzu gut, dass ich zwar sofort von einer Meute Neugieriger umringt sein würde, andererseits aber keine Einmischung von außen zu befürchten hatte – und genau so kam es auch. Nachdem ich dem Burschen einige Male den Kopf gegen den Boden geschlagen hatte, um mich seiner ungeteilten Aufmerksamkeit zu versichern, hielt ich die Zeit für gekommen, meine Untersuchung fortzuführen. »Wie heißt du?«

»Billy, Sir«, quäkte er im erbärmlichen Singsang der Betteljungen. Er sah wirklich noch sehr jung aus, eigentlich nicht viel älter als siebzehn, aber vielleicht verdankte er seine jugendliche Erscheinung lediglich seiner extrem feingliedrigen und kleinwüchsigen Gestalt.

»Fat Billy?«, fragte ich.

Er nickte.

»Fat Billy«, sagte ich, »du wirst jetzt alle meine Fragen beantworten, sonst lautet dein neuer Spitzname ab heute ›Schnaufender Billy‹, und ich kann dir schon jetzt versichern, dass dein neuer Name nicht weniger ironisch sein wird als der alte.«

Meine Drohung verwirrte ihn nur, deshalb legte ich eine Hand auf seine Kehle und drückte nur ein bisschen zu – nicht so fest, dass es ihn am Sprechen gehindert hätte, aber doch so, dass er die tiefere Bedeutung meiner Worte verstand.

»Wie lautet Martin Rochesters richtiger Name?«

»Das weiß ich nicht, Sir, ich schwör's!«, krächzte er. Seine Augen traten aus den Höhlen, bis er aussah wie ein Fisch, doch er wusste nicht, wovor er sich mehr fürchtete: vor mir oder vor den Konsequenzen seiner Antwort.

»Wie sieht er aus?« Ich verstärkte den Druck nur ein wenig.

»Wir ham ihn nie gesehen! Wir haben nur Nachrichten von ihm gekriegt! Kit hat sie gekriegt! Und er schickt uns Geld, aber wir ham ihn noch nie gesehen ... Vielleicht Kit ... Ich hab keine Ahnung. Wir sollen überhaupt nich über ihn reden!«

Ich lockerte meinen Griff ein wenig. »Hast du Michael Balfour getötet?«

Er sagte nichts, sondern starrte mich nur entsetzt an. Aus seiner Nase rann ein dünner Faden Blut. Vermutlich werden die Zartbesaiteten unter meinen Lesern der Schilderungen von Gewalttaten allmählich überdrüssig, aber ich bin sicher, sie verstehen, dass solche Mittel im Umgang mit diesem Menschenschlag manchmal unvermeidlich sind. Es soll an dieser Stelle jedoch genügen, wenn ich sage, dass einige knackende Geräusche zu hören waren und auch ein wenig Geschrei laut wurde, bis sich Fat Billy doch noch entschloss, mir zu erzählen, dass er tatsächlich unter tatkräftiger Mithilfe seiner Freunde Michael Balfour um sein Leben gebracht hatte. Sie hatten dafür gesorgt, dass die Dienerschaft betrunken war, und nachdem alle möglichen Zeugen mit Trinken und anderen Vergnügungen beschäftigt waren, hatten sie Balfour in den Stall geschleppt, seinen Kopf in eine Schlinge gezwängt und ihn erhängt. Ich konnte nur vermuten, dass die Diener gefürchtet hatten, man könnte ihrer unwissentlich gespielten Rolle auf die Spur kommen, und deshalb über den Vorfall Schweigen bewahrt hatten.

Was ich mehr als alles andere wünschte, als ich dort über ihm kniete und die Hand auf seiner Kehle hatte, war, ihn zu fragen, ob er auch an der Ermordung meines Vaters beteiligt gewesen war. Fenn war tot, aber wie konnte ich wissen, ob Fat Billy nicht auch mitgewirkt hatte? Während ich über die Formulierung der Frage nachdachte, drückte ich wieder fester zu, aber ich wusste, dass mir nicht genug Zeit blieb, auch noch dieser Spur nachzugehen. Bevor Fat Billys Freunde zurückkamen, vielleicht sogar mit Verstärkung, musste ich noch genug anderes in Erfahrung bringen.

»Hast du etwas gestohlen?«, fragte ich.

»Nein, nichts!«, stieß er entrüstet hervor, als regte er sich darüber auf, dass ich ihm eine solch unverschämte Frage stellte. Er hatte zwar einen Mann aus seinem Haus verschleppt und ihn aufgehängt, aber ihn bestehlen – nein, das würde er niemals tun!

»Hattet ihr nicht den Auftrag, nach etwas zu suchen? Beispielsweise Wertpapiere?«

Er versuchte, unter meinem Griff den Kopf zu schütteln. »Damit hatten wir nix zu tun.«

Trotzdem schien er etwas darüber zu wissen. »Wer sollte die Aktien mitnehmen?«, fragte ich ihn.

Wieder versuchte er es mit Kopfschütteln. »Darüber darf ich nix wissen. Ich will keinen Ärger kriegen.«

»Fat Billy, es scheint mir ganz so, als hättest du schon jetzt jede Menge Ärger.«

Er war wohl der gleichen Meinung, denn er verriet mir den Namen. Hätte er auch nur einen Augenblick länger damit gewartet, hätte er ihn mir nicht zu sagen brauchen, denn gerade als unsere Unterhaltung an ihr Ende gekommen war, tauchten seine beiden Freunde mit gezückten Pistolen in der Tür auf. Einige Frauen kreischten auf, ebenso einige Männer, und dann rannte alles auf die Tür los, was mir eher unlogisch erschien, da doch die Männer mit den Pistolen ebendort standen. Ich packte Billy und riss ihn hoch, um seinen schlaffen Körper als Schild zu benutzen. Ich wusste nicht, ob seine Freunde zögern würden, auf ihn zu schießen, aber auch in diesem Fall würde selbst seine mickrige Gestalt das Blei abbremsen.

Ich folgte dem Schwung der Masse, der die Männer weg von der Tür drängte, und schob mich ebenfalls in ihre Richtung, bis sich auf einmal niemand mehr zwischen mir und Fat Billy und, in etwa drei Metern Entfernung, den anderen beiden Gaunern befand. Sie hielten die Pistolen feuerbereit im Anschlag. Mit einem kräftigen Stoß, bei dem mir der Schmerz durch das Bein fuhr, schleuderte ich ihnen Billy entgegen, was sie zwar ins Taumeln brachte, aber nicht zu Boden gehen ließ. Ich nutzte die Gelegenheit, solange sie sich bot, und stürmte aus der Taverne nach draußen, wo es mir gelang, die Schurken in der Menge abzuschütteln, die sich davor versammelt hatte, um sich über das erwartete Blutbad zu entsetzen und sich daran zu erfreuen.

Es bereitete mir keine Schwierigkeiten, in das Haus einzubrechen. In meiner Vergangenheit hatte ich so viele Häuser heimgesucht, dass es mir jetzt, da ich eher auf der Seite des Gesetzes stand, ein besonders diebisches Vergnügen bereitete. Dieses Haus war jedoch etwas größer als alle anderen, zu denen ich mir jemals Zutritt verschafft hatte: Es gab vier Stockwerke und viele Zimmer, in denen meine Beute schlafen konnte, weshalb ich mich drinnen erst einmal orientieren und dabei den Dienern aus dem Weg gehen musste, die wie schattenhafte Gestalten durch die Flure geisterten und allerlei Kerzen anzündeten, als wollten sie mich damit vertreiben.

Das erste Schlafzimmer, in das ich mich schlich, gehörte eindeutig nicht ihm. Es war belegt, und als ich die Silhouette der alten Frau in der Dunkelheit erblickte und sie im Schlaf murmeln hörte, schlich ich sofort wieder hinaus und versuchte mein Glück an einer anderen Tür. Ich öffnete noch vier andere Zimmer, bevor ich ein weiteres Schlafkabinett entdeckte; es war zwar leer, doch ich erkannte, dass an einem Haken neben der Tür eine Jacke hing. Schweigend setzte ich mich hin und wartete, in der Hoffnung, dass er nicht die ganze Nacht über irgendwo zechte oder gar auf den Gedanken verfallen war, London zu verlassen. Ich war bereit, und je früher er zurückkehrte, desto eher würde mein Verlangen nach Gerechtigkeit zumindest ein wenig gestillt werden.

In meiner Tasche hatte ich das Geschenk des Tudesco-Bettlers mitgebracht, die Sanduhr, die eine halbe Minute anzeigte. Ich hatte sie kurz entschlossen mitgenommen, bevor ich mich aus dem Haus meines Onkels schlich. Mir gefiel die Vorstellung, dass mir das Geschenk des Tudesco doch noch einen Dienst erweisen konnte, und ich dachte mir, falls ich ihm jemals wieder begegnen und ihm erzählen würde, dass mir seine Sanduhr gute Dienste geleistet hatte, würde er sich bestimmt sehr darüber freuen.

Während ich so in der Dunkelheit saß, drehte ich sie wieder und wieder um. Der Sessel war entsetzlich hart und unbequem. Mein Bein und meine Hüfte taten gehörig weh, aber ich hielt all das aus, weil ich wusste, dass ich dicht vor des Rätsels Lösung stand. Nachdem Fat Billy mir von den gestohlenen Aktien erzählt und verraten hatte, wer sie aus Balfours Besitz entwendet hatte, war ich eine Zeit lang von der Freude über meinen Erfolg überwältigt gewesen, bis mir die wahre Bedeutung dieser Information deutlich geworden war. Zuvor hatte ich lediglich gewusst, dass es gefälschte Aktien gab; jetzt wusste ich mit Sicherheit, dass Balfour wegen dieser Aktien ermordet worden war. Ich mochte nicht alle Motive sämtlicher Spieler in meinem Drama kennen, aber möglicherweise war das gar nicht nötig. Balfour und mein Vater waren ermordet worden, weil sie der Welt von diesen falschen Aktien erzählen wollten. Alles, was mir jetzt noch fehlte, war Rochesters richtiger Name.

Jede Minute in der Dunkelheit dieses Kabinetts zog sich unendlich in die Länge, doch das Bewusstsein, dass ich genau wusste, was ich tat, dass ich nicht mehr ziellos umhertappte, verlieh mir eine unerschöpfliche Geduld. Ich drehte meine Sanduhr um, wartete, bis der Sand durchgelaufen war, und drehte sie wieder um.

Es war nicht zu spät, kurz vor elf, als er hereinkam. Ich hörte das Knarren der Treppe und das Schlurfen seiner Füße, die er nachlässig über den Boden zog. Nach einigen unverständlichen Worten, entweder an einen Diener gerichtet oder vor sich hin gebrabbelt, hörte ich, wie der Türknauf langsam und unbeholfen gedreht wurde. Der Mann hielt in einer Hand eine Kerze und zündete damit eine Lampe an, die auf einem Tisch neben der Tür stand. Sogleich erfüllte ein zarter orangefarbener Glanz den Raum, und als er sich umdrehte, erblickte mich Balfour, in seinem Sessel sitzend, die Pistole direkt auf ihn gerichtet.

»Schließen Sie die Tür ab und treten Sie näher«, sagte ich ruhig.

Er öffnete den Mund, wollte etwas sagen, wahrscheinlich seiner Empörung Luft machen, doch im trüben Licht seiner Kerze erkannte er sofort, dass er das besser sein ließ. Ich hatte eigens für ihn eine meiner erprobten Mienen aufgesetzt – eine kalte, harte, gnadenlose Maske. Er schloss die Tür ab und drehte sich zu mir um.

»Ich habe mich schon so manches Mal gefragt, Balfour, ob ein Dummkopf, sagen wir einmal der größte Dummkopf, den die Welt jemals gesehen hat, seine eigene Dummheit bemerkt, oder ob er zu dumm ist, um sich seiner eigenen Unzulänglichkeit bewusst zu sein. Ich glaube, Sie können mir diese Frage endlich beantworten.«

Die auf ihn gerichtete Pistole und der mörderische Blick in meinen Augen hatten ihn verstummen lassen, aber meine Beleidigung konnte er nicht unwidersprochen hinnehmen. »Ich habe zwar nicht die leiseste Ahnung, was Sie da treiben, Weaver, aber ich würde es vorziehen, wenn Sie diese Unverschämtheiten nicht weiter fortsetzten!«

Die Sanduhr stand auf dem Tisch neben meinem Sessel. Ohne den Blick von Balfour abzuwenden, drehte ich sie mit der linken Hand um. »Sie haben eine halbe Minute«, sagte ich kaltblütig, »um mir den richtigen Namen von Martin Rochester zu nennen. Andernfalls erschieße ich Sie. Ich glaube, Sie kennen mich zu gut, um auch nur einen Augenblick daran zu zweifeln, dass meine Worte ernst gemeint sind.«

Ich hatte zwar nicht damit gerechnet, dass er sich mir mit großer Hartnäckigkeit widersetzen würde, aber dass er sich als solcher Schwächling erwies, überraschte mich trotzdem. Er sank auf die Knie, als hätten sich seine Füße und Unterschenkel plötzlich in Luft aufgelöst, klappte den Mund auf, um um Gnade zu bitten, sagte jedoch nichts.

Ich gewährte ihm keine Gnade. Meine Miene gab ihm nicht den geringsten Anlass zu der Hoffnung, dass seine Panik bei mir auf Nachsicht stieß. Der Sand rieselte, die Zeit verrann. Ich spannte den Hahn meiner Pistole und schützte die Augen gegen das Aufflammen des Pulvers.

Balfour gab ein gurgelndes Geräusch von sich und versuchte, in seiner entsetzlichen Angst etwas zu sagen. Vermutlich fühlte ich sogar auf einer Ebene, die ich jedoch geflissentlich ignorierte, mit ihm. Ich glaube, wir alle haben schon Träume gehabt, in denen etwas Schreckliches passiert ist, in denen wir versuchten zu schreien, aber keinen Ton herausbrachten. Balfour verlieh seiner Angst gestischen Ausdruck. Er wand sich wie jemand, der versuchte, ein verschlucktes Stück Knochen aus der Kehle zu würgen. Schließlich riss er den Mund weit auf und brüllte mit geballter Lungenkraft: »Ich weiß es nicht!«

Sein Schrei schien die Kraft all seiner vorangegangenen Versuche, sich zu artikulieren, in sich zu vereinen. Schockiert von der Wucht seines Schreis und der Stille, die ihm folgte, verharrten wir beide einige Zeit in reglosem Schweigen. Ob es daran lag, dass er diese ersten Worte herausgebracht hatte, oder eher daran, dass seine dreißig Sekunden abgelaufen waren und er noch immer nicht tot war, weiß ich nicht zu sagen, aber kurz darauf lockerte sich seine Zunge endlich.

»Ich weiß nicht, wer er ist«, sagte er mit leiser Stimme. »Ich schwöre es. Niemand weiß es.«

»Obwohl Sie für ihn die South-Sea-Aktien Ihres Vaters gestohlen haben.«

Sein Kopf schaukelte locker auf dem Hals hin und her, wie der Schädel auf einem Skelett, das ich einmal auf dem Bartholomäus-Jahrmarkt gesehen hatte. »Woher wissen Sie das?«

»Wer kann es denn sonst getan haben?« Mir war es lieber, er glaubte, meine Überlegungen hätten mich zu dem Schluss gebracht, als ihm zu erklären, dass ich die Information aus einem jugendlichen Schwächling herausgeprügelt hatte. »Da sie in seinem Nachlass nicht mehr aufzufinden waren, musste sie jemand entwendet haben. Wer hätte eine bessere Gelegenheit dazu gehabt als Sie? Schließlich waren die Aktien wertlos; es sei denn, sie wurden auf einen anderen Eigentümer übertragen – und das ging nicht, habe ich recht? Sie waren gefälscht, deshalb wollte sie niemand haben. Mit Ausnahme jener, die sie am liebsten vernichtet sähen, also Rochester oder die South Sea Company. Ich nahm einfach an, dass Rochester hinter dem Diebstahl steckte. Anschließend benutzte er seinen Mann innerhalb der Company, um die Bücher zu frisieren, damit es aussah, als hätte Ihr Vater seine Anteile schon lange vor seinem Tod verkauft.«

Balfour kam meiner Frage zuvor: »Er ließ mir per Boten einen Bankwechsel überbringen. Zweihundert Pfund, wenn ich der Sache zustimmte. Weitere dreihundert, sobald ich die Aktien in meinen Besitz gebracht hätte. Mein Vater war bereits tot, und ich hatte keine Ahnung, dass sie seinen Tod geplant hatten. Nachdem sie ihn getötet hatten, gab es nicht mehr viel zu tun. Auf der anderen Seite hätte ich nicht die geringsten Aussichten gehabt, jemals einen Penny von seinem Vermögen zu sehen, warum also sollte ich mir diese Gelegenheit nicht zunutze machen?«

Ich glaube, Balfour fing an, sich beim Reden von seinen eigenen Entschuldigungen zu überzeugen. Ich sah, wie sich sein Gesicht allmählich von der Miene falscher Scham in den hoffnungsvollen Ausdruck eines Mannes verwandelte, der glaubte, kurz vor seiner Absolution zu stehen.

»Wenn Sie es sich recht überlegen, habe ich nichts Unrechtes getan.«

»Abgesehen davon, dass Sie den Mördern Ihres Vaters geholfen haben«, erwiderte ich. »Aber vorerst möchte ich noch einmal auf das

Thema Ihrer Dummheit zurückkommen. Verstehen Sie, Balfour, ich habe keine Schwierigkeiten damit, zu glauben, dass Sie bei der Ermordung Ihres Vaters Ihre Hände nicht im Spiel hatten, denn dazu halte ich Sie für viel zu feige.«

Ich kann nicht sagen, mit welchem Vergnügen ich diese Beleidigung aussprach. Er zuckte auch prompt zusammen, konnte jedoch kaum dagegenhalten, dass er mutig genug sei, Vatermord zu begehen.

»Ich halte Sie für niederträchtig genug, aus dem Tod Ihres Vaters und der Unterstützung seiner Mörder Profit zu schlagen«, fuhr ich fort. »Was ich hingegen nicht verstehe: Warum haben Sie mich darum gebeten, den Mörder Ihres Vaters ausfindig zu machen? Sie haben mich sogar eigens darum gebeten, nach fehlenden Papieren zu suchen. Wenn ich nicht völlig falsch liege, haben Sie mich dafür bezahlt, Sie selbst zu entlarven. Was hat Sie dazu bewogen?«

»Weil ich nie und nimmer geglaubt habe«, zischte er vor Wut über meine Frechheit, »dass Sie so viel herausfinden würden. Ich glaubte mich sicher.«

»Das erklärt noch immer nicht warum, Balfour. *Warum?*«

»Seien Sie verflucht, Weaver, Sie verdammter Jude! Ich beantworte Ihre Fragen nicht mehr. Ich muss nur laut rufen, und meine Diener eilen herbei, um Sie vor den Richter zu schleifen.«

»Sie haben schon einmal laut geschrien, und keiner Ihrer Diener hat Sie gehört. Diese hübschen Stadtvillen sind ausgezeichnet gebaut, alles dicke Steinmauern und schwere Türen.«

»Dann werde ich Sie aussitzen. Ich glaube nicht, dass Sie auf mich schießen. Ich bleibe hier so lange sitzen wie Sie, und ich wage vorauszusagen, dass eher Ihr Arm müde wird, als dass ich nicht mehr sitzen kann.«

Ich lächelte und ließ die Pistole in meine Jackentasche gleiten. »Da haben Sie recht, Sir. Ich schieße nicht auf Sie. Die Pistole diente lediglich dramatischen Zwecken. Aber ich sage Ihnen, was ich stattdessen mache. Ich breche Ihnen jeden einzelnen Finger, Sir, und bei jedem Finger stelle ich die gleiche Frage. Bis ich mit beiden Händen fertig bin, bleiben Ihnen also noch zehn Gelegenheiten. Mit den Zehen gebe ich mich nicht ab, der Schmerz ist nicht der Rede wert, doch wie ich sehe, gibt es in diesem Zimmer genügend Objekte, mit denen man einen Fuß zerschmettern kann. Oder auch ein Knie. Und nehmen wir einmal an, ich breche Ihnen alles, was mir so zu brechen einfällt, und Sie sagen mir immer noch nicht, was ich wissen will, dann bleibt nur noch Ihr Schädel übrig. So wird man Sie dann finden, schlaff wie eine Stoffpuppe, und niemand wird jemals erfahren, was Ihnen zugestoßen ist.«

Balfour versuchte, die Augen offen zu halten.

»Aber ich glaube nicht«, ergänzte ich fröhlich, »dass solche Maßnahmen nötig sein werden. Wissen Sie, was ich glaube? Dass Sie allerhöchstens einen gebrochenen Finger aushalten. Wollen wir mal sehen, ob ich Recht behalte? Oder sagen Sie mir gleich, was ich wissen möchte?«

Balfour schwieg eine, wie es schien, schier endlose Zeit. Ich wusste sehr wohl, was in seinem Kopf vorging. Er suchte nach einem Ausweg, irgendeiner Möglichkeit, wie er sich um eine Antwort drücken konnte, um nicht die Konsequenzen von Seiten des Mannes, den er verraten sollte, befürchten zu müssen. Vermutlich betrachtete er die Sache aus jedem Winkel, aber letztendlich konnte er nur noch daran denken, wie er seinen unmittelbar drohenden Qualen entgehen konnte. Mit den späteren Qualen würde er sich später beschäftigen.

»Jemand hat mich bezahlt, um Ihre Dienste in Anspruch zu nehmen«, sagte er schließlich, »ein Mann, der nicht wissen konnte, dass ich die Aktien meines Vaters an Rochester übergeben hatte. Er heuerte mich an, weil es durchaus plausibel schien, dass ich ein Interesse an einer Aufklärung jener Vorfälle hatte. Sie auf diesen Fall anzusetzen war seine, nicht meine Idee. Ich sollte lediglich davon profitieren. Ich dachte mir wieder, warum sollte ich mich weigern, wenn mir der Tod meines Vaters ein bisschen Geld einbrachte? Ich hätte nie gedacht, dass Sie etwas über meine Beteiligung an der Sache herausfinden.«

»Wer ist dieser Mann, der Sie bezahlt hat?«, wollte ich wissen.

Ich weiß nicht, welcher Name aus seinem Munde mich überrascht hätte. Hätte er den König von Preußen, den Erzbischof von Canterbury oder den Nabob von Bengal genannt, ich hätte sie ebenso gut wie jeden anderen Schurken akzeptiert. Der Name hingegen, den er mir nannte, war weniger überraschend.

Jonathan Wild hatte Balfour dafür bezahlt, dass er meine Dienste in Anspruch nahm.

Ich erhob mich und sah auf Balfour hinab, der sich nicht entscheiden konnte, ob er sich auf Jammern und Flehen oder lieber auf rechtschaffene Empörung verlegen sollte. »Hat Ihnen Rochester die noch ausstehende Summe wie versprochen gezahlt?«

Balfour schüttelte den Kopf. »Er hat sie mir nie zukommen lassen.«

»Gut.« Ich schlug ihm kräftig ins Gesicht. Ich wollte, dass er zur Erinnerung an unsere Unterhaltung ein Mal behielt, damit ihn immer, wenn ihn jemand nach dessen Herkunft fragte, seine zur Antwort gegebene Lüge an seine Durchtriebenheit und seine Feigheit erinnerte.

32

Die nächsten beiden Tagen waren sehr hart für mich. Ich hatte zu viele Erkenntnisse gewonnen: Ich hatte die große Verschwörung, die Elias vorausgesagt hatte, ans Licht gezogen, und zwar hauptsächlich mithilfe der Philosophie, was ich noch vor kurzer Zeit nicht für möglich gehalten hätte. Ich wusste, wer meinen Vater ermordet hatte, warum er es getan hatte und wie es geschehen war. Doch Rochester hielt sich zu gut versteckt. Er hatte von Anfang an gewusst, wie gefährlich es war, der South Sea Company einen Strich durch die Rechnung zu machen, und er hatte Vorsorge getroffen, dass ihm sein mächtiger Feind nicht auf die Fährte kam.

Ich hatte jede Möglichkeit ausgeschöpft, doch es wollte mir nicht gelingen, den Panzer zu knacken, den Martin Rochester zu seinem Schutz angelegt hatte. Ich überlegte, ob ich seine drei Handlanger noch einmal aufsuchen sollte, konnte mich aber nicht davon überzeugen, dass es die Mühe lohnte. Rochester hatte sich mit derartigem Aufwand bedeckt gehalten, dass er seinen richtigen Namen wohl kaum einer Bande gedungener Mörder preisgab, die ihn bei der nächstbesten Gelegenheit für ein paar Münzen verraten würden. Außerdem wussten Rochesters Banditen, dass ich ihre Gewohnheiten kannte, und machten sich wohl selbst rar, zumindest für die nächsten Wochen.

Am liebsten hätte ich mich mit Elias darüber unterhalten, doch der hatte während der letzten Vorbereitungen für sein Stück keine Zeit mehr für mich. Es musste noch jede Menge umgeschrieben werden, aber er versicherte mir, dass Rochester mir nicht durch die Lappen ginge. Sobald das Stück erfolgreich angelaufen sei, könne ich wieder jederzeit mit seiner Unterstützung rechnen.

Da ich nichts Dringliches zu tun hatte, verbrachte ich meine Tage bei Jonathan's, wo ich darauf hoffte, irgendwelche wichtigen Unterhaltungen zu belauschen. Von Mr. Sarmento war nichts mehr zu sehen, nur mein Onkel erwähnte nebenbei, er mache sich große Sorgen, weil sein Buchhalter schon seit zwei Tagen nicht mehr im Lagerhaus erschienen sei. Ich hielt es nicht für angebracht, ihm mitzuteilen, was ich wusste.

Miriam und ich hatten uns seit unserem kurzen Kuss einander fast völlig entfremdet, und ihre Bemühungen, unseren Bruch zu kitten – so wie zuvor nächtens auf dem Flur –, waren zwar mutig, aber keine noch so gut gemeinten Absichtsbekundungen konnten ernsthafte Hoffnungen wecken, eine derart übermächtige Missstimmung, wie sie nun zwischen uns herrschte, aus dem Weg zu räumen.

Am Nachmittag vor der Premiere von Elias' Schauspiel saßen sie und ich im Salon meines Onkels. Es war das erste Mal, dass wir beide seit jener besonderen Vertraulichkeit in der Gastwirtschaft beisammensaßen, und ich stellte fest, dass ich ihre Anwesenheit ertragen konnte, wenn ich versuchte, den Zwischenfall völlig aus meinem Bewusstsein zu streichen. Sie hingegen saß da, als ginge es ihr rundum ausgezeichnet, und verschlang einen Roman mit dem Titel *Der Liebe Überschwang*. Wenn ich ihr nicht gerade heimliche Blicke zuwarf, brütete ich über Broschüren, die sich mit der Bank und den Handelsgesellschaften und allen möglichen anderen Dingen beschäftigten. Ich verstand so gut wie nichts von dem, was ich da las, und ich vermute, meine Bemühungen erwiesen sich als äußerst fruchtlos. Ich suchte irgendeinen Hinweis auf Rochester und wusste zugleich, dass keiner existierte.

Ich sah Miriam beim Lesen zu, betrachtete den genussvollen Ausdruck, mit dem ihre Augen über diese alberne Nichtigkeit flogen. »Miriam«, sagte ich nach einiger Zeit, »haben Sie wirklich vor, mich nicht zu heiraten?«

Sie sah zu mir auf, die strengen Züge, wie ich vermute, vor Entsetzen wie versteinert, doch dann musste sie etwas in meinem Gesicht gesehen haben – etwas eher Schelmisches als Verzweifeltes –, das sie zum Lachen brachte. Sie lachte nicht spöttisch, verstehen Sie mich nicht falsch, sie lachte vielmehr über die Absurdität all dessen, was sich zwischen uns beiden ereignet hatte. Das Lachen war so ansteckend, dass ich unweigerlich einfiel, und so lachten wir beide gemeinsam, und immer wieder steckte einer den anderen von Neuem an, bis uns die Bäuche wehtaten.

»Sie sind lächerlich direkt!«, sagte sie schließlich nach Luft schnappend.

»Das mag wohl sein«, pflichtete ich ihr bei, nachdem das Gelāchter ein wenig abgeebbt war, und fuhr etwas förmlicher fort: »Deshalb möchte ich offen mit Ihnen reden. Was haben Sie jetzt vor? Was wollen Sie mit Ihrem Geld anfangen?«

Sie errötete ein wenig, als brächte sie das Thema Geld in Verlegenheit. Vielleicht auch nur dieses Geld. »Ich werde jemanden finden müssen, der mir dabei ein wenig behilflich ist. Jemand, dem ich vertrauen kann. Aber dann werde ich es wohl investieren. Wenn ich geschickt vorgehe, bekomme ich fünf Prozent dafür, und zusammen mit meinem Witwenleibgedinge müsste ich eigentlich in der Lage sein, eine angemessene Wohnung zu finden.«

Ich spürte, wie Scham und Enttäuschung in mir aufstiegen. Ich war enttäuscht darüber, dass Miriam jetzt ausziehen und ihren eigenen Haushalt gründen, selbstständig werden würde. Als Schutzbefohlene meines Onkels war sie mir viel zugänglicher erschienen, und jetzt würde sie schon bald meinem Zugriff entzogen sein. Mein Egoismus in dieser Sache beschämte mich.

Ich setzte zu einer Rede an, von der ich nicht wusste, woraus sie bestehen sollte, und ich weiß es auch heute noch nicht, denn das Schicksal machte mir einen Strich durch die Rechnung. Ich hörte, wie jemand die Tür aufmachte, und dann kam Isaak mit einer Visitenkarte auf dem Silbertablett herein.

»Für Sie, Mr. Weaver«, sagte er. »Eine Dame.«

Ich warf einen Blick auf die Karte, auf der in hübschen Druckbuchstaben der Name Sarah Decker stand.

»Hat sie erwähnt, um welche Angelegenheit es sich handelt?«

»Ich glaube, sie möchte Ihre Dienste in Anspruch nehmen«, antwortete Isaak.

Ich war zwar nicht in der Stimmung, neue Aufträge anzunehmen, doch meine Nachforschungen hatten mich eine beachtliche Summe Geld gekostet, und so sah ich durchaus den Nutzen, den mir der eine oder andere neue Auftrag bringen mochte. Außerdem kam mir der Name Sarah Decker irgendwie bekannt vor. Ich wusste nicht genau, wo ich ihn schon einmal gehört hatte, aber es musste erst in den vergangenen Wochen gewesen sein.

Miriam entschuldigte sich, und Isaak sandte die Dame herein. Ich war sofort froh darüber, sie nicht fortgeschickt zu haben, denn es handelte sich um eine erstaunlich hübsche Frau mit strahlend blondem Haar, eindrucksvollen Augenbrauen und einem fein geschnittenen Gesicht. Sie trug ein elfenbeinfarbenes Kleid mit einem blauen

Petticoat und einen dazu passenden Hut. Ihre Haltung war sehr vornehm, aber ich sah sofort, dass sie sich nicht ganz wohl dabei fühlte, einen Mann wie mich in einer Gegend wie Duke's Place aufzusuchen. Ich forderte sie auf, sich zu setzen, und fragte sie, ob ich ihr eine Erfrischung anbieten dürfe, doch sie lehnte höflich ab.

»Ich bin einer nicht ganz einfachen Angelegenheit wegen hergekommen«, sagte sie. »Ich war lange Zeit der Ansicht, ich könne nichts tun, um meine Lage zu verbessern, aber jetzt, da sich alles nur noch verschlimmert hat, kam auf einmal Ihr Name auf, Mr. Weaver, und nun wende ich mich an Sie als meine letzte Hoffnung.«

Ich verneigte mich. »Wenn ich Ihnen irgendwie zu Diensten sein kann, soll es mir eine große Ehre sein.«

Sie lächelte mich an, und für ein solches Lächeln, glaubte ich, würde ich ihr so gut wie jeden Dienst erweisen. »Es ist nicht ganz einfach, darüber zu reden, Sir. Ich hoffe, Sie werden nicht ungeduldig mit mir.«

Obwohl ich schon bald zum Theater aufbrechen musste, forderte ich sie auf, sie solle sich so lange Zeit nehmen, wie es eben brauche.

»Es geht um Sir Owen Nettleton. Ich glaube, Sie sind mit ihm bekannt.«

Ich nickte. »Ja. Wahrscheinlich sehe ich ihn noch heute Abend im Theater.«

»Halten Sie ihn für einen Ehrenmann?«

Das war eine heikle Frage. Eine Frage, die es mit größter Vorsicht zu beantworten galt. »Ich halte Sir Owen für einen Gentleman.«

»Sie haben ihm einmal einen Dienst erwiesen, stimmt das? Hat er Ihnen gegenüber meinen Namen erwähnt?«

Jetzt wusste ich, woher ich ihren Namen kannte, denn Sir Owen hatte mir von seinen Plänen erzählt, eine gewisse Sarah Decker zu heiraten.

»Sir Owen hat nur in den höchsten Tönen von Ihnen geredet«, sagte ich. »Darf ich wissen, weshalb Sie danach fragen?«

Sie schüttelte den Kopf. »Ich weiß kaum, wie ich es erklären soll«, sagte sie. »Meine Hoffnung besteht darin, dass Sie mit ihm reden, ihn vielleicht zur Vernunft bringen. Ich weiß nicht, was ich sonst noch tun soll. Ich habe die Angelegenheit mit einem Rechtsgelehrten besprochen, aber eigentlich hat er ja kein Verbrechen begangen. Mein Bruder hat mir angeboten, sich mit ihm zu duellieren, aber ich weiß, dass Sir Owen meinem Bruder mit dem Degen überlegen ist, und ich könnte es nicht ertragen, wenn ihm meinetwegen etwas zustieße.«

»Madam«, warf ich ein, »Sie müssen mir schon näher erklären, worum es geht. Haben Sie und Sir Owen sich zerstritten?«

»Das ist es ja gerade«, antwortete Miss Decker. »Zwischen uns hat es nie etwas gegeben, worüber wir uns hätten streiten können. Ich bin ihm bei einigen gesellschaftlichen Anlässen begegnet, habe ein paar Worte mit ihm gewechselt, aber wir sind kaum mehr als flüchtige Bekannte. Trotzdem erzählt er überall herum, dass wir beide heiraten werden. Ich weiß nicht, warum er das tut. Alle seine Bekannten halten ihn in jeder anderen Hinsicht für zurechnungsfähig.«

»Hat er denn versucht, bei Ihnen vorzusprechen? Offiziell um Sie zu werben?«

»Nein. Er redet nur öffentlich von seiner Verlobung mit mir.«

Ich bedauerte es zutiefst, dass Miss Decker eine Erfrischung abgelehnt hatte, denn mit einem Mal fühlte ich mich nicht mehr ganz auf der Höhe meiner Kraft.

»Ich verstehe nicht«, sagte ich der Dame. »Er hat mit schwärmerischen Worten von Ihnen erzählt, so voller Begeisterung, dass ich nicht den geringsten Grund hatte, an seiner Verlobung zu zweifeln. Er zeigte sich sogar überaus besorgt darüber, dass Ihre Verbindung wegen des noch nicht lange zurückliegenden Todes seiner Frau in ein schlechtes Licht gerückt werden könnte. Jetzt frage ich mich, ob seine Idee, sich mit Ihnen zu vermählen, vielleicht nur eine durch seinen Kummer hervorgerufene Wahnvorstellung sein könnte.«

»Aber Sir Owen war niemals verheiratet! Er spricht von seiner verstorbenen Frau, und keiner seiner Freunde weiß, wie er darauf reagieren soll, denn Sir Owen hat niemals eine Gattin gehabt.«

»Großer Gott«, keuchte ich. *Was, um alles in der Welt, hatte ich dann für ihn wiederbeschafft?* Beinahe hätte ich den Satz laut ausgesprochen, sagte stattdessen jedoch: »Weshalb erzählt Sir Owen diese Märchen? Hegen Sie vielleicht eine Vermutung?«

Miss Decker schüttelte den Kopf. »Verstehen Sie bitte, Mr. Weaver, dass ich es mir weder erklären kann noch will. Seine Lügen schaden meinem Ruf. Sie schrecken andere Gentlemen ab, die mein Vater für geeignete Anwärter hält; andererseits weigert sich mein Vater, gegen das Problem anzugehen, und meinem Bruder fällt auch nur eine gewalttätige Lösung ein. Meine Hoffnung bestand darin, dass der kühlere Kopf einer Frau einen anderen Weg ersinnen würde, und so kam ich auf die Idee, einen Vermittler einzuschalten. Einen Vermittler wie Sie. Wenn die Sache nur rasch aus der Welt geschafft wäre, denn ich halte es für mehr als unpassend, wenn eine Dame wie ich mit jemandem wie Sir Owen in Verbindung gebracht wird, der kaum mehr als ein gewöhnlicher Börsenmakler ist.«

»Kaum mehr als *was?«* Ich fuhr aus meinem Sessel hoch.

Miss Decker wich erschrocken vor meiner Annäherung zurück.

Ich ließ mich wieder in den Sessel zurücksinken. »Entschuldigen Sie, ich wollte Sie nicht erschrecken, aber ich wusste nicht ... Das heißt, mir war nicht bewusst, dass Sir Owen dafür bekannt ist, an der Börse Handel zu treiben.«

Sie nickte. »Er tut es insgeheim, aus Angst, er könnte damit seinem Ruf schaden, doch es ist trotzdem kein Geheimnis. Ich glaube, ich habe gehört, dass er für seine Geschäfte einen falschen Namen annimmt, als könnte er dadurch den Makel der Börsenspekulation von seinem Ruf fern halten.«

Ich wagte kaum zu atmen. »Wie lautet dieser falsche Name?«

»Das weiß ich nicht«, sagte sie, »aber Sie verstehen sicherlich, dass es keineswegs in meinem Interesse liegt, mit diesem Mann wie auch immer in Verbindung gebracht zu werden. Darf ich auf Ihre Hilfe rechnen?«

Ich läutete die Glocke, erhob mich und fing an, aufgeregt im Zimmer auf und ab zu gehen. »Ich werde Ihnen jede mir mögliche Hilfe zukommen lassen, Madam, dessen seien Sie versichert.«

Isaak erschien, und ich bat ihn, mir meine Straßenkleidung zu holen, denn es war höchste Zeit, das Haus zu verlassen.

Miss Decker war völlig durcheinander. Sie hatte einen Fächer gezückt, mit dem sie hektisch vor dem Gesicht wedelte. »Bin ich Ihnen in irgendeiner Weise zu nahe getreten, Mr. Weaver?«

»Lassen Sie sich bitte von meiner Unruhe nicht beängstigen, Madam. Ich glaube, Sie haben mir soeben in einer anderen Angelegenheit, mit der ich mich seit geraumer Zeit beschäftige, eine höchst wichtige Information zukommen lassen.«

»Ich verstehe nicht«, stotterte sie. »Wollen Sie denn nicht mit Sir Owen reden?«

»O doch.« Isaak kam mit meinem Mantel und half mir hinein. »Ich werde dafür sorgen, dass er Ihren Namen niemals wieder erwähnt. Darauf gebe ich Ihnen mein Wort.«

Ich bat Isaak, Miss Decker an die Tür zu bringen, während ich mich eilig auf den Weg zum Theater machte, wo ich Sir Owen bei seinem Abendvergnügen antreffen würde.

33

Als ich mich dem Theater in der Drury Lane näherte, wurde ich mir dessen bewusst, dass ich keinerlei Beweise hatte, die ausgereicht hätten, um einen Constable zu Hilfe zu rufen. Ich konnte jedoch nicht länger warten, diesen Mann zu entlarven. Er hatte Kate Cole getötet, weil sie ihn hätte identifizieren können, und es war mehr als wahrscheinlich, dass er wieder töten würde, um sein Geheimnis zu wahren. Letztendlich hatte er nicht viel zu verlieren. Wurde er erwischt, konnte er, ungeachtet der Anzahl von Menschenleben, die seiner Bösartigkeit zum Opfer gefallen waren, nur einmal gehängt werden.

Mein Herz pochte wie wild, und es fiel mir nicht leicht, einen klaren Gedanken zu fassen. Vor meinem geistigen Auge sah ich einen mir gnadenlos ausgelieferten Sir Owen, auf den ich wieder und wieder einschlug, bis er die Niederträchtigkeit seines Vorgehens gestand und für jede einzelne seiner Schandtaten um Vergebung winselte. Ich wusste, dass ich mich vor dem Drang, meine gefährliche Wunschvorstellung umgehend auszuführen, in Acht nehmen musste, denn die Konsequenzen für jemanden, der inmitten eines überfüllten Theaters ohne eindeutige Provokation einen Baronet angriff, waren keinesfalls besonders angenehm. Aber blieb mir denn eine andere Wahl? Ich konnte ihn vor das South Sea House schleppen und die Verantwortlichen bitten, sich um ihren Fälscher zu kümmern. Dabei wäre nicht einmal sichergestellt, dass sie ihn angemessen bestraften. Vielleicht würden sie sich damit zufriedengeben, ihn mit dem Versprechen, nichts von dem, was er wusste, auszuplaudern, außer Landes zu verweisen. Da gab es gewiss bessere Möglichkeiten. Ich konnte Sir Owens Ruf ruinieren, ein Pamphlet veröffentlichen, in dem ich ihn als Mörder und Börsenhändler entlarvte. Und sollte sich dieser Schritt nicht als ausreichend erweisen, so kannte ich immer noch den einen oder anderen Halsabschneider, der im Gegenzug zu einem freundlichen Wort, ein paar Shilling und der Aussicht auf ein Opfer mit prallem Geldbeutel Sir Owen einen entschieden dauerhafteren Schaden zufügen würde.

Erfreut sah ich, dass das Theater ziemlich voll war. Das war zweifellos zum Teil darauf zurückzuführen, dass die Eröffnungsnummer mit Jongleuren und Seiltänzern aus Deutschland eine große Attraktion in der Stadt darstellte, weil gewisse ausgelassene Subjekte sich einen

Spaß daraus machten, die Deutschen zu verhöhnen und mit Abfall zu bewerfen, während der Rest des Publikums genüsslich dabei zusah. Für Elias hoffte ich, dass das Publikum seiner Komödie einen freundlicheren Empfang bereitete als den Landsleuten seines Königs. Zu der Zeit, als ich eintraf, war das Vorprogramm gerade zu Ende gegangen, woraufhin das Publikum sich das Warten auf den *Arglosen Liebhaber* mit der Kurzweil allgemeinen geselligen Treibens versüßte.

In den unteren Rängen des Theaters drängten sich die Leute, die bei solchen Anlässen immer das Parkett bevölkern. Selbstverständlich waren unter ihnen viele aus den niederen Klassen Londons, die sich gerade einmal den geringen Preis einer Parkettkarte leisten konnten, doch zwischen ihnen wuselten auch andere jungen Burschen herum, die die Freizügigkeit des Parketts nutzten, um sich ausgiebig zu verlustieren und allgemeines Durcheinander hervorzurufen.

Ich wusste, dass Sir Owen dem Temperament nach durchaus diesen Burschen zuzurechnen war, aber kaum mehr in dem Alter, in dem derartige Ausschweifungen akzeptabel waren. Ein Mann seines Ranges hielt sich zweifellos weiter oben auf, also suchte ich ihn auf den oberen Rängen. Ich bahnte mir meinen Weg recht grob bis zu den Balkonen, schob dabei alles und jeden, der mir im Weg stand, zur Seite und streckte den Kopf ohne jede Rücksicht auf Schicklichkeit in so manche Loge. Auf den Fluren standen dicht gedrängt Gentlemen, aufgeputzte Kavaliere, Damen und Kokotten, denen das Geschehen auf der Bühne herzlich gleichgültig war und die sich lediglich für den neuesten Klatsch und die Gelegenheit, voneinander Notiz zu nehmen, interessierten. Damals wie heute war das Theater ein willkommener Ort, um Bekanntschaften zu schließen oder zu pflegen. Dass dort unten Männer und Frauen auf der Bühne stehen, die sich bemühen, für künstlerische Unterhaltung zu sorgen, ist nicht mehr als ein freudiger Anlass, für manche wohl auch nur eine lästige Störung.

Ich hätte besonnener vorgehen, mich weniger auffällig anpirschen sollen. Mein Zorn und mein Gesichtsausdruck müssen mich verraten haben, denn das Objekt meiner Suche bemerkte mich im gleichen Augenblick, in dem ich seiner ansichtig wurde. Sir Owen saß in der Gesellschaft eines anderen Gentleman und zweier Damen in einer Loge gegenüber. Unsere Blicke trafen sich einen Augenblick, und ich bin sicher, dass er in diesem Moment erkannte, dass ich Bescheid wusste und nicht in der Stimmung war, darauf zu warten, bis die Mühlen der unfähigen Justiz sich seines Falles annahmen.

Ich rannte, soweit es mir die dort plaudernd herumstehenden Menschenmassen erlaubten, durch den Flur hinter den Balkonen entlang und verschaffte mir dreist Zutritt zu Sir Owens Loge. Ich muss mit meinem recht unordentlichen Aufzug, meiner zerzausten Frisur und dem keuchenden roten Gesicht ein furchterregendes Bild abgegeben haben. Die Begleitung des Baronet starrte mich so ungläubig an, als stolzierte ein wilder Tiger durch ihre Loge. Eine der Damen, eine hübsche Frau mit kupferfarbenem Haar und einem schwarz-goldenen Kleid, legte eine Hand über den Mund.

»Was für eine Überraschung«, stammelte Sir Owen, erhob sich von seinem Sitz und wischte sich peinlich berührt unsichtbare Stäubchen vom Revers.

»Hatten wir uns hier verabredet?«, fragte er mit gesenkter Stimme. »In diesem Falle muss ich mich schrecklich vertan haben und muss mich entschuldigen. Vielleicht kommen wir besser ein anderes Mal zueinander.«

»Wir kommen hier und jetzt zueinander«, sagte ich unbeeindruckt von seinen Bemühungen, die Situation zu retten und eine gesellschaftliche Blamage abzuwenden. »Es ist ohnehin besser, wenn Ihre Freunde wissen, mit wem sie es zu tun haben.«

Ich sah, dass ich der Lady in dem schwarz-goldenen Kleid einen ordentlichen Schreck eingejagt hatte, denn sie schob zwei ihrer behandschuhten Finger in den Mund und begann, an ihnen herumzukauen. Der andere Gentleman, ein gichtgeplagter älterer Herr und viel zu alt für die junge Dame in seiner Begleitung, erwies sich als nicht weniger ängstlich als die beiden Geschöpfe des schwachen Geschlechts. Er tat so, als suchte er in der wogenden Menge des Publikums nach einem Bekannten und murmelte vor sich hin, der Halunke sei nirgendwo zu finden.

»Gott im Himmel, Weaver!« Sir Owens Blicke zuckten zwischen mir und seinen Begleitern hin und her. »Darüber können wir uns doch später noch unterhalten. Ich schlage vor, ich statte Ihnen gleich morgen in der Frühe einen Besuch ab.«

»Ganz richtig«, sagte das gichtige Männlein, offensichtlich von Sir Owens Unerschrockenheit ermutigt. »Ich schlage vor, Sie machen jetzt, dass Sie weiterkommen.«

Ich ignorierte ihn einfach. »Sir Owen«, fauchte ich, kaum in der Lage, meine Wut zu zügeln, »Sie kommen auf der Stelle mit mir!«

»Mit Ihnen kommen?«, fragte er ungläubig. »Sind Sie übergeschnappt,

Weaver? Glauben Sie, Sie könnten mir Befehle erteilen? Wo sollte ich denn mit Ihnen hin?«

»Zum South Sea House«, erwiderte ich. Ich hatte nicht die Absicht, ihn dorthin zu bringen, aber ich wollte ihm auf diese Weise mitteilen, wie viel ich von seiner Verbindung zu dieser Institution wusste.

»Das glaube ich nicht!«, lachte er laut. »Ich versichere Ihnen, dass ich es schon immer für klüger gehalten habe, um solche Orte einen großen Bogen zu machen.«

»Trotzdem werden Sie mich dorthin begleiten!«

Sir Owen saß in der Falle, und er war sich dessen bewusst. Verzweifelt versuchte er, sich aus diesem Affront herauszureden. »Sie vergessen sich, Weaver. Ich bin ein Gentleman, und ich befinde mich in der Begleitung eines Gentleman und zweier Damen. Wenn Sie etwas mit mir zu besprechen haben, so ist hier weder der richtige Ort noch der richtige Zeitpunkt dafür. Ich habe jetzt keine Zeit für hitzköpfige Juden wie Sie, also machen Sie sich davon, und ich setze mich so bald als möglich mit Ihnen in Verbindung.«

In diesem Augenblick spürte ich nur noch einen mörderischen Zorn in mir. Ich gestehe, werte Leser, dass ich nur einen Wimpernschlag davon entfernt war, mir diesen aufgeblasenen Halunken zu packen und ihn auf der Stelle zu erwürgen. Dass er, der an mir und meiner Familie ein so schreckliches Verbrechen begangen hatte, mich auf diese Weise beschimpfte, war mehr, als ich ertragen konnte. Ich glaube, dass mir dieser unbändige Zorn ins Gesicht geschrieben stand, denn Sir Owen erkannte ihn eindeutig. Er sah, was in meinem Herzen loderte, und er wusste, dass ihn nur noch wenige Sekunden von meiner Rache trennten.

Mit anderen Worten: Er floh.

Zu meinem Glück war Sir Owen kein junger, kraftvoller Mann mehr, denn obwohl mein Bein grässlich wehtat, konnte ich mit ihm Schritt halten. Er tauchte sofort in der Menge unter und stieß mehrere Gentlemen und Damen grob zur Seite, und ich vermute, dass er in jenem Augenblick, in dem er sich so rücksichtslos in der Öffentlichkeit aufführte, wusste, dass es für ihn kein Zurück mehr gab. Wie hätte er sein Benehmen erklären wollen? Die Erkenntnis ließ ihn nur umso verzweifelter auftreten. Er rannte auf den Ausgang zu wie auf das Tor zur Erlösung.

Ich hingegen versuchte, die Rolle des gesitteten Verfolgers zu spielen, wenn auch kein Zweifel daran besteht, dass ich mich durchaus meines Anteils an Knüffen und blauen Flecken schuldig gemacht habe.

Unten auf der Bühne fing gerade *Der Arglose Liebhaber* an, doch das Gerangel auf den Balkonen hatte die Aufmerksamkeit der Parkettbesucher bereits auf sich gelenkt. In Elias' Eröffnungsszene beklagen sich sein Held und dessen Freund lautstark über ihren Liebeskummer, doch sogar bei meiner Verfolgungsjagd konnte ich den unmissverständlichen Ton der Verzweiflung aus ihren Stimmen heraushören, als die Schauspieler spürten, dass etwas, das absolut nichts mit ihrer Darbietung zu tun hatte, die Aufmerksamkeit des Publikums vom Geschehen auf der Bühne ablenkte.

Ich wusste nicht, wohin Sir Owen fliehen wollte. Wahrscheinlich wusste er es selbst nicht, denn schon bald fand er sich am Ende eines Balkons wieder, wo weder eine Treppe noch ein anderer Ausweg in Sicht waren. Er musste sich auf mich stürzen oder fünf Meter hinunter auf die Bühne springen. Voller Panik griff er in seine Weste und zog eine übermäßig mit Gold und Perlmutt verzierte Pistole heraus. Ich hatte ebenfalls meine Pistole dabei, war aber nicht so skrupellos, sie an einem derartig überfüllten Schauplatz abzufeuern.

Als die Damen in unserer unmittelbaren Nachbarschaft Sir Owen seine Waffe ziehen sahen, stießen sie eine Reihe entsetzter, schriller Schreie aus, und dieses Geräusch sorgte für ein Welle der Panik, die sich durch das ganze Theater fortpflanzte. Ich hörte von unten das Scharren von Füßen, als die Hälfte des Publikums nach oben schaute und die andere Hälfte sich um eine bessere Aussicht balgte, um ebenfalls am Anlass des Aufruhrs teilzuhaben.

Sir Owen, der die Gefährlichkeit seiner Lage begriff, versuchte es mit einer Ansprache, die ihn gegen eine falsche Verurteilung durch andere schützen sollte.

»Weaver!«, schrie er. »Warum verfolgen Sie mich?« Er wandte sich an die Zuschauer, die sich allmählich wieder einigermaßen beruhigten. Sir Owen legte eine Hand auf die Hüfte und reckte die Brust nach vorne. Da er unversehens die Hauptattraktion im ganzen Theater war, hielt er es vielleicht für angebracht, sich wie ein großer Tragöde aufzuführen. »Dieser Mensch ist übergeschnappt! Er gehört nicht ins Schauspielhaus, sondern nach Bedlam!«

»Mit Sicherheit gehören Sie nicht hierher«, entgegnete ich ruhig, »denn eine derartig erbärmliche Vorstellung gereicht sogar der Drury Lane zur Schande.«

Diese Bemerkung entlockte unserem Publikum einige Lacher, verunsicherte Sir Owen aber nur noch mehr.

»Vielleicht rufen Sie sich in Erinnerung, mit wem Sie es hier zu tun haben«, deklamierte er und fuchtelte wild mit seiner Pistole herum, »und welchen Respekt Sie mir schulden!«

Nachdem ich in eine Sackgasse geraten war, hielt ich es für das Klügste, meine Karten auf den Tisch zu legen und zu warten, was dabei herauskam. »Wie Sie inzwischen wohl erraten haben«, rief ich laut, denn in meiner Zeit als Faustkämpfer hatte ich so einiges über den wirkungsvollen Einsatz meiner Stimme gelernt, »habe ich herausgefunden, dass Sie tatsächlich die gleiche Person wie Martin Rochester sind, der berüchtigtste und skrupelloseste Aktienhändler aller Zeiten. Demzufolge weiß ich, dass Sie für mehrere Morde verantwortlich sind, namentlich für die an Michael Balfour, der Hure Kate Cole, wahrscheinlich auch an Christopher Hodge, dem Buchhändler, und natürlich an Samuel Lienzo, meinem Vater.«

Rings um uns herum erhob sich lautes Gemurmel. »Was? Sir Owen ist Martin Rochester?«

Ich sah, wie mehrere junge Männer von unten zu uns hinaufzeigten. Damen aus seinem Bekanntenkreis hielten erschrocken die Luft an. Die Worte *Mörder* und *Aktienhändler* kursierten wie Handzettel.

Sir Owen reagierte auf diese Anschuldigung auf die erdenklich unvorteilhafteste Weise. Er saß in der Falle. Er wusste keinen Ausweg mehr. Ich hatte ihn vor ganz London bloßgestellt. Wenn das, was ich gesagt hatte, unwahr gewesen wäre und er die Beschuldigungen einfach mit einem Lachen abgetan hätte, hätte er vielleicht seinen Namen und seinen Ruf retten können, zumindest für jenen Abend. Doch statt meinen Behauptungen zu widersprechen, übernahm er die Rolle des Verzweifelten. Er feuerte seine Pistole auf mich ab.

Das Krachen des Schusses schnitt einen Riss der Stille in das erregte Theater; in der Luft hing der Geruch verbrannten Pulvers. Alle, sogar die verzweifelten Schauspieler auf der Bühne, hielten inne, um sich nach Spuren von Einschüssen zu untersuchen. Ich kann von Glück reden, dass Sir Owen kein guter Schütze war und mich verfehlte, doch einem livrierten Lakaien drei oder vier Meter hinter mir, der meine Auseinandersetzung mit dem Baronet mit offenem Mund verfolgt hatte, erging es weniger gut. Die Bleikugel traf ihn mitten in die Brust, er taumelte nach hinten und fiel zu Boden. Staunend und ungläubig glotzte er auf den roten Fleck, der sich auf seiner Livree rasch ausbreitete. Es sah aus, als hätte jemand eine Flasche Rotwein auf eine Tischdecke gekippt, und niemand wusste, was zu tun war. Der Mann betrachtete seine Verwundung eine Viertelminute, und dann, ohne auch nur einmal aufzustöhnen, sank er zur Seite und hauchte sein Leben aus.

Bis auf die Schauspieler, die erneut anfingen, glücklos ihre Zeilen zu intonieren, war im gesamten Theater kein Laut zu hören. Die Stille hielt jedoch nicht lange an, und die Panik kochte innerhalb kürzester Zeit von leisem Brodeln zu einem stürmischen Sieden auf, in dem die Zuschauer in dem Bestreben, Sir Owens mörderischem Wüten zu entkommen, auf die Ausgänge zustürzten. Da ich nicht willens war, ihn im allgemeinen Tumult entkommen zu lassen, machte ich einen Satz in seine Richtung, ohne eigentlich zu wissen, was ich mit ihm vorhatte. Vielleicht wollte ich ihn bewusstlos schlagen und anschließend vor den Richter schleifen, aber in Wahrheit hatte ich mir darüber keine Gedanken gemacht und wusste nicht, was ich im nächsten Augenblick tun würde.

Sir Owen richtete sich wie von Sinnen auf und versuchte, mir mit seiner Pistole ins Gesicht zu schlagen. Ich wich seinem Schlag mühelos aus und revanchierte mich mit einem kaltblütig ausgeführten Hieb in seinen stattlichen Bauch. Wie erwartet klappte er zusammen und ließ seine ohnehin nutzlos gewordene Feuerwaffe fallen. Aber er gab noch nicht auf. Er war verzweifelt und würde weiterkämpfen, bis er mir entweder entkommen oder sich nicht mehr wehren konnte.

Der Baronet richtete sich wieder auf, machte einen Schritt nach hinten und griff nach seinem Degen. Ich langte sofort nach dem meinen und hatte ihn gezückt, bevor er seinen auch nur aus der Scheide heraus hatte. Leider beging ich den Fehler, anzunehmen, dass der Vorteil in dieser Arena eindeutig auf meiner Seite sei, und ging einen Schritt auf ihn zu, um ihn mit meinem Degen zu durchbohren.

Sir Owen führte seinen ersten Angriff gegen mich aus, einen flinken und wohl ausgeführten Stoß, der auf meinen oberen Brustkorb zielte. Ein Halunke wie Sir Owen wurde nicht so alt, indem er ein schlechter Fechter war, und ich muss gestehen, dass ich einen Anflug von Furcht verspürte, als ich seinen Stoß hastig parierte und zugleich versuchte, mir eine Strategie zurechtzulegen. Ich hatte zu viel Selbstvertrauen gehabt, denn ich war keineswegs der Meister sämtlicher Selbstverteidigungskünste und erkannte sofort, dass mir Sir Owen sehr wohl Paroli zu bieten wusste.

Trotz seiner Aufregung führte Sir Owen seine Klinge mit einer Art instinktivem Aplomb und teilte einige geschickte Hiebe aus, um mich aus dem Konzept zu bringen. Man könnte beinahe sagen, er führte den Degen wie eine Verlängerung seines Arms, doch dann hätte die Waffe schwer und unbeholfen sein müssen; nein, es schien eher, als hätte sich der Arm in einen Auswuchs seiner leichten und eleganten Waffe verwandelt, als bewegte sich Sir Owen wie unter einem Zauberbann zugleich anmutig und zielstrebig.

Unter den gegebenen Bedingungen war ich nicht besonders davon angetan, es mit einem erfahrenen Gegner mit mörderischen Absichten aufzunehmen. Ich darf Ihnen versichern, geneigte Leser, dass es alles andere als einfach ist, eine Strategie zu entwickeln, wenn man inmitten eines überfüllten Theaters – umringt von Hunderten in Panik geratener, schreiender und auf die Ausgänge zustürmender Zuschauer – damit beschäftigt ist, die Klinge eines Schurken zu parieren.

Sir Owens nächster Angriff zielte auf meine Brust, doch im letzten Moment richtete er den Degen nach unten, in der Hoffnung, auf diese Weise mein Bein aufzuschlitzen und mich so bewegungsunfähig zu machen. Nur mit knapper Not blockierte ich seinen Stoß und konterte mit einem beherzten Stich nach seiner Seite, unter seinen rechten Arm, weil ich annahm, er habe Schwierigkeiten, diesen Angriff abzuwehren. Für einen Mann von seiner Statur bewegte er sich mit erstaunlicher Behändigkeit und wich meinem Vorstoß erfolgreich aus.

Obwohl ich gezwungenermaßen eingestehen musste, das er ein exzellenter Fechter war, sah ich in seinem Gesicht nichts von dem Vergnügen, das ein Mann bei der Ausübung seiner Talente empfindet. In Sir Owens Gesicht spiegelte sich nichts als mörderische Erregung. Ich gedachte mir aus Sir Owens Erregung einen entscheidenden Vorteil verschaffen zu können, aber ich konnte das Blatt nicht zu meinen Gunsten wenden. Er lancierte einen weiteren Ausfall, wobei er diesmal auf meinen Schwertarm zielte. Ich blockte ihn ab, spürte jedoch, wie sich unsere Klingen ineinander verbissen. Bei dem Versuch, meine Klinge wieder unter Kontrolle zu bekommen, verlagerte ich zu viel Gewicht auf mein schwaches Bein, woraufhin mir ein grässlicher Schmerz durch den ganzen Körper fuhr und mich einen Augenblick ablenkte. Es war genau ein Augenblick zu viel, denn Sir Owen nutzte meine momentane Unaufmerksamkeit sofort aus, drehte seinen Degen geschickt zur Seite und trennte mich damit von meiner Waffe, die in hohem Bogen durch die Luft flog und drei oder vier Meter entfernt klirrend zu Boden fiel.

Ich erwartete, dass er unversehens die Flucht ergreifen würde, doch die Wut und die nackte Angst umnebelten seinen Verstand. In meinem ganzen Leben hatte ich noch selten etwas derartig Schreckliches und zugleich Komisches gesehen wie sein Gesicht, das jetzt tiefrot, beinahe purpurfarben angelaufen war, mit Ausnahme der Lippen, die so fest zusammengepresst waren, dass sie geisterhaft weiß wirkten. Er starrte mich an, die Klinge auf mich gerichtet.

»Sie haben mich ruiniert«, sagte er mit leisem Knurren, das im Krach der aufgescheuchten Menge beinahe nicht zu hören war.

Er war fest entschlossen, mich zu durchbohren, daran zweifelte ich keine Sekunde. Ich hätte wohl entwischen können, fand den Gedanken an Flucht jedoch unerträglich, die Vorstellung, vor diesem Halunken zu kneifen, den aufzuspüren mich so viel harte Arbeit gekostet hatte. Und so tat ich das, was er mit Sicherheit von einem unbewaffneten Mann im Vollbesitz seiner geistigen Kräfte niemals erwartet hätte: Ich ging zum Angriff über.

Ohne auf den Stich zu achten, der sich anfühlte, als würde mein Bein im nächsten Augenblick auseinandergerissen, machte ich einen Satz auf ihn zu. Trotz seines Erstaunens richtete Sir Owen seine Klinge auf, in der Hoffnung, mich einfach aufzuspießen, doch ich hatte nicht vor, mir selbst das Lebenslicht auszublasen. Stattdessen führte ich einen Trick aus, den ich bei meinen Keilereien auf der Straße gelernt hatte. Ich duckte mich nach unten und packte seine Beine, um ihn wie einen Kegel auf dem Rasenplatz umzuwerfen.

Sir Owen ließ seinen Degen fallen und kippte, verstärkt durch seinen Impuls zu fliehen, nach hinten. Er riss sich aus meinem Griff los, schob sich wie ein Krebs mit den Beinen nach hinten und kam dabei wieder halbwegs auf die Füße. Mit dem Rücken am Balkongeländer richtete er sich vollends auf, vermutlich, um besser ausholen zu können. Wir waren jetzt nur noch zwei ihres gesellschaftlichen Ranges und ihrer Stellung beraubte Männer, die ihre Kräfte in einem wütenden Schlagabtausch maßen. Und ich möchte nicht prahlen, meine geneigten Leser, doch bei einem Wettkampf diesen Zuschnitts – ausgeführt mit Fäusten, Muskeln und der Entschlossenheit, auch kräftig einzustecken – konnte es ein träger, wohlgenährter Baronet in keinster Weise mit mir aufnehmen.

Sir Owen schlug zu und verfehlte mich. Vom Schwung des eigenen

Schlages aus dem Gleichgewicht gekommen, lehnte er sich gegen das Balkongeländer, holte jedoch gleich wieder aus, planlos und leichtsinnig. Er wusste nicht, was er tat, ruderte wild mit den Fäusten in der Luft. Durch sein unkontrolliertes Herumgefuchtel und die zusätzliche Kraft des mächtigen Schlages, mit dem ich antwortete, verlor der Baronet die Balance, kippte mit einem angsterfüllten Aufschrei nach hinten und fiel fünf Meter nach unten, mitten auf die Bühne, auf der die Schauspieler noch immer unerschrocken Elias' Stück aufführten. Ihre Bemühungen waren wahrhaft heldenmutig; aber letztendlich kann selbst der disziplinierteste Darsteller es nicht ignorieren, wenn ein ausgewachsener Baronet aus heiterem Himmel neben ihm auf die Bretter knallt.

Ich blieb reglos stehen. Mein Atem ging schwer, mein Herz pochte, und mir zitterten die Glieder am ganzen Leib. Ich wusste nicht, was ich als Nächstes tun sollte. Wahrscheinlich vergingen nur ein paar Sekunden, aber mir erschien es eher wie eine halbe, bis mir der Gedanke kam, nachzusehen, ob Sir Owen noch am Leben war.

Ich beugte mich über das Geländer, um herauszufinden, ob Sir Owen tot, lediglich bewusstlos oder womöglich unverletzt war und somit in der Lage, zu fliehen. Doch bevor ich einen Blick auf die Bühne werfen konnte, wurde ich von zahlreichen Händen an der Schulter gepackt, zu Boden gerungen und dort erbarmungslos festgehalten. Ich war nicht mehr Sir Owens Ankläger. Ich war nicht mehr der Mann, der zwischen einem unberechenbaren Verrückten mit einer Pistole und der Menge unschuldiger Theaterbesucher stand. Jetzt war ich der Jude, der einen Baronet angegriffen und womöglich sogar getötet hatte.

Zwei kräftig aussehende Gentlemen hielten mich am Boden fest. Sie schienen zwei recht tüchtige Burschen zu sein, aber wenn ich gewollt hätte, hätte ich ihnen wahrscheinlich entkommen können. Doch das wollte ich nicht. Früher oder später musste ich mich ohnehin vor dem Gesetz verantworten, und mir stand keinesfalls der Sinn danach, mir bei einem Fluchtversuch eine Verletzung zuzuziehen.

Die Menge um mich herum war in heller Aufregung. Einige eilten an die Brüstung, um einen Blick auf Sir Owens reglose Gestalt unten auf der Bühne zu erhaschen. Andere irrten wie aufgescheuchtes Vieh verstört hin und her. Die schwarzgolden gekleidete Frau mit dem kupferroten Haar aus Sir Owens Loge kreischte entsetzlich, während ein junger Gentleman sie zu beruhigen versuchte. Sie schrie mehrere Minuten lang und verfiel dann in leiseres Schluchzen. Der junge Galan schob sie umsichtig in Richtung Treppe, um sie aus dem Theater hinauszuführen.

»Beruhigen Sie sich doch, Miss Decker«, sagte er. »Sie dürfen sich nicht so aufregen.«

Ich starrte den beiden ungläubig nach. »Decker?«, sagte ich laut. »Sarah Decker?«

Einer der Männer, die mich festhielten, blickte mich fragend an. Bestimmt hielt er meine Neugier für ebenso erstaunlich wie unpassend. »Na und?«

»Kennen Sie die Dame?«, fragte ich ihn. »Kennen Sie sie?«

»Aber ja doch«, sagte er und verzog verdutzt das Gesicht.

»*Das* ist Sarah Decker?« Mit einem Mal kam ich mir verloren vor, vielleicht wurde mir sogar ein wenig schwindlig.

»Aber ja doch«, wiederholte er ein wenig gereizt. »Sie wird den Mann heiraten, den Sie ermorden wollten.«

Mir blieb nichts anderes übrig, als mich von den Männern abführen zu lassen.

34

Ich hatte erwartet, dass man mich noch in der gleichen Nacht vor den Richter bringen würde, was sich jedoch als falsch erwies. Vielleicht gab es zu viele Zeugen zu befragen – Zeugen von Rang und Namen –, vielleicht war es aber auch schon zu spät in der Nacht, um sofort mit der Untersuchung eines solchen Falles zu beginnen. Jedenfalls übergaben mich die Gentlemen, die mich festgehalten hatten, an die Constables, die mich über Nacht im Poultry Compter einsperrten. Glücklicherweise hatte ich genug Bargeld dabei, um mir eine Einzelzelle auf der erträglicheren Master's Side zu verschaffen und dadurch die größten Schrecken dieses Gefängnisses zu vermeiden, denn die Common Side gehört zu den entsetzlichsten Orten dieser Erde.

In meinem winzigen Gelass roch es nach Schimmel und üblen Ausdünstungen. Die Einrichtung bestand aus einem kaputten Holzstuhl und einem harten Strohbett, das ich mir, hätte ich es tatsächlich benutzt, mit einer geselligen Läusekolonie hätte teilen müssen. Ich ließ mich vorsichtig auf dem Stuhl nieder und versuchte, mir das Geschehene noch einmal durch den Kopf gehen zu lassen. Da ich nicht wusste, wessen man mich am kommenden Morgen anklagen würde, hatte ich keine Ahnung, was ich davon halten, schon gar nicht, wie ich weiter vorgehen sollte. Dazu hing allzu viel nicht nur von Sir Owens Zustand, sondern auch von den Aussagen der Zeugen ab, die die Constables vorbrachten.

Mein Fall war gewichtig, und ich kam zu dem Schluss, dass ich mich wohl oder übel auf meinen Onkel stützen und ihn darum bitten musste, dem Richter etwas anzubieten, damit ich nicht dazu verpflichtet wurde, vor Gericht zu erscheinen. Falls Sir Owen tot war, würde man mich bestimmt des Totschlags, wenn nicht gar des Mordes anklagen. Sollte es sich als unumstritten herausstellen, dass ich einen Mann von Sir Owens Herkunft freiweg angegriffen hatte, ließ sich der Richter wohl auch nicht durch Geldgeschenke dazu bewegen, seine Entscheidung abzuändern. War der Baronet aber lediglich verletzt, konnte ich mir durchaus Hoffnungen machen, einer Verurteilung zu entgehen.

Ich rief den Schließer und teilte ihm meinen Wunsch nach Papier und Feder mit, um eine Nachricht aufzusetzen. Ich war nicht sicher, ob ich noch genug Münzen dabei hatte, um die exorbitanten Preise für diese Güter zu zahlen, doch wie es sich herausstellte, spielte die Preisfrage ohnehin keine Rolle.

»Ich kann Ihnen Feder und Papier verkaufen«, sagte der untersetzte, schmierige Bursche und wischte sich das strähnige Haar aus den Augen, »aber ich darf keine Nachricht von Ihnen nach draußen bringen.«

»Das verstehe ich nicht«, erwiderte ich, noch immer ein wenig benommen. »Aus welchem Grund denn?«

»Befehle«, beschied er mich, als sei mit diesem Wort alles erklärt.

»Wessen Befehle?« Ich hatte noch nie gehört, dass ein Gefängnis seinen Insassen das Verschicken von Botschaften verweigerte. Ebenso wenig war mir je zu Ohren gekommen, dass ein Wärter deshalb auf ein paar Münzen verzichtet hätte.

»Darf ich nich' sagen«, antwortete er stoisch und kratzte an einem Stückchen loser Haut an seinem Hals.

Ich glaube, meine Stimme verriet meine Unfähigkeit, das Gehörte zu glauben: »Gilt das für alle Gefangenen, die hier einsitzen?«

Er lachte. »Aber wo! Die anderen Gentlemen dürfen schreiben und versenden, was sie wollen. Wie soll ich denn sonst mein Brot verdienen? Das Verbot gilt nur für Sie, Mr. Weaver. Wir dürfen es nur Ihnen nicht erlauben, so isses mir gesagt worden.«

»Dann möchte ich bitte mit dem Vorsteher des Gefängnisses sprechen«, sagte ich mit strenger Stimme.

»Aber gewiss.« Er kratzte sich weiter am Hals. »Er kommt morgen irgendwann, am Nachmittag. Aber dann sind Sie, glaub ich, nich' mehr hier. Wenn Sie doch noch hier sind, können Sie gern mit ihm sprechen.«

Ich dachte einen Augenblick über meine Möglichkeiten nach. Diesem Burschen das Genick zu brechen mochte zwar eine schnelle Methode sein, meinen Wunsch zu erfüllen, aber sie war nicht besonders klug. Ich überlegte mir einen weniger gewalttätigen Plan. »Wenn Sie meine Nachricht überbringen, soll es gewiss nicht zu Ihrem Schaden sein.«

Er grinste nur. »Dafür ist schon von anderer Seite gesorgt worden. Soll ich Ihnen jetzt Papier und Feder holen?«

»Wer hat Sie dafür bezahlt, mir diese Möglichkeit zu verweigern?«, fragte ich.

Er zuckte die Achseln. »Das darf ich nich' sagen, Sir.«

Das brauchte er auch nicht, denn ich hatte so meine Vermutungen. »Willst du wirklich mit einem Mann wie Jonathan Wild Geschäfte machen?«, fragte ich den Wärter.

»Tja«, antwortete er lächelnd, »wie ich die Sache sehe, kommt man bei gewissen Geschäften nicht an Mr. Wild vorbei, meinen Sie nich'?«

Mir fielen wieder die Worte meines Onkels ein. »Wie Mr. Mendes es gerne ausdrückt: In gewissen Branchen kommt man nicht umhin, mit Mr. Wild Geschäfte zu machen.«

»Richten Sie Mr. Mendes einen schönen Gruß von mir aus«, murmelte ich.

Er schenkte mir ein aasiges Grinsen. »Sie sind 'n ganz Schlauer, was? Tut mir fast leid, dass ich Ihnen in die Quere gekommen bin, aber dieser Wild ist, glaub ich, noch 'ne Spur schlauer.«

Ich schickte den unverschämten Kerl weg und wollte mein Unglück noch immer nicht fassen. Meine Verbindungslinien waren fraglos gekappt worden, um zu verhindern, dass ich genau die Art von Nachricht nach draußen schickte, an die ich gedacht hatte. Wenn man mich davon abhielt, Kontakt zu meinem Onkel aufzunehmen, dann war es so gut wie sicher, dass derjenige, der gegen mich intrigierte, auch für meine Verurteilung sorgen würde. Ich konnte mir nicht vorstellen, dass die South Sea Company Geschmack an dieser Vorstellung fand. Im Gegenteil, sollte ich tatsächlich vor Gericht kommen, war mein

Leben erst recht in Gefahr, denn die South Sea Company hatte bei einer Gerichtsverhandlung viel zu verlieren. Die Bank of England hingegen hatte viel zu gewinnen, weshalb ich nur vermuten konnte, dass Bloathwait hinter dieser Intrige steckte, mich zu isolieren.

Ich machte die ganze Nacht kein Auge zu, dachte aber auch kaum darüber nach, was mir zugestoßen war oder was ich alles herausgefunden hatte. Ich saß auf meinem unbequemen, kaputten Stuhl und versuchte, alle diese Gedanken aus meinem Kopf zu vertreiben. Nur das Bild der hübschen Sarah Decker wollte mir nicht aus dem Sinn. Wenn sie wirklich Sarah Decker war ... Wer hatte mich dann am Tag davor aufgesucht? Und was hatte dieser Auftritt zu bedeuten? Ich fand mich, wie Adelman prophezeit hatte, in einem Labyrinth wieder, in dem ich weder sehen konnte, was sich hinter der nächsten Ecke verbarg, noch was bereits hinter mir lag. Ich wusste nur, wo ich im Augenblick saß – in der Falle.

Am folgenden Morgen brachte man mich vor den Richter. Duncombe vernahm mich in seinem Haus in der Great Hart Street.

»Ich bin überaus verwundert«, sagte er und sah auch so aus. »Schon wieder Mr. Weaver, und wieder geht es um Mord. Wie ich sehe, Sir, muss ich Sie unverzüglich einsperren, bevor Sie noch die ganze Stadt entvölkern.«

Bei dem Wort Mord musste ich schwer schlucken. Ich gestehe, dass mich die ganze Angelegenheit, gelinde gesagt, nichts Gutes ahnen ließ. »Heißt das, Euer Ehren, dass Sir Owen wirklich tot ist?«

»Nein«, erklärte Duncombe. »Den Worten des Arztes zufolge sind Sir Owens Verletzungen zwar ernster Natur, doch er wird sich wieder davon erholen. Allerdings ist da noch die Angelegenheit mit dem anderen Burschen, diesem Lakai, Dudley Roach, der allerdings ziemlich tot ist. Sagen Sie doch, Mr. Weaver, sind Sie über die Nachricht von Sir Owens Befinden eher erfreut oder weniger erfreut?«

»Zugegebenermaßen sind meine diesbezüglichen Empfindungen zwiegespalten«, antwortete ich dreist, »aber letztendlich ist es mir lieber, wenn er am Leben bleibt, damit er endlich dazu gezwungen werden kann, seine Verbrechen zu gestehen. Ich hoffe, man bewacht ihn gut, damit er nicht entflieht.«

»Hier und jetzt haben wir Ihre Vergehen zu untersuchen«, höhnte der Richter, »nicht die des Baronet.«

Ich hielt mich gerade und verkündete voller Selbstvertrauen: »Ich zweifle nicht daran, dass die Zeugen des gestrigen Vorfalles bestätigen werden, dass Sir Owen eine Pistole auf mich abgefeuert und mich angegriffen hat. Er ist derjenige, der den Lakaien, einen unglücklichen Zeugen der Raserei des Baronet, getroffen hat. Ich habe mich lediglich verteidigt und versucht, einen Mann festzunehmen, dessen Vergehen stadtbekannt gemacht werden sollten. Dass ich ihn dabei verletzt habe, war ein Unfall, mehr nicht.«

»Die Constables haben mir etwas ganz anderes berichtet«, erwiderte er. »Demnach haben Sie Sir Owen attackiert, und wenn er bei seiner Verteidigung etwas zu eifrig vorgegangen ist, so gibt der Ausgang des Konflikts seiner Besorgnis vollauf recht. Wenn Sie ihn durch Ihren Angriff herausgefordert haben und er sich dazu genötigt sah, sich zu verteidigen, dann muss die Anklage wegen Mordes nicht gegen Sir Owen, sondern gegen Sie erhoben werden. Stimmen Sie mir da nicht zu?«

Ich stimmte ihm nicht zu, und das sagte ich ihm auch.

Duncombe stellte mir endlos viele Fragen über das, was vorgefallen war, und ich antwortete ihm, so gut ich konnte, ohne irgendetwas über die gefälschten South-Sea-Aktien preiszugeben. Ich sagte nur, dass ich erfahren hätte, Martin Rochester sei für mehrere Morde verantwortlich, und dass Sir Owen eben dieser Martin Rochester sei. Wie am vorangegangenen Abend im Theater rief diese Information nicht wenig Verwunderung hervor. Duncombe starrte mich erstaunt an, und in den Reihen der Zuschauer wurde aufgeregtes Gemurmel laut. Der Richter schlug mit dem Hammer auf das Pult und sorgte damit wieder für respektvolle Ruhe.

»Wenn Sie wussten, dass dieser Mann derjenige ist, für den Sie ihn halten«, fragte er mich, »warum haben Sie keinen Haftbefehl für ihn beantragt?«

Die Frage überraschte mich; ich hatte keine Antwort darauf und befürchtete, Duncombe halte meine Verwirrung für ein Zeichen, dass er mich bei einer Lüge ertappt hatte.

Dann stellte er mir noch stundenlang, wie es schien, weitere Fragen und widmete sich der Zeugenbefragung. Ich möchte meinen geneigten Lesern nicht zumuten, das durchzumachen, was ich damals durchmachen musste, nämlich endlosen Einzelheiten meines Disputs mit Sir Owen zu lauschen. Es soll genügen, wenn ich sage, dass mehr als ein Dutzend Zeugen zur Aussage bereit war und keiner von ihnen mich zu entlasten willens war.

Angesichts der unserem Rechtssystem innewohnenden Willkür hatte ich berechtigten Grund zur Sorge, denn falls mich ein einflussreicher Gegner verurteilt sehen wollte, sah ich keine Möglichkeit, diesem Schicksal zu entgehen. Jetzt dachte ich auch nicht ohne ein gewisses Maß an Selbstvorwürfen an den Tod des unschuldigen Lakaien, der gewissermaßen dem unberechenbaren Temperament Sir Owens zum Opfer gefallen war – einem Wutausbruch, den ich, wie ich inzwischen wusste, aufgrund einer Fehlinformation ausgelöst hatte. Jemand hatte sich sehr viel Mühe gegeben, um mich davon zu überzeugen, Sir Owen für einen Lügner zu halten. Jemand hatte mir eine Hochstaplerin ins Haus geschickt, deren Lügengeschichten mich zwangsweise dazu verleiten mussten, Sir Owen für einen Gauner zu halten. Ich wusste nicht mehr, wem und was ich glauben sollte.

Duncombes Zeugenbefragung nahm über vier Stunden in Anspruch, und am Ende war ich zu erschöpft, um auch nur Vermutungen darüber anzustellen, wie seine Entscheidung ausfallen würde. Ich sah keinen Grund, weshalb er mich nicht einer offiziellen Anklage überantworten sollte, und diese Aussicht versetzte mich in Angst und Schrecken. Nachdem er alle Zeugen angehört hatte, verkündete der Richter schließlich, dass er bereit sei, seine Entscheidung zu verkünden.

Ich suchte in der Art, wie er sich benahm, nach Hinweisen, ich wollte mein Schicksal erfahren, bevor er es aussprechen konnte, doch aus der strengen und unerschütterlichen Haltung des Richters ließ sich nichts ablesen.

»Mr. Weaver, Sie sind zweifelsohne ein gefährlicher und leicht erregbarer Mann, und es steht außer Frage, dass Sie Sir Owen aus der Fassung gebracht haben. Andererseits haben Sie ihn nicht dazu gezwungen, eine Waffe zu ziehen oder gar eine Pistole auf diese rücksichtslose Weise abzufeuern. Ich vermute, dass Sie mir in Zukunft noch mehr Gründe dafür liefern werden, zu wünschen, Sir Owen hätte besser gezielt, aber damit müssen wir uns heute nicht beschäftigen. Ich sehe keinen Grund, sie des Totschlags anzuklagen. Sollte Sir Owen Sie Ihres tätlichen Angriffs wegen verklagen wollen, dann sehen wir uns, wie ich fürchte, schon bald hier an diesem Ort wieder. Es wäre mir jedoch eine große Genugtuung, wenn Sie diese Angelegenheit unter sich ausmachten. Sie dürfen gehen.«

Erst später fiel mir auf, dass mir ein großer Stein hätte vom Herzen fallen müssen, aber wahrscheinlich war ich dazu einfach zu perplex. Ich wusste nicht, wie ich seine Entscheidung verstehen sollte. Ich konnte nur vermuten, dass Duncombe zu meinen Gunsten bestochen worden war ... Aber wer hatte da für mich Partei ergriffen? War mein Onkel doch noch rechtzeitig informiert worden? Und wenn ja – warum war er nicht im Gerichtssaal?

Ich bahnte mir einen Weg durch die Menge und hatte nichts Eiligeres zu tun, als mich aus diesem grässlichen Gebäude zu entfernen, bevor der Richter seine Meinung womöglich noch einmal änderte. Elias sagte mir später, er sei dort gewesen und habe mich, als ich an ihm vorüberging, am Arm festgehalten, aber ich kann mich nicht daran erinnern, ihn gesehen zu haben. Ich drängte mit der sturen Zielstrebigkeit eines Ochsen in Richtung Ausgang, bis ich endlich über die Schwelle des richterlichen Hauses nach draußen trat und die faulige, neblige Luft des Londoner Nachmittags einatmete. So übel der Geruch an jenem Tage auch war, so trübe und ungemütlich das Wetter, ich sonnte mich mit einer Zufriedenheit darin, die ich nicht beschreiben kann. Es war ein Augenblick großer Erleichterung, und die Gewissheit, dass diese Erleichterung nicht von Dauer sein würde, machte ihn umso süßer.

Meine Tagträumerei dauerte kaum eine Minute. Als die Welt vor meinen Augen wieder feste Formen annahm, so wie es manchmal geschieht, nachdem man sich die Augen gerieben hat, sah ich auf einmal die Kutsche und den karibischen Diener. Nathan Adelmans Kutsche. Ich starrte die Karosse einen Augenblick an, bis Adelman den Kopf aus dem Fenster streckte und mich zum Einsteigen aufforderte.

Ich stand reglos da und hatte das Gefühl, als forderte mir jede noch so kleine Äußerung mehr Kraft ab, als mir zur Verfügung stand.

»Sieg auf der ganzen Linie, würde ich sagen.« Er grinste nicht gerade, strahlte jedoch vor Zufriedenheit. »Ein harter Brocken, dieser Duncombe, aber letztendlich hat er doch Vernunft bewiesen. Steigen Sie ein, Weaver!«

»Ich bin erstaunt, Sie hier als meinen Verbündeten anzutreffen«, sagte ich, als ich in die Kutsche kletterte. »Eigentlich glaubte ich, die Company müsse über mein Verderben hoch erfreut sein.«

Ich nahm dem mächtigen Finanzier gegenüber Platz, und die Kutsche setzte sich in Bewegung. Wohin, wusste ich nicht zu sagen.

Adelman lächelte mich an, als wären wir zu einer lustigen Landpartie unterwegs. Trotz seiner gedrungenen Gestalt wirkte er in jeder Hinsicht wie ein echter englischer Gentleman. »Ich glaube, vor gestern Abend wäre uns Ihre Festnahme durchaus zupass gekommen, aber inzwischen haben sich die Dinge verändert, und ich darf Ihnen versichern, dass Sie uns sehr dankbar dafür sein können, dass wir vor unseren Freunden von der Bank of England mit dem Richter zu einer Übereinkunft gekommen sind. Die hätten mit Sicherheit für Ihre Verurteilung gesorgt, Mr. Weaver.«

»Selbstverständlich«, nickte ich. »Ich hätte mich gezwungen gesehen, meine Handlungsweise zu erklären, und diese Erklärung hätte auch die Enthüllung von Sir Owens Verstrickung in die gefälschten South-Sea-Aktien nach sich gezogen.«

»Genau. Letztendlich bin ich für Ihre Einmischung dankbar, denn durch Sie haben wir Rochesters wahre Identität erfahren, und nun wird er unserer Company keine Schwierigkeiten mehr bereiten.«

Ich holte tief Luft. »Ich bin nicht mehr restlos davon überzeugt, dass Sir Owen Martin Rochester ist, sondern nur noch davon, dass jemand keine Mühe gescheut hat, mich von dieser Annahme zu überzeugen.«

Adelman starrte mich an. »Ich hege keinen Zweifel daran, dass Sir Owen unser Mann ist. Jedenfalls zweifelt die Company nicht im Geringsten daran. Außerdem hat es den Anschein, als wären noch ganz andere dieser Meinung.«

»Was meinen Sie damit?«

»Sir Owen«, sagte er langsam, »ist tot.«

Ich schäme mich nicht, einzugestehen, dass mir ein wenig schwindlig wurde, so dass ich an einer Armlehne der Kutsche Halt suchte. »Man hat mir versichert, er habe keine allzu schlimmen Verletzungen erlitten.«

Adelmans Worte wollten mir einfach nicht in den Kopf. Wenn Sir Owen tot war ... warum hatte man mich dann nicht des Mordes angeklagt?

»Die Verletzungen, die er sich bei seinem Sturz zugezogen hat, waren nicht lebensgefährlich«, erklärte Adelman. Seine Stimme klang ruhig, kontrolliert, beinahe besänftigend. »Er ist anderen Wunden erlegen. Als er das Haus des Arztes heute Morgen verließ, wurde er von einem Halunken angegriffen, der ihm ohne viel Federlesens ein Messer in den Hals stieß. Sir Owen hat den Angriff nur wenige Minuten überlebt.«

Ich wusste nicht, ob ich eher Wut oder Zufriedenheit, Angst oder Freude empfand. »Wer war dieser Halunke?«

»Der Verbrecher ist entkommen.« Er warf mir ein kurzes Lächeln zu, einen Ausdruck unverhohlener Schadenfreude.

Mir wäre es lieber gewesen, ich hätte Boshaftigkeit in seinem Blick entdeckt, aber es lag eher etwas Jungenhaftes, Schelmisches darin. Adelman wollte, dass ich wusste, dass die South Sea Company sich Sir Owens entledigt hatte.

»Ziemlich schockierend, dass er einfach so entwischt ist, bei den vielen Leuten, die auf der Straße waren«, sagte er grinsend. »Sir Owen war ein Mann mit vielen Feinden, und ich fürchte beinahe, wir werden die Wahrheit nie erfahren.«

»Das glaube ich auch«, sagte ich, wobei ich Adelman mehr mit meinen Blicken als mit meinen Worten mitteilte. »Mir wird gerade klar, dass wir nicht sehr viel erfahren werden.«

»Man hat bei ihm allerdings Dokumente gefunden, die unbestreitbar beweisen, dass er der unter dem Namen Martin Rochester bekannte Mann war. Er trug sogar den Entwurf eines Briefes bei sich, der an einen der Direktoren der South Sea Company gerichtet war.« Adelman reichte mir mehrere zusammengefaltete Blätter.

Ich öffnete sie. Mein Blick fiel auf eine schwer zu entziffernde Handschrift, doch ich überflog die Seiten rasch. Es war, wie Adelman gesagt hatte.

»Ich verlange nur, dass die Company an ihrem Plan festhält«, stand dort geschrieben. »Im Gegenzug für ein Entgelt von dreißigtausend Pfund werde ich diese Insel verlassen und niemals wieder zurückkehren sowie kein einziges Wort über das hier Vorgefallene verlauten lassen.«

Ich gab ihm den Brief zurück. »Ich kenne Sir Owens Schrift nicht sehr gut, aber das hier sieht ihr recht ähnlich. Andererseits geht es in diesem Fall ja gerade um Fälschung.«

»Seien Sie versichert, dass der Mann, der Ihren Vater getötet hat, bestraft wurde.«

Ich schüttelte den Kopf. »Wie ist dieser Brief in Ihre Hände geraten?«

»Wir durften kein Risiko eingehen.«

»Verstehe«, sagte ich trocken.

»Sie glauben doch nicht etwa, die South Sea Company habe ihn ermorden lassen?«, fragte Adelman mit einem gewinnenden Lächeln.

Er wollte sichergehen, dass ich keinen Zweifel mehr an der Geschichte hegte. Mein Gesichtsausdruck dürfte jedoch in erster Linie Verunsicherung ausgedrückt haben, wenn auch eher eine Verunsicherung moralischer als sachlicher Natur.

»Weaver«, sagte er daraufhin, »ich dachte, Sie seien glücklicher, nachdem Ihnen endlich Gerechtigkeit widerfahren ist.«

Mein Magen protestierte. Ich wusste, dass ich die ganze unangenehme Angelegenheit für erledigt halten sollte, aber ich konnte es nicht ganz glauben. »Ich wünschte, dem wäre so«, sagte ich leise. »Vermutlich streiten Sie, Sir, nach wie vor jede Beteiligung an den Angriffen auf meine Person ab?«

Adelmans Gesicht rötete sich ein wenig. »Ich möchte Sie nicht belügen, Mr. Weaver. Wir haben zu Maßnahmen gegriffen, die wir selbst für widerwärtig hielten, aber da wir fest davon überzeugt waren, das Wohl der gesamten Nation hinge davon ab ... Wenn die South Sea Company erst einmal die Genehmigung des Parlaments erhält, ihren Plan zur Minderung der Landesschulden umzusetzen, werden wir zweifellos im ganzen Königreich Anerkennung für unsere Findigkeit ernten, mit der wir nicht nur unserem Land, sondern auch unseren Investoren zu Wohlstand verhelfen.«

»Und sich selbst, da bin ich mir sicher.«

Er lächelte. »Wir sind Diener des Staates, aber wir trachten ebenso danach, uns selbst zu bereichern. Wenn sich all das auf einen Streich erreichen lässt, sehe ich keinen Grund, warum wir es nicht tun sollten. Aber wie auch immer, die Dringlichkeit der Lage zwang uns zu Maßnahmen, die wir lieber vermieden hätten. Die Angriffe auf Ihre Person auf der Straße und bei Heideggers Maskenball waren bedauerlich, aber ich darf Ihnen versichern, dass wir Ihnen keinen ernsthaften Schaden zufügen wollten. Wir wollten Sie lediglich davon überzeugen, dass der Preis dafür, die Nase allzu tief in dieses widerliche Geschäft zu stecken, zu hoch sein würde. Inzwischen weiß ich, dass diese Anschläge Sie nachgerade dazu verleiteten, weiterzumachen. Zu meiner Verteidigung darf ich ergänzen, dass ich immer dagegen war, Sie mittels Gewalt einzuschüchtern, aber innerhalb der Company bin ich nur eine Stimme von vielen.«

Ich war einen Augenblick sprachlos, fand meine Worte jedoch bald wieder, auch wenn ich die Zähne fest zusammenpresste. Mein Mund war plötzlich trocken geworden. »Bei den Anschlägen wurde ich von dem gleichen Mann angegriffen, der meinen Vater überfahren hat. Sie wollen mir doch nicht allen Ernstes weismachen ...«

»Wir können uns nur vorstellen«, unterbrach mich Adelman, »dass Sir Owen bei der Rekrutierung dieser hinterhältigen Burschen seinen Einfluss spielen ließ. Es sind verzweifelte Burschen, und deshalb sind sie korrupt. Wie könnte es bei Männern dieses Standes auch anders sein. Sir Owen hat seinen Mann bei uns untergebracht. Der Halunke, den Sie umgebracht haben – der Mann, der Samuel getötet hat –, gehörte nicht zu den von uns angeheuerten Leuten. Bei den anderen hat Sir Owen bestimmt dafür gesorgt, seine eigenen Schurken mit ins Spiel zu bringen, um sich ihrer bei Gelegenheiten wie den angesprochenen zu bedienen. Trotzdem möchte ich mich für die Unannehmlichkeiten, die wir Ihnen bereitet haben, entschuldigen. Ich glaube, wir sind Ihnen so einiges schuldig, so wie Sie uns einiges schuldig sind. Sie haben uns der Bedrohung durch einen überaus schädlichen Fälscher entrissen, dafür haben wir Sie vor den Konsequenzen Ihrer Taten bewahrt und aus den Klauen jener gerettet, die eine Gerichtsverhandlung erzwungen hätten. Eine Verhandlung, die, das muss ich Ihnen nicht eigens erläutern, ihren Abschluss sehr leicht mit Ihrem Ende am Galgen hätte finden können. Ist es nicht an der Zeit, dass wir uns wieder versöhnen?«

»Versöhnen?«, wiederholte ich. »Ich bin sicher, dazu gehört auch ein Schweigegelübde meinerseits.«

»Ganz recht, und das ist, wie ich meine, nicht allzu viel verlangt. Schließlich haben Sie erreicht, was Sie eigentlich wollten: Sie haben die Identität des Mörders Ihres Vaters aufgedeckt, und dieser Schurke hat den angemessenen Preis für seine Verbrechen bezahlt. Ich kann mir sehr wohl vorstellen, dass Ihr Ruf nach diesem Fall beträchtlich wachsen wird. Darüber hinaus sind wir bereit, Ihnen eintausend Pfund in Aktien unserer Company zu zahlen, ein, wie ich finde, mehr als gütliches Angebot.«

Ich schüttelte den Kopf. »Wie kann ich Ihren Worten Glauben schenken, Mr. Adelman? Haben Sie mir nicht im South Sea House Dinge ins Gesicht gesagt, von denen Sie wussten, dass sie gelogen waren – etwa, dass mich die Bank of England hereingelegt hätte, dass Sie von keiner Verbindung zwischen Martin Rochester und dem Tod meines Vaters wüssten?«

Adelman seufzte, und sein feistes Gesicht zitterte. »Leider war es damals unumgänglich, Sie zu belügen. Das ist jetzt nicht mehr nötig.«

»Das behaupten Sie. Woher soll ich es aber wissen? Ihr Wort bedeutet nichts. Dafür haben Sie selbst gesorgt. Jetzt verlangen Sie von mir, dass ich Ihnen glaube, aber für dieses Vertrauen fehlt mir jegliche Grundlage.«

»Sie müssen einfach nur glauben wollen, Mr. Weaver«, lächelte er. »Das reicht als Grundlage völlig aus.«

»Genau wie auf dem neuen Finanzmarkt«, stellte ich fest. »Er ist nur so lange wirklich, wie wir an seine Wirklichkeit glauben.«

»Die Welt hat sich verändert, Mr. Weaver. Sie können sich entweder mit ihr verändern und mit ihr gedeihen oder fluchend die Fäuste gen Himmel recken. Ich ziehe Ersteres vor. Wie sieht es mit Ihnen aus, Mr. Weaver? Was ist Ihnen lieber?«

Ich dachte, dass ich nicht in der Schuld der South Sea Company stehen sollte und dass ein Mann mit Prinzipien den Vorschlag ablehnen müsste, aber ich brauchte das Geld. Ein Teil von mir wollte noch mehr verlangen, denn was war schon dabei, mehr von etwas zu verlangen, das man um den Preis des bedruckten Papiers in beliebiger Menge herstellen und dennoch gegen echtes Geld eintauschen konnte – vorausgesetzt, so etwas gab es überhaupt noch. Letztendlich nahm ich das Angebot an und bewahrte das Geheimnis, so lange es von Wichtigkeit war, und wahrscheinlich sogar länger.

Mittlerweile spielt es wohl keine Rolle mehr, wer von diesen Dingen erfährt, und im Licht der Katastrophe, der die South Sea Company entgegentrieb, glaube ich, dass sich heute kaum noch jemand darum schert, dass damals zwischen Mördern und ihren Opfern einmal gefälschte Aktien im Umlauf gewesen sind.

35

Am folgenden Tag gefiel sich Elias darin, nicht mit mir reden zu wollen, weil er mich für den Misserfolg seines Stückes verantwortlich machte, das, wie es die Leitung des Drury-Lane-Theaters beschlossen hatte, keine zweite Aufführung erleben sollte. Elias würde nicht einmal in den Genuss einer einzigen Wohltätigkeitsveranstaltung kommen, sein Stück ihm keinen einzigen Penny einbringen.

Nach mehreren zermürbenden Stunden der Erklärung und nachdem ich ihn demütig um Verzeihung gebeten und ihm eine beträchtliche Summe Geldes in Aussicht gestellt hatte, gestand mir Elias endlich zu, dass ich höchstwahrscheinlich nicht mit der Absicht, irgendjemanden auf die Bühne zu werfen, im Theater erschienen war, behielt sich jedoch das Recht vor, seine üble Laune beizubehalten. Obendrein verlangte er ein sofortiges Darlehen von fünf Guineas. Da ich wusste, wie sehr Elias auf die Einkünfte des Wohltätigkeitsabends gezählt hatte, war ich auf eine solche Forderung vorbereitet. Und da ich mich zu einem gewissen Maße selbst für den Misserfolg des *Arglosen Liebhabers* zur Verantwortung zog und den angerichteten Schaden, so gut es ging, wieder gutzumachen gedachte, überreichte ich meinem Freund einen Umschlag. Er machte ihn auf und starrte staunend auf den Inhalt.

»Da du bei dieser Untersuchung nicht wenig gelitten hast«, sagte ich, »halte ich es für nicht mehr als recht, dass dir auch von der Belohnung dein Anteil zusteht. Adelman hat mich mit Aktien im Wert von eintausend Pfund bestochen, also bekommst du die Hälfte davon, und gemeinsam werden wir am Glück oder am Missgeschick der South Sea Company teilhaben.«

»Ich glaube, ich verabscheue dich schon beträchtlich weniger als noch heute Morgen«, meinte Elias und betrachtete sich seine Wertpapiere genauer. »Selbst wenn mein Stück es bis zum Wohltätigkeitsabend geschafft hätte, wäre nicht halb so viel dabei herausgesprungen. Du vergisst doch sicherlich nicht, das wir das hier auf meinen Namen umschreiben lassen?«

»Inzwischen habe ich mich wohl zur Genüge mit den Verfahrensweisen vertraut gemacht.« Ich nahm die Aktien wieder an mich, um mir seine Aufmerksamkeit zu sichern. »Trotzdem hätte ich bezüglich einiger unklarer Umstände gern noch einmal deine Meinung gehört. Ich bin auf recht unziemliche Weise benutzt worden, und ich fürchte, ich weiß immer noch nicht, von wem.«

»Ich dachte, deine Abenteuer sind damit beendet«, sagte Elias zerstreut und tat so, als sei es völlig in Ordnung, dass ich seine Wertpapiere in Händen hielt. »Der Bösewicht ist tot. Was willst du mehr?«

»Ich habe noch immer gewisse Zweifel«, erklärte ich ihm und erzählte sodann, dass ich von einer Dame aufgesucht worden war, die sich als Sarah Decker ausgegeben und mir Sir Owen mittels einer Reihe von Lügen entlarvt hatte. »Erst in jenem Augenblick kam mir in den Sinn, dass Sir Owen der Schurke hinter all diesen Verbrechen war.«

»Und jetzt bist du verunsichert.«

»Ich bin verunsichert, ja, das ist genau das richtige Wort«, antwortete ich.

»Lässt sich mit diesem Wort nicht unsere ganze Epoche am treffendsten beschreiben?«, fragte Elias pointiert.

»Trotzdem wäre es mir lieber, es wäre nicht das beste Wort, um den vergangenen Monat zu beschreiben. Die Dame behauptete, sie sei Sarah Decker, damit ich zu dem Schluss kam, Sir Owen und Martin Rochester seien ein und dieselbe Person. Wenn sie aber hinsichtlich ihrer Identität und ihrer Motive gelogen hat, woher soll ich dann wissen, ob Sir Owen wirklich Rochester war?«

»Warum hätte man ihn ermorden sollen, wenn er nicht schuldig war? Du bist doch sicher auch darauf gekommen, dass ihn entweder die South Sea Company oder jemand anderer, der ebenso tief in diese Verbrechen verstrickt ist, aus dem Weg geräumt hat, um ihn daran zu hindern, sein Wissen auszuplaudern.«

»Das ist wahr«, pflichtete ich ihm bei, »aber vielleicht hat sein Mörder den gleichen Fehler begangen wie ich. Vielleicht ist Sir Owens Attentäter ebenso hereingelegt worden. Denn hätte die South Sea Company gewusst, dass Sir Owen Martin Rochester war, warum hat sie sich seiner dann nicht schon viel früher angenommen?«

Dieses Rätsel nahm seine Aufmerksamkeit gefangen, und er kniff die Augen zusammen. »Wenn jemand wollte, dass du glaubst, Sir Owen sei Martin Rochester, warum hat er dir nicht einfach eine entsprechende Nachricht zukommen lassen, statt dich mittels reicher Erbinnen auf die richtige Fährte zu locken? Weshalb sich auf einen kunstvollen Auftritt einlassen, in der Hoffnung, dass du die vom Ränkeschmied gewünschten Schlüsse ziehst?«

Ich hatte über diese Frage ebenfalls schon nachgedacht. »Hätte ich lediglich einen schriftlichen Hinweis darauf erhalten, dass Sir Owen Martin Rochester ist, hätte ich die Angelegenheit bestimmt genauer ins Visier genommen, aber so, wie die Sache eingefädelt war, wurde mir nicht einmal mitgeteilt, dass Sir Owen der Schurke ist. Ich bin *selbst* darauf gekommen. Verstehst du, mein Handeln wurde durch meinen eigenen Geistesblitz ausgelöst. Bei einer einfachen Beschuldigung wäre ich garantiert vorsichtiger und diskreter vorgegangen. Ich glaube, jemand hat konkret beabsichtigt, mich gewalttätig werden zu lassen. Der Intrigant kannte Rochesters wahren Namen die ganze Zeit über, brauchte jedoch jemand anderen, um Sir Owen aus dem Weg zu räumen. Ich wüsste nur zu gern, wer hinter dieser Intrige steckt.«

»Womöglich wirst du das nie erfahren«, sagte Elias und nahm mir seine Aktien wieder aus der Hand. »Aber ich wette, dass du darauf schließen kannst – jedenfalls den Gesetzen der Wahrscheinlichkeit nach.«

Er hatte recht. Ich konnte darauf schließen.

Es dauerte mehrere Tage, bis ich den Willen dazu aufbrachte, aber ich wusste, dass ich die Vorgänge begreifen musste, die auf diesen Seiten, meine geneigten Leser, wiedergegeben sind. Und ich wusste, dass es nur einen Mann gab, der so manches von dem, was ich erfahren hatte, aufklären konnte. Zwar verspürte ich keinen Wunsch danach, ihn aufzusuchen und mehr als unbedingt nötig mit ihm zu schaffen zu haben, aber ich wollte die Wahrheit erfahren, und kein anderer außer ihm konnte sie mir sagen. Also warf ich sämtliche Vorbehalte über Bord und suchte Jonathan Wild in seiner Wohnung auf. Er ließ mich kaum warten, und als er sein Empfangszimmer betrat, begrüßte er mich mit einem Lächeln, das sowohl auf Belustigung als auch auf Besorgnis hätte schließen lassen können. In Wahrheit war er mir gegenüber ebenso unsicher wie ich in Bezug auf seine Person, und seine Unsicherheit machte mich deutlich gelöster.

»Wie nett von Ihnen, mir einen Besuch abzustatten.« Er goss mir ein Glas Portwein ein und humpelte dann quer durchs Zimmer, um sich mir gegenüber, sich seiner Macht vollauf bewusst, auf seinem fürstlichen Thron niederzulassen.

Wie gewohnt hielt Abraham Mendes schweigend hinter seinem Meister Wache.

»Ich vermute, Sie suchen mich in einer geschäftlichen Angelegenheit auf.« Ein Lächeln breitete sich auf Wilds breitem, flächigem Gesicht aus.

Ich erwiderte sein falsches Lächeln. »Sozusagen. Ich würde es begrüßen, wenn Sie mir dabei helfen, einige Dinge klarzustellen, denn so manches von dem, was geschehen ist, verwirrt mich noch immer. Ich weiß, dass Sie bis zu einem gewissen Grad mit dem verstorbenen Baronet in Verbindung standen und dass Sie versucht haben, meine Handlungen hinter den Kulissen zu kontrollieren. Was ich nicht kenne, ist das Ausmaß und die Motivation Ihrer Beteiligung.«

Er nahm einen ausgiebigen Schluck von seinem Port. »Und weshalb sollte ich Ihnen das verraten?«

Ich dachte einen Augenblick darüber nach. »Weil ich danach gefragt habe«, erwiderte ich, »und weil mir von Ihren Helfershelfern übel mitgespielt worden ist und ich das Gefühl habe, dass Sie mir noch etwas schuldig sind. Schließlich würde ich, wäre es nach Ihrem Willen gegangen, immer noch in Newgate sitzen. Doch trotz Ihrer Anstrengungen, mir jeglichen Kontakt von dort nach außen zu verwehren, bin ich, wie Sie sehen, siegreich wieder aufgetaucht.«

»Ich weiß nicht, was Sie meinen«, wehrte er nicht sehr überzeugend ab. Es lag auch nicht in seiner Absicht, mich zu überzeugen.

»Nur Sie können mich daran gehindert haben, während meiner Inhaftierung Nachrichten nach draußen zu schicken. Hätte sich die Bank of England bereits zu diesem Zeitpunkt eingemischt, hätte Duncombe sicherlich gegen mich entschieden. Sie hingegen würden nie so weit gehen wie die Bank, aber es wäre für Sie keine große Sache gewesen, die Gefängniswärter zu überreden, Ihnen einen kleinen Dienst zu erweisen. Also, wie ich bereits sagte, Wild: Ich glaube, Sie sind mir noch etwas schuldig.«

»Vielleicht sollte ich offen zu Ihnen sein«, sagte er nach einer langen Pause, »denn mittlerweile habe ich dadurch nichts mehr zu verlieren. Schließlich kann nichts, was ich Ihnen sage, vor dem Gesetz gegen mich verwendet werden, denn Sie sind der einzige Zeuge dessen, was ich jetzt sagen werde.«

Er warf Mendes einen Blick zu, wahrscheinlich um mir klarzumachen, dass mir in diesem Falle auch freundschaftliche Verbindungen unter Juden nichts nützen würden.

»Wie auch immer«, fuhr er fort, »da Sie ja nun mal so schlau sind, erzählen Sie mir vielleicht zuerst einmal, was Sie vermuten.«

»Ich sage Ihnen gerne, was ich weiß, Sir. Ich weiß, dass Sie ein persönliches Interesse an der Fortsetzung meiner Nachforschungen hatten, und ich kann nur vermuten, dass Ihnen an Sir Owens Tod etwas lag, von dem Sie wussten, dass er der gleiche Mann wie Martin Rochester war. Der Grund dafür war der, dass Sie, zu einem früheren Zeitpunkt, Mr. Rochesters Partner gewesen sind.«

Wilds Mundwinkel zuckten leicht. »Wie kommen Sie darauf?«

»Weil ich mir keine andere Verbindung zwischen Ihnen und Sir Owen denken kann, und weil Sir Owen, wollte er seine falschen Wertpapiere unter die Leute bringen, Ihre Hilfe benötigte. Schließlich kommt man in gewissen Branchen nicht umhin, mit Mr. Wild Geschäfte zu machen. Das stimmt doch, oder?«

Ich sah zu Mendes und nahm sein kaum wahrnehmbares Nicken mit einiger Befriedigung zur Kenntnis.

»Das sind alles nur Mutmaßungen«, sagte Wild.

»Schon, aber alles ist so wahrscheinlich. Nach meiner Annonce im *Daily Advertiser* haben Sie den arg bedrängten Quilt Arnold auf mich angesetzt, mit dem Auftrag, mich zu beobachten. Er hat mir erzählt, dass Sie ihm früher mehr Vertrauen geschenkt haben und dass

Sie ihn damit beauftragt hätten, herauszufinden, ob er jemanden von den Leuten kannte, die sich auf meine Anzeige hin bei mir meldeten, und, falls nicht, Ihnen die Personen zu beschreiben. Ist es demnach nicht wahrscheinlich, dass Mr. Arnold, dem Sie in der Vergangenheit mehr Vertrauen entgegengebracht haben, mit Ihren Machenschaften in Verbindung mit den gefälschten Aktien vertraut war? Deshalb hätte er auch einen Käufer wiedererkennen können, und selbst wenn nicht, hätten Sie ihn aufgrund von Arnolds Beschreibung identifizieren können. Keine dieser Einzelheiten ist für sich genommen zwingend, aber in der Kombination gibt es keine Möglichkeit, sie anders auszulegen.«

Wild nickte. »Vielleicht haben Sie doch mehr zu bieten, als ich angenommen habe, Mr. Weaver. Sie haben tatsächlich recht. Vor über einem Jahr kam Sir Owen auf mich zu, weil er mich an einer Sache beteiligen wollte, bei der es um die Fälschung von South-Sea-Aktien ging. Er hatte früher schon mit der Vorgängerorganisation der South Sea, der Sword Blade Company, zu tun gehabt und verfügte deshalb über weitreichende Kenntnisse hinsichtlich ihrer inneren Abläufe. Aber er wünschte jemanden zu rekrutieren, der sich in der Unterwelt auskennt, und er brauchte Verbindungen, um seinen Plan umzusetzen. Deshalb wandte er sich klugerweise an mich. Er bot mir eine Beteiligung an, die ich für recht großzügig hielt, und so kamen wir schon bald überein. Es war eine komplizierte Angelegenheit, verstehen Sie? Er wollte auf keinen Fall, dass jemand erfuhr, wer er war, weil er zu Recht die Macht der Company fürchtete. Deshalb dachte er sich Martin Rochester aus. Mithilfe meiner Leute draußen auf den Straßen und einem Handlanger drinnen.«

»Virgil Cowper«, spekulierte ich.

»Genau der«, bestätigte Wild. »Nachdem wir alle Figuren an Ort und Stelle platziert hatten, konnten wir loslegen.«

»Später jedoch wollten Sie aus dem Geschäft wieder aussteigen«, ergänzte ich. »Sie beauftragten Arnold damit, besonders nach South-Sea-Leuten Ausschau zu halten, denn Sie kannten ihre Skrupellosigkeit gut genug, um sie zu fürchten. Richtig?«

Er nickte. »Es dauerte eine Weile, aber nach und nach wurde mir bewusst, welche Gefahren mir durch diese Unternehmung erwuchsen, denn letztendlich war ich der Gnade eines anderen ausgeliefert. Ein Zustand, der mir nicht behagte. Als ich schließlich begriff, was die South Sea Company im Schilde führt, wurde mir klar, was für ein gefährlicher Feind sie war. Als ich beschloss, bei der Sache mitzumachen, hatte ich ihre Direktoren für eine Ansammlung aufgeblasener Gentlemen gehalten, aber bald schon musste ich erkennen, dass ich weitaus besser daran tat, der Company nicht in die Quere zu kommen, denn falls es ihr in den Sinn kommen sollte, mich zu vernichten, hatte ich, wie ich fürchtete, ihrer Macht nicht viel entgegenzusetzen. Deshalb musste ich Mittel und Wege finden, mich aus dieser Verbindung zurückzuziehen.«

»Leider wusste Sir Owen zu diesem Zeitpunkt bereits zu gut über Ihre Machenschaften Bescheid«, mutmaßte ich weiter, »weshalb Sie sich nicht gegen ihn stellen konnten, ohne seine Rache fürchten zu müssen.«

»Genau.« Wild glühte geradezu vor Genugtuung über seine eigene Gerissenheit. »Ich musste eine Möglichkeit finden, ihn aus dem Weg zu räumen, ohne dass sein Verdacht sofort auf mich fiel. Ungefähr zu der Zeit, als Sir Owen und ich anfingen, getrennte Wege zu gehen, erfuhr er davon, dass Ihr Vater und Mr. Balfour die Wahrheit hinter den gefälschten Aktien herausgefunden hatten. Soweit ich weiß, entdeckte Mr. Balfour die falschen Papiere in seinem Besitz und wandte sich an Ihren Vater um Hilfe. Als Sir Owen erfuhr, dass Ihr Vater seine Informationen zu veröffentlichen beabsichtigte, schlug er brutal zu – viel zu brutal für meinen Geschmack, denn in meinem Geschäft, Sir, bedeutet Diskretion alles. Ich wusste, dass er den Mord an Ihrem Vater in Auftrag gegeben hatte, ebenso an Balfour und dem Buchhändler. Ich wusste auch, dass Sir Owen ein von Ihrem Vater verfasstes Dokument in seinem Besitz hatte, in dem seine Fälschungen nachgewiesen wurden. Ich kann Ihnen nicht sagen, warum er diese Papiere bei sich behielt. Vielleicht glaubte er, im Zweifelsfalle der Company damit etwas anhaben zu können. Jedenfalls setzte ich Kate Cole auf ihn an, damit sie ihm das Dokument entwendete, eine Angelegenheit, von der ich wusste, dass sie nicht allzu schwer zu bewerkstelligen war, denn seine Vorliebe für Huren war legendär. Anschließend setzte ich einige Gerüchte in Umlauf, die ihm den Gedanken nahelegten, ich steckte möglicherweise hinter dem Diebstahl – möglicherweise, verstehen Sie? Gleichzeitig streute ich Gerüchte, dass ich keineswegs etwas damit zu tun hätte. Ich durfte nicht zulassen, dass er mich als seinen Feind betrachtete. Also ließ ich lediglich solche Informationen die Runde machen, nach deren Kenntnisnahme er mir nicht mehr unbedingt vertrauen konnte – andererseits hielt ich sie aber vage genug, dass er das

Risiko, gegen mich vorzugehen, nicht einging. Wenn nun ein Mann in dieser Stadt etwas verloren hat, Mr. Weaver, und er möchte es gerne wiederhaben, sich aber in dieser Angelegenheit nicht an Jonathan Wild wenden, was bleibt ihm da übrig? Allem Anschein nach bleibt nur eine einzige Möglichkeit.«

»Meine Güte!«, entfuhr es mir. »Die Briefe, die ich Kate Cole in seinem Auftrag weggenommen habe, waren die Aufzeichnungen meines Vaters?«

»Allerdings. Er trug auch immer ein paar sentimentale Briefe von seiner verstorbenen Frau bei sich, aber die waren mir weit weniger wichtig. Nachdem ihm die verräterischen Dokumente gestohlen worden waren, zwang ich ihn in eine Lage, die ihn dazu nötigte, den Sohn seines Opfers anzuheuern, um den Beweis für seine Verbrechen wiederzuerlangen. Es bestand nicht der geringste Grund für mich, anzunehmen, dass er wusste, dass Sie Samuel Lienzos Sohn sind, weshalb er keinen Grund hatte, an dieser Stelle hellhörig zu werden. Natürlich ging ich davon aus, dass Sie in der Absicht, zu überprüfen, ob Sie auch das Richtige mitgenommen hatten, einen Blick auf die Dokumente werfen würden – aber genau das stellte sich als Trugschluss heraus.«

Ich verstand immer noch nicht, warum Wild es mir so schwer gemacht hatte, Sir Owens wahre Identität und damit seine Schuld am Tod meines Vaters herauszufinden. »Warum haben Sie nicht Ihre Leute das Päckchen aufmachen lassen?«, fragte ich. »Warum haben Sie die ganze Wiederbeschaffung so höllisch kompliziert gemacht?«

»Es war notwendig, weil Sie nicht wissen durften, welche Rolle Sie bei dieser Sache spielten, denn ich konnte diese Gauner ja schlecht ins Vertrauen ziehen. Ich durfte nicht darauf setzen, dass mich meine eigenen Halunken, falls sie einmal in der Klemme steckten, nicht an Sir Owen ausliefern würden. Deshalb bereitete Ihnen die Wiederbeschaffung des Dokuments einige Schwierigkeiten. Jemmys Tod war ein dummer Unglücksfall, aber da kann man nichts machen, nicht? Weil ich aber die Möglichkeit in Betracht ziehen musste, dass Sie bei Ihrer Arbeit für Sir Owen so abscheulich ehrenhaft vorgingen, traf ich eine zweite Vorkehrung – ich beauftragte diesen Narren Balfour, für eine Gegenleistung von lächerlichen fünfzig Pfund, Sie in die Sache hineinzuziehen. Wahrscheinlich haben Sie sich darüber gewundert, dass er jegliches Interesse an der Auffindung des Mörders seines Vaters verloren hat, aber das lag ganz einfach daran, dass er sich eigentlich nicht die Bohne um seinen Vater oder um dessen Tod scherte. Nachdem Balfours Hartnäckigkeit Sie davon überzeugt hatte, dass hinter dem Tod Ihres Vaters eine gemeine Intrige steckte, bissen Sie endlich an. Ich versuchte, Sie in die richtige Richtung zu führen, was gar nicht so leicht war, aber jetzt verstehen Sie sicherlich, weshalb ich gezwungen war, mit Ihnen in den Augen der Öffentlichkeit so grob umzuspringen. Ich musste Sir Owen in dem Glauben lassen, dass ich Sie nicht ermutigte, sondern im Gegenteil von Ihrem Tun abbringen wollte, und ich musste mich für den Fall absichern, dass Sie eines Tages dazu gezwungen sein würden, Ihre Schritte zurückzuverfolgen. Ich wusste, dass Sie die Verbindung mit der South Sea Company unweigerlich aufdecken würden, weshalb keine Gefahr darin lag, sie Ihnen gegenüber zu erwähnen.«

Die Strategien, die sich meinem Wissen so lange entzogen hatten, entfalteten sich nun eine nach der anderen vor mir. »Und aus dem gleichen Grunde«, spekulierte ich weiter, »zeigte sich Sir Owen mit mir im St. James's Park – um aller Öffentlichkeit zu zeigen, dass er mit mir zu tun hatte. Er wollte, dass Ihnen zugetragen wurde, dass er mit Ihrem größten Gegenspieler eine Art Übereinkunft getroffen hatte – in der Hoffnung, wie ich vermute, Ihnen damit deutlich zu machen, dass er nicht mit sich spaßen ließ.«

Wild nickte. »Sir Owen und ich sahen uns beide dazu genötigt, Sie mehr oder weniger aus den gleichen Gründen mit einzubeziehen. Natürlich unterliefen ihm mehr Fehler als mir, und nachdem Sie ihm zu sehr auf die Spur gekommen waren, sah er sich gezwungen, Sie aus dem Weg zu räumen.«

»Und als Sie von Mr. Mendes erfuhren, dass ich die Flinte ins Korn werfen wollte, schickten Sie eine falsche Sarah Decker zu mir, um mich abermals auf Sir Owens Fährte zu locken.«

»Woher wollen Sie das wissen?«

»Wem steht schon ein ganzer Stall voller Schauspielerdirnen zur Verfügung, wenn nicht Jonathan Wild?«

»Ganz recht! Wem schon?«, lachte er.

Nach diesem Bekenntnis herrschte eine Weile Stille. »Es ist verwunderlich«, sagte ich nach einer Weile, »aber es sieht ganz so aus, als seien Sie als Sieger aus diesem ganzen Spiel hervorgegangen.«

»Selbstverständlich«, nickte er. »Es gab noch eine andere Möglichkeit, nämlich die, dass Sie im Laufe Ihrer Nachforschungen von Sir Owen getötet worden wären. In diesem Falle wäre ich zwar nicht meinen derzeitigen Widersacher, aber immerhin einen zukünftigen Rivalen losgeworden.«

»Ich frage mich, ob Sie es waren, der Sir Owen umbringen ließ«, sagte ich. »Vielleicht haben Sie dafür gesorgt, dass er als der Urheber dieser Fälschungen dasteht, und ihn dann ermorden lassen, damit er es nicht abstreiten kann.«

»Sie haben bestimmt zu viel gesehen, als dass Sie wirklich glauben könnten, ich allein wäre in der Lage, eine derartig groß angelegte Schurkerei zu orchestrieren. Sir Owens Tod sieht mir eher nach dem Stil dieser Companys aus, die dreist, aber immer im Geheimen zuschlagen. Das ist ganz und gar nicht mein Stil. Ich ziehe still und heimlich vor.«

»So, wie Sie es bei mir versucht haben«, bemerkte ich.

»Exakt. Sie sehen also, Mr. Weaver, dass ich keineswegs der Meinung bin, Ihnen etwas schuldig zu sein. Und als ich vorgab, zu denken, wir könnten nebeneinander existieren, sagte ich das nur, um Sie in Sicherheit zu wiegen. Ich bin nämlich durchaus nicht der Ansicht, dass wir nebeneinander existieren können. Früher oder später muss es zu einem Kräftemessen kommen. An dieser Stelle sollte ich noch etwas hinzufügen, weil ich weiß, dass Sie hinsichtlich Ihres Rechtsempfindens besonders heikel sind. Die drei von Sir Owen angeheuerten Männer – diejenigen, die Michael Balfour ermordet haben – sitzen zur Stunde in Newgate und warten auf ihre Verurteilung. Nicht wegen Mordes, sondern aufgrund anderer Vergehen, die ich ihnen anhängen konnte und die allemal für den Strang reichen. Diese Männer stellen eine Gefahr für unsere Stadt dar, da werden Sie mit mir übereinstimmen, und durch mein Zutun profitiere nicht nur ich von ihrer Beseitigung, sondern ganz London.«

Er unterbrach sich, um eine Weile vor sich hin zu kichern. »Wie es aussieht, haben die South Sea Company und ich letztendlich zusammengearbeitet, wenn auch nicht absichtlich. Aber wir hatten das gleiche Ziel, verfolgten die gleichen Absichten, nur eben jeder auf seine Weise. Ich habe, mit Ihnen als Werkzeug, für Sir Owens Entlarvung gesorgt. Im Gegenzug dazu hat ihn die Company beseitigt. Tatsächlich war ich von dem Wunsch der Company, ihn aus dem Weg zu räumen, in gewissem Sinne abhängig, denn weder die Company noch ich durften es riskieren, dass er sein Wissen über uns auspackte.«

Wild rieb sich nachdenklich am Kinn. »Trotzdem räume ich der Company wahrscheinlich zu viel der Ehre ein, wenn ich behaupte, wir verfolgten die gleichen Ziele, denn ich bin überzeugt davon, dass ich sie recht effektiv für meine Zwecke eingespannt habe. Ich habe die Company ebenso geschickt an der Nase herumgeführt wie Sie.«

Ich wusste, dass das, was er da sagte, der Wahrheit entsprach, erkannte aber auch, dass ich, entgegen sämtlicher Beweise, hatten glauben wollen, dass Wild es getan hatte. Ich hatte glauben wollen, dass ich Adelmans Hinweise und Andeutungen missverstanden hatte. Wild war sehr mächtig, aber er war letztendlich nur ein Mensch, der von einem Augenblick zum anderen vernichtet werden konnte. Die South Sea Company hingegen war ein nicht fassbares Gebilde – sie konnte töten, aber nicht getötet werden. In ihrem raffgierigen Verlangen, papiernen Reichtum in Umlauf zu bringen, war sie all das, was Elias gesagt hatte: erbarmungslos, mörderisch, unsichtbar und dabei so allgegenwärtig wie gewöhnliche Banknoten.

Ich stellte fest, dass es mir nicht behagte, über diesen abstrakten Bösewicht nachzudenken, und verspürte das Bedürfnis, mich stattdessen auf den Schurken aus Fleisch und Blut zu konzentrieren, der vor mir saß.

»Ich glaube«, sagte ich nach einem Augenblick des Nachdenkens, »der Tag, an dem Sie gehängt werden, wird für mich ein Freudentag sein.«

Ich sah deutlich, dass ich Wild damit schockiert hatte. Vielleicht war er inzwischen davon überzeugt, jede meiner Handlungen und jedes meiner Worte voraussagen zu können.

»Sie sind dreist, Sir. Eigentlich hätte ich gedacht, Sie schätzen mich mittlerweile höher ein. Glauben Sie wirklich, Sie könnten mich irgendwie ausstechen, Weaver? Sie sind nur ein einzelner Mann«, sagte er, »aber die Zahl meiner Mitstreiter ist Legion.«

»Das mag wohl stimmen«, erwiderte ich und ging zur Tür, »aber sie hassen Sie, und das wird einmal Ihr Verderben sein.«

36

Als ich anfing, diese Vorfälle zu Papier zu bringen, bestand meine Absicht darin, von den Abenteuern meines Lebens zu berichten, doch jetzt, so viele Seiten später, habe ich lediglich eine einzige Geschichte erzählt. Vielleicht lassen sich ja, wie es Elias ausdrücken würde, aus diesen Einzelheiten einige Verallgemeinerungen ableiten.

Gut drei Wochen nach meinem Besuch bei Wild las ich in der Zeitung, dass man am Flussufer den angespülten Leichnam von Virgil Cowper gefunden hatte. Cowper sei, dem Befund des Coroners zufolge, in trunkenem Zustand ins Wasser gestürzt. Ich stellte hier und dort einige Nachfragen, aber alle, die ich befragte, hielten seinen Tod für eine unglückselige Folge seiner Trunksucht, woraus ich den Schluss zog, dass die Papierverschwörer ein weiteres Leben genommen hatten, für das sie niemand zur Verantwortung ziehen würde.

Mir persönlich wurde mein Status als Gast am Broad Court immer unangenehmer. Adelmans Besuche in seiner Eigenschaft als Miriams Freier ließen zwar nach, trotzdem führten ihn geschäftliche Angelegenheiten nach wie vor nicht selten in das Haus meines Onkels, und mir fiel es schwer, einem Mann in die Augen zu blicken, von dem ich wusste, dass er so tief in eine Verschwörung verwickelt war, die mich beinahe das Leben gekostet hätte. Meinen Onkel kümmerte es recht wenig, was Adelman oder die South Sea Company getan hatten, solange sie am Ende gegen den Mörder meines Vaters vorgegangen waren. Vielleicht ging ich mit jenen, die einen solchen Verbrecher ums Leben brachten, zu harsch ins Gericht. Wie auch immer die Umstände seines eigenen Todes gewesen waren, Sir Owen allein hatte mindestens vier Menschen auf dem Gewissen, zu denen mein eigener Vater gehörte. Nein, mein Unwillen richtete sich keinesfalls gegen die rauen Methoden der South Sea Company. Mich störte etwas anderes: die Kaltblütigkeit, mit der diese Leute ihre Auffassung von Recht durchsetzten. Für sie spielte es keine Rolle, ob Sir Owen ein Schurke war oder nicht. Ihnen ging es nicht um die Menschen, die Sir Owen ums Leben gebracht hatte, sondern allein darum, dass er ihre Geschäfte gefährdete und womöglich ihre Profite bedrohte. Welchen Gewinn würde sein Tod der Company einbringen? Welcher Zins schlägt durch die vorzeitige Beendigung eines Lebens zu Buche? Es handelte sich um eine Art blutige Spekulation: Aktiengeschäfte durch Mord.

Jedes Jahr Ende Oktober verabredete ich mich mit Elias in einer geeigneten Schänke, um Sir Owens Todestag oder, wie wir ihn nannten, den Martin-Rochester-Tag, zu begießen. Es war unser ganz persönlicher Feiertag, dazu einer, der oftmals so düster wie alkoholselig wurde. Wir riefen uns unsere Abenteuer, so gut wir konnten, in Erinnerung, und oftmals schrieb ich vieles von dem auf, was wir uns erzählten, aus Angst, es eines Tages zu vergessen. Diese nachlässigen Kritzeleien dienten mir als erste Vorlagen für die Memoiren, die ich nun so gut wie fertiggestellt habe.

Bei unserem ersten Jahrestagstreffen hatte Elias alle seine Theaterträume wieder verworfen, doch seine Feder ruhte keinesfalls. Er schrieb mehrere Bände grässlicher Gedichte und, viel später in seinem Leben, einige durchaus wohlwollend aufgenommene Romane sowie, unter einem Decknamen, seine Memoiren. Miriam war zu jener Zeit in eine exquisite Wohnung unweit Leicester Fields umgezogen, von wo aus sie verfolgte, wie ihre South-Sea-Aktien mehr und mehr Profit abwarfen. Im Gegensatz zu den meisten von uns verkaufte sie, als der Kurs beinahe seinen Höchststand erreicht hatte, und eine gewisse Zeit lang verfügte sie tatsächlich über die Unabhängigkeit, die sie sich immer gewünscht hatte. Leider sind solche Dinge nicht von langer Dauer, und letztendlich büßte Miriam ihre lang ersehnte Freiheit durch eine unbesonnene Heirat ein, von der näher zu berichten ich an dieser Stelle aus Gründen des Herzens wie des begrenzten Platzes Abstand nehme.

Sowohl Adelman als auch Bloathwait überlebten die Turbulenzen des aufregenden South-Sea-Jahres und setzten ihre Intrigen und Rivalitäten bis ans Ende ihrer Tage fort. Auf Jonathan Wilds schmähliches Ende muss ich hier nicht näher eingehen, doch bevor ihm in einer Schlinge am Galgen von Tyburn doch noch Gerechtigkeit widerfuhr, lebte er lange genug, um mir weitaus mehr Scherereien als in der hier erzählten Episode zu bereiten. Ich empfinde einige Genugtuung bei dem Gedanken, dass die Unannehmlichkeiten, die ich ihm letztendlich bereitete, ungleich dauerhafter waren und ihm keine Gelegenheit mehr ließen, sich dafür zu rächen.

Was mich angeht, so musste ich erfahren, dass es meiner Heldentaten allzu viele sind, um sie in diesem Band unterzubringen. Ich kann nur sagen, dass meine Nachforschungen bezüglich der gefälschten South-Sea-Aktien die Art und Weise, in der ich fürderhin meine Gedanken und meine Geschäfte führte, ein für alle Mal veränderten.

Auf Drängen meines Onkels bezog ich im Duke's Place Quartier, gleich um die Ecke der Crosby Street. Elias beschwerte sich darüber, dass er jedes Mal, wenn er mich besuchte, seine Vorhaut aufs Spiel setzte, doch soweit ich weiß, war sie bei seinem Tod noch immer unbestritten ein Teil von ihm. Ich wohne bis zum heutigen Tag in diesem

Viertel, und obwohl ich nie das Gefühl erlangt habe, wirklich an diesen Ort zu gehören, komme ich mir hier doch immerhin weniger fehl am Platze vor als in anderen Vierteln unserer Großstadt.

Ein Gasthaus unweit meiner neuen Wohnung diente Elias und mir auch immer als Treffpunkt, um gemeinsam Martin Rochesters Schurkereien zu gedenken. Oft erinnere ich mich noch heute an den ersten Jahrestag, denn in jenem Herbst 1720 bestimmte der aufgeflogene Schwindel der South Sea Company, die *South Sea Bubble,* wie die Katastrophe seither genannt wird, unser Denken so gut wie das eines jeden anderen, und es schien ganz so, als hätten sich Elias' Tiraden gegen die Gefahren des neuen Finanzmarktes als rundum korrekte Prophezeiungen erwiesen.

Die Intrige der South Sea wurde kurz nach den hier wiedergegebenen Geschehnissen vom Parlament abgesegnet, und die Inhaber fest verzinster Staatsanleihen liefen eilig zusammen, um ihre sicheren Investitionen gegen das vage Versprechen nebulöser Gewinnanteile der Company einzutauschen. Je mehr Anleger ihre Anteile umtauschten, desto höher kletterten die Aktienpreise der South Sea; ja, sie stiegen höher, als man es sich jemals hätte vorstellen können, so hoch, bis meine fünfhundert Pfund an Aktien mehr als fünftausend Pfund wert waren. Im ganzen Königreich wurden Leute, die kaum mehr als kleine Anlagen gezeichnet hatten, reich wie Lords. Es war eine Zeit des Überflusses, der Unmäßigkeit und des nie gekannten Reichtums eine Ära, in der eben noch mittelmäßige Ladenbesitzer oder bescheidene Händler plötzlich in goldenen, von sechs prächtigen Pferden gezogenen Equipagen zu ihren Stadthäusern gefahren wurden. Wir aßen Wildbret, tranken den allerfeinsten alten Rotwein und tanzten zur Musik der teuersten italienischen Musikkapellen, die wir herbeischaffen konnten.

Dann, im Sommer 1720, wachte London auf und sagte: »Aus welchem Grund sind diese Aktien eigentlich so viel wert?«

Wie von einem Zauberbann dazu getrieben, trachteten diejenigen, die Geld gemacht hatten, auf einmal danach, ihr Vermögen flüssig und die ihnen gegebenen Versprechen dingfest zu machen; das heißt, alles rannte los und verkaufte, und weil alle verkauften, fiel der Kurs ins Bodenlose. Meine Fünfhundert-Pfund-Aktien waren mit einem Schlag wieder nur noch fünfhundert Pfund wert. Männer, die soeben noch unvorstellbaren Reichtum ihr Eigen genannt hatten, waren im nächsten Augenblick nicht mehr als einigermaßen wohlhabend. Zahllose

Eigner, die erst eingestiegen waren, nachdem die Aktie bereits emporgeschnellt war, sahen sich völlig ruiniert.

Im ganzen Land wurde der empörte Ruf nach Gerechtigkeit und Rache laut, man wollte die Köpfe der Direktoren der South Sea Company entlang der London Road auf Stangen aufgespießt sehen. Aber was das Königreich noch nicht begriffen hatte, und was es wohl auch niemals begreifen wird, war, dass der Geist des Aktienhandels, nachdem er von den Hexenmeistern in der 'Change Alley heraufbeschworen worden war, nie mehr zurück in seinen Höllenschlund verbannt werden konnte. Was Gerechtigkeit und Vergeltung angeht, also jene erhabenen Prinzipien, nach denen die South-Sea-Opfer schrien – auch sie sind nur mehr Güter, mit denen an der Börse Handel getrieben wird.

Historische Anmerkung

Das *South Sea Bubble* benannte Ereignis hat sich im Jahre 1720 wirklich zugetragen und ist mit Fug und Recht als erster Börsencrash der englischsprachigen Welt in Erinnerung geblieben. In gleichem Maße war es Ausdruck der Kulmination jahrelanger Verwirrungen und Übergriffe am Londoner Finanzmarkt. Für Großbritannien im frühen 18. Jahrhundert waren Aktienhandel, Staatsanleihen und Lotterien insgesamt noch relativ neu, und die aus dieser Neuheit resultierende Unsicherheit schuf spannende innovative Strukturen im Dunstkreis der Exchange Alley. Einige kluge Köpfe – manche so bekannt wie Daniel Defoe, andere anonym oder inzwischen vergessen – brandmarkten die Finanzmärkte entweder als böse Vorzeichen oder priesen sie als Wunderwerke, prophezeiten den Leuten entweder reiche Gewinne oder den Untergang. Diese brodelnde Atmosphäre brachte eine Vielzahl an Schriften über die neue finanzielle Ordnung hervor, die in jüngster Zeit ein immenses wissenschaftliches Interesse am South-Sea-Komplott, dem Crash und dem britischen Finanzwesen im 18. Jahrhundert allgemein hervorgerufen haben. Innerhalb der vergangenen fünf Jahre haben Historiker, Literaturwissenschaftler und Soziologen ein deutlich verstärktes Interesse an den fiskalischen Umbrüchen dieser Periode entwickelt, und dieses Interesse verweist nicht von ungefähr auf die wirtschaftliche Verunsicherung unserer eigenen Zeit.

Dieser Roman erwuchs aus meinen Forschungen als Doktorand an der Columbia University, wo ich untersuche, auf welche Art und Weise sich die Briten des 18. Jahrhunderts im Spiegel ihres Umgangs mit Geld definierten. Nach mehreren in den Archiven verbrachten Jahren, wo ich Broschüren, Gedichte, Theaterstücke, Zeitschriftenaufsätze und längst vergessene Romane gelesen habe, gelang es mir nicht, die eine Quelle zu finden, die mir genau das verriet, was ich über den neuen Finanzmarkt wissen wollte. Also verfasste ich selbst eine. Die Zielsetzung dieses Romans bestand darin, sowohl den ungezügelten Enthusiasmus als auch die überall spürbare Angst jener Zeit einzufangen, die letztendlich zur *South Sea Bubble* führten.

Zwar sind die meisten Figuren dieses Romans frei erfunden, doch die eine oder andere habe ich aus mehreren Gestalten zusammengesetzt, die mir in Schriften aus dem 18. Jahrhundert und in historischen Dokumenten begegnet sind. Eine Person wie Benjamin Weaver hat nie gelebt, aber ich ließ mich zu seiner Figur durch die Lebensgeschichte des Daniel Mendoza (1764–1836) anregen, der sich damit rühmte, das, was er die »wissenschaftliche Methode des Boxens« nannte, erfunden zu haben, und der später professioneller Schuldeneintreiber wurde.

Jonathan Wild und seine Gefolgsleute Mendes und Arnold sind hingegen wirkliche Gestalten, bei deren literarischer Ausgestaltung ich mir jedoch zahlreiche Freiheiten genommen habe. Von ungefähr 1715 bis zu seiner Hinrichtung im Jahre 1725 hatte Wild einen Großteil der kriminellen Aktivitäten in und um London unter seiner Kontrolle, was ihm den Ruf des ersten Verbrecherkönigs modernen Zuschnitts einbrachte. Bis in die ersten Jahre des 20. Jahrhunderts war der Name Jonathan Wild auf beiden Seiten des Atlantiks ein gängiger Begriff, doch hat das vergangene Jahrhundert mehr als genug eigene schillernde Verbrechergestalten hervorgebracht, die geeignet sind, den Platz des legendären Diebesfängers in unserer kollektiven Vorstellung einzunehmen.

Was die Sprache dieses Romans angeht, habe ich versucht, den Tonfall der Prosa aus dem 18. Jahrhundert nachzuempfinden, im Interesse der Lesbarkeit jedoch viele Veränderungen vorgenommen. Meine Absicht bestand darin, den Lesern ein Gefühl für die damalige Ausdrucksweise zu vermitteln, ohne sie mit störenden Eigenwilligkeiten zu belasten, die nach heutigem Empfinden häufig sperrig und umständlich wirken.

Schließlich möchte ich noch einige Worte zum Thema Währungseinheiten verlieren. Im 18. Jahrhundert setzte sich die britische Währung folgendermaßen zusammen: Zwölf Pence ergaben einen Shilling, fünf Shilling eine Crown, zwanzig Shilling ein Pfund und einundzwanzig Shilling eine Guinea. Mehrere Vorableser dieses Romans haben mich gefragt, welchen Gegenwert diese Einheiten heute wohl hätten. Leider gibt es keine mathematische Formel, mit der sich ein solcher Wert akkurat umrechnen ließe, da sich der Umgang mit Geld zwischen den verschiedenen Gesellschaftsschichten krass unterschied. Ein armer Arbeiter in London mochte mit seinem Verdienst von vielleicht zwanzig Pfund im Jahr seine Familie mit Brot, Bier und gelegentlich auch einem Bissen Fleisch versorgt haben und darüber hinaus für billige Kleider sowie eine Unterkunft aufgekommen sein. Ein Gentleman der vornehmen Gesellschaft hätte ohne Weiteres doppelt so viel an einem einzigen Abend verprassen können, ohne als extravagant gegolten zu haben.

Benjamin Weaver spricht davon, einhundert bis einhundertfünfzig Pfund im Jahr zu verdienen, was ein solides Mittelklasseeinkommen darstellte, insbesondere für einen alleinstehenden Mann. Jemand, der gerne vornehme Kleidung trug, seine Gäste im großen Stil unterhalten, zahlreiche Diener einstellen und eine standesgemäße Kutsche fahren wollte, kam mit fünfhundert Pfund jährlich kaum aus. Der Wert des Geldes lässt sich sicherlich am besten daran ablesen, was man dafür kaufen kann, und im London des 18. Jahrhunderts hing das, was man für Geld bekam, sehr von der gesellschaftlichen Stellung des Käufers ab.

Danksagung

Die Ratschläge zahlreicher Leser haben diesen Roman bereichert und angeregt. Mein Dank gilt Paul Budnitz, Mary Pat Dunleavey, Matthew Grimm, Sue Laizik, Michael Seidel, Al Silverman, Brian Stokes und Chloe Wheatley für ihre Aufmerksamkeit und ihre scharfsinnige Kritik. Besonders danken möchte ich Laurie Gwen Shapiro für ihren Rat, ihre Ermutigungen und die Großzügigkeit, mit der sie das Projekt wie ihr eigenes betreut hat. Ohne ihre Hilfe wäre dieses Buch niemals entstanden. Ich möchte auch Joseph Citarella danken, der mich mit einem außergewöhnlichen Reichtum an Informationen zum Thema Kleidung des 18. Jahrhunderts versorgt hat. Auch Kelly Washburn und der Partnership for Jewish Life bin ich für ihre uneigennützige Unterstützung jüdischer Prosa zu Dank verpflichtet.

In tiefer Schuld stehe ich bei der Englischen Fakultät der Georgia State University, die mir nicht nur den Forschungsbereich des 18. Jahrhunderts nahe gebracht hat, sondern meine Arbeit auch mit aufrichtigem und großzügigem Enthusiasmus begleitet hat. Zudem danke ich dem Englischen Institut und dem Fachbereich Vergleichende Literaturwissenschaft an der Columbia University für ihre langjährige Unterstützung sowohl in finanzieller wie auch in wissenschaftlicher Hinsicht.

Nicht genügend danken kann ich Liz Darhansoff und letztendlich allen in der Agentur Darhansoff und Verrill, die vom ersten Tag an fest an dieses Projekt geglaubt und lange und intensiv für seine Durchsetzung gearbeitet haben. Mein Lektor Jon Karp hat diesen Roman auf vorbildliche Weise betreut und gefördert, und ich bin dankbar für sein umfassendes Wissen, seine gute Laune und seine unablässige Ermunterung. Außerdem möchte ich Ann Godoff, Jean-Isabel McNutt und Andy Carpenter von Random House meinen Dank aussprechen.

Schließlich danke ich, aus Gründen, die hier weder aufgezählt werden können noch sollen, meiner Frau Claudia Stokes, meinem lieben Freund Godot Liss und meiner Familie.

DIE ZEIT

KRIMI-ANALYSE

Roman und Realität

London anno 1719
von Wolfgang Uchatius

Ein englischer Adeliger fälscht Anfang des 18. Jahrhunderts die Aktien eines großen Handelsunternehmens, der Ich-Erzähler, eine Art frühneuzeitlicher Privatdetektiv, legt ihm das Handwerk. Das ist, nüchtern und in einem Satz formuliert, die Geschichte, die David Liss in seinem Roman »Die Papierverschwörung« erzählt. Es ist, natürlich, eine erfundene Geschichte, aber sie ereignet sich vor dem Hintergrund eines überaus realen Dramas, das heute, im Nachklang der großen Finanzkrise des Jahres 2008, so aktuell ist wie selten zuvor.

Die Rede ist vom Entstehen und Platzen der sogenannten Südseeblase, von einem der ersten großen Börsencrashs der Historie. Man könnte auch sagen: vom Beginn des modernen Kapitalismus.

Am Anfang dieser wahren Geschichte steht ein etwa fünfzigjähriger Mann: der Bankier John Blunt, Mitinhaber der Sword Blade Company, eines Unternehmens, das zunächst, wie der Name es sagt, Schwertklingen produzierte, sich später aber auf Finanzgeschäfte verlegte.

Wie der Bankdirektor Perceval Bloathwait in der »Papierverschwörung« ist Blunt ein Angehöriger der christlichen Gruppierung der Dissenter, die sich von der Anglikanischen Kirche abgewandt hat. Man kann ihn sich durchaus als einen dieser umtriebigen Spekulanten vorstellen, die David Liss beschreibt. Obwohl nicht aus der Oberschicht stammend – Blunt ist der Sohn eines Schuhmachers –, kommen sie durch ihr finanzielles Geschick dennoch zu Einfluss. Fast täglich treibt sich Blunt an der Exchange Alley herum. Egal, ob eine Leinenmanufaktur oder die Londoner Wasserversorgung, überall wittert er lukrative Geschäfte.

Richtig nah ans große Geld aber kommt er erst im Jahr 1711: Gemeinsam mit anderen Kaufleuten gründet er die South Sea Company, eine Handelsgesellschaft und ein für die damalige Zeit typisches Unternehmen.

Man muss sich die Welt des frühen 18. Jahrhunderts aus ökonomischer Sicht in etwa so vorstellen: Draußen auf dem Land arbeiten die Bauern noch immer wie die Sklaven und sterben früh. Auch in den

Städten leben viele Menschen das gleiche Leben wie ihre Vorväter. Jeden Morgen steigen sie aus ihren Kellerlöchern und versuchen irgendwie zu überleben, ganz so, wie es Liss an vielen Stellen in seinem Buch plastisch beschreibt.

Daneben aber ist in den vergangenen Jahrzehnten auch fern den Schlössern und Fürstenhäusern großer Reichtum entstanden. Der Grund dafür lässt sich in wenigen Wörtern zusammenfassen: Amerika. Indien. Afrika.

Die Entdeckung der Seewege in diese Länder und Kontinente erfüllt, ökonomisch gesehen, eine ganz ähnliche Funktion wie heute die Forschungsabteilungen von Pharmafirmen oder Automobilkonzernen – sie sorgt für neue Produkte: für Elfenbein aus Afrika, für Gewürze und Farbstoffe aus Indien, für Gold und Silber aus der Neuen Welt.

Die Kaufleute, diese wohlgenährten, gut gekleideten Männer, die da in ihren Kutschen durch London fahren, bringen diese Produkte auf den Markt. Benjamin Weavers Onkel im Roman, der Kaufmann Miguel Lienzo, aber auch der Investor Nathan Adelman sind typische Vertreter dieses neuen einflussreichen Standes. Auf einmal erwächst gesellschaftliche Macht nicht mehr nur aus adeliger Herkunft, sondern auch aus geschäftlichem Geschick.

Heute wird diese Epoche auch als Handelskapitalismus bezeichnet. Eine Zeit, die vor allem geprägt ist durch »die Entstehung dessen, was heute die dominante ökonomische Institution ist: den großen Konzernen«, wie der amerikanische Wirtschaftswissenschaftler John Kenneth Galbraith Ende des 20. Jahrhunderts schreibt.

Die englische Company of Gentlemen Adventurers, die englische und die niederländische East India Company, die französische Mississippi Compagnie – dies alles sind Beispiele für solche im 17. und 18. Jahrhundert gegründeten Handelskonzerne. Es sind Unternehmen, die eines gemeinsam haben: das Monopol auf die Geschäfte eines bestimmten europäischen Staates mit den Reichtümern eines weit entfernten Landstrichs.

Die South Sea Company zum Beispiel erwirbt vom britischen Staat das Recht auf alleinigen Handel mit den Kolonien in Lateinamerika, den Ländern des Südatlantiks, damals auch South Sea genannt. Dort, das weiß man bereits, verbergen sich in den Silber- und Goldminen unermessliche Schätze. Außerdem lässt sich, wie Miguel Lienzo es in der »Papierverschwörung« ausdrückt, »Profit aus dem unschönen Handel mit Afrikanern ziehen, die als Arbeitskräfte nach Südamerika verschifft werden«. Es geht also um Sklavenhandel. Der South Sea Company winken glänzende Geschäfte.

Oder doch nicht?

Die Sache hat einen Haken: Südamerika gehört der spanischen Krone. Noch also kann die South Sea Company gar keinen Handel treiben. Oder fast keinen. Die Spanier erlauben den Briten, genau ein einziges Schiff pro Jahr auf den Weg zu bringen. Die Geschäftsidee der Company basiert also allein auf der Hoffnung darauf, dass es den Briten gelingen wird, mit den Spaniern in naher Zukunft weiterreichende Handelsabkommen zu schließen.

Nach mehreren Jahren »unauffälliger Geschäftstätigkeit«, wie der Ökonom Galbraith schreibt, fasst das Direktorium der South Sea Company um seinen Vorsitzenden John Blunt jenen Plan, der schließlich zum Entstehen der Börsenblase führen wird: Das Unternehmen verlegt sich aufs Finanzgeschäft. Es will die gesamten Schulden des englischen Staates übernehmen, und zwar zu einem weit niedrigeren Zinssatz als dem damals üblichen. Bezahlen will Blunt diese nicht mit Geld, sondern mit neu ausgegebenen Aktien der Company.

Wer immer also eine englische Staatsanleihe besitzt, kann sie zur South Sea Company bringen und erhält dafür Anteile an diesem Unternehmen. Schuldpapiere verwandeln sich in Aktien. Ein Geschäft, dessen Prinzip Miguel Lienzo seinem finanziell ahnungslosen Neffen Benjamin Weaver in der »Papierverschwörung« detailliert beschreibt. Heute würde man es wohl als Debt Equity Swap bezeichnen.

Hinter dem Angebot steht folgendes, auf den ersten Blick für alle Seiten überzeugendes Kalkül: Der durch zahlreiche Kriege hoch verschuldete Staat muss künftig weniger Zinsen zahlen als zuvor. Die ehemaligen Besitzer der Schuldpapiere erhalten Aktien, die eine viel höhere Rendite bringen als die Anleihen.

Und die South Sea Company? Die verwandelt ein Schuldpapier mit einem Nennwert von hundert Pfund in eine Aktie, die sie für weit mehr als hundert Pfund verkaufen kann. Es ist ein Geschäft, in dem es nur Gewinner gibt.

Solange der Wert der Aktien steigt.

Er wird tatsächlich steigen, stärker, als es sich irgendjemand vorstellen konnte. Doch bevor es dazu kommen kann, muss die South Sea Company erst ihren ärgsten Widersacher aus dem Weg räumen: die im Jahr 1694 gegründete Bank of England.

Auch diese offeriert dem Staat die Übernahme der Schulden. Beide Unternehmen überbieten sich darin, immer noch günstigere Konditionen zu offerieren. Wer wird vom Parlament am Ende den Zuschlag bekommen?

In diese Monate des Machtkampfs zwischen Bank und Company fallen die Ereignisse der »Papierverschwörung«. Es verbirgt sich dahinter nicht nur eine ökonomische Auseinandersetzung, sondern auch ein politischer Streit zwischen den damals einzigen beiden Parteien des britischen Parlaments.

Die Bank of England wird von den sogenannten Whigs beherrscht, Vorläufern der heutigen Liberalen und damals Regierungspartei. Hinter der South Sea Company dagegen stehen die konservativen Tories (die Labour Party wurde erst fast zweihundert Jahre später gegründet).

Wie David Liss sehr treffend schildert, hängt der Ausgang dieser Auseinandersetzung allerdings nicht allein an politischer Macht oder gar kluger Argumentation, sondern vor allem daran, wer den richtigen Leuten im richtigen Moment die größere Summe zusteckt. Blunt versorgt Minister, Abgeordnete, womöglich sogar den König mit Geld und Aktienpaketen zum Nulltarif.

Am 7. April 1720 stimmt das Parlament mit 83 zu 17 Stimmen für das Angebot der South Sea Company. John Blunt hat gewonnen.

Der Aktienkurs steigt. Von ursprünglich 100 Pfund auf 300, auf 400. Das ist keine Überraschung. In den Wochen zuvor hat Blunt alles dafür getan, wilde Gerüchte in die Welt zu setzen. Von einem baldigen Abkommen mit König Philipp V. von Spanien ist die Rede. Die Briten würden ihre Hoheit über Gibraltar abgeben und dafür umfassende Handelsrechte mit Südamerika erhalten, heißt es. Schon bald würden Gold und Silber in solchen Mengen auf der Insel vorhanden sein wie sonst nur Eisen, sagt man. Die South Sea Company werde unvorstellbare Gewinne einfahren, also, so der Rat von allen Seiten: Kauft Aktien! Werdet reich!

Es sind Tricks, ähnlich wie jene, derer sich bei David Liss der Buchhalter und Geschäftsmann Reginald D'Arblay bedient. Nichts als Lügen. Der dadurch weiter steigende Aktienkurs jedoch beweist, dass Blunt die Bedeutung einer Ware erkannt hat, die heute billig und umfassend erhältlich ist, damals jedoch knapp, teuer und leicht zu manipulieren war: der Information.

In der Finanzwelt der Gegenwart haben zumindest die professionellen Händler und Investoren dank moderner Medien stets den gleichen Kenntnisstand über Unternehmen und Volkswirtschaften. Unterschiede gibt es nur in der Frage, wie die Informationen zu interpretieren sind. Schon dies lässt genug Raum für Irrtümer und plötzliche Ernüchterung wie etwa während des Dotcom-Crashs im Jahr 2001 oder nach der Pleite der Investmentbank Lehman Brothers im September 2008.

Rund um die Börsen des frühen 18. Jahrhunderts aber ist fast jedes scheinbar vertrauliche Gespräch geeignet, falsche Hoffnung auf Reichtum zu wecken. Die Aktie der South Sea Company steigt weiter und weiter. Am 28. Mai liegt der Kurs bei 550 Pfund, wenig später bei 700 Pfund. Warum sollte ein solches Kunststück nicht auch anderen gelingen?

So ist plötzlich eine neue Geschäftsidee in der Welt: »Erzähl den Leuten eine schöne Geschichte, und werde reich.« In den Cafés der Exchange Alley, wie dem von Liss erwähnten Jonathan's, werden nun Investitionsobjekte angeboten, neben denen sich die Aktie der South Sea Company überaus seriös ausnimmt.

Mal geht es um nichts weniger als die Erfindung des Perpetuum mobiles, mal um die Entwicklung von Kanonen, die eckige und daher besonders durchschlagskräftige Kugeln verschießen. Am amüsantesten aber ist wohl jene in der »Papierverschwörung« erwähnte – und historisch verbürgte – »Gesellschaft für die Durchführung eines sehr vorteilhaften Geschäfts, von dem aber niemand wissen darf, was es ist«.

190 neue Unternehmen sind es am Ende, die im Jahr 1720 ihre Aktien auf den Markt bringen. Doch hinter der scheinbaren Verrücktheit, sein Geld für irgendeinen Unsinn auszugeben, verbirgt sich oft nüchternes Kalkül. Denn: »Natürlich glaubten nicht alle Leute, die in solche Projekte investierten, an deren tatsächlichen Nutzen«, schreibt der schottische Dichter und Journalist Charles Mackay im Jahr 1841 in seinem Buch »Memoirs of Extraordinary Popular Delusions and the Madness of the Crowds«. »Alles, was sie wollten, war, früh einzusteigen und später die Papiere zu einem höheren Preis an einen größeren Dummkopf zu verkaufen.«

Viele haben Erfolg damit. Schon bald drängen sich nicht mehr nur die von David Liss beschriebenen Kaufleute, Spekulanten und sonstigen professionellen Geschäftemacher in der Exchange Alley, sondern auch Handwerker, Kutscher, Priester, Mägde und Dirnen. Auch der Physiker Isaac Newton und der Schriftsteller Jonathan Swift, der wenige Jahre später »Gullivers Reisen« veröffentlichen wird, sind unter den Investoren.

Die Aktie der South Sea Company gewinnt weiter an Wert. 800 Pfund, 900.

Anfang August 1720 wird eine einzelne Aktie für 1000 Pfund gehandelt. Alle Aktien der South Sea Company zusammen sind jetzt mehr wert als der gesamte Grundbesitz in Großbritannien.

Dann ist es vorbei. Wieder machen Gerüchte die Runde, aber diesmal treiben sie den Kurs nach unten. John Blunt und andere Direktoren der South Sea Company sollen angefangen haben, ihre privaten Aktien zu verkaufen – ein sicheres Zeichen, dass sie selbst nicht an einen weiteren Kursanstieg glauben. Also verbreitet sich neuer Rat von allen Seiten: Verkauft jetzt! Sonst werdet ihr arm!

Es gibt aber noch einen weiteren, fundamentaleren Grund, weshalb die Aktien nicht weiter an Wert zulegen können. Um ihn zu verstehen, muss man sich folgenden, eigentlich banalen Sachverhalt in Erinnerung rufen: Damit der Kurs eines Wertpapiers steigt, muss es mehr Leute geben, die dieses kaufen wollen, als es Verkäufer gibt. Doch damit die Leute die Aktien kaufen können, brauchen sie Geld. Und wenn die Aktien schon sehr, sehr teuer sind, brauchen sie sehr, sehr viel Geld.

Am Ende seien schlicht keine finanziellen Mittel mehr verfügbar gewesen, um die Kurse weiter in die Höhe zu treiben, argumentiert der britische Historiker Niall Ferguson in seinem Buch »Der Aufstieg des Geldes«.

Heute, da an jeder Ecke eine Bankfiliale steht und man – theoretisch – unbegrenzt Aktien auf Kredit kaufen könnte, wäre das anders. Im frühen 18. Jahrhundert aber ist die Menge des umlaufenden Geldes noch weitgehend von der Menge des vorhandenen Edelmetalls – Gold und Silber – bestimmt. Und die ist begrenzt.

Was sich nun abspielt, ist die typische Geschichte eines großen Börsencrashs, die sich in späteren Jahrhunderten Dutzende Male wiederholen wird, überall auf der Welt und immer nach dem gleichen Muster. Die Kurse sinken, aus der Gier nach dem Gewinn wird die Angst vor dem Verlust. Also verkaufen noch mehr Leute ihre Papiere, und die Kurse sinken weiter, viel schneller, als sie vorher gestiegen sind. Bis vom Reichtum nichts mehr übrig ist.

Zurück bleiben ruinierte Kaufleute, bankrotte Adelige, die ihre Schlösser verkaufen, und Dienstboten, die sich ein paar Wochen lang sehr wohlhabend fühlten und nun genauso arm sind wie zuvor. Der Physiker Newton verliert 20000 Pfund und kommentiert dies mit dem berühmt gewordenen Satz: »Ich kann die Bewegung der Himmelskörper berechnen, aber nicht die menschliche Dummheit.«

Das Parlament arbeitet Sanierungspläne aus, nur langsam zeigt sich das ganze Ausmaß der Korruption und Betrügerei. Der Schatzkanzler, der, wie sich herausstellt, riesige Mengen Aktien als Bestechungsgeld kassierte, muss ins Gefängnis. Der Postminister begeht Selbstmord, bevor klar wird, was seine Rolle in dem großen Geldspiel war. Der Buchhalter der South Sea Company setzt sich, mitsamt den wichtigsten Dokumenten, nach Frankreich ab.

John Blunt und die übrigen Direktoren der Company haben den Crash zunächst gut überstanden. Ihre Anteile haben sie rechtzeitig verkauft. Ausgerechnet Blunt, der es fertiggebracht hat, sich neben all seinen Geschäften öffentlich über den Luxus und den Reichtum der damaligen Zeit zu mokieren, verzeichnet ein Vermögen von mehr als 180 000 Pfund. Nun hat er Gelegenheit, diesen Widerspruch aufzulösen: Der Staat beschlagnahmt seinen Besitz.

Andere Schuldige, denen nach Ansicht des Autors Charles Mackay eine mindestens ebenso große Verantwortung zukommt, aber bleiben unangetastet: »Niemand prangerte die Leichtgläubigkeit und die Habsucht der Leute an, die alle edleren Seiten des Nationalcharakters überlagert hatte.« Die Gier, sie lebt fort. Bis heute.